Brönner/Rux/Wagner · Die GmbH & Co. KG

Die GmbH & Co. KG
in Recht und Praxis

5., vollständig neubearbeitete Auflage

von Dr. Dr. Herbert Brönner,
Wirtschaftsprüfer und
Steuerberater in Berlin,
Dipl.-Kfm. Hans-Joachim Rux,
Wirtschaftsprüfer und Steuerberater
in Berlin,
Heidemarie Wagner,
Rechtsanwältin in Berlin

Rudolf Haufe Verlag
Freiburg im Breisgau

CIP-Titelaufnahme der Deutschen Bibliothek

Brönner, Herbert:
Die GmbH-&-Co.-KG [GmbH-und-Co.-KG] in Recht
und Praxis / von Herbert Brönner, Hans-Joachim
Rux, Heidemarie Wagner. – 5., vollst. überarb. Aufl.
– Freiburg im Breisgau : Haufe, 1990
 ISBN 3-448-01919-4
NE: Rux, Hans-Joachim:; Wagner, Heidemarie:

ISBN 3-448-01919-4   Bestell-Nr. 61.03

1. Auflage 1971
2., überarbeitete u. ergänzte Auflage 1972 (ISBN 3-448-00289-5)
3., überarbeitete u. ergänzte Auflage 1975 (ISBN 3-448-00501-0)
4., vollständig neubearbeitete Auflage 1981 (ISBN 3-448-01156-8)
5., vollständig neubearbeitete Auflage 1990

© Rudolf Haufe Verlag GmbH & Co. KG, Freiburg i. Br. 1990

Alle Rechte, auch die des auszugsweisen Nachdrucks, der fotomechanischen Wiedergabe (einschl. Mikrokopie) sowie der Auswertung durch Datenbanken oder ähnliche Einrichtungen, vorbehalten.
Umschlag-Entwurf: Strehlau & Hofe, Freiburg i. Br.
Satz: typoservice Fotosatz GmbH, Achern
Druck: Rudolf Haufe Verlag, Freiburg i. Br.

Vorwort zur 5. Auflage

Acht Jahre sind seit Erscheinen der 4. Auflage vergangen. Die Flut der zwischenzeitlich veröffentlichten Rechtsprechungsgrundsätze, Verwaltungsanweisungen und Literaturbeiträge machen eine Neuauflage unumgänglich.

Der Wechsel in der Bearbeitung des zivilrechtlichen Teils hat zwar eine völlige Neubearbeitung dieses Themenkreises zur Folge, führt jedoch nicht zu einer Änderung der bisherigen bewährten Systematik des Buches. Der Leser soll über den derzeitigen Stand von Gesetzgebung, Rechtsprechung und Literatur zur GmbH & Co. KG handels- und steuerrechtlich systematisch und konzentriert in Form eines Kompendiums informiert werden.

Die Fragen zur GmbH & Co. KG werden dem „Lebenszyklus" der GmbH & Co. KG folgend – von der Gründungsphase bis zur Auflösungsphase – unter Darstellung und Würdigung der Gesetzgebung, der einschlägigen Rechtsprechung, fachbezogener Publikationen und der Verwaltungsanweisungen beantwortet. Dem Leser wird durch eine auf praktischen Erfahrungen beruhende Darstellung die GmbH & Co. KG in ihrer Ausgestaltung verständlich gemacht.

Die Autoren hoffen, daß die Zielsetzung dieses Buches, ein möglichst umfassendes Nachschlagewerk zur GmbH & Co. KG darzustellen, auch mit der 5. Auflage erreicht wird.

Berlin im Dezember 1989   Die Autoren

Aus dem Vorwort zur 1. Auflage (1971)

Die GmbH & Co. KG als Gesellschaftsform ist das Ergebnis eines echten Entwicklungsprozesses in der Wirtschaftspraxis. Diese Rechtsform, deren Zulässigkeit sowohl handelsrechtlich als auch steuerrechtlich heute unbestritten ist, bietet die Möglichkeit, die Haftung des persönlich haftenden Gesellschafters auf das zwar gesamte, aber doch abgrenzbare Vermögen der GmbH zu beschränken, so daß die Gesellschafter i. d. R. nur einem überschaubaren Risiko unterliegen, was gerade in der heutigen Zeit mit ihrem raschen Fortschritt im technischen und wirtschaftlichen Bereich sinnvoll ist. Eine solche Haftungsbeschränkung kann darüber hinaus z. B. in Erbfällen geradezu geboten sein, da sie auch bei Personengesellschaften die Möglichkeit für die Einführung eines straffen Managements erleichtert. Zudem kann die GmbH & Co. KG gegenüber der GmbH beachtliche Steuervorteile bei der laufenden Besteuerung bieten. Dies sind nur einige Gründe für die erhebliche Verbreitung der Unternehmensform „GmbH & Co. KG".

Die Bedeutung der GmbH & Co. KG als moderne Unternehmensform zeigen aber nicht nur ihre Verbreitung in der Praxis, sondern auch die mannigfachen Literaturbeiträge, die Verwaltungsanweisungen und die Rechtsprechungsgrundsätze zu diesem Themenkreis. Die Veröffentlichungen, sowohl handels- als auch steuerrechtlicher Art, sind so zahlreich, daß selbst der Fachmann Schwierigkeiten hat, sie zu überschauen. Für den Unternehmer ist dieses „Dickicht" naturgemäß nahezu undurchdringbar.

Anliegen des vorliegenden Buches ist es, die Fülle der Literaturbeiträge, Verwaltungsanweisungen und Rechtsprechungsgrundsätze handels- und steuerrechtlich systematisch zu einem Kompendium der GmbH & Co. KG zusammenzufassen. Dem Fachmann soll dadurch die Möglichkeit gegeben werden, sich über den derzeitigen Stand von Literatur und Rechtsprechung in konzentrierter Form zu informieren, sowie Anregungen für weitergehende eigene Spezialuntersuchungen zu erhalten. Aber auch dem Unternehmer wird durch eine auf praktischer Erfahrung beruhende Darstellung die Rechtsform der GmbH & Co. KG verständlich gemacht. Auf bestehende Meinungsverschiedenheiten wird dabei nicht nur hingewiesen, sondern es erfolgt hierzu auch regelmäßig eine eigene Stellungnahme seitens der Verfasser.

Inhaltsverzeichnis

Seite

Vorwort 5

Abkürzungen 25

A	**GmbH & Co. KG als Gesellschaftsform**	31
I	**Wesensmerkmale der GmbH & Co. KG**	31
1	Struktur der GmbH & Co. KG	31
2	Gesellschafterhaftung	31
3	Komplementär-GmbH	32
II	**Entwicklung der GmbH & Co. KG**	32
III	**Rechtliche Einordnung der GmbH & Co. KG**	33
IV	**Vorteile der GmbH & Co. KG**	33
1	Allgemeines	33
2	Steuerrechtliche Vor- und Nachteile der GmbH & Co. KG	34
3	Gesellschaftsrechtliche Vorteile der GmbH & Co. KG	35
V	**Erscheinungsformen der GmbH & Co. KG**	37
1	Personen- und beteiligungsgleiche GmbH & Co. KG	37
2	Einmann-GmbH & Co. KG	37
3	Einheits-GmbH & Co. KG	38
4	Nicht personen- und beteiligungsgleiche GmbH & Co. KG	39
5	Publikums-KG	39
6	Doppelstöckige GmbH & Co. KG	40

Inhaltsverzeichnis

Seite

B Gründung der GmbH & Co. KG – Handelsrechtlicher Teil ... 43

I Gesellschafter der GmbH & Co. KG ... 43

II Gründung der GmbH & Co. KG ... 44

1 Verschiedene Entstehungsmöglichkeiten ... 44
2 Gründung der Komplementär-GmbH ... 45
   a) Gründungsvoraussetzungen ... 45
   b) Vor-GmbH ... 46
      aa) Rechtsnatur und Komplementärfähigkeit der Vor-GmbH .. 46
      bb) Vertretung der Vor-GmbH ... 48
      cc) Haftungsverhältnisse der Vor-GmbH ... 49
         cca) Haftung der Vor-GmbH ... 49
         ccb) Haftung der Gründer ... 49
         ccc) Haftung der Geschäftsführer ... 50
3 Gründung der KG ... 51
   a) Gesellschaftsvertrag der KG ... 51
   b) Entstehen der GmbH & Co. KG als Handelsgesellschaft gegenüber Dritten ... 52
      aa) Grundhandelsgewerbe ... 52
      bb) Fehlendes Grundhandelsgewerbe – „Soll-GmbH & Co. KG" ... 53
   c) Haftung im Gründungsstadium ... 54
      aa) Haftung im Gründungsstadium bei Vorliegen eines Grundhandelsgewerbes ... 54
         aaa) Haftung der Gesellschaft ... 54
         aab) Haftung der Komplementär-GmbH ... 54
         aac) Haftung der Kommanditisten ... 54
      bb) Haftung im Gründungsstadium bei fehlendem Grundhandelsgewerbe – „Soll-GmbH & Co. KG" ... 56
         bba) Grundsätzliches ... 56
         bbb) Haftung der Kommanditisten ... 56

III Firma der GmbH & Co. KG ... 58

1 Firma einer KG ... 58
   a) Firma einer KG bei Neugründung ... 58
   b) Abgeleitete Firma einer KG ... 58

Inhaltsverzeichnis

Seite

2	Firma einer GmbH	59
	a) Sachfirma einer GmbH	59
	b) Personenfirma einer GmbH	59
	c) Gemischte Firma, abgeleitete Firma einer GmbH	60
	d) GmbH-Zusatz	61
3	Besonderheiten bei der Firmierung der GmbH & Co. KG	61
	a) Grundsätzliches	61
	b) Typische Probleme bei der Firmierung der GmbH & Co. KG	61
	c) GmbH & Co. – Zusatz	63
	d) Abgeleitete Firma der GmbH & Co. KG	64

IV Angaben auf Geschäftsbriefen 65

V Einlagen 65

1 Begriff der Einlage 65

2 Bewertung der Einlage 67

3 Einlageverpflichtung der Komplementär-GmbH 67

4 Einlageverpflichtung der Kommanditisten 68
   a) Haftsumme
      aa) Allgemeines 68
      bb) Einlage durch Aufrechnung 69
      cc) Einlage durch Einbringung von Anteilen der Komplementär-GmbH 69
   b) Pflichteinlage 70
   c) Stammeinlage bei der Komplementär-GmbH 70

C Gründung und Kapitalerhöhung der GmbH & Co. KG – Steuerrechtlicher Teil 71

I Gründungsbesteuerung 71

1 Einkommen- und Körperschaftsteuer 71
   a) Vorgesellschaften, Gründungsgesellschaften 71
   b) Komplementär-GmbH 72

Inhaltsübersicht

Seite

	c) Kommanditgesellschaft	72
	aa) Gesellschaftsteuer als Betriebsausgabe	72
	bb) Vermittlungsprovisionen für die Eigenkapitalbeschaffung	73
	cc) Aufgeld (Agio) der Kommanditisten	76
	dd) Treugeberkommanditist, Abschichtungsbilanz	77
2	Umsatzsteuer	79
3	Kapitalverkehrsteuer	80
	a) Komplementär-GmbH	80
	b) Kommanditgesellschaft	80
	c) Sonderfragen	82
	aa) Doppelstöckige GmbH & Co. KG und andere Besonderheiten im Gesellschafterkreis	82
	bb) Stille Beteiligung an der GmbH & Co. KG	83
	cc) Darlehensgewährung bei Gesellschaftsgründung	83
	dd) Sacheinlagen	84
	ee) Einlage „quoad sortem"	85
	d) Unbedenklichkeitsbescheinigung und Eintragung	87
	e) Börsenumsatzsteuer	87
4	Grunderwerbsteuer	88

II	**Besteuerungsfragen bei Einbringungs- und Umwandlungsvorgängen**	90
1	Einbringungsvorgänge	90
	a) Eintritt einer GmbH in eine GmbH & Co. KG (Sacheinlage der Komplementär-GmbH)	90
	b) Eintritt des Kommanditisten, der zugleich Gesellschafter der Komplementär-GmbH ist, in die GmbH & Co. KG (Sacheinlage des Kommanditisten)	91
	c) Rückgängigmachung einer Betriebsaufspaltung durch Errichtung einer GmbH & Co. KG	92
	d) Einbringung einzelner Vermögensgegenstände in die GmbH & Co. KG	93
2	Umwandlungsvorgänge	93
	a) Umwandlung einer GmbH in eine GmbH & Co. KG	93
	b) Umwandlung einer GmbH & Co. KG auf die Komplementär-GmbH	97

Inhaltsverzeichnis

Seite

	c) Umwandlung einer Personengesellschaft in eine GmbH & Co. KG	98
	d) Umwandlung eines Einzelunternehmens in eine GmbH & Co. KG	98
3	Veräußerung des Anlagevermögens der Komplementär-GmbH an die KG bei Gründung einer GmbH & Co. KG	99

III Grundsätzliches zur Gewinnverteilung 100

1	Gesetzliche Grundlagen	100
2	Maßgeblichkeit der handelsrechtlichen Gewinnverteilung für das Steuerrecht	100
3	Grundzüge der BFH-Rechtsprechung	101
4	Verlustausschluß der Komplementär-GmbH	103
5	Mitunternehmereigenschaft einer Komplementärin ohne Kapitalbeteiligung	104
6	Rückwirkende Neuverteilung des Gewinns	105

IV Besteuerungsfragen bei Kapitalveränderungen 106

1	Komplementär-GmbH	106
	a) Kapitalerhöhung	106
	b) Kapitalherabsetzung	107
2	Kommanditgesellschaft	108
	a) Erhöhung der Kommanditeinlage	108
	b) Herabsetzung der Kommanditeinlage	109

D Laufender Geschäftsbetrieb der GmbH & Co. KG – Handelsrechtlicher Teil 112

I Innenverhältnis 112

1	Geschäftsführungsbefugnis innerhalb der GmbH & Co. KG	112

Inhaltsverzeichnis

Seite

a) Gesetzliche Regelung	112
aa) Zuständigkeit	112
aaa) Komplementär-GmbH	112
aab) Kommanditisten	113
bb) Umfang der Geschäftsführungsbefugnis	113
b) Vertragliche Regelungen	114
aa) Erweiterung der Kommanditistenrechte	114
bb) Einschränkung der Kommanditistenrechte	114
c) Geschäftsführung der Komplementär-GmbH	115
aa) Bestellung des Geschäftsführers	115
bb) Verhältnis des GmbH-Geschäftsführers zur KG	115
cc) Geschäftsführervergütung	116
dd) Haftung des Geschäftsführers	116
dda) Haftung des Geschäftsführers gegenüber der GmbH	116
ddb) Haftung des Geschäftsführers gegenüber der KG	117
d) Entziehung der Geschäftsführungsbefugnis	117
aa) Maßnahmen gegenüber der Komplementär-GmbH	117
bb) Abberufung des GmbH-Geschäftsführers	119
bba) Abberufung gemäß §§ 38, 45 Nr. 5 GmbHG	119
bbb) Rechte der Kommanditisten	119
bbc) Beendigung des Anstellungsvertrages	119
2 Wettbewerbsverbot	120
a) Allgemeines	120
b) Wettbewerbsverbot der Komplementär-GmbH	120
c) Wettbewerbsverbot des GmbH-Geschäftsführers	121
d) Wettbewerbsverbot der Kommanditisten	122
e) Vertragliche Regelungen	123
3 Kontrolleinrichtungen	123
a) Kontrollrechte	123
aa) Gesetzliche Regelungen	123
aaa) Kontrollrechte der Kommanditisten gegenüber der KG	123
aab) Kontrollrechte der GmbH-Gesellschafter gegenüber der GmbH	124
aac) Kontrollrechte innerhalb der GmbH & Co. KG	125
bb) Vertragliche Vereinbarungen	125
b) Kontrollorgane	126
aa) Obligatorischer Betriebsrat	126
bb) Obligatorischer Aufsichtsrat	127
bba) Aufsichtsrat gemäß Betriebsverfassungsgesetz	127

Seite

bbb) Aufsichtsrat gemäß Mitbestimmungsgesetz 127
cc) Fakultativer Aufsichtsrat 128
    cca) Allgemeines 128
    ccb) Beirat einer GmbH 128
    ccc) Beirat einer KG 130
    ccd) Haftung der Beiratsmitglieder 131
        (1) Haftung der Beiratsmitglieder einer GmbH 131
        (2) Haftung der Beiratsmitglieder einer
            Publikums-KG 132
        (3) Haftung der Beiratsmitglieder einer
            herkömmlichen GmbH & Co. KG 132

II Außenverhältnis 133

1 Vertretungsbefugnis 133
  a) Gesetzliche Regelung 133
    aa) Vertreter der GmbH & Co. KG 133
    bb) Vertreter der GmbH 133
  b) Vertragliche Regelungen 134
    aa) Rechtsgeschäftlich bestellte Vertreter 134
    bb) Gesamtvertretung 135
    cc) Grundsatz der Selbstorganschaft 135
  c) Beschränkung der Vertretungsmacht gemäß § 181 BGB 136
    aa) Selbstkontrahierungsverbot 136
    bb) Befreiung vom Selbstkontrahierungsverbot 137
    cc) Genehmigung von Insichgeschäften 137
  d) Entziehung der Vertretungsmacht 138
    aa) Entziehung der Vertretungsmacht der Komplementär-
        GmbH 138
    bb) Widerruf der Prokura eines Kommanditisten 139

2 Haftung 140
  a) Haftung der GmbH & Co. KG 140
  b) Haftung der Komplementär-GmbH 140
  c) Haftung der Kommanditisten 140
    aa) Allgemeines 140
    bb) Überbewertung der Einlage 141
    cc) Einlage durch Einbringung von Anteilen der Komplementär-
        GmbH 141
    dd) Rückzahlung der Einlage 142

Seite

        dda) Allgemeines 142
        ddb) Tätigkeitsvergütung eines Kommanditisten 143
        ddc) Rückzahlung aus dem Vermögen der Komplementär-
             GmbH 143
      ee) Gewinnentnahme bei negativem Kapitalkonto 144
      ff) Auszahlung von Scheingewinnen 144
      gg) §§ 30, 31 GmbHG 145
      hh) §§ 30, 31 GmbHG analog 147
    ii) Durchgriffshaftung wegen Unterkapitalisierung 147
    jj) Unbeschränkte Haftung aufgrund gesellschaftsinterner
       Vereinbarungen 149

III Rechnungslegung 150

1   Buchführungs- und Rechnungslegungsvorschriften 150
    a) Handelsrecht (Bilanzrichtlinien-Gesetz) 150
    b) Steuerrecht 151
    c) Einheitsbilanz 151
    d) Gesellschafterdarlehens- und Gesellschafterverrechnungskonten
       (Kapitalkonto I und II) 153
       aa) Kapitalkonten und Gesellschafterdarlehen 153
       bb) Verrechnungskonten bei Auslagenersatz 154

2   Jahresabschluß und Publizität 156
    a) Grundsätzliches 156
    b) Von der Komplementär-GmbH und der Kommanditgesellschaft
       zu beachtende Vorschriften 157
       aa) Buchführung 157
       bb) Ansatz (Bilanzierungs-)Vorschriften 157
       cc) Bewertungsvorschriften 159
    c) Jahresabschluß – Aufstellung und Gliederung 160
    d) Von der Komplementär-GmbH zu beachtende Vorschriften ... 165
    e) Praxisbezogene Beispiele zum Jahresabschluß der
       Komplementär-GmbH 169
    f) Änderungsvorschläge der EG-Kommission 172

3   Steuerliche Sonderbilanzen, steuerliche Ergänzungsbilanzen 174
    a) Umfang der steuerlichen Vermögensübersicht 174
    b) Sonderbilanzen 175
    c) Ergänzungsbilanzen 175
    d) Sonderbetriebsvermögen der Komplementär-GmbH und der
       Kommanditisten 176

Inhaltsverzeichnis

Seite

E Laufender Geschäftsbetrieb der GmbH & Co. KG – Steuerrechtlicher Teil 178

I Steuerrechtliche Grundlagen der GmbH & Co. KG ... 178

1 Behandlung der Einkünfte aus der GmbH & Co. KG als gewerbliche Einkünfte 178
   a) Grundsätzliches 178
   b) BFH-Rechtsprechung 179
   c) Gesetzliche Grundlagen 183

2 Abgrenzung zwischen gewerblich geprägter und gewerblich tätiger KG 187

3 Doppelstöckige GmbH & Co. KG 189

II Einkommen- und Körperschaftsteuer 191

1 Ebene der Kommanditgesellschaft bzw. der Kommanditisten 191
   a) Ermittlung der Einkünfte 191
      aa) Behandlung der Geschäftsführergehälter 191
         aaa) Geschäftsführer ist zugleich Kommanditist 191
         aab) Geschäftsführer ist nicht Kommanditist 193
         aac) Geschäftsführer ist mittelbar beteiligt 194
         aad) Sozialversicherungsbeiträge 195
         aae) Pensionsrückstellungen 195
      bb) Anteile der Kommanditisten an der Komplementär-GmbH 196
         bba) Notwendiges Sonderbetriebsvermögen 196
         bbb) Privatvermögen 197
      cc) Beirats- und Aufsichtsratsvergütungen 198
      dd) Auslagenersatz 199
      ee) Miet- und Pachtverträge zwischen Gesellschafter und GmbH & Co. bzw. Komplementär-GmbH 200
      ff) Aktivierung von Dividendenansprüchen aus GmbH-Anteilen 202
   b) Gewinnverteilung 202
      aa) Besondere Gewinnverteilungsgrundsätze 202
         aaa) Arbeitseinsatz 202
         aab) Haftungsrisiko 204

Inhaltsverzeichnis

Seite

aac) Kapitaleinsatz	206
aad) Zusammenfassung	206
bb) Zulässigkeit negativer Kapitalkonten	210
bba) Überblick über die BFH-Rechtssprechung	210
bbb) Grenzen der Verlustzuweisungen	213
bbc) Einschränkungen durch § 15 a EStG	214
cc) Änderungen der im Gesellschaftsvertrag festgelegten Gewinnverteilung	217
dd) Verdeckte Gewinnausschüttungen	219
dda) Unangemessene Gewinnverteilung	219
ddb) Unangemessenes Geschäftsführergehalt	220
ddc) Zu niedriger Veräußerungspreis	221
c) Feststellung der Einkünfte	222
aa) Einheitliche und gesonderte Gewinnfeststellung	222
bb) Sonderbetriebseinnahmen	223
cc) Sonderbetriebsausgaben	223
dd) Verdeckte Gewinnausschüttungen	224
d) Besteuerung der Einkünfte bei den Kommanditisten	225
aa) Angemessene Gewinnanteile	225
bb) Verdeckte Gewinnausschüttungen	225
cc) Verlustabzug, Verlustvortrag	227
dd) Ausländische Kommanditisten	228
2 Ebene der Komplementär-GmbH	228
a) Aktivierung des Gewinnanteils an der GmbH & Co. KG	228
b) Besteuerung des Gewinns der GmbH	229
c) Verdeckte Gewinnausschüttungen	229
d) Organschaftsfragen	230

III Gewerbesteuer ... 232

1 Kommanditgesellschaft	232
a) Geprägegrundsätze	232
b) Beginn der Gewerbesteuerpflicht	233
c) Einheitliche Feststellung des Gewinns	234
aa) Grundsätzliches	234
bb) Geschäftsführergehälter	234
cc) Verdeckte Gewinnausschüttungen	235
d) Keine Eignung als Organgesellschaft	235
2 Komplementär-GmbH	236

Inhaltsverzeichnis

Seite

IV Vermögensbesteuerung ... 236

1 Vermögensaufstellung der Kommanditgesellschaft ... 236
   a) Umfang des Betriebsvermögens ... 236
   b) Gesellschafterdarlehen ... 238
   c) Gegenseitige Beteiligung ... 239
   d) Verpachtete Wirtschaftsgüter der GmbH ... 241
   e) Verpachtete Wirtschaftsgüter der Kommanditisten ... 241

2 Besteuerung der Gesellschafter (Einheitswertaufteilung) ... 242

3 Behandlung der Komplementär-GmbH ... 245

V Umsatzsteuer ... 246

1 Kommanditgesellschaft ... 246
   a) Grundsätzliches ... 246
   b) Vergütung für die Geschäftsführung ... 246
   c) Berechtigung zum Vorsteuerabzug ... 247
   d) Aufsichtsrats-, Beiratstätigkeit ... 248
   e) Organschaftsfragen, Unternehmereinheit ... 248

2 Komplementär-GmbH ... 248

VI Kapitalverkehrsteuer ... 250

1 Privat- und Darlehenskonten sowie sonstige gesellschaftliche Leistungen der Kommanditisten ... 250
   a) Darlehen der Kommanditisten an die KG ... 250
   b) Freiwillige Leistungen ... 253
   c) Wiederauffüllung der durch Verluste geminderten Kommanditeinlage aus nachfolgenden Gewinnen ... 254
   d) Verbuchung der Gewinne und Verluste der Kommanditisten einer GmbH & Co. KG auf Sonderkonten mit Darlehenscharakter .. 255
   e) Verzicht auf Gewinnverteilung ... 256

2 Deckung einer Überschuldung oder eines Verlustes aus Nennkapital ... 257

3 Börsenumsatzsteuer bei Erwerb von Anteilen an einer GmbH & Co. KG ... 259

		Seite

VII Grunderwerbsteuer 259

F Gesellschafterwechsel – Handelsrechtlicher Teil 260

I Gesellschafterwechsel bei der GmbH 260

1 Gesetzliche Regelung 260
2 Vertragliche Regelungen 260

II Gesellschafterwechsel bei der GmbH & Co. KG 260

1 Allgemeines 260
2 Eintritt in eine KG 261
3 Austritt aus einer KG 261
4 Abgrenzung des kombinierten Eintritts/Austritts zur Anteilsübertragung 262
5 Anteilsübertragung 262
6 Haftung der Alt- und Neugesellschafter 264
  a) Haftung bei Eintritt/Austritt 264
     aa) Haftung des neuen Komplementärs 264
     bb) Haftung des alten Komplementärs 264
         bba) Allgemeines 264
         bbb) Verbindlichkeiten aus Dauerschuldverhältnissen 265
         bbc) Alter Komplementär als Kommanditist und GmbH-
              Geschäftsführer 266
     cc) Haftung des neuen Kommanditisten 267
         cca) Beschränkte Haftung 267
         ccb) Unbeschränkte Haftung gemäß § 176 Abs. 2 HGB .. 267
     dd) Haftung des alten Kommanditisten 268
  b) Haftung bei Anteilsübertragung 269
     aa) Haftung bei Übertragung der Komplementärstellung 269
     bb) Haftung bei Übertragung eines Kommanditanteils 269
         bba) Grundsätzliches 269
         bbb) Haftung bei fehlendem Rechtsnachfolgevermerk 270
         bbc) Unbeschränkte Haftung analog § 176 Abs. 2 HGB .. 271

Inhaltsübersicht

Seite

    c) Vergleich der Haftung bei Eintritt/Austritt und Anteils-
übertragung 271

**III Koordinierung der Gesellschafterwechsel bei der
GmbH und bei der GmbH & Co. KG** 272

IV Einzelheiten zum Ausscheiden von Gesellschaftern ... 273

1 Kündigung eines Gesellschafters 273
   a) Kündigung eines Gesellschafters der GmbH & Co. KG 273
      aa) Ordentliche Kündigung 273
      bb) Außerordentliche Kündigung 273
      cc) Rechtsfolgen einer Kündigung 274
   b) Kündigung eines GmbH-Gesellschafters 274
      aa) Ordentliche Kündigung 274
      bb) Außerordentliche Kündigung 274
      cc) Rechtsfolgen der Kündigung 275

2 Ausschluß eines Gesellschafters 275
   a) Ausschluß eines Gesellschafters der GmbH & Co. KG 275
   b) Ausschluß eines GmbH-Gesellschafters 276
      aa) Allgemeines 276
      bb) Einziehung von Geschäftsanteilen 276
         bba) Voraussetzungen der Einziehung 276
         bbb) Rechtsfolgen der Einziehung 277
      cc) Ausschlußklausel im Gesellschaftsvertrag 278
      dd) Ausschlußklage 278
         dda) Klageverfahren 278
         ddb) Materiellrechtliche Voraussetzungen 279

3 Koordinierung von Kündigung und Ausschluß in den Gesellschaftsverträgen der GmbH und der GmbH & Co. KG 279

4 Tod eines Gesellschafters 280
   a) Tod eines Kommanditisten 280
      aa) Gesetzliche Rechtsnachfolge 280
      bb) Vertragliche Gestaltungsmöglichkeiten 281
         bba) Allgemeines 281
         bbb) Qualifizierte Nachfolgeklausel 281
         bbc) Eintrittsklausel 282

Seite

cc) Haftung bei erbrechtlicher Nachfolge 284
   cca) Gesellschaftsrechtliche Haftung 284
   ccb) Erbenhaftung 284
   ccc) Haftung bei Nachfolge aufgrund einer qualifizierten Nachfolgeklausel 285
   ccd) Haftung bei fehlendem Nachfolgevermerk 285
   cce) Unbeschränkte Haftung gemäß § 176 Abs. 2 HGB .. 286
dd) Haftung bei Eintritt aufgrund eines Aufnahmevertrags ... 286
ee) Haftung des Vermächtnisnehmers 287
b) Tod eines GmbH-Gesellschafters 287
   aa) Gesetzliche Regelung 287
   bb) Vertragliche Gestaltungsmöglichkeiten 287
c) Koordinierung von Nachfolgeregelungen in den Gesellschaftsverträgen der GmbH & Co. KG und GmbH 288

5 Abfindung 289
   a) Abfindung eines Gesellschafters der GmbH & Co. KG 289
      aa) Gesetzlicher Abfindungsanspruch 289
      bb) Schwebende Geschäfte 290
      cc) Abfindungsklauseln 290
         cca) Allgemeines 290
         ccb) Buchwertklausel 291
         ccc) Grenzen der rechtlichen Zulässigkeit von Abfindungsklauseln 292
            (1) Allgemeines 292
            (2) Ausschluß eines Gesellschafters ohne wichtigen Grund 292
            (3) Ausschluß eines Gesellschafters aus wichtigem Grund 292
            (4) Sittenwidrige Kündigungsbeschränkung 292
            (5) Gläubigerbenachteiligung 293
            (6) Ausschluß einer Abfindung bei Tod eines Gesellschafters 293
         ccd) Rechtsfolgen unzulässiger Abfindungsklauseln 293
      b) Abfindung eines GmbH-Gesellschafters 294

G Gesellschafterwechsel – Steuerrechtlicher Teil 295

I Ertragsteuern (Einkommen-, Gewerbesteuer) 295

1 Ergänzungsbilanz bei Gesellschaftereintritt 295

Seite

a) Entstehungsgründe 295
b) Technik 296
c) Entwicklung 297

2 Veräußerung von Kommandit- und GmbH-Anteilen 298

3 Zurechnung von Verlusten bei Veräußerung von
 Gesellschaftsanteilen 300

4 Ausscheiden des Kommanditisten bei negativem Kapitalkonto 300

5 Unentgeltlicher Übergang des Kommanditanteils 302

II Umsatzsteuer 302

III Vermögensteuer 303

IV Kapitalverkehrsteuer 303

1 Gesellschafterwechsel 303
 a) Wechsel des Komplementärs 303
 b) Wechsel der Kommanditisten 304

2 Kaptialverschiebungen zwischen zwei Kommanditgesellschaften .. 305

3 Teilweise Umwandlung von GmbH-Anteilen in Kommanditanteile
 und umgekehrt 306

V Grunderwerbsteuer 307

1 Wechsel im Personenstand der Gesellschaft 307

2 Vereinigung sämtlicher Anteile 307

**H Beendigung der GmbH & Co. KG
 – Handelsrechtlicher Teil** 309

I Auflösung der GmbH & Co. KG 309

1 Gesetzliche Regelung 309

		Seite
2	Gesellschaftsvertragliche Vereinbarungen	309
3	Besonderheiten der GmbH & Co. KG	310

II Liquidation der GmbH & Co. KG ... 311

III Konkurs der GmbH & Co. KG ... 312

1 Konkursgründe bei der GmbH & Co. KG ... 312
2 Pflichten der Geschäftsführer gegenüber der GmbH & Co. KG .. 312
   a) Allgemeines ... 312
   b) Faktischer Geschäftsführer einer GmbH & Co. KG ... 313
3 Wechselwirkungen zwischen dem Konkurs der GmbH & Co. KG und dem Konkurs der Komplementär-GmbH ... 314
4 Kapitalersetzende Gesellschafterdarlehen ... 315
   a) Kapitalersetzende Gesellschafterdarlehen gemäß § 172 a HGB i. V. m. § 32 a Abs. 1 GmbHG ... 315
      aa) Allgemeines ... 315
      bb) Eigenkapitalfunktion eines Gesellschafterdarlehens ... 316
      cc) Stehenlassen eines Gesellschafterdarlehens in der Krise ... 317
      dd) Rechtsfolgen der Eigenkapitalfunktion von Gesellschafterdarlehen ... 317
         dda) Ausschluß des Rückzahlungsanspruchs im Konkurs .. 317
         ddb) Anfechtbarkeit der Rückzahlung ... 317
         ddc) Verbot der Rückzahlung ... 318
   b) „Gesplittete" Pflichteinlage ... 319

I Beendigung der GmbH § Co. KG – Steuerrechtlicher Teil ... 321

I Ertragsteuern (Einkommen-, Gewerbesteuer) ... 321

1 Veräußerungs(Aufgabe)gewinn, Veräußerungs(Aufgabe)verlust ... 321
2 Zurechnung von Verlusten auf Kommanditisten ... 322

Seite

3	Behandlung verrechenbarer Verluste	322
4	Keine Gewerbesteuerpflicht nach Einstellung der werbenden Tätigkeit	322
II	**Umsatzsteuer**	323
III	**Kapitalverkehrsteuer**	324
IV	**Grunderwerbsteuer**	324

J Anhang I: Sonderfragen zur Publikums-KG ... 325

I Handelsrechtlicher Teil ... 325

1 Beitritt zu einer Publikums-KG ... 325
2 Auslegung und Inhaltskontrolle von Gesellschaftsverträgen einer Publikums-KG ... 325
   a) Auslegung ... 325
   b) Inhaltskontrolle ... 326
3 Beschlüsse der Gesellschafter (Bestimmtheitsgrundsatz) ... 327
4 Das Recht zur außerordentlichen Kündigung ... 328
   a) Kündigungsgründe ... 328
      aa) Arglistige Täuschung ... 328
      bb) Unerreichbarkeit des Gesellschaftszwecks ... 329
   b) Kündigungserklärung ... 330
   c) Rechtsfolge der Kündigung ... 330
      aa) Anspruch der Gesellschaft bei nicht geleisteter Einlage ... 330
      bb) Einwand der Arglist ... 330
   d) Kündigung nach Auflösung der Gesellschaft ... 331
5 Prospekthaftung ... 332
   a) Angaben im Prospekt ... 332
   b) Rechtliche Grundlage der Haftung ... 332
   c) Verantwortlicher Personenkreis ... 333

Inhaltsverzeichnis

Seite

	d) Schaden	334
	e) Verjährung	334

II Steuerrechtlicher Teil 335

1	Inanspruchnahme erhöhter Absetzungen	335
2	Gewinnverteilung in der Investitionsphase	339
3	Investitionszulage	343
4	Anzahlungen durch Hingabe von Wechseln	344
5	Grunderwerbsteuer und Grundstücksgesellschaften	344

**K Anhang II:
Sonderfragen zur Stiftung & Co. KG** 347

I Struktur der Stiftung & Co. KG 347

II Struktur der Komplementär-Stiftung 347

1	Allgemeines	347
2	Entstehung einer Stiftung	348
3	Kapitalausstattung	348
4	Stiftungsaufsicht	348

III Motiv für die Errichtung einer Stiftung & Co. KG ... 349

**IV Vorteile der Stiftung & Co. KG gegenüber
der GmbH & Co. KG** 349

V Rechtliche Anerkennung der Stiftung & Co. KG 350

VI Steuerliche Grundsätze zur Stiftung & Co. KG 351

Literaturverzeichnis 352

Stichwortverzeichnis 362

Abkürzungen

a. A.	anderer Ansicht
a. a. O.	am angeführten Orte
Abs.	Absatz
Abschn.	Abschnitt
a. F.	alte Fassung
AfA	Absetzung für Abnutzung
AG	„Die Aktiengesellschaft", Zeitschrift
AG, AGen	Aktiengesellschaft(en)
AktG	Aktiengesetz
a. M.	anderer Meinung
AnfG	Gesetz betreffend die Anfechtung von Rechtshandlungen außerhalb des Konkursverfahrens
Anm.	Anmerkung
AP	Arbeitsrechtliche Praxis (seit 1954: Nachschlagewerk des Bundesarbeitsgerichts)
AO	Abgabenordnung
ArbGG	Arbeitsgerichtsgesetz
Art.	Artikel
BAG	Bundesarbeitsgericht
BayObLG	Bayerisches Oberstes Landesgericht
BB	„Der Betriebs-Berater", Zeitschrift
BdF	Bundesminister der Finanzen
BetrVG	Betriebsverfassungsgesetz
BewG	Bewertungsgesetz
BFH	Bundesfinanzhof
BFH-U	Urteil des Bundesfinanzhofs
BFH 93, 86	Amtliche Sammlung der Entscheidungen und Gutachten des Bundesfinanzhofs (Band 93, Seite 86)
BFH/NV	Sammlung amtlich nicht veröffentlichter Entscheidungen des Bundesfinanzhofs
BFM	Bundesfinanzministerium
BGB	Bürgerliches Gesetzbuch
BGBl	„Bundesgesetzblatt"
BGH	Bundesgerichtshof
BGHST	Bundesgerichtshof, Entscheidungen in Strafsachen
BGH-U	Urteil des Bundesgerichtshofs
BGHZ	Bundesgerichtshof, Entscheidungen in Zivilsachen
BerlinFG (BHG, BFG)	Berlinförderungsgesetz (Berlinhilfegesetz)

Abkürzungen

BSG	Bundessozialgericht
BStBl	„Bundessteuerblatt"
BT-Dr.	Bundestagsdrucksache
BVerfG	Bundesverfassungsgericht
DB	„Der Betrieb", Zeitschrift
DJZ	„Deutsche Juristen-Zeitung"
DNotZ	„Deutsche Notar-Zeitschrift"
DStR	„Deutsches Steuerrecht", Zeitschrift
DStZ (A, B)	„Deutsche Steuer-Zeitung", Ausgabe A, B, Zeitschrift
DV, DVO	Durchführungsverordnung
DVR	„Deutsche Verkehrsteuer-Rundschau", Zeitschrift
EFG	„Entscheidungen der Finanzgerichte", Zeitschrift
ErbStG	Erbschaftsteuergesetz
Erl	Erlaß
ESt	Einkommensteuer
EStDV	Einkommensteuer-Durchführungsverordnung
EStG	Einkommensteuergesetz
EStR	Einkommensteuer-Richtlinien
F	Fach
FA	Finanzamt
f., ff.	folgende
FG	Finanzgericht
FinMin	Finanzminister
FN	„Fachnachrichten Institut der Wirtschaftsprüfer in Deutschland e. V.", Zeitschrift
FR	„Finanz-Rundschau", Zeitschrift
GewStDV	Gewerbesteuer-Durchführungsverordnung
GewStG	Gewerbesteuergesetz
GewStR	Gewerbesteuer-Richtlinien
GG	Grundgesetz
GGf.	Gesellschafter-Geschäftsführer
GmbH, GmbHen	Gesellschaft(en) mit beschränkter Haftung
GmbHG	GmbH-Gesetz
GmbHR, GmbH-Rdsch.	„Rundschau für GmbH", Zeitschrift
Gr.	Gruppe
GrEStG	Grunderwerbsteuergesetz
Großkomm	Großkommentar zum HGB, begründet von Staub, 3. Aufl. von Brüggemann, Canaris, Fischer, Helm, Koller, Ratz, Schilling, Ulmer, Würdinger/Rohricht,

	5 Bde, Berlin 1967 ff.; 4. Aufl. Hrsg. Canaris, Schilling, Ulmer, Einzellieferungen, 1983 ff.
Hans OLG	Hanseatisches Oberlandesgericht
HFR	„Höchstrichterliche Finanzrechtsprechung", Zeitschrift
HGB	Handelsgesetzbuch
i. d. F.	in der Fassung
idR	in der Regel
Inf.	„Die Information über Steuer und Wirtschaft", Zeitschrift
i. S.	im Sinne
JR	„Juristische Rundschau", Zeitschrift
JW	„Juristische Wochenschrift", Zeitschrift
KG, KGen	Kommanditgesellschaft(en)
KGaA	Kommanditgesellschaft(en) auf Aktien
KGJ	Jahrbuch für Entscheidungen des Kammergerichts
KSt	Körperschaftsteuer
KStDV	Körperschaftsteuer-Durchführungsverordnung
KStG	Körperschaftsteuergesetz
KStR	Körperschaftsteuer-Richtlinien
KVSt	Kapitalverkehrsteuer
KVStG	Kapitalverkehrsteuergesetz
Lfg.	Lieferung
LG	Landgericht
LM	Nachschlagewerk des Bundesgerichtshofs (Loseblattsammlung), herausgegeben von Lindemaier, Möhring u. a.
LStDV	Lohnsteuer-Durchführungsverordnung
LStR	Lohnsteuer-Richtlinien
MitbestG	Gesetz über die Mitbestimmung der Arbeitnehmer vom 4.5.1976
MittBayNot.	Mitteilungen des Bayerischen Notarvereins, der Notarkasse und der Landesnotarkammer Bayern
Münchkomm.	Münchener Kommentar zum Bürgerlichen Gesetzbuch, hrsg. von Rebmann, Säcker, 7 Bde, München 1978 ff.
n. F.	neue Fassung
NJW	„Neue Juristische Wochenschrift", Zeitschrift
NJW-RR	NJW-Rechtsprechungsreport
Nr.	Nummer
n. rkr.	nicht rechtskräftig
NRW	Nordrhein-Westfalen

Abkürzungen

NST	„Neues Steuerrecht von A bis Z", Zeitschrift
NWB	„Neue Wirtschaftsbriefe für Steuer- und Wirtschaftsrecht", Zeitschrift
OFD	Oberfinanzdirektion
OFH	Oberster Finanzgerichtshof
OHG, OHGen	Offene Handelsgesellschaft(en)
OLG (ObLG)	Oberlandesgericht
OLGE	Sammlung der Rechtsprechung der Oberlandesgerichte (Band und Seite)
OVG	Oberverwaltungsgericht
PdR	„Praxis des Rechnungswesens", Lose-Blatt-Zeitschrift
Rderl	Runderlaß
RdF	Reichsminister der Finanzen
Rdvfg	Rundverfügung
RFH	Reichsfinanzhof
RFH-U	Urteil des Reichsfinanzhofs
RFM	Reichsfinanzministerium
RG	Reichsgericht
RGBl	„Reichsgesetzblatt"
RGZ	„Entscheidungen des Reichsgerichts in Zivilsachen"
Rn.	Randnummer
RStBl	„Reichssteuerblatt"
RWP-Bl	„Rechts- und Wirtschaftspraxis", Blattei-Handbuch
SeuffA	Seufferts Archiv für Entscheidungen der obersten Gerichte in den deutschen Staaten
StAnpG	Steueranpassungsgesetz
StÄndG	Steueränderungsgesetz
Stbg	„Die Steuerberatung", Zeitschrift
StbJb	„Steuerberater-Jahrbuch"
StBp	„Steuerliche Betriebsprüfung", Zeitschrift
StEK	Steuererlasse in Karteiform (Steuererlaß-Kartei)
StiftG	Stiftungsgesetz
Stpfl.	Steuerpflichtige(r)
StuW	„Steuer und Wirtschaft", Zeitschrift
StW	„Steuer-Warte", Zeitschrift
StWK	„Steuer- und Wirtschafts-Kurzpost", Lose-Blatt-Zeitschrift
StZBlBln	„Steuer- und Zollblatt" Berlin
Tz.	Textziffer
U	Urteil
UmwG	Umwandlungsgesetz

Abkürzungen

UmwStG	Umwandlungsteuergesetz
USt	Umsatzsteuer
UStG	Umsatzsteuergesetz
UStR	„Umsatzsteuer-Rundschau", Zeitschrift
Vfg	Verfügung
VG	Verwaltungsgericht
VO	Verordnung
VSt	Vermögensteuer
VStG	Vermögensteuergesetz
VStR	Vermögensteuer-Richtlinien
WM	„Wertpapier-Mitteilungen", Zeitschrift
WPg	„Die Wirtschaftsprüfung", Zeitschrift
ZGR	Zeitschrift für Unternehmens- und Gesellschaftsrecht
ZHR	„Zeitschrift für das gesamte Handels und Wirtschaftsrecht"
ZPO	Zivilprozeßordnung

A GmbH & Co. KG als Gesellschaftsform

I Wesensmerkmale der GmbH & Co. KG

1 Struktur der GmbH & Co. KG

Die GmbH & Co. KG ist eine Kommanditgesellschaft gemäß § 161 Abs. 1 HGB. Als Kommanditgesellschaft hat sie zwei Arten von Gesellschaftern: die nur mit ihrer Einlage haftenden Kommanditisten und die persönlich mit ihrem gesamten Vermögen haftenden Komplementäre. Kennzeichen einer GmbH & Co. KG ist, daß hier eine GmbH Komplementärin ist. Man spricht von einer typischen oder echten GmbH & Co. KG, wenn diese GmbH die einzige Komplementärin der KG ist. Von einer unechten GmbH & Co. KG spricht man, wenn neben der GmbH noch eine natürliche Person persönlich haftende Gesellschafterin ist[1].

Eine GmbH & Co. KG erfordert immer zwei gesellschaftsrechtliche Organisationen: eine GmbH und eine Kommanditgesellschaft. Ihre Verbundenheit ergibt sich aus der Beteiligung der GmbH als persönlich haftende Gesellschafterin an der Kommanditgesellschaft. Darüber hinaus kann die Kommanditgesellschaft sämtliche Anteile an der GmbH halten (sog. Einheits-GmbH & Co. KG)[2]. Trotz ihrer Verbundenheit bleiben Kommanditgesellschaft und GmbH rechtlich immer zwei zu trennende Gesellschaften, die jeweils eigenen Regeln unterliegen[3].

2 Gesellschafterhaftung

Die Besonderheit der GmbH & Co. KG gegenüber einer herkömmlichen Kommanditgesellschaft liegt darin, daß in einer GmbH & Co. KG grundsätzlich keine natürliche Person unbeschränkt haftet, da natürliche Personen nur als Kommanditisten oder GmbH-Gesellschafter an dem Unternehmen beteiligt sind. Die Haftungssituation der hinter einem Unternehmen in der Form einer GmbH & Co. KG stehenden Personen ähnelt also der von Gesellschaftern einer Kapitalgesellschaft. Ihre Haftung beschränkt sich grundsätzlich auf die von ihnen geleistete Einlage.

Die Komplementär-GmbH haftet dagegen für sämtliche Verbindlichkeiten der GmbH & Co. KG mit ihrem gesamten Vermögen.

---

1 Vgl. BGH WM 1979, 1057.
2 S. Rn. 21 ff.
3 S. z. B. Rn. 47 u. 71.

3 Komplementär-GmbH

4 In der Regel wird die GmbH ausschließlich zur Wahrnehmung der Komplementärstellung innerhalb der Kommanditgesellschaft gegründet und nur mit dem Mindeststammkapital von DM 50000,- ausgestattet[4]. Ihre Tätigkeit beschränkt sich auf die Führung der Geschäfte der KG, wobei sie die Komplementär-Stellung auch bei mehreren Kommanditgesellschaften einnehmen kann. Als persönlich haftende Gesellschafterin der KG ist sie allein zur organschaftlichen Vertretung der GmbH & Co. KG berechtigt und verpflichtet, §§ 125 Abs. 1, 161 Abs. 2, 170 HGB[5]. Sie nimmt diese Aufgaben durch ihre Geschäftsführer wahr, die infolgedessen die eigentlichen Leiter der GmbH & Co. KG sind.

Dieser Umstand begründet eine weitere Besonderheit der GmbH & Co. KG gegenüber einer herkömmlichen Kommanditgesellschaft. Obwohl Personengesellschaft und damit dem Prinzip der Selbstorganschaft verpflichtet[6], kann sie im Ergebnis wie eine Kaptialgesellschaft von außenstehenden Dritten geleitet werden[7].

II Entwicklung der GmbH & Co. KG

5 Die Fähigkeit einer GmbH, Komplementärin einer GmbH & Co. KG zu sein, wird heute nicht mehr ernsthaft in Frage gestellt. Rechtsprechung und Gesetzgebung haben aus ihr eine Institution gemacht, die fester Bestandteil des deutschen Gesellschaftsrechts ist.

Die GmbH & Co. KG wurde erstmals von der Rechtsprechung durch eine Entscheidung des BayObLG vom 16.2.1912[8] anerkannt. Später hat auch das Reichsgericht in seinem grundlegenden Beschluß vom 4.7.1922[9] die zivilrechtliche Zulässigkeit bejaht. Der Bundesgerichtshof folgte im Ergebnis dieser Rechtsprechung[10]. Die Anerkennung durch den Gesetzgeber erfolgte später durch einzelne Regelungen[11].

---

4 Vgl. Kornblum/Kleinle/Baumann/Steffan, GmbHR 1985, 7 (50); Barth, BB 1986, 2235 (2236).
5 S. Rn. 328 f.
6 S. Rn. 337 ff.
7 Vgl. auch Rn. 339.
8 SeuffA 67 (1912), Nr. 263.
9 RGZ 105, 101 ff.
10 Vgl. z. B. BGHZ 11, 214; 46,7 (13).
11 Z. B. §§ 130 a/b i. V. m § 177 a HGB (29.7.1976); §§ 19 Abs. 5, 125 a, 172 Abs. 6, 172 a (4.7.1980); § 4 MitbestG (4.5.1976); § 6 Abs. 1 Nr. 4 KVStG 1959.

Entwicklung der GmbH & Co. KG

In der mittelständischen Wirtschaftspraxis ist die GmbH & Co. KG ein beliebter Gesellschaftstypus. Insbesondere Familiengesellschaften sind oft derart organisiert. Man schätzt die Zahl der Unternehmen in der Form der GmbH & Co. KG mittlerweile auf über 50000[12].Der Grund dafür liegt in den zum Teil erheblichen Vorteilen der GmbH & Co. KG gegenüber der herkömmlichen Kommanditgesellschaft und den Kapitalgesellschaften[13].

III Rechtliche Einordnung der GmbH & Co. KG

Trotz der Nähe zur Kapitalgesellschaft ist die GmbH & Co. KG eine Personengesellschaft geblieben und ist im wesentlichen dem Recht der Kommanditgesellschaft unterworfen, §§ 161 – 177 a HGB. Soweit diese Regelungen nichts anderes vorschreiben, sind gemäß § 161 Abs. 2 HGB die für die offene Handelsgesellschaft (OHG) geltenden Vorschriften (§§ 105 – 160 HGB) und gemäß § 105 Abs. 2 HGB die für die Gesellschaft bürgerlichen Rechts geltenden Vorschriften (§§ 705 – 740 BGB) anzuwenden. Darüber hinaus haben der Gesetzgeber und die Rechtsprechung für die den Kapitalgesellschaften stark angenäherte GmbH & Co. KG eigene Regelungen entwickelt[14].

Diese Regelungen zielen in erster Linie darauf ab, Gläubigerrisiken zu begrenzen, die aus der Kombination von Personengesellschaft und Kapitalgesellschaft in Form der GmbH & Co. KG herrühren. Insbesondere soll verhindert werden, daß die spezifischen Gläubigerschutzbestimmungen des Rechts der Kapitalgesellschaften durch die Form der GmbH & Co. KG unterlaufen werden. Gesetzgebung und Rechtsprechung unterstellen die GmbH & Co. KG zunehmend dem strengeren Recht der GmbH. Diese Entwicklung scheint noch nicht abgeschlossen zu sein. Inwieweit auf die GmbH & Co. KG das Recht der GmbH Anwendung findet, wird im weiteren Text im einzelnen dargestellt.

IV Vorteile der GmbH & Co. KG

1 Allgemeines

Hauptmotiv für die Errichtung der GmbH & Co. KG war die Doppelbesteuerung der GmbH und ihrer Gesellschafter. Diese ist durch die Körperschaftsteuerre-

---

12 Vgl. Kornblum/Kleinle/Baumann/Steffan, GmbHR 1985, 7 (17 f.).
13 S. Rn. 9 ff.
14 Vgl. §§ 19 Abs. 5, 125 a i. V. m. 177 a, 130 a/b i. V. m. 177 a, 172 a HGB; § 4 MitbestG; BGHZ 60, 324 (328); 62, 216 (222); 65, 103 (105); 67, 171 (174); 76, 326 (329); 81, 252 (255).

A GmbH & Co. KG als Gesellschaftsform

form von 1976 dadurch weitgehend beseitigt worden, daß die gezahlte Körperschaftsteuer grundsätzlich auf die individuelle Einkommensteuer der Gesellschafter anrechenbar ist[15]. Durch dieses Anrechnungsverfahren ist die Bedeutung der Besteuerung für die Wahl der Rechtsform geringer geworden. Jedoch weist die GmbH & Co. KG auch heute noch unter steuerrechtlichen und gesellschaftsrechtlichen Aspekten gewichtige Vorteile auf, die ihre Attraktivität in der Praxis begründen.

2 Steuerrechtliche Vor- und Nachteile der GmbH & Co. KG

Rein steuerlich ist der Vorteil einer GmbH, daß der Unternehmer in der GmbH zum Arbeitnehmer wird und sein Gehalt und seine Pensionsansprüche damit anders als bei der Personengesellschaft, zu der die GmbH & Co. KG gehört, den Gewerbeertrag mindern. Dafür gibt es vermögensteuerliche Nachteile: die Behandlung der Vermögensteuer als nicht abzugsfähige Ausgabe im Anrechnungsverfahren, die hinzutretende vermögensteuerliche Doppelbelastung auf der Ebene der Gesellschaft und der Ebene der Gesellschafter (Erfassung des Vermögens bei der Gesellschaft und in den Anteilen des Gesellschafters) und vor allem der Übergang von der Bewertung nach dem Sachwertverfahren bei Anteilen an Personengesellschaften (und den dazu gehörenden Grundstücken) auf die Bewertung nach dem Verkehrswert aufgrund des Stuttgarter Verfahrens bei GmbH-Anteilen (und den mit ihnen erfaßten Grundstücken). Daneben hat das Stuttgarter Verfahren zur Folge, daß auch in einem ertragsschwachen Jahr von den Vorjahresergebnissen ausgegangen wird, was zu einer hohen Vermögensteuerschuld trotz Ertragsschwäche führt, die wiederum eine nicht abzugsfähige Ausgabe ist.

Die Nachteile auf dem Gebiet der Substanzsteuern können gravierend sein, wenn man bedenkt, daß nach der Körperschaftsteuerreform bei der GmbH 227,– DM verdient werden müssen, um 100,– DM (nicht abzugsfähige) Vermögensteuer zu zahlen; das bedeutet eine Verschlechterung gegenüber dem Zustand vor der Reform um 17 Punkte. Die Nachteile verschärfen sich, wenn man eine erneute Erhöhung der Grundbesitzeinheitswerte in Betracht zieht. Entsprechend höher und auch in der Tendenz steigend ist die Erbschaftsteuer auf die GmbH-Anteile gegenüber der KG-Beteiligung.

Schließlich darf nicht übersehen werden, daß jede Möglichkeit eines Verlustausgleichs zwischen Kapitalgesellschaft und ihren Mitgliedern entfällt[16].

---

15 Vgl. § 36 Abs. 2 Nr. 2 EStG.
16 Felix: „Überlegungen zur Wahl der Rechtsform bei mittelständischen Unternehmen nach der Körperschaftsteuerreform", NSt Stichwort: Körperschaftsteuer Darstellung 1, Seite 3.

Vorteile der GmbH & Co. KG A

Bei Personengesellschaften wird als gemeiner Wert der Gesellschaftsanteile der vermögensteuerliche Wert i.S. des § 11 BewG zugrunde gelegt, also bei Grundstücken der Einheitswert auf den 1. Januar 1964 mit 40%igem Zuschlag. Bei Eignern von nicht notierten Anteilen an Kapitalgesellschaften werden die oft stark übersteigerten Werte nach dem Stuttgarter Verfahren (Abschn. 76 VStR 1980) angesetzt[17].

Die Empfehlung des Fachschrifttums sind unterschiedlich[18]. U.E. kann jedoch generell die Aussage getroffen werden, daß die vorstehend behandelten Nachteile der GmbH auf dem Gebiet der Substanzsteuern (Vermögensteuer, Erbschaftsteuer) gravierend sind, und daß sie dazu führen, daß der gewerbesteuerliche Vorteil weitgehend kompensiert wird.

3 Gesellschaftsrechtliche Vorteile der GmbH & Co. KG

Gegenüber einer „normalen" Kommanditgesellschaft hat die GmbH & Co. KG den Vorteil, daß keine an dem Unternehmen beteiligten natürlichen Personen persönlich haften, da sie GmbH-Gesellschafter und/oder Kommanditisten sind[19]. Dies ist ein Vorteil, der ansonsten nur bei Kapitalgesellschaften zu finden ist. 11

Ein weiterer gewichtiger Vorteil gegenüber herkömmlichen Personengesellschaften ist, daß Geschäftsführer der GmbH & Co. KG jede(r) beliebige Dritte sein kann[20]. Dem im Recht der Personengesellschaften geltenden Grundsatz der Selbstorganschaft – wonach die organschaftliche Vertretungsbefugnis[21] zwingend von den persönlich haftenden Gesellschaftern wahrzunehmen ist – wird dadurch Genüge getan, daß die GmbH unmittelbare Vertreterin der KG und geschäftsführungsbefugt ist. Da die GmbH jedoch nur durch ihre Geschäftsführer handeln kann, werden die Geschäfte der KG tatsächlich von den Geschäftsführern der GmbH geführt. Die Bestellung dieser Geschäftsführer steht im Belieben der GmbH-Gesellschafter. Daher können im Ergebnis auch außenstehende Dritte die GmbH & Co. KG leiten. Dies eröffnet die Möglichkeit, Fachleute mit der Geschäftsleitung zu betrauen, ohne ihnen auf der Gesellschafterebene Einfluß einräumen zu müssen. 12

---

17 Siehe auch StWK, Gr. 28, Seite 2893 – 2900.
18 Felix, a.a.O.: „Ein Personenunternehmen übereilt in eine Familien-GmbH umzuwandeln, sollte mehr als nur einmal überlegt werden."
19 Vgl. Rn. 354.
20 Vgl. Rn. 339.
21 S. Rn. 337.

A	GmbH & Co. KG als Gesellschaftsform

13 Dieser Aspekt kann insbesondere bei Regelungen der Unternehmensnachfolge an Bedeutung gewinnen. Weisen die Erben eines persönlich haftenden Gesellschafters nicht die erforderlichen Managementqualitäten auf, kann es sinnvoll sein, daß im Falle des Todes des Komplementärs eine GmbH an seine Stelle tritt. Durch eine GmbH als Komplementärin wird der Fortbestand der Kommanditgesellschaft unabhängig vom Überleben ihrer Gesellschafter[22]. Dadurch wird die rechtliche Kontinuität der Gesellschaft sichergestellt.

14 Gegenüber der GmbH hat die GmbH & Co. KG den Vorteil, daß ihre Gesellschafter in der Gestaltung des Gesellschaftsvertrages freier und damit flexibler sind, da das Recht der Personengesellschaften den Gesellschaftern größere gestalterische Freiräume als das GmbH-Recht einräumt. Dies wird im einzelnen im weiteren Text deutlich, wenn die gesetzlichen Bestimmungen der Kommanditgesellschaft den entsprechenden Bestimmungen der GmbH gegenübergestellt werden und auf die notwendige Koordinierung des Gesellschaftsvertrages der GmbH & Co. KG mit dem Gesellschaftsvertrag der Komplementär-GmbH hingewiesen wird[23].

15 Ein weiterer Vorteil der GmbH & Co. KG gegenüber der GmbH ist, daß sie keinen Aufsichtsrat gemäß Betriebsverfassungsgesetz bilden muß, wozu die GmbH mit mehr als 500 Arbeitnehmern verpflichtet ist[24]. Die GmbH & Co. KG trifft erst bei einer Mitarbeiterzahl von mehr als 2 000 und kongruenten Mehrheitsverhältnissen in der GmbH und der KG die Pflicht zur Bildung eines Aufsichtsrates gemäß dem Mitbestimmungsgesetz[25].

16 Nach Inkrafttreten des Bilanzrichtlinien-Gesetzes (Gesetz zur Durchführung der Vierten, Siebenten und Achten Richtlinie des Rates der Europäischen Gemeinschaften zur Koordinierung des Gesellschaftsrechts, auch BiRiLiG genannt) hat die GmbH & Co. KG gegenüber Kapitalgesellschaften einen weiteren Vorteil erlangt, der momentan in der Praxis viel diskutiert wird[26]. Die GmbH & Co. KG trifft bisher nicht die aufgrund des BiRiLiG in den §§ 325 ff HGB für Kapitalgesellschaften normierte Pflicht, ihren Jahresabschluß offenzulegen (sog. Publizitätspflicht). Es ist aber damit zu rechnen, daß mittelfristig die GmbH & Co. KG zu denselben Bedingungen wie die Kapitalgesellschaften in das Bilanzrichtlinien-Gesetz einbezogen wird[27].

---

22 Vgl. §§ 131 Nr. 4, 139, 161 Abs. 2, 177 HGB; s. auch Rn. 925 ff.
23 Vgl. z. B. Rn. 665.
24 S. Rn. 305.
25 Einzelheiten s. Rn. 308 ff.
26 Vgl. Barth, BB 1988, 1571 ff; Centrale für GmbH Dr. Otto Schmidt in GmbHR 1987, 2 f.
27 Centrale für GmbH Dr. Otto Schmidt in GmbHR 1988, 446 f.; Einzelheiten s. Rn. 461.

V Erscheinungsformen der GmbH & Co. KG

1 Personen- und beteiligungsgleiche GmbH & Co. KG

Die personen- und beteiligungsgleiche GmbH & Co. KG ist der klassische Fall einer GmbH & Co. KG. Sie scheint heute am häufigsten in der Praxis vertreten zu sein[28]. Kennzeichnend für sie ist, daß die Gesellschafter der GmbH und die Kommanditisten der KG identisch sind und in beiden Gesellschaften dieselben Beteiligungsquoten haben. Dadurch verfügen sie in beiden Gesellschaften über den gleichen Gesellschaftereinfluß.

Bei der beteiligungsidentischen GmbH & Co. KG ist im Grunde eine einheitliche Gesellschaft gewollt und wird das Vorhandensein von zwei gesellschaftsrechtlichen Organisationen für die Bildung eines Unternehmens als notwendiges Übel angesehen. Hauptziel der Gesellschafter ist es daher, den Gleichlauf beider Beteiligungen zu sichern, was angesichts der unterschiedlichen rechtlichen Strukturen beider Gesellschaften sorgfältig gestaltete Gesellschaftsverträge erfordert. Die Gesellschaftsverträge der GmbH und der GmbH & Co. KG sollten in diesem Fall Regelungen enthalten, die die Gesellschafterstellungen in beiden Gesellschaften miteinander verzahnen, was insbesondere für den Fall eines Gesellschafterwechsels von Bedeutung ist[29].

In der Praxis wird auch häufig die Willensbildung in beiden Gesellschaften gleichförmig geregelt. So werden Ladung, Versammlungsleitung, Beschlußfassung und Stimmrecht in gleicher Weise bestimmt. Wird zusätzlich noch die Beteiligung der GmbH an der KG stimmrechtslos gemacht[30], ist jede Gesellschafterversammlung der GmbH faktisch und rechtlich zugleich eine Gesellschafterversammlung der KG.

2 Einmann-GmbH & Co. KG

Ein Sonderfall der personengleichen GmbH & Co. KG ist die Einmann-GmbH & Co. KG, deren Zulässigkeit außer Frage steht[31]. Sie ist dadurch gekennzeichnet, daß der Alleingesellschafter der GmbH zugleich der einzige Kommanditist ist. Ist er auch Geschäftsführer der GmbH, ist § 35 Abs. 4 GmbHG zu beachten, wonach das Verbot des Selbstkontrahierens auch für den Gesellschafter-Geschäftsführer einer Einmann-GmbH gilt[32].

---

28 Vgl. Baumbach/Duden/Hopt, Anh. § 177 a Anm. I.3.A.
29 Einzelheiten s. Rn. 646, 665.
30 Vgl. Schilling in Großkomm., § 161 Rn. 32.
31 Vgl. Baumbach/Duden/Hopt, Anh. § 177 a Anm. I.3.A.
32 A. A. vor Inkrafttreten des § 35 Abs. 4 GmbHG am 1.1.1981 BGHZ 56, 97; 75, 358; Einzelheiten s. Rn. 341 ff.

3 Einheits-GmbH & Co. KG

21 Bei einer Einheits-GmbH & Co. KG sind GmbH und Kommanditgesellschaft wechselseitig aneinander beteiligt: Während die GmbH als persönlich haftende Gesellschafterin an der KG beteiligt ist[33], ist die Kommanditgesellschaft ihrerseits Alleingesellschafterin der GmbH, d. h. die KG hält alle Anteile ihrer eigenen Komplementär-GmbH. Die Zulässigkeit dieser Rechtskonstruktion ist heute unbestritten. Der Gesetzgeber hat die Einheits-GmbH & Co. KG mittelbar in § 172 Abs. 6 HGB anerkannt[34].

22 Durch die wechselseitige Beteiligung von GmbH & Co. KG und Komplementär-GmbH soll die Klammer zwischen KG und GmbH unlösbar, d. h. unabhängig vom Wechsel der Gesellschafter gemacht werden[34a]. Zeitweilig galt die Einheits-GmbH & Co. KG als Patentlösung zur Behebung der sog. Verzahnungsprobleme der GmbH & Co. KG[35].

23 Da aber die Einheits-GmbH & Co. KG eine Reihe nicht unerheblicher Probleme mit sich bringt und einer ausgefeilten Vertragsgestaltung bedarf, ist sie für die Praxis nicht in jedem Fall attraktiv; im Schrifttum wird vor ihr sogar gewarnt[36].

24 Ein Problem der Einheits-GmbH & Co. KG ist, daß bei ihr Stimm- und Vertretungsverhältnisse miteinander in Widerspruch geraten. Bedarf eine Maßnahme des GmbH-Geschäftsführers der Zustimmung der Gesellschafterversammlung der GmbH, steht sich der Geschäftsführer selbst gegenüber, wenn gesellschaftsvertragliche Regelungen fehlen. Da ihm die Geschäftsführung der KG als Geschäftsführer der GmbH obliegt[37] und zu diesem Aufgabenbereich auch die Ausübung von Beteiligungsrechten der KG zählt[38], werden die Rechte der KG als Alleingesellschafterin der GmbH gegenüber dem Geschäftsführer wieder von dem Geschäftsführer der GmbH ausgeübt. Auf diese Weise könnte der Geschäftsführer der Komplementär-GmbH über seine eigene Abberufung entscheiden[39]. In der Praxis sind daher gesellschaftsvertragliche Regelungen erforderlich, durch die dem Geschäftsführer der GmbH die Geschäftsführungsbefugnis für die KG in der Gesellschafterversammlung der GmbH entzogen und den Kommanditisten übertragen wird[40].

---

33 S. Rn. 1.
34 S. auch Rn. 359.
34a Schilling in Großkomm., § 161 Rn. 30.
35 Vgl. Rn. 646.
36 Scholz/K. Schmidt, Anh. § 45 Rn. 61.
37 Vgl. Rn. 262.
38 Schlegelberger/Martens, § 161 Rn. 101; Scholz/K. Schmidt, Anh. § 45 Rn. 59.
39 S. auch Bülow, GmbHR 1982, 121.
40 Hunscha, S. 30 ff.; Schlegelberger/Martens, a. a. O.; Schilling in Großkomm., § 161 Rn. 35; Scholz/K. Schmidt, Anh. § 45 Rn. 59 f.

Erscheinungsformen der GmbH & Co. KG A

Ein weiteres Problem der Einheits-GmbH & Co. KG ist der Gläubigerschutz. Das 25
Stammkapital der GmbH und die Haftsumme der Kommanditisten müssen, wie
bei jeder GmbH & Co. KG, nebeneinander bestehen und bilden zusammen das
Haftkapital der Einheitsgesellschaft. Der Erwerb der Geschäftsanteile der
GmbH durch die KG darf nur aus freiem, d.h. die Haftsumme der Kommanditisten übersteigendem Vermögen erfolgen. Umgekehrt können die Kommanditisten ihre Haftsumme nicht durch Einbringung von Geschäftsanteilen an der
Komplementär-GmbH leisten, § 172 Abs. 6 HGB[41].

4 Nicht personen- und beteiligungsgleiche GmbH & Co. KG

Die nicht personen- und beteiligungsgleiche GmbH & Co. KG kommt in der Pra- 26
xis auch häufig vor. Bei ihr sind die Gesellschafter der GmbH und die Kommanditisten der KG entweder verschiedene Personen oder GmbH und KG haben unterschiedliche Beteiligungsverhältnisse. Diese Struktur einer GmbH & Co. KG
wird gewählt, wenn nicht alle Gesellschafter gleichen Einfluß auf die Geschäftspolitik haben sollen. Denn der Einfluß auf die Geschäftspolitik hängt von der
Art (GmbH-Anteil, Kommanditanteil) und Höhe der Beteiligung ab. So können
z.B. die Mitwirkungsrechte der Personen, die lediglich als Kommanditisten an
der GmbH & Co. KG beteiligt sind, auf ein Minimum reduziert werden[42].

5 Publikums-KG

Ein besonderer Fall einer nicht personen- und beteiligungsgleichen GmbH & Co. 27
KG ist die Publikums-KG (Massen-KG). Ihr Charakteristikum ist eine Vielzahl
von Kommanditisten, deren Engagement an der Gesellschaft sich auf eine rein
kapitalistische Beteiligung beschränkt (Anlagegesellschafter). Sie werden öffentlich durch Prospekte geworben und unterwerfen sich durch ihren Beitritt einem
vorformulierten Gesellschaftsvertrag, auf dessen Gestaltung sie keinen Einfluß
haben. Die Rechte der Kommanditisten sind sehr beschränkt und werden häufig
nur über ein Vertretungsorgan (Beirat, Kommanditistenausschuß)[43] wahrgenommen. Teilweise sind die Anlagegesellschafter auch nur mittelbar über einen
Treuhänder an der Publikums-KG beteiligt. In der Praxis werden den Publikumsgesellschaften von ihren Kommanditisten erhebliche Geldmengen zur Verfügung gestellt[44].

Beherrscht wird die Publikums-KG von den Gesellschaftern der Komplementär- 28
GmbH, die die Initiatoren oder Gründungsgesellschafter sind. Für sie bietet die

---
41 S. auch Rn. 351.
42 Einzelheiten s. Rn. 259.
43 Vgl. Rn. 322.
44 Vgl. Kornblum/Kleinle/Baumann/Steffan, GmbHR 1985, 42 (45).

Publikums-KG die Möglichkeit, eine Kapitalmenge von fremden Kapitalgebern aufbringen zu lassen, die es ermöglicht, größere Investitionsobjekte durchzuführen und entsprechend großes unternehmerisches Engagement zu entfalten, ohne dabei Eigenkapital in nennenswerter Höhe einsetzen zu müssen[45]. Darüber hinaus erzielen die Initiatoren in der Regel Gewinne aus einer Vielzahl von Dienstleistungsverträgen – wie Vermittlungs-, Beratungs- und Betreuungsverträgen –, die mit den Kapitalanlegern geschlossen werden.

29 Die Kapitalanleger erhalten durch ihre Beteiligung an einer Publikums-KG die Möglichkeit, Steuern zu sparen, indem sie Verluste aus dieser Beteiligung mit anderen positiven Einkünften verrechnen können[46] (Abschreibungsgesellschaft, Verlustzuweisungsgesellschaft).

30 Von dem gesetzlichen Leitbild einer Kommanditgesellschaft hat sich die Publikums-KG entfernt. Diesem Leitbild liegt ein personalistisch geprägter Verband zugrunde, dessen Mitglieder in persönlichen Beziehungen zueinander stehen, den Gesellschaftsvertrag selbst aushandeln, dabei ihre Interessen vertreten und auch später unabhängig von der Art ihrer Beteiligung an wichtigen unternehmerischen Entscheidungen mitwirken[47]. Dem Erscheinungsbild nach entspricht die Publikums-KG mehr einer Aktiengesellschaft oder einer Kommanditgesellschaft auf Aktien.

31 Gleichwohl bleibt die Publikums-KG eine Personenhandelsgesellschaft und unterliegt grundsätzlich den gesetzlichen Regelungen zur Kommanditgesellschaft[48]. Aufgrund ihrer besonderen Struktur hat die Rechtsprechung aber zum Schutze der Kapitalanleger und im Interesse der Funktionsfähigkeit einer solchen Gesellschaft spezifische Rechtsgrundsätze entwickelt, die im einzelnen im Anhang I erläutert werden[49].

6 Doppelstöckige GmbH & Co. KG

32 Bei der doppelstöckigen oder mehrstufigen GmbH & Co. KG ist Komplementärin der GmbH & Co. KG eine weitere GmbH & Co. KG. Sie entsteht in der Regel dadurch, daß natürliche Personen zunächst eine GmbH gründen[50], mit der sie zusammen eine GmbH & Co. KG errichten[51] (KG I). Diese KG I wird ihrerseits Komplementärin einer weiteren KG (KG II). Die natürlichen Personen sind auch hier wieder Kommanditisten.

---

45 Dietrich, S. 3.
46 Einzelheiten s. Rn. 557 ff.
47 Vgl. Dietrich S. 13 f.
48 S. Rn. 7.
49 S. Rn. 767.
50 S. Rn. 47 ff.
51 S. Rn. 71 ff.

Erscheinungsformen der GmbH & Co. KG A

An der Zulässigkeit dieser Rechtskonstruktion bestehen keine Zweifel mehr[52]. 33
Durch den Gesetzgeber ist die doppelstöckige GmbH & Co. KG mittelbar durch
§ 15 Abs. 3 Nr. 2 EStG, § 5 Abs. 2 Nr. 3 S. 2 KVStG, § 4 Abs. 1 S. 2 MitbestG
anerkannt. Umstritten ist lediglich, ob eine GmbH & Co. KG auch dann Komplementärin sein kann, wenn ihr Unternehmensgegenstand ausschließlich in der Geschäftsleitung einer anderen KG besteht. Es wird in Abrede gestellt, daß eine solche KG die für ihr wirksames Entstehen erforderliche Kaufmannseigenschaft gemäß § 161 Abs. 1 i. V. m. §§ 1, 2 HGB besitzt[53]. Berücksichtigt man, daß der BGH die Kaufmannseigenschaft eines persönlich haftenden Gesellschafters einer Kommanditgesellschaft mit dessen Komplementär-Stellung begründet[53a], kann auch hier der Komplementär-Kommanditgesellschaft die Kaufmannseigenschaft nicht abgesprochen werden[54].

Früher diente die doppelstöckige GmbH & Co. KG vor allem der Einsparung von 34
Gesellschaftsteuer[55]. Dieser Anreiz zur Gründung einer doppelstöckigen GmbH
& Co. KG ist durch § 5 Abs. 2 Nr. 3 S. 2 KVStG 1972 entfallen. Jetzt gilt auch
die mehrstufige GmbH & Co. KG als Kapitalgesellschaft im Sinne des Kapitalverkehrsteuergesetzes.

Die doppelstöckige GmbH & Co. KG kommt heute als Instrument zur Umwand- 35
lung einer GmbH in eine GmbH & Co. KG in Betracht[56]. Der einfachste Weg
für die Überführung des Vermögens einer GmbH auf eine Personengesellschaft
ist die Umwandlung nach den Regeln des Umwandlungsgesetzes (UmwG). Das
UmwG bietet die Möglichkeit, das Vermögen der GmbH im Wege der Gesamtrechtsnachfolge zu überführen, §§ 24, 1–22 UmwG. Mit der Eintragung des Umwandlungsbeschlusses in das Handelsregister geht das Vermögen der GmbH einschließlich der Schulden auf die Personengesellschaft über. Diese Umwandlung einer GmbH in eine Personengesellschaft ist jedoch dann unzulässig, wenn an der Personengesellschaft eine Kapitalgesellschaft beteiligt ist, § 1 Abs. 2 S. 1 UmwG. Aus diesem Grunde ist eine direkte Umwandlung einer GmbH in eine GmbH & Co. KG gemäß den vorteilhaften Regelungen des Umwandlungsgesetzes nicht möglich. Da das Umwandlungsgesetz der Umwandlung in eine doppelstöckige GmbH & Co. KG nicht entgegensteht[57], bietet die doppelstöckige

---

52 Vgl. Schlegelberger/Martens, § 161 Rn. 103 f.; Baumbach/Duden/Hopt, Anh. § 177 a, Anm. I.3.D; über ihre Verbreitung in der Praxis s. Kornblum, GmbHR 1983, 61 (65).
53 Schlegelberger/Martens, § 161 Rn. 103; Tillmann, DB 1986, 1319 (1322).
53a BGHZ 45, 282 (284).
54 Baumbauch/Duden/Hopt, Anh. § 177 a, Anm. I.3.D; Hennerkes/Binz, S. 206.
55 Vgl. Graf BB 1970, 439 ff.; BFH, Urteil vom 29.10.1975 II R 49/71 in BStBl 1976 II S. 121.
56 LG Bremen, BB 1971, 1121; Hachenburg/Schilling, Anh. § 77 UmwG § 1, Rn. 7; Felix/Stahl, DStR 1986, Beihefter Heft 3; Tillmann, DB 1986, 1319 ff.
57 LG Bremen, a. a. O., Hachenburg/Schilling, a. a. O., Felix/Stahl, a. a. O., Tillmann, a. a. O.

A   GmbH & Co. KG als Gesellschaftsform

GmbH & Co. KG einen Ausweg. Zunächst wird auf die doppelstöckige GmbH & Co. KG umgewandelt. Nach der Umwandlung wird dann die doppelstöckige GmbH & Co. KG in eine normale GmbH & Co. KG umgeformt[58].

---

[58] Einzelheiten s. Felix/Stahl, a. a. O.; Tillmann, a. a. O.

B Gründung der GmbH & Co. KG
– Handelsrechtlicher Teil

I Gesellschafter der GmbH & Co. KG

Bei einer typischen GmbH & Co. KG[59] ist der einzige persönlich haftende Gesellschafter eine GmbH. Grundsätzlich können aber auch natürliche Personen, andere juristische Personen (z. B. eine Aktiengesellschaft) oder auch eine Personenhandelsgesellschaft (oHG, KG) die Komplementär-Stellung innerhalb einer Kommanditgesellschaft einnehmen[60]. Ebenso können diese Personen und Gesellschaften Kommanditisten werden. 36

Eine Gesellschaft des bürgerlichen Rechts kann dagegen nicht Mitglied einer Kommanditgesellschaft sein[61]. 37

Schon eine Vor-GmbH kann Komplementärin einer GmbH & Co. KG sein[62]. Eine Vor-GmbH ist eine GmbH in Gründung, in der Phase zwischen dem wirksamen Abschluß des Gesellschaftsvertrages und der Entstehung der GmbH durch Eintragung in das Handelsregister[63]. 38

Auch Minderjährige können Kommanditisten einer GmbH & Co. KG werden. Für ihren Eintritt ist eine vormundschaftliche Genehmigung erforderlich, §§ 1643, 1822 Nr. 3 BGB[64]. 39

Wird ein Kommanditanteil treuhänderisch begründet oder an einen Treuhänder abgetreten, wird allein der Treuhänder Gesellschafter. Er ist dann Kommanditist mit allen Rechten und Pflichten[65]. Wirtschaftlich Beteiligter ist aber der Treugeber, da der Treuhänder – wenn auch im eigenen Namen – für Rechnung des Treugebers handelt. Eine treuhänderische Beteiligung spielt in erster Linie bei Publikums-Kommanditgesellschaften[66] eine Rolle. Dort wird gerne ein Treuhänder eingesetzt, um die Organisation der KG zu vereinfachen, insbesondere einen Wechsel der Treugeber zu erleichtern. 40

---

59 S. Rn. 1.
60 Vgl. z. B. Rn. 32 ff. „doppelstöckige GmbH & Co. KG".
61 BGHZ 46, 291 (296); Schilling in Großkomm., § 161 Rn. 25; Schlegelberger/Martens, § 161 Rn. 33 a; vgl. auch BGHZ 78, 311, wonach eine BGB-Gesellschaft GmbH-Gesellschafter sein kann.
62 BGHZ 80, 129 (132 f); Einzelheiten s. Rn. 56.
63 S. Rn. 54.
64 BGHZ 17, 160.
65 BGHZ 77, 392 (395).
66 S. Rn. 27.

41 Eine Erbengemeinschaft kann nicht Kommanditistin einer GmbH & Co. KG sein[67]. Wird ein Kommanditist von mehreren Erben beerbt, wird jeder Miterbe für sich mit einem seiner Erbquote entsprechenden Anteil Kommanditist[68].

II Gründung der GmbH & Co. KG

1 Verschiedene Entstehungsmöglichkeiten

42 Die Gründung einer GmbH & Co. KG kann sich auf unterschiedliche Weise vollziehen. Es kann sich um eine vollständige Unternehmensneugründung handeln, bei der weder die GmbH noch die KG vorher vorhanden ist. Eine solche Neugründung bedarf des Abschlusses zweier Gesellschaftsverträge, eines GmbH-Gesellschaftsvertrages und eines KG-Vertrages. Die Probleme, die bei einer solchen Neugründung entstehen, werden unter Rn. 47 ff. erläutert.

43 Bestehen die GmbH und die KG bereits unabhängig voneinander, kann die GmbH & Co. KG auch dadurch entstehen, daß die GmbH als neue Komplementärin in die KG eintritt und die bisherigen persönlich haftenden Gesellschafter ausscheiden[69].

44 Soll eine GmbH in eine GmbH & Co. KG umgewandelt werden, kommt eine Umwandlung nach dem handelsrechtlichen Umwandlungsgesetz (UmwG) grundsätzlich nicht in Betracht. Denn die Umwandlung in eine Kommanditgesellschaft, an der eine juristische Person als Gesellschafterin beteiligt ist, ist gemäß § 1 Abs. 2 Satz 1 UmwG nicht zulässig. Um dennoch den Vorteil des Umwandlungsgesetzes, das Vermögen der GmbH auf die Kommanditgesellschaft im Wege der Gesamtrechtsnachfolge zu überführen, zu nutzen, bleibt die Möglichkeit, die GmbH zunächst in eine „normale" Kommanditgesellschaft mit einer natürlichen Person als Komplementär umzuwandeln und anschließend den Komplementär auszuwechseln, indem die natürliche Person als Interims-Komplementär austritt und die GmbH als neue Komplementärin eintritt[70]. Der Nachteil dieser Lösung ist die unbeschränkte persönliche Haftung des interimistischen Komplementärs (zu den Risiken einer solchen Haftung s. Rn. 629 ff.).

45 Einen Ausweg scheint die Umwandlung in eine doppelstöckige GmbH & Co. KG (Komplementärin ist eine GmbH & Co. KG, s. Rn. 32 ff.) zu bieten. Da an einer doppelstöckigen GmbH & Co. KG keine juristische Person als Gesellschafterin

---

67 Vgl. BGHZ 22, 186 (192 ff.); Schlegelberger/Martens, § 161 Rn. 34; Westermann, Rn. 800.
68 S. Rn. 666.
69 S. Rn. 619 ff.
70 Vgl. Felix/Stahl, DStR 1986, Beihefter, Heft 3.

beteiligt ist, steht § 1 Abs. 2 Satz 1 UmwG der Zulässigkeit dieser Umwandlung nicht entgegen[71].

Soll ein Einzelunternehmen in eine GmbH & Co. KG umgewandelt werden, schließen der bisherige Einzelunternehmer als zukünftiger Kommanditist und eine schon bestehende oder zu diesem Zwecke gegründete GmbH als Komplementärin einen Gesellschaftsvertrag zur Errichtung einer GmbH & Co. KG. Der bisherige Einzelunternehmer bringt dann sein Unternehmen in diese Gesellschaft ein[72]. 46

2 Gründung der Komplementär-GmbH

a) Gründungsvoraussetzungen

Die GmbH wird durch einen in notarieller Form zu beurkundenden Gesellschaftsvertrag errichtet, § 2 Abs. 1 GmbHG. Gründer können eine oder mehrere Personen sein, § 1 GmbHG. Der Gesellschaftsvertrag muß gemäß § 3 GmbHG mindestens Firma und Sitz der Gesellschaft, Gegenstand des Unternehmens, Betrag des Stammkapitals und den Betrag der von jedem Gesellschafter auf das Stammkapital zu leistenden Einlage beinhalten. 47

Für den Unternehmensgegenstand der Komplementär-GmbH ist erforderlich, ihre Dienstleistungstätigkeit als Geschäftsführerin der GmbH & Co. KG anzugeben. Als mögliche Formulierung kommt in Betracht: „Gegenstand des Unternehmens ist die Beteiligung als persönlich haftender Gesellschafter an der Firma R-KG mit dem Sitz in K. sowie die Übernahme der Geschäftsführung der vorerwähnten Firma und die Ausführung von Dienstleistungen aller Art"[73]. 48

Zum Teil wird verlangt, daß über die Angabe der Geschäftsführungstätigkeit der Komplementär-GmbH hinaus der Geschäftszweig der KG kenntlich gemacht werden soll, da bei der typischen GmbH & Co. KG beide Gesellschaften so weitgehend ineinander verwoben seien, daß der Unternehmensgegenstand der KG auch derjenige der GmbH sei[74]. Diese Ansicht wird zu Recht überwiegend abgelehnt, da sie Eigen- und Fremdgeschäftsführung der Komplementär-GmbH unzulässig vermischt[75]. 49

Das Stammkapital der GmbH besteht aus der Summe der Stammeinlagen, § 5 Abs. 3 S. 3 GmbHG. Es muß gemäß § 5 Abs. 1 GmbHG mindestens DM 50000,– 50

---

71 LG Bremen, BB 1971, 1121; Hachenburg/Schilling, Anh. § 77 § 1 UmwG Rn. 7; Felix/Stahl, a.a.O,; Hennerkes/Binz S. 469.
72 Vgl. K. Schmidt, Handelsrecht, S. 229 ff.
73 LG Würzburg, MittBayNot 1971, 377.
74 OLG Hamburg, BB 1968, 267; Bay ObLG NJW 1976, 1694 (1695).
75 OLG Düsseldorf, NJW 1970, 815; LG Würzburg, a.a.O.; Hennerkes/Binz S. 38; Hachenburg/Ulmer § 3 Rn. 22.

betragen. Jeder Gründer kann im Gesellschaftsvertrag nur einen Geschäftsanteil übernehmen, § 5 Abs. 2 GmbHG. Die Stammeinlagen der Gesellschafter können aber unterschiedlich hoch sein. Die Einlagen können Bareinlagen oder Sacheinlagen sein.

51 Sacheinlagen müssen nach Gegenstand und Betrag im Gesellschaftsvertrag festgesetzt werden, § 5 Abs. 4 S. 1 GmbHG. Die Gesellschafter müssen in einem Sachgründungsbericht die für die Angemessenheit der Leistungen wesentlichen Umstände darlegen. Handelt es sich bei der Sacheinlage um ein Unternehmen, müssen sie die Jahresergebnisse der beiden letzten Geschäftsjahre angeben. Fehlt es an der Beurkundung im Gesellschaftsvertrag, kann sich der Gesellschafter von seiner Einlageschuld nur durch Barzahlung befreien, § 19 Abs. 5 GmbHG.

52 Die GmbH ist zur Eintragung in das Handelsregister anzumelden, § 7 Abs. 1 GmbHG. Die Anmeldung darf erst erfolgen, wenn Sacheinlagen vollständig (§ 7 Abs. 3 GmbHG) und Bareinlagen mindestens zu einem Viertel geleistet (§ 7 Abs. 2 S. 1 GmbHG) und an Sacheinlagen und Bareinlagen insgesamt mindestens DM 25 000,– geleistet sind (§ 7 Abs. 2 S. 2 GmbHG). Im Fall der Einmanngründung ist für den verbleibenden Restbetrag eine Sicherung zu bestellen, § 7 Abs. 2 S. 3 GmbHG. Die Geschäftsführer müssen bei der Anmeldung ihre Unterschriften bei dem Gericht hinterlegen (§ 8 Abs. 5 GmbHG) und ihre Vertretungsverhältnisse angeben (§ 8 Abs. 4 GmbHG). Der Anmeldung müssen die in § 8 Abs. 1 GmbHG bezeichneten Dokumente beigefügt sein. Außerdem müssen die Geschäftsführer versichern, daß die gemäß § 7 Abs. 2 und 3 GmbHG vorgeschriebenen Leistungen bewirkt sind und daß sich geleistete Einlagegegenstände endgültig in der freien Verfügung der Geschäftsführer befinden und daß keine Umstände vorliegen, die gemäß § 6 Abs. 2 S. 2 und S. 3 GmbHG der Geschäftsführerbestellung entgegenstehen.

53 Die GmbH entsteht mit der Eintragung in das Handelsregister, § 11 Abs. 1 GmbHG.

b) Vor-GmbH

aa) Rechtsnatur und Komplementärfähigkeit der Vor-GmbH

54 In der Zeit zwischen wirksamem Abschluß des Gesellschaftsvertrages und der Entstehung der GmbH durch Eintragung in das Handelsregister spricht man von der Vor-GmbH oder Vor-Gesellschaft. Vor dem förmlichen Abschluß des GmbH-Vertrages gemäß § 2 Abs. 1 GmbHG bezeichnet man die Gesellschaft als Vorgründungsgesellschaft[76]. Das Recht der werdenden GmbH ist nur fragmen-

---

76 Siehe auch Crezelius, DStR 1987, 743.

tarisch in § 11 GmbHG geregelt. Über die Rechtsnatur der Vor-GmbH herrscht insoweit Einigkeit, als sie als Vorstufe und notwendiges Durchgangsstadium auf dem Weg zur GmbH begriffen wird. Mit Erlangung der Rechtsfähigkeit durch Eintragung in das Handelsregister wandelt sich die Vor-GmbH ipso jure und mit allen ihren Aktiva und Passiva in die GmbH um und ist mit dieser identisch[77]. Die Vor-Gesellschaft ist daher ein Gebilde eigener Art, eine Organisationsform, die keiner anderen Vereinigungsform des bürgerlichen Rechts oder des Handelsrechts zugeordnet werden kann[78]. Sie unterliegt dem Recht der GmbH, soweit dies nicht die Eintragung der GmbH voraussetzt[79].

Die Vor-GmbH ist heute als Träger von Rechten und Pflichten anerkannt[80]. Das gilt für das gesamte materielle und formelle Recht. Sie kann also z. B. Eigentümerin von beweglichen und unbeweglichen Sachen, Schuldnerin und Gläubigerin sein. Auch werden ihr u. a. Grundbuchfähigkeit[81], Parteifähigkeit[82], Konkursfähigkeit[83] zugesprochen. 55

Praktisch sehr bedeutsam ist, daß es nunmehr auch von der Rechtsprechung anerkannt wird, daß schon eine Vor-GmbH Komplementärin einer GmbH & Co. KG sein kann[84]. Diese Entwicklung der Rechtsprechung war erst möglich, nachdem das sog. Vorbelastungsverbot aufgegeben wurde. Es besagte, daß nur solche Verbindlichkeiten von der Vor-GmbH auf die GmbH übergehen, die gesetzlich satzungsmäßig oder sonst gründungsnotwendig sind[85]. Dadurch sollte erreicht werden, daß die GmbH im Zeitpunkt der Eintragung mit unversehrtem Stammkapital ohne Vorbelastung aus der Gründungsphase zur Entstehung kommt. 56

Nahm die Vor-GmbH andere Rechtsgeschäfte vor, wurde die GmbH daraus nur dann verpflichtet, wenn sie diese nach der Eintragung genehmigte. Ob die Gläubiger der Vor-GmbH Zugriff auf das Vermögen der eingetragenen GmbH nehmen konnten, stand also im Belieben der Geschäftsleitung der GmbH. Unter diesen Umständen – solange also die Vor-GmbH ihre Haftung nicht voll an die eingetragene GmbH weitergab – war sie als persönlich haftende Gesellschafterin einer KG nicht tauglich[86]. 57

Im übrigen erwies sich das Vorbelastungsverbot für die Zwecke der Kapitalsicherung als ungeeignet. Denn üblicherweise wurden die Rechtsgeschäfte der Vor- 58

---

[77] BGHZ 80, 129 (137); Scholz/K. Schmidt, § 11 Rn. 25; Hachenburg/Ulmer, § 11 Rn. 70 ff.
[78] Fischer/Lutter/Hommelhoff, § 11 Rn. 1.
[79] BGHZ 45, 338 (347); 51, 30 (32); 80, 129 (132); Baumbach/Duden/Hopt, Anh. § 177a, Anm. 2 A.
[80] Vgl. Hachenburg/Ulmer, § 11 Rn. 48 f.
[81] BGHZ 45, 338 (348).
[82] Scholz/K. Schmidt, § 11 Rn. 34.
[83] Vgl. Bay ObLG NJW 1965, 2254 (2257).
[84] BGHZ 80, 129 (132 f.); BGH WM 1985, 165.
[85] BGHZ 65, 378 (383); 45, 338 (342 f.).
[86] BGHZ 80, 129 (134).

GmbH von den Geschäftsführern nach der Eintragung im Hinblick auf deren eigene Haftung gemäß § 11 Abs. 2 GmbHG (s. Rn. 69) genehmigt[87].

59 Dieses Vorbelastungsverbot ist mit dem Urteil BGHZ 80, 129 aufgegeben worden. Nach der jüngeren Rechtsprechung gehen jetzt alle Rechte und Pflichten der Vor-GmbH mit der Eintragung der GmbH in das Handelsregister auf diese im Wege der Gesamtrechtsnachfolge über[88]. An die Stelle des Vorbelastungsverbotes ist die der Unversehrtheit des Stammkapitals der Gesellschaft dienende Differenz- oder Unterbilanzhaftung der Gründer gegenüber der GmbH getreten[89].

60 Aus der Komplementärfähigkeit der Vor-GmbH folgt, daß auch ihre Eintragung als persönlich haftende Gesellschafterin im Handelsregister zulässig sein muß[90]. Die Vor-GmbH trägt die Firma der GmbH, die üblicherweise mit dem Zusatz „in Gründung" versehen wird.

bb) Vertretung der Vor-GmbH

61 Im Gegensatz zu den Geschäftsführern einer eingetragenen GmbH haben die Geschäftsführer einer Vor-GmbH keine unbeschränkte Vertretungsmacht, vgl. §§ 35, 37 GmbHG[91]. Die Vertretungsmacht ist grundsätzlich durch den Gründungszweck auf gründungsnotwendige Geschäfte beschränkt. Bei Bargründungen beschränkt sie sich im allgemeinen auf solche Rechtshandlungen, die unerläßlich sind, um die gesetzlichen Eintragungsvoraussetzungen und die Eintragung selbst herbeizuführen. Wird dagegen ein als Sacheinlage eingebrachtes Handelsgeschäft fortgeführt, deckt sich die Vertretungsbefugnis praktisch weitgehend mit der umfassenden Vertretungsmacht des Geschäftsführers einer eingetragenen GmbH[92].

62 Die Gründer haben aber die jederzeitige Möglichkeit, die Vertretungsmacht der Geschäftsführer zu erweitern. Diese Ermächtigung bedarf keiner bestimmten Form[93]. Sie kann auch konkludent erfolgen[94]. Die GmbH-Gründer können also die Geschäftsführer der Vorgesellschaft ermächtigen, namens der Vorgesellschaft die Komplementärrolle in einer Kommanditgesellschaft und damit die Haftung nach § 128 HGB zu übernehmen[95]. Wird diese Ermächtigung nicht ausdrück-

---

[87] BGHZ 80, 129 (137).
[88] BGH a.a.O.; BGH GmbHR 1982, 183 (184).
[89] S. Rn. 66.
[90] BGH NJW 1985, 736 (737).
[91] BGHZ 80, 129 (139).
[92] BGH a.a.O.
[93] BGHZ a.a.O.
[94] Hachenburg/Ulmer, § 11 Rn. 53; Baumbach/Duden/Hopt, Anh. § 177a, Anm. 2 A.
[95] BGHZ 80, 129 (139).

Gründung der GmbH & Co. KG

lich erteilt, führt die Vor-GmbH aber Geschäfte der KG im Einvernehmen der GmbH-Gründer, gilt sie als stillschweigend erteilt.

Mit der Ausweitung der Vertretungsmacht der Geschäftsführer der Vor-GmbH durch die Gründer ist auch eine Erweiterung der Gründerhaftung für verbrauchtes Kapital verbunden (sog. Differenz- oder Unterbilanzhaftung s. Rn. 66). 63

cc) Haftungsverhältnisse der Vor-GmbH

cca) Haftung der Vor-GmbH

Die Vor-GmbH haftet als Komplementärin der Kommanditgesellschaft für deren Verbindlichkeiten nach § 128 HGB unbeschränkt, persönlich mit ihrem Gesellschaftsvermögen einschließlich offener Einlageforderungen[96]. 64

ccb) Haftung der Gründer

Vor der Eintragung der GmbH in das Handelsregister haften ihre Gründer unmittelbar persönlich für Verbindlichkeiten der GmbH, soweit sie die Geschäftsführer (auch stillschweigend, s. Rn. 62) ermächtigt haben (sog. Gründerhaftung)[97]. Allerdings ist ihre persönliche Haftung – ähnlich der für Kommanditisten in § 171 Abs. 1 HGB getroffenen Regelung[98] – auf den Betrag ihrer noch ausstehenden Einlagen beschränkt[99]. Da die Vor-GmbH als Komplementärin für Verbindlichkeiten der KG gemäß § 128 HGB haftet, haften ihre Gründer auch für KG-Verbindlichkeiten im oben beschriebenen Rahmen. 65

Diese beschränkte Gründerhaftung gegenüber Gläubigern der Vor-GmbH und KG erlischt mit der Eintragung der GmbH in das Handelsregister.

Nach der Eintragung trifft die Gründer die sog. Differenz- oder Unterbilanzhaftung gegenüber der GmbH[100]. Diese Haftung ist an die Stelle des Vorbelastungsverbotes (s. Rn. 56) getreten und soll die Gefahr der Unterdeckung des Kapitals zum Zeitpunkt der Entstehung der GmbH ausgleichen. Hat die Vor-GmbH also schon vor ihrer Eintragung von ihren Handlungsmöglichkeiten Gebrauch gemacht mit der Folge einer Unterdeckung ihres Kapitals (sog. Unterbilanz), entsteht zum Zeitpunkt der Eintragung ein Anspruch der GmbH gegenüber ihren Gründern auf Ausgleich dieser Differenz. Eine Unterdeckung liegt immer dann vor, wenn das GmbH-Vermögen wegen schon vorhandener Verbindlichkeiten nicht mehr das Stammkapital erreicht. 66

---

96 BGHZ 80, 129 (144); Fischer/Lutter/Hommelhoff, § 11 Rz. 6.
97 BGHZ 65, 378 (382 ff.); BGHZ 72, 45 (50); BGH GmbHR 1981, 192 (193); a. A. Fischer/Lutter/Hommelhoff, § 11 Rn. 6.
98 Vgl. Rn. 355.
99 BGHZ a.a.O.; für eine unbeschränkte Haftung: Scholz/K. Schmidt § 11 Rn. 82, 168.
100 BGH Urteil v. 24.10.1988, BB 1989, 169; BGHZ 80, 129 (140); BGH GmbHR 1981, 192 (193); BGH GmbHR 1982, 183; Hachenburg/Ulmer, § 11 Rn. 81 ff.

67 Bei der Berechnung des Fehlbetrages bleiben Gründungskosten – wie z. B. Beratungs- und Beurkundungskosten, Kapitalverkehrsteuern – unberücksichtigt[101]. Der Fehlbetrag kann die Höhe des Stammkapitals übersteigen, wenn die Gesellschaft zum Zeitpunkt der Eintragung überschuldet ist. Die Gesellschafterhaftung ist dann nicht auf die Höhe des Stammkapitals und die der einzelnen Stammeinlagen beschränkt, sondern geht auf den vollen Verlustausgleich. Die Gesellschafter haften nicht als Gesamtschuldner, sondern gemäß § 24 GmbHG im Verhältnis ihrer Geschäftsanteile[102].

68 Vergleicht man die Haftungslage vor und nach der Eintragung in das Handelsregister, ergibt sich eine gewisse Unstimmigkeit. Die Differenzhaftung hat zur Folge, daß die Gesellschafter nach der Eintragung eine volle Nachschußpflicht trifft, die auch über die bedungene Einlage hinausgehen kann. Demgegenüber tragen die Gründer vor diesem Zeitpunkt nur das Risiko des Verlusts ihrer Einlage[103].

ccc) Haftung der Geschäftsführer

69 Nach Abschluß des notariellen Gesellschaftsvertrages[104] und vor der Eintragung der GmbH in das Handelsregister haften die Geschäftsführer Dritten persönlich und unmittelbar gemäß § 11 Abs. 2 GmbHG. Sinn des § 11 Abs. 2 GmbHG ist, den Gläubigern der Vor-GmbH einen Ausgleich dafür zu geben, daß der Haftungsfonds der Vor-GmbH noch nicht gerichtlich kontrolliert ist und die Kapitalsicherungsvorschriften nicht voll eingreifen[105]. Dieses Bedürfnis nach Sicherung der Gläubiger entfällt, wenn die GmbH in das Handelsregister eingetragen wird und dadurch Schuldner aus den von den Geschäftsführern getätigten Geschäften wird. Daher erlischt die Handelndenhaftung der Geschäftsführer gemäß § 11 Abs. 2 GmbHG in der Regel mit der Eintragung der GmbH[106]. Sie besteht nur ausnahmsweise dann fort, wenn und soweit die GmbH aus dem zugrunde liegenden Rechtsgeschäft nicht verpflichtet wird. Das ist der Fall, wenn die Geschäftsführer ohne Ermächtigung der Gründer Rechtsgeschäfte über den Gründungszweck hinaus tätigen, also als Vertreter ohne Vertretungsmacht handeln (s. Rn. 61), und die GmbH auch nicht nachträglich diese Rechtsgeschäfte genehmigt.

70 Die Handelndenhaftung der Geschäftsführer der Vor-GmbH aus § 11 Abs. 2 GmbHG trifft sie auch dann, wenn sie für die Kommanditgesellschaft als Vertre-

---

101 Vgl. BGHZ 80, 129 (141).
102 BGH GmbHR 1982, 235; Hachenburg/Ulmer, § 11 Rn. 86 f.
103 Crezelius, DStR 1987, 743 (746).
104 So jetzt BGH 91, 148; anders noch BGH NJW 1980, 287.
105 BGHZ 80, 129 (133); BGH GmbHR 1981, 192 (193).
106 BGHZ 80, 182 (183), auch in NJW 1981, 1452; BGHZ 69, 95 (103).

ter der zur Vertretung der KG berechtigten Komplementär-GmbH ein Rechtsgeschäft abschließen[107].

3 Gründung der KG

a) Gesellschaftsvertrag der KG

Die Komplementär-GmbH und mindestens ein Kommanditist schließen einen Vertrag, der die Errichtung einer Kommanditgesellschaft zum Inhalt hat. Dieser Vertrag ist formlos wirksam. Ein Formerfordernis kann sich ausnahmsweise aus Vorschriften außerhalb des Rechts der Personengesellschaften ergeben. So bedarf z. B. die Verpflichtung eines Gesellschafters, ein Grundstück in die Gesellschaft einzubringen, der notariellen Form, § 313 BGB. Dieses Formerfordernis gilt unter anderem auch für die Verpflichtung zur Einbringung eines Gesamtvermögens (§ 311 BGB) oder zur Abtretung von GmbH-Gesellschaftsanteilen (§ 15 GmbHG) und für Schenkungsvereinbarungen (§ 518 BGB). Sind derartige formbedürftige Erklärungen im Gesellschaftsvertrag enthalten und stehen sie mit dem Gesellschaftsvertrag in einem inneren rechtlichen Zusammenhang, bedarf der gesamte Vertrag der besonderen Form[108]. Zählt also die Grundstückseinbringung zur Einlagepflicht des Gesellschafters, ist der ganze Gesellschaftsvertrag notariell zu beurkunden. 71

Eine Formverletzung macht den ganzen Vertrag nichtig, sofern nicht nach § 139 BGB anzunehmen ist, daß er auch ohne die formbedürftige Verpflichtung – z. B. Grundstückseinbringung – geschlossen worden wäre. Unter Umständen kann der Mangel der Form auch durch die Erfüllung der formlos übernommenen Verpflichtung geheilt werden[109]. 72

Notwendiger Vertragsinhalt ist, daß eine Gesellschaft vereinbart wird, deren Zweck auf dem Betrieb eines Handelsgewerbes im Sine der §§ 1 – 3 HGB unter gemeinschaftlicher Firma gerichtet ist, und daß einzelne Gesellschafter (in der Regel die GmbH) unbeschränkt, andere bis zu einer bestimmten Haftsumme haften. 73

Gemäß § 163 HGB richtet sich das Rechtsverhältnis der Gesellschafter untereinander vorrangig nach dem Gesellschaftsvertrag. Im Gesellschaftsvertrag sollten neben den Selbstverständlichkeiten, wie Firma, Sitz, Gegenstand des Unternehmens auch die zu führenden Gesellschafterkonten[110], Gesellschafterversamm- 74

---

107 BGHZ 80, 129 (133); Hachenburg/Ulmer, § 11 Rn. 128 ff.; Scholz/K. Schmidt, § 11 Rn. 168; a.A. Hennerkes/Binz, S. 32.
108 BGH BB 1978, 726 f.
109 Vgl. §§ 313 Satz 2, 518 Abs. 2 BGB.
110 Vgl. Rn. 402 ff.

lung (Ladung, Verfahrensregeln), Gesellschafterbeschlüsse (Stimmrechtsmaßstab), Ergebnisbeteiligung (einschließlich Entnahmen und etwaiger Rücklagenbildung), Informationsrechte der Kommanditisten, Übertragbarkeit der Anteile sowie Ausscheidensgründe und -folgen (insbesondere Auseinandersetzungsguthaben) geregelt werden.

75 Fehlen gesellschaftsvertragliche Regelungen, ist auf die gesetzlichen Bestimmungen in den §§ 164–169, 177 HGB zurückzugreifen[111]. In zweiter Linie sind gemäß § 161 Abs. 2 HGB die für die offene Handelsgesellschaft geltenden Vorschriften anzuwenden. Schließlich gelten gemäß § 105 Abs. 2 HGB die §§ 705–740 BGB, wenn weder der Gesellschaftsvertrag noch das Recht der Kommanditgesellschaft noch das der offenen Handelsgesellschaft eine Regelung trifft.

76 Ab welchem Zeitpunkt sich das Rechtsverhältnis der Gesellschafter einer in Gründung befindlichen GmbH & Co. KG untereinander nach den gesellschaftsvertraglichen Bestimmungen und dem gesetzlichen KG-Recht bestimmt, hängt vom Gesellschaftsvertrag ab. Wenn nichts abweichendes vereinbart ist, fallen Abschluß des Gesellschaftsvertrages und Entstehen der KG im Innenverhältnis in der Regel zusammen[112]. Auch auf eine GmbH & Co. KG in Gründung, deren Unternehmen kein Grundhandelsgewerbe im Sinne des § 1 HGB ist und die vor der Eintragung in das Handelsregister eine Gesellschaft bürgerlichen Rechts ist[113] findet im Verhältnis der Gesellschafter untereinander KG-Recht Anwendung, wenn ein diesbezüglicher Wille der Gesellschafter erkennbar ist[114].

b) Entstehen der GmbH & Co. KG als Handelsgesellschaft gegenüber Dritten

aa) Grundhandelsgewerbe

77 Der Zeitpunkt, in welchem die Gesellschaft als eine GmbH & Co. KG im Verhältnis zu Dritten entsteht, hängt davon ab, ob ihr Unternehmen ein sogenanntes Grundhandelsgewerbe im Sinne des § 1 HGB zum Gegenstand hat. Grundhandelsgeschäfte sind die in § 1 Abs. 2 HGB genannten Arten von Geschäften. Betreibt die Gesellschaft ein Grundhandelsgewerbe, entsteht sie im Verhältnis zu Dritten bereits mit Aufnahme ihres Geschäftsbetriebes, §§ 123 Abs. 2, 161 Abs. 2 HGB.

---

111 Schilling in Großkomm. § 163 Rn. 1.
112 Weimar/Geitzhaus, DB 1987, 2026 (2030); Fischer in Großkomm, § 123 Anm. 2; Schilling in Großkomm. § 163 Rn. 16.
113 S. Rn. 80.
114 Vgl. Fischer in Großkomm. § 105 Anm. 62 b.

Gründung der GmbH & Co. KG   B

Eine Gesellschaft nimmt ihren Geschäftsbetrieb auf, wenn sie durch eine Handlung, die unter den Begriff des Geschäftsbetriebes fällt, nach außen als Gesellschaft in Erscheinung tritt. Dazu gehört, daß im Namen der Gesellschaft gehandelt wird. Regelmäßig ergibt sich dies aus dem Gebrauch der Firma. Es genügt aber auch, wenn in anderer Weise ersichtlich wird, daß für die Gesellschaft gehandelt werden soll[115]. Als Handlungen reichen schon Vorbereitungsgeschäfte wie das Mieten von Räumen, Anstellung von Personal, Eröffnung eines Bankkontos, Anzeigen in Zeitungen, Versendung von Warenproben und Preislisten[116]. 78

Die Geschäftsaufnahme begründet aber nur dann die Wirksamkeit der GmbH & Co. KG Dritten gegenüber, wenn sie mit dem Einverständnis aller Gesellschafter erfolgt. Die Zustimmung der Gesellschafter zum Geschäftsbeginn kann auch stillschweigend durch bloße Duldung erfolgen[117]. Ist eine GmbH & Co. KG mit einem Grundhandelsgewerbe aus diesen Gründen bereits mit Geschäftsbeginn entstanden, hat die spätere Eintragung in das Handelsregister lediglich noch deklaratorischen Charakter. 79

bb) Fehlendes Grundhandelsgewerbe – „Soll-GmbH & Co. KG"

Stellt dagegen das Unternehmen einer GmbH & Co. KG kein Grundhandelsgewerbe im Sinne des § 1 Abs. 2 HGB dar, wird die Gesellschaft zur GmbH & Co. KG erst mit Eintragung in das Handelsregister, §§ 123 Abs. 1, 161 Abs. 2 HGB. Die Eintragung wirkt in diesem Fall konstitutiv. Bis zur Eintragung liegt eine Gesellschaft des bürgerlichen Rechts vor[118], die von werdenden Kommanditisten und der GmbH oder Vor-GmbH gebildet wird. 80

Der Grund für den unterschiedlichen Entstehungszeitpunkt der Kommanditgesellschaft, je nachdem, ob sie ein Grundhandelsgewerbe betreibt oder nicht, hängt damit zusammen, daß eine Kommanditgesellschaft den Betrieb eines Handelsgewerbes voraussetzt (§ 161 Abs. 1 HGB) und nur die in § 1 Abs. 2 HGB genannten Grundhandelsgeschäfte per se Handelsgewerbe im Sinne des HGB sind. Während alle anderen Geschäfte erst dann zum Handelsgewerbe werden, wenn sie einen nach Art und Umfang in kaufmännischer Weise eingerichteten Gewerbebetrieb erfordern und ins Handelsregister eingetragen werden (vgl. §§ 2 und 3 HGB). Ist Unternehmensgegenstand einer KG also ein Grundhandelsgeschäft und nimmt die KG den Geschäftsbetrieb auf, liegt der Betrieb eines Handelsgewerbes vor. Die KG entsteht gemäß §§ 123 Abs. 2, 161 Abs. 2 i.V.m. § 1 HGB. Ist Unternehmensgegenstand der KG dagegen kein Grundhandelsgewerbe, liegt 81

---

115 Fischer in Großkomm. § 123 Anm. 10.
116 Fischer, a.a.O., Anm. 12; Baumbach/Duden/Hopt § 123 Anm. 4 C.
117 Fischer, a.a.O., Anm. 10.
118 BGHZ 59, 179 (181); 61, 59 (66); 69, 95 (97); Hachenburg/Ulmer, § 11 Rn. 123.

B Gründung der GmbH & Co. KG – Handelsrechtlicher Teil

der Betrieb eines Handelsgewerbes erst mit Eintragung in das Handelsregister vor. Die KG kann erst zu diesem Zeitpunkt entstehen, §§ 123 Abs. 1, 161 Abs. 2 i. V. m. §§ 2 und 3 HGB[119].

82 Übernimmt die KG den Betrieb einer GmbH, der kein Grundhandelsgewerbe im Sinne des § 1 Abs. 2 HGB darstellt, so gelangt die KG auch hier erst mit Eintragung in das Handelsregister zur Entstehung. Der Umstand, daß die GmbH bereits allein aufgrund ihrer Rechtsform Handelsgesellschaft ist (§ 13 Abs. 3 GmbHG) und damit ihre Geschäfte immer schon Handelsgeschäfte sind (§ 6 HGB), ist für die Entstehung der KG ohne Bedeutung. Für sie bleibt auch hier maßgebend, ob ihre eigenen einschließlich der übernommenen Geschäfte, Handelsgewerbe im Sinne des § 1 Abs. 2 HGB sind[120].

c) Haftung im Gründungsstadium

aa) Haftung im Gründungsstadium bei Vorliegen eines Grundhandelsgewerbes

aaa) Haftung der Gesellschaft

83 Da eine GmbH & Co. KG, die ein Grundhandelsgewerbe im Sinne des § 1 HGB betreibt, bereits mit Geschäftsbeginn als Kommanditgesellschaft entsteht (s. Rn. 77), haftet sie ab diesem Zeitpunkt für alle im Namen der Gesellschaft begründeten Verbindlichkeiten mit ihrem Gesellschaftsvermögen gemäß §§ 124 Abs. 1, 161 Abs. 2 HGB.

aab) Haftung der Komplementär-GmbH

84 Neben dieser Haftung besteht von diesem Zeitpunkt an die Haftung der Komplementär-GmbH gemäß §§ 128, 161 Abs. 2 HGB, die unabhängig davon ist, ob Komplementärin eine eingetragene GmbH oder Vor-GmbH ist[121].

aac) Haftung der Kommanditisten

85 Die Haftung der Kommanditisten richtet sich nach § 171 Abs. 1 HGB. Ein Kommanditist einer GmbH & Co. KG mit Grundhandelsgewerbe haftet von Geschäftsbeginn an – also mit Entstehung der KG im Verhältnis zu Dritten[122] – persönlich und unmittelbar bis zur Höhe seiner Einlage. Von dieser Haftung ist er befreit, wenn er die Einlage in das Gesellschaftsvermögen geleistet hat[123].

---

119 Vgl. BGHZ 59, 179 (181).
120 BGHZ 59, 179 (183 f.); BayObLG NJW 1985, 982.
121 Vgl. Rn. 64, 353.
122 S. Rn. 77.
123 Einzelheiten s. Rn. 354 ff.

Gründung der GmbH & Co. KG   **B**

Eine darüber hinausgehend unbeschränkte persönliche Haftung eines Kommanditisten gemäß § 176 Abs. 1 HGB kommt bei einer GmbH & Co. KG in der Regel nicht in Betracht. Nach § 176 Abs. 1 HGB haftet ein Kommanditist für die bis zur Eintragung der Gesellschaft begründeten Verbindlichkeiten der Gesellschaft gleich einem persönlich haftenden Gesellschafter – also persönlich und unbeschränkt. 86

§ 176 Abs. 1 HGB setzt voraus, daß die KG ein Grundhandelsgewerbe betreibt[124] und vor der Eintragung in das Handelsregister ihren Geschäftsbetrieb aufgenommen hat und der betreffende Kommanditist dem Geschäftsbeginn zugestimmt hat. Die Haftung gemäß § 176 HGB entfällt, wenn dem Gläubiger die Beteiligung als Kommanditist bekannt war. 87

Die ganz überwiegende Meinung im Schrifttum geht davon aus, daß ein Gläubiger immer Kenntnis von der Kommanditistenstellung habe, wenn die Gesellschaft die Firma einer GmbH & Co. KG verwendet[125]. Da in einer GmbH & Co. KG üblicherweise alle Gesellschafter außer der Komplementär-GmbH Kommanditisten sind, rechnet im Geschäftsverkehr niemand mehr damit, daß eine natürliche Person persönlich haftet, wenn eine Gesellschaft eine GmbH & Co. KG-Firma führt. Der BGH war zunächst der Ansicht, daß die Kenntnis von der Kommanditbeteiligung nicht allein aus der Verwendung einer GmbH & Co. KG-Firma hergeleitet werden könne[126]. Von diesem Standpunkt ist er abgerückt, als er in einem später ergangenen Urteil feststellte, daß mit Inkrafttreten des § 19 Abs. 5 HGB (am 1.1.1981), der die GmbH & Co. KG zur Führung eines entsprechenden Firmenzusatzes verpflichtet (s. Rn. 116), niemand mehr im Rechtsverkehr damit rechnen könne, ein nicht eingetragener Gesellschafter einer GmbH & Co. KG sei kein Kommanditist[127]. 88

Auch wenn der BGH im oben zitierten Urteil über diese Stellungnahme hinaus keine Entscheidung zur Haftung von Kommanditisten einer nicht eingetragenen GmbH & Co. KG gemäß § 176 HGB getroffen hat, läßt er doch deutlich die Tendenz erkennen, er werde diese Haftung jedenfalls für solche Geschäfte verneinen, die nach Inkrafttreten des § 19 Abs. 5 HGB abgeschlossen worden sind. 89

Der vom BGH gewählte Zeitpunkt erscheint willkürlich, denn schon vor der Kodifizierung der Regelung des § 19 Abs. 5 HGB gab es eine gefestigte Rechtsprechung dahingehend, daß eine GmbH & Co. KG in ihrer Firma einen entspre- 90

---

124 S. Rn. 77.
125 Schilling in Großkomm. § 176 Rn. 27; Schlegelberger/K. Schmidt, § 176 Rn. 49; Hachenburg/Ulmer, § 11 Rn. 132; Baumbach/Duden/Hopt, Anh. § 177a, Anm. II 2 E.
126 BGH NJW 1980, 54.
127 BGH Urteil vom 21.3.1983, NJW 1983, 2258 (2260).

chenden Zusatz führen muß[128]. Im Ergebnis ist es richtig, daß die Verwendung einer GmbH & Co. KG-Firma genügt, um Kenntnis von der Kommanditistenstellung eines Gesellschafters zu erlangen und um damit eine Haftung gemäß § 176 HGB auszuschließen[129].

bb) Haftung im Gründungsstadium bei fehlendem Grundhandelsgewerbe – „Soll-GmbH & Co. KG"

bba) Grundsätzliches

91 Bei einer Gesellschaft, die weder ein Grundhandelsgewerbe im Sinne des § 1 Abs. 2 HGB betreibt noch im Handelsregister eingetragen ist (sog. Soll-GmbH & Co. KG)[130] richtet sich die Haftung nach dem Recht der BGB-Gesellschaft[130a]. Grundsätzlich werden aus Rechtsgeschäften, die die geschäfts- und vertretungsbefugten Gesellschafter im Namen der Gesellschaft abschließen, alle Gesellschafter zur gesamten Hand verpflichtet. Jeder haftet als Gesamtschuldner persönlich, unbeschränkt in voller Höhe der Verbindlichkeit[131].

bbb) Haftung der Kommanditisten

92 Auch in einer Gesellschaft des bürgerlichen Rechts kann die Haftung der Gesellschafter mit Wirkung nach außen auf eine bestimmte Vermögenseinlage beschränkt werden, wenn diese Beschränkung Dritten erkennbar ist[132]. Die Gesellschafter einer Gesellschaft des bürgerlichen Rechts haben daher grundsätzlich die Freiheit, ihr Gesellschaftsverhältnis entsprechend den Haftungs- und Vertretungsverhältnissen einer Kommanditgesellschaft zu gestalten[133]. Derartige Haftungs- und Vertretungsmachtbeschränkungen haben ihre Grundlage im Gesellschaftsvertrag. Gesellschaftsvertrag der „Soll-GmbH & Co. KG" ist der KG-Vertrag. Er wird dahingehend ausgelegt, daß die Vertretungsmacht der Komplementär-GmbH im Verhältnis zu den als Kommanditisten vorgesehenen Gesellschaftern auch im Gründungsstadium dahingehend beschränkt ist, sie nur mit ihrem Anteil am Gesellschaftsvermögen zu verpflichten[134].

93 Für Gläubiger ist diese Beschränkung der Vertretungsmacht und Haftung erkennbar, wenn ihnen die Gesellschaft unter der Firma einer Kommanditgesellschaft gegenübertritt[135]. Denn daraus können sie ersehen, daß ein Teil der Gesellschafter nur wie Kommanditisten haften will und demgemäß die Vertretungs-

---

128 BGHZ 62, 216 (226); 65, 103 (105); 71, 354 (355 f.).
129 Zur Haftung gemäß § 176 Abs. 2 HGB, s. Rn. 635.
130 S. Rn. 80.
130a BGHZ 69, 95 (101).
131 Palandt/Thomas § 714 Anm. 3, MünchKomm./Ulmer § 714 Rn. 24.
132 Palandt/Thomas § 714 Anm. 3 c; MünchKomm./Ulmer § 714 Rn. 32 ff.; BGH DB 1987, 1246.
133 BGH Urteil vom 26.11.1979 DB 1980, 391.
134 BGHZ 61, 59 (67); BGH DB 1980, 391.
135 BGH a.a.O.

befugnis der Geschäftsführer begrenzt hat. Infolgedessen müssen die Gläubiger diese Haftungsbeschränkung gegen sich gelten lassen. Im Ergebnis haften also die künftigen Kommanditisten auch in ihrer Eigenschaft als BGB-Gesellschafter nicht mit ihrem gesamten Privatvermögen, sondern auf den Betrag ihrer Einlage beschränkt[136].

Eine darüber hinausgehende Haftung gemäß § 176 Abs. 1 HGB entfällt hier nicht erst aufgrund der Kenntnis des Gläubigers von der Kommanditistenstellung[137]. Nach ausdrücklicher Vorschrift des § 176 Abs. 1 Satz 2 HGB entfällt die im Satz 1 bestimmte Haftung eines Kommanditisten, der dem Geschäftsbeginn vor Eintragung der Kommanditgesellschaft zugestimmt hat, wenn das Unternehmen kein Grundhandelsgewerbe betreibt und deshalb erst durch Eintragung in das Handelsregister zur Handelsgesellschaft wird[138]. 94

Nach der Rechtsprechung kommt für die Kommanditisten einer „Soll-GmbH & Co. KG" auch keine Haftung gemäß § 176 Abs. 1 HGB kraft Rechtsschein in Betracht[139]. Tritt die „Soll-GmbH & Co. KG", die bis zur Eintragung in das Handelsregister BGB-Gesellschaft ist, als Kommanditgesellschaft auf (sog. Schein-KG), muß der „Scheinkommanditist" nicht wie ein nichteingetragener Kommanditist gemäß § 176 Abs. 1 HGB haften[140]. Anderenfalls ginge die Rechtsscheinhaftung weiter, als der Schein der Wirklichkeit entspräche[141]. Eine dem Rechtsschein entsprechende Haftung kann hier nach der Rechtsprechung nur bedeuten, daß die Kommanditisten so haften, wie es der Fall ist, wenn die Kommanditgesellschaft schon entstanden ist, d. h. als solche ins Handelsregister eingetragen ist. Der Rechtsschein führt also zu einer auf die Einlage beschränkten Kommanditistenhaftung, denn Außenstehenden werde der Anschein vermittelt, es handele sich um eine bestehende Kommanditgesellschaft, bei der ein Teil der Gesellschafter beschränkt haftet[142]. 95

Auch wenn man hier eine Haftung gemäß § 176 Abs. 1 HGB kraft Rechtsschein grundsätzlich zuließe[143], entfiele sie hier, weil die Gläubiger aufgrund der Verwendung einer GmbH & Co. KG-Firma Kenntnis von der Kommanditistenstellung haben[144]. 96

---

136 Vgl. Rn. 354.
137 Vgl. Rn. 87 ff.
138 Vgl. BGHZ 61, 59 (65); 69, 95 (98); 59, 179 (181).
139 BGHZ 61, 59 (66 f.); 69, 95 (98 f.); zustimmend Schilling in Großkomm. § 176 Rn. 14; Baumbach/Duden/Hopt, 176 Anm. 2 C; a. A. Schlegelberger/K. Schmidt § 176 Rn. 5.
140 Vgl. Rn. 86.
141 BGHZ 61, 59 (66 f.)
142 BGHZ 69, 95 (99).
143 So Schlegelberger/K. Schmidt a.a.O.
144 S. Rn. 87 ff.

III Firma der GmbH & Co. KG

1 Firma einer KG

a) Firma einer KG bei Neugründung

97 Die Firma einer Kommanditgesellschaft muß den Namen wenigstens eines persönlich haftenden Gesellschafters mit einem Zusatz enthalten, der andeutet, daß eine Gesellschaft vorliegt, § 19 Abs. 2 HGB. Als Zusätze kommen z. B. „KG", „& Co.", „& Partner", „& Comp.", „& Cie" in Betracht. Aus dem Zusatz muß nicht hervorgehen, daß es sich um eine KG handelt[145]. Vornamen können beigefügt werden, sind aber nicht erforderlich. Die Namen anderer Personen als die der persönlich haftenden Gesellschafter dürfen nicht aufgenommen werden, § 19 Abs. 4 HGB. Nach dem Gesetz sollen die verantwortlichen Firmeninhaber aus der Firma ersichtlich sein (sog. Personenfirma). Eine Sachfirma z. B. „Heizungsbau KG" ist deshalb nicht zulässig. Die Firma kann aber noch Zusätze enthalten, die die Art des Handelsgewerbes näher bezeichnen oder den Niederlassungsort angeben, z. B. „Müller & Co., Elektro-Großhandlung"[146].

b) Abgeleitete Firma einer KG

98 Der Grundsatz der Firmenwahrheit, wie er im oben Gesagten zum Ausdruck kommt, wird in den §§ 22, 24 HGB zugunsten des Grundsatzes der Firmenkontinuität durchbrochen. Der Kommanditgesellschaft ist es unter bestimmten Voraussetzungen trotz Gesellschafterwechsel erlaubt, ihre bisherige Firma fortzuführen. Man spricht in diesem Fall von einer abgeleiteten Firma. Die §§ 22, 24 HGB bezwecken, daß durch Beibehaltung der bisherigen Firma der Ruf des Unternehmens als Vermögenswert erhalten bleibt. Gemäß § 22 HGB dürfen die Erwerber eines Unternehmens die Firma des erworbenen Unternehmens fortführen, wenn die bisherigen Geschäftsinhaber bzw. ihre Erben der Firmenfortführung zustimmen. Gemäß § 24 Abs. 1 HGB darf die Firma bei Ein- oder Austritt eines einzelnen Gesellschafters auch ohne Einwilligung des Ausgeschiedenen fortgeführt werden. Lediglich bei Ausscheiden eines persönlich haftenden Gesellschafters, dessen Name in der Firma enthalten ist, ist dessen Zustimmung erforderlich, § 24 Abs. 2 HGB.

---

145 Baumbach/Duden/Hopt § 19 Anm. 1 D.
146 Vgl. Baumbach/Duden/Hopt, § 18 Anm. 4 f.

2 Firma einer GmbH

a) Sachfirma einer GmbH

Die Firma einer GmbH kann sowohl Personenfirma als auch Sachfirma sein. Eine Sachfirma muß dem Gegenstand des Unternehmens entlehnt sein, § 4 Abs. 1 GmbHG. Diese Erfordernis dient dem Grundsatz der Firmenwahrheit. Der Unternehmensgegenstand soll durch die Firma im wesentlichen erkennbar gemacht werden[147]. 99

Da Unternehmensgegenstand einer Komplementär-GmbH häufig ausschließlich die Führung der Geschäfte bei einer oder mehreren Kommanditgesellschaften ist, sind Firmen wie ,,X-Verwaltungs-GmbH'', ,,M-Betriebs-GmbH'', ,,Y-Geschäftsführungs-GmbH'' gebräuchlich. 100

Weil die GmbH als verantwortliche Komplementärin mittelbar das Unternehmen der KG betreibt, ist es auch zulässig, daß die Sachfirma der Komplementär-GmbH dem Unternehmensgegenstand der KG entnommen wird[148]. Dieser Art der Firmenbildung sind jedoch insoweit Grenzen gesetzt, als die GmbH-Firma dadurch täuschungsgeeignet ist, § 18 Abs. 2 HGB. Ist beispielsweise das Unternehmen der KG eine Papierfabrik und produziert die GmbH nicht selbst, darf ihre Firma auch nicht Meyer Papierfabrik GmbH lauten.

b) Personenfirma einer GmbH

Ist die Firma einer GmbH Personenfirma, darf sie nur die Namen ihrer Gesellschafter enthalten, § 4 Abs. 1 S. 2 GmbHG. Dabei ist folgende Besonderheit zu beachten. Hat eine GmbH mehrere Gesellschafter und will sie mehrere, aber nicht alle Gesellschafternamen in ihre Firma aufnehmen, bedarf es über den Wortlaut des § 4 Abs. 1 S. 1 GmbHG hinaus eines ein Gesellschaftsverhältnis andeutenden Zusatzes, wie ‚& Co.', ‚& Partner', ‚& Companie', ‚& Konsorten', ‚& Gebrüder' etc. Diese Zusätze sollen klarstellen, daß der Gesellschaft nicht nur die firmierenden, sondern noch weitere Gesellschafter angehören[149]. Beispiel: Es gibt die Gesellschafter Meyer, Schulze, Schmidt. Die Firma soll die Namen Meyer und Schmidt enthalten. Eine zulässige Firma ist z. B. ‚Meyer, Schmidt & Co. GmbH'. Die Firma ‚Meyer & Schmidt GmbH' oder ‚Meyer & Schmidt Gesellschaft mbH' ist in diesem Fall unzulässig, da die Zusätze ‚GmbH' oder ‚Gesellschaft' nicht verhindern, daß im Rechtsverkehr die irrige Vorstellung entsteht, die Gesellschaft bestehe nur aus zwei Personen[150]. 101

---

[147] Hachenburg/Ulmer/Heinrich, § 4 Rn. 15.
[148] OLG Köln, DB 1979, 784; Hüffer in Großkomm. § 19 Rn. 41 mwN.
[149] BGH Beschluß v. 18.9.1975, BGHZ 65, 89, auch in BB 1975, 1454.
[150] BGH a.a.O.

Firmieren alle Gesellschafter einer GmbH, bedarf es keiner der obengenannten Zusätze. Eine zulässige Firma wäre jetzt ‚Meyer, Schulze & Schmidt GmbH'.

102 Hat eine Gesellschaft mehrere Gesellschafter und soll ihre Firma lediglich den Namen eines Gesellschafters enthalten, reicht wiederum der bloße Zusatz ‚Gesellschaft' oder ‚GmbH'[151]. Beispiel: Es gibt die Gesellschafter Meyer, Schmidt, Schulze. Die Firma soll nur den Namen des Gesellschafters Meyer enthalten. Zulässige Firmen sind ‚Meyer Gesellschaft mbH', ‚Meyer GmbH'. An der Zulässigkeit dieser Firma hat sich auch nicht dadurch etwas geändert, daß die GmbH-Novelle 1980 die Einmann-Gründung einer GmbH zugelassen hat (§ 1 GmbHG) und jetzt Rückschlüsse auf die Zahl der Gründer aus einer solchen Personenfirma der GmbH nicht mehr möglich sind[152].

103 Aufgrund dieser Entwicklung wird aber teilweise eine Überprüfung der bisherigen Auslegung des § 4 Abs. 1 S. 1 GmbHG[153] auch für die Mehrpersonen-GmbH für unerläßlich gehalten[154]. Unabhängig davon, ob die Firma der GmbH einen oder mehrere, aber nicht sämtliche Gesellschafternamen enthält, soll der Zusatz ‚Gesellschaft' oder ‚GmbH' ausreichen, da heute keine eindeutige Verkehrsauffassung mehr besteht, daß aus der Personenfirma einer GmbH Rückschlüsse auf die Zahl der Gesellschafter gezogen werden können[155].

c) Gemischte Firma, abgeleitete Firma einer GmbH

104 Auch eine gemischte Firma, die also Sachfirmenbestandteile und Personenfirmenbestandteile enthält, ist zulässig. Sie muß sowohl den Erfordernissen der Personen- wie der Sachfirma entsprechen[156].

105 Die GmbH kann auch eine abgeleitete Firma[157] führen, wenn sie ein bestehendes Handelsgeschäft mit dem Recht zur Firmenfortführung gemäß § 22 HGB erwirbt, § 4 Abs. 1 S. 3 GmbHG[158].

---

151 BGH BB 1975, 1454 (1455); Scholz/Emmerich, § 4 Rn. 25; Hüffer in Großkomm. § 19 Rn. 45.
152 BayObLG Beschluß vom 29.6.1984, GmbHR 1985, 117 f.; LG Itzehoe, Beschluß vom 20.4.1988, GmbHR 1988, 348.
153 S. Rn. 101.
154 Hachenburg/Ulmer/Heinrich, § 11 Rn. 33 ff.; Fischer/Lutter/Hommelhoff, § 11 Rn. 7.
155 Ulmer/Heinrich, a.a.O.; a.A. Hüffer in Großkomm. § 19 Rn. 45.
156 Hachenburg/Ulmer/Heinrich, § 4 Rn. 58; OLG Hamm, Beschluß vom 12.7.1985 GmbHR 1986, 89; a.A. OLG Bremen DB 1978, 200.
157 Vgl. Rn. 98.
158 Einzelheiten siehe Hüffer in Großkomm. § 22 Rn. 4 ff.

Firma der GmbH & Co. KG

d) GmbH-Zusatz

In jedem Fall muß die Firma einer GmbH notwendigerweise den Zusatz „mit beschränkter Haftung" enthalten, § 4 Abs. 2 GmbHG. Die Abkürzung „GmbH" ist ein zulässiger Zusatz im obengenannten Sinne[159]. 106

3 Besonderheiten bei der Firmierung der GmbH & Co. KG

a) Grundsätzliches

Da die GmbH & Co. KG Personengesellschaft ist, richtet sich die rechtliche Zulässigkeit ihrer Firma nach §§ 19 ff. HGB. Gemäß § 19 Abs. 2 HGB muß die Firma einer KG mindestens einen persönlich haftenden Gesellschafter und einen Zusatz enthalten, der andeutet, daß ein Gesellschaftsverhältnis vorliegt[160]. Darüber hinaus bestimmt § 19 Abs. 5 HGB, daß eine KG, an der keine natürliche Person als Komplementärin beteiligt ist, eine Bezeichnung enthalten muß, die die Haftungsbeschränkung kennzeichnet. 107

In der Praxis ist neben der Komplementär-GmbH in der Regel kein weiterer persönlich haftender Gesellschafter vorhanden. Daher ist der Name der Komplementär-GmbH Grundbestandteil der Firma der GmbH & Co. KG. Als notwendige Zusätze haben sich „GmbH & Co. KG" bzw. „GmbH & Co." eingebürgert[161]. 108

b) Typische Probleme bei der Firmierung der GmbH & Co. KG

Bei der Schaffung einer GmbH & Co. KG-Firma können die das Firmenrecht beherrschenden Grundsätze, wie die der Firmenidentität, der Firmenwahrheit, der Firmenklarheit und der Unterscheidbarkeit in Widerstreit geraten. 109

Der Grundsatz der Firmenidentität gebietet, daß die Firma der Komplementär-GmbH vollständig in der Firma der KG enthalten ist, um eine Identifizierung des persönlich haftenden Gesellschafters der Kommanditgesellschaft zu ermöglichen, § 19 Abs. 2 HGB. Wenn die Komplementär-GmbH eine Sachfirma führt oder auch nur einen Sachfirmenbestandteil in ihrer Firma hat, die bzw. der dem Unternehmensgegenstand des Unternehmens der GmbH entlehnt ist, dann enthält die KG-Firma durch die vollständige Übernahme der GmbH-Firma Bestandteile, die unter Umständen geeignet sind, den Geschäftsverkehr über ihren Unternehmensgegenstand zu täuschen, § 18 Abs. 2 HGB. Beispiel: Die GmbH 110

---

159 BGHZ 62, 230; OLG Frankfurt, BB 1974, 433.
160 S. Rn. 97.
161 S. Rn. 116.

B Gründung der GmbH & Co. KG – Handelsrechtlicher Teil

betreibt einen Fahrradhandel und firmiert ‚Müller Fahrradladen GmbH'. Sie wird Komplementärin einer KG, die Motorräder produziert. Bei völliger Übernahme der GmbH-Firma lautet die KG-Firma ‚Müller Fahrradladen GmbH & Co. KG'. Hier liegt ein Verstoß gegen den Grundsatz der Firmenwahrheit vor[162]. Die Täuschungseignung kann grundsätzlich nicht durch Weglassen von Bestandteilen der GmbH beseitigt werden (Grundsatz der Firmenidentität)[163]. Eine Firmierung Müller GmbH & Co. ist folglich unzulässig.

111 Ebenfalls unzulässig ist es in diesem Fall, den Unternehmensgegenstand der KG zusätzlich in die Firma der KG aufzunehmen. Eine Motorrad-Fabrik ‚Müller Fahrradladen GmbH & Co. KG Motorradfabrik' trägt zur Verwirrung des Geschäftsverkehrs bei und verstößt somit gegen den Grundsatz der Firmenklarheit[164].

112 Gemäß § 30 Abs. 1 HGB muß jede neue Firma sich von allen an demselben Ort oder in derselben Gemeinde bereits bestehenden und in das Handelsregister oder in das Genossenschaftsregister eingetragenen Firmen deutlich unterscheiden (Grundsatz der Unterscheidbarkeit). Nach der Rechtsprechung des BGH[165] gilt dies auch für die Firmen der GmbH & Co. KG und ihrer Komplementär-GmbH. Die Firma der Kommanditgesellschaft muß sich also auch von derjenigen ihrer persönlich haftenden GmbH-Gesellschafterin deutlich unterscheiden. Um eine Unterscheidbarkeit zwischen GmbH und GmbH & Co. KG zu erreichen, können in die Firma der GmbH & Co. KG weitere Bestandteile aufgenommen werden wie auf den Gegenstand des Unternehmens hinweisende Zusätze, Phantasieworte oder lokalisierende Bezeichnungen[165a]. Beispiel: ‚Maier & Wolf GmbH' und ‚MAWO Maier & Wolf GmbH & Co. KG'[166].

113 Gesellschaftszusätze allein reichen nicht für eine Unterscheidbarkeit im Sinne des § 30 HGB. Beispiel: ‚X-Industriebedarfs GmbH' und ‚X-Industriebedarfs GmbH & Co. KG Handelsgesellschaft'. Der hier bei der Firma der Kommanditgesellschaft gewählte Zusatz ‚Handelsgesellschaft' genügt nicht zur deutlichen Unterscheidung von der Komplementär-GmbH[167].

114 Angesichts der hier angesprochenen Probleme bei der Firmierung einer GmbH & Co. KG ist ein Beschluß des BGH vom 16.3.1981[168] von großer Bedeutung. In dieser Entscheidung weist der BGH der Praxis einen Weg, bei Neugründung ei-

---

162 Vgl. Bay ObLG NJW 1973, 371.
163 Hüffer in Großkomm. § 19.
164 Vgl. Bay ObLG, a.a.O.
165 BGHZ 46, 7, (10).
165a Vgl. Hüffer in Großkomm. § 19 Rn. 60.
166 Baumbach/Duden/Hopt, § 19 Anm. 3 C.
167 Bay ObLG, BB 1980, 68.
168 BGHZ 80, 353, auch in BB 1981, 1730.

Firma der GmbH & Co. KG   **B**

ner Komplementär-GmbH den Grundsätzen der Firmenidentität und der Unterscheidbarkeit Genüge zu tun, ohne dabei gegen den Grundsatz der Firmenwahrheit zu verstoßen. Nach dem BGH können Bestandteile, wie ‚Verwaltungs-‘, ‚Betriebs-‘ oder ‚Geschäftsführungs-‘ (GmbH) einer GmbH-Firma in der Firma der KG weggelassen werden, wenn es sich bei den übrigen übernommenen Bestandteilen um die wesentlichen und unterscheidungskräftigsten Teile der Firma handelt und diese gemäß § 4 GmbHG auch allein als Firma zulässig wären[169]. Beispiel: ‚S-Verwaltungs-GmbH‘, zulässige GmbH & Co. KG-Firma: ‚S-GmbH & Co. KG‘. Hier besteht nicht die Möglichkeit der Täuschung des Rechtsverkehrs durch die Firma der Kommanditgesellschaft gemäß § 18 Abs. 2 HGB. Die Firma der KG unterscheidet sich von der Firma der GmbH im Sinne des § 30 HGB und genügt nach der Rechtsprechung unter oben genannten Voraussetzungen auch dem Grundsatz der Firmenidentität.

Soll eine bereits bestehende GmbH Komplementärin werden, ist gegebenenfalls unter Beachtung der genannten firmenrechtlichen Grundsätze eine Umfirmierung erforderlich.   115

c) GmbH & Co. – Zusatz

Eine GmbH & Co. KG muß in jedem Fall – unabhängig davon, ob es sich um die Neubildung einer Firma oder um eine sog. abgeleitete Firma[170] handelt – einen Zusatz wie etwa „GmbH & Co." in ihre Firma aufnehmen. Das ergibt sich aus § 19 Abs. 5 HGB, der bestimmt, daß die Firma einer Personengesellschaft, bei der keine natürliche Person persönlich haftet, eine Bezeichnung enthalten muß, welche die Haftungsbeschränkung kennzeichnet. In der Praxis hat sich die Abkürzung „GmbH & Co. KG" bzw. „GmbH & Co." mit unterschiedlicher Schreibweise eingebürgert. Es sind aber auch Zusätze wie „GmbH & Cie." und „GmbH & Comp." zulässig[171].   116

Den Unternehmen bleibt wenig Spielraum, diese Zusätze abzuwandeln. Weicht eine Firmenbezeichnung von der für Gesellschaften dieser Rechtsform üblich gewordenen auffällig ab, ohne einen gleichwertigen Ersatz zu bieten, ist sie nach der Rechtsprechung unzulässig[172]. Der BGH[173] begründet diese Rechtsprechung mit der Rechtssicherheit, die dadurch erreicht ist, daß mittlerweile auch der Laie weiß, daß diese Zusätze auf eine handelsrechtliche Personengesellschaft hinweisen, in der keine natürliche Person persönlich haftet und daß eben diese Rechtssicherheit gefährdet sei, wenn von diesen Zusätzen deutlich abgewichen werde.   117

---

169 BGHZ 80, 353 (356), auch in BB 1981, 1730 (1731).
170 S. Rn. 97 u. Rn. 98.
171 Bericht des Rechtsausschusses zur GmbH-Novelle, BT-Drucksachen 8/3908, S. 78.
172 BGH, Beschluß vom 24.3.1980 NJW 1980, 2084.
173 A.a.O.

B   Gründung der GmbH & Co. KG – Handelsrechtlicher Teil

118   Der BGH läßt aus diesem Grunde keine Änderungen in der Reihenfolge „GmbH & Co. KG" zu. Unzulässig ist es daher, den Zusatz „GmbH & Co." der abgeleiteten[174] Firma „X-KG" nachzustellen. Beispiele für unzulässige Firmen: „W & R KG-GmbH & Cie."[175], „K & Co. GmbH & Co. KG"[176], „HM & Sohn GmbH & Co."[177]. Laut BGH genügen diese Firmen nicht dem Grundsatz der Firmenklarheit. Sie lassen leicht den Eindruck entstehen, persönlich haftende Gesellschafterin sei nicht (oder jedenfalls nicht allein) eine GmbH, sondern auch eine Personengesellschaft (W & R KG, K & Co., HM & Sohn) und in dieser hafte mindestens eine natürliche Person mit ihrem Privatvermögen.

119   Überhaupt ist es nach der Rechtsprechung grundsätzlich unzulässig, Rechtsformzusätze aneinanderzureihen, da sie im Geschäftsverkehr Unklarheiten über die Rechtsform der Gesellschaft aufkommen lassen[178]. Auch die Trennung durch Komma oder Strich (z. B. „W & R KG-GmbH & Cie") ändert an der Unzulässigkeit nichts[179]. Ebenso wird die Unzulässigkeit der Firma nicht dadurch beseitigt, daß zwischen beiden Gesellschaften ein sachlicher Firmenbestandteil geschoben wird. Beispiel: „Johann H-GmbH Holzbau KG"[180]. Richtigerweise müssen die Bezeichnungen GmbH und KG durch einen Gesellschaftszusatz z. B. „& Co.", „& Cie" getrennt werden.

d) Abgeleitete Firma der GmbH & Co. KG

120   Auch der GmbH & Co. KG ist es grundsätzlich gestattet, eine abgeleitete Firma zu führen, wenn die Voraussetzungen gemäß §§ 22 oder 24 HGB vorliegen[181]. Die Anwendung der §§ 22, 24 HGB auf die GmbH & Co. KG wird aber durch § 19 Abs. 5 HGB insofern eingeschränkt, als auch die abgeleitete Firma der GmbH & Co. KG immer erkennen lassen muß, daß in der Gesellschaft keine natürliche Person unbeschränkt haftet[182]. Es ist also die Hinzufügung des Zusatzes „GmbH & Co." (oder ähnlich) erforderlich. Übernimmt zum Beispiel die GmbH & Co. KG ein Einzelkaufmannsunternehmen „Heinrich B" und will sie diese Firma fortführen, dann lautet die zulässige abgeleitete Firma „Heinrich B. GmbH & Co."[183]. Im Falle einer abgeleiteten Firma findet § 19 Abs. 2 HGB, wonach der volle Name der Komplementär-GmbH in die Firma der KG aufzu-

---

174   S. Rn. 98.
175   BGH Beschluß v. 28.5.1979 NJW 1979, 1986.
176   BGH Beschluß v. 13.10.1980, BB 1980, 1770.
177   BGH Urteil v. 14.11.1984 NJW 1985, 737.
178   BayObLG Beschluß vom 3.11.1977 GmbHR 1978, 40.
179   BGH NJW 1979, 1986.
180   BGH Beschluß vom 24.3.1980 NJW 1980, 2084.
181   S. Rn. 98.
182   S. Rn. 116.
183   BGH Beschluß vom 18.9.1975 NJW 1976, 48.

nehmen ist, keine Anwendung[184]. Erwirbt eine GmbH & Co. KG ein Unternehmen in der Rechtsform einer Kommanditgesellschaft und mit der Firma „K & Co.", dann ist die Firma „K & Co. GmbH & Co. KG" unzulässig, weil sie den Eindruck entstehen läßt, persönlich haftende Gesellschafterin sei nicht (oder jedenfalls nicht allein) eine GmbH, sondern auch die Personengesellschaft „K & Co."[185].

IV Angaben auf Geschäftsbriefen

Gemäß § 177a i.Vm. § 125a HGB sind Kommanditgesellschaften, bei denen kein persönlich haftender Gesellschafter eine natürliche Person ist, verpflichtet, auf Geschäftsbriefen folgende Angaben zu machen:
1. Rechtsform der GmbH & Co. KG (Kommanditgesellschaft)
2. Sitz der Gesellschaft
3. Nummer, unter der die GmbH & Co. KG in das Handelsregister eingetragen ist
4. Die Firmen aller persönlich haftenden Gesellschafter
   sowie deren
   a) Rechtsform
   b) Sitz
   c) zuständiges Handelsregister
   d) Handelsregisternummer
   e) Geschäftsführer mit Vor- und Familiennamen
   f) Vorsitzender eines Aufsichtsratsorgans mit Vor- und Zunamen

121

V Einlagen

1 Begriff der Einlage

Nach der von Karsten Schmidt[186] entwickelten und hier übernommenen Terminologie sind Einlagen im gesellschaftsrechtlichen Sinne grundsätzlich nur solche Beiträge von Gesellschaftern, die die Haftungsmasse der Gesellschaft vergrößern, d.h., das Aktivvermögen der Gesellschaft durch vollstreckungsrechtlich erfaßbare Güter vermehren. Dieser Einlagebegriff unterscheidet sich von dem des § 4 Abs. 1 Satz 5 EStG[187].

122

---

184 BGH a.a.O.
185 BGH BB 1980, 1770; s. auch Rn. 118.
186 K. Schmidt, S. 425.
187 Dazu Ludwig Schmidt, § 4 Rn. 50ff.

B Gründung der GmbH & Co. KG – Handelsrechtlicher Teil

123 Es gibt Geldeinlagen und Sacheinlagen. Eine Sacheinlage liegt immer dann vor, wenn die Gesellschaft ein vermögenswertes Recht mit dinglicher Wirkung erlangt, wenn z. B. die GmbH & Co. KG Eigentum an dem vom Gesellschafter A eingebrachten Grundstück erlangt oder eine Forderung des Gesellschafters B gegen den Gläubiger D durch Abtretung erwirbt.

124 Auch die Gebrauchsüberlassung einer Sache an die Gesellschaft ist eine Einlage, wenn zugunsten der Gesellschaft ein beschränkt dingliches Recht (Dienstbarkeit, Nießbrauch u. a.) bestellt wird[188]. Ob darüberhinaus auch bloß obligatorische Nutzungsrechte einlagefähig sind, ist umstritten. Es wird allgemein insoweit bejaht, als es sich um übertragbare (§ 399 BGB) Ansprüche des Einlegers gegen einen Dritten handelt, etwa aus Miet- oder Pachtvertrag[189]. Richtet sich dagegen der Anspruch auf Gebrauchsüberlassung gegen den Einleger selbst, bringt er z. B. ein ihm gehörendes Grundstück zur Nutzung ein (sog. Einbringung quoad usum), liegt keine taugliche Einlage vor[190].

125 Bringt ein Gesellschafter ein Grundstück zur Nutzung ein und vereinbart er mit den übrigen Gesellschaftern die Zahlung einer Miete, kann eine (Geld-)Einlage durch Stehenlassen der Mieteinnahmen sukzessive erbracht werden. Das gilt ebenso, wenn ein Gesellschafter die Geschäftsführung entgeltlich erbringt und sein Geschäftsführergehalt in der Gesellschaft als Einlage stehen läßt[191].

126 Eine Einlage liegt vor, wenn ein Gesellschafter ein Grundstück nicht nur zur Nutzung sondern auch dem Werte nach in das Gesellschaftsvermögen einbringt (Einbringung quoad sortem). In diesem Fall bleibt zwar der einlegende Gesellschafter dinglicher Eigentümer, im Innenverhältnis sind die Gesellschafter jedoch nicht nur an den Erträgen des Grundstücks beteiligt, sondern auch an seinen Wertsteigerungen, gleichzeitig gehen die Grundstücksaufwendungen und die Wertminderungen zu Lasten aller Gesellschafter[192]. In der Bilanz steht der Gutschrift auf dem Kapitalkonto der aktivierte Anspruch der Gesellschaft gegen den Gesellschafter gegenüber, daß dieser das Grundstück zu ihrer Verfügung hält und im Auseinandersetzungsfall den Wert des Grundstücks ausgleicht[193].

127 Einlagefähig sind auch gewerbliche Schutzrechte wie Urheber- und Patentrechte, Geschmacks- und Gebrauchsmusterrechte[194]. Darüber hinaus sind auch sonstige

---

188 Vgl. BGHZ 45, 338 (344); Hachenburg/Ulmer, § 5 Rn. 39; Scholz/Winter § 5 Rn. 45.
189 Hachenburg/Ulmer, a.a.O.; Knobbe-Keuk ZGR 1980, 214 (223); K. Schmidt S. 426.
190 Knobbe-Keuk ZGR 1980, 214 (217 f.); K. Schmidt a.a.O.; Huber S. 192; a.A. Hachenburg/Ulmer a.a.O. und Scholz/Winter § 5 Rn. 46, die die Einlagefähigkeit bejahen, wenn der Gesellschaft der Besitz am Grundstück übertragen wird.
191 K. Schmidt S. 426; Huber S. 197.
192 BGH Urteil vom 25.3.1965 DB 1965, 1282 f.; Stellungnahme des Hauptfachausschusses des Instituts der Wirtschaftsprüfer HFA 1/1976 in FN 1976, S. 41; Huber S. 196; s. auch Rn. 184.
193 Huber, S. 197.
194 Hachenburg/Ulmer § 5 Rn. 47.

Einlagen B

gewerbliche Vermögenswerte einlagefähig. Hierzu zählen Erfindungen, Fabrikationsgeheimnisse, „Know how"[195]. Im Zusammenhang mit der Einbringung eines ganzen Unternehmens können auch die Firma, der Kundenstamm oder der sog. goodwill eingebracht werden[196].

2 Bewertung der Einlage

Die Einlagen werden bewertet und auf sog. Kapitalkonten gebucht[197]. Der Gutschrift auf dem Kapitalkonto muß ein entsprechender Aktivposten gegenüberstehen. Zu den Bewertungsmaßstäben, die für den Ausweis der Einlage in der Bilanz gelten, siehe Rn. 180 ff. 128

Im Innenverhältnis sind die Gesellschafter weitgehend frei in der Bewertung der Einlagen. So kommt es z. B. vor, daß intern die Einlage eines neu aufgenommenen Gesellschafters unterbewertet wird, weil im Gesellschaftsvermögen nicht ausgewiesene Vermögenswerte, sog. stille Reserven, stecken, an die der neue Gesellschafter nicht im selben Umfang wie ein alter Gesellschafter mit der nominal gleichen Einlage beteiligt sein soll. 129

Für den Kommanditisten ist zu beachten, daß seine Haftungsbefreiung gemäß § 171 Abs. 1 Halbs. 2 HGB nur dann eintritt, wenn seine Einlage zum Zeitpunkt der Einbringung objektiv den Wert hat, der der im Handelsregister eingetragenen Haftsumme entspricht. Bleibt der tatsächliche Wert seiner Einlage unter diesem Betrag, besteht seine persönliche unmittelbare Haftung gemäß § 171 Abs. 1 Halbs. 1 HGB in Höhe dieser Differenz weiter[198]. Bringt ein Kommanditist z. B. eine Forderung gegen einen Dritten in die Gesellschaft ein, so hängt es von der ordnungsmäßigen wirtschaftlichen Bewertung der Forderung ab, ob sie mit dem vollen oder einem geringeren Betrag auf die Haftsumme anzurechnen ist[199]. 130

3 Einlageverpflichtung der Komplementär-GmbH

Ob und wenn ja, welche Einlage die GmbH-Komplementärin in das KG-Vermögen zu erbringen hat, bestimmt der Gesellschaftsvertrag[200]. Ihre Einlage kann aus ihrem gesamten Vermögen oder einem Teil ihres Vermögens bestehen. 131

---

195 Hachenburg/Ulmer a.a.O., Rn. 56 mwN; K. Schmidt S. 427.
196 Scholz/Winter § 5 Rn. 50; Hachenburg/Ulmer, a.a.O., Rn. 52.
197 S. Rn. 402 ff.
198 S. Rn. 358.
199 BGHZ 61, 59 (71); BGHZ 95, 188 (195).
200 Baumbach/Duden/Hopt § 109 Anm. 4 B.

B Gründung der GmbH & Co. KG – Handelsrechtlicher Teil

132 Häufig wird im Gesellschaftsvertrag vereinbart, daß die GmbH keine Kapitaleinlage zu erbringen hat. Eventuell vorhandenes Anlagevermögen der GmbH wird an die GmbH & Co. KG verpachtet bzw. vorhandene Bankguthaben werden der GmbH & Co. KG als Darlehen gewährt.

133 Ist die Komplementär-GmbH zu einer Einlage verpflichtet, besteht oft innerhalb der GmbH & Co. KG ein Interesse daran, daß die GmbH-Gesellschafter ihre Einlagen durch direkte Zahlung an die KG erbringen. Auf diese Weise soll gleichzeitig die Einlage der GmbH an die KG erbracht werden. Dies ist aus Gründen des Gläubigerschutzes nur eingeschränkt möglich[201]. Grundsätzlich gilt, daß auch hinsichtlich der Kapitalaufbringung GmbH und GmbH & Co. KG nicht als Einheit behandelt werden können. Die Kapitalausstattung der GmbH ist von ihrer Einlageverpflichtung gegenüber der KG zu unterscheiden. Gemäß § 5 Abs. 1 GmbHG muß die GmbH ein Mindeststammkapital von DM 50 000,– haben, von dem mindestens DM 25 000,– vor der Handelsregisteranmeldung eingezahlt sein müssen, § 7 Abs. 2 GmbHG. Auf jede Stammeinlage muß ein Viertel eingezahlt sein, §§ 7 Abs. 2, 8 Abs. 2 GmbHG[202]. Dieser nach §§ 7 Abs. 2, 8 Abs. 2 GmbHG vor der Anmeldung der GmbH zu leistende Mindestbetrag der Geldeinlagen muß immer zur freien Verfügung der Geschäftsführer – also in das GmbH-Vermögen – eingezahlt werden[203]. Die Resteinlage kann ein GmbH-Gesellschafter mit befreiender Wirkung gemäß § 362 Abs. 2 BGB an die KG leisten, wenn die GmbH damit einverstanden ist und die Einlageforderung der KG gegen die GmbH vollwertig, fällig und liquide ist[204]. Vollwertig ist die Einlageforderung der KG, wenn das verbleibende Vermögen der GmbH zur vollen Befriedigung sowohl der Eigengläubiger der GmbH als auch der Gläubiger der KG, soweit deren Ansprüche das Vermögen dieser Gesellschaft übersteigen, ausreicht[205]. Maßgebend ist dabei der Zeitpunkt, in dem die Leistung auf die Einlage an die KG mit Einwilligung der GmbH erbracht wird[206].

4 Einlageverpflichtung der Kommanditisten

a) Haftsumme

aa) Allgemeines

134 Ein Wesensmerkmal der Kommanditgesellschaft ist, daß die Haftung der Kommanditisten auf den Betrag ihrer Einlage beschränkt ist. Der Betrag dieser Einla-

---

[201] BGH Urteil v. 25.11.1985 GmbHR 1986, 115 f.; OLG Stuttgart Urteil vom 12.6.1986 GmbHR 1986, 349 (350).
[202] S. Rn. 52.
[203] BGH a.a.O.; OLG Stuttgart a.a.O.
[204] BGH a.a.O.; OLG Stuttgart a.a.O.
[205] BGH a.a.O.; OLG Stuttgart a.a.O.
[206] BGH a.a.O.; OLG Stuttgart a.a.O.

Einlagen   **B**

ge ist beim Handelsregister anzumelden. An diese im Handelsregister eingetragene Einlage knüpft die Haftung des Kommanditisten an (Haftsumme). Gemäß § 171 Abs. 1 HGB haftet der Kommanditist den Gesellschaftsgläubigern bis zur Höhe dieses Betrages persönlich mit seinem Vermögen. Hat der Kommanditist eine Einlage in Höhe der Haftsumme in das Vermögen der KG geleistet, ist diese unmittelbare persönliche Haftung des Kommanditisten ausgeschlossen. Da also die Leistung seiner Einlage für den Kommanditisten von haftungsrechtlicher Bedeutung ist, ist es gerade hier entscheidend, ob sie die für eine Qualifizierung als Einlage erforderlichen Voraussetzungen erfüllt und vollwertig zum Einbringungszeitpunkt ist[207]. Denn nur dann tritt die haftungsbefreiende Wirkung gemäß § 171 Abs. 1 Halbs. 2 HGB ein[208].

bb) Einlage durch Aufrechnung

Nach der Rechtsprechung kann ein Kommanditist, der gleichzeitig Gläubiger der Gesellschaft ist, seine Einlage mit haftungsbefreiender Wirkung auch dadurch erbringen, daß er eine Forderung, die er gegen die Gesellschaft hat, gegen die Einlageforderung der Gesellschaft aufrechnet[209]. Denn durch die Aufrechnung wird das Gesellschaftsvermögen vermehrt, da die Gesellschaft von einer Verbindlichkeit befreit wird[210]. Ist die Forderung, die der Kommanditist gegen die KG hat, im Hinblick auf die wirtschaftliche Lage der Gesellschaft nicht mehr vollwertig, wird der Kommanditist durch die Aufrechnung nur in Höhe des objektiven Wertes seiner Forderung von seiner unmittelbaren Haftung gegenüber Gesellschaftsgläubigern frei[211].   135

cc) Einlage durch Einbringung von Anteilen der Komplementär-GmbH

Erbringt ein Kommanditist, der gleichzeitig Gesellschafter der Komplementär-GmbH ist, seine Einlage dadurch, daß er GmbH-Anteile einbringt, gilt die Einlage Gesellschaftsgläubigern gegenüber als nicht geleistet, § 172 Abs. 6 HGB. Die persönliche unmittelbare Haftung des Kommanditisten gem. § 171 Abs. 1 Halbs. 1 HGB bleibt in diesem Fall bestehen[212]. § 172 Abs. 6 HGB ist eine Sonderregelung für die typische GmbH & Co. KG, bei der keine natürliche Person persönlich haftender Gesellschafter ist, denn grundsätzlich kann ein Kommanditist seine Einlage mit der haftungsbefreienden Wirkung gemäß § 171 Abs. 1 Halbs. 2 HGB dadurch erbringen, daß er der KG GmbH-Anteile überträgt. Sinn und Zweck des § 172 Abs. 6 HGB ist, daß den Gläubigern einer GmbH & Co. KG   136

---

207 S. Rn. 358.
208 S. Rn. 356.
209 BGHZ 51, 391; 95, 188.
210 BGHZ 51, 391 (394); BGHZ 95, 188 (197).
211 BGHZ 95, 188 (197).
212 S. Rn. 359.

wie bei einer „normalen" KG zwei Haftungsmassen zur Verfügung stehen sollen, nämlich das Vermögen der GmbH und die beschränkte Haftung der Kommanditisten. Könnten die Geschäftsanteile an der GmbH als Kommanditeinlagen befreiend geleistet werden, würde das Vermögen der GmbH gleichzeitig als Haftungsmasse der Komplementärin und als Haftungsmasse der Kommanditisten dienen. Den Gläubigern stünde in diesem Fall nur eine Haftungsmasse zur Verfügung[213].

b) Pflichteinlage

137 Von der oben dargestellten Hafteinlage oder Haftsumme ist die Pflichteinlage des Kommanditisten zu unterscheiden. Pflichteinlage ist die Einlage, zu der sich der Kommandist den übrigen Gesellschaftern gegenüber verpflichtet hat. Diese Einlage ist von der GmbH & Co. KG in ihrer Bilanz auszuweisen[214].

138 Pflichteinlage und Haftsumme können voneinander abweichen. Die Gesellschafter können einen Kommanditisten von seiner Einlagepflicht freistellen, sie können ihn auch zu einer höheren Einlage verpflichten als die, die zum Handelsregister angemeldet wird. Übersteigt die Pflichteinlage die Haftsumme, kann der Differenzbetrag ohne Haftungsfolgen entnommen oder zu einer Haftsummenerhöhung verwendet werden[215]. In der Regel stimmen die Pflichteinlage und die Haftsumme überein. Wird im Gesellschaftsvertrag nur die Höhe der Pflichteinlage bestimmt, so gilt im Zweifel, daß die Haftsumme in gleicher Höhe bestehen soll[216].

c) Stammeinlage bei der Komplementär-GmbH

138a Ist ein Kommandist gleichzeitig Gesellschafter der Komplementär-GmbH[216a], kann er seine als Bareinlage zu erbringende Stammeinlage bei der Komplementär-GmbH auch dadurch erbringen, daß die KG aus einem Guthaben dieses Kommanditisten die entsprechende Beträge an die GmbH überweist. Es liegt aber keine Erfüllung der Stammeinlageverpflichtung vor, wenn die KG die Überweisung unter der Voraussetzung tätigt, daß die Beträge – vereinbarungsgemäß – am gleichen Tag und in voller Höhe an die KG zum Zwecke der Darlehensgewährung zurücküberwiesen werden und die Rücküberweisung tatsächlich erfolgt[216b].

Denn in diesem Fall ist die eingezahlte Summe nicht zur freien Verfügung der Geschäftsführung in die Gesellschaft gelangt, vgl. § 8 Abs. 2 GmbHG.

---
213 Baumbach/Duden/Hopt § 172 Anm. 2.
214 S. Rn. 402 ff., 558.
215 BGHZ 84, 383 (387); Schlegelberger/K. Schmidt §§ 171, 172 Rn. 78; Felix NJW 1973, 491 f.; zur „gesplitteten Pflichteinlage" s. Rn. 754 ff.
216 BGH NJW 1977, 1820 (1821); K. Schmidt, S. 1162, Schilling in Großkomm. § 171 Rn. 5.
216a S. Rn. 17 ff.
216b OLG Koblenz Urteil v. 9.2.1989 BB 1989, 451.

C Gründung und Kapitalerhöhung der GmbH & Co. KG – Steuerrechtlicher Teil

I Gründungsbesteuerung

1 Einkommen- und Körperschaftsteuer

a) Vorgesellschaften, Gründungsgesellschaften

Während der Zeit vor Abschluß des KG-Gesellschaftsvertrages bzw. vor Feststellung der GmbH-Satzung besteht die sog. **Vorgesellschaft oder Vorgründungsgesellschaft**. Sie ist wie eine BGB-Gesellschaft oder eine OHG zu behandeln, so daß § 15 Abs. 1 Nr. 2 EStG anzuwenden ist, sofern sie nach Gründungsbeschluß ein Grundhandelsgewerbe betreibt, d. h. gewerbliche Tätigkeit ausübt. Werden aus dieser gewerblichen Tätigkeit Gewinne oder Verluste erzielt, so sind diese gem. § 15 EStG den (handelnden) Gesellschaftern zuzurechnen; eine vertragliche Übernahme der Gewinne oder Verluste auf die Komplementär-GmbH oder die Kommanditgesellschaft ist u. E. nicht möglich. Liegt keine gewerbliche Betätigung vor, so können die bereits in diesem Stadium der Gründung angefallenen Gründungskosten – z. B. anwaltliche Beratung – (Betriebs-)Ausgaben der Komplementär-GmbH oder der KG sein. 139

Durch die Feststellung der GmbH-Satzung, die der notariellen Form bedarf (§ 2 GmbH) entsteht eine sog. Vor-GmbH[217]. 140

Für den Regelfall wird die KG die wirtschaftliche Tätigkeit übernehmen, während sich die Komplementär-GmbH auf Geschäftsführungs- und Vertretungsaufgaben beschränkt. Mit Abschluß des KG-Gesellschaftsvertrages kann eine BGB-Gesellschaft, eine OHG oder sofort eine KG entstehen; dies ist abhängig von der gesellschaftlichen Tätigkeit[218].

Nach dem BFH-Urteil vom 05.12.1956[219] ist die Gründungsgesellschaft kein von der künftigen Gesellschaft zu trennendes selbständiges Gebilde, sondern nur eine rechtliche Erscheinungsform derselben Gesellschaft. 141

Zweifel können sich dann ergeben, wenn es zur Eintragung nicht kommt, die Gründungsgesellschaft (Vor-GmbH) also wieder aufgelöst wird. Nach dem Ur- 142

---

217 Zu den zivilrechtlichen Grundlagen siehe Rn. 54 ff.
218 Zu den zivilrechtlichen Grundlagen siehe Rn. 76 ff.
219 II 71/56 U BStBl 1957 III S. 78 (zur GrESt).

C Gründung und Kapitalerhöhung der GmbH & Co. KG – Steuerrechtl. Teil

teil des BFH vom 06.05.1952[220] ist ein etwaiger Gewinn, sofern es nicht zur Eintragung der Gesellschaft kommt, bei den Gesellschaftern zu erfassen.

b) Komplementär-GmbH

143 Körperschaftsteuerliche Konsequenzen entstehen durch die Gründung der GmbH nicht unmittelbar. Die den gesellschaftsvertraglichen Vereinbarungen entsprechenden Einlagen der Gesellschafter sind steuerneutral. Entsprechendes gilt auch, wenn ein Aufgeld *(Agio)* erhoben wird. Diese Vermögensmehrung stellt eine Einlage dar (sog. EK 04).

144 Aufwendungen, die im Vorbereitungs- und Gründungsstadium der GmbH selbst entstehen, sind als Betriebsausgaben bei der Körperschaftsteuerveranlagung zu berücksichtigen. Hierzu gehört z. B. die 1%ige Gesellschaftsteuer auf die eingezahlten Gesellschaftereinlagen. Die Kosten der Gründung, die der die Geschäfte der GmbH & Co. KG führenden GmbH entstehen, entstehen im Bereich der GmbH und können nicht bei der einheitlichen Gewinnfeststellung der KG berücksichtigt werden. Das folgt aus den Grundsätzen, die für die ertragsteuerliche Behandlung der GmbH & Co. KG gelten. Diese beruhen auf der Anerkennung der GmbH & Co. KG als Personengesellschaft und der GmbH als eigenständiger juristischer Person. Unbeschadet der Tatsache, daß die GmbH im Dienst der KG steht, müssen alle steuerlichen Folgerungen aus der gewählten zivilrechtlichen Gestaltung gezogen werden[221].

c) Kommanditgesellschaft

145 Auch bei der Gründung der KG ergeben sich unmittelbar keine ertragsteuerlichen Konsequenzen; Besonderheiten bestehen nur bei nachstehend behandelten Themenkreisen.

aa) Gesellschaftsteuer als Betriebsausgabe

146 Der Erwerb der Anteile der Kommanditisten an einer GmbH & Co. KG unterliegt der Gesellschaftsteuer; Steuerschuldner ist die Kommanditgesellschaft (§ 10 Nr. 1 KVStG), so daß nur dort der Abzug der KVSt als Betriebsausgaben in Betracht kommt. Die KVSt ist grundsätzlich – wie sonstige laufende Betriebsausgaben der KG – entsprechend dem allgemeinen Gewinnverteilungsschlüssel allen Gesellschaftern der KG anteilig anzulasten. Für die Abzugsfähigkeit der Gesellschaftsteuer als Betriebsausgabe der KG kommt es nicht darauf an, wer nach den getroffenen Abreden im Innenverhältnis zahlungspflichtig ist. Zahlt die Komplementär-GmbH die Gesellschaftsteuer, ohne daß sie ihr von der GmbH & Co. KG

---
220 I 8/52 U BStBl III S. 172.
221 Vgl. BFH-Urteil vom 1.8.1968 324/65; BFHE 93 S. 85.

im Rahmen der einheitlichen Gewinnfeststellung (anteilig) ersetzt wird, so kann man allgemein davon ausgehen, daß eine solche Gestaltung der Rechtsbeziehungen den Rahmen des betriebswirtschaftlich Angemessenen verläßt und nur auf die bestehenden gleichen Beteiligungsverhältnisse an der GmbH und der KG, nicht aber auf betriebliche Gesichtspunkte zurückzuführen ist. Insbesondere bei (im Verhältnis zum Stammkapital der GmbH) hohen Kommanditeinlagen führt die Anlastung der Gesellschaftsteuer nur bei der GmbH wirtschaftlich zu einem Ergebnis, das Gesellschaftsfremden gegenüber bei der Errichtung einer GmbH & Co. KG nicht als tragbar angesehen werden könnte. Die OFD Hannover kommt deshalb zu dem Ergebnis, daß die Annahme einer verdeckten Gewinnausschüttung in einem solchen Fall gerechtfertigt sei[222].

bb) Vermittlungsprovisionen für die Eigenkapitalbeschaffung

Hinsichtlich der Behandlung von Vermittlungsprovisionen für die Aufnahme neuer Gesellschafter hat es in der letzten Zeit unterschiedliche Rechtsauffassungen gegeben. Mit seinem Urteil vom 13.10.1983[223] hatte der BFH zu diesem Problem bereits Stellung genommen: Provisionen, die eine (gewerbliche) KG für die Vermittlung des Eintritts von Kommanditisten schuldet, sind grundsätzlich Betriebsausgaben der KG und weder in der Bilanz der KG noch in den Ergänzungsbilanzen der Kommanditisten zu aktivieren, sondern sofort abzugsfähig, einfach deshalb, weil durch die Zahlung von Vermittlungsprovisionen ein aktivierungsfähiges Wirtschaftsgut weder erworben noch geschaffen wird.

147

Die Finanzverwaltung hat zu den Auswirkungen dieses BFH-Urteils vom 13.10.1983 wie folgt Stellung genommen[224]:

148

(1) Nach dem Urteil des Bundesfinanzhofes vom 7.7.1983[225] ist es nicht möglich, beim Eintritt eines weiteren Gesellschafters in eine Personengesellschaft den bis zum Eintrittszeitpunkt entstandenen, d. h. durch die Geschäftsvorfälle bis zu diesem Zeitpunkt verwirklichten Gewinn oder Verlust durch eine schuldrechtliche Rückbeziehung der Eintrittsvereinbarung als laufenden Gewinn oder Verlust einkommensteuerrechtlich von den bisherigen Gesellschaftern ganz oder teilweise auf den neu eintretenden Gesellschafter zu verlagern. Dieser Grundsatz wird durch das U. vom 13.10.1983 nicht berührt. Für Vermittlungsprovisionen i. S. des U. vom 13.10.1983 bedeutet dies, daß der daraus entstehende Teil des Verlustes ebenso wie der durch sonstige Vorkosten, insbesondere durch Konzeptionskosten – soweit im Einzelfall nicht aktivierungspflichtig –, Zinsen, Mieten, allgemeine Verwaltungskosten und dgl. ent-

---
222 StBp 1970 S. 17/18.
223 IV R 160/78 BStBl 1984 II S. 101.
224 BdF-Schreiben vom 15.2.1984 IV B 2 S. 2170 14/84 BStBl I S. 157.
225 V R 209/80 BStBl 1984 II S. 53.

C Gründung und Kapitalerhöhung der GmbH & Co. KG – Steuerrechtl. Teil

stehende Verlust einkommensteuerrechtlich den Gesellschaftern nicht zugerechnet werden kann, die nach dem Zeitpunkt, zu dem der Aufwand nach den allgemeinen Grundsätzen ordnungsmäßiger Buchführung entstanden ist, in die Gesellschaft eintreten; soweit der Aufwand zur Entstehung oder Erhöhung negativer Kapitalkonten der Altgesellschafter geführt hat, ist davon auszugehen, daß die Übernahme des negativen Kapitalkontos auch insoweit zu zusätzlichen Anschaffungskosten des neuen Gesellschafters führt.

Soweit hingegen der Provisionsaufwand nach den Grundsätzen ordnungsmäßiger Buchführung erst im oder nach dem Zeitpunkt des Eintritts des neuen Gesellschafters entstanden ist, kommt nach dem U. vom 13.10.1983 in der Regel eine Aktivierung weder in der Bilanz der Personengesellschaft noch in Ergänzungsbilanzen der Gesellschafter in Betracht.

(2) Soweit dem Gesellschafter beim Eintritt in die Gesellschaft bekannt ist, daß ein Teil seiner Einlage für die Provisionszahlung verwendet wird, und er mit dieser Verwendung einverstanden ist, kann im Hinblick auf die Ausführungen des BFH-Urteils vom 13.10.1983 davon ausgegangen werden, daß zusätzliche Anschaffungskosten vorliegen, die in einer Ergänzungsbilanz des eintretenden Gesellschafters zu aktivieren sind.

149 Die **neueste BFH-Rechtsprechung** folgt der vorstehenden Auffassung der Finanzverwaltung nur insoweit, als die Vermittlungsprovisionen dann nicht (anteilig) bei der Berechnung des Verlustanteils des Kommanditisten berücksichtigt werden können, wenn derartige Aufwendungen Zeiträume vor dem Eintritt des Kommanditisten betreffen. Der BFH bestätigt jedoch nicht die Auffassung der Finanzverwaltung, daß es für die Abzugsfähigkeit der Provisionszahlungen auf die Kenntnis des Kommanditisten ankommt.

Folgende Einzelheiten:

150 Für eine **gewerblich tätige Personengesellschaft** hat der BFH mit Urteil vom 23.10.1986[226] folgende Grundsätze aufgestellt:

(1) Provisionen, die eine KG für die Vermittlung des Eintritts von Kommanditisten schuldet, sind auch dann Betriebsausgaben der KG, wenn den Kommanditisten die Entrichtung dieser Provisionen bekannt ist.

(2) Eine mit dem Beitritt des Kommanditisten entstandene Provisionsverpflichtung kann bei der Berechnung seines Verlustanteils berücksichtigt werden.

In der Urteilsbegründung hat der BFH hervorgehoben, daß die Einkünfte aus der Beteiligung an einer gewerblich tätigen Personengesellschaft in der Weise zu bestimmen sind, daß ihr aus der Handelsbilanz abgeleiteter Gewinn auf die Ge-

---

[226] IV R 352/84 BB 1987 S. 179.

sellschafter verteilt wird. Dies rechtfertigt es – ungeachtet der zivilrechtlich nach wie vor offenen Frage der Zurechnung des Gesamthandsvermögens – der Personengesellschaft für die Zwecke der Gewinnermittlung eine eigene Identität zu verleihen, so daß die von ihr aufgewendeten Vermittlungsprovisionen nicht als Anschaffungskosten der Gesellschafter für ihren Anteil am Betriebsvermögen, sondern als eigene Ausgaben der Gesellschaft für die Beschaffung von Eigenkapital anzusehen sind; da ihnen kein aktivierbares Wirtschaftsgut gegenübersteht, bilden sie abzugsfähige Betriebsausgaben. Bei den hiernach der Personengesellschaft zuzurechnenden Vermittlungsprovisionen handelt es sich um die Kosten für die Beschaffung von Eigenkapital, die nach § 248 Abs. 1 HGB[227] bei Unternehmen jeder Rechtsform nicht aktiviert werden dürfen.

Der BFH führt weiter aus: „Daß Publikumskommanditgesellschaften zur Einwerbung von Kommanditeinlagen Provisionen an Unternehmen zahlen, die sich mit dem Vertrieb derartiger Kapitalanlagen befassen, ist weithin bekannt. Diese Kenntnis allein kann nicht zu den vom Finanzamt gezogenen Rechtsfolgerungen führen; sie kann auch nicht bewirken, daß der Provisionsabzug nur für diejenigen Kommanditisten bzw. Treugeber ausgeschlossen ist, die über die erwähnten Kenntnisse verfügen." Bei seinen Ausführungen geht der BFH (unausgesprochen) davon aus, daß die Kommanditgesellschaft ihren Betrieb erst nach Aufbringung der Kommanditeinlage durch die Treugeber aufgenommen hat; für diesen Fall erhöhen Aufwendungen aus den Provisionszahlungen bereits den Verlust des neu zutretenden Treugebers. Treten dagegen die Treugeber während eines laufenden Geschäftsjahres bei, so können sie – so der BFH – nicht an Verlusten teilnehmen, die vor ihrem Eintritt entstanden sind. 151

Darüber hinaus erwähnt der BFH die Möglichkeiten, daß die Entrichtung der Vermittlungsprovision durch die KG eine verdeckte (Bar-)Entnahme durch den eintretenden Gesellschafter darstellt. Tatsächlich läßt sich eine Entnahme i. S. von § 4 Abs. 1 Satz 2 EStG in diesem Zusammenhang nur annehmen, wenn die Gesellschaft eine ursprünglich den Kommanditisten oder Treugeber treffende Provisionsverbindlichkeit übernommen oder Zahlungen auf eine derartige, diese Personen betreffende Verbindlichkeit geleistet hat. 152

Der Abzug der Provisionsaufwendungen als Betriebsausgabe ist auch dann zu versagen, wenn tatsächlich festgestellt wird, daß die Kommanditgesellschaft die Provisionen mit Wissen und Wollen der Anleger als durchlaufenden Posten (§ 4 Abs. 3 Satz 2 EStG) jeweils aus dem eingehenden Eigenkapital für ihre Rechnung zu entrichten hat, so daß sich die Einlage in Wahrheit auf den nach Abzug der Provisionszahlungen verbleibenden Nettobetrag beschränkt. 153

---

227 In der Fassung des BiRiLiG vom 19.12.1985 (BGBl S. 2355).

C Gründung und Kapitalerhöhung der GmbH & Co. KG – Steuerrechtl. Teil

154 Im Beschluß vom 19.8.1986[228] nimmt der BFH zu der Frage Stellung, wie Beitrittsprovisionen zu behandeln sind, die durch eine auf Erzielung von **Einkünften aus Vermietung und Verpachtung** gerichtete Bruchteilsgemeinschaft oder Personengesellschaft zu erbringen sind. Im Bereich der Einkünfte aus Vermietung und Verpachtung einer **vermögensverwaltenden** KG gilt – so der BFH –, daß ein Überschuß der Werbungskosten über die Einnahmen jeweils nur den Personen zugerechnet werden kann, die im Zeitpunkt des Zuflusses der Einnahmen bzw. des Abflusses von Ausgaben nach einkommensteuerrechtlichen Grundsätzen Gesellschafter waren. Im Bereich der Überschußeinkünfte wird der Tatbestand der Einkünfteerzielung durch den Zufluß der Einnahmen und den Abfluß der Werbungskosten verwirklicht. Der Überschuß von Einnahmen oder Werbungskosten kann daher grundsätzlich nur den Personen zugerechnet werden, bei denen die Einnahmen zu- und die Ausgaben abgeflossen sind. Bei Verwirklichung des Tatbestandes dieser Einkunftsarten durch Gesellschafter in Form einer Gesamthand sind das die Personen, die Gesellschafter in dem Zeitpunkt sind, in dem die Einnahmen und Ausgaben bei der Personengesellschaft zufließen oder abfließen.

cc) Aufgeld (Agio) der Kommanditisten

155 Bei den sog. ,,Abschreibungsgesellschaften" ist es üblich geworden, daß die Kommanditisten nicht nur den gezeichneten Kommanditanteil bezahlen, sondern darüber hinaus noch ein normalerweise in festen Vom-Hundert-Sätzen vereinbartes Aufgeld erbringen müssen, das lt. Gesellschaftsvertrag zur Abdeckung der Kosten für die Kommanditistenwerbung Verwendung finden soll.

156 Es ist festzustellen, daß – gleichviel wie dieses Aufgeld auch immer bezeichnet wird, ob als Agio, Vermittlungsprovision, Auslagenersatz – diese Beträge bei den Kommanditisten stets zu den Anschaffungskosten ihrer Beteiligung gehören. Dabei ist es unerheblich, ob die Beteiligung zu einem Betriebsvermögen oder einem Privatvermögen gehört. Die häufig in den Werbeprospekten der Gesellschaften zu lesende Mitteilung an die Kommanditisten, daß diese Aufgelder als Sonderbetriebsausgaben bei der einheitlichen Gewinnfeststellung abzugsfähig seien, ist damit nicht zutreffend. Würde man ihr folgen, so könnte in krassen Fällen das notwendige Gesellschaftskapital aufgebracht werden, indem nur ein gering gehaltener Betrag als Einlage, ein weitaus größerer Betrag jedoch als Aufgeld deklariert wird, der für die Kommanditisten noch im selben Jahr einkommensmindernd wirken würde.

157 Bei der GmbH & Co. KG selbst setzt sich das ,,Kapitalkonto" des Kommanditisten aus seinem Anteil am Gesellschaftsvermögen und seinem Sonderbetriebs-

---
[228] IX S 5/83 BStBl 1987 II S. 212.

Gründungsbesteuerung

vermögen zusammen. Der Anteil am Gesellschaftsvermögen umfaßt die Einlage in das Gesellschaftsvermögen; das Agio rechnet zum sog. Sonderbetriebsvermögen und ist als solches in den steuerlichen Betriebsvermögensvergleich der Gesellschaft mit einzubeziehen.

Entstehen der GmbH & Co. KG durch die Werbung der Kommanditisten Aufwendungen – z. B. Maklerkosten – so sind diese nicht mit dem Agio zu verrechnen, da diese Handhabung dessen Kapitalcharakter widerspricht. Die Aufwendungen sind Betriebsausgabe der Gesellschaft. 158

dd) Treugeberkommanditist, Abschichtungsbilanz

Bei Publikum GmbH & Co. KG'en, sog. Anlagegesellschaften, tritt häufig die Frage auf, ob eine Gewinn- bzw. Verlustrechnung steuerrechtlich auch anerkannt wird, wenn Gesellschafter (Treugeberkommanditisten) nicht zum selben Zeitpunkt der Gesellschaft beitreten, sondern über einen längeren Zeitraum verteilt. Streitig ist hierbei, ob der neu eintretende Gesellschafter auch mit steuerrechtlicher Wirkung an dem bis zu seinem Beitritt erwirtschafteten Ergebnis beteiligt werden kann. Handelsrechtlich richtet sich die Ergebnisverteilung zwischen den Gesellschaftern einer Personengesellschaft grundsätzlich nach den zwischen ihnen getroffenen Vereinbarungen, andernfalls nach den dispositiven Vorschriften der §§ 121 und 168 HGB. Daher kommt Sommer[229] zu folgendem Ergebnis: 159

„1. Werden keine besonderen Vereinbarungen getroffen, ist der im Laufe eines Geschäftsjahres eintretende Gesellschafter kraft Gesetzes zivilrechtlich am Ergebnis des gesamten Geschäftsjahres beteiligt; 2. Vereinbarungen über die Beteiligung eines neu eintretenden Gesellschafters am gesamten Ergebnis des laufenden Geschäftsjahres sind grundsätzlich auch steuerrechtlich zu beachten; 3. Auffassungen, die die steuerrechtliche Wirksamkeit von Vereinbarungen über die Beteiligung des eintretenden Gesellschafters am Ergebnis des gesamten Geschäftsjahres bestreiten, sind abzulehnen, da sie u. a. zu unerträglichen Divergenzen zwischen der steuerrechtlichen und der gesellschaftsrechtlichen Gewinnverteilung führen; 4. Die Beteiligung eines im Laufe eines Geschäftsjahres eintretenden Gesellschafters am Ergebnis des gesamten Geschäftsjahres erfüllt nicht den Tatbestand des steuerrechtlichen Rückwirkungsverbotes."

Dieser Literaturauffassung steht die BFH-Rechtsprechung entgegen. Nach dem Urteil des BFH vom 7.7.1983[230] ist es bei einer gewerblich tätigen Personengesellschaft steuerrechtlich nicht möglich, beim Eintritt eines weiteren Gesellschafters in die Personengesellschaft während des Wirtschaftsjahrs den bis zum Eintrittszeitpunkt entstandenen (d. h. durch die Geschäftsvorfälle bis zu diesem 160

---
229 A.a.O., BB 1987 S. 313.
230 IV R 209/80 BStBl 1984 II S. 53.

C Gründung und Kapitalerhöhung der GmbH & Co. KG – Steuerrechtl. Teil

Zeitpunkt verwirklichten) Gewinn oder Verlust durch eine schuldrechtliche Rückbeziehung der Eintrittsvereinbarung als laufenden Gewinn oder Verlust einkommensteuerrechtlich von den bisherigen Gesellschaftern ganz oder teilweise auf den neu eintretenden Gesellschafter zu verlagern. Nach herrschender steuerlicher Auffassung darf dem Gesellschafter einer **gewerblich tätigen KG** nur ein Anteil an dem seit dem Zeitpunkt seines Beitritts erwirtschafteten Verlustes zugerechnet werden. Dieses bedeutet, daß die steuerlichen Ergebnisse (Verluste) getrennt für die Gesellschaftergruppen, die zu denselben Stichtagen beigetreten sind, ermittelt („abgeschichtet") werden müssen. In der Praxis werden Gesellschafter, die innerhalb eines Quartals beitreten, aus Vereinfachungsgründen als einheitliche Gruppe zusammengefaßt. Grundlage für die Verfahrensweise ist das BFH-U. vom 7.7.1983[231]. Zu Abschichtungsfragen bei rein **vermögensverwaltend tätigen KG'en** hat sich der BFH in dem schon unter vorstehender Tz. 154 zitierten BFH-Beschluß vom 19.8.1986, dahingehend geäußert, daß ein Überschuß der Werbungskosten über die Einnahmen jeweils nur den Personen zugerechnet werden könne, die im Zeitpunkt des Zu-/Abflusses von Einnahmen/Ausgaben nach einkommensteuerrechtlichen Grundsätzen Gesellschafter waren. Wegen des strengen Zu- und Abflußprinzips dürfe dabei nicht auf die Entscheidung der einzelnen Geschäftsvorfälle abgestellt werden.

161 Die BFH-Rechtsprechung zur „Abschichtung" gilt nicht, wenn eine Gewinn- oder Verlustverteilungsabrede dahin geht, daß **künftige Verluste** einer KG für eine begrenzte Zeit nicht auf alle Gesellschafter zu verteilen sind, sondern nur auf bestimmte Gesellschafter, insbesondere auf Kommanditisten, die ihre Kommanditeinlage erhöht haben. Das gleiche gilt auch, wenn eine Gewinn- und Verlustverteilungsabrede dahin geht, daß künftige Verluste einer KG für eine begrenzte Zeit nicht auf alle Gesellschafter zu verteilen sind, sondern nur auf neueintretende, denn es kann keinen Unterschied machen, ob einer KG zusätzliches Kapital durch Einlageerhöhung bereits vorhandener Kommanditisten oder durch Neuaufnahme von Kommanditisten zugeführt wird. Daher hat der VIII. Senat des BFH die Gleichstellung neu eintretender Gesellschafter bei der Gewinnbeteiligung mit U. vom 17.3.1987[232] bejaht und folgenden Grundsatz aufgestellt: „Wird bei der Gründung einer KG vereinbart, daß für die ersten beiden Geschäftsjahre die Gewinn- und Verlustverteilung in der Weise erfolgen soll, daß sämtliche in diesen beiden Geschäftsjahren eintretenden Kommanditisten gleichzustellen sind und erhalten demzufolge die erst im zweiten Geschäftsjahr der KG beigetretenen Kommanditisten einen höheren Anteil am Verlust der KG als die bereits im ersten Geschäftsjahr beigetretenen, so ist dies steuerlich anzuerkennen, wenn eine solche Gewinn- und Verlustverteilungsabrede betrieblich veran-

---

231 IV R 209/80 BStBl 1984 II S. 53.
232 VIII R 293/82 BB S. 1234.

Gründungsbesteuerung

laßt ist und der nach dem Beitritt eines jeden Kommanditisten im Geschäftsjahr erwirtschaftete Verlust hoch genug ist, um die diesen Kommanditisten zugerechneten Verlustanteile abzudecken."

2 Umsatzsteuer

Bei der Gründung der GmbH & Co. treten umsatzsteuerbare Tatbestände in verschiedener Hinsicht auf. Unkompliziert ist der Fall der reinen Bargründung, sowohl der GmbH als auch der KG. Werden Gesellschaftsrechte, gleichgültig, ob an einer GmbH oder einer KG, gegen Barzahlung erworben, so handelt es sich um einen umsatzsteuerbaren Leistungsaustausch zwischen den Gesellschaften und den Gesellschaftern. Diese Umsätze sind als Umsätze von Anteilen an Gesellschaften nach § 4 Nr. 8 UStG umsatzsteuerfrei.

162

Wird eine GmbH & Co. teilweise durch Sacheinlage der Kommanditisten, zum anderen durch die Bareinlage der GmbH gegründet, so haben die Einleger, soweit sie selbst Unternehmer sind, der KG für die eingebrachten Gegenstände Umsatzsteuer in Rechnung zu stellen, soweit nicht die Befreiungsvorschrift des § 4 Nr. 8 UStG eingreift (z. B. bei Einlagen in Form von Wertpapieren oder Gesellschaftsanteilen). Ist die GmbH & Co. mit den geplanten Umsätzen steuerpflichtig, so kann sie den von dem Unternehmer in Rechnung gestellten Umsatzsteuerbetrag als Vorsteuer abziehen (§ 15 Abs. 1 UStG).

163

Die Bareinlage der Komplementär-GmbH löst gemäß § 4 Nr. 8 UStG keine Steuerpflicht aus. Für eine Einlage von Gegenständen muß die GmbH jedoch Umsatzsteuer in Rechnung stellen, die allerdings seitens der KG als Vorsteuer abzugsfähig wäre[233].

164

Von Bedeutung ist die Vorschrift des § 4 Nr. 8 UStG bei einer GmbH & Co. KG, die als Publikums- oder Massengesellschaft auf die Mitgliedschaft einer Vielzahl rein kapitalistisch beteiligter Gesellschafter angelegt ist. Da die Ausgabe der Kommanditanteile ein nach § 4 Nr. 8 UStG steuerfreier Umsatz ist, sind Umsatzsteuern, die der KG für die Zuführung neuer Kommanditisten von anderen Unternehmern – z. B. Anlageberatern, Kapitalvermittlern – gesondert in Rechnung gestellt worden sind, vom Vorsteuerabzug ausgeschlossen.[234] Diese Grundsätze sind auch auf den Fall übertragbar, daß die Publikums-KG in der Weise gestaltet wird, daß an die Stelle einer Vielzahl von Kommanditisten ein Treuhandkommanditist tritt, der den Treugebern die Kommanditistenstellung vermittelt.[235]

165

---

233 So auch – sg –, was bringt das UStG 1980 Neues für die GmbH und GmbH & Co. KG?, GmbH-Rdsch 1980 S. 23.
234 Siehe BFH-Urteile vom 18.12.1975 V R 131/73 BStBl II 1976 S. 265, vom 20.5.1976 V R 122/73 UStR 1976 S. 187 sowie vom 16.7.1987 V R 147/79 BFH-NV 1988 S. 196.
235 So BFH im Urteil vom 29.1.1988 X R 7/81 DB 1988 S. 1046.

C Gründung und Kapitalerhöhung der GmbH & Co. KG – Steuerrechtl. Teil

Gewähren die Anleger der Publikums-GmbH & Co. KG auch Darlehen, können die für die Darlehensvermittlung in Rechnung gestellten Steuern ganz oder teilweise der steuerfreien Anteilsvermittlung zuzurechnen sein.[236]

3 Kapitalverkehrsteuer

a) Komplementär-GmbH

166 Nach § 2 Abs. 1 Nr. 1 KVStG wird der Ersterwerb von Gesellschaftsrechten besteuert; der Steuersatz beträgt 1 v. H.

Zwar erwerben die Gesellschafter mit Eintragung der GmbH in das Handelsregister Geschäftsanteile und damit Gesellschaftsrechte, die Gesellschaftsteuer wird jedoch erst bei Einzahlung der Gesellschaftsanteile erhoben.[237] Bemessungsgrundlage ist der Wert der Gegenleistung (Barzahlung oder Sacheinlage). Bei Sacheinlagen in Form von Wertpapieren wird zudem Börsenumsatzsteuer (idR 2,5‰) erhoben.

b) Kommanditgesellschaft

167 Da der Kapitalverkehrsteuer (Gesellschaftsteuer) nur Kapitalgesellschaften unterliegen, löst die Gründung einer Personengesellschaft keine Kapitalverkehrsteuer aus. Abweichendes gilt, wenn sich an der Gründung einer KG eine GmbH (oder AG) beteiligt und somit eine GmbH & Co. (AG & Co.) entsteht. Diese Gesellschaft ist zwar handelsrechtlich eine Personengesellschaft, gemäß § 5 Abs. 2 KVStG gelten jedoch auch Kapitalgesellschaften & Co. KG (GmbH & Co. KG, AG & Co.) als Kapitalgesellschaften i. S. des Kapitalverkehrsteuergesetzes.

168 Gemäß § 6 Abs. 1 Nr. 1 KVStG sind als Gesellschaftsrechte an Kapitalgesellschaften neben Aktien, Kuxen auch sonstige Anteile, mit Ausnahme der Anteile der Komplementärkapitalgesellschaft einer Kommanditgesellschaft, anzusehen. Somit sind die Anteile der Kommanditisten an einer Kommanditgesellschaft, zu deren persönlich haftenden Gesellschaftern eine Kapitalgesellschaft oder eine Kapitalgesellschaft & Co. KG gehört, Gesellschaftsrechte an Kapitalgesellschaften. Dagegen sind die Anteile der persönlich haftenden Gesellschaft an der nach § 5 Abs. 2 Nr. 3 KVStG als Kapitalgesellschaft geltenden Kommanditgesellschaft keine Gesellschaftsrechte. Durch diese Regelung wird verhindert, daß die Anteile

---

236 So BFH im vorgenannten Urteil vom 29.1.1988. Im Urteilsfall ließ es der BFH dahingestellt bleiben, ob in der Einräumung typischer stiller Beteiligungen steuerbar – steuerfreie Umsätze gemäß § 4 Nr. 8 UStG (Umsätze von Anteilen an Gesellschaften) zu sehen sind.
237 Bei ratenweiser Einzahlung werden die Erstzahlung nach § 2 Abs. 1 Nr. 1 KVStG, die weiteren (Rest-)Zahlungen nach § 2 Abs. 1 Nr. 2 KVStG besteuert.

Gründungsbesteuerung

der persönlich haftenden Kapitalgesellschaft (Komplementärkapitalgesellschaft) zweimal von der Gesellschaftsteuer erfaßt werden. In den Fällen, in denen neben der Kapitalgesellschaft auch natürliche Personen unbeschränkt haften, bleiben ihre Anteile gesellschaftsteuerfrei (Begründung zum Regierungsentwurf vom 26.10.1971, Bundestagsdrucksache VI/2769, besonderer Teil zu Artikel 1 Nr. 4).

Das Tatbestandsmerkmal, daß zu den persönlich haftenden Gesellschaftern einer KG eine Kapitalgesellschaft gehört, wird nach dem BFH-U. v. 8.8.1979[238] nicht dadurch ersetzt, daß eine natürliche Person als persönlich haftender Gesellschafter dieser KG Treuhänder einer Kapitalgesellschaft ist. 169

Die Gesellschaftsteuerpflicht ist auch dann gegeben, wenn neben einer Kapitalgesellschaft eine natürliche Person Komplementär einer Kommanditgesellschaft ist[239].

Aus dem BFH-Urteil v. 8.10.1971[240] ergibt sich, daß die Gesellschaftsteuer auch dann entsteht, wenn eine GmbH als Komplementärin in eine bestehende KG eintritt und die GmbH keine Einlage leistet und am Gewinn nicht beteiligt ist, und wenn neben ihr noch natürliche Personen Komplementäre der KG sind. Der BFH betont ausdrücklich, daß in derartigen Fällen die Gesellschaftsteuer nicht aus dem Nennwert der Kommanditanteile, sondern aus dem Wert der Gesellschaftsrechte zu berechnen ist (§ 8 Nr. 1 b KVStG), da die Kommanditisten beim Eintreten der GmbH keine Gegenleistung zu bewirken haben. 170

Die Gesellschaftsteuer kann auch nicht dadurch vermieden werden, daß an der deutschen KG eine ausländische Kapitalgesellschaft als Komplementär beteiligt ist. 171

Tritt eine Kapitalgesellschaft (z. B. eine AG oder eine GmbH) oder eine GmbH & Co. KG als Komplementär in eine bereits bestehende Kommanditgesellschaft ein, deren persönlich haftende Gesellschafter bisher nur natürliche Personen waren, so erwerben im Zeitpunkt des Eintritts der Kapitalgesellschaft die bisherigen Kommanditisten Gesellschaftsrechte als Ersterwerber nach § 2 Abs. 1 Nr. 1 KVStG. Auch in diesem Fall entsteht die Gesellschaftsteuerpflicht in dem Zeitpunkt, der im Gesellschaftsvertrag als Eintritt in die Kommanditgesellschaft vereinbart wurde.[241] 172

---

238 II R 99/78, BB 1980, S. 143.
239 Vgl. BVerfG-U. v. 2.10.1968 1 BvF 3/65; BStBl II. S. 762 (Abschn. B II 2 b der Urteilsbegründung und BFH-Beschl. v. 11.5.1971 II B 1/71; FR 1971, S. 328 b zur BFHE 102, 133).
240 II R 27/71; BB 1972, S. 220.
241 Siehe BFH-Urteil vom 11.11.1969 II 196/65 BStBl 1970 II. S. 335, BFH-Urteil vom 27.1.1972 II R 148/70 BStBl II S. 431 sowie rkr Urteil des FG Hamburg vom 6.2.1985 DVR S. 171.

C Gründung und Kapitalerhöhung der GmbH & Co. KG – Steuerrechtl. Teil

173 Hinsichtlich der **Entstehung der Steuerschuld** bei der Neuerrichtung einer GmbH & Co. KG, wird die Ansicht vertreten[242], daß es bedeutungslos ist, ob die Gegenleistung schon bewirkt oder noch zu bewirken ist; abgestellt wird auf die Begründung – Abschluß des Gesellschaftsvertrages, Eintragung ins Handelsregister – nicht auf die Erfüllung der Schuld des Gesellschafters. Die herrschende Literaturmeinung[243] sowie die steuerliche Rechtsprechung[244] sind demgegenüber der Auffassung, daß im Weg der teleologischen Reduktion § 2 Nr. 1 KVStG (1959) für den Fall des entgeltlichen Erwerbs als ungeschriebenes Tatbestandsmerkmal hinzufügen ist, daß der Erwerb von Gesellschaftsrechten nur insoweit der Steuerpflicht unterliegt, als im Zeitpunkt des Erwerbs Gegenleistungen bereits bewirkt sind. Soweit also Kommanditisten nach dem Gesellschaftsvertrag ihre Einlagen erst später zu erbringen und noch nicht erbracht haben, entsteht für den ersten Erwerb ihrer Kommanditanteile bei der Gründung der Kommanditgesellschaft keine Gesellschaftsteuerpflicht. Die Steuer entsteht erst mit Erfüllung der Einlagepflicht.[245] Die Gesellschaftsteuer ist zu entrichten bei der Einzahlung des (der) Kommanditisten anläßlich der Gründung (sog. „Erstzahlung") sowie bei der späteren Auffüllung des Kommanditanteils (sog. „Zweit- oder Folgezahlungen").

174 Der **Steuersatz** beträgt 1 v. H.; Bemessungsgrundlage ist bei Geldeinlagen der Nominalwert, bei Sacheinlagen der gemeine Wert der Gesellschaftsrechte. Steuerschuldner ist die GmbH & Co. KG. Zuständig ist das Kapitalverkehrsteuerfinanzamt, in dessen Bezirk sich die Geschäftsleitung der KG befindet.

c) Sonderfragen
aa) Doppelstöckige GmbH & Co. KG und andere Besonderheiten im Gesellschafterkreis

175 Auch Anteile der Kommanditisten an einer Kommanditgesellschaft, deren persönlich haftender Gesellschafter eine Kapitalgesellschaft ist, die ihrerseits eine Kapitalgesellschaft (GmbH, AG) zum persönlich haftenden Gesellschafter hat (sog. „doppelstöckige" GmbH & Co. KG)[246] unterliegen der Gesellschaftsteuer[247], da auch die doppelstöckige Kapitalgesellschaft & Co. KG gemäß § 5 Abs. 2 KVStG als Kapitalgesellschaft i. S. des KVStG gilt.

---

242 Pochhammer, Entstehungszeitpunkt der Kapitalverkehrsteuer bei Gründung einer GmbH & Co. KG, DB 1977, S. 559 stellt ausschließlich auf den Zeitpunkt der Eintragung der Gesellschaft oder des Gesellschafterwechsels in das Handelsregister ab.
243 Z. B. Hesselmann, Kapitalverkehrsteuerprobleme beim Ersterwerb von Gesellschaftsrechten und bei Abtretung von Anteilen an einer GmbH & Co. nach der Neufassung des KVStG (1972). GmbH-Rdsch. 1975, S. 185.
244 BFH-Urt. v. 24.7.1972 II R 69/71; BStBl. S. 907 sowie BFH-Urt. v. 10.5.1972 II 17/68; BStBl II S. 629.
245 BFH-Urt. v. 6.2.1980 II R 61/78; BStBl II S. 213. Demzufolge umfaßt der Wert der Gesellschaftsrechte als Besteuerungsgrundlage nicht den Wert der noch ausstehenden Einlageverpflichtungen.
246 Siehe Rn. 32 ff.
247 Siehe Erlaß des FinMin Niedersachsen vom 20.4.1976; DB 1976 S. 991.

Gründungsbesteuerung C

Der Bundesfinanzhof behandelt eine Kommanditgesellschaft, deren persönlich haftender Gesellschafter eine offene Handelsgesellschaft ist, gesellschaftsteuerlich als Kapitalgesellschaft i. S. des § 5 Abs. 2 Nr. 3 Satz 1, wenn die Gesellschafter der OHG nur aus Kapitalgesellschaften (GmbH oder AG) bestehen.[248] Er meint, dieser Fall sei der echten GmbH & Co. KG gleichzusetzen, weil die Gesellschaft als Gesamthandsgemeinschaft letztendlich nichts anderes sei, als die Gesellschafter selbst in ihrer gesamthänderischen Verbundenheit. Dies ist u. E. eine unzulässige Erweiterung des steuerlichen Tatbestandes durch Rechtsanalogie zum Nachteil des Steuerpflichtigen. Der Tatbestand der OHG & Co. KG ist im Gesetz nicht geregelt. Die gesamthänderische Verbundenheit der Gesellschafter betrifft nur das Innenverhältnis, im Außenverhältnis kann die OHG nach § 124 HGB als solche Gesellschafterin einer KG sein. Deshalb kann das Innenverhältnis, auf das der BFH abstellt, für die rechtliche Qualifikation keine Bedeutung haben. Im Ergebnis führt diese Entscheidung zu einer Erweiterung der Steuerpflicht.[249] 176

Nach Auffassung des FG Hamburg[250] soll eine Kapitalgesellschaft gem. § 5 Abs. 2 Nr. 3 KVStG auch dann vorliegen, wenn der Komplementär der KG eine OHG ist, deren Gesellschafter neben zwei Kapitalgesellschaften eine nur aus natürlichen Personen bestehende OHG sind. 177

bb) Stille Beteiligung an der GmbH & Co.

Die stille Beteiligung an einer GmbH unterliegt gem. § 6 Abs. 1 Nr. 3 KVStG der Gesellschaftsteuer. 178

Nach § 6 Abs. 1 Nr. 3 KVStG gelten als gesellschaftsteuerpflichtige Gesellschaftsrechte auch Forderungen, die eine Beteiligung am Gewinn oder am Liquidationserlös der Gesellschaft gewähren. Der Hauptanwendungsfall dieser Bestimmung ist die Beteiligung an einer Kapitalgesellschaft und damit auch an einer GmbH & Co. KG als stiller Gesellschafter[251]; typische und atypische stille Beteiligungen an einer GmbH & Co. KG sind also gesellschaftsteuerpflichtig (GmbH-Rdsch 1972 S. 118). Eine spätere Umwandlung der Beteiligungen in Kommanditeinlagen kann steuerfrei erfolgen (§ 7 Abs. 3 Nr. 2b KVStG).[252]

cc) Darlehensgewährung bei Gesellschaftsgründung

Gewährt der Kommanditist einer GmbH & Co. der Gesellschaft ein Darlehen, zu dessen Zahlung er sich bei der Gesellschaftsgründung verpflichtet hat, so ge- 179

---

248 BFH-Urt. v. 26.1.1983 II R 119/81 BStBl II S. 423.
249 Ablehnend hierzu Priester in DNotZ 1985 S. 675.
250 Urteil vom 18.2.1987 – nicht rechtskräftig – EFG 1987 S. 419.
251 Horn, 2% Gesellschaftsteuer ab 1.1.1972 und die GmbH & Co. KG voll gesellschaftsteuerpflichtig, GmbHR 1972 S. 15.
252 Link, a.a.O., S. 162.

C Gründung und Kapitalerhöhung der GmbH & Co. KG – Steuerrechtl. Teil

hört die Darlehensvaluta unter bestimmten Voraussetzungen zu der bei der Gründung erbrachten Gegenleistung für den ersten Erwerb des Kommanditanteils. Diese hat der BFH im Urteil vom 21.7.1976[253] dann als gegeben angesehen, wenn der Kommanditist das Darlehen auf die Dauer seiner Beteiligung an der KG hingegeben hat und wenn das Darlehen auch sonst mit dem Kommanditanteil fest verbunden ist.

dd) Sacheinlagen

180 Die Gesellschaftsteuer ist bei **Geldeinlagen** – abgesehen bei Neugründungen – im Regelfall vom **gemeinen Wert der Gesellschaftsrechte** zu berechnen. Dabei ist der gemeine Wert der Gesellschaftsrechte nach unten durch den Nominalwert (abzüglich der darauf ausstehenden Einlagen) begrenzt (§ 8 letzter Absatz KVStG). Die Ermittlung des gemeinen Werts einer Kommanditeinlage gewinnt dann an Bedeutung, wenn zwecks Gründung einer GmbH & Co. KG ein Unternehmen eingebracht wird. Diese Einbringung stellt eine **Sacheinlage** dar, deren Wert Bemessungsgrundlage für die Gesellschaftsteuer ist. Unter Wert ist hierbei der nach den allgemeinen Vorschriften des BewG (§ 9 BewG) ermittelte gemeine Wert zu verstehen. Er ist die Summe der Teilwerte der dem Unternehmen dienenden Wirtschaftsgüter.

181 Für die **Ermittlung gemeiner Werte** von Kommanditanteilen ist es schwierig, angesichts der Vielzahl der Gestaltungsmöglichkeiten eine allgemein verbindliche Anweisung zu geben. Um jedoch eine einheitliche Verfahrensweise sicherzustellen, wendet die Finanzverwaltung in allen Fällen, in denen der Wert von nicht notierten Aktien und Anteilen nicht aus Verkäufen abgeleitet werden kann, einheitlich die Abschnitte 76 ff. VStR (Stuttgarter Verfahren) an. Dies gilt auch hinsichtlich der Kapitalgesellschaften im Sinn des § 5 Abs. 2 Nr. 3 KVStG[254]. Der nach diesen Verfahren regelmäßig anzuwendende gemeine Wert beträgt 65 v. H. der Summe aus Vermögenswert und fünffachem Ertrags-Hundertsatz (Abschnitt 79 Abs. 2 VStR)[255]. Dem folgt auch der BFH, wenn er im Urteil vom 12.3.1980[256] ausführt: „Ist der Wert von Kommanditanteilen für Gesellschaftsteuerzwecke zu schätzen, so dürfen Verwaltung und Gerichte jedenfalls in den Fällen, in denen günstige Ertragsaussichten bestehen, von dem sog. Stuttgarter Verfahren ausgehen, weil dieses Verfahren nach seiner Ausgestaltung regelmäßig zu Schätzwerten führt, die hinter den Werten zurückbleiben, die sich bei Anwendung anderer Unternehmensbewertungsmethoden ergeben". Der BFH betont, daß es Sache des Steuerpflichtigen ist, im Einzelfall darzulegen, daß die Schätz-

---

253 II R 66/74, BStBl 1977 II S. 6.
254 FinMin Nds, Erl. v. 6.10.1975, S. 5 000 – 7 – 322; DB S. 2015.
255 Für Einzelheiten vgl. Abschn. 76–79 VStR.
256 II R 78/77 BStBl II S. 405.

ergebnisse des Stuttgarter Verfahrens über den jeweiligen gemeinen Werten liegen. Egal welche Methode zur Anteilbewertung Anwendung findet, in keinem Fall sind die Einkommensteuer und die Vermögensteuer bei Berücksichtigung der zukünftigen Ertragsaussichten zum Abzug zu bringen.

Desweiteren führt der BFH in dem vorgenannten Urteil vom 12.3.1980 aus, daß bei der Bewertung von Anteilen an einer aus einer Betriebsaufspaltung hervorgegangenen Betriebs-GmbH & Co. KG ein zusätzlicher Abschlag vom geschätzten gemeinen Wert in Höhe von 15 v. H. nicht in Betracht kommt. Sollte sich aus früheren Urteilen die Zulässigkeit eines derartigen Abschlags wegen der fehlenden eigenen Betriebsgrundlagen ergeben, so hält der BFH an dieser Auffassung nicht mehr fest, da das Fehlen der Betriebsgrundlagen dadurch aufgewogen wird, daß diese sich im Eigentum der Besitzgesellschaft befinden. 182

Eine Besonderheit besteht bei der Bewertung von Kommanditanteilen an einer GmbH & Co. KG für den Fall, daß die Komplementär-GmbH erst nach Errichtung der GmbH & Co. KG in das Handelsregister eingetragen wird. Nach dem Urteil des FG Baden-Württemberg vom 14.12.1976[257] ist für die Bewertung der Kommanditanteile auf den Zeitpunkt der Entstehung der Gesellschaftsteuerschuld (Tag der Eintragung der GmbH in das Handelsregister) bei der Ermittlung des Vermögenswertes der GmbH & Co. KG auch ein Zwischengewinn, der in der Zeit vom Beginn des Wirtschaftsjahres bis zu der im Verlauf des Wirtschaftsjahres vorgenommenen HR-Eintragung entstanden ist, anzusetzen. 183

ee) Einlage „quoad sortem"

Durch einen Gesellschafterbeitrag „quoad sortem" überläßt der Gesellschafter der Gesellschaft Sachen oder Rechte in der Weise, daß zwar nicht das zivilrechtliche Eigentum auf die Gesellschaft übergeht, daß aber die Sache (das Recht) so behandelt wird, als ob das Eigentum auf die Gesellschaft übertragen wäre. Ist die Einlage „quoad sortem" vollzogen, so kann die Gesellschaft über die Sache (das Recht) durch ihre Organe verfügen. Die mit der Sache (dem Recht) verbundenen Lasten, die Gefahr und der Nutzen gehen dann die Gesamtheit der Gesellschafter an. Beispiel für eine Einlage „quoad sortem" ist die Überlassung von Grundbesitz aufgrund einer im Gesellschaftsverhältnis begründeten Verpflichtung.[258] 184

Das Versprechen der Einlage einer Sache (eines Rechts) „quoad sortem" begründet den Anspruch der Gesellschaft, daß ihr die Sache (das Recht) „quoad sortem" zur Verfügung gestellt wird und zur Verfügung steht. Die Einlage ist bewirkt, sobald die Sache (das Recht) der Gesellschaft dem Werte nach überlassen 185

---

257 Außensenate Stuttgart IX 394/78 (V 368/76) rechtskräftig, EFG 1980 S. 355.
258 Weitere Einzelheiten siehe Rn. 126.

C Gründung und Kapitalerhöhung der GmbH & Co. KG – Steuerrechtl. Teil

ist. Eine Rückgabe der Sache (des Rechts) im Zuge der Liquidation der Gesellschaft oder beim Ausscheiden des einbringenden Gesellschafters ist im Unterschied zum Fall der Gebrauchsüberlassung (§ 732 BGB) gesetzlich nicht vorgesehen. An ihre Stelle tritt die Verwertung der Sache (des Rechts) durch die Liquidatoren oder die Teilung in Natur. Deshalb stellt sich die Einlage „quoad sortem" als eine einmalige Handlung und nicht als Dauertatbestand dar.

186 Das Nutzungsrecht, das die Gesellschaft an der Sache (dem Recht) erhält, ist Folge der Einlage „quoad sortem" und nicht die Folge einer als selbständige Leistung erbrachten dauernden Nutzungsüberlassung. *Das Nutzungsrecht der Gesellschaft entsteht mit der Einbringung der Sache (des Rechts) „quoad sortem". Deshalb ist auch mit der Einlage dem Werte nach der Tatbestand verwirklicht, an den § 2 Abs. 1 Nrn. 1 und 2 KVStG 1972 die gesellschaftsteuerpflichtigen Leistungen knüpft.* Überläßt der Gesellschafter einer GmbH & Co. KG der Gesellschaft eine Sache „quoad sortem", so besteht die ggf. gesellschaftsteuerpflichtige Leistung nur in der (einmaligen) Einbringung der Sache dem Werte nach, nicht jedoch außerdem in deren dauernden Nutzungsüberlassung.[259]

187 Werden Vermögensgegenstände der KG zunächst nur zur Nutzung überlassen (und später dann eingebracht), so ist bei der Ermittlung des Steuermaßstabes für den Erwerb der Gesellschaftsrechte dieses Nutzungsrecht zu bewerten; **Beispiel:** Ein Einzelunternehmer errichtet mit einer GmbH, deren alleiniger Gesellschafter er ist, eine GmbH & Co. KG. Als Kommanditeinlage bringt er sein Einzelunternehmen – jedoch ohne Grundstücke – ein. Die Grundstücke werden der GmbH & Co. KG nur zur Nutzung überlassen und buchmäßig dem Kapitalkonto des Kommanditisten mit dem bisherigen Buchwert von DM 150000,- gutgeschrieben. Später überträgt der Kommanditist das Eigentum an den Grundstücken auf die GmbH & Co. KG. Dabei wird ein Entgelt nicht vereinbart und insbesondere das Kapitalkonto des Kommanditisten nicht verändert.

Zu der Frage, wie die Grundstücke bei der Errichtung der GmbH & Co. KG und der späteren Übertragung auf die Gesellschaft gesellschaftsteuerrechtlich zu behandeln sind, vertritt die Finanzverwaltung folgende Auffassung: Zivilrechtlich sind die Grundstücke erst mit der späteren Übertragung auf die GmbH & Co. KG übergegangen. Bei der Ermittlung des Steuermaßstabs für den Erwerb der Gesellschaftsrechte (Errichtung der GmbH & Co. KG) ist daher nur das Nutzungsrecht an den Grundstücken zu erfassen und mindestens mit dem bei der Einbringung des Einzelunternehmens angesetzten Wert von DM 150000,- anzusetzen. Die spätere Übertragung der Grundstücke auf die GmbH & Co. KG ist eine freiwillige Leistung des Gesellschafters an die Gesellschaft im Sinne des § 2 Abs. 1 Nr. 4c KVStG. Die Grundstücke sind mit dem gemeinen Wert im Zeit-

---

[259] BFH-Urt. v. 20.1.1988 I R 395/83 DB 1988 S. 1045.

Gründungsbesteuerung

punkt der zivilrechtlichen Übertragung anzusetzen. Dieser Wert ist um den Restwert des Nutzungsrechts an den Grundstücken am Einbringungsstichtag zu kürzen[260].

d) Unbedenklichkeitsbescheinigung und Eintragung

Der durch die GmbH-Novelle ab 1981 in das KVStG eingefügte § 7 Abs. 5 KVStG stellt klar, daß die Eintragung einer GmbH in das Handelsregister – gleichgültig ob Sach- oder Bargründung – wie die Eintragung einer Kapitalerhöhung nicht von der vorherigen Einzahlung der Kapitalverkehrsteuer und der Vorlage einer entsprechenden Unbedenklichkeitsbescheinigung abhängig ist.

188

e) Börsenumsatzsteuer

Da nach Link[261] der in § 5 KVStG definierte Begriff der Kapitalgesellschaft nicht nur für den gesellschaftsteuerlichen Teil des KVStG gilt, unterliegen Anschaffungsgeschäfte über Kommanditbeteiligungen an einer GmbH & Co. KG gem. § 17 Abs. 1 KVStG auch der Börsenumsatzsteuer. Kommanditanteile an einer GmbH & Co. KG sind als Anteile an einer Kapitalgesellschaft Dividendenwerte und somit Wertpapiere i. S. der Börsenumsatzsteuer (vgl. § 19 Abs. 1 Nr. 2 i. V. m. § 2 KVStG).

189

Die Auffassung von Link wird durch den koord. Erl. des FinMin NRW v. 21.7.1972[262] bestätigt, in dem u. a. folgendes ausgeführt wird: Seit dem 1.1.1972 gelten die Anteile der Kommanditisten einer GmbH & Co. KG als Wertpapiere im Sinne des § 19 Abs. 1 Nr. 2 KVStG; somit unterliegen Anschaffungsgeschäfte über diese Anteile der Börsenumsatzsteuer. Dagegen können die Anteile der persönlich haftenden Gesellschafter an der GmbH & Co. KG im Hinblick auf die Ausnahmevorschrift des § 6 Abs. 1 Nr. 1 KVStG weiterhin nicht als Wertpapiere im Sinne des § 19 KVStG angesehen werden. Dem entspricht auch die Auffassung des Bundesfinanzhofs, der die Börsenumsatzsteuerpflicht bejaht bei Abschluß von Anschaffungsgeschäften über Kommanditanteile an einer GmbH & Co. KG[263]. Der Bundesfinanzhof lehnt auch die Erwägungen der Literatur[264], die Fiktion der GmbH & Co. KG als Kapitalgesellschaft in § 5 Abs. 2 Nr. 3 KVStG aufgrund historischer Entwicklung des KVSt-Rechts nur auf die Gesellschaftsteuer zu beschränken, ab. Hätte der Gesetzgeber die Fiktion auf das Gebiet der Gesellschaftsteuer beschränken wollen, so hätte er das erreichen können,

190

---

260 Vfg. der OFD Düsseldorf vom 20.6.1975 – S. 5104 A – St. 22 H, WPg 1975, S. 510; vgl. hierzu auch die kritische Stellungnahme von Sudhoff, Nutzungsweise Einbringung von Grundstücken, Gebäuden und Firmenwert im Kapitalverkehrsteuerrecht, DB 1976, S. 1984.
261 Link, a.a.O., S. 161.
262 S. 5140 – 53; DB 1972 S. 1512.
263 BFH-Urteil vom 3.9.1975 II R 88/74, BStBl 1976 II S. 7.
264 Z. B. Hackstein in DVR 1973 S. 100 ff.

C Gründung und Kapitalerhöhung der GmbH & Co. KG – Steuerrechtl. Teil

wenn er das Gesetz entsprechend gefaßt hätte. Die in der Begründung des Gesetzes zum Ausdruck gekommene Einschränkung reiche jedoch nicht aus, um das Kapitalverkehrsteuergesetz entgegen seinem Wortlaut auszulegen.

4 Grunderwerbsteuer

191 Gründergesellschaft und nachfolgende Kommanditgesellschaft sind auch für die GrErwSt als dasselbe Steuersubjekt zu behandeln[265]. Wurde gleichzeitig mit der Gründung ein Grundstück aufgelassen, so unterliegen Wertverbesserungen, die durch die KG oder die dieser vorangegangen Gesellschaft mit Mitteln dieser Gesellschaft vorgenommen wurden, nicht der Besteuerung. Denn für die Wertbemessung ist das Grundstück in dem Zustand des Erwerbsvorgangs zugrunde zu legen, und die Identität von Vorgesellschaft und KG schließt daher die Berücksichtigung späterer Wertänderungen aus.[266] Denn bei der Einbringung von Grundstücken oder grundstücksgleichen Rechten in eine GmbH & Co. KG wird grundsätzlich Grunderwerbsteuer ausgelöst. Die Tatsache, daß bei Einbringung eines Grundstücks Kapitalverkehrsteuer erhoben wird, schließt nicht die Erhebung von Grunderwerbsteuer aus. Grunderwerbsteuerpflichtig ist das Vorliegen eines der im § 1 GrEStG aufgeführten Erwerbsvorgänge; hierzu zählen insbesondere Kaufvertrag, Auflassung, Eigentumsübergang u. a. Für die Grunderwerbbesteuerung ist die GmbH & Co. KG selbständiges Steuersubjekt. Im folgenden seien nur diejenigen Steuersachverhalte dargestellt, die für die GmbH & Co. besondere Probleme aufwerfen.

192 Bringt ein Alleineigentümer sein Grundstück gegen Gewährung von Gesellschaftsrechten in eine GmbH & Co. KG ein, so wird Grunderwerbsteuer in Höhe des Anteils nicht erhoben, zu dem der Veräußerer am Vermögen der Gesamthand beteiligt ist, § 5 Abs. 2 GrEStG.

193 Der Erwerb eines Grundstücks durch eine ausschließlich aus dem Veräußerer und seinen Abkömmlingen oder aus diesen allein bestehenden Vereinigung, die eine Rechtsperson oder Gesamthandsgemeinschaft sein kann, ist gemäß § 3 Nr. 6 i. V. mit § 5 Abs. 2 GrEStG von der Besteuerung ausgenommen; entsprechendes gilt nach § 3 Anm. 4, 5 GrEStG für Ehegattenerwerbe. Die §§ 5 Abs. 2 i. V. m. 3 Nr. 6 GrEStG greifen auch, wenn ein Alleineigentümer ein Grundstück auf eine GmbH & Co. KG überträgt, wenn die Anteile an der GmbH von ihm und seinen Abkömmlingen gehalten werden und auch Kommanditisten der KG nur er und seine Abkömmlinge sind[267]. Die Steuerpflicht tritt jedoch nachträglich ein, wenn ein Gesellschafter aufgenommen wird, der nicht zu den Abkömm-

---

265 Ausführlich Boruttau-Egly-Sigloch, Grunderwerbsteuergesetz, 12. Aufl. 1986, Anm. 227 ff. zu § 1 GrEStG.
266 Siehe BFH-Urt. v. 5.12.1956 II 71/56 U; BStBl 1957 III S. 78.
267 Boruttau-Egly-Sigloch, a. a. O., Anm. 71 zu § 5 GrEStG unter Berufung auf BFH-Urt. v. 18.9.1974 VII 381/73 BStBl II 1975 S. 360.

Gründungsbesteuerung

lingen des Veräußerers gehört. Die Steuer ist dann von dem Gegenwert, der für das Einbringen des Grundstücks berechnet worden ist, bzw. – wenn dieser Wert nicht feststeht – vom Wert des Grundstücks zur Zeit des Einbringens und nicht des Eintritts des neuen Gesellschafters zu berechnen, denn der steuerpflichtige Tatbestand bleibt das Einbringen[268]. Wird der Grunderwerb nachträglich steuerpflichtig, so greifen dennoch – anteilsmäßig – die vorgenannten Bestimmungen der §§ 5 Nr. 2, 3 Nr. 6 GrEStG.

§ 3 Nr. 6 GrEStG greift dem Wortlaut nach nicht durch, wenn der Erwerber des Grundstücks nicht ein unter Nr. 6 fallender Verwandter, sondern ein eigener Rechtsträger ist, an dem der Verwandte beteiligt ist. Besteht also die GmbH & Co. KG aus dem Veräußerer (= Kommanditist) und seinen zu einer GmbH zusammengeschlossenen Abkömmlingen, so greift § 3 Nr. 6 GrEStG nicht, da die GmbH in keinem Verwandtschaftsverhältnis zum Veräußerer steht. Nach Auffassung der Literatur[269] entspricht jedoch die Anwendung dieser Vorschrift auf diesen Fall ihrem Zweck, die Begründung und Fortführung von Familiengesellschaften zu begünstigen. Daher geht die Steuerbefreiung auch nicht verloren, wenn in eine Familienpersonengesellschaft nachträglich eine GmbH als persönlich haftender Gesellschafter eintritt, deren Gesellschafter die Personen sind, die seinerzeit grunderwerbsteuerfrei die Personengesellschaft gegründet haben. Zu der bereits genannten Vorschrift des § 5 Abs. 2 GrEStG ist noch zu bemerken, daß hier nur die unmittelbare Beteiligung an der Gesamthand maßgebend ist. 194

Beispiel: Sind z. B. A und B Gesellschafter einer GmbH, die persönlich haftende Gesellschafterin einer GmbH & Co. ist, an der A und B gleichzeitig als Kommanditisten beteiligt sind, und bringt A ein Grundstück in die GmbH & Co. ein, so wird die Steuer nur in Höhe des Anteils nicht erhoben, zu dem er als Kommanditist am Vermögen der GmbH & Co. beteiligt ist. Daß er außerdem über die GmbH auch mittelbar an der GmbH & Co. beteiligt ist, kann keine Berücksichtigung finden[270].

Übernimmt bei einer GmbH & Co. KG ein Gesellschafter mittelbar oder unmittelbar sowohl die anderen Kommanditanteile als auch alle Anteile an der Komplementär-GmbH oder werden die Kommanditanteile und die Anteile an der Komplementär-GmbH auf eine andere Personengesellschaft übertragen, so führt dies zu einer **Anteilsvereinigung** i. S. des § 1 Abs. 3 Nr. 1 und 2 GrEStG; für die Grundstücksübertragung greift jedoch die Begünstigung des § 6 Abs. 2 195

---
268 Boruttau-Klein, Grunderwerbsteuergesetz, 9. Aufl. 1970, Anm. 123 zu § 3.
269 Hesselmann, a. a. O., S. 196; OFD Koblenz Vfg. v. 14.11.1966 StEK § 3 Nr. 1; Boruttau-Egly-Sigloch, a. a. O.; Anm. 431 zu § 3 GrEStG. Für diesen Standpunkt spricht auch das BFH-Urt. v. 21.3.1968 II 109/64 BStBl II 68 S. 68, nach welchem die personenbezogenen Eigenschaften, die bei allen Gesellschaftern vorliegen, auch der Gesellschaft zugerechnet werden.
270 Hesselmann, Handbuch, a.a.O., S. 194. Siehe auch Boruttau-Egly-Sigloch, a. a. O., Anm. 52 zu § 5 GrEStG unter Berufung auf BFH-Urteile vom 31.7.1974 II R 8/70 (nicht veröffentlicht) und vom 23.10.1974 II R 87/73 BStBl. II 1975 S. 152.

C Gründung und Kapitalerhöhung der GmbH & Co. KG – Steuerrechtl. Teil

oder 3 GrEStG, d. h. daß die Grunderwerbsteuer entsprechend der vor der Vereinigung maßgeblichen Beteiligung des Gesellschafters nicht erhoben wird[271].

II Besteuerungsfragen bei Einbringungs- und Umwandlungsvorgängen

1 Einbringungsvorgänge

a) Eintritt einer GmbH in eine GmbH & Co. KG (Sacheinlage der Komplementär-GmbH)

196 Tritt eine GmbH, die einen eigenen Geschäftsbetrieb unterhält, in eine KG ein unter Einbringung ihres Geschäftsbetriebs als Sacheinlage, so kann auf die Gewinnrealisierung der in ihrem eingebrachten Vermögen enthaltenen stillen Reserven verzichtet werden. Sind die Gesellschafter der GmbH gleichzeitig auch Kommanditisten der KG, so ist aber stets zu prüfen, ob nicht eine verdeckte Gewinnausschüttung vorliegt[272]. Eine verdeckte Gewinnausschüttung wird in derartigen Fällen zu bejahen sein, wenn der Teilwert der von der GmbH in die KG eingebrachten Wirtschaftsgüter höher ist als ihr Buchwert; als verdeckte Gewinnausschüttung wird der dem Kommanditisten zurechenbare Anteil an den stillen Reserven des eingebrachten Betriebsvermögens der GmbH angesehen. Ein Beispiel von Hesselmann[273] soll diese Grundsätze verdeutlichen:

Eine GmbH bringt ihr Betriebsvermögen zu dem Buchwert von DM 100000,– in eine GmbH & Co. KG ein, während sich ihre beiden Gesellschafter mit Geldeinlagen von zusammen DM 100000,– als Kommanditisten beteiligen. Das Beteiligungsverhältnis beträgt also 1 : 1. Sind nun in dem Betriebsvermögen der GmbH stille Reserven in Höhe von DM 100000,– enthalten, so fließen den Kommanditisten ohne Gegenleistung ihrerseits Werte in Höhe von DM 50000,– zu. Denn bei dem gewählten Beteiligungsverhältnis von 1 : 1 sind sie an dem Effektiv-Vermögen der GmbH & Co. KG von DM 300000,– mit DM 150000,– beteiligt, obwohl sie selbst nur DM 100000,– eingebracht haben. In dem Differenzbetrag von DM 50000,– liegt dann eine verdeckte Gewinnausschüttung. Diese ist dem Einkommen der GmbH hinzuzurechnen. Die Kommanditisten müssen den Mehrbetrag als zusätzliche Anschaffungskosten für ihren Kapitalanteil in einer Ergänzungsbilanz ausweisen.

---

271 Boruttau-Egly-Sigloch, a. a. O., Anm. 28 zu § 6 GrEStG unter Berufung auf FG München, rkr. Urt. vom 20.10.1983 EFG 1984 S. 246.
272 Vgl. NRW-Ministerialerlaß vom 10.1.1968 – S. 2522 – 2 VB 4.
273 Handbuch, a.a.O., S. 181/182.

Besteuerungsfragen bei Einbringungs- und Umwandlungsvorgängen C

Ein weiteres Beispiel von Hesselmann[274] zeigt, daß bei der Bewertung des von 197
der GmbH eingebrachten Vermögens sorgfältig darauf geachtet werden muß,
daß tatsächlich die Teilwerte angesetzt werden. Wird nämlich das Betriebsvermögen der GmbH bei Einbringung in die KG über den Teilwert hinaus bewertet, bringt also in vorstehendem Beispiel die GmbH ihr Betriebsvermögen zu dem Buchwert von DM 100 000,– in die KG ein, während es tatsächlich nur einen Teilwert von DM 50 000,– hat, so leisten die beiden Kommanditisten durch die Einräumung einer Gesamthandsbeteiligung am Gesellschaftsvermögen, die wertmäßig über die Einlage der GmbH hinausgeht, praktisch eine Kapitaleinlage in die GmbH. Ihre Leistung ist geeignet, den Wert ihrer Gesellschaftsrechte an der GmbH zu erhöhen; DM 25 000,– sind deshalb nach § 2 Abs. 1 Ziff. 4 KVStG gesellschaftsteuerpflichtig.

Die Möglichkeit der Annahme einer verdeckten Gewinnausschüttung kann da- 198
durch ausgeschlossen werden, daß die GmbH nur ihr Umlaufvermögen – hierin
sind regelmäßig keine stillen Reserven enthalten – in die KG einbringt und ihr
Anlagevermögen zu einem angemessenen Entgelt an die KG verpachtet.

Bezüglich der Gesellschaftsteuerpflicht beim Eintritt einer GmbH in eine KG
vgl. 215.

b) Eintritt des Kommanditisten, der zugleich Gesellschafter der Komplementär-GmbH ist, in die GmbH & Co. KG (Sacheinlage des Kommanditisten)

Ein Einzelunternehmer errichtet mit einer GmbH, deren alleiniger Gesellschafter 199
er ist, eine GmbH & Co. KG. Die Komplementärin (GmbH) leistet eine Bareinlage in Höhe von 10 v. H. des vereinbarten Gesellschaftsvermögens. Der Kommanditist bringt sein Einzelunternehmen ein, das buchmäßig 90 v. H. des Gesellschaftsvermögens ausmacht. Die stillen Reserven werden nicht aufgedeckt.

Einkommensteuerlich besteht für die KG das Wahlrecht, die Buchwerte fortzu- 200
führen oder bis zu den Teilwerten – d. h. Teil- oder Vollauflösung der stillen
Reserven[275] – aufzustocken. In der Einbringung ist ein steuerbarer **Umsatz** zu
sehen.

Mit der Einbringung des Einzelunternehmens, d. h. Leistung der Kommanditein- 201
lage, entsteht die **Gesellschaftsteuer**. Werden von der KG die stillen Reserven
nicht aufgedeckt, ergeben sich folgende gesellschaftsteuerliche Fragen:

---

274 Handbuch, a.a.O., S. 182 Fußnote 101.
275 Für den Einbringenden kommen die Steuervergünstigungen der § 16, 34 EStG nur in Betracht, wenn die stillen Reserven und ein etwaiger Firmenwert sofort in voller Höhe aufgedeckt werden.

C Gründung und Kapitalerhöhung der GmbH & Co. KG – Steuerrechtl. Teil

(1) Ist die anteilige Beteiligung der GmbH an den stillen Reserven gesellschaftsteuerpflichtig,

(2) ist für den Erwerb der Kommanditbeteiligung die Gesellschaftsteuer von dem vollen Wert des Einzelunternehmens zu berechnen,

(3) liegt hinsichtlich des – den Wert des Gesellschaftsrechts erhöhenden – Anteils der stillen Reserven eine unzulässige Doppelbesteuerung vor?

202 Die Finanzverwaltung vertritt zu diesen Fragen folgende Auffassung[276]

zu (1)
Die GmbH erhält für ihre Bareinlage ein Gesellschaftsrecht, dessen Wert die Bareinlage übersteigt. Es handelt sich hierbei um eine Leistung im Sinne des § 2 Abs. 1 Nr. 4c KVStG, die dem Gesellschafter nach § 4 KVStG zuzurechnen ist.

zu (2)
Der Kommanditist bringt sein Einzelunternehmen als Ganzes in die GmbH & Co. KG ein. Das hat zur Folge, daß auch der volle Wert des Einzelunternehmens als Steuermaßstab für den Erwerb des Gesellschaftsrechtes (Kommanditbeteiligung) anzusetzen ist (§ 8 Nr. 1a KVStG).

zu (3)
Der Gesellschaftsteuer werden unterschiedliche steuerliche Vorgänge unterworfen.

Unter (1) wird die Leistung an die GmbH aufgrund der wertvolleren Gesellschaftsrechte besteuert. Steuerschuldner ist daher auch die GmbH.

Unter (2) wird die Einbringung des Einzelunternehmens in die GmbH & Co. KG besteuert. Steuerschuldner ist daher die nach § 5 Abs. 2 Nr. 3 KVStG als Kapitalgesellschaft geltende GmbH & Co. KG.

Eine Doppelbesteuerung ist somit nicht gegeben.

c) Rückgängigmachung einer Betriebsaufspaltung durch Errichtung einer GmbH & Co. KG

203 Die Aufspaltung eines Betriebs in Besitzpersonen- und Betriebskapitalgesellschaft kann dadurch rückgängig gemacht werden, daß die Betriebsvermögen beider Gesellschaften zum Gesamthandsvermögen einer GmbH & Co. KG vereinigt werden, die Betriebskapitalgesellschaft tritt als Komplementär in die Besitzpersonengesellschaft ein. Mit Gründung einer derartigen GmbH & Co. KG wird die Auflösung bestehender Gesellschaften vermieden[277].

---

[276] WPG 1974, S. 326.
[277] Vgl. Brönner, GmbH-Rdsch. 1952, S. 159.

Besteuerungsfragen bei Einbringungs- und Umwandlungsvorgängen C

Für die **umsatzsteuerliche** Beurteilung eines derartigen Vorgangs müssen nach Püschel[278] zwei Fälle unterschieden werden:

(a) Ist das Besitzunternehmen ein Einzelunternehmen, so entsteht die GmbH & Co. KG, indem die Besitzposten der GmbH und des Einzelunternehmens im Wege der Einzelrechtsnachfolge auf sie übertragen werden; die GmbH wird Komplementär, der (bisherige) Einzelunternehmer Kommanditist. Hierin liegt ein umsatzsteuerbarer Leistungsaustausch[279].

(b) Ist das Besitzunternehmen eine Personengesellschaft, so kann die Errichtung der GmbH & Co. KG durch unmittelbare Übertragung (Einzelrechtsnachfolge) der Besitzposten der GmbH auf die Personengesellschaft erfolgen, und zwar durch Abtretung des Gesellschaftsanteils des vollhaftenden Gesellschafters und gegen Übernahme der Verbindlichkeiten[280]. Eine zwischen der Besitz-Personengesellschaft und der GmbH ggf. bestehende Organschaft hat zur Folge, daß die Übertragung der Besitzposten nicht steuerbar ist.

d) Einbringung einzelner Vermögensgegenstände in die GmbH & Co. KG

Durch das BFH-Urteil vom 15.7.1976[281] ist nunmehr auch die Frage höchstrichterlich geklärt, welcher Bilanzansatz bei der Übertragung (Einbringung) einzelner aus einem Betriebsvermögen des Gesellschafters stammender Wirtschaftsgüter in eine Personengesellschaft gegen Gewährung von Gesellschaftsrechten vorzunehmen ist. Danach haben die Beteiligten die Wahl, den Einbringungsvorgang erfolgsneutral oder erfolgswirksam zu gestalten (Neubewertung bis zur Grenze des Teilwerts). Dieses Wahlrecht gilt nicht nur für Einbringungen im Zusammenhang mit der Gründung einer Personengesellschaft, sondern auch für Einbringungen in eine bereits seit längerer Zeit bestehende Personengesellschaft. Für die Bemessung eines Buchgewinns bei dem Einbringenden ist die Sachbehandlung bei der Gesellschaft maßgebend[282].

204

2 Umwandlungsvorgänge

a) Umwandlung einer GmbH in eine GmbH & Co. KG

Nach § 1 Abs. 2 Satz 1 des handelsrechtlichen Umwandlungsgesetzes (UmwG) ist die Umwandlung einer Kapitalgesellschaft (GmbH oder AG) durch Übertra-

205

---

278 A.a.O., S. 94.
279 Und zwar auch dann, wenn zwischen dem Einzelunternehmen und der GmbH Organschaft bestand; vgl. BFH-U. v. 2.2.1967 V 148/64; BFH 88, 257. Die Befreiungsvorschriften des § 4 UStG finden Anwendung.
280 Ggf. kann die Personengesellschaft uno actu in eine KG umgewandelt werden; diese formwechselnde Umwandlung ist nicht steuerbar.
281 I R 17/74, BStBl. II S. 748, BdF-Erlaß vom 20.12.1977 a.a.O., Rdn. 58.
282 Vgl. vorgenanntes BFH-Urteil vom 15.7.1976.

C Gründung und Kapitalerhöhung der GmbH & Co. KG – Steuerrechtl. Teil

gung des Vermögens auf eine Personengesellschaft (OHG oder KG) darin beschränkt, daß an der Personengesellschaft keine Kapitalgesellschaft als Gesellschafter beteiligt sein darf. Die direkte Umwandlung einer Kapitalgesellschaft in eine GmbH & Co. KG wird damit unmöglich gemacht. Die **Praxis** hat daher **folgende Wege der Umwandlung** gefunden:

aa) Errichtende Umwandlung, Hinzutritt einer neu gegründeten GmbH

206 Rau[283] geht davon aus, daß sich das Verbot der Beteiligung einer Kapitalgesellschaft an der übernehmenden Personengesellschaft nur auf den Zeitpunkt der Umwandlung bezieht und den späteren Hinzutritt einer Kapitalgesellschaft als Gesellschafter der Personengesellschaft nicht ausschließt. Die Personengesellschaft, auf die umgewandelt wird, könne deshalb nach vollzogener Umwandlung durch Aufnahme einer GmbH als Gesellschafter auch zu einer GmbH & Co. KG erweitert werden.

207 Auch wir vertreten die Ansicht, daß das Verbot der Beteiligung einer Kapitalgesellschaft an der übernehmenden Personengesellschaft sich nur auf den Zeitpunkt der Umwandlung bezieht und den späteren Hinzutritt einer Kapitalgesellschaft als Gesellschafter der Personengesellschaft nicht ausschließt.[284]

208 Anderer Ansicht ist Wulff[285] unter Hinweis auf § 25 UmwStG (§ 24 UmwStG 1969), der im Endergebnis die Steuererleichterungen des UmwStG verneint, wenn eine GmbH & Co. KG innerhalb der fünfjährigen Sperrfrist aus einer durch Umwandlung entstandenen KG hervorgeht[286].

**bb) GmbH als Treuhänderin atypischer stiller Gesellschafter
(= spätere Kommanditisten der GmbH & Co. KG)**

209 Ein Nachteil der vorstehend geschilderten Möglichkeit des späteren Eintritts der GmbH nach vollzogener Umwandlung ist es, daß die als Komplementär eingetretene natürliche Person, auch wenn sie ihre Stellung nur für kurze Zeit innegehabt hat, für sämtliche Verbindlichkeiten der KG im Zeitpunkt ihres Ausscheidens gem. § 128 HGB haftet[287]. Eine Verjährung erfolgt gem. § 159 HGB erst in 5 Jahren nach dem Ausscheiden des Gesellschafters, sofern nicht der Anspruch gegen die Gesellschaft einer kürzeren Verjährung unterliegt.

210 Um diesen Nachteil zu vermeiden, schlägt Loos[288] die Gründung einer i. S. des Steuerrechts atypischen stillen Gesellschaft zwischen einer GmbH und den an

---

[283] Rau in DB 1969 S. 1421.
[284] So auch Brönner, Umwandlungsteuergesetz, Stuttgart 1969 S. 112 bzw. Anm. 7 zu §§ 1 bis 2 UmwStG.
[285] Von der GmbH steuerbegünstigt zur GmbH & Co. KG?, StBp 1971 S. 203.
[286] Bendle/Schaaf. Zur steuerbegünstigten Umwandlung einer Kapitalgesellschaft auf eine GmbH & Co. KG, GmbH-Rdsch 1972 S. 116 widersprechen dieser Ansicht (Schlußfolgerung).
[287] Einzelheiten hierzu unter Rn. 629.
[288] A.a.O., Anm. 580.

sich für die Rolle als Kommanditisten vorgesehenen Gesellschaftern, die stille Gesellschafter werden, vor. Anschließend erwirbt die GmbH die Anteile an der umzuwandelnden Kapitalgesellschaft im eigenen Namen für Rechnung der stillen Gesellschafter.

Im letzten Schritt wird die Kapitalgesellschaft auf die GmbH umgewandelt. Im Sinne des (handelsrechtlichen) Umwandlungsgesetzes handelt es sich um die Umwandlung auf einen einzigen Gesellschafter, nämlich die GmbH. Eine solche Umwandlung ist zulässig. Die Tatsache, daß die GmbH im Innenverhältnis schuldrechtlich (es ist kein gesamthänderisches Vermögen gebildet) stille Gesellschafter aufgenommen hat, hat nicht zur Folge, daß damit die Umwandlung der Kapitalgesellschaft in die stille Gesellschaft i.S. des § 1 Abs. 1 und 2 UmwStG vorläge. Auf diese Weise will Loos[289] erreichen, daß 211

a) die beschränkte Haftung fortdauert, ohne daß auch nur vorübergehend eine natürliche Person in die unbeschränkte Haftung gerät;

b) die in den GmbH-Anteilen enthaltenen stillen Reserven im Beteiligungsansatz der stillen Gesellschaft erlöschen;

c) die Erträge des übergegangenen Vermögens in der Zukunft im wesentlichen (bis auf den kleinen bei der aufnehmenden GmbH verbleibenden Teil) der Besteuerung für natürliche Personen unterworfen sind und damit von der Doppelbesteuerung frei werden.

cc) Umwandlung auf eine doppelstöckige GmbH & Co. KG

Dornfeld[290] will das handelsrechtliche Umwandlungsverbot einer GmbH auf eine GmbH & Co. KG dadurch unterlaufen, daß auf eine GmbH & Co. KG umgewandelt wird, deren persönlich haftende Gesellschafterin wieder eine GmbH & Co. KG ist (sog. doppelstöckige GmbH & Co. KG). In diesem Falle wird von der Kapitalgesellschaft (GmbH) auf eine Personengesellschaft (große GmbH & Co. KG) umgewandelt, an der eine weitere Personengesellschaft (kleine GmbH & Co. KG) beteiligt ist. Da die GmbH & Co. KG zweifelsfrei eine Personengesellschaft ist, kann nach Dornfeld hier das handelsrechtliche Umwandlungsverbot nicht eingreifen, da die Umwandlung nicht auf eine Personengesellschaft, an der eine Kapitalgesellschaft beteiligt ist, stattfindet, sondern auf eine Personengesellschaft, an der eine Personengesellschaft beteiligt ist. 212

---

289 A.a.O., Anm. 581.
290 A.a.O., S. 130.

C Gründung und Kapitalerhöhung der GmbH & Co. KG – Steuerrechtl. Teil

213 Erwähnt sei, daß Widmann/Mayer[291] unter Hinweis auf die Begründung zu § 39 EGAktG 1965[292] wohl zu Recht die Auffassung vertreten, daß das Umwandlungsverbot des § 1 Abs. 2 Satz 1 UmwG sich auch auf die Kommanditgesellschaft erstrecke, deren Komplementärin eine GmbH & Co. KG ist. Diese Auslegung beruht auf einer Interpretation der Gesetzesmaterialien; die Ansicht Dornfelds greift u. E. nicht durch.

dd) Herabsetzung des Nennkapitals

214 Nach Kroll[293] ist auch der Fall denkbar, daß eine Kapitalgesellschaft unter Herabsetzung ihres Nennkapitals als Komplementär in eine KG eintritt, an der sich die Gesellschafter der Kapitalgesellschaft als Kommanditisten beteiligen; die auf die Kommanditanteile zu leistenden Einlagen werden mit den durch die Kapitalherabsetzung entstandenen Forderungen verrechnet. Der Erwerb der Kommanditanteile ist zur Gesellschaftsteuer heranzuziehen, weil das bisher in Form von GmbH-Anteilen versteuerte Kapital jetzt eine andere rechtliche Qualifizierung erhalten hat; eine Norm derart, daß bei nacheinander erfolgender Zufuhr des wirtschaftlich gleichen Kapitals an verschiedene Gesellschaften die erste Versteuerung (hier als GmbH-Anteile) jede spätere Besteuerung (hier als Kommanditanteile) ausschließe, gibt es nicht[294].

Bezüglich der steuerlichen Folgen des Umwandlungsvorganges bestimmt das UmwStG, daß die GmbH in einer steuerlichen Umwandlungsbilanz die stillen Reserven aufzulösen hat. Der sich dabei ergebende Übertragungsgewinn ist von der Körperschaftsteuer freigestellt, unterliegt jedoch der Gewerbesteuer.[295]

Die übernehmende Personengesellschaft hat die Wirtschaftsgüter mit den Werten anzusetzen, die sich in der Schlußbilanz der GmbH finden. Die Gesellschafter der Personengesellschaft haben den Übernahmegewinn, d. h. den Differenzbetrag zwischen dem Buchwert der GmbH-Anteile und dem Wertansatz der übernommenen, von der Personengesellschaft entsprechend dem Wertansatz in der GmbH Schlußbilanz „neu" bewerteten Wirtschaftsgüter, zu versteuern.

215 Der Hinzutritt einer GmbH als Komplementär löst dann für die Kommanditanteile in vollem Umfang die Gesellschaftsteuer aus.

---

291 Umwandlungsrecht, Bonn 1970, Anm. 54 zu § 1 UmwG.
292 Nach der RegE-Begründung zu § 39 EGAktG 1965, durch den das handelsrechtliche Umwandlungsverbot eingeführt wurde, soll insbesondere verhindert werden, daß Kapitalgesellschaften auf Personengesellschaften umgewandelt werden können, die nur dem Namen nach Personengesellschaften seien, tatsächlich aber von einer oder mehreren juristischen Personen getragen werden.
293 A.a.O., S. 258.
294 Vgl. auch Begründung des BFH-Urteils v. 13.1.1970 II 208/65; BFH 98, 516.
295 Die Gewerbesteuer kann auf Antrag für einen Zeitraum von höchstens 10 Jahren gegen Sicherheitsleistung gestundet werden.

Besitzt die GmbH Grundbesitz, so löst die Umwandlung auf die Personengesellschaft Grunderwerbsteuerpflicht aus. 216

Die Umwandlung ist auch umsatzsteuerpflichtig, es sei denn, die Befreiungsvorschriften des § 4 UStG greifen. 217

b) Umwandlung einer GmbH & Co. KG auf die Komplementär-GmbH

Bedingt durch die Körperschaftsteuerreform 1977 kam es zu Umwandlungen einer GmbH & Co. KG auf die Komplementär-GmbH nach dem sog. Anwachsungsmodell. Bei dieser Gestaltung scheiden bei einer GmbH & Co. KG, deren Kommanditisten zugleich Gesellschafter der Komplementär-GmbH sind, die Kommanditisten ohne Entschädigung aus der KG aus, mit der Folge, daß ihr Anteil am Gesellschaftsvermögen gemäß §§ 736, 738 BGB der GmbH als letztem verbleibenden Gesellschafter zuwächst und die KG ohne Liquidation erlischt.[296] In Höhe der hierdurch untergegangenen Kommanditanteile erhöht die GmbH ihr Stammkapital; die Geschäftsanteile aus dieser Kapitalerhöhung werden von den bisherigen Kommanditisten in demselben Verhältnis wie bei der Kommanditbeteiligung übernommen. 218

Hierzu wird von der Finanzverwaltung[297] die Auffassung vertreten, daß das Ausscheiden der Kommanditisten ohne Abfindung eine verdeckte Einlage in die GmbH darstellt, die zur Gewinnrealisierung unter dem Gesichtspunkt der Betriebsveräußerung oder -aufgabe führt. Das entschädigungslose Ausscheiden der Kommanditisten aus der KG zugunsten der Komplementär-GmbH stellt eine unentgeltliche Leistung dar, die durch das Gesellschaftsverhältnis veranlaßt ist. Denn ein Nichtgesellschafter hätte bei Anwendung der Sorgfaltspflichten eines ordentlichen Kaufmanns der Gesellschaft den Vermögensvorteil nicht eingeräumt. Der Wert der verdeckten Einlage bemißt sich dabei nach der Wertsteigerung, welche die Beteiligung an der GmbH durch das Ausscheiden der Kommanditisten erfährt, und zwar einschließlich des anteiligen Geschäftswerts.[298] 219

Dieser Wert ist neben dem gemeinen Wert der in das Privatvermögen überführten GmbH-Anteile als Veräußerungserlös – begünstigt nach §§ 16, 34 EStG – bei den Kommanditisten zu besteuern und stellt gleichzeitig deren Anschaffungskosten für die GmbH-Anteile i. S. von § 17 EStG dar.

Der teilweise in der Literatur vertretenen Ansicht, von der Besteuerung des Gewinns könne zunächst abgesehen werden, wenn die GmbH-Anteile wie einbringungsgeborene Anteile behandelt würden, kann nicht zugestimmt werden. Der

---
296 Siehe auch Rn. 623.
297 OFD Düsseldorf, Vfg. v. 22.6.1988 DB 1988 S. 1524.
298 Siehe auch Urteile des BFH vom 12.2.1980 BStBl II S. 494 und vom 24.3.1987 I R 202/83 BStBl II S. 705.

C Gründung und Kapitalerhöhung der GmbH & Co. KG – Steuerrechtl. Teil

BFH hat in seinem Urteil vom 24.3.1987 ausdrücklich dargelegt, daß § 20 UmwStG 1977 (= § 17 UmwStG 1969) keine Anwendung findet, wenn der Stpfl. die zivilrechtliche Gestaltung bewußt so wählt, daß die Voraussetzungen des § 20 Abs. 1 UmwStG nicht erfüllt werden. Da es an einer Sacheinlage gegen Gewährung neuer Anteile an der Gesellschaft fehlt, scheidet – wie bei der verschleierten Sachgründung – auch eine sinngemäße Anwendung des § 20 UmwStG aus.

c) Umwandlung einer Personengesellschaft in eine GmbH & Co. KG

220 Nach dem Vorschlag von Hesselmann[299] gründen die Gesellschafter der bereits bestehenden Personengesellschaft (ggf. unter Beteiligung Dritter) im Wege der Bargründung eine GmbH. Diese GmbH tritt dann als Komplementärin in die bestehende Personengesellschaft ein; soweit es sich um eine OHG handelt, unter gleichzeitig (formwechselnder) Umwandlung des Unternehmens in eine KG[300].

Hat die GmbH keine Einlage in die KG zu leisten, ergeben sich keine ertragsteuerlichen Probleme. Hat die GmbH eine Einlage zu leisten und liegt diese betragsmäßig unter ihrem notariellen Anteil an der KG, z. B. weil ein Ausgleich stiller Reserven bei der KG zu erfolgen hat und die Kommanditgesellschaft die bisherigen Buchwerte unverändert fortführt, so ist dieser Mehrbetrag in einer Ergänzungsbilanz der GmbH zu erfassen.

Durch den Hinzutritt der GmbH wird aus der OHG eine GmbH & Co. KG. Ertragsteuerlich liegt eine Änderung der Gesellschaftsform vor, die jedoch keine Steuern auslöst.

221 Auf dem Gebiet der Kapitalverkehrsteuer ist jedoch mit dem Eintritt der GmbH für die dann entstehenden Kommanditanteile die Steuerpflicht gegeben.

222 Bei der Umsatzsteuer ist die Änderung der Rechtsform von einer OHG zur GmbH & Co. KG nicht steuerbar. Eine Umsatzsteuer kann sich nur für den Fall ergeben, daß die GmbH eine Einlage in die KG zu leisten hat, es sei denn, die Steuerbefreiungsvorschriften des § 4 UStG greifen hier durch.

d) Umwandlung eines Einzelunternehmens in eine GmbH & Co. KG

223 Die Umwandlung erfolgt in der Form, daß der Einzelunternehmer zunächst eine GmbH gründet. Dann schließt er mit der GmbH einen KG-Vertrag und bringt sein Einzelunternehmen als Kommanditeinlage ein. Das GewStG läßt der Kommanditgesellschaft die Möglichkeit, das eingebrachte Betriebsvermögen zu Buchwerten, zu Zwischenwerten oder zu Teilwerten anzusetzen. Beim Ansatz

---

299 Handbuch, a.a.O., S. 229 ff.
300 Vgl. Puschel, a.a.O., S. 94.

über den bisherigen Buchwerten erzielt der Einzelunternehmer einen Veräußerungsgewinn, der jedoch nach §§ 16, 34 EStG nur dann steuerbegünstigt ist, wenn alle stillen Reserven, also Ansatz ausschließlich zu Teilwerten[301], aufgelöst werden.

Bei der Kapitalverkehrsteuer löst die Einbringung zur Belegung der Kommanditeinlage die Steuerpflicht aus. 224

Die Einbringung stellt sich als steuerbarer Umsatz dar; die Steuerbefreiungen des § 4 UStG sind ggf. zu beachten. 225

3 Veräußerung des Anlagevermögens der Komplementär-GmbH an die KG bei Gründung einer GmbH & Co. KG

Es kommt oft im Zusammenhang mit der Gründung einer GmbH & Co. KG vor, daß die Komplementär-GmbH – die GmbH-Gesellschafter sind als Kommanditisten an der KG beteiligt – ihren bisherigen Geschäftsbetrieb aufgibt und auf die KG überträgt mit der Folge, daß sie ihr gesamtes Anlagevermögen zu Teilwerten an die KG veräußert. Die GmbH geht also nicht unter, sondern ist neben ihren Gesellschaftern (diese als Kommanditisten) selbst als Komplementärin an der KG beteiligt. Wird dabei für den auf die KG übergegangenen Geschäftswert der GmbH kein Entgelt gezahlt, so liegt nach dem BFH-Urteil vom 17.1.1973[302] in der unentgeltlichen Überlassung des Geschäftswertes an die KG eine verdeckte Gewinnausschüttung. Die Begründung zu diesem Urteil enthält zugleich die Abgrenzung gegenüber dem BFH-Urteil vom 29.5.1956[303], mit dem der Ansatz eines Firmenwertes verneint wurde: das Urteil vom 29.5.1956 betrifft die Fälle, in denen es zum Übergang eines Vermögens einer Kapitalgesellschaft mit oder ohne Abwicklung (Liquidation) auf einen andern kommt; die Kapitalgesellschaft selbst erlischt. Im vorliegenden Fall bleibt jedoch die Kapitalgesellschaft bestehen und es ist nach Auffassung des BFH (im Urteil vom 17.1.1973) kein Grund ersichtlich, der die GmbH auf eine Realisierung des von ihr selbst geschaffenen Geschäftswertes verzichten lassen sollte. 226

Aus der Sicht der GmbH & Co. KG ist jedoch der selbstgeschaffene (übergegangene, mitverkaufte) Geschäftswert bilanzierungsfähig. Er ist gesellschaftsrechtlich Gegenstand einer Sacheinlage gegen Gewährung von Gesellschaftsrechten. Diese Sacheinlage wird wie ein Anschaffungsgeschäft behandelt, weshalb §§ 248 Abs. 2 HGB und 5 Abs. 2 EStG keine Anwendung finden. Die GmbH & Co. KG muß den Geschäftswert in ihrer Steuerbilanz mit dem Teilwert ansetzen[304].

---

301 Ggf. unter Ansatz eines Firmenwertes.
302 I R 46/71; BStBl II S. 418.
303 I 39/56 S; BStBl III S. 226.
304 Siehe hierzu Begründung zum BFH-Urteil vom 24.03.1987 I R 202/83, BStBl. II S. 705 sowie BFH-Urteile vom 15.07.1976 I R 17/74, BStBl. II S. 748 und vom 25.11.1980 VIII R 32/77, BStBl. II 1981 S. 419.

III Grundsätzliches zur Gewinnverteilung

1 Gesetzliche Grundlagen

227 Für die GmbH & Co. KG, die nach feststehender Rechtsprechung sowohl für die handelsrechtliche als auch für die steuerrechtliche Beurteilung als Personengesellschaft anzusehen ist, gelten die Bestimmungen der §§ 105 ff. HGB. Diese handelsrechtlichen Vorschriften sind dispositiver Natur; sie greifen nur bei fehlenden vertraglichen Abreden ein. Für die Gesellschaftsform der KG bestimmen die §§ 168, 121 Abs. 1 HGB, daß nach einer Vorwegverzinsung von 4 v. H. der Restgewinn „angemessen" zu verteilen ist. Da diese Bestimmungen nachgiebiges Recht darstellen, können sie nur als Anhaltspunkt für die Gewinnverteilung dienen. Es steht den Gesellschaftern einer Personengesellschaft nämlich frei, ihre Rechtsverhältnisse und besonders die Gewinnverteilung nach ihren Vorstellungen zu regeln.

2 Maßgeblichkeit der handelsrechtlichen Gewinnverteilung für das Steuerrecht

228 In wachsendem Maße ist der BFH im Interesse der Einheitlichkeit und Übersichtlichkeit der Rechtsordnung bestrebt, bürgerlich-rechtlich einwandfreien Regelungen auch im Steuerrecht Geltung zu verschaffen. Eine handelsrechtlich wirksam vereinbarte Gewinnverteilung wird grundsätzlich auch steuerlich anerkannt. Eine vom Vertrag abweichende steuerliche Gewinnverteilung bei einer GmbH & Co. KG ist – so führt der BFH in seinem Urteil vom 15.4.1968[305] aus – nur dann möglich, wenn die steuerlichen Bedenken zu einer wesentlich anderen Verteilung führen würden, d.h. wenn die Angemessenheit der Gewinnverteilung verneint wird. Angemessen, d.h. frei von außerbetrieblichen, nur aufgrund der Gesellschafteridentität erklärbaren Erwägungen, ist eine Gewinnverteilung, wenn sie dem Wesen einer Gesellschaft und dem Wesen des Gewinns gemäß ist. Bei der Prüfung der Angemessenheit einer Gewinnverteilung der GmbH & Co. KG sind als wesentliche Faktoren – wie weiter unten noch ausgeführt wird – der Arbeitseinsatz, der Kapitaleinsatz und das übernommene Haftungsrisiko zu berücksichtigen[306].

229 Die Frage der Angemessenheit der Gewinnverteilung ist bei der GmbH & Co. KG deswegen von besonderer Bedeutung, weil durch die weitgehende personelle Verflechtung zwischen der GmbH und den Kommanditisten der KG Interessenge-

---

305 VI R 279/66; BStBl 1968, S. 741.
306 BFH-Urt. v. 15.11.1967 IV R 139/67; BFHE 90, 399.

Grundsätzliches zur Gewinnverteilung C

gensätze zwischen den Gesellschaftern verwischt oder durch besondere persönliche Beziehungen nicht mehr existent sind, d. h. die Gesellschafter werden möglicherweise Vereinbarungen treffen, die zwischen Fremden nicht verabredet worden wären. Die angemessene Beteiligung der Komplementär-GmbH am Gewinn ist also das Kardinalproblem in der ertragsteuerlichen Behandlung der GmbH & Co. KG[307]. Es ist stets zu fragen, welcher Gewinnanteil einer aus fremden Gesellschaftern bestehenden GmbH zugebilligt worden wäre, die – das ist der Regelfall – zum Zwecke der Führung der Geschäfte der KG und der Übernahme der Stellung eines vollhaftenden Komplementärs gebildet worden wäre und die sich mit einer Kapitaleinlage an der KG beteiligt hätte.

3 Grundzüge der BFH-Rechtsprechung

Ein wichtiges Problem der Besteuerung der GmbH & Co. liegt also darin, wie 230
eine angemessene Verteilung des Gewinns zwischen der Komplementär-GmbH
und den Kommanditisten gestaltet sein muß. Der IV. Senat des BFH hat hierzu
in der **Grundsatzentscheidung** vom 15.11.1967[308] sowie in vier weiteren Urteilen
vom gleichen Tage[309] Stellung genommen. Die Auffassung des BFH geht aus
den nachstehenden Rechtssätzen des Urteils IV R 139/67 hervor:

a) „Der einer GmbH als Komplementärin einer GmbH & Co. KG nach dem Gesellschaftsvertrag zustehende Gewinn kann nach den für die Beurteilung von Gewinnverteilungsabreden unter nahen Angehörigen und für die verdeckte Gewinnausschüttung geltenden Grundsätzen für die Besteuerung erhöht werden."

b) „Die vertraglich vorgesehene Gewinnverteilung ist in der Regel anzuerkennen, wenn einer auf die Führung der Geschäfte der KG beschränkten GmbH auf die Dauer Ersatz ihrer Auslagen und eine den Kapitaleinsatz und das eventuell vorhandene Haftungsrisiko gebührend berücksichtigende Beteiligung am Gewinn in der Höhe eingeräumt ist, mit der sich eine aus gesellschafterfremden Personen bestehende GmbH zufriedengegeben hätte."

c) „Ist der vertraglich vorgesehene Gewinnanteil der GmbH zu niedrig bemessen, so liegt eine verdeckte Gewinnausschüttung an die Kommanditisten vor, die zugleich Gesellschafter der GmbH sind oder solchen Gesellschaftern nahestehen."

---

307 Seithel, a.a.O., S. 188 und 200.
308 IV R 139/67 BStBl 1968 II S. 152.
309 IV 115/65, IV R 244/66, IV R 2/76 und IV R 241/66 BStBl II S. 174, 175 und 307.

C Gründung und Kapitalerhöhung der GmbH & Co. KG – Steuerrechtl. Teil

d) „Die verdeckte Gewinnausschüttung ist schon im Verfahren der einheitlichen Gewinnfeststellung der KG festzustellen. Der vereinbarte Gewinnanteil der GmbH ist zu erhöhen; bei den Kommanditisten sind die vereinbarten Gewinnanteile anzusetzen."

231 Der VI. Senat des BFH ist in dem Urteil vom 25.4.1968[310] der Grundsatzentscheidung des IV. Senats IV R 139/67 im wesentlichen beigetreten. Er betont jedoch ausdrücklich, daß eine vom Vertrag abweichende steuerliche Gewinnverteilung nur in Betracht zu ziehen sei, wenn die gegen die Angemessenheit der Gewinnverteilung sprechenden steuerlichen Bedenken zu einer wesentlich anderen Beurteilung führen würden.

232 Als Ergebnis der Rechtsprechung läßt sich **zusammenfassend** sagen, daß bei der Prüfung, ob eine Gewinnverteilung bei einer GmbH & Co. als angemessen anzusehen ist, als wesentliche Faktoren der Arbeitseinsatz, der Kapitaleinsatz und das übernommene Haftungsrisiko der GmbH zu berücksichtigen sind. Dabei ist jede Regelung anzuerkennen, die einer nur auf die Geschäftsführung der KG beschränkten GmbH auf die Dauer Ersatz ihrer Auslagen und eine den Kapitaleinsatz und das etwa vorhandene Haftungsrisiko gebührend berücksichtigende Beteiligung am Gewinn einräumt. Maßstab ist dabei, ob sich eine GmbH, deren Gesellschafter nicht zugleich Kommanditisten der GmbH & Co. sind (also eine „fremde" GmbH), mit dem gleichen Gewinnanteil zufrieden gäbe. Der BFH hebt hervor, daß bei einer GmbH & Co. ebenso wie bei einer Familiengesellschaft der vertraglichen Gestaltung nur dann nicht gefolgt werden könne, wenn sich ernste Bedenken gegen die Angemessenheit der Gewinnverteilung ergäben, die zu einer wesentlich anderen Verteilung des Gewinns führten.

233 Eine Gewinnbegrenzung auf 15 v. H. ihres Anteils, wie sie in der Entscheidung des Großen Senats des BFH vom 29.5.1972[311] bei Familiengesellschaften gefordert wird, gilt hier nicht.

234 Die Angemessenheit der Verteilung des Gewinns kann nicht nach Maßgabe einzelner Veranlagungszeiträume beurteilt werden, sondern immer muß ein längerer Zeitraum zugrunde gelegt werden. Im Falle der GmbH & Co. KG muß daher die Frage gestellt werden, ob die GmbH auf lange Sicht den Anteil am Gewinn erhält, der ihr aufgrund ihrer Leistungen zusteht. Gerade wenn ein bestimmter Betrag, z. B. in Form einer Tätigkeitsvergütung, vorab gezahlt wird, und zwar auch in Verlustjahren, wird die Notwendigkeit der Prüfung eines längeren Zeitabschnittes ersichtlich. Bei einer neugegründeten GmbH & Co. KG ist regelmäßig nicht von vornherein überschaubar, wie die wirtschaftliche Entwicklung sich ge-

---

310 IV R 279/66 BStBl II S. 741.
311 GrS 4/71 BStBl 1973 II S. 5.

Grundsätzliches zur Gewinnverteilung C

stalten wird und welche Rendite die Komplementär-GmbH bei der angenommenen Gewinnverteilung erzielen wird. Es ergibt sich die Notwendigkeit von Anpassungsregelungen, die der Komplementär-GmbH auf die Dauer gesehen einerseits eine angemessene Mindestrendite sichern, andererseits aber auch verhindern, daß der Komplementär-GmbH eine zu hohe Gewinnbeteiligung zufließt[312]. Es könnte also im Gesellschaftsvertrag einer GmbH & Co. KG vorgesehen werden, daß der Gewinn in einer bestimmten Anlaufzeit nach Maßgabe der Einlagen der Gesellschafter verteilt wird, daß aber nach Überwindung der Anlaufzeit die Komplementär-GmbH eine 20%ige Verzinsung ihrer Kapitaleinlage als Gewinnteil erhält[313].

Der teilweise in der Literatur vertretenen Auffassung[314], der Komplementär-GmbH müßte in der Anlaufzeit und insbesondere auch in Verlustjahren vertraglich eine Mindestrendite von 20 v. H. ihrer Einlagen und Darlehen gewährleistet werden, stimmt Seithel[315] nur in den Fällen zu, in denen von vornherein mit Dauerverlust gerechnet werden muß, nicht dagegen in den Fällen, wo sich Verluste nur in einer gewissen Anlaufzeit ergeben. 235

Zu den Besonderheiten bei Publikums-GmbH & Co. KG wird auf die Ausführungen unter Abschn. J[316] verwiesen.

4 Verlustausschluß der Komplementär-GmbH

Um eine Überschuldung der Komplementär-GmbH und damit den Eintritt des Konkursfalles zu vermeiden, wird häufig die Beteiligung der GmbH am Verlust der KG auf die Höhe ihrer Einlagen bzw. ihres Stammkapitals beschränkt. Gegen einen derartigen Verlustausschluß bestehen jedenfalls ertragsteuerlich keine Bedenken, weil die Erhaltung der Komplementär-GmbH für die GmbH & Co. KG von fundamentaler Bedeutung ist.[317] 236

Nach dem Urteil des FG Baden-Württemberg[318] vom 11.5.1971 kann es ertragsteuerlich aber nicht anerkannt werden, wenn Kommanditisten einer GmbH & Co. KG, die gleichzeitig Anteilseigner der GmbH sind, in Abweichung vom Gesellschaftsvertrag die Verlustquote der GmbH übernehmen. Erfolgt die Über- 237

---

312 Seithel, a.a.O., S. 203.
313 Böttcher, Neues zur GmbH & Co. – handelsrechtlich und steuerlich. StbJb 1968/69, S. 131.
314 Z. B. Krollmann, Folgerungen aus der Rechtsprechung des BFH zur Gewinnverteilung bei der GmbH & Co., DB 1969, S. 589.
315 A.a.O., S. 203/204.
316 Siehe Rn. 801.
317 Seithel, a.a.O., S. 204; vgl. Müller-Welser, Zur Bilanzierung der Verlustbeteiligung einer Komplementär-GmbH, DB 1978, S. 958, der eine solche Beschränkung für überflüssig hält.
318 Außensenate Freiburg, II (III) 140/69, rechtskräftig, EFG 1971 S. 540.

C Gründung und Kapitalerhöhung der GmbH & Co. KG – Steuerrechtl. Teil

nahme aufgrund einer rückwirkenden Änderung des Gesellschaftsvertrages, so kann auch diese (rückwirkende) Übernahme steuerlich keine Anerkennung finden, selbst wenn sie handelsrechtlich zulässig ist[319].

5 Mitunternehmereigenschaft einer Komplementärin ohne Kapitalbeteiligung

238 Böttcher/Beinert[320] vertreten die Auffassung, daß eine von der Kapital- (und Ergebnis)beteiligung an der GmbH & Co. KG ausgeschlossene Komplementärin zwar handelsrechtlich gesehen immer noch Gesellschafterin der GmbH & Co. KG sei, steuerlich aber nicht mehr als Mitunternehmerin angesprochen werden könne, weil ohne Beteiligung an den Anlagewerten und stillen Reserven, an den Chancen und Risiken des Unternehmens eine Mitunternehmerstellung nicht mehr gegeben ist. Ein Unternehmer werde nicht zwingend zum Mitunternehmer, wenn er sich an einer Personengesellschaft beteiligt. Es müsse auch dann eine Beteiligung an den Anlagewerten und stillen Reserven, Chancen und Risiken des Unternehmens verlangt werden, um eine Mitunternehmerstellung annehmen zu können.

239 Thiel[321] bestreitet die Mitunternehmereigenschaft einer solchen Komplementär-GmbH an der Co. KG nicht; da die GmbH im Gegensatz zur natürlichen Person ihrer Natur nach stets Unternehmereigenschaft besitzt, wird man eine GmbH, die ihre gesamte Existenz in den Dienst einer Mitunternehmereigenschaft stellt und dieser Gemeinschaft ihr besonderes rechtliches Gepräge gibt, schwerlich als eine außerhalb der Unternehmereigenschaft stehende eigenständige Unternehmerpersönlichkeit ansprechen können. Man werde dem hier gegebenen Sachverhalt wirtschaftlich besser gerecht, wenn man bei der kapitalistisch organisierten GmbH & Co. KG auch die nicht am Gewinn und Vermögen der KG beteiligte GmbH als Mitunternehmer anspricht.

240 Der BFH hat aus der fehlenden Kapitaleinlageverpflichtung und der fehlenden Kapitalbeteiligung des Komplementärs einer KG keine Folgerungen für dessen Gesellschafts- bzw. Mitunternehmerstellung gezogen, weder wenn eine natürliche Person Komplementär war[322] noch wenn es sich um eine juristische Person als persönlich haftende Gesellschafterin handelte.[323]

---

319 So der BFH im nichtveröffentlichten Urteil vom 13.10.1982 I R 153/79 (unter Aufhebung des Urteils des FG Berlin vom 3.7.1979 V 275/78; EFG S. 604); Siehe auch Rn. 244/245.
320 Vgl. Böttcher, Ausschluß einer Komplementär-GmbH von der Beteiligung am Gewinn und Verlust ihrer GmbH & Co., in: ,,Aktuelle Probleme der GmbH & Co.", Köln 1967, S. 57 und 96.
321 Thiel, Die kapitalistisch organisierte GmbH & Co. KG, DB 1968, S. 1870.
322 BFH-Urt. v. 4.11.1958 I 141/57 U; BStBl III 1959, S. 50.
323 BFH-Urt. v. 16.8.1962 I 308/60; HFR 1963, S. 15.

Grundsätzliches zur Gewinnverteilung   C

Die Auffassung, daß ein Ausschluß der GmbH vom Ergebnis der GmbH & Co. 241
KG möglich sei, ist nach unserer Meinung spätestens nach dem Grundsatzurteil
vom 15.11.1967 lediglich für den Fall des Verlustausschlusses aufrechtzuerhalten,
da eine Gewinnbeteiligung zumindest in Höhe der „Risikoprämie" immer gegeben sein muß.

Ist die GmbH von der Kapital- und Verlustbeteiligung ausgeschlossen, so er- 242
scheint tatsächlich zweifelhaft, ob noch eine Mitunternehmerschaft vorliegt[324].
Es fehlen dann nicht nur die Beteiligung an den Anlagewerten und stillen Reserven, sondern auch die Teilnahme am Risiko des Unternehmens, also die Hauptmerkmale einer Mitunternehmereigenschaft. Dennoch neigen wir dazu, der Auffassung Thiels beizutreten, nach der auch in solchen Fällen die Mitunternehmereigenschaft gewahrt bleibt, nicht zuletzt auch deshalb, weil in der Praxis bisher offenbar keine Zweifel in solchen Fällen aufgekommen sind.

6 Rückwirkende Neuverteilung des Gewinns[325]

Zivilrechtlich können die Gesellschafter einer Personengesellschaft über die Auf- 243
teilung des Gesellschaftsgewinns noch anläßlich der Bilanzfeststellung befinden.
Sie können dabei auch vom bisherigen Gewinnverteilungsschlüssel abweichen.
Hierin liegt eine Änderung des Gesellschaftsvertrages und der Mitgliedschaftsrechte der Gesellschafter, für die das Gewinnbezugsrecht besondere Bedeutung hat. Eine solche Vertragsänderung kann wie andere rechtserhebliche Vorgänge grundsätzlich nur für die Zukunft wirken. Die Gesellschafter sind jedoch nicht gehindert, einander so zu stellen, als hätten sie die Änderung bereits zu einem früheren Zeitpunkt vereinbart. Danach bemessen sich alsdann die auf der Vereinbarung beruhenden und mit dieser entstandenen Rechte und Pflichten der Beteiligten. Nur in diesem Sinne kann die Änderung eines Gesellschaftsvertrages rückwirkende Kraft entfalten. Eine solche obligatorische Rückwirkung kann bei der Begründung eines Gesellschaftsverhältnisses gewollt sein; sie kann auch bei der Änderung des Gewinnverteilungsschlüssels vereinbart werden.

Steuerrechtlich kann eine solche Vereinbarung jedoch keine Neuverteilung des in 244
der Vergangenheit für die Gesellschaft entstandenen Gewinns bewirken. Aus § 15
Nr. 2 EStG ergibt sich vielmehr, daß ein in der Gesellschaft entstandener Gewinn
ohne weiteres auf die Gesellschafter nach Maßgabe ihrer Gewinnbeteiligung aufzuteilen ist. Eine Änderung in der Gewinnverteilung wirkt auch hier nur für die

---

324 Auf die Anmerkung von – en –, Zur Haftungs- und Verlustbefreiung bei einer GmbH & Co. KG, DB 1975, S. 23/24 wird verwiesen.
325 Die nachfolgenden Ausführungen finden sich in der Begründung zum BFH-Urteil vom 12.6.1980 IV R 40/77 BStBl II S. 723.

C Gründung und Kapitalerhöhung der GmbH & Co. KG – Steuerrechtl. Teil

Zukunft. Ihre schuldrechtliche Rückbeziehung auf einen früheren Zeitpunkt erlangt erst mit dem Abschluß einer entsprechenden Vereinbarung steuerliche Bedeutung. Sie hat nicht zur Folge, daß der Gesellschaftsgewinn bereits für die Vergangenheit nach dieser Vereinbarung aufzuteilen und den Gesellschaftern zuzurechnen ist. Fazit: Die Gewinnanteile der Gesellschafter einer Personengesellschaft können nach Ablauf des Wirtschaftsjahres nicht rückwirkend durch eine Neuverteilung des Gewinns geändert werden.

245 Für die rückwirkende Geltung einer geänderten Gewinnverteilung läßt sich auch nicht anführen, daß der Gesellschaftsgewinn erst mit der Aufstellung der Bilanz festliege und seine Höhe von Werturteilen und Gestaltungsmöglichkeiten abhänge, die erst in diesem Zeitpunkt wirksam würden. Diese Überlegungen betreffen die Ermittlung des Gesellschaftsgewinns, nicht seine Verteilung unter den Gesellschaftern, auf die es im Streitfall ankommt. Zudem ist die Höhe des Gewinns in erster Linie von den Geschäftsvorgängen des abgelaufenen Wirtschaftsjahres abhängig, die nicht rückwirkend herbeigeführt oder ungeschehen gemacht oder in ihrem Inhalt verändert werden können. Der Jahresgewinn der Gesellschaft ergibt sich aus der Geschäftsentwicklung des Wirtschaftsjahres. An dieser Entwicklung nehmen die Gesellschafter entsprechend dem Gewinnverteilungsschlüssel teil. Auch wenn ein Gesellschafter ausscheidet, bestimmt sich sein Gewinnanteil nach dem Gewinnverteilungsschlüssel und der Dauer seiner Gesellschaftszugehörigkeit.

246 Stimmt daher die an einer GmbH & Co. KG beteiligte Komplementär-GmbH einer rückwirkenden Neuverteilung des Gewinns zu, die ihre Gewinnbeteiligung zugunsten ihres gleichfalls an der Personengesellschaft als Kommanditisten beteiligten Gesellschafters einschränkt, so kann hierin eine verdeckte Gewinnausschüttung liegen. Da die Beteiligung an der GmbH zum Sonderbetriebsvermögen des Kommanditisten gehört, müssen die daraus erlangten Vorteile in der einheitlichen Gewinnfeststellung der KG berücksichtigt werden. Das kann jedoch erst geschehen, wenn der Gesellschafter den Vorteil erlangt hat, das bedeutet, daß bei rückwirkender Neuverteilung des Gewinns der Kommanditist erst mit Abschluß der Vereinbarung einen als verdeckte Gewinnausschüttung zu berücksichtigenden Vorteil erlangt.

IV Besteuerungsfragen bei Kapitalveränderungen

1 Komplementär-GmbH

a) Kapitalerhöhung

247 Die Kapitalerhöhung kann dadurch erfolgen, daß neue Mittel zugeführt werden oder eigene Mittel verwendet werden.

Besteuerungsfragen bei Kapitalveränderungen C

Die Zuführung neuer Mittel bedeutet Kapitalerhöhung gegen Einlagen. Steuerliche Besonderheiten ergeben sich nicht. Die Einzahlung der Einlage ist gesellschaftsteuerpflichtig. Das körperschaftsteuerpflichtige Einkommen wird durch die Einlage nicht berührt; die Kapitalerhöhung verändert nicht das sog. „verwendbare Eigenkapital" der GmbH, sondern erhöht nur das sog. „übrige Eigenkapital" (EK 02). Ein evtl. Aufgeld (Agio) stellt sich ebenfalls als gesellschaftsrechtliche Einlage dar; es erhöht das sog. EK 04. Die mit der Ausgabe der neuen GmbH-Anteile verbundenen Aufwendungen stellen in voller Höhe Betriebsausgaben dar.

Kapitalerhöhungen aus eigenen Mitteln erfolgen durch Umwandlungen von in 248 der GmbH-Bilanz ausgewiesenen Kapital- und anderen Gewinnrücklagen nach den Vorschriften des Gesetzes über Kapitalerhöhung aus Gesellschaftsmitteln[326]. Der Vorschrift des § 41 Abs. 3 KStG entsprechend, sind aus den verschiedenen Gruppen des sog. „verwendbaren Eigenkapitals" der GmbH zunächst EK 03 (Altrücklagen) und sodann EK 04 (Neueinlagen der Gesellschafter) zu verwenden. Kapitalerhöhungen außerhalb des KapErhG setzen eine unter dem Schlagwort „Schütt aus – hol zurück" bekanntgewordene Doppelmaßnahme voraus: Ausschüttung an die Gesellschafter und (anschließende) Einlageverpflichtung der Gesellschafter. Die Einlageverpflichtung löst die Kapitalverkehrsteuer aus[327].

b) Kapitalherabsetzung

Die Kapitalherabsetzung stellt sich als Verringerung des gesellschaftsrechtlichen 249 Haftkapitals dar. Werden dabei die Einlagen an die Gesellschafter zurückgewährt, spricht man von effektiver Kapitalherabsetzung. Im Gegensatz hierzu steht die nominelle Kapitalherabsetzung, bei der den Gesellschaftern die Einlagen nicht zurückgewährt werden[328].

Steuerlich muß hier – wie generell im KStG – zuerst gefragt werden, welche Folgen die Kapitalherabsetzung auf die **Eigenkapitalgliederung** der Kapitalgesellschaft hat. Es kann sein, daß nur das übrige Eigenkapital betroffen ist. Dann muß gefragt werden, ob innerhalb der Fünfjahresfrist des § 5 StKapErhStG eine Kapitalerhöhung aus Altrücklagen (EK 03) stattgefunden hat; die Kapitalherabsetzung kann dann u.U. zu einer Pauschsteuer führen. Es kann aber auch zu Veränderungen beim verwendbaren Eigenkapital kommen. Als weitere Frage muß dann geprüft werden, ob die Kapitalherabsetzung mit einer Ausschüttung („son- 250

---

326 Vom 23.12.1959 (KapErhG) in der Fassung des BiRiLiG vom 19.12.1985.
327 Gesellschaftsteuerfreiheit ist möglich, wenn die Kapitalerhöhung der Beseitigung der Überschuldung der GmbH dient; vgl. § 7 Abs. 4 Nr. 1 KVStG.
328 In praxi dient diese Maßnahme der Sanierung der GmbH (Beseitigung einer Unterbilanz).

C Gründung und Kapitalerhöhung der GmbH & Co. KG – Steuerrechtl. Teil

stige Leistung" i. S. des § 41 KStG) verbunden ist; dann müssen ggf. die Bestimmungen über Gewinnausschüttungen sinngemäß angewendet werden. Fraglich kann u. U. auch noch sein, ob eine Nennkapitalherabsetzung zugleich die Voraussetzungen einer verdeckten Gewinnausschüttung erfüllt: u. E. ist dies aber zu verneinen. In allen Fällen bedeutet eine Kapitalherabsetzung keine Liquidation mit anschließender Neugründung, sondern das Fortbestehen der Gesellschaft.[329]

2 Kommanditgesellschaft

a) Erhöhung der Kommanditeinlage

251 Auch bei einer Kapitalerhöhung einer GmbH & Co. erwirbt der Kommanditist in Höhe der von ihm zu leistenden Einlage neue Gesellschaftsrechte. Die Erhöhung der Kommanditeinlagen unterliegt damit der Gesellschaftsteuer nach § 2 Abs. 1 Nr. 1 KVStG, sofern die Einlageverpflichtung nicht gestundet wird, also der Kommanditist seine Einlage erbringt.

252 Werden bei Umwandlung einer GmbH in eine GmbH & Co. KG die Kommanditanteile durch Nichtaufdeckung stiller Reserven zunächst buchmäßig geringer ausgewiesen und sieht der Gesellschaftsvertrag vor, daß die Kommanditanteile aus Gewinnanteilen, die in gewisser Höhe über gebundene Kontokorrentkonten geführt werden müssen, aufzustocken sind, so ist die (der Realisierung der stillen Reserven entsprechende) Kapitalerhöhung ein gesellschaftsteuerlicher Vorgang. Für die Gesellschafter ist ein Gewinnanspruch entstanden, auf den sie nachträglich verzichten, indem dieser Betrag von ihrem Privat-(kontokorrent)konto auf das Rücklagen(kapital)konto umgebucht wird[330].

253 Gesellschaftsteuer fällt dagegen nicht an, wenn aufgrund einer im Gesellschaftsvertrag enthaltenen Anordnung oder Ermächtigung in der festgestellten Jahresbilanz Beträge aus dem Jahresüberschuß der GmbH & Co. KG in eine gesamthänderisch gebundene offene Rücklage eingestellt sind. In diesen Fällen steht den Kommanditisten ein Gewinnanspruch nicht zu; sie können deshalb insoweit eine Leistung nicht bewirkt haben. Wird die so gebildete gebundene offene Rücklage aufgelöst und anteilig den Kapitalanteilen der Gesellschafter zugeschrieben, so bestehen nach Ansicht der Finanzverwaltung keine Bedenken, die Steuerbefreiung nach § 7 Abs. 3 Nr. 2a KVStG zu gewähren, sofern gleichzeitig

---

[329] Entnommen aus Brönner, Besteuerung der Gesellschaften, 16. Aufl., a.a.O., Kap. VI 102 ff. bzw. S. 833 ff.; für weitere Einzelheiten wird auf diese Veröffentlichung verwiesen.
[330] Vgl. BdF-Schreiben vom 18.4.1974 IV A 4 – S 5000 – 1/74; BStBl I S. 163 sowie Hesselmann, Handbuch, a.a.O., S. 207 und BFH-Urt. v. 5.7.1978 II R 166/73 (nicht veröffentlicht, BFH hebt Urt. des FG Düsseldorf vom 26.9.1973 EFG 1974, S. 168 auf).

die Hafteinlage jedes Kommanditisten um den seinem Kapitalanteil zugeschriebenen Betrag erhöht wird[331]. Zu beachten ist, daß die Steuerbefreiung unabdingbar voraussetzt, daß in den letzten, der Erhöhung der Kommanditeinlage vorausgehenden Jahresbilanz der Gesellschaft offen eine gesamthänderisch gebundene Rücklage ausgewiesen ist. Die Erhöhung der Einlage eines Kommanditisten aus „Gesellschaftsmitteln" bedarf also stets einer Doppelmaßnahme: Nämlich der Auflösung einer gebildeten gesamthänderisch gebundenen Rücklage – zwischen Bildung und Auflösung muß ein Bilanzstichtag liegen – und der Erfüllung der Einlageverpflichtung des Kommanditisten[332].

b) Herabsetzung der Kommanditeinlage

Nach § 15a Abs. 3 Satz 1 EStG gilt der Grundsatz, daß dann, wenn ein Kommanditist seine Einlage in die Gesellschaft durch eine Entnahme mindert und dadurch ein negatives Kapitalkonto entsteht bzw. sich erhöht, der Betrag der Einlagenminderung dem Kommanditisten als Gewinn zuzurechnen ist. § 15a Abs. 3 Satz 1 EStG soll Mißbräuchen entgegentreten derart, daß durch diese Vorschrift verhindert wird, daß in Verlustjahren nur zum Zwecke des Verlustausgleichs kurzfristige Einlageerhöhungen vorgenommen werden, die im Folgejahr oder nach Vornahme des Verlustausgleichs rückgängig gemacht werden.[333]

Ein Beispiel in Anlehnung an Knobbe-Keuk[334] soll diesen Grundgedanken des § 15a Abs. 3 Satz 1 EStG verdeutlichen.

Hafteinlage (im Handelsregister eingetragen)	500
Kapitalkonto (tatsächlich geleistete Einlage)	1 000
Verlustanteil im Jahr I	1 000
Entnahme im Jahr II	500
Gewinn durch Einlagenminderung im Jahr II	500

Ohne § 15a Abs. 3 Satz 1 EStG hätte der Kommanditist im Jahr I einen ausgleichs- und abzugsfähigen Verlustanteil von 1 000. Hätte er die Entnahme nicht im Jahr II, sondern im Jahr I getätigt, so wären im Jahr I 500 ausgleichs- und abzugsfähig und 500 verrechenbar mit späteren Gewinnen aus der Beteiligung gewesen. Ohne § 15a Abs. 3 Satz 1 EStG wäre der Verlust steuerlich unterschiedlich zu behandeln, je nachdem, ob der Verlust zuerst eingetreten ist und es dann zur Entnahme kam oder umgekehrt; § 15a Abs. 3 Satz 1 EStG führt zur Gleichbehandlung vorstehender beider Möglichkeiten, so daß es ohne Anreiz ist, durch

---

331 Vgl. BdF-Schreiben vom 18.4.1974, a.a.O.
332 Vgl. BFH-Urteil v. 27.2.1980, II R 48/77, DB S. 1311.
333 Vgl. Knobbe-Keuk, Bilanz- und Unternehmenssteuerrecht, 3. Aufl. Köln 1981, S. 257 sowie Herrmann-Heuer, a.a.O., E (grün) zu § 21 EStG S. 12/13 und 15.
334 A.a.O., S. 257.

C Gründung und Kapitalerhöhung der GmbH & Co. KG – Steuerrechtl. Teil

kurzfristige Eintragung hoher Haftsummen ein nicht gerechtfertigtes Verlustausgleichsvolumen zu schaffen[335]. Die Regelung des § 15a Abs. 3 Satz 1 EStG führt im Beispielsfall dazu, daß die Hälfte des Verlustes – 500 –, der dem Kommanditisten im Jahr I als ausgleichs- bzw. abzugsfähiger Verlustanteil zugerechnet worden ist, mit Wirkung des Jahres II, also dem Zeitraum, in dem das negative Kapitalkonto durch die Entnahme entsteht, in einen nur verrechenbaren Verlustanteil umgewandelt wird.

256 Ein ergänzendes Beispiel von Herrmann-Heuer[336] zeigt, daß die Haftungsminderung nicht zur Zurechnung positiver Einkünfte führt, wenn aufgrund der Haftung tatsächlich Beträge geleistet wurden.

Vereinbarte Einlage	1 000
Tatsächlich geleistete Einlage (im Jahr I)	500
Verlustanteile des Kommanditisten in den Jahren I–III	800
Weitere Einzahlungen in Jahren I–III	200
Verminderung der vereinbarten Einlage im Jahr IV um 400 auf	600

Aufgrund der Verringerung der vertraglichen Einlage im Jahr IV wären dem Kommanditisten positive Einkünfte in Höhe von 200 zuzurechnen, um die die in den Jahren I–III zugerechneten Verluste den Betrag der verminderten Einlage übersteigen. Durch die weitere Einzahlung des Kommanditisten von 200 verringern sich die zuzurechnenden positiven Einkünfte auf 100.

257 Wie sich die Einlage- oder Haftungsminderung in den Folgejahren auswirkt, ergibt sich aus § 15a Abs. 3 Satz 4 EStG: Die aufgrund der Haftungs- oder Einlagenminderung dem Kommanditisten „zuzurechnenden Beträge mindern die Gewinne, die dem Kommanditisten im Wirtschaftsjahr der Zurechnung oder in späteren Wirtschaftsjahren aus seiner Beteiligung an der Kommanditgesellschaft zuzurechnen sind"; ein Beispiel von Herrmann-Heuer[337] verdeutlicht diese Gesetzesvorschrift.

Geleistete Einlage des Kommanditisten	1 000
Verlustanteile der Jahre I–III	600
Auszahlung im Jahr IV	
(ohne daß eine zu berücksichtigende Haftung entsteht)	500
Zuzurechnender positiver Betrag im Jahr IV aufgrund der Rückzahlung	100
Gewinnanteil des Kommanditisten im Jahr V	200
./. Zuzurechnender positiver Betrag des Jahres IV	100
Steuerpflichtiger Gewinnanteil im Jahr V.	100

---
335 Vgl. Herrmann-Heuer, a.a.O., S. 15.
336 A.a.O., S. 15.
337 A.a.O., S. 15.

Besteuerungsfragen bei Kapitalveränderungen C

Vorstehend dargestellte Zurechnung von Einkünften entfällt jedoch, wenn die 258
Entnahme oder die Einlagenrückzahlung zu einem Wiederaufleben der Haftung
führt, d. h. der Kapitalanteil des Kommanditisten durch die Entnahme oder Einlagenrückzahlung unter den Betrag der Hafteinlage gemindert wird (§ 174 Abs.
4 i. V. m. § 171 Abs. 1 HGB; § 15a Abs. 3 Satz 1 EStG i. V. m. § 15a Abs. 1 Satz
2 EStG). Durch diese Regelung wird sichergestellt, daß ein Kommanditist, dessen
Haftung durch Entnahme bzw. Einlagenminderung wieder auflebt, genauso gestellt wird wie ein Kommanditist, dem aufgrund erweiterter Außenhaftung ein
über die geleistete Einlage hinausgehender Verlust zugerechnet wird[338].

---

338 Vgl. Herrmann-Heuer, a.a.O., S. 13 unter Berufung auf Bordewin in FR 1982 S. 487.

D Laufender Geschäftsbetrieb der GmbH & Co. KG – Handelsrechtlicher Teil

I Innenverhältnis

1 Geschäftsführungsbefugnis innerhalb der GmbH & Co. KG

a) Gesetzliche Regelung

aa) Zuständigkeit

aaa) Komplementär-GmbH

259 Abweichend vom allgemeinen Sprachgebrauch wird im Recht der Personengesellschaften Geschäftsführung und Vertretung getrennt geregelt und voneinander unterschieden. Während „Vertretung" rechtsgeschäftliches Handeln gegenüber Dritten umfaßt (z. B. ein Vertragsschluß), betrifft „Geschäftsführung" Entscheidungskompetenzen im Innenverhältnis. Nach der gesetzlichen Regelung ist es durchaus möglich, daß ein Gesellschafter zwar geschäftsführungsbefugt, nicht aber vertretungsberechtigt ist (und umgekehrt). In der Praxis werden Geschäftsführungsbefugnis und Vertretungsmacht überlicherweise nicht voneinander getrennt. Im Recht der GmbH sind dagegen Geschäftsführungsbefugnis und Vertretungsmacht immer in der Person des Geschäftsführers vereint, §§ 6, 35 GmbHG.

260 In einer Kommanditgesellschaft obliegt die Geschäftsführung immer den persönlich haftenden Gesellschaftern, §§ 114 Abs. 1, 161 Abs. 2, 164 HGB. In einer typischen GmbH & Co. KG, in der es neben der Komplementär-GmbH keine weiteren persönlich haftenden Gesellschafter gibt, ist also ausschließlich die GmbH zur Führung der Geschäfte berechtigt und verpflichtet. Sie übt ihre Befugnisse durch ihre Organe, das sind ihre Geschäftsführer, aus, §§ 6, 35 GmbHG[339]. Diese handeln, wenn sie Geschäfte der GmbH & Co. KG wahrnehmen, aufgrund einer zweifachen Geschäftsführungsbefugnis: Die GmbH ist befugt, die Geschäfte der KG zu führen, die Geschäftsführer sind befugt, die Geschäfte der GmbH zu führen, zu denen auch die Geschäftsführung der KG zählt. Die Geschäftsführer der Komplementär-GmbH werden daher auch als „mittelbare" Geschäftsführer der GmbH & Co. KG bezeichnet[340].

---

339 S. Rn. 270.
340 Hesselmann, S. 127.

Innenverhältnis D

Gibt es neben der Komplementär-GmbH noch weitere persönlich haftende Gesellschafter, sind auch diese zur Geschäftsführung berechtigt und verpflichtet. Nach §§ 115 Abs. 1, 161 Abs. 2 HGB ist jeder von ihnen allein zu handeln berechtigt. Nur wenn ein anderer Komplementär einer Maßnahme widerspricht, muß sie unterbleiben. Handelt es sich um eine Maßnahme von erheblicher Bedeutung, müssen die anderen Komplementäre vorher informiert und ihre Stellungnahme abgewartet werden[341]. 261

aab) Kommanditisten

Die Kommanditisten sind von der Geschäftsführung ausgeschlossen, § 164 HGB. Sie haben kein Widerspruchsrecht gegenüber gewöhnlichen Geschäftsführungshandlungen. Für außergewöhnliche Geschäfte trifft § 164 entgegen seines mißverständlichen Wortlautes keine Sonderregelung. Es bleibt bei der Regelung des § 116 Abs. 2 HGB, wonach die Vornahme von Handlungen, die über den gewöhnlichen Betrieb hinausgehen, eines Beschlusses sämtlicher Gesellschafter bedarf[342]. 262

bb) Umfang der Geschäftsführungsbefugnis

Gemäß §§ 116 Abs. 1, 161 Abs. 2 HGB erstreckt sich die Befugnis zur Geschäftsführung auf alle Handlungen, die der gewöhnliche Betrieb des Handelsgewerbes der Gesellschaft mit sich bringt. Für Geschäfte, die darüber hinausgehen – sog. außergewöhnliche oder ungewöhnliche Geschäfte – ist gemäß §§ 116 Abs. 2, 161 Abs. 2 HGB der Beschluß sämtlicher Gesellschafter erforderlich. Außergewöhnliche Geschäfte sind solche, die den bisher vorgegebenen Rahmen des Geschäftsbetriebes übersteigen oder außerhalb des Unternehmensgegenstandes liegen oder nach Umfang oder Risiko ungewöhnlich oder ihrer Art nach dem gewöhnlichen Geschäftsbetrieb fremd sind[343]. Die Zustimmung der Gesellschafter zu einem außergewöhnlichen Geschäft steht nicht in ihrem freien Ermessen. Liegt das Geschäft erkennbar im Interesse der Gesellschaft, sind die Gesellschafter kraft ihrer Treuepflicht gehalten, ihre Zustimmung zu geben[344]. 263

---

341 BGH BB 1971, 759.
342 RGZ 158, 302 (306 f.); K. Schmidt, S. 1145; Baumbach/Duden/Hopt, § 164 Anm. 1 B; s. auch Rn. 265.
343 Schilling in Großkomm. § 164 Rn. 3.
344 Schilling in Großkomm. § 164 Rn. 4.

b) Vertragliche Regelungen

aa) Erweiterung der Kommanditistenrechte

264 Die gesetzlichen Regeln zur Geschäftsführungsbefugnis sind weitgehend dispositives Recht. In der Praxis werden sie daher häufig durch gesellschaftsvertragliche Vereinbarungen abgeändert bzw. konkretisiert.

265 Die Stellung der Kommanditisten, die nach der gesetzlichen Ausgestaltung[345] sehr viel schwächer ist als die der Komplementärin, kann durch entsprechende Vereinbarungen im Gesellschaftsvertrag aufgewertet werden. Dem einzelnen Kommanditisten kann ein Widerspruchsrecht analog § 115 Abs. 1 HGB eingeräumt werden. Bestimmte Geschäfte können von seiner Zustimmung abhängig gemacht werden. In der Regel enthält der Gesellschaftsvertrag einer GmbH & Co. KG einen Katalog von Geschäftsführungsmaßnahmen, die der (mehrheitlichen) Zustimmung aller Gesellschafter bedürfen. So werden beispielsweise der Erwerb, die Veräußerung oder Belastung von Grundstücken, die Aufnahme von langfristigen Krediten, die Einstellung von Mitarbeitern ab einem gewissen Gehaltsvolumen von der Zustimmung der Kommanditisten abhängig gemacht.

266 Ein Komplementär kann vertraglich in seiner Geschäftsführungsbefugnis derart eingeschränkt werden, daß er nur aufgrund von Weisungen aller oder eines einzelnen Kommanditisten handeln darf[346]. Er kann sogar von der Geschäftsführung ausgeschlossen werden und diese kann dann von einem oder mehreren Kommanditisten wahrgenommen werden[347]. Kommanditisten – die in diesem Fall meistens noch mit einer rechtsgeschäftlichen Vollmacht ausgestattet werden[348] – können auf diese Weise eine beherrschende Stellung innerhalb einer KG erlangen und zum eigentlichen Leiter des Unternehmens werden. In einer GmbH & Co. KG besteht jederzeit die Möglichkeit, einen Kommanditisten zum Geschäftsführer der Komplementär-GmbH zu bestellen und ihn auf diese Weise zum Leiter des Unternehmens zu machen. Aus diesem Grunde ist eine derartige vertragliche Umkehrung der Herrschaftsverhältnisse innerhalb der KG für die GmbH & Co. KG ohne praktische Bedeutung.

bb) Einschränkung der Kommanditistenrechte

267 Die Mitverwaltungsrechte der Kommanditisten können auch über die gesetzliche Regelung hinaus eingeschränkt werden. Eine solche zulässige Einschränkung liegt z. B. vor, wenn der Gesellschaftsvertrag bestimmt, daß die Komplementär-GmbH zur Vornahme ungewöhnlicher Geschäfte nicht der Zustimmung der

---

345 S. Rn. 264.
346 Schilling in Großkomm. § 164 Rn. 12.
347 Vgl. BGHZ 51, 198 (201); Schilling in Großkomm. § 164 Rn. 8.
348 S. Rn. 333.

Innenverhältnis D

Kommanditisten bedarf oder daß für einen Zustimmungsbeschluß gemäß §§ 116 Abs. 2, 161 Abs. 2 HGB die einfache Mehrheit genügt, §§ 119 Abs. 2, 161 Abs. 2 HGB.

c) Geschäftsführung der Komplementär-GmbH

aa) Bestellung des Geschäftsführers

In einer GmbH sind Geschäftsführungsbefugnis und Vertretungsmacht immer in der Person des Geschäftsführers vereint, §§ 6, 35 GmbHG. Die Gesellschafter der GmbH sind in der Wahl ihrer Geschäftsführer frei. Sie können jeden beliebigen Dritten, einen GmbH-Gesellschafter oder auch einen Kommanditisten der KG zum Geschäftsführer bestimmen[349]. Die Bestellung der Geschäftsführer erfolgt entweder im GmbH-Gesellschaftsvertrag oder durch einen Mehrheitsbeschluß der GmbH-Gesellschafter, soweit der Gesellschaftsvertrag nichts anderes bestimmt, §§ 6 Abs. 3 S. 2, 46 Nr. 5, 47 Abs. 1 GmbHG. Die Zustimmung der Kommanditisten der GmbH & Co. KG ist für die Bestellung des GmbH-Geschäftsführers nicht erforderlich[350]. Wohl kann aber der Gesellschaftsvertrag der GmbH & Co. KG den Kommanditisten die Mitwirkung bei der Bestellung und Abberufung des GmbH-Geschäftsführers einräumen[351]. Die Pflicht, bei Bestellung und Abberufung von GmbH-Geschäftsführern die Interessen der Mitgesellschafter der KG zu berücksichtigen, wird aus der gesellschaftlichen Treuepflicht der Komplementär-GmbH gegenüber den Kommanditisten abgeleitet[352]. Diese gesellschaftliche Treuepflicht verbietet es, eine Person zum Geschäftsführer zu berufen, gegen die aus der Sicht der Kommanditisten ein wichtiger Grund vorliegt. 268

Neben dem organschaftlichen Bestellungsakt besteht regelmäßig zwischen dem Geschäftsführer und der GmbH ein Anstellungsvertrag. Dieser Vertrag ist rechtlich als ein Dienstvertrag, welcher eine Geschäftsbesorgung zum Gegenstand hat, zu qualifizieren (§§ 675, 611 BGB). In dem Vertrag werden die Rechte und Pflichten des Geschäftsführers und auch seine Vergütung geregelt[353]. 269

bb) Verhältnis des GmbH-Geschäftsführers zur KG

Durch die Bestellung zum Geschäftsführer und den Anstellungsvertrag mit der GmbH entstehen keine vertraglichen Beziehungen zur GmbH & Co. KG[354]. 270

---

349 Schlegelberger/Martens, § 161 Rn. 109.
350 BGH DB 1970, 389 (390); Schlegelberger/Martens, a.a.O.; Hesselmann, S. 86.
351 Hopt, ZGR 1979, 1 (6).
352 Hopt, ZGR 1979, 1 (15); Schlegelberger/Martens, § 161 Rn. 109.
353 S. Rn. 273.
354 BGH Urteil vom 28.9.1955 WM 1956, 61 (63); Schlegelberger/Martens § 161 Rn. 110; wegen der Haftung gegenüber der KG vgl. Rn. 276.

Wohl ist es aber möglich, daß der Geschäftsführer der GmbH einen Anstellungsvertrag mit der KG schließt[355].

cc) Geschäftsführervergütung

271 Üblicherweise wird im Geschäftsführervertrag die Vergütung festgelegt. Sie setzt sich in der Regel aus mehreren Positionen zusammen. Neben dem monatlichen oder jährlichen Festgehalt wird häufig eine Prämie oder Tantieme gewährt, deren Bemessungsgrundlage der Unternehmensgewinn vor Steuern und teilweise modifiziert durch Korrekturfaktoren ist. Außerdem gehören zur marktüblichen Vergütung eine Reihe von Zusatzleistungen, wie betriebliche Altersversorgung, Dienstwagen und Urlaubs- und Gehaltsfortzahlung bei Krankheit und Tod des Geschäftsführers[356]. Bei der Festsetzung der Geschäftsführervergütung sind in erster Linie steuerliche Gesichtspunkte zu berücksichtigen[357]. Insbesondere bei der Gehaltsregelung von Gesellschafter-Geschäftsführern besteht das Risiko einer verdeckten Gewinnausschüttung mit der Folge, daß die Vergütung von der Finanzverwaltung nicht als Betriebsausgabe anerkannt wird und nachversteuert werden muß[358].

dd) Haftung des Geschäftsführers

dda) Haftung des Geschäftsführers gegenüber der GmbH

272 Der Geschäftsführer haftet der GmbH bei Pflichtverletzungen nach § 43 GmbHG. Er hat seine Pflichten verletzt, wenn er nicht die Sorgfalt eines ordentlichen Geschäftsmannes angewendet hat, § 43 Abs. 1 GmbHG. Verlangt wird die Sorgfalt, die ein ordentlicher Geschäftsmann in verantwortlich leitender Position bei selbständiger treuhänderischer Wahrnehmung fremder Vermögensinteressen zu beachten hat[359].

273 Bei dem Sorgfaltsmaßstab des § 43 Abs. 1 GmbHG bleibt es auch dann, wenn der Geschäftsführer gleichzeitig Gesellschafter ist. § 708 BGB, wonach im Recht der Personengesellschaften ein Gesellschafter nur für diejenige Sorgfalt einzustehen hat, die er in eigenen Angelegenheiten anzuwenden pflegt, ist bei einer GmbH auch nicht entsprechend anwendbar[360]. Zur Illustrierung des Begriffs Pflichtverletzungen seien einige Beispiele aus der Rechtsprechung genannt: ein Geschäftsführer vernachlässigt Buchführungspflichten[361]; er macht sich Ge-

---

355 BAG Urteil v. 10.7.1980 AP Nr. 1 zu § 5 ArbGG 1979; OLG Celle GmbHR 1980, 32 (33); Fleck ZHR 149 (1985), 387 ff.
356 Siehe Tänzer, GmbHR 1986, 255 ff.
357 S. Rn. 484.
358 S. Rn. 567.
359 OLG Bremen GmbHR 1964, 8; Scholz/Schneider § 43 Rn. 32.
360 BGHZ 75, 321 (327); OLG Bremen GmbHR 1964, 8 f.
361 BGH BB 1974, 994.

Innenverhältnis D

schäftschancen selbst zunutze, statt sie im Interesse der Gesellschaft zu verwerten[362]; er läßt Forderungen der Gesellschaft verjähren[363].

ddb) Haftung des Geschäftsführers gegenüber der KG

Die Haftung des Geschäftsführers gemäß § 43 GmbHG besteht grundsätzlich 274
nur gegenüber der GmbH. Gesellschafter und Dritte können aus einer Verletzung des § 43 GmbHG keine Ansprüche herleiten. Eine Ausnahme gilt für die GmbH & Co. KG. Wenn die eigentliche und einzige Aufgabe der Komplementär-GmbH und damit ihres Geschäftsführers darin besteht, die Geschäfte der KG zu führen, ist nach der Rechtsprechung die Kommanditgesellschaft in den Schutzbereich des Geschäftsführungsvertrages miteinzubeziehen. Das hat zur Folge, daß der GmbH & Co. KG ein unmittelbarer Anspruch gegen den Geschäftsführer bei Vorliegen der Voraussetzungen des § 43 GmbHG zugebilligt wird[364]. Zur Geltendmachung dieses Anspruchs bedarf es keines Gesellschafterbeschlusses der KG, da es für die KG keine dem § 46 Nr. 5 GmbHG entsprechende Vorschrift gibt[365].

Die Argumentation der Rechtsprechung zur Begründung der Haftung des Ge- 275
schäftsführers gegenüber der KG ist in der Literatur sehr kritisiert worden[366].
Im Ergebnis wird einer Haftung des Geschäftsführers gegenüber der KG überwiegend zugestimmt. Denn der Geschäftsführer handelt praktisch als Manager der KG und bei dieser pflegen die Schäden aus schuldhaft schlechter Geschäftsführung einzutreten[367]. Neben einem Anspruch aus § 43 GmbHG kann die Kommanditgesellschaft auch deliktische Ansprüche wie z. B. aus § 823 Abs. 2 BGB i. V. m. § 266 StGB gegen den Geschäftsführer ihrer Komplementär-GmbH haben[368].

d) Entziehung der Geschäftsführungsbefugnis

aa) Maßnahmen gegenüber der Komplementär-GmbH

Der Komplementär-GmbH kann gemäß §§ 117, 161 Abs. 2 HGB auf Antrag der 276
Kommanditisten die Geschäftsführungsbefugnis durch gerichtliche Entscheidung entzogen werden, wenn ein wichtiger Grund – insbesondere eine grobe Pflichtverletzung oder Unfähigkeit zur ordnungsmäßigen Geschäftsführung –

---

362 BGH NJW 1986, 585.
363 KG GmbHR 1959, 257; weitere Beispiele siehe K. Schmidt, S. 811.
364 BGHZ 76, 326 (337 f.), auch in NJW 1980, 1524 (1527); BGH GmbHR 1981, 191; BGH NJW 1982, 2869.
365 BGH NJW 1980, 1524 (1527).
366 Hüffer, ZGR 1981, 354 ff.; K. Schmidt, S. 1241; Hesselmann, S. 93.
367 K. Schmidt S. 1240; Hüffer ZGR 1981, 348 (358).
368 BGH Urteil vom 17.3.1987 GmbHR 1987, 304 (305).

D   Laufender Geschäftsbetrieb der GmbH & Co. KG – Handelsrechtl. Teil

vorliegt. Dabei wird ihr das fehlerhafte Tun und Unterlassen ihrer Geschäftsführer zugerechnet[368a].

277 In der Praxis erfolgt die Entziehung weniger häufig aufgrund einer gerichtlichen Entscheidung. Es ist vielmehr üblich, daß die Gesellschaftsverträge abweichend von der gesetzlichen Regelung bestimmen, daß die Geschäftsführungsbefugnis durch einen Mehrheitsbeschluß aller Gesellschafter entzogen werden kann. Die Gründe, die eine Entziehung rechtfertigen, werden meistens im Gesellschaftsvertrag konkretisiert. Es ist aber auch eine gesellschaftsvertragliche Vereinbarung zulässig, wonach die Geschäftsführungsbefugnis ohne wichtigen Grund nach dem freien Ermessen der Gesellschaftermehrheit entzogen werden kann[369].

278 In der Praxis fallen Entziehung der Geschäftsführungsbefugnis und Entziehung der Vertretungsbefugnis in der Regel immer zusammen[370]. Das Gesetz hat auch die Entziehungstatbestände gleich geregelt, §§ 117, 127 HGB. Ein Unterschied besteht lediglich dann, wenn die Kommanditgesellschaft nur einen persönlich haftenden Gesellschafter hat. Dem kann die Vertretungsbefugnis nicht, wohl aber die Geschäftsführungsbefugnis entzogen werden[371]. Anders als die Vertretungsbefugnis (§ 170 HGB) ist die Geschäftsführungsbefugnis nicht zwingend an die persönlich haftenden Gesellschafter gebunden. Sie kann durch Gesellschaftsvertrag unter Ausschluß des persönlich haftenden Gesellschafters einem oder mehreren Kommanditisten übertragen werden, §§ 114 Abs. 2, 163, 164 HGB[372]. Ist die Komplementär-GmbH einzige persönlich haftende Gesellschafterin und wird ihr die Geschäftsführungsbefugnis entzogen, wird die GmbH & Co. KG also nicht geschäftsführungslos. Sofern der Gesellschaftsvertrag für diesen Fall keine Ersatzlösung vorsieht, fällt die Geschäftsführungsbefugnis ohne weiteres den Kommanditisten in ihrer Gesamtheit zu[373].

279 Wenn die Kommanditisten auch Gesellschafter der Komplementär-GmbH sind, können sie auch den Geschäftsführer der GmbH abberufen (§§ 38, 46 Nr. 5 GmbHG), ohne daß sie der GmbH die Geschäftsführungsbefugnis entziehen müssen. Ist diese Maßnahme weniger einschneidend und für die Beteiligten eine zumutbare Lösung, sind die Kommanditisten sogar gehalten, diese Maßnahmen nach dem Grundsatz des mildesten Mittels zu wählen[374].

368a   BGH GmbHR 1983, 301 mwN.
369   BGH BB 1973, 443 (444).
370   S. Rn. 348.
371   BGHZ 51, 198 ff.
372   BGHZ 51, 198 (201); s. auch Rn. 334.
373   BGHZ a.a.O.
374   BGH GmbHR 1983, 301 (303); BGHZ 68, 81 (86).

bb) Abberufung des GmbH-Geschäftsführers

bba) Abberufung gemäß §§ 38, 45 Nr. 5 GmbHG

Wird der Komplementär-GmbH die Geschäftsführungsbefugnis entzogen, bleibt die Stellung ihres Geschäftsführers als ihr Organ davon rechtlich unberührt. Auswirkungen hat es insofern, als er nicht länger befugt ist, als mittelbarer Geschäftsführer die Geschäfte der KG zu führen, da ihm hierzu nun seine durch die GmbH vermittelte Kompetenz fehlt. Als Geschäftsführer der GmbH ist er jedoch befugt, alle der GmbH noch verbleibenden Geschäfte zu führen. Soll ihm die Kompetenz zur Geschäftsführung entzogen werden, ist § 38 GmbHG einschlägig. Gemäß §§ 38 Abs. 1, 46 Nr. 5 GmbHG können die GmbH-Gesellschafter die Bestellung eines ihrer Geschäftsführer jederzeit widerrufen, ohne daß es der Nennung von Gründen bedarf. Das gilt jedoch nur insoweit, als nicht in der GmbH-Satzung die Abberufung von dem Vorliegen wichtiger Gründe abhängig gemacht wird, § 38 Abs. 2 GmbHG.

280

bbb) Rechte der Kommanditisten

Die Abberufung des GmbH-Geschäftsführers fällt also in die Kompetenz der GmbH-Gesellschafter und schließt Dritte von einer Mitwirkung aus, § 46 Nr. 5 GmbHG. In einer GmbH & Co. KG kann diese Regelung insoweit Probleme aufwerfen, als die Kommanditisten als Kapitalgeber vom Fehlverhalten der Geschäftsführer häufig am stärksten betroffen sind. Daher wird in der Literatur die Frage aufgeworfen, ob nicht zumindest in einer Publikums-KG die Kommanditisten die Möglichkeit erhalten sollen, die Abberufung des Geschäftsführers der Komplementär-GmbH zu betreiben[375].

281

Zum Teil wird den Kommanditisten analog §§ 117, 127 HGB das Recht zugesprochen, auf gerichtlichem Wege die Abberufung zu betreiben[376]. Der Geschäftsführer bleibt danach zwar weiterhin Organ der GmbH, ist aber zukünftig gehindert, für die KG tätig zu werden.

282

bbc) Beendigung des Anstellungsvertrages

Die Abberufung des Geschäftsführers durch die GmbH-Gesellschafter beendet seine Organstellung, d. h. er ist nicht mehr zur Geschäftsführung der GmbH befugt. Sein Anstellungsverhältnis zur GmbH bleibt davon zunächst grundsätzlich unberührt. Das ergibt sich aus dem Wortlaut des § 38 Abs. 1 GmbHG, wonach die Bestellung des Geschäftsführers jederzeit widerruflich ist, unbeschadet der Entschädigungsansprüche aus bestehenden Verträgen. Für die wirksame Beendigung des Anstellungsverhältnisses müssen die für die Beendigung eines Dienst-

283

---

375 Schilling in Großkomm. § 164 Rn. 18; Hüffer ZGR 1981, 348 (359); Hopt ZGR 1979, 1 (16 ff.).
376 Hopt ZGR 1979, 1 (16 ff.); Hüffer ZGR 1981, 348 (359); a. A. Schlegelberger/Martens § 164 Rn. 6.

verhältnisses erforderlichen Voraussetzungen vorliegen. Das Dienstverhältnis kann durch einen Aufhebungsvertrag oder ordentliche sowie außerordentliche Kündigung beendet werden[377]. Zwischen der Abberufung als Geschäftsführer und der Beendigung des Dienstverhältnisses bestehen jedoch insoweit Wechselwirkungen, als mit Beendigung des Dienstverhältnisses auch die Bestellung zum Geschäftsführer erlischt[378]. In der Praxis fallen der Widerruf der Geschäftsführerbestellung und die Kündigung des Anstellungsvertrages in der Regel zusammen, da eine Abhängigkeit des Dienstvertrages von der Funktion eines Geschäftsführers vereinbart wird.

2 Wettbewerbsverbot

a) Allgemeines

284 Sinn und Zweck eines Wettbewerbsverbotes ist es, die Gesellschaft davor zu schützen, daß ein Gesellschafter die Kenntnisse des Unternehmens ausnutzt, um der Gesellschaft Konkurrenz zu machen. Innerhalb einer Kommanditgesellschaft trifft nach der gesetzlichen Regelung (§§ 112, 161 Abs. 2, 165 HGB) ein Wettbewerbsverbot nur die persönlich haftenden Gesellschafter. Ihnen ist es verboten, Geschäfte im Handelszweig der Gesellschaft zu machen oder sich an einer anderen gleichartigen Handelsgesellschaft als persönlich haftender Gesellschafter zu beteiligen. Ein Geschäft im Handelszweig der Gesellschaft liegt immer dann vor, wenn ein Komplementär aktiv an der Geschäftsführung eines Konkurrenzunternehmens mitwirkt[379], wobei nach der Rechtsprechung schon ein tatsächlicher Einfluß auf die Geschäftsführung ausreichen kann[380].

b) Wettbewerbsverbot der Komplementär-GmbH

285 Dieses gesetzliche Wettbewerbsverbot gilt auch für eine GmbH als Komplementärin[381]. Der Wortlaut des § 112 i. V. m. § 161 Abs. 2 HGB rechtfertigt keine Differenzierung zwischen natürlicher und juristischer Person, sondern stellt alle persönlich haftenden Gesellschafter einer KG unter dieses Verbot. Wenn im Falle einer GmbH & Co. KG etwas anderes gelten sollte, obliegt es dem Gesetzgeber, entsprechende Regelungen zu treffen, vgl. z. B. §§ 19 Abs. 5, 125a, 129a, 172a, 177a HGB.

---

[377] Einzelheiten s. Gaul Rn. IV 531 ff.
[378] Gaul Rn. IV 530.
[379] Baumbach/Duden/Hopt § 112 Anm. 1 B.
[380] OLG Nürnberg BB 1981, 452.
[381] Schilling in Großkomm. § 165 Rn. 6; Schlegelberger/Martens § 165 Rn. 34; Hesselmann S. 109, Riegger BB 1983 90 f.; a. A. für den Fall der „kapitalistischen" GmbH & Co. KG OLG Frankfurt BB 1982, 1384 f.

Innenverhältnis D

In der Praxis ist das gesetzliche Wettbewerbsverbot ohne Bedeutung, wenn die GmbH nur zum Zwecke der Gründung der GmbH & Co. KG geschaffen wurde und sich ihre Tätigkeit in der Geschäftsführung der Kommanditgesellschaft erschöpft.

Hat die GmbH dagegen bereits vor Entstehung der GmbH & Co. KG einen eigenen Geschäftsbetrieb und ist dieser identisch mit dem der KG, ist der Tatbestand des § 112 HGB erfüllt. In diesem Fall bedarf die GmbH zur Fortführung ihres eigenen Geschäftsbetriebes der Einwilligung der Kommanditisten. § 112 Abs. 2 HGB, wonach die Einwilligung der Kommanditisten als erteilt gilt, wenn ihnen bei Entstehung der GmbH & Co. KG bekannt ist, daß ein Komplementär an einem Konkurrenzunternehmen beteiligt ist, greift hier nicht ein, da die Komplementär-GmbH selbst das Konkurrenzunternehmen ist und die Fiktion des § 112 Abs. 2 HGB nicht über den Wortlaut der Norm hinaus Anwendung findet[382]. Schweigen die Kommanditisten hinsichtlich des Konkurrenzgeschäftsbetriebes der GmbH, wird man darin jedoch ihre stillschweigende Zustimmung sehen, die von der GmbH im Streitfall zu beweisen ist[383]. 286

c) Wettbewerbsverbot des GmbH-Geschäftsführers

Für den GmbH-Geschäftsführer ist ein Wettbewerbsverbot zwar gesetzlich nicht geregelt. Nach ständiger Rechtsprechung folgt jedoch aus seiner Treuepflicht, daß er im Geschäftszweig seiner Gesellschaft für eigene Rechnung keine Geschäfte machen darf[384]. Daraus ergibt sich mittelbar auch ein Wettbewerbsverbot gegenüber der KG. Denn in einer typischen GmbH & Co. KG ist wesentliche Aufgabe der Komplementär-GmbH, die Geschäfte der KG zu führen, so daß der Geschäftszweig der KG mit dem der GmbH zusammenfällt. In diesem Fall entfaltet die Treuepflicht, die dem Geschäftsführer gegenüber der GmbH obliegt, auch Wirkungen gegenüber der KG und läßt so mittelbar ein Wettbewerbsverbot des GmbH-Geschäftsführers gegenüber der KG entstehen[385]. 287

Den aus seinem Amt und seinem Dienstvertragsverhältnis ausgeschiedenen Geschäftsführer trifft kein Wettbewerbsverbot mehr[386]. In der Praxis wird häufig im Anstellungsvertrag ein nachvertragliches Wettbewerbsverbot vereinbart. Ob auf dieses nachvertragliche Wettbewerbsverbot die §§ 74 ff. HGB Anwendung finden – wonach u.a. für die Dauer des Verbotes eine Entschädigung zu zahlen ist – wird in der Rechtsprechung unterschiedlich gesehen[387]. Der BGH prüft die 288

---

382 Baumbach/Duden/Hopt § 112 Anm. 2 B; Lüdtke-Handjery BB 1973, 68 (69).
383 Baumbach/Duden/Hopt a.a.O.
384 BGHZ 49, 30 (31); BGH WM 1964, 1320 (1321); BGH DB 1977, 158.
385 Riegger BB 1983, 90 f.
386 BGH DB 1977, 158; Scholz/Schneider § 43 Anm. 134.
387 Vgl. OLG Frankfurt GmbHR 1973, 58 und OLG Celle GmbHR 1980, 32 (35).

D Laufender Geschäftsbetrieb der GmbH & Co. KG – Handelsrechtl. Teil

Zulässigkeit eines nachvertraglichen Wettbewerbsverbotes unter dem Gesichtspunkt der Sittenwidrigkeit im Sinne des § 138 BGB[388]. Im juristischen Schrifttum wird die analoge Anwendung der §§ 74 ff. HGB auf ein nachvertragliches Wettbewerbsverbot vertreten[389]. Dabei sollen für die Frage der Heranziehung der §§ 74 ff. HGB Umstände des Einzelfalles, wie Dauer des Anstellungsverhältnisses, Grad der Weisungsabhängigkeit, Höhe der Vergütung, die dem Geschäftsführer noch offenstehenden Betätigungsmöglichkeiten und die Frage, ob ihm eine Pension gewährt wird, maßgebend sein[390].

d) Wettbewerbsverbot der Kommanditisten

289 Für einen Kommanditisten gilt das gesetzliche Wettbewerbsverbot nicht, § 165 HGB. Dieser Regelung, die ausschließlich die Komplementäre mit einem Wettbewerbsverbot belegt, liegt die ratio legis zugrunde, daß nur die Komplementäre in ihrer Eigenschaft als Geschäftsführer und aufgrund ihrer weitgehenden Informationsrechte gemäß § 118 HGB über Insiderwissen verfügen und nur sie daher die Gesellschaft durch eine Konkurrenztätigkeit nachhaltig schädigen können. Ein Kommanditist ist nach dem gesetzlichen Leitbild hingegen lediglich kapitalmäßig an der Gesellschaft beteiligt (vgl. § 166 HGB). Eine Gefahr, daß er die Gesellschaft durch Konkurrenztätigkeit schädigt, ist in der Regel unter diesen Umständen nicht gegeben. Rechtsprechung und Literatur sind sich jedoch darin einig, daß einen Kommanditisten ein Wettbewerbsverbot trifft, wenn er in Bezug auf Leitung und Einfluß in der Gesellschaft eine ähnliche Stellung wie ein Komplementär innehat[391]. Dabei wird nicht formal darauf abgestellt, ob dem Kommanditisten Geschäftsführungsbefugnis zusteht, sondern maßgebend ist sein Einfluß auf die Geschäftsleitung der Gesellschaft. Nach der Rechtsprechung des BGH[392] unterliegt der Kommanditist, der mit hoher Mehrheit sowohl am Kommanditkapital als auch am Kapital der Komplementär-GmbH beteiligt ist und aufgrund dieser mehrheitlichen Beteiligungen die GmbH & Co. KG beherrscht, einem Wettbewerbsverbot. Wenn dieser herrschende Gesellschafter außerhalb der Gesellschaft unternehmerisch tätig werde, entstehe eine besondere Gefährdungslage für die Gesellschaft[393]. Bemerkenswert an dieser Entscheidung ist, daß bei einer Mehrheitsbeteiligung schon die bloße Vermutung ausreicht, daß von den bestehenden Einflußmöglichkeiten tatsächlich Gebrauch gemacht wird, um ein Wettbewerbsverbot im Sinne des § 112 HGB anzunehmen.

---

[388] BGH NJW 1968, 1717.
[389] Bellstedt GmbHR 1976, 236 (239); Hachenburg/Mertens § 35 Rn. 205; Peltzer BB 1976, 1249 (1252).
[390] Bellstedt a.a.O.; Hachenburg/Mertens a.a.O.
[391] BGHZ 89, 162 (164), auch in NJW 1984, 1351 (1352); Schlegelberger/Martens § 165 Rn. 8 ff.; Schilling in Großkomm. § 165 Rn. 2; Baumbach/Duden/Hopt § 166 Anm. 2 B.
[392] BGH, a.a.O.
[393] BHG, a.a.O.

e) Vertragliche Regelungen

Die gesetzlichen Regelungen und die von der Rechtsprechung hierzu entwickelten Grundsätze sind nicht zwingendes Recht. Im Gesellschaftsvertrag kann ein Wettbewerbsverbot je nach Interessenlage erweitert, eingeschränkt oder auch gänzlich abgedungen werden[394]. 290

3 Kontrolleinrichtungen

a) Kontrollrechte

aa) Gesetzliche Regelungen

aaa) Kontrollrechte der Kommanditisten gegenüber der KG

Abgesehen von der notwendigen Zustimmung der Kommanditisten zu Geschäftsführungsmaßnahmen, die über den gewöhnlichen Betrieb des Handelsgewerbes der Gesellschaft hinausgehen[395], beschränken sich die gesetzlichen Kontrollrechte der Kommanditisten auf die in § 166 HGB geregelten Auskunfts- und Einsichtsrechte. Die Kommanditisten sind berechtigt, die abschriftliche Mitteilung des Jahresabschlusses zu verlangen und dessen Richtigkeit unter Einsicht der Papiere und Bücher zu prüfen, § 166 Abs. 1 HGB. 291

Wenn wichtige Gründe vorliegen, kann auf Antrag eines Kommanditisten jederzeit gerichtlich angeordnet werden, daß ihm der Jahresabschluß oder eine Zwischenbilanz nebst Unterlagen zur Einsicht vorgelegt werden, § 166 Abs. 3 HGB. Das Gericht kann die Vorlage der Bücher und Papiere auch für andere Zwecke als die Prüfung des Jahresabschlusses anordnen, § 166 Abs. 3 HGB[396]. Dieses außerordentliche Informationsrecht setzt immer einen wichtigen Grund voraus. Ein solcher liegt zum Beispiel vor, wenn die Belange der Kommanditisten durch das vertragliche oder aus § 166 Abs. 1 HGB folgende Einsichtsrecht nicht hinreichend gewahrt sind und darüber hinaus die Gefahr einer Schädigung besteht[397]. Weitere Beispiele für einen wichtigen Grund sind das begründete Mißtrauen gegen die ordnungsgemäße Geschäfts- oder Buchführung[398], der durch Tatsachen gerechtfertigte Verdacht der Untreue[399], erhebliche Änderungen früherer Jahresabschlüsse aufgrund einer Betriebsprüfung durch das Finanzamt[400]. 292

---

394 Vgl. Sudhoff S. 271 f.
395 S. Rn. 264.
396 Schilling in Großkomm. § 166 Rn. 12; Westermann Rn. 885.
397 So BGH Urteil v. 16.4.1984, NJW 1984, 2470 zu dem gleichlautenden § 338 Abs. 3 HGB, jetzt § 233 Abs. 3 HGB.
398 KG KGJ 30 A, 120 (124).
399 Schlegelberger/Martens, § 166 Rn. 27.
400 HansOLG Hamburg MDR 1965, 666.

D   Laufender Geschäftsbetrieb der GmbH & Co. KG – Handelsrechtl. Teil

293   Neben diesen gesetzlichen Informationsrechten gemäß § 166 HGB hat ein Kommanditist immer ein Recht auf die Informationen, die zur sachgemäßen Ausübung seiner Mitgliedschaftsrechte erforderlich sind. Denn ohne entsprechende Informationen kann ein Kommanditist sein Stimmrecht nicht in Übereinstimmung mit den berechtigten Gesellschaftsinteressen ausüben[401]. Zu den Mitgliedschaftsrechten eines Kommanditisten gehört die Gestaltung des Gesellschaftsverhältnisses und seiner Grundlagen und die Mitwirkung bei außergewöhnlichen Geschäftsführungsmaßnahmen[402]. Qualifiziert man die Feststellung (d. h. Billigung) des Jahresabschlusses als Grundlagengeschäft[403], kommt man zu einem Mitwirkungsrecht des Kommanditisten bei der jährlichen Bilanzfeststellung[404]. Im Rahmen dieses Beteiligungsrechts kann ein Kommanditist – unabhängig von seinem Informationsrecht gemäß § 166 Abs. 1 HGB – Auskunft und Einsicht in die Bücher der Gesellschaft verlangen[405].

aab) Kontrollrechte der GmbH-Gesellschafter gegenüber der GmbH

294   Das Auskunfts- und Einsichtsrecht der GmbH-Gesellschafter gegenüber der GmbH ist dagegen sehr viel weitreichender. Es beruht auf dem Gedanken, daß es zwischen der GmbH und ihren Gesellschaftern keine Geheimnisse gibt[406]. Es umfaßt also alle Angelegenheiten der Gesellschaft, § 51a GmbHG. Zu den Angelegenheiten der Gesellschaft gehören alle die Unternehmensführung betreffenden und für die Gewinnermittlung und -verwendung wesentlichen Tatsachen und Daten[407]. Das sind nicht nur Angelegenheiten der unmittelbaren Geschäftsführung, sondern auch Planung, Forschung, Entwicklung im Unternehmen, seine Organisation, Kosten und Kalkulation, die Personal- und Gehaltsstruktur inklusive der Gehälter und Tantiemen und Nebentätigkeiten der Geschäftsführer, die betriebliche Altersversorgung und die gesamten steuerlichen Verhältnisse der GmbH, Verträge mit Dritten, etc.[408]. Das Einsichtsrecht der GmbH-Gesellschafter betrifft alle Unterlagen der GmbH, wie z. B. Bücher, Schriften, elektronische Datensammlungen. Die Ausübung dieser Auskunfts- und Einsichtsrechte ist an keinerlei Voraussetzungen geknüpft. Der GmbH-Gesellschafter braucht also nicht zu begründen, warum er eine bestimmte Auskunft begehrt, und es ist auch nicht notwendig, daß für dieses Verlangen ein besonderer Anlaß vorliegt[409].

---

401 Schilling in Großkomm. § 166 Rn. 2; Schlegelberger/Martens, § 166 Rn. 18.
402 S. Rn. 264.
403 So BGHZ 76, 338 (342).
404 So die wohl jetzt herrschende Meinung, z. B. Ulmer, Festschrift für Hefermehl, 1976, S. 207 ff.; Schlegelberger/Martens, § 167 Rn. 5 mwN; wohl auch BGH, a.a.O.
405 Schlegelberger/Martens, § 166 Rn. 44.
406 Fischer/Lutter/Hommelhoff, § 51a Rn. 2.
407 OLG Karlsruhe, GmbHR 1985, 59.
408 Fischer/Lutter/Hommelhoff, § 51a, Rn. 6 mit weiteren Beispielen; OLG Köln WM 1986, 36 (39).
409 Kammergericht, Beschluß vom 23.12.1987, GmbHR 1988, 221 (223); Roth, § 51a Anm. 2.2.1 m. w. N.; a. A. K. Schmidt S. 783 f.

aac) Kontrollrechte innerhalb der GmbH & Co. KG

In der GmbH & Co. KG sind Angelegenheiten der KG immer auch Angelegenheiten der GmbH[410]. Somit verfügen die GmbH-Gesellschafter mittelbar über ein umfassendes Auskunftsrecht gegenüber der KG gemäß § 51a GmbHG[411]. 295

Wenn die Kommanditisten nicht gleichzeitig GmbH-Gesellschafter sind, bleibt es bei ihren beschränkten Einsichts- und Auskunftsrechten gegenüber der KG[411a]. Gegenüber der GmbH haben die Kommanditisten grundsätzlich kein Informationsrecht, es sei denn, daß eine Angelegenheit im Zusammenhang mit der Komplementär-Eigenschaft der GmbH steht[412]. Das Auskunftsrecht der Kommanditisten besteht jedoch auch in diesem Fall nur in den oben beschriebenen engen Grenzen[413]. 296

Dieses Informationsgefälle zwischen GmbH-Gesellschaftern und Kommanditisten innerhalb der GmbH & Co. KG wird im Schrifttum heftig kritisiert, da es sachlich nicht gerechtfertigt scheint[414]. Teilweise wird eine analoge Anwendung des § 51a GmbHG auf alle Gesellschafter der GmbH & Co. KG befürwortet, damit auch den Kommanditisten, die nicht gleichzeitig Gesellschafter der Komplementär-GmbH sind, ein umfassendes Informationsrecht zusteht[415]. Die wohl herrschende Meinung lehnt diesen Weg als mit der jetzigen Rechtslage unvereinbar ab und appelliert stattdessen an den Gesetzgeber, entsprechende Regelungen zu schaffen[416]. 297

bb) Vertragliche Vereinbarungen

Im Gesellschaftsvertrag der GmbH & Co. KG können die Kommanditisten den Gesellschaftern der GmbH insoweit gleichgestellt werden, als ihnen das Auskunfts- und Einsichtsrecht des § 51a GmbHG eingeräumt wird. Eine Verkürzung der Informationsrechte der GmbH-Gesellschafter ist umgekehrt nicht möglich, da für GmbH-Gesellschafter die gesetzliche Regelung zwingendes Recht ist, § 51a Abs. 3 GmbHG. Wohl können in der GmbH-Satzung Verfahrensregeln aufgenommen werden, wenn das Informationsrecht selbst unberührt bleibt[417]. 298

Das Informationsrecht der Kommanditisten kann im Gesellschaftsvertrag erweitert, modifiziert, eingeschränkt, jedoch nicht völlig ausgeschlossen werden. In-

---

410 BGH, Urteil v. 11.7.1988, GmbHR 1988, 434 (436); Kammergericht, a.a.O.; OLG Hamm, WM 1986, 740; Schilling in Großkomm. § 166 Rn. 14; Schlegelberger/Martens § 166 Rn. 50.
411 S. Rn. 296.
411a S. Rn. 293 ff.
412 Schilling in Großkomm. § 166 Rn. 14.
413 S. Rn. 293 ff.
414 K. Schmidt, S. 1239; Hennerkes/Binz, S. 273; Schlegelberger/Martens, § 166 Rn. 50.
415 Roth, GmbHG § 51a Anm. 5.
416 Hennerkes/Binz, S. 273; Schlegelberger/Martens, § 166 Rn. 50; K. Schmidt, GmbHR 1984, 272 (280).
417 Scholz/K. Schmidt, § 51a Rn. 51.

D Laufender Geschäftsbetrieb der GmbH & Co. KG – Handelsrechtl. Teil

formationsrechte, die zur Geltendmachung unverzichtbarer Beteiligungsrechte erforderlich sind, können nicht abbedungen werden[418]. Unberührt von allen möglichen Einschränkungen bleibt auch das außerordentliche Informationsrecht des Kommanditisten gemäß § 166 Abs. 3 HGB[419]. Das gesetzliche Informationsrecht kommt auch vollständig wieder zum Tragen, wenn Grund zur Annahme unredlicher Geschäftsführung besteht[420].

299 In der Praxis sind Einschränkungen des gesetzlichen Kontrollrechtes insbesondere dort üblich, wo sich das Engagement der Kommanditisten für die Gesellschaft in ihrer Kapitaleinlage erschöpft und die Kommanditisten und GmbH-Gesellschafter nicht personenidentisch sind. Hier werden häufig Kontrollrechte Dritten – wie Wirtschaftsprüfern, einem Gesellschafterausschuß oder einem sonstigen sogenannten Beirat[421] – übertragen.

300 Der BGH hat in einem Urteil jüngeren Datums die Frage aufgeworfen, ob sich die Ansicht, § 166 HGB sei nachgiebiges Recht, uneingeschränkt aufrechterhalten läßt, nachdem der Gesetzgeber dem Gesellschafter der GmbH in § 51a GmbHG ein durch den Gesellschaftsvertrag nicht abdingbares Informationsrecht zugebilligt hat[422]. Durch die Ausgestaltung des § 51a Abs. 3 GmbHG habe der Gesetzgeber zu erkennen gegeben, daß er das Informationsrecht des Gesellschafters als unverzichtbares Instrument des Minderheitenschutzes betrachtet[423]. Es spreche manches dafür, daß diese Bewertung des modernen Gesetzgebers nicht ohne Auswirkungen auf die überkommene Auffassung bleiben kann, das gesetzliche Informationsrecht des Kommanditisten nach § 166 HGB sei gesellschaftsvertraglich weitgehend abdingbar[424]. Wenn auch in diesem Urteil die aufgeworfene Frage im Ergebnis unbeantwortet bleibt, läßt der BGH doch deutlich die Tendenz erkennen, daß die Unstimmigkeit zwischen dem Informationsrecht des GmbH-Gesellschafters und des Kommanditisten[425] wohl zu einer Ausweitung des Informationsrechts des Kommanditisten führt.

b) Kontrollorgane

aa) Obligatorischer Betriebsrat

301 Gemäß § 1 Betriebsverfassungsgesetz (BetrVG) sind in Betrieben, die in der Regel mindestens fünf ständige wahlberechtigte Arbeitnehmer beschäftigen, von denen

---

418 Schlegelberger/Martens, § 166 Rn. 44; Schilling in Großkomm. § 166 Rn. 15.
419 S. Rn. 294.
420 Baumbach/Duden/Hopt, § 166 Anm. 1c; Schlegelberger/Martens, § 166 Rn. 40.
421 S. Rn. 317ff.
422 BGH, Urteil v. 11.7.1988, GmbHR 1988, 434 (435).
423 BGH, a.a.O.
424 BGH, a.a.O.
425 S. Rn. 296 u. 293ff.

drei wählbar sind, Betriebsräte zu wählen. Nicht zu den wahlberechtigten Arbeitnehmern zählen bei der GmbH deren Geschäftsführer, § 5 Abs. 2 Nr. 1 BetrVG, bei der KG alle Gesellschafter, soweit sie durch Gesetz oder Vertrag zur Geschäftsführung und Vertretung berufen sind, § 5 Abs. 2 BetrVG. Ferner zählen generell leitende Angestellte, wie Prokuristen oder Generalbevollmächtigte, nicht zu den Arbeitnehmern im Sinne des BetrVG, § 5 Abs. 3[426].

Die Voraussetzungen für die Bildung eines Betriebsrates können sowohl bei der GmbH als auch bei der KG vorliegen. Da beide Gesellschaften rechtlich gesehen zwei selbständige Unternehmen sind, kann ein bei der GmbH gebildeter Betriebsrat nur für Aufgaben im Bereich der GmbH und ein bei der KG gebildeter Betriebsrat nur für Aufgaben im Bereich der KG zuständig sein. Aus diesem Grunde kommt bei einer GmbH & Co. KG insoweit schon nicht die Bildung eines Gesamtbetriebsrates gemäß § 47 BetrVG in Betracht, da dieser ein einheitliches Unternehmen voraussetzt[427]. Im Einzelfall können jedoch die Voraussetzungen zur Bildung eines Konzernbetriebsrates vorliegen, § 54 BetrVG[428]. 302

bb) Obligatorischer Aufsichtsrat

bba) Aufsichtsrat gemäß Betriebsverfassungsgesetz

Bei einer GmbH mit mehr als 500 Arbeitnehmern ist ein Aufsichtsrat zu bilden, der zu einem Drittel aus Vertretern der Arbeitnehmer bestehen muß, §§ 77 Abs. 1, 76 Abs. 1 BetrVG 1952 i. V. m. § 129 BetrVG. Seine Aufgabe besteht in der Kontrolle der Geschäftsführung, § 111 Abs. 1 AktG i. V. m. § 77 Abs. 1 BetrVG 1952 i. V. m. § 129 BetrVG. 303

Bei einer typischen Komplementär-GmbH, deren Geschäftstätigkeit sich in der Geschäftsführung der KG erschöpft und die daher in der Regel nur wenige Arbeitnehmer beschäftigt, ist die Pflicht zur Bildung eines Aufsichtsrates nach den Regeln des Betriebsverfassungsgesetzes ohne praktische Bedeutung. 304

Für die GmbH & Co. KG als Kommanditgesellschaft gibt es, unabhängig von der Zahl der von ihr beschäftigten Arbeitnehmer, keine Pflicht zur Bildung eines Aufsichtsrates gemäß dem BetrVG, da dieses bei Personengesellschaften keine Anwendung findet, vgl. § 77 BetrVG 1952 i. V. m. § 129 BetrVG. 305

bbb) Aufsichtsrat gemäß Mitbestimmungsgesetz

Für Unternehmen, die in der Rechtsform einer GmbH organisiert sind und mehr als 2000 Arbeitnehmer beschäftigen, begründet das Mitbestimmungsgesetz die 306

---

426 Vgl. Fitting, § 5 Rn. 114 ff.
427 Hess/Schlochauer/Glaubitz, § 47 Rn. 12; Dietz/Richardi, § 47 Rn. 12.
428 Hess/Schlochauer/Glaubitz, § 54 Rn. 1 ff.

D Laufender Geschäftsbetrieb der GmbH & Co. KG – Handelsrechtl. Teil

Pflicht, einen Aufsichtsrat zu bilden, der sich paritätisch aus Mitgliedern der Anteilseigner und solchen der Arbeitnehmer zusammensetzt, §§ 1, 6, 7 MitbestG. Ferner ist die Geschäftsführung um ein weiteres Mitglied, den sogenannten Arbeitsdirektor, zu erweitern, der seine Aufgaben ,,im engsten Einvernehmen mit den Geschäftsorganen" ausüben soll, § 33 MitbestG. Personengesellschaften sind grundsätzlich nicht in den Geltungsbereich des MitbestG einbezogen, § 1 MitbestG. Bei der GmbH & Co. KG besteht insoweit eine Besonderheit, als der Komplementär-GmbH die Arbeitnehmer der KG hinzugerechnet werden und die Komplementär-GmbH dann zur Bildung eines paritätischen Aufsichtsrates verpflichtet ist, wenn

– die Mehrheit der Kommanditisten, berechnet nach der Mehrheit der Anteile oder Stimmen, die Mehrheit der Geschäftsanteile oder der Stimmen bei der GmbH innehat,

– die GmbH keinen eigenen Geschäftsbetrieb oder einen eigenen Geschäftsbetrieb mit in der Regel nicht mehr als 500 Arbeitnehmern hat,

– und GmbH und KG zusammen in der Regel mehr als 2000 Arbeitnehmer beschäftigen, § 4 MitbestG.

307 In diesem Fall nehmen die Arbeitnehmer der KG an den Wahlen zum Aufsichtsrat der Komplementär-GmbH aktiv und passiv wie deren eigene Arbeitnehmer teil[429]. Die Kontroll- und Informationsrechte dieses Aufsichtsrates gemäß §§ 111 Abs. 1, 90, 111 Abs. 2 AktG i. V. m. § 25 Abs. 1 MitbestG bestehen jedoch lediglich gegenüber den Geschäftsführern der GmbH. Zu Vorgängen in der KG steht dem Aufsichtsrat nur insoweit ein Kontrollrecht zu, als die GmbH für die KG tätig ist. Der Aufsichtsrat kann nicht selbst Bücher der KG einsehen[430].

308 Obwohl der Aufsichtsrat bei der GmbH angesiedelt ist, schlägt seine Kontrollfunktion voll auf die KG durch, solange die Geschäfte der KG von der GmbH geführt werden. Um diesen Einfluß des MitbestG auf die KG sicherzustellen, hat der Gesetzgeber in § 4 Abs. 2 MitbestG geregelt, daß die mitbestimmte Komplementär-GmbH nicht von der Führung der Geschäfte der KG ausgeschlossen werden darf, was ansonsten handelsrechtlich möglich ist, §§ 114 Abs. 2, 161 Abs. 2 HGB.

309 Die Diskussion um § 4 MitbestG hat in der Praxis nur eine geringe Bedeutung. Es sind lediglich acht Gesellschaften in der Rechtsform der GmbH & Co. KG bekannt, die unter das Mitbestimmungsgesetz fallen[431].

---

429 Einzelheiten s. Grüter, BB 1978, 1145 ff.
430 Raiser, § 4 Rn. 20.
431 Hanau/Ulmer, § 4 Rn. 4; Raiser, § 4 Rn. 4.

cc) Fakultativer Aufsichtsrat

cca) Allgemeines

Anders als bei einer GmbH, der das Betriebsverfassungsgesetz oder das Mitbestimmungsgesetz unter bestimmten Voraussetzungen Aufsichtsräte vorschreibt[432], existiert für eine GmbH & Co. KG keine Verpflichtung, einen Aufsichtsrat einzurichten. In der Praxis besteht allerdings häufig ein Bedürfnis, neben der Gesellschafterversammlung und der Geschäftsführung ein drittes Organ zu errichten, das Kontroll-, Koordinations-, Beratungs- oder auch Geschäftsführungsaufgaben wahrnehmen soll. Derartige Gremien werden in der Regel Aufsichtsrat, Beirat, Verwaltungsrat oder Kommanditistenausschuß genannt. 310

Die personelle Zusammensetzung eines Beirates hängt von seiner Funktion ab. Handelt es sich in erster Linie um eine Interessenvertretung bestimmter Gesellschafter, z. B. ein Kommanditistenausschuß, wird der Beirat ausschließlich mit Kommanditisten besetzt sein. Nimmt der Beirat dagegen überwiegend Kontroll- oder Beratungsfunktionen gegenüber der Geschäftsleitung wahr, kommen auch entsprechend qualifizierte, gesellschaftsfremde Dritte, z. B. Wirtschaftsprüfer, Rechtsanwälte, Steuerberater, als Aufsichtsratsmitglieder in Betracht. 311

Bei einer GmbH & Co. KG kann ein Beirat bei der GmbH oder bei der KG angesiedelt werden. Möglich ist auch, daß sowohl die GmbH als auch die KG ein Aufsichtsgremium erhält. In der Praxis beschränkt man sich in der Regel auf die Konstituierung eines Beirats. Bei welcher Gesellschaft dieser Beirat angesiedelt wird, hängt dabei entscheidend von seiner Funktion ab. 312

Handelt der Beirat in erster Linie als eine Interessenvertretung der Kommanditisten, wird er bei der KG anzusiedeln sein, ist die Komplementär-GmbH gleichzeitig Komplementärin von mehreren Kommanditgesellschaften oder hat sie konzernabhängige Töchter, wird der Beirat bei der GmbH anzusiedeln sein. Soll der Beirat die Geschäftsführung wirksam überwachen, kann dieses sowohl von einem Beirat der GmbH als auch von einem Beirat der KG geleistet werden, denn auch der Beirat der KG kontrolliert mittelbar die Geschäftsführer der GmbH. 313

ccb) Beirat einer GmbH

Aus § 52 GmbHG ergibt sich die Zulässigkeit eines Beirates bei einer GmbH. Da es sich um ein fakultatives Organ der GmbH handelt, findet es seine Rechtsgrundlage in der GmbH-Satzung. Dort und en détail in einer Geschäftsordnung können seine Rechte und Pflichten festgelegt werden. Fehlt es an derartigen Regelungen, verweist § 52 GmbHG auf aktienrechtliche Vorschriften zum Aufsichtsrat. 314

---

432 S. Rn. 305 ff.

ccc) Beirat einer KG

315 Die Zulässigkeit eines Beirats einer KG ergibt sich aus der vertraglichen Gestaltungsfreiheit der Gesellschafter. Bei einer Kommanditgesellschaft ist die Verankerung des Beirats im Gesellschaftsvertrag nicht erforderlich, in der Praxis aber üblich. Der Beirat nimmt seine Aufgaben aufgrund eines Dienstvertrages mit der Gesellschaft wahr, der eine Geschäftsbesorgung zum Gegenstand hat, § 675 BGB[433]. Typische Aufgaben eines Beirates in einer GmbH & Co. KG sind Beratung, Kontrolle und Überwachung der geschäftsführenden Komplementär-GmbH.

316 Hat ein Beirat nach dem Gesellschaftsvertrag lediglich Beratungsaufgaben, trifft ihn stets gleichzeitig die Pflicht, die Geschäftsführung zu kontrollieren[434], da eine Beratung sich nur sinnvoll daran ausrichten kann, welche Maßnahmen im Rahmen ordnungsmäßiger Geschäftsführung geboten oder zu unterlassen sind[435]. Die Pflicht des Beirates, die Geschäftsführung zu überwachen, „besteht – neben der Prüfung des Jahresabschlusses – hauptsächlich darin, sich von der Geschäftsleitung regelmäßig Bericht erstatten zu lassen, die hierzu notwendigen Unterlagen einzusehen und, wenn sich dabei Bedenken ergeben, ihnen nachzugehen"[436].

317 Üblicherweise wird die Kontrolle des Beirates u. a. dadurch gesichert, daß in den Gesellschaftsvertrag ein Katalog von Geschäftsführungsmaßnahmen aufgenommen wird, die alle der vorherigen Zustimmung des Beirates bedürfen. Der Beirat ist nicht berechtigt, jedes Geschäft zu verhindern, das mit einem Risiko verbunden ist, da mit Risiken behaftete Geschäfte im kaufmännischen Verkehr nicht ungewöhnlich sind. Handelt es sich jedoch um ungewöhnlich leichtfertige Geschäfte, hat der Beirat seine Zustimmung zu verweigern und darüberhinaus alle ihm zur Verfügung stehenden Mittel einzusetzen, um die geschäftsführenden Gesellschafter von derartigen Vorhaben abzubringen[437].

318 Über die Kontrollaufgaben hinaus kann der Beirat auch unmittelbar mit Geschäftsführungsaufgaben betraut werden[438]. Wegen des im Recht der Personengesellschaften geltenden Grundsatzes der Selbstorganschaft[439] ist dies aber nur insoweit zulässig, als der Kernbereich der Geschäftsführungskompetenz der persönlich haftenden Gesellschafter unberührt bleibt[440]. Der geschäftspolitische

---

433 BGH WM 1984, 1640 (1641); BGH NJW 1985, 1900.
434 BGH DB 1980, 71 (72).
435 BGH a.a.O.
436 BGH DB 1980, 71 (73).
437 BGH WM 1977, 1221 (1223).
438 Schilling in Großkomm. § 163 Rn. 20.
439 S. Rn. 337.
440 BGH DB 1962, 298; Hölters DB 1980, 2225 (2227).

Einfluß des Beirats darf nicht so groß sein, daß die Komplementäre über keinen eigenen Entscheidungsspielraum mehr verfügen und nur noch exekutive Aufgaben wahrnehmen[441].

In einer GmbH & Co. KG, für die der Grundsatz der Selbstorganschaft kein Hindernis ist, gesellschaftsfremde Dritte (GmbH-Geschäftsführer) mit der Unternehmensleitung zu betrauen[442], hat die Umgehung dieses Grundsatzes durch Kompetenzausweitung des mit gesellschaftsfremden Dritten besetzten Beirates keine praktische Bedeutung. 319

Wenn den Gesellschaftern der überwiegende Entscheidungseinfluß innerhalb des Beirates zusteht, können dem Beirat auch Gesellschafterrechte übertragen werden, soweit nicht in den Kernbereich der einzelnen Gesellschafterstellung eingegriffen wird[443]. Berührt die Beiratsentscheidung diesen Bereich, ist immer die Zustimmung des betroffenen Gesellschafters erforderlich. Über die inhaltliche Ausfüllung des Kernbereichs herrscht keine Klarheit[444]. 320

Die Kompetenzausstattung des Beirates mit Gesellschafterrechten darf auch nicht zu einer Entmachtung der Gesellschafterversammlung führen[445]. Eine Entmachtung liegt nicht vor, wenn die Gesellschafterversammlung in der Lage ist, Entscheidungen und Beschlüsse des Beirates wieder außer Kraft zu setzen[446]. 321

ccd) Haftung der Beiratsmitglieder

(1) Haftung der Beiratsmitglieder einer GmbH

Die Beiratsmitglieder einer GmbH haften analog §§ 116, 93 AktG[447]. Ihre Haftung besteht gegenüber der GmbH. Ob die Beiratsmitglieder auch der KG haften, wenn diese einen durch die Pflichtverletzung des Beirates verschuldeten Schaden hat, ist höchstrichterlich nicht geklärt. Entsprechend der Rechtsprechung des BGH zur Haftung des Geschäftsführers der Komplementär-GmbH gegenüber der KG[448] ist auch hier von einem Vertrag zwischen GmbH und Beirat mit Schutzwirkung zugunsten der KG auszugehen[449]. 322

---

441 Schlegelberger/Martens, § 164 Rn. 25.
442 S. Rn. 262, 339.
443 BGH WM 1985, 256 (257); Schilling in Großkomm. § 163 Rn. 21; Schlegelberger/Martens § 161 Rn. 116.
444 S. Schilling in Großkomm. § 163 Rn. 6 f. und Schlegelberger/Martens, § 161 Rn. 71 mit Beispielen.
445 BGH WM 1985, 256 (257) zur Frage, unter welchen Voraussetzungen und in welchem Umfang der Beirat einer Publikumskommanditgesellschaft zur Änderung des Gesellschaftsvertrages ermächtigt werden kann.
446 BGH a.a.O.; Schlegelberger/Martens, § 161 Rn. 119.
447 Scholz/Schmidt, § 52 Anm. 328 ff.
448 S. Rn. 276 f.
449 Hölters, DB 1980, 2225 (2226); Schilling in Großkomm. § 163 Rn. 24.

(2) Haftung der Beiratsmitglieder einer Publikums-KG

323 Die Beiratsmitglieder einer Publikumskommanditgesellschaft haften nach der Rechtsprechung ebenfalls analog §§ 116, 93 AktG[450]. Verschuldensmaßstab ist die im Verkehr erforderliche Sorgfalt.

Das gilt auch dann, wenn die Beiratsmitglieder Gesellschafter sind. § 708 BGB, wonach ein Gesellschafter bei der Erfüllung der ihm obliegenden Verpflichtungen nur für die Sorgfalt einzustehen hat, welche er in eigenen Angelegenheiten anzuwenden pflegt, findet hier keine Anwendung[451].

324 Ersatzberechtigt bei einer Pflichtverletzung des Beirates der KG ist die KG selbst[452]. Denn der Beirat steht grundsätzlich in einem unmittelbaren Rechtsverhältnis zur Gesellschaft[453]. Ausnahmsweise sind die Kommanditisten ersatzberechtigt, wenn der Gesellschafts- und Geschäftsbesorgungsvertrag dahingehend auszulegen sind, daß das Rechtsverhältnis zwischen Beirat und Gesellschaft eine Schutzwirkung zugunsten der Kommanditisten entfalten soll[454]. Ist der Beirat kein Organ der Gesellschaft, sondern ein typischer Kommanditistenausschuß[455], können die Kommanditisten gemeinschaftlich Ersatzansprüche gegenüber den Ausschußmitgliedern geltend machen[456].

(3) Haftung der Beiratsmitglieder einer herkömmlichen GmbH & Co. KG

325 Ob auch die Beiratsmitglieder einer herkömmlichen GmbH & Co. KG entsprechend den aktienrechtlichen Normen haften, ist vom BGH noch nicht entschieden. Der BGH hat sich grundsätzlich gegen eine „sklavische Übernahme der aktienrechtlichen Normen" ausgesprochen[457]. Der Umstand, daß es sich um eine Personenhandelsgesellschaft handelt, gebiete es, bei der Übernahme dieser Regeln und Grundsätze besondere Vorsicht obwalten zu lassen und in jedem Einzelfalle zu prüfen, ob dem nicht die konkrete Ausgestaltung des zu beurteilenden Gesellschaftsverhältnisses entgegensteht[458].

---

450 BGH DB 1980, 71; BGH NJW 1983, 1675; OLG Frankfurt, DB 1979, 2476.
451 BGH WM 1977, 1221 (1222); BGH DB 1980, 295 (296).
452 BGH WM 1984, 1640 (1641).
453 BGH, a.a.O.
454 BGH, a.a.O.; BGH NJW 1985, 1900.
455 S. Rn. 313.
456 BGH WM 1983, 555 (557).
457 BGH WM 1977, 1221 (1225).
458 BGH, a.a.O.; ähnlich Schlegelberger/Martens, § 161 Rn. 121.

II Außenverhältnis

1 Vertretungsbefugnis

a) Gesetzliche Regelung

aa) Vertreter der GmbH & Co. KG

Die Vertretung einer Kommanditgesellschaft obliegt den persönlich haftenden Gesellschaftern, §§ 125 Abs. 1, 161 Abs. 2, 170 HGB. Die Vertretungsmacht der Komplementäre erstreckt sich auf alle gerichtlichen und außergerichtlichen Geschäfte und Rechtshandlungen einschließlich der Veräußerung und Belastung von Grundstücken sowie der Erteilung und des Widerrufs einer Prokura, §§ 126 Abs. 1, 161 Abs. 2 HGB. Eine Beschränkung dieses gesetzlich festgelegten Umfanges der Vertretungsmacht ist Dritten gegenüber unwirksam, §§ 126 Abs. 2, 161 Abs. 2 HGB. Im Verhältnis der Gesellschafter untereinander sind derartige Vereinbarungen zulässig[459]. 326

Bei einer typischen GmbH & Co. KG, d. h., bei einer KG, bei der der einzige persönlich haftende Gesellschafter eine GmbH ist, wird die Kommanditgesellschaft durch die GmbH vertreten. Die GmbH nimmt ihre Vertretungsbefugnisse in erster Linie durch ihre Organe – das sind ihre Geschäftsführer, § 35 Abs. 1 GmbHG – aber auch durch ihre rechtsgeschäftlich bestellten Vertreter wie Prokuristen, Handlungs- bzw. Generalbevollmächtigten wahr[460]. Die Kommanditisten sind nach der gesetzlichen Regelung von der Vertretung der KG ausgeschlossen. 327

bb) Vertreter der GmbH

Die GmbH wird von ihren Geschäftsführern vertreten, § 35 Abs. 1 GmbHG. Sie handeln unmittelbar für und im Namen der GmbH. Da sie gegenüber der GmbH berechtigt und verpflichtet sind, die Geschäfte der GmbH zu führen, zu denen auch die Geschäftsführung der GmbH & Co. KG gehört, handeln sie mittelbar für die KG. Sie sind gewissermaßen „Vertreter-Vertreter". Beispiel: Wenn die GmbH & Co. KG mit einem Dritten einen Mietvertrag schließt, dann geschieht das dadurch, daß der Geschäftsführer im Namen der GmbH handelnd die GmbH vertritt, die ihrerseits im Namen und für die Kommanditgesellschaft den Vertrag schließt. Für das Zustandekommen eines Vertrages mit der GmbH & Co. KG ist es nicht erforderlich, daß der GmbH-Geschäftsführer bei der Zeichnung 328

---

[459] S. Rn. 268.
[460] S. Rn. 270.

seine abgeleitete Vertretungsmacht deutlich macht[461]. Entscheidend ist vielmehr, daß es für den Geschäftspartner erkennbar ist, daß er im Namen der GmbH & Co. KG handelt[462]. Das kann auch dann der Fall sein, wenn der Geschäftsführer mit seinem eigenen, persönlichen Namen oder im Namen der GmbH zeichnet.

329 Die Vertretungsmacht eines GmbH-Geschäftsführers ist im Verhältnis zu Dritten unbeschränkt, § 37 Abs. 2 S. 1 GmbHG. Gegenüber der Gesellschaft sind die Geschäftsführer verpflichtet, sich an die Beschränkungen ihrer Vertretungsmacht, die ihnen durch Gesellschaftsvertrag oder Gesellschafterbeschluß auferlegt sind, zu halten, § 37 Abs. 1 GmbHG. Gegenüber der GmbH & Co. KG hat diese Beschränkung dagegen wie gegenüber Dritten gemäß § 37 Abs. 2 S. 1 GmbHG keine rechtliche Wirkung[463].

330 Hat eine GmbH mehrere Geschäftsführer, sind diese im Zweifel Gesamtvertreter, § 35 Abs. 2 S. 2 GmbHG. In der Praxis wird im Gesellschaftsvertrag häufig Einzelvertretungsbefugnis angeordnet.

b) Vertragliche Regelungen

aa) Rechtsgeschäftlich bestellte Vertreter

331 Neben dieser organschaftlichen Vertretung der GmbH & Co. KG durch die Komplementär-GmbH ist die rechtsgeschäftliche Bestellung von weiteren Vertretern der GmbH & Co. KG wie z.B. Prokuristen, Generalbevollmächtigten, Handlungsbevollmächtigten möglich. Es ist auch zulässig, dem Geschäftsführer der Komplementär-GmbH Prokura unmittelbar für die Kommanditgesellschaft einzuräumen[465]. In diesem Fall kann also der GmbH-Geschäftsführer die GmbH & Co. KG als Organ der Komplementär-GmbH mittelbar („Vertreter-Vertreter" s. Rn. 330) oder als Prokurist der KG unmittelbar vertreten.

332 Der Ausschluß des Kommanditisten von der organschaftlichen Vertretung ist zwingendes Recht und somit nicht durch den Gesellschaftsvertrag abänderbar, § 170 HGB[466]. Soll ein Kommanditist an der Vertretung der GmbH & Co. KG beteiligt werden, haben die Gesellschafter der KG die Möglichkeit, ihm Prokura, Handlungs- oder Generalvollmacht zu erteilen. Außerdem kann er von den Gesellschaftern der GmbH zum Geschäftsführer oder Prokuristen der GmbH bestellt werden[467].

---

461 BGHZ 62, 216 (229).
462 BGH, a.a.O.; BGH, Urteil v. 17.12.1987 in BB 1988, 428 (429).
463 Hesselmann S. 87.
465 OLG Hamm BB 1973, 354.
466 BGHZ 41, 367 (369); 51, 198 (200).
467 S. auch Rn. 270.

bb) Gesamtvertretung

Sind neben der Komplementär-GmbH noch weitere persönlich haftende Gesellschafter vorhanden, kann anstelle der gesetzlich vorgesehenen Einzelvertretungsbefugnis aller Komplementäre (§§ 125 Abs. 1, 161 Abs. 2 HGB) im Gesellschaftsvertrag bestimmt werden, daß alle oder mehrere Komplementäre nur gemeinschaftlich zur Vertretung ermächtigt sein sollen (sog. Gesamtvertretung, § 125 Abs. 2 HGB). Soll die Komplementär-GmbH nur zusammen mit einem Prokuristen vertretungsberechtigt sein, liegt eine sog. unechte Gesamtvertretung vor, § 125 Abs. 3 HGB. 333

Bei einer Gesamtvertretung ist darauf zu achten, auf welche Gesellschaft sie sich bezieht. So ist die Vertretung durch einen gesamtvertretungsberechtigten Geschäftsführer der GmbH und einen gesamtvertretungsberechtigten Prokuristen der GmbH & Co. KG unwirksam. Denn ein gesamtvertretungsberechtigter Geschäftsführer der Komplementär-GmbH kann diese nur wirksam mit einer weiteren vertretungsberechtigten Person der GmbH vertreten[468]. Bei der Regelung der Vertretungsverhältnisse ist immer die rechtliche Selbständigkeit beider Gesellschaften zu berücksichtigen[469]. Die Geschäftsführer der GmbH sind im Verhältnis zur GmbH & Co. KG Dritte[470]. Ein Prokurist einer Personengesellschaft kann nicht an die Mitwirkung Dritter gebunden werden. In einer solchen Bindung läge eine unzulässige Beschränkung der Prokura[471]. 334

cc) Grundsatz der Selbstorganschaft

Einzelne Komplementäre können durch den Gesellschaftsvertrag von der Vertretung ausgeschlossen werden, §§ 125 Abs. 1, 161 Abs. 2 HGB. Es ist unzulässig, sämtliche persönlich unbeschränkt haftenden Gesellschafter von der Vertretung auszuschließen und die Vertretung Nicht-Gesellschaftern zu überlassen (Verbot der Fremdgeschäftsführung und -vertretung bei Personengesellschaften)[472]. Dies folgt aus dem im Recht der Personengesellschaften geltenden Grundsatz der Selbstorganschaft. Er besagt, daß zum Wesen der Personengesellschaft deren Stellvertretung durch mindestens einen unbeschränkt haftenden Gesellschafter gehört, der für die Handlungen der Gesellschaft die volle Verantwortung trägt[472a]. In diesem Sinne ist es auch nicht zulässig, den einzigen vertretungsberechtigten Gesellschafter durch die Notwendigkeit der Mitwirkung eines Prokuristen zu beschränken[473]. 335

---

468 OLG Hamburg GmbHR 1961, 128 f.; Hesselmann S. 127.
469 S. Rn. 2.
470 OLG Hamburg GmbHR 1961, 128; s. auch Rn. 272.
471 OLG Hamm a.a.O.; Hesselmann GmbHR 1961, 129.
472 BGHZ 41, 367 (369) mwN; a. A. Westermann, Rn. 238 ff.; Helm/Wagner, DB 1979, 225 ff.
472a BGH a.a.O.
473 BGHZ 26, 330 (332); BGH WM 1961, 321 (322); Baumbach/Duden/Hopt § 125 Anm. 6 A.

D   Laufender Geschäftsbetrieb der GmbH & Co. KG – Handelsrechtl. Teil

336 Auch darf der einzige Komplementär in seiner Vertretungsbefugnis nicht insoweit vertraglich beschränkt werden, daß er nur zusammen mit einem Kommanditisten die Gesellschaft vertreten darf[474].

337 Die Rechtsform der GmbH & Co. KG wird zum Teil auch deshalb gewählt, weil sie eine Umgehung des Verbotes der Fremdgeschäftsführung und -vertretung ermöglicht. Denn materiell gesehen leitet der Fremdgeschäftsführer der GmbH die Personengesellschaft[475], wenn auch formell zwischen Personengesellschaft und gewähltem Fremdgeschäftsführer die GmbH als Gesellschafterin und organschaftliche Vertreterin geschoben wurde. Ebenso leicht ist es in einer GmbH & Co. KG möglich, den gesetzlichen Ausschluß des Kommanditisten von der organschaftlichen Vertretung zu umgehen, indem ein Kommanditist zum Geschäftsführer der Komplementär-GmbH bestellt wird[476].

c) Beschränkung der Vertretungsmacht gemäß § 181 BGB

aa) Selbstkontrahierungsverbot

338 Nach § 181 BGB kann ein Vertreter, soweit ihm nicht ein anderes gestattet ist, im Namen des Vertretenen mit sich im eigenen Namen oder als Vertreter eines Dritten ein Rechtsgeschäft (sog. Insichgeschäft) nicht vornehmen, es sei denn, daß das Rechtsgeschäft ausschließlich in der Erfüllung einer Verbindlichkeit besteht. Dieses Verbot des Selbstkontrahierens hat auch bei der organschaftlichen Vertretung der GmbH & Co. KG praktische Bedeutung. So kann die Komplementär-GmbH, wenn im Gesellschaftsvertrag der GmbH & Co. KG nichts anderes vereinbart ist, keine Geschäfte zwischen der GmbH & Co. KG und sich selbst abschließen. Entsprechendes gilt für Insichgeschäfte zwischen der GmbH & Co. KG und dem Geschäftsführer der Komplementär-GmbH. Ebenso kann der GmbH-Geschäftsführer, wenn der GmbH-Vertrag keine anderweitige Regelung enthält, nicht Geschäfte zwischen sich und der GmbH abschließen. Das Verbot solcher Insichgeschäfte soll der Verkehrssicherheit dienen und zum Schutz des Vertretenen Interessenkollisionen abwenden.

339 Gemäß § 35 Abs. 4 GmbHG – der durch die GmbH-Novelle 1980 eingefügt wurde – gilt das Verbot des Selbstkontrahierens auch für den Gesellschafter-Geschäftsführer einer Einmann-GmbH[476a]. Ein gegen das Selbstkontrahierungsverbot verstoßendes Geschäft ist nicht nichtig, sondern schwebend unwirksam, d. h. es kann nachträglich vom Vertretenen genehmigt werden[477].

---

474 BGHZ 41, 367 (369); Schlegelberger/Martens, § 170 Rn. 4; a. A. Hennerkes/Binz S. 65 f.; Brox in Festschrift für H. Westermann, 1974, S. 21 ff.
475 S. Rn. 330 „Vertreter-Vertreter".
476 S. Rn. 270.
476a A. A. vor Inkrafttreten des § 35 Abs. 4 GmbHG am 1.1.1981 BGHZ 56, 97; 75, 358.
477 S. Rn. 344 ff.

Außenverhältnis   D

bb) Befreiung vom Selbstkontrahierungsverbot

In den Gesellschaftsverträgen können Vertreter auch generell von dem Verbot des 340
Selbstkontrahierens befreit werden. Das ist bei der GmbH und bei Personengesellschaften durchaus üblich. Bei der GmbH muß diese Befreiung in das Handelsregister eingetragen sein, § 10 Abs. 1 S. 2 GmbHG[477a]. Durch die Publizität von Handelsregistereintragungen werden Gläubiger der Gesellschaft auf die Möglichkeit solcher Geschäfte und damit von Vermögensverlagerungen zwischen dem Gesellschafter und der Gesellschaft hingewiesen und können sich darauf einstellen[478].

Zu beachten ist, daß die Befreiung vom Verbot des Selbstkontrahierens immer 341
nur von dem jeweils Vertretenen erteilt werden kann. So kann nur die GmbH & Co. KG den Geschäftsführer der GmbH von dem Verbot, Geschäfte mit sich und der GmbH & Co. KG abzuschließen, befreien[479]. In der Praxis ist es üblich, schon im Gesellschaftsvertrag der GmbH & Co. KG sowohl die Komplementär-GmbH als auch deren Organe von den Beschränkungen des § 181 BGB zu befreien.

cc) Genehmigung von Insichgeschäften

Fehlt eine generelle Befreiung von dem Selbstkontrahierungsverbot im Gesell- 342
schaftsvertrag, kann das schwebend unwirksame Insichgeschäft nachträglich durch Genehmigung wirksam werden. Zuständig für die Genehmigung eines Insichgeschäftes zwischen der Komplementär-GmbH und einem GmbH-Geschäftsführer sind weitere vorhandene alleinvertretungsberechtigte Geschäftsführer. Gibt es diese nicht, haben die GmbH-Gesellschafter mit einfacher Mehrheit zu entscheiden[480]. Die Genehmigung kann formlos und sogar durch schlüssiges Verhalten erfolgen[481].

Handelt es sich um eine Einmann-GmbH, reicht ein einfacher Gesellschafterbe- 343
schluß zur Genehmigung des Insichgeschäfts nicht aus[482]. Hier kann eine Befreiung vom Selbstkontrahierungsverbot nur durch den Gesellschaftsvertrag erfolgen[483].

Für den gesellschaftsvertraglichen Dispens kommen mehrere Möglichkeiten in 344
Betracht. Der Einmann-Gesellschafter kann per Satzungsänderung eine Befreiung vom Selbstkontrahierungsverbot statuieren und nach deren Eintragung das

---
477a BGHZ 87, 59.
478 BGHZ 87, 59 (62).
479 BGHZ 58, 115 (117).
480 BGHZ 75, 358 (362); 58, 115 (120).
481 BGH WM 1971, 1082 (1084).
482 BGHZ 87, 59 (60); Scholz/Schneider, § 35 Rn. 119; Fischer/Lutter/Hommelhoff, § 35 Rn. 20.
483 BGH a.a.O.

schwebend unwirksame Geschäft genehmigen[484]; oder er räumt durch Satzungsänderung die bloße Ermächtigung ein, den Geschäftsführer durch einen Gesellschafterbeschluß vom Verbot des Insichgeschäftes zu befreien[485]. Dann muß vor der Genehmigungserklärung des Gesellschafter-Geschäftsführers der Ausführungsbeschluß gefaßt und ordnungsgemäß protokolliert werden[486]. Der Einmann-Gesellschafter kann auch in der Satzung die Befreiung für ein ganz bestimmtes Geschäft regeln und erklärt damit sogleich konkludent dessen Genehmigung[487].

345 Schließt der einzige Geschäftsführer der Komplementär-GmbH einen Vertrag mit sich und der GmbH & Co. KG, kann nur die Kommanditgesellschaft dieses Rechtsgeschäft genehmigen[488]. Die Genehmigung im Namen der KG müßte eigentlich durch die Komplementär-GmbH als geschäftsführende Gesellschafterin der KG erfolgen, da die Genehmigung eine Maßnahme der Geschäftsführung ist. Aufgrund ihrer Vertretungsverhältnisse ist die GmbH dazu aber nicht in der Lage, da bei Vorhandensein nur eines GmbH-Geschäftsführers auch die Genehmigung wiederum ein verbotenes Insichgeschäft ist. Die Genehmigung der KG erfolgt daher hier durch Änderung oder Ergänzung des Gesellschaftsvertrages der KG. Es wird gesellschaftsvertraglich bestimmt, daß der Geschäftsführer bei einem bestimmten Geschäft mit der KG von den Schranken des § 181 BGB befreit ist[489]. Eine solche Vertragsänderung für den Einzelfall kommt formlos durch übereinstimmende Willenserklärungen aller Gesellschafter der KG zustande, soweit sich aus dem Gesellschaftsvertrag nichts anderes ergibt[490].

d) Entziehung der Vertretungsmacht

aa) Entziehung der Vertretungsmacht der Komplementär-GmbH

346 Nach der gesetzlichen Regelung in §§ 127, 161 Abs. 2 HGB kann der Komplementär-GmbH die Vertretungsmacht auf Antrag der übrigen Gesellschafter durch gerichtliche Entscheidung entzogen werden, wenn ein wichtiger Grund – insbesondere eine grobe Pflichtverletzung oder Unfähigkeit zur ordnungsmäßigen Vertretung der Gesellschaft – vorliegt. Im gleichen Verfahren und aus entsprechenden Gründen kann ihr die Geschäftsführungsbefugnis entzogen werden, §§ 117, 161 Abs. 2 HGB[491]. In der Praxis geschieht selten das eine ohne das andere. Die Entziehung erfolgt allerdings weniger häufig aufgrund einer gerichtli-

---

484 Bay ObIG BB 1981, 869 (870); Scholz/Schneider, § 35 Rn. 119.
485 Bay ObLG DB 1984, 1517; Scholz/Schneider, § 35 Rn. 117.
486 Bay ObLG, a.a.O.; BGHZ 75, 358 (363) auch in GmbHR 1980, 166.
487 Fischer/Lutter/Hommelhoff, § 35 Rn. 21.
488 BGHZ 58, 115.
489 BGHZ 58, 115 (118).
490 BGH, a.a.O.
491 S. Rn. 278.

chen Entscheidung. Es ist vielmehr üblich, daß die Gesellschaftsverträge abweichend von der gesetzlichen Regelung bestimmen, daß Vertretungsmacht und Geschäftsführungsbefugnis nicht durch gerichtliche Entscheidung, sondern durch einen Mehrheitsbeschluß aller Gesellschafter entzogen werden können. Die Gründe, die eine Entziehung rechtfertigen, werden in der Regel im Gesellschaftsvertrag konkretisiert. Es ist aber auch eine gesellschaftsvertragliche Vereinbarung zulässig, wonach die Vertretungsbefugnis durch Mehrheitsbeschluß aller Gesellschafter ohne den Nachweis eines wichtigen Grundes entzogen werden kann[492].

Ausnahmsweise ist die Entziehung der Vertretungsmacht unzulässig, wenn es neben der Komplementär-GmbH keine weiteren persönlich haftenden Gesellschafter und damit auch keine weiteren organschaftlich vertretungsberechtigten Gesellschafter gibt[493]. Ließe man auch in diesem Fall eine Entziehung zu, wäre die Kommanditgesellschaft ohne Vertretungsorgan und damit handlungsunfähig. Dies ist mit ihrem Wesen als eine im Rechtsverkehr mit Dritten selbständig auftretende Einheit nicht vereinbar[494]. Den Kommanditisten bleibt in einer solchen Situation nur die Möglichkeit, sich entweder mit der Entziehung der Geschäftsführungsbefugnis zu begnügen (s. Rn. 280) oder aber die Auflösungsklage (§ 133 HGB), Ausschließungs- oder Übernahmeklage (§§ 140, 142 HGB) zu erheben[495]. 347

Soweit die Kommanditisten auch Gesellschafter der GmbH sind, hat die Entziehung der Vertretungsmacht der Komplementär-GmbH für eine GmbH & Co. KG keine praktische Bedeutung. Besteht unter diesen Umständen Unzufriedenheit mit der Unternehmensleitung, werden die GmbH-Geschäftsführer – die eigentlichen Leiter des Unternehmens – abberufen[496]. 348

bb) Widerruf der Prokura eines Kommanditisten

Ist einem Kommanditisten im Gesellschaftsvertrag Prokura erteilt worden, wird er hinsichtlich ihrer Entziehung besonders geschützt. Entsprechend §§ 117, 127 HGB darf ihm die Prokura nur aus einem wichtigen Grund entzogen werden. Außerdem ist für einen Widerruf einer gesellschaftsvertraglich eingeräumten Prokura die Zustimmung aller Gesellschafter erforderlich. § 116 Abs. 3 HGB gilt in diesem Fall als abbedungen[497]. § 52 HGB, wonach eine Prokura jederzeit widerruflich ist, ist auf die Prokura für einen Kommanditisten nicht anwendbar[498]. Ein dennoch erfolgter Widerruf der Prokura ist zwar aus Gründen des 349

---

492 BGH BB 1973, 443 (444).
493 Vgl. BGHZ 51, 198; a. A. Hesselmann S. 125.
494 BGH, a.a.O. S. 200.
495 Vgl. BGH, a.a.O.
496 S. Rn. 283 ff.
497 OLG Karlsruhe BB 1973, 1551.
498 BGHZ 17, 392 (394 ff.)

D   Laufender Geschäftsbetrieb der GmbH & Co. KG – Handelsrechtl. Teil

Verkehrsschutzes zunächst wirksam[499], der Kommanditist hat aber einen gesellschaftsvertraglichen Anspruch auf Wiedereinräumung der rechtsgeschäftlichen Vertretungsmacht[500].

2 Haftung

a) Haftung der GmbH & Co. KG

350   Die GmbH & Co. KG haftet ihren Gläubigern unbeschränkt mit ihrem gesamten Vermögen. Das rechtswidrig schuldhafte Verhalten ihrer geschäfts- und vertretungsberechtigten Gesellschafterin – der Komplementär-GmbH – wird der GmbH & Co. KG analog § 31 BGB zugerechnet[501].

b) Haftung der Komplementär-GmbH

351   Neben die Haftung mit dem Gesellschaftsvermögen der GmbH & Co. KG tritt die Haftung der Komplementär-GmbH. Die Komplementär-GmbH haftet den Gläubigern mit ihrem ganzen Vermögen unmittelbar und unbeschränkt, §§ 128, 161 Abs. 2 HGB. Diese Haftung kann mit Wirkung gegenüber Dritten nicht ausgeschlossen werden, § 128 S. 2 HGB. Eine Vereinbarung zwischen den Gesellschaftern, daß die Kommanditisten die Komplementär-GmbH von Verbindlichkeiten der GmbH & Co. KG freizustellen haben, läßt die unbeschränkte Haftung der GmbH gegenüber Dritten unberührt[502].

c) Haftung der Kommanditisten

aa) Allgemeines

352   Ein Kommanditist haftet für Verbindlichkeiten der Gesellschaft grundsätzlich summenmäßig beschränkt, d. h. bis zur Höhe seiner im Handelsregister eingetragenen Haftsumme[503].

353   Solange der Kommanditist eine Einlage in dieser Höhe in das Gesellschaftsvermögen nicht erbracht hat, haftet er den Gesellschaftsgläubigern unmittelbar und persönlich mit seinem Privatvermögen bis zu eben dieser Höhe, § 171 Abs. 1 HGB. Diese Haftung besteht auch dann, wenn genügend Gesellschaftsvermögen zur Tilgung der Verbindlichkeiten vorhanden ist[504].

---

499 BGHZ 17, 392 (396).
500 Vgl. OLG Saarbrücken, JZ 1968, 386.
501 Baumbach/Duden/Hopt, Anh. § 177a Anm. 3A; K. Schmidt S. 1248.
502 Vgl. Rn. 389.
503 S. Rn. 134.
504 BGHZ 39, 319 (322), auch in NJW 1963, 1873 (1874).

Außenverhältnis D

Hat der Kommanditist seine Einlage in Höhe seiner Haftsumme erbracht, ist seine persönliche und unmittelbare Haftung ausgeschlossen, § 171 Abs. 1 HGB. Er haftet dann mittelbar durch seine Leistung in das Gesellschaftsvermögen. Die Gläubiger der GmbH & Co. KG können in diesem Fall nur auf das Gesellschaftsvermögen oder auf das Vermögen der Komplementär-GmbH Zugriff nehmen.

354

Der Kommanditist trägt die Beweislast dafür, daß er seine Einlage erbracht hat[505] und daß seine Einlage zum Zeitpunkt der Erbringung vollwertig war[506].

355

bb) Überbewertung der Einlage

Die Haftungsbefreiung des Kommanditisten gemäß § 171 Abs. 1 HGB tritt nämlich nur insoweit ein, als der Gesellschaft auch tatsächlich Werte in Höhe der Haftsumme zugeflossen sind. Ist die Einlage eines Kommanditisten überbewertet worden – was im Innenverhältnis der Gesellschafter durchaus zulässig ist[507] – erreicht also der tatsächliche Wert der Einlage zum Zeitpunkt der Einbringung nicht die Höhe der Haftsumme, bleibt seine persönliche und unmittelbare Haftung in Höhe der Differenz zwischen wahrem Wert der Einlage und Haftsumme bestehen[508]. Ist umgekehrt die Einlage unterbewertet worden, kann sich der Kommanditist gegenüber Gesellschaftsgläubigern auf den tatsächlichen Wert der Einlage berufen[509].

356

cc) Einlage durch Einbringung von Anteilen der Komplementär-GmbH

Erbringt ein Kommanditist, der gleichzeitig Gesellschafter der Komplementär-GmbH ist, seine Einlage dadurch, daß er Anteile an der Komplementär-GmbH einbringt, gilt die Einlage Gesellschaftsgläubigern gegenüber als nicht geleistet, § 172 Abs. 6 HGB. Die persönliche unmittelbare Haftung des Kommanditisten gemäß § 171 Abs. 1 Halbs. 1 HGB bleibt in diesem Fall bestehen. § 172 Abs. 6 HGB ist eine Sonderregelung für die typische GmbH & Co. KG, bei der keine natürliche Person persönlich haftender Gesellschafter ist, denn grundsätzlich kann ein Kommanditist seine Einlage mit haftungsbefreiender Wirkung gemäß § 171 Abs. 1 Halbs. 2 HGB dadurch erbringen, daß er der KG GmbH-Anteile überträgt. Sinn und Zweck des § 172 Abs. 6 HGB ist, daß dem Gläubiger einer GmbH & Co. KG wie bei einer „normalen" KG zwei Haftungsmassen zur Verfügung stehen sollen, nämlich das Vermögen der GmbH und die beschränkte Haftung der Kommanditisten. Könnten die Geschäftsanteile an der GmbH als Kommanditeinlagen befreiend geleistet werden, würde das Vermögen der GmbH

357

---

505 OLG Köln, Beschluß vom 14.6.1971, GmbHR 1971, 219.
506 BGH Urteil vom 18.11.1976 DB 1977, 394.
507 S. Rn. 129.
508 BGH DB 1977, 394; Schilling in Großkomm. § 161 Rn. 20.
509 Baumbach/Duden/Hopt, § 171 Anm. 2 A; vgl. Rn. 357.

gleichzeitig als Haftungsmasse der Komplementärin und als Haftungsmasse der Kommanditisten dienen. Den Gläubigern stünde in diesem Fall nur eine Haftungsmasse zur Verfügung[510].

dd) Rückzahlung der Einlage

dda) Allgemeines

358 Soweit die Einlage eines Kommanditisten zurückbezahlt wird, gilt sie gemäß § 171 Abs. 4 S. 1 HGB den Gläubigern gegenüber als nicht geleistet mit der Folge, daß die persönliche unmittelbare Haftung des Kommanditisten wiederauflebt. Sie ist auch hier auf die im Handelsregister eingetragene Haftsumme beschränkt, selbst dann, wenn dem Kommanditisten aus dem Gesellschaftsvermögen ein höherer Betrag als seine Haftsumme ausgezahlt worden ist[511].

359 Der Begriff der Rückzahlung in § 172 Abs. 4 HGB ist in einem umfassenden Sinn zu verstehen. Rückzahlungen sind alle Zuwendungen an einen Kommanditisten, durch die dem Gesellschaftsvermögen Vermögenswerte ohne entsprechende Gegenleistung entzogen werden[512]. Daher können auch Zuwendungen an Dritte, durch die der Kommanditist von einer persönlichen Verbindlichkeit befreit wird, oder mittelbare Zuwendungen an den Kommanditisten ausreichen[513].

360 Beispiele für verdeckte Rückzahlungen im Sinne des § 172 Abs. 4 HGB sind die Zahlung von Zinsen auf eine Kommanditeinlage, wenn die Gesellschaft keine Gewinne erzielt[514], oder die Abtretung einer Eigentümergrundschuld durch die Gesellschaft an einen Kreditgeber des Kommanditisten[515].

361 Der Regelfall des § 172 Abs. 4 S. 1 HGB ist die Zahlung eines Auseinandersetzungsguthabens aus dem Gesellschaftsvermögen an einen ausgeschiedenen Kommanditisten[516].

362 Eine Abfindung aus dem Gesellschaftsvermögen liegt auch dann vor, wenn der ausscheidende Kommanditist eine Zahlung in entsprechender Höhe von einem neu in die Gesellschaft eintretenden Kommanditisten erlangt und die Gesellschaft diese Zahlung auf die Einlageschuld des neuen Kommanditisten anrechnet[517].

---

510 Baumbach/Duden/Hopt, § 172 Anm. 2 F.
511 BGHZ 60, 324.
512 BGH NJW 1963, 1773 (1776); BGH NJW 1983, 1869 (1870).
513 BGHZ 47, 149 (156), auch in NJW 1967, 1321; Baumbach/Duden/Hopt, § 172 Anm. 2 B.
514 BGH NJW 1963, 1773 (1776).
515 BGH BB 1976, 383; vgl. Baumbach/Duden/Hopt, a.a.O. mit weiteren Beispielen.
516 S. Rn. 691 ff.; BGH 39, 319 (331), auch in NJW 1963, 1873; Schilling, Großkomm. § 172 Rn. 14; Schlegelberger/K. Schmidt, §§ 171, 172 Rn. 73.
517 Bälz BB 1977, 1481 ff.; Schlegelberger/K. Schmidt, § 171, 172 Rn. 71.

Wird das Auseinandersetzungsguthaben des ausscheidenden Kommanditisten in 363
ein Darlehen umgewandelt, kommt es nicht zu einem Wiederaufleben der persönlichen Haftung gemäß § 174 Abs. 4 S. 1 HGB[517a]. Die Tilgung dieses Darlehens und die Zahlung von Zinsen, wenn die Gesellschaft keine Gewinne erzielt, ist dagegen wieder eine haftungsbegründende Rückgewähr der Einlage[517b].

ddb) Tätigkeitsvergütung eines Kommanditisten

Eine Rückzahlung im Sinne des § 172 Abs. 4 S. 1 HGB liegt auch dann vor, wenn 364
ein Kommanditist, der zugleich Geschäftsführer der Komplementär-GmbH ist, eine überhöhte, sprich unangemessene Vergütung, für seine Geschäftsführungstätigkeit aus den Mitteln der KG bezieht[518]. Aus den Mitteln der KG stammt das Geschäftsführergehalt auch dann, wenn die Zahlung durch die GmbH erfolgt und sich die GmbH diese Kosten von der KG erstatten läßt.

ddc) Rückzahlung aus dem Vermögen der Komplementär-GmbH

Werden einem Kommanditisten Leistungen aus dem Vermögen der Komplemen- 365
tär-GmbH zugeführt, lebt seine persönliche und unmittelbare Haftung gemäß § 172 Abs. 4 S. 1 HGB wieder auf, wenn die GmbH – wie es regelmäßig der Fall ist – durch diese Zahlung gleichzeitig einen Erstattungsanspruch gegen die KG gemäß § 110 HGB hat. Denn durch diese Zahlung wird das KG-Vermögen zugunsten des Kommanditisten und zu Lasten der Gesellschaftsgläubiger ebenso geschmälert, wie es geschähe, wenn der Kommanditist unmittelbar aus dem Gesellschaftsvermögen der KG bezahlt werden würde[519].

Kann die GmbH dagegen aus rechtlichen Gründen bei der KG keinen Rückgriff 366
nehmen, entfällt ein Wiederaufleben der Haftung. Ein Wiederaufleben der Haftung entfällt auch dann, wenn die GmbH zwar einen Erstattungsanspruch gegen die KG hat, aber aus tatsächlichen Gründen keinen Rückgriff nehmen kann. Wenn kein KG-Vermögen mehr vorhanden und auch künftig nicht zu erwarten ist, kann der Erstattungsanspruch der Komplementär-GmbH zu keiner Schmälerung des KG-Vermögens und auch zu keiner Beeinträchtigung der KG-Gläubiger führen[520]. Zu beachten ist, daß Zahlungen aus dem Vermögen der GmbH an einen Kommanditisten zu einer Haftung des Kommanditisten gemäß § 31 Abs. 1 und 2 GmbHG führen können, wenn sie das Stammkapital der GmbH beeinträchtigen[521] oder eine bestehende Überschuldung vertiefen[522].

517a BGH NJW 1963, 1873 (1876); Schilling in Großkomm. § 172 Rn. 14; a. A. Schlegelberger/K. Schmidt, §§ 171, 172 Rn. 73.
517b BGH a.a.O.
518 BAG Urteil vom 28.9.1982 NJW 1983, 1869 (1870).
519 BGH-Urteil vom 14.1.1985 NJW 1985, 1776.
520 BGH a.a.O.
521 S. Rn. 378 ff.
522 S. Rn. 383 ff.

ee) Gewinnentnahme bei negativem Kapitalkonto

367 Die persönliche Haftung des Kommanditisten lebt auch dann wieder auf, wenn er Gewinnanteile entnimmt, während sein Kapitalanteil bereits durch Verluste unter den Betrag der geleisteten Haftsumme herabgesunken ist oder durch diese Entnahme darunter sinken würde, § 172 Abs. 4 S. 2 HGB. Beispiel: A ist Kommanditist, seine eingezahlte Hafteinlage beträgt DM 50000,–. Durch Verluste weist sein Kapitalkonto einen Saldo von DM 30000,– auf. Im neuen Wirtschaftsjahr entfällt auf A ein Gewinnanteil von DM 8000,–. A entnimmt DM 8000,–. Folge ist, daß seine persönliche Haftung in Höhe von DM 8000,– wiederauflebt.

368 Fraglich ist, ob Gewinnentnahmen auch dann zu einem Wiederaufleben der persönlichen Haftung gemäß § 172 Abs. 4 S. 2 HGB führen, wenn das Kapitalkonto des Kommanditisten infolge bloßer Buchverluste negativ ist. Beispiel: Die Gesellschaft nimmt Sonderabschreibungen vor, die zu Verlusten und damit zu negativen Kapitalkonten der Kommanditisten führen. Da diese Frage höchstrichterlich noch nicht geklärt ist, geht ein Kommanditist ein Haftungsrisiko ein, wenn er in einem solchen Fall Gewinn entnimmt[523].

ff) Auszahlung von Scheingewinnen

369 Was ein Kommanditist gutgläubig aufgrund einer im guten Glauben errichteten Bilanz als Gewinn bezieht, führt nicht zu einem Wiederaufleben seiner persönlichen unmittelbaren Haftung, § 172 Abs. 5 HGB. Ein Scheingewinn im Sinne von § 172 Abs. 5 HGB liegt vor, wenn entweder ein Gewinn tatsächlich nicht erzielt worden ist, wenn dem Kommanditisten ein Anteil von einem echten Gewinn gezahlt wird, der ihm nicht zusteht, oder wenn es sich unerkannt um einen Gewinn handelt, dessen Auszahlung unter § 172 Abs. 4 S. 2 HGB fällt.

370 Voraussetzung dafür, daß die Auszahlung von Scheingewinnen die Haftung nicht aufleben läßt, ist, daß die Bilanz in gutem Glauben errichtet worden ist und der Kommanditist den Gewinn in gutem Glauben bezogen hat.

371 Unter welchen Voraussetzungen eine Bilanz in gutem Glauben im Sinne des § 172 Abs. 5 HGB errichtet ist und ein Kommanditist gutgläubig seinen Gewinnanteil bezieht, ist umstritten. Der BGH hat hierzu bisher insoweit Stellung bezogen, als er feststellte, daß eine Bilanz jedenfalls dann nicht gutgläubig errichtet ist, wenn sie von den für die Aufstellung der Bilanz zuständigen geschäftsführenden Gesellschaftern unter vorsätzlicher Verletzung allgemein anerkannter Bilanzgrundsätze aufgestellt worden ist[524]. Abgesehen von diesem Fall der Bilanzmanipulation wird man Gutgläubigkeit im Sinne des § 172 Abs. 5 HGB immer schon

---

523 Zur Diskussion im Schrifttum siehe Westermann, Rn. 927; Hennerkes/Binz, S. 85 ff.; Priester, BB 1976, 1004 ff.
524 BGH Urteil vom 12.7.1982 BGHZ 84, 383 (385).

dann verneinen müssen, wenn bei der Aufstellung der Bilanz oder dem Gewinnbezug die jeweils im Verkehr erforderliche Sorgfalt (§ 276 BGB) außer Acht gelassen wird[525].

Ist bereits die Bilanz nicht gutgläubig errichtet worden, kommt es auf die Gutgläubigkeit des Kommanditisten nicht mehr an. Der BGH hat eine entsprechende Anwendung des § 62 Abs. 1 und 3 AktG dahingehend, daß die Kommanditistenhaftung nur dann wiederauflebt, wenn die Kommanditisten wußten oder infolge grober Fahrlässigkeit nicht wußten, daß sie zum Bezug nicht berechtigt waren, abgelehnt[526]. 372

Der Schutz des gutgläubigen Kommanditisten durch § 172 Abs. 5 HGB reicht also nicht sehr weit. So lebte die Haftung eines Kommanditisten einer Publikums-KG, deren Bilanzen von dem Geschäftsführer der Komplementär-GmbH manipuliert worden waren, wieder auf, obwohl die Bilanzen Bestätigungsvermerke einer Wirtschaftsprüfungsgesellschaft trugen[527]. 373

Zu einem Wiederaufleben der unmittelbaren Kommanditistenhaftung wegen Bezugs von Scheingewinnen führt nicht schon die Gutschrift auf dem Privatkonto des Kommanditisten, sondern erst die Auszahlung selbst[528]. 374

Gemäß dem Wortlaut des § 172 Abs. 5 HGB ist der Kommanditist, der gutgläubig Scheingewinne bezieht, auch nicht im Innenverhältnis verpflichtet, diese Scheingewinne an die Gesellschaft zurückzuzahlen[529]. Anderenfalls könnten die Gesellschaftsgläubiger trotz Vorliegen der Voraussetzungen des § 172 Abs. 5 HGB durch Forderungspfändung auf den gutgläubig bezogenen Gewinnanteil zurückgreifen. 375

gg) §§ 30, 31 GmbHG

Eine über den Betrag seiner Einlage hinausgehende Haftung des Kommanditisten kommt auch unter Berücksichtigung der §§ 30, 31 GmbHG in Betracht. Nach § 30 Abs. 1 GmbHG darf das zur Erhaltung des Stammkapitals erforderliche Vermögen einer GmbH nicht ihren Gesellschaftern ausgezahlt werden. Zuwendungen, die diesem Verbot zuwiderlaufen, müssen der GmbH erstattet werden, und zwar auch von einem gutgläubigen Empfänger, soweit dies zur Befriedigung der Gesellschaftsgläubiger erforderlich ist, § 31 Abs. 1 und 2 GmbHG. Ist 376

---

525 Schilling in Großkomm. § 172 Rn. 18; Westermann, Rn. 928; a. A. Schlegelberger/K. Schmidt, §§ 171, 172 Rn. 89.
526 BGHZ 84, 383 (386).
527 BGHZ 84, 383 (385).
528 Baumbach/Duden/Hopt, § 172 Anm. 2 D; Westermann, a.a.O.; Schlegelberger/K. Schmidt, §§ 171, 172 Rn. 90; a. A. Schilling in Großkomm. § 172 Rn. 17.
529 Schilling in Großkomm. § 172 Rn. 16; Schlegelberger/K. Schmidt, §§ 171, 172 Rn. 94; a. A. Westermann, Rn. 928; Baumbach/Duden/Hopt, a.a.O.

D   Laufender Geschäftsbetrieb der GmbH & Co. KG – Handelsrechtl. Teil

die Erstattung nicht von dem Empfänger zu erlangen, haften die übrigen Gesellschafter nach dem Verhältnis ihrer Geschäftsanteile, § 31 Abs. 3 GmbHG. Die Komplementär-GmbH hat also gegen einen Kommanditisten, der gleichzeitig GmbH-Gesellschafter ist, einen Erstattungsanspruch gemäß § 31 GmbHG, wenn ihm aus dem GmbH-Vermögen etwas geleistet und durch diese Leistung das Stammkapital der GmbH beeinträchtigt wird.

377 Die §§ 30, 31 GmbHG finden auch dann Anwendung, wenn dem Kommanditisten, der gleichzeitig GmbH-Gesellschafter ist, etwas aus dem Vermögen der KG zugewendet wird und dadurch – also mittelbar – das Vermögen der GmbH nicht mehr dem Stammkapitalnennwert entspricht[530]. Eine solche mittelbare Auswirkung kommt zunächst immer dann in Betracht, wenn die KG überschuldet ist und die GmbH keine über ihr Stammkapital hinausgehenden Vermögenswerte besitzt. Da die GmbH im Hinblick auf ihre volle Haftung gemäß §§ 128, 161 Abs. 2 HGB die ungedeckten Verbindlichkeiten der KG ebenfalls passivieren oder mindestens entsprechende Rückstellungen bilden muß[531], führt dies dann zur Schmälerung ihres Stammkapitals.

378 Ist bei der KG lediglich das Einlagekapital ganz oder teilweise aufgezehrt, ist zu unterscheiden, ob die GmbH an diesem Kapital beteiligt ist oder nicht[532]. Hat die im übrigen vermögenslose GmbH ihr Kapital als Einlage in die KG eingebracht, sinkt unter Umständen der Wert ihrer Beteiligung durch den Kapitalschwund in der KG unter den Stammkapitalnennwert[533]. Ist die GmbH nicht am Kapital der KG beteiligt, beeinträchtigt eine Auszahlung aus dem Vermögen der nicht überschuldeten KG das Stammkapital der GmbH im allgemeinen noch nicht[534].

379 In allen Fällen, in denen Ansprüche gemäß § 31 GmbHG durch Auszahlungen aus dem Vermögen der Kommanditgesellschaft entstanden sind, stehen sie der GmbH & Co. KG zu[535]. Dadurch haben die übrigen Kommanditisten die Möglichkeit, den begünstigten Gesellschafter notfalls im Wege der actio pro socio zu zwingen, das KG-Vermögen wieder aufzufüllen, auch wenn die Geschäftsführung der GmbH oder andere Mitgesellschafter das nicht wollen[536].

380 Offen ist, ob sich auch derjenige Kommanditist, der nicht zugleich Gesellschafter der GmbH ist, dieser Haftung aussetzt, wenn durch eine Leistung an ihn das Vermögen der GmbH mittelbar unter den Nennwert des Kapitals herabsinkt.

---

530 BGHZ 60, 324 (328); BGHZ 69, 274 (279); BGH Urteil v. 24.3.1980 NJW 1980, 1524 (1526).
531 BGH NJW 1980, 1524 (1526).
532 BGH, a.a.O.
533 BGH, a.a.O.; BGHZ 60, 324 (329).
534 BGH NJW 1980, 1524 (1529).
535 BGHZ 60, 324 (330).
536 BGH, a.a.O.

Der BGH hat diese Frage bisher nicht beantwortet[537]. Im Schrifttum ist eine deutliche Tendenz erkennbar, auch hier eine Haftung gemäß §§ 30, 31 GmbHG anzunehmen[538]. Das Hanseatische Oberlandesgericht Hamburg hat diese Frage verneint[539]. Die Anwendung der §§ 30, 31 GmbHG bei kapitalersetzenden Gesellschafterdarlehen an die GmbH & Co. KG erstrecke sich grundsätzlich nicht auf die Darlehen von Kommanditisten, die nicht zugleich Gesellschafter der Komplementär-GmbH sind[540].

hh) §§ 30, 31 GmbHG analog

Der Erstattungsanspruch gemäß § 31 GmbHG besteht auch dann, wenn die GmbH zum Zeitpunkt der Leistung bereits überschuldet ist[541]. In diesem Fall, in dem die Zahlungen überhaupt nur noch aus Fremdmitteln, also unmittelbar auf Kosten der Gesellschaftsgläubiger geleistet werden, greifen die Schutzvorschriften der §§ 30, 31 GmbHG nicht mehr unmittelbar ein. Denn durch das Verbot des § 30 GmbHG wird nur die Erhaltung noch vorhandenen Stammkapitals garantiert. Die §§ 30, 31 GmbHG werden in diesen Fällen entsprechend angewandt, da es unvertretbar ist, den Gesellschafter, der verbotswidrig etwas erhalten hat, voll haften zu lassen, soweit noch vorhandenes Stammkapital angegriffen worden ist, ihn dagegen nur in den engeren Grenzen der §§ 826 BGB, 30 ff. KO zur Erstattung heranzuziehen und es im übrigen bei seiner Begünstigung auf Kosten der Gläubiger bewenden zu lassen, soweit die Zuwendung nicht nur das Stammkapital aufgezehrt, sondern darüber hinaus die GmbH überschuldet oder eine schon bestehende Überschuldung vertieft hat[542].

381

ii) Durchgriffshaftung wegen Unterkapitalisierung

Im juristischen Schrifttum wird die Frage diskutiert, ob die beschränkte Haftung des Kommanditisten auch aufgrund eines Haftungsdurchgriffs wegen Unterkapitalisierung der GmbH & Co. KG entfallen kann[543]. Eine Gesellschaft ist unterkapitalisiert, wenn die Höhe ihres Eigenkapitals in keiner Weise dem wirtschaftlichen Risiko der Gesellschaft entspricht[544]. Zwischen dem Finanzbedarf der Gesellschaft, der sich aus Art und Umfang der beabsichtigten oder tatsächlichen Geschäftstätigkeit ergibt, und dem haftenden Eigenkapital darf kein Miß-

382

---

537 Vgl. BGH WM 1979, 803 (804).
538 Baumbach/Duden/Hopt, § 172a Anm. 7B; Uhlenbruck, S. 656f. mwN.
539 Hanseatisches OLG Urteil v. 16.5.1986 GmbHR 1986, 232.
540 Hanseatisches OLG, a.a.O.
541 BGHZ 60, 324 (331).
542 BGH, a.a.O.
543 Hachenburg/Ulmer, Anh. § 30, Rn. 98 ff. mwN; Uhlenbruck, S. 682 f.; Schlegelberger/K. Schmidt, § 172a Rn. 4.
544 Fischer/Lutter/Hommelhoff, § 13 Rn. 8.

D   Laufender Geschäftsbetrieb der GmbH & Co. KG – Handelsrechtl. Teil

verhältnis bestehen, da anderenfalls das wirtschaftliche Risiko allein auf die Gläubiger der Gesellschaft abgewälzt wird[545].

383 Im GmbH-Recht hat die Rechtsprechung zum Teil eine persönliche Haftung von GmbH-Gesellschaftern bei völlig unzureichender Ausstattung der Gesellschaft mit Eigenkapital bejaht[546].

384 Grundsätzlich läßt die Rechtsprechung einen Haftungsdurchgriff nur in sehr engen Grenzen zu. Der BGH hat wiederholt festgestellt, daß eine Haftung der hinter der GmbH stehenden Gesellschafter regelmäßig ausgeschlossen sei[547]. Eine Ausnahme gelte nur dann, wenn die Anwendung dieses Grundsatzes zu Ergebnissen führen würde, die mit Treu und Glauben nicht im Einklang stehen, und wenn die Ausnutzung der rechtlichen Verschiedenheit zwischen der juristischen Person und den hinter ihr stehenden natürlichen Personen einen Rechtsmißbrauch bedeute[548]. Die Unterkapitalisierung begründe für sich allein genommen noch keinen Haftungsdurchgriff[549]. Zwar gibt es auch Entscheidungen anderer Gerichte, in denen ein Durchgriff gegen einen Gesellschafter wegen Unterkapitalisierung grundsätzlich anerkannt wurde[550]. Sie enthalten jedoch keine verallgemeinerungsfähigen Grundsätze, die sich auf eine Durchgriffshaftung gegen Kommanditisten einer GmbH & Co. KG übertragen lassen. Immer waren besondere Umstände des Einzelfalles für die Haftung der Gesellschafter entscheidend bzw. wurde die Frage, ob die fehlende Kapitalausstattung allein ausreicht, einen Haftungsdurchgriff gegen einen Gesellschafter zu begründen, offengelassen, da noch weitere Umstände vorlagen, die zusammen mit der Unterkapitalisierung den Mißbrauchstatbestand erfüllten[551].

385 Überhaupt zeigt sich in der Rechtsprechung die Tendenz, im Falle der Unterkapitalisierung auf die Haftung der Gesellschafter gemäß § 826 BGB auszuweichen, wenn sich die Möglichkeit bietet. § 826 BGB kommt immer dann in Betracht, wenn die Gesellschafter mit einem eindeutig unzureichenden Stammkapital und ohne Gesellschafterdarlehen besonders riskante Geschäfte auf Kosten der Gläubiger betreiben[552].

386 Auch in der rechtstheoretischen Diskussion um die Haftung eines Kommanditisten im Falle der Unterkapitalisierung der GmbH & Co. KG werden eher einzelne

---

545 BSG Urteil v. 7.12.1983, NJW 1984, 2117 (2119); Hachenburg/Ulmer, Anh. § 30 Rn. 11, 13 ff., 59 ff.; K. Schmidt, S. 188.
546 BSG, a.a.O.; OLG Karlsruhe, WM 1978, 962 ff.; OLG Hamburg, BB 1973, 1231 (1232); vgl. BGHZ 54, 222 (224 ff.) „Durchgriffshaftung von Vereinsmitgliedern".
547 BGHZ 78, 318 (333); BGHZ 68, 312 (314 f.); vgl. BGHZ 54, 222 (224).
548 BGHZ 78, 318 (333).
549 BGHZ 68, 312 (316).
550 BSG, a.a.O.; OLG Karlsruhe, a.a.O.; OLG Hamburg, a.a.O.; BGHZ 54, 222.
551 Vgl. BSG NJW 1984, 2117 (2119); OLG Karlsruhe, a.a.O.
552 Vgl. BGH NJW 1979, 2104; OLG Karlsruhe, a.a.O.; BGH WM 1985, 54 (55).

Außenverhältnis

Tatbestände, wie z. B. §§ 826 BGB oder 823 Abs. 2 BGB i. V. m. § 263 StGB, als Haftungsgrundlage in Betracht gezogen als ein allgemeiner Haftungsdurchgriff[553].

jj) Unbeschränkte Haftung aufgrund gesellschaftsinterner Vereinbarungen

Durch gesellschaftsinterne Vereinbarungen kann die beschränkte Haftung der Kommanditisten erweitert werden. Vereinbaren die Gesellschafter der GmbH & Co. KG im Innenverhältnis, daß die Kommanditisten neben der Komplementär-GmbH voll haftbar sein sollen, oder haben sich die Kommanditisten der Komplementärin gegenüber verpflichtet, diese von allen Gläubigeransprüchen freizustellen, bleibt die Komplementär-GmbH zwar im Außenverhältnis in der vollen Haftung, gleichzeitig hat sie aber einen Freistellungsanspruch gegen die Kommanditisten. Dieser Freistellungsanspruch erweitert die Haftung der Kommanditisten gegenüber Gläubigern der GmbH & Co. KG insofern, als er von diesen gepfändet werden kann und im Konkurs der GmbH vom Konkursverwalter gegen die Kommanditisten geltend gemacht werden kann[554]. 387

Enthält der Gesellschaftsvertrag dagegen lediglich eine Regelung dahingehend, daß die Komplementär-GmbH nicht am Verlust der GmbH & Co. KG beteiligt sein soll, entsteht allein dadurch noch kein Freistellungsanspruch der GmbH gegenüber den Kommanditisten. Durch Verlustausschlußklauseln wird die Haftung der Kommanditisten nicht berührt. Sie betreffen lediglich die jährliche interne Gewinn- und Verlustverteilung, deren gesetzliche Regelung dispositives Recht ist, §§ 163, 168 HGB. Die Gesellschafter der GmbH & Co. KG können also die Verlustbeteiligung der Komplementär-GmbH einengen, ohne dabei das Haftungsrisiko der Kommanditisten zu erweitern[555]. Die Erweiterung der Kommanditistenhaftung bedarf der oben dargestellten ausdrücklichen Abreden[556]. Sie kann auch nicht im Wege der extensiven Auslegung einer Verlustausschlußklausel hergeleitet werden[557]. 388

---

553 Schlegelberger/K. Schmidt, § 172 a Rn. 4; Hennerkes/Binz, S. 201; Uhlenbruck, S. 683; a. A. Baumbach/Duden/Hopt, § 172 a Anm. 9 C.
554 Sudhoff, DB 1973, 2175 (2176); OLG Karlsruhe, BB 1982, 327 (328); Hennerkes/Binz, S. 91.
555 OLG Karlsruhe, a.a.O.; Sudhoff a.a.O.; Fehl BB 1976, 109 (113); Schlegelberger/K. Schmidt, §§ 171, 172 HGB.
556 S. Rn. 389.
557 OLG Karlsruhe, a.a.O.; Fehl, a.a.O.

III Rechnungslegung

1 Buchführungs- und Rechnungslegungsvorschriften

a) Handelsrecht (Bilanzrichtlinien-Gesetz)

389 Sowohl für die Komplementär-GmbH als auch für die Kommanditgesellschaft gilt die in § 238 Abs. 1 HGB niedergelegte Verpflichtung des Kaufmanns, Bücher zu führen und in diesen seine Handelsgeschäfte und die Lage seines Vermögens nach den Grundsätzen ordnungsmäßiger Buchführung ersichtlich zu machen. Darüber hinaus ist er verpflichtet, eine mit der Urschrift übereinstimmende Wiedergabe der abgesandten Handelsbriefe zurückzubehalten (§ 238 Abs. 2 HGB).

Zudem verlangt § 242 Abs. 1 Satz 1 HGB von der Komplementär-GmbH und der KG die Aufstellung einer Handelsbilanz; hierbei sind nach dem Bilanzrichtliniengesetz[558] rechtsformunabhängige und rechtsformspezifische Regelungen zu beachten. Das sind die handelsrechtlichen Ansatzvorschriften (§§ 246 bis 251 HGB) und die handelsrechtlichen Bewertungsvorschriften (§§ 252 bis 256 HGB) sowie die nur für Kapitalgesellschaften geltenden Vorschriften der §§ 264 ff HGB[559].

390 Bei der GmbH trifft die Buchführungspflicht den Geschäftsführer; dieser ist verpflichtet, für die ordnungsgemäße Buchführung der Gesellschaft zu sorgen (§ 41 Abs. 1 GmbHG). Bei der GmbH & Co. KG obliegt die Buchführungspflicht dem Komplementär[560], also der GmbH.

391 Die Buchführungspflicht beginnt **handelsrechtlich** mit der Entstehung der Kaufmannseigenschaft. Das bedeutet, daß sowohl bei der GmbH als auch bei der Kommanditgesellschaft vor Eintragung in das Handelsregister Bücher dann zu führen sind, wenn der Betrieb eines Grundhandelsgewerbes nach § 1 HGB aufgenommen ist. Ist Gegenstand der jeweiligen Gesellschaft ein Handelsgewerbe

---

558 Das Bilanzrichtliniengesetz (BiRiLiG) vom 19.12.1985 BGBl I S. 2355 ff. bringt die Angleichung des Deutschen Rechts über die Rechnungslegung und Prüfung von Kapitalgesellschaften und Konzernen an die sog. 4. EG-Richtlinie vom 25.7.1978. Das BiRiLiG ist für Einzelabschlüsse erstmals ab 1987 (für Geschäftsjahre, die nach dem 31.12.1986 beginnen) und für Konzernrechnungslegung ab 1990 (für Geschäftsjahre, die nach dem 31.12.1989 beginnen) anzuwenden. Es hat zur Zielsetzung alle Vorschriften aufzunehmen, die schon einem rechtsform- und größenunabhängige Grundsätze ordnungsmäßiger Buchführung (GoB) für alle Unternehmen sind. Diese Regelungen werden nur einmal kodifiziert, und zwar im Handelsgesetzbuch. Im Aktiengesetz, im GmbH-Gesetz und im Genossenschaftsgesetz verbleiben daher Vorschriften über die Rechnungslegung, deren Prüfung und Publizität; die letztgenannten Gesetze enthalten als Spezialgesetze nur ergänzende Regelungen. Das BiRiLiG änderte das HGB dahingehend, daß im 3. Buch die für alle Kaufleute geltenden Vorschriften zusammengefaßt (1. Abschnitt) und eindeutig von den für Genossenschaften (3. Abschnitt) ergänzend geltenden Vorschriften abgegrenzt werden.
559 Wird unter. Fn 558 weiter ausgeführt. Für eine Kurzübersicht siehe BayObIG - Beschluß vom 5.11.1987 - BReg 3 Z 41/87; DB 1988 S. 171.
560 Schlegelberger, a.a.O., § 38, Anm. 1.

Rechnungslegung D

nach §§ 2 oder 3 Abs. 2 HGB, so entsteht die Buchführungspflicht erst mit Eintragung der Gesellschaft ins Handelsregister.

Die Geschäftsführer der Komplementär-GmbH müssen daher sowohl für die 392
GmbH als auch für die Kommanditgesellschaft buchführen. Sie brauchen dieses nicht in jedem Falle selbst zu tun, sind jedoch zumindest verpflichtet, geeignete und zuverlässige Personen mit der Buchführung zu beauftragen und diese zu überwachen[561]. Neben der allgemeinen zivilrechtlichen Haftung wegen schuldhafter Verletzung dieser Pflicht macht sich der Geschäftsführer im Falle eines Konkurses oder der Zahlungseinstellung der Gesellschaften gegebenenfalls auch strafbar (vgl. §§ 239 Abs. 1 Ziff. 3 und 4, 240 Ziff. 3 KO, § 50a Abs. 1 StGB)[562].

b) Steuerrecht

Die geltenden Steuergesetze verwenden grundsätzlich den Ausdruck ,,Steuerbi- 393
lanz" nicht (Ausnahme z. B. § 29 Abs. 1 Satz 1 KStG). Eine solche darf aber aufgestellt werden (§ 60 Abs. 2 Satz 2 EStDV). Die Steuerbilanz dient der steuerlichen Gewinnermittlung. § 5 Abs. 1 EStG bestimmt, daß für den Schluß des Wirtschaftsjahres das Betriebsvermögen anzusetzen ist, das nach handelsrechtlichen Grundsätzen ordnungsmäßer Buchführung (= GoB) auszuweisen ist. Damit knüpft aus Vereinfachungsgründen die steuerrechtliche Gewinnermittlung an diejenige des Handelsrechts an. Es gilt nach § 5 Abs. 1 EStG das sog. Prinzip der Maßgeblichkeit der Handelsbilanz für die Steuerbilanz. Ist die Handelsbilanz nach den GoB erstellt und verstößt sie nicht gegen zwingende handelsrechtliche Vorschriften, so bildet sie auch die *Grundlage* für die steuerliche Gewinnermittlung. **Die Steuerbilanz ist** somit **keine selbständige, sondern eine aus der Handelsbilanz abgeleitete Bilanz.** Diese kann, wie ausgeführt, im Einzelfall nur die Grundlage für eine Steuerbilanz sein. Eine solche muß nämlich vorrangig auch steuerliche Vorschriften und den Umstand beachten, daß die Rechtsprechung des BFH den Maßgeblichkeitsgrundsatz eng auslegt[563].

Die **steuerrechtliche** Buchführungspflicht ergibt sich aus § 140 AO; nach dieser 394
Vorschrift werden die GmbH und die GmbH & Co. KG verpflichtet, die Buchführungsvorschriften des HGB auch im Interesse der Besteuerung zu erfüllen.

c) Einheitsbilanz

In der Praxis wird bei Einzelkaufleuten, Personenhandelsgesellschaften und viel- 395
fach mittleren und kleineren Unternehmen in der Rechtsform einer GmbH z. T.

---

561 Baumbach-Hueck, a.a.O., § 41 Anm. 2 B; Baumbach-Duden, a.a.O., § 38 Anm. 3 B.
562 Vgl. BayObLG Urteil vom 18.3.1969 in DB 1969, S. 918 f.
563 BayObLG – Beschluß vom 5.11.1987, a.a.O., mit weiteren Literatur- und Rechtsprechungshinweisen.

D   Laufender Geschäftsbetrieb der GmbH & Co. KG – Handelsrechtl. Teil

aus Vereinfachungsgründen z. T. aus Kostenersparnis die Handelsbilanz von vornherein unter Berücksichtigung der steuerlichen Vorschriften aufgestellt; die Handelsbilanz ist also zugleich Steuerbilanz (sog. Einheitsbilanz)[564].

396 Aus dem Beschluß des BayObLG vom 5.11.1987[565] muß der Schluß gezogen werden, daß mit Inkrafttreten des BiRiLiG – zumindest für die GmbH – die Einheitsbilanz unzulässig ist[566], da die handelsrechtlichen Ansatz- und Bewertungsvorschriften oder die Grundsätze ordnungsgemäßer Buchführung zwingend sind und handels- und steuerrechtliche Regelungen nicht in allen Punkten übereinstimmen (wird vom BayObLG eingehend dargestellt). Das HGB gestattet nur im Einzelfall bei Vorliegen bestimmter Tatbestände (§ 247 Abs. 3, §§ 254, 273, 279 Abs. 2, § 280 Abs. 2, § 281 HGB), die Handelsbilanz an die Steuerbilanz anzupassen, mit anderen Worten: das Gesetz gestattet es nicht, die Handelsbilanz allgemein durch die Steuerbilanz zu ersetzen.

397 Zielen gesellschaftsvertragliche Regelungen auf die Einheitsbilanz ab, so müssen diese den Zusatz enthalten, daß die Aufstellung der Bilanz allein unter Berücksichtigung steuerlicher Vorschriften dann unzulässig ist, wenn dem zwingende handelsrechtliche Bestimmungen entgegenstehen.

398 Die Praxis wird daher folgende Wege beschreiten müssen[567]:

(1) Es wird eine Handelsbilanz ohne Berücksichtigung der steuerlichen Vorschriften erstellt. Die der Steuerbehörde eingereichte Handelsbilanz wird dann als Steuerbilanz verwendet. Bei der Steuererklärung müssen dann aber die Ansätze und Beträge, die den steuerlichen Vorschriften nicht entsprechen, durch Zusätze oder Anmerkungen den steuerlichen Vorschriften erforderlichenfalls angepaßt werden. Die erforderlichen steuerlichen Korrekturen müssen in einer besonderen Nebenrechnung erfaßt werden, die eine Mehr- oder Wenigerrechnung enthält.

(2) Es wird getrennt eine Handels- und Steuerbilanz erstellt. Eine solche Handhabung ist bisher bei größeren Handelsunternehmen, z. B. Publikumsgesellschaften, zu verzeichnen.

---

564 Vgl. Regierungsbegründung zum BiRiLiG, BT-Dr 10/317 S. 68 unter V 4.
565 a.a.O., DB 1988 S. 171.
566 Leitsatz des Beschlusses: „Der Gesellschaftsvertrag (die Satzung) einer GmbH kann den Geschäftsführer nicht verpflichten, die anläßlich des Jahresabschlusses 1987 und später erforderliche Bilanz ausschließlich nach steuerlichen Vorschriften aufzustellen.
567 Vgl. Begründung zum BayObIG – Beschluß vom 5.11.1987, a.a.O., DB 1988 S. 173 mit weiteren Literatur- und Rechtsprechungsnachweisen.

d) Gesellschafterdarlehens- und Gesellschafterverrechnungskonten (Kapitalkonto I und II)

aa) Kapitalkonten und Gesellschafterdarlehen

Wie bei jeder Kommanditgesellschaft empfiehlt sich auch bei der GmbH & Co. KG, die Kapitalkonten in Höhe der übernommenen Einlagen der Kommanditisten zu fixieren. Es wäre ebenfalls zweckmäßig, auch das Komplementär-Kapital unverändert zu belassen, da – in der Regel – die Komplementär-GmbH mit ihrem gesamten Stammkapital an der GmbH & Co. KG beteiligt ist und somit aus der Bilanz der GmbH & Co. KG die Höhe des Stammkapitals der Komplementärin zu entnehmen ist.

399

Gewinne und Verluste, Einlagen und Entnahmen sind im Jahresabschluß auf separaten Verrechnungskonten der Gesellschafter – häufig als Kapitalkonto I und II, auch III und IV bezeichnet – zu erfassen. Der Saldo zwischen diesem Konto und dem festen Kapitalkonto stellt das tatsächliche Kapital des Gesellschafters dar[568]. Ist die Einlage voll eingezahlt, entspricht dieser Saldo gleichzeitig dem haftenden Kapital der Kommanditisten. Davon zu unterscheiden – zumindest was die Kommanditisten betrifft – sind Darlehen der Gesellschafter[569]. Führt der Kommanditist über seine Einlagen hinaus der Gesellschaft weitere Mittel in Form von Darlehen zu, so hat er insoweit die Stellung eines Gläubigers. Das Darlehenskapital ist nicht verhaftet. Es kann nach den vertraglichen Abreden zurückgefordert werden. Im Falle eines Konkurses bleibt dem Kommanditisten wenigstens der Anspruch in Höhe der allgemeinen Konkursquote[570]. Dagegen haftet die Komplementärin mit allem, was sie als Einlage oder als Darlehen der Gesellschaft zur Verfügung gestellt hat.

400

Die handelsrechtliche Behandlung der Gesellschafterkonten sollte vor allem bei Publikums-GmbH & Co. KG's zweckmäßigerweise in den Angaben zum Jahresabschluß kurz in der Weise hervorgehoben werden, daß klargestellt wird, ob ein Konto Darlehenscharakter hat oder ob es ein anderes Guthaben aufweist, z. B. aus stehengebliebener Vergütung für Tätigkeit innerhalb der Gesellschaft. Dabei ist m. E. eine Angabe erst vollständig, wenn auf die rechtsgeschäftliche Grundlage der Kontenausweise hingewiesen wird. Damit wird zugleich deutlich gemacht,

401

---

568 Die Kapitalkonten I – IV sind also nur Unterkonten des einheitlichen Kapitalkontos, also Teile desselben; das Auseinanderziehen soll der Übersichtlichkeit der Darstellung dienen.
569 Nach Schropp, a.a.O., BB 1987 S. 584, kommt es für die Einordnung der Konten in Darlehens- und Kapitalkonten auf die dazu getroffenen rechtsgeschäftlichen Festlegungen an. Grundlage der Kapitalkonten sind gesellschaftsvertragliche Abreden, Grundlage der Darlehenskonten sind Beschlüsse oder Vereinbarungen der Gesellschafter.
570 Zur Problematik der Eigenkapital ersetzenden Darlehen vgl. Rn. 744 ff.

D   Laufender Geschäftsbetrieb der GmbH & Co. KG – Handelsrechtl. Teil

wie rechtsgeschäftliche Abreden verstanden werden und damit Unklarheiten oder divergierenden Auffassungen vorgebeugt wird[571].

402 Im Gesellschaftsvertrag kann vereinbart werden, daß die laufenden Verrechnungskonten verzinst werden. Üblicherweise wird der Zinssatz an den Diskontsatz der Deutschen Bundesbank gekoppelt, um Streitigkeiten möglichst zu vermeiden.

403 Darlehen, die Kommanditisten ihrer Gesellschaft gewähren, sind einkommensteuerrechtlich grundsätzlich wie Gesellschaftskapital zu behandeln; die auf die Darlehen gezahlten Zinsen sind nicht Betriebsausgaben. Das schließt es indes nicht aus, daß eine Forderung aus einem solchen Darlehen an einen Dritten, der nicht Gesellschafter ist, mit der Wirkung abgetreten werden kann, daß auch einkommensteuerrechtlich eine Darlehensschuld der Gesellschaft anzuerkennen ist; das bedeutet, daß die auf die abgetretenen Darlehensforderungen gezahlten Zinsen Betriebsausgaben sind[572].

bb) Verrechnungskonten bei Auslagenersatz

404 Wird die GmbH & Co. KG schon im Gesellschaftsvertrag verpflichtet, die im Zusammenhang mit der Geschäftsführung entstehenden Kosten der GmbH zu übernehmen, so ergibt sich folgendes Verfahren: Die GmbH & Co. KG bezahlt die anfallenden Geschäftsführergehälter und sonstige Kosten aus eigenen Mitteln. Die Gegenbuchung erfolgt über ein Verrechnungskonto, das spiegelbildlich die gleichen Vorgänge enthält, wie dasjenige bei der GmbH. Die Gegenbuchungen bei der GmbH erfolgen auf den jeweiligen Kostenkonten. Der Ausgleich der Verrechnungskonten kann monatlich oder jährlich oder in einem sonstigen Rhythmus vorgenommen werden. Die GmbH & Co. KG bucht den Saldo des Verrechnungskontos als Aufwand, der z. B. mit „Auslagenersatz an die Komplementärin" bezeichnet wird. Bei der GmbH erfolgt eine entgegengesetzte Buchung, so daß die Kostenerstattung als Ertrag vereinnahmt wird.

405 Im Ergebnis hat sich der gesamte Vorgang erfolgsmäßig nur bei der GmbH & Co. KG, nicht jedoch bei der GmbH ausgewirkt, bei der sich Aufwand und Ertrag in gleicher Höhe gegenüberstehen, sofern alle Aufwendungen der GmbH als erstattungsfähig, also als im Zusammenhang mit der Geschäftsführung entstanden, angesehen werden[573]. Ein **Beispiel** soll die Buchung für Verrechnungskonten darstellen.

---

571 Schopp, a.a.O., BB 1987 S. 581. Im Urteil vom 22.07.1987 I R 74/85, BStBl II S. 823 entschied der BFH (zum KapVStG): „Ist in einem Gesellschaftsvertrag vereinbart, daß auf den Kapitalkonten II der Gesellschafter anteilige Gewinne und Verluste sowie Einlagen und Entnahmen verbucht werden sollen, so ist dies nur dann ein Indiz für die Annahme eines echten Beteiligungskontos, wenn die Kapitalkonten II nicht zu verzinsen sind."
572 BFH-U vom 13.10.1972 I R 234/70 BStBl 1973 II S. 116.
573 Es kann aber strittig sein, ob die Steuern der GmbH, Zinsaufwand für ein eventuelles Girokonto etc. solche erstattungsfähigen Aufwendungen darstellen.

Rechnungslegung   **D**

Das Geschäftsführergehalt beträgt mtl. DM 1.000,–.

Buchungen bei der KG: 406

Verrechnungskonto		Bank	
(1) 1.000,–		1.000,–	(1)
.		.	
.		.	
.		.	
(12) 1.000,–	12.000,– (G + V)	1.000,–	(12)

G + V	
12.000,–	

Buchungen bei der GmbH: 407

Verrechnungskonto			Gehalt	
	1.000,– (1)	(1) 1.000,–		
	.	.		
	.	.		
	.	.		
(G + V) 12.000,–	1.000,– (12)	(12) 1.000,–	12.000,–	(G + V)

G + V	
12.000,–	12.000,–

Auf einen Fehler, der häufig schon seine Ursachen im unklaren Gesellschaftsvertrag der GmbH & Co. KG hat, jedoch in weiten Kreisen auch bei deutlicher Abfassung der einschlägigen Regelungen gemacht wird, soll an dieser Stelle hingewiesen werden.   408

Die Kostenerstattung für die Geschäftsführung an die GmbH beeinflußt nicht den Gewinnanteil der GmbH. Im Gesellschaftsvertrag ist das dergestalt darzustellen, daß z. B. der Passus über die Gewinnverteilung folgenden Satz enthält: *Der nach Erstattung der Auslagen* für die Geschäftsführung an die GmbH verbleibende Gewinn (Verlust) wird wie folgt aufgeteilt...   409

Bei der Bilanzierung und Gewinnverteilung ist diese Regelung unbedingt zu beachten. Es werden auch in Fachkreisen Meinungen vertreten, die darauf hinauslaufen, bei der Gewinnverteilung der GmbH nur noch den Betrag zu gewähren,   410

D   Laufender Geschäftsbetrieb der GmbH & Co. KG – Handelsrechtl. Teil

der über die Kostenerstattung hinausgeht. Dies ist im Hinblick auf die neuere BFH-Rechtsprechung nicht möglich, da so die GmbH einen unangemessen niedrigen Gewinn erzielt.

2 Jahresabschluß und Publizität

a) Grundsätzliches

411 Das Bilanzrichtlinien-Gesetz (BiRiLiG) differenziert zwischen rechtsform- und größenunabhängigen Vorschriften, die für sämtliche Unternehmen gelten sowie rechtsform- und größenspezifischen Vorschriften, die für Kapitalgesellschaften gelten. Da letztere hinsichtlich ihrer Größe in „klein", „mittelgroß" und „groß" unterschieden werden, ist hinsichtlich der Anwendbarkeit der Vorschriften des Bilanz-Richtlinien-Gesetzes zu differenzieren zwischen – Kaufleuten i.S. des HGB – kleinen Kapitalgesellschaften – mittelgroßen Kapitalgesellschaften – großen Kapitalgesellschaften.

412 Als Kaufleute i.S. des HGB gelten alle Unternehmen, die wegen ihres Gewerbebetriebs oder ihrer Rechtsform-, Muß-, Soll-, Kann- oder Formkaufmann oder buchführungspflichtiger Sollkaufmann (§ 47b HGB) sind. Zu diesen Kaufleuten rechnen auch Personenhandelsgesellschaften.

413 Kleine Kapitalgesellschaften sind gemäß § 267 Abs. 1 HGB solche, die mindestens zwei der drei nachstehenden Merkmale nicht überschreiten.

414 – Bilanzsumme (nach Abzug eines auf der Aktivseite
ausgewiesenen Fehlbetrags) 3.900.000,– DM
– Umsatzerlöse 8.000.000,– DM
– Arbeitnehmer 50 (im Jahresdurchschnitt).

415 **Mittelgroße Kapitalgesellschaften** sind nach § 267 Abs. 2 HGB solche, die jeweils mindestens 2 der 3 nachstehenden Merkmale nicht überschreiten und nicht als kleine Kapitalgesellschaft gelten.
– Bilanzsumme (nach Abzug eines auf der Aktivseite
ausgewiesenen Fehlbetrags) 15.500.000,– DM
– Umsatzerlöse 32.000.000,– DM
– Arbeitnehmer 250 (im Jahresdurchschnitt)

416 **Große Kapitalgesellschaften** sind gem. § 267 Abs. 3 HGB solche, die mindestens zwei der nachstehenden Merkmale überschreiten
– Bilanzsumme (nach Abzug eines auf der Aktivseite
ausgewiesenen Fehlbetrags) 15.500.000,– DM
– Umsatzerlöse 32.000.000,– DM
– Arbeitnehmer 250 (im Jahresdurchschnitt)

Rechnungslegung D

Da **bei einer typischen GmbH & Co. KG** sich die **Komplementär-GmbH** nur auf die Vertretung und Geschäftsführung der Kommanditgesellschaft beschränkt, wird diese Komplementär-GmbH stets als „**kleine Kapitalgesellschaft**" einzuordnen sein. Nachstehend werden daher nur die für „kleine Kapitalgesellschaften" geltenden Vorschriften des Bilanz-Richtlinien-Gesetzes (und der dadurch bedingten Änderungen des HGB) aufgeführt. 417

Auf die Einbeziehung von Personenhandelsgesellschaften, bei denen keine persönlich haftende Person persönlich haftender Gesellschafter ist (insbesondere GmbH & Co. KG), in die für Kapitalgesellschaften vorgesehenen Regelungen hat der Gesetzgeber verzichtet[574]. 418

Für die GmbH & Co. KG – nicht für die Komplementär-GmbH – gelten also nur die rechtsform- und größenunabhängigen Vorschriften des Bilanz-Richtlinien-Gesetzes, das sind im wesentlichen die im 3. Buch des HGB kodifizierten Grundsätze ordnungsmäßiger Buchführung. Die Vorschriften des Bilanz-Richtlinien-Gesetzes zur Bilanz- sowie Gewinn- und Verlustrechnung, zum Lagebericht sowie zur Pflichtprüfung und Offenlegung des Jahresabschlusses gelten nicht für die GmbH & Co. KG. 419

Die von der GmbH & Co. KG zu beachtenden Vorschriften des Bilanz-Richtlinien-Gesetzes und die dadurch bedingten Änderungen des HGB betreffen nur die schon seit langem allgemein anerkannten Grundsätze ordnungsgemäßer Buchführung und erstrecken sich nicht auf Publizität und Prüfung. Die wichtigsten dem GoB zugerechneten Prinzipien, die jetzt im HGB durch das Bilanz-Richtlinien-Gesetz kodifiziert sind, werden nachstehend erläutert. 420

b) Von der Komplementär-GmbH und der Kommanditgesellschaft zu beachtende Vorschriften

aa) Buchführung

§ 238 HGB bestimmt in Anlehnung an § 145 Abs. 1 AO als Generalklausel, daß die **Buchführung** so beschaffen sein muß, daß sie einem sachverständigen Dritten innerhalb angemessener Zeit einen Überblick über die Geschäftsvorfälle und die Lage des Unternehmens vermitteln kann. Die Geschäftsvorfälle müssen sich in ihrer Entstehung und Abwicklung verfolgen lassen. 421

bb) Ansatz (Bilanzierungs-)Vorschriften

§ 246 Abs. 1 HGB kodifiziert den **Grundsatz der Vollständigkeit**, indem er bestimmt, daß der Jahresabschluß sämtliche Vermögensgegenstände, Schulden, 422

---
[574] Vgl. BT-Dr 10/4268 S. 4.

D Laufender Geschäftsbetrieb der GmbH & Co. KG – Handelsrechtl. Teil

Rechnungsabgrenzungsposten, Aufwendungen und Erträge zu enthalten hat. Ergänzend bestimmt § 246 Abs. 2 HGB, daß Posten der Aktivseite nicht mit Posten der Passivseite, Aufwendungen nicht mit Erträgen und Grundstücksrechte nicht mit Grundstückslasten verrechnet werden dürfen, kodifiziert also das **Verrechnungsverbot** (Saldierung von Aktiva und Passiva bzw. Aufwendungen und Erträgen).

423 Für eine Publikums-GmbH & Co. KG, die zur Kapitalsammlung eine unbestimmte Vielzahl rein kapitalistisch beteiligter Kommanditisten als Anlagegesellschafter aufgrund eines fertig formulierten Vertrags aufnehmen soll, ist die Bestimmung des § 248 Abs. 1 HGB von Bedeutung, die besagt, daß die **Kosten für die Beschaffung des Eigenkapitals** nicht zu aktivieren sind. Das gilt auch steuerrechtlich; siehe hierzu FG Berlin-Urteil vom 10.07.1984[575], BFH-Urteil vom 23.10.1986[576] sowie Tz. 147 ff. dieses Buches[577].

424 Aus § 248 HGB ergibt sich ein Bilanzierungsverbot für nicht-entgeltlich erworbene Vermögensgegenstände und – im Umkehrschluß – eine Aktivierungspflicht bei entgeltlichem Erwerb. Das Bilanz-Richtlinien-Gesetz knüpft damit an die herrschende steuerrechtliche Praxis an.

425 § 249 HGB regelt die **Rückstellungsbildung** rechtsformunabhängig, d. h., für alle Unternehmen und unterscheidet dabei zwischen einer Rückstellungspflicht und einem Rückstellungswahlrecht. Rückstellungen **müssen** gebildet werden für

(a) ungewisse Verbindlichkeiten
(b) drohende Verluste aus schwebenden Geschäften
(c) im Geschäftsjahr unterlassene Aufwendungen zur Instandhaltung, die im folgenden Geschäftsjahr innerhalb von drei Monaten, oder für Abraumbeseitigung, die im folgenden Geschäftsjahr nachgeholt werden

und

(d) Gewährleistungen, die ohne rechtliche Verpflichtung erbracht werden.

426 Rückstellungen **können** gebildet werden für

(a) im Geschäftsjahr unterlassene Aufwendungen für Instandhaltung, die in der Zeit vom 4. bis 12. Monat nachgeholt werden (steuerrechtlich besteht hier ein Passivierungsverbot).
(b) ihrer Eigenart nach genau umschriebene, dem Geschäftsjahr oder einem früheren Geschäftsjahr zuzuordnende Aufwendungen, die am Abschluß-Stich-

---

[575] V 218/83
[576] IV R 352/84, BB 1987 S. 179.
[577] Siehe Seite 73 dieses Buches.

tag wahrscheinlich oder sicher aber hinsichtlich ihrer Höhe oder des Zeitpunkts ihres Eintritts unbestimmt sind (Aufwandsrückstellungen, z. B. Reparaturkostenrückstellungen). Steuerrechtlich ist diese Rückstellungsmöglichkeit unbeachtlich.

Zu den Rückstellungen für ungewisse Verbindlichkeiten gehören auch **Pensionsrückstellungen**, deren Bildung damit künftig zwingend wird. Für vor dem 1.1.1987 erteilten Zusagen besteht jedoch aufgrund einer Übergangsregelung das bisherige Passivierungswahlrecht weiter. 427

§ 251 HGB bestimmt nunmehr für alle Kaufleute, daß **Haftungsverhältnisse** unter der Bilanz **zu vermerken** sind, und zwar 428

(a) Verbindlichkeiten aus der Begebung und Übertragung von Wechseln,
(b) Verbindlichkeiten aus Bürgschaften, Wechsel- und Scheckbürgschaften und aus Gewährleistungsverträgen,
(c) Haftungsverhältnisse aus der Bestellung von Sicherheiten für fremde Verbindlichkeiten.

Die Eventualverbindlichkeiten dürfen in einem Betrag angegeben werden.

cc) Bewertungsvorschriften

In dem § 252 bis 256 HGB werden sämtliche Bewertungsvorschriften – soweit es sich um rechtsform- und größenunabhängige Grundsätze ordnungsmäßiger Buchführung handelt – zusammengefaßt. Dabei ist zwischen allgemeinen Bewertungsgrundsätzen (§ 252 HGB) und speziellen Bewertungsgrundsätzen (§ 253–256 HGB) zu unterscheiden. 429

Bezüglich der **allgemeinen Bewertungsgrundsätze** bestimmt § 252 Abs. 1 S. 2 HGB, daß bei der Bewertung von der Fortführung der Unternehmenstätigkeit auszugehen ist, sofern dem nicht tatsächliche oder rechtliche Gegebenheiten entstehen. Das bedeutet, daß das sog. **Going-Concern-Concept** anzuwenden ist, das besagt, daß hinsichtlich der Bewertung nicht von der Zerschlagung, sondern von der planmäßigen Fortführung eines Unternehmens auszugehen ist. Liquidationswerte sind erst in Insolvenzfällen anzuwenden. 430

Des weiteren bestimmt § 252 Abs. 1 Ziff. 4, daß vorsichtig zu bewerten ist; namentlich sind alle vorhersehbaren Risiken und Verluste, die bis zum Abschlußstichtag entstanden sind, zu berücksichtigen, selbst wenn diese erst zwischen dem Abschlußstichtag und dem Tag der Aufstellung des Jahresabschlusses bekannt geworden sind; Gewinne sind nur zu berücksichtigen, wenn sie am Abschlußstichtag realisiert sind. Kodifiziert werden damit sowohl das **Realisationsprinzip** (ausgewiesen werden dürfen nur realisierte Gewinne) als auch das **Imparitätsprinzip** (noch nicht realisierte aber vorhersehbare Verluste sind zu berücksichtigen) sowie der Grundsatz der Wertaufhellung. § 252 Abs. 1 Ziff. 6 431

D Laufender Geschäftsbetrieb der GmbH & Co. KG – Handelsrechtl. Teil

kodifiziert den Grundsatz der **materiellen Bilanzkontunität**, indem er bestimmt, daß die auf den vorhergehenden Jahresabschluß angewandten Bewertungsmethoden beibehalten werden sollen.

432 Ein Methodenwechsel ist nach § 252 Abs. 2 HGB nur in begründeten Ausnahmefällen möglich. Dieses Bewertungs-Stetigkeitsgebot dürfte infolge des Maßgeblichkeitsgrundsatzes der Handelsbilanz für die Steuerbilanz auch für das Steuerrecht Bedeutung erlangen.

433 Bei den **speziellen Bewertungsvorschriften** ist § 253 Abs. 5 HGB von Bedeutung, der für Einzelkaufleute und Personengesellschaften (also auch für die GmbH & Co. KG), nicht jedoch für Kapitalgesellschaften, in den Fällen, in denen nach Vornahme einer außerplanmäßigen Abschreibung der Wert später wieder steigt, die Beibehaltung des niedrigen Wertansatzes für zulässig erklärt.

434 § 255 HGB enthält eine Definition der Anschaffungskosten und der Herstellungskosten, § 253 HGB bestimmt Wertansätze für Schulden und § 256 HGB läßt die bisher in der Praxis angewandten Bewertungsvereinfachungsverfahren (z. B. FiFo-, Lifo-Verfahren) zu.

c) Jahresabschluß – Aufstellung und Gliederung

435 **Die Aufstellung des Jahresabschlusses** ist in den § 242 bis 245 HGB geregelt. Hier ist hervorzuheben, daß die HGB-Neufassung ausdrücklich die Aufstellung einer Gewinn- und Verlustrechnung fordert und den Jahresabschluß als Bilanz und Gewinn- und Verlustrechnung definiert. Eine bestimmte Aufstellungsfrist für den Jahresabschluß ist in diesen Bestimmungen nicht vorgeschrieben; § 243 Abs. 3 HGB bestimmt nur, daß der Jahresabschluß innerhalb der einem ordnungsgemäßen Geschäftsgang entsprechenden Zeit aufzustellen ist[578]. Diese Vorschrift gilt für die Kommanditgesellschaft. Für die Kapitalgesellschaften gilt § 264 HGB. Nach § 264 Abs. 1 HGB können kleine Kapitalgesellschaften den Jahresabschluß und den Lagebericht später als drei Monate nach Ablauf des Geschäftsjahres, aber nicht später als 6 Monate aufstellen, wenn dies einem ordnungsgemäßen Geschäftsgang entspricht[579].

436 Bezüglich der Bilanzgliederung gibt es für die Kommanditgesellschaft keine Mindestgliederung. § 247 HGB nennt nur Hauptgruppen der Bilanz, mit denen der Bilanzinhalt umrissen werden soll:

---

578 In den Gesellschaftsverträgen wird häufig ein bestimmter Zeitpunkt (innerhalb eines bestimmten Zeitraumes) genannt.
579 Bisher war die Möglichkeit einer Fristverlängerung auch bis zu 9 Monaten durch Gesellschaftsvertrag gegeben.

Rechnungslegung D

„In der Bilanz sind das Anlage- und das Umlaufvermögen, das Eigenkapital, die Schulden sowie die Rechnungsabgrenzungsposten gesondert auszuweisen und hinreichend aufzugliedern. Beim Anlagevermögen sind nur die Gegenstände auszuweisen, die bestimmt sind, dauernd dem Geschäftsbetrieb zu dienen. 437

Passivposten, die für Zwecke der Steuern vom Einkommen und vom Ertrag zulässig sind, dürfen in der Bilanz gebildet werden. Sie sind als Sonderposten mit Rücklageanteil auszuweisen und nach Maßgabe des Steuerrechts aufzulösen. Einer Rückstellung bedarf es insoweit nicht." 438

Für Kapitalgesellschaften geben § 266 Abs. 2 HGB und § 275 HGB für die Bilanz und die Gewinn- und Verlustrechnung nachstehende Gliederungsvorschriften verbindlich vor. 439

Aktivseite

A. Anlagevermögen: 440
   I. Immaterielle Vermögensgegenstände:
      1. Konzessionen, gewerbliche Schutzrechte und ähnliche Rechte und Werte sowie Lizenzen an solchen Rechten und Werten;
      2. Geschäfts- oder Firmenwert;
      3. geleistete Anzahlungen;
   II. Sachanlagen:
      1. Grundstücke, grundstücksgleiche Rechte und Bauten einschließlich der Bauten auf fremden Grundstücken;
      2. technische Anlagen und Maschinen;
      3. andere Anlagen, Betriebs- und Geschäftsausstattung;
      4. geleistete Anzahlungen und Anlagen im Bau;
   III. Finanzanlagen:
      1. Anteile an verbundenen Unternehmen;
      2. Ausleihungen an verbundene Unternehmen;
      3. Beteiligungen;
      4. Ausleihungen an Unternehmen, mit denen ein Beteiligungsverhältnis besteht;
      5. Wertpapiere des Anlagevermögens;
      6. sonstige Ausleihungen.

B. Umlaufvermögen:
   I. Vorräte:
      1. Roh-, Hilfs- und Betriebsstoffe;

D Laufender Geschäftsbetrieb der GmbH & Co. KG – Handelsrechtl. Teil

2. unfertige Erzeugnisse; unfertige Leistungen;
3. fertige Erzeugnisse und Waren;
4. geleistete Anzahlungen;

II. Forderungen und sonstige Vermögensgegenstände:

1. Forderungen aus Lieferungen und Leistungen;
2. Forderungen gegen verbundene Unternehmen;
3. Forderungen gegen Unternehmen, mit denen ein Beteiligungsverhältnis besteht;
4. sonstige Vermögensgegenstände;

III. Wertpapiere:

1. Anteile an verbundenen Unternehmen;
2. eigene Anteile;
3. sonstige Wertpapiere

IV. Schecks, Kassenbestand, Bundesbank- und Postgiroguthaben, Guthaben bei Kreditinstituten.

C. Rechnungsabgrenzungsposten

Passivseite

A. Eigenkapital:

I. Gezeichnetes Kapital;

II. Kapitalrücklage;

III. Gewinnrücklagen;

1. gesetzliche Rücklage;
2. Rücklage für eigene Anteile;
3. satzungsmäßige Rücklagen;
4. andere Gewinnrücklagen;

IV. Gewinnvortrag/Verlustvortrag;

V. Jahresüberschuß/Jahresfehlbetrag.

B. Rückstellungen:

1. Rückstellungen für Pensionen und ähnliche Verpflichtungen;
2. Steuerrückstellungen;
3. sonstige Rückstellungen.

Rechnungslegung   **D**

C. Verbindlichkeiten:
1. Anleihen, davon konvertibel;
2. Verbindlichkeiten gegenüber Kreditinstituten;
3. erhaltene Anzahlungen auf Bestellungen;
4. Verbindlichkeiten aus Lieferungen und Leistungen;
5. Verbindlichkeiten aus der Annahme gezogener Wechsel und der Ausstellung eigener Wechsel;
6. Verbindlichkeiten gegenüber verbundenen Unternehmen;
7. Verbindlichkeiten gegenüber Unternehmen, mit denen ein Beteiligungsverhältnis besteht;
8. sonstige Verbindlichkeiten,
   davon aus Steuern,
   davon im Rahmen der sozialen Sicherheit.

D. Rechnungsabgrenzungsposten

Hinsichtlich des Bilanzschemas gilt jedoch für **kleine Kapitalgesellschaften** die 441 Vereinfachung, daß nur die mit Buchstaben und mit römischen Zahlen bezeichneten Positionen aufzuführen sind.

Für die Darstellung der **Gewinn- und Verlustrechnung** erlaubt § 275 HGB wahlweise das *Gesamtkostenverfahren* und das *Umsatzkostenverfahren;* die GuV-Gliederungen stellen sich wie folgt dar:

(1) *Gesamtkostenverfahren*   442
1. Umsatzerlöse
2. Erhöhung oder Verminderung des Bestands an fertigen und unfertigen Erzeugnissen
3. andere aktivierte Eigenleistungen
4. sonstige betriebliche Erträge
5. Materialaufwand:
   a) Aufwendungen für Roh-, Hilfs- und Betriebsstoffe und für bezogene Waren
   b) Aufwendungen für bezogene Leistungen
6. Personalaufwand:
   a) Löhne und Gehälter
   b) soziale Abgaben und Aufwendungen für Altersversorgung und für Unterstützung, davon für Altersversorgung
7. Abschreibungen:
   a) auf immaterielle Vermögensgegenstände des Anlagevermögens und Sachanlagen sowie auf aktivierte Aufwendungen für die Ingangsetzung und Erweiterung des Geschäftsbetriebs

D Laufender Geschäftsbetrieb der GmbH & Co. KG – Handelsrechtl. Teil

b) auf Vermögensgegenstände des Umlaufvermögens, soweit diese die in der Kapitalgesellschaft üblichen Abschreibungen überschreiten

8. sonstige betriebliche Aufwendungen
9. Erträge aus Beteiligungen, davon aus verbundenen Unternehmen
10. Erträge aus Wertpapieren, Ausleihungen und sonstigen Finanzanlagen, davon aus verbundenen Unternehmen
11. sonstige Zinsen und ähnliche Erträge, davon aus verbundenen Unternehmen
12. Abschreibungen auf Finanzanlagen und auf Wertpapiere des Umlaufvermögens
13. Zinsen und ähnliche Aufwendungen, davon an verbundene Unternehmen
14. Ergebnis der gewöhnlichen Geschäftstätigkeit
15. außerordentliche Erträge
16. außerordentliche Aufwendungen
17. außerordentliches Ergebnis
18. Steuern vom Einkommen und vom Ertrag
19. sonstige Steuern
20. Jahresüberschuß/Jahresfehlbetrag

443 (2) *Umsatzkostenverfahren*

1. Umsatzerlöse
2. Herstellungskosten der zur Erzielung der Umsatzerlöse erbrachten Leistungen
3. Bruttoergebnis vom Umsatz
4. Vertriebskosten
5. allgemeine Verwaltungskosten
6. sonstige betriebliche Erträge
7. sonstige betriebliche Aufwendungen
8. Erträge aus Beteiligungen, davon aus verbundenen Unternehmen
9. Erträge aus Wertpapieren, Ausleihungen und sonstigen Finanzanlagen, davon aus verbundenen Unternehmen
10. sonstige Zinsen und ähnliche Erträge, davon aus verbundenen Unternehmen
11. Abschreibungen auf Finanzanlagen und auf Wertpapiere des Umlaufvermögens
12. Zinsen und ähnliche Aufwendungen, davon an verbundene Unternehmen
13. Ergebnis der gewöhnlichen Geschäftstätigkeit
14. außerordentliche Erträge
15. außerordentliche Aufwendungen

Rechnungslegung

16. außerordentliches Ergebnis
17. Steuern vom Einkommen und Ertrag
18. sonstige Steuern
19. Jahresüberschuß/Jahresfehlbetrag

Bezüglich der Gliederungstiefe bei der Gewinn- und Verlustrechnung ergeben 444
sich für **kleine Kapitalgesellschaften** insoweit Erleichterungen, als beim Gesamtkostenverfahren die Positionen 1–5 und beim Umsatzkostenverfahren die Positionen 1–3 und 6 zu einer Position „Rohergebnis" zusammengefaßt werden können. Wird von diesen Erleichterungen Gebrauch gemacht, können Dritte die Höhe der Umsatzerlöse nicht erkennen.

Wir vertreten die Auffassung, daß vorstehende Gliederungsschemata Bestandteil 445
der GoB sind und demzufolge auch von Kommanditgesellschaften – auf jeden Fall von sog. Publikums-GmbH & Co. KG's – zu beachten sind.

d) Von der Komplementär-GmbH zu beachtende Vorschriften

Gemäß § 268 Abs. 2 HGB ist in der Bilanz oder im Anhang die Entwicklung der einzelnen Posten des Anlagevermögens darzustellen.

Dabei sind, ausgehend von den gesamten Anschaffungs- und Herstellungskosten, die Zugänge, Abgänge, Umbuchungen und Zuschreibungen des Geschäftsjahres sowie die Abschreibungen in ihrer gesamten Höhe gesondert aufzuführen[580]. 446

Auszugehen ist also von den historischen Anschaffungskosten, so daß der „Anlagespiegel" folgendes Aussehen hat.

historische Anschaffungs-, Herstellungskosten	Zugänge	Abgänge	Umbuchungen	Abschreibungen kumuliert	Zuschreibungen kumuliert	Buchwert 31.12.	Buchwert Vorjahr
	(+)	(./.)	(+/./.)	(./.)	(+)		

---

[580] Da die Ermittlung der historischen Anschaffungs- und Herstellungskosten für abgeschriebene Wirtschaftsgüter einen hohen Arbeitsaufwand verursachen würde, wird im Rahmen einer Übergangsregelung zugelassen, daß bei erstmaliger Bilanzierung nach neuem Recht die Buchwerte übernommen werden können.

D   Laufender Geschäftsbetrieb der GmbH & Co. KG – Handelsrechtl. Teil

447   Das **Stammkapital** wird **unter** der Position „Eigenkapital" auf der Passivseite als „gezeichnetes Kapital" ausgewiesen; mit dieser Bezeichnung soll zum Ausdruck gebracht werden, daß es sich um das gezeichnete, nicht notwendig eingezahlte Kapital handelt. Die ausstehenden Einlagen auf das gezeichnete Kapital sind auf der Aktivseite vor dem Anlagevermögen gesondert auszuweisen und entsprechend zu bezeichnen. Die davon angeforderten Einlagen sind zu vermerken.

§ 272 HGB läßt jedoch hinsichtlich der nicht eingeforderten ausstehenden Einlagen eine weitere Darstellungsweise derart zu, daß diese auch von dem Posten „gezeichnetes Kapital" offen abgesetzt werden können; in diesem Falle ist der verbleibende Betrag als Posten „eingefordertes Kapital" in der Hauptspalte der Passivseite auszuweisen und außerdem ist der eingeforderte aber noch nicht eingezahlte Betrag unter den Forderungen gesondert auszuweisen und entsprechend zu bezeichnen.

Zum Eigenkapital gehören außer dem gezeichneten Kapital auch die Unterposten Kapitalrücklage, Gewinnrücklage (z. B. satzungsmäßige Rücklage, andere Rücklage), der Gewinnvortrag/Verlustvortrag und der Jahresüberschuß. Der Verlustvortrag ist also auf der Passivseite auszuweisen und nicht – wie früher – auf der Aktivseite. Entsprechendes gilt für den Jahresfehlbetrag.

448   Bezüglich der **Gewinn- und Verlustrechnung** ist § 278 HGB für die Komplementär-GmbH von Bedeutung. Diese Vorschrift besagt, daß die Körperschaftsteuer auf der Grundlage des Gewinnverwendungsbeschlusses zu berechnen ist; liegt ein solcher Beschluß zum Zeitpunkt der Feststellung des Jahresabschlusses nicht vor, so ist vom Vorschlag über die Verwendung des Ergebnisses auszugehen. Weicht der Beschluß über Verwendung des Ergebnisses vom Vorschlag ab, so braucht der Jahresabschluß nicht geändert zu werden.

449   Nach § 264 HGB haben Kapitalgesellschaften den Jahresabschluß um einen Anhang zu erweitern, der mit der Bilanz und der Gewinn- und Verlustrechnung eine Einheit bildet, sowie einen Lagebericht aufzustellen.

Der **Anhang** besteht aus *zwei Teilen*, zum einen aus *Erläuterungen zur Bilanz und zur Gewinn- und Verlustrechnung* (§ 284 HGB), zum anderen *aus sonstigen Angaben* (§ 285 HGB). Die Erläuterungen zur Bilanz und zur Gewinn- und Verlustrechnung betreffen u. a. die Angabe über die angewandten Bilanzierungs- und Bewertungsmethoden, die Darstellung und Begründung von Bilanzierungs- und Bewertungsmethodenabweichungen und deren Einfluß auf die Vermögens-, Finanz- und Ertragslage der Gesellschaft. Diese Erläuterungen sind zwingend auch für kleine Kapitalgesellschaften vorgeschrieben. Hinsichtlich der sonstigen Angabepflichten ergeben sich für kleine Kapitalgesellschaften – also regelmäßig

Rechnungslegung D

für die Komplementär-GmbH – Erleichterungen, insofern als nicht alle der in § 285 HGB aufgeführten **Pflichtangaben** zu machen sind; die kleine GmbH ist zu folgenden Angaben verpflichtet:

- Angaben zum Jahresabschluß, sofern er ein den tatsächlichen Verhältnissen 450
  entsprechendes Bild der Vermögens-, Finanz- und Ertragslage der Kapitalgesellschaft nicht vermittelt (§ 264 Abs. 2 HGB).

- Abweichungen in der Form der Darstellung, insbesondere bei Abweichungen der Gliederung der aufeinanderfolgenden Bilanzen und Gewinn- und Verlustrechnungen (§ 265 Abs. 1 HGBF).

- Angabe und Erläuterung über mit dem vorhergehenden Geschäftsjahr nicht vergleichbare Beträge der Bilanz sowie der Gewinn- und Verlustrechnung. Entsprechendes gilt für angepaßte Vorjahresvergleichszahlen (§ 265 Abs. 2 HGB).

- Fällt ein Vermögensgegenstand oder eine Schuld unter mehrere Posten der Bilanz, so ist die Mitzugehörigkeit zu anderen Posten unter dem Posten, bei dem der Ausweis erfolgt ist zu vermerken oder im Anhang anzugeben, wenn dies zur Aufstellung eines klaren und übersichtlichen Jahresabschlusses erforderlich ist (§ 265 Abs. 3 HGB).

- Angabe und Begründung über aufgrund mehrerer Geschäftszweige zu beachtende verschiedene Gliederungsvorschriften für den Jahresabschluß (§ 265 Abs. 4 HGB).

- Gesonderter Ausweis bestimmter zusammengefaßter Positionen der Bilanz und der Gewinn- und Verlustrechnung (§ 265 Abs. 7 Nr. 2 HGB).

- Aufgliederung der einzelnen Posten des Anlagevermögens sowie Angabe zu den Abschreibungen des Geschäftsjahres in einer der Gliederung des Anlagevermögens entsprechenden Aufgliederung (§ 268 Abs. 2 HGB).

- Erläuterung von unter dem Posten „Sonstige Vermögensgegenstände" ausgewiesenen Beträgen, die erst nach dem Abschlußstichtag rechtlich entstehen, sofern die Beträge einen größeren Umfang haben (§ 268 Abs. 4 HGB).

- Erläuterungen von unter dem Posten „Verbindlichkeiten" ausgewiesenen Beträgen, die erst nach dem Abschlußstichtag rechtlich entstehen und einen größeren Umfang haben (§ 268 Abs. 5 HGB).

- Angabe des unter der Position „Rechnungsabgrenzungsposten" auf der Aktivseite ausgewiesenen Disagios (§ 268 Abs. 6 HGB).

D   Laufender Geschäftsbetrieb der GmbH & Co. KG – Handelsrechtl. Teil

- Angabe von Haftungsverhältnissen (§ 268 Abs. 7 HGB).
- Erläuterungen von Aufwendungen für die Ingangsetzung und Erweiterung des Geschäftsbetriebs (§ 269 HGB).
- Angabe über die Vorschriften, nach denen ein Sonderposten mit Rücklageanteil gebildet wurde (§ 263 HGB).
- Erläuterungen zur Steuerabgrenzung (§ 274 Abs. 2 HGB).
- Angabe außerplanmäßiger Abschreibungen (§ 277 Abs. 3 HGB).
- Erläuterung der außerordentlichen Aufwendungen und außerordentlichen Erträge (§ 277 Abs. 4 HGB).
- Angabe und Begründung der aus steuerrechtlichen Gründen unterlassenen Zuschreibungen (§ 280 Abs. 3 HGB).
- Angabe der Rechtsgrundlagen und des Betrags der allein nach steuerrechtlichen Vorschriften vorgenommenen Abschreibungen, getrennt nach Anlage- und Umlaufvermögen (§ 281 Abs. 1 und 2 HGB).
- Erläuterungen zu einzelnen Positionen der Bilanz und der Gewinn- und Verlustrechnung (§ 284 HGB).
- Angabe des Gesamtbetrags der Verbindlichkeiten mit einer Restlaufzeit von mehr als 5 Jahren und der Verbindlichkeiten, die durch Pfandrechte oder ähnliche Rechte gesichert sind (§ 285 Nr. 1 HGB).
- Angabe, in welchem Umfang die Steuern vom Einkommen und vom Ertrag das Ergebnis der gewöhnlichen Geschäftstätigkeit und das außerordentliche Ergebnis belasten. (§ 285 Nr. 6 HGB).
- Angabe von an Mitglieder der Geschäftsführung, des Aufsichtsrats, des Beirats gewährten Vorschüsse und Kredite (§ 285 Nr. 9c HGB).
- Angabe aller Mitglieder der Geschäftsführung und des Aufsichtsrats (§ 285 Nr. 10 HGB).
- Angabe über Beteiligungen (§ 285 Nr. 11 HGB).
- Erläuterungen der ,,Sonstigen Rückstellungen'', wenn sie einen nicht unerheblichen Umfang haben (§ 285 Nr. 12 HGB).
- Angabe, wenn ,,abgeschriebene Altbestände'' bei Erstellung des Anlageverzeichnisses nicht mit ,,historischen Anschaffungs-Herstellungskosten'' mit Buchwerten angesetzt werden (Art. 24 5 S. 3 des EG zum HGB).
- Angabe des Betrags nichtpassivierter Rückstellungen für Pensionen und ähnliche Verpflichtungen, soweit sie aus Ansprüchen vor dem 1.1.1987 herrühren (Art. 28 Abs. 2 des EG zum HGB).

Rechnungslegung D

Der **Lagebericht** verpflichtet alle Kapitalgesellschaften – also auch kleine Kapi- 451
talgesellschaften – zumindest den Geschäftsverlauf und die Lage der Gesellschaft so darzustellen, daß ein den tatsächlichen Verhältnissen entsprechendes Bild vermittelt wird. Der Lagebericht soll auch eingehen auf Vorgänge von besonderer Bedeutung, die nach dem Schluß des Geschäftsjahres eingetreten sind, auf die voraussichtliche Entwicklung der Kapitalgesellschaft sowie auf den Bereich Forschung und Entwicklung (§ 289 HGB).

Aus § 267 Abs. 1 HGB ergibt sich, daß **kleine Kapitalgesellschaften nicht der** 452
Prüfungspflicht unterliegen.

Die **Offenlegung des Jahresabschlusses** und des Lageberichts durch Einreichung 453
der bezeichneten Unterlagen zum Handelsregister ist in dem § 325 ff. HGB geregelt. Für kleine Kapitalgesellschaften ist von Bedeutung, daß § 326 HGB Erleichterungen bei der Offenlegung zuläßt. § 326 HGB bestimmt, daß die gesetzlichen Vertreter kleiner Kapitalgesellschaften nur die Bilanz und den Anhang spätestens vor Ablauf des 12. Monats des den Bilanzstichtag nachfolgenden Geschäftsjahres einzureichen haben. Soweit sich das Jahresergebnis, der Vorschlag für die Verwendung des Ergebnisses, der Beschluß über seine Verwendung aus der eingereichten Bilanz oder dem eingereichten Anhang nicht ergeben, sind auch der Vorschlag für die Verwendung.

e) Praxisbezogene Beispiele zum Jahresabschluß der Komplementär-GmbH

Hoffmann[581] gibt anhand einer formularmäßigen Erläuterung eine praxisnahe Einführung, welche Neuerungen ein Geschäftsführer einer (reinen) Komplementär-GmbH zu beachten hat; Gegenübergestellt werden das alte und das neue Recht. Folgende Beispiele von Hoffmann:

---

581 „Der Jahresabschluß der Komplementär-GmbH nach neuem Recht", BB 1986 S. 288–294.

D Laufender Geschäftsbetrieb der GmbH & Co. KG – Handelsrechtl. Teil

Jahresabschluß nach bisherigem Recht
AN Beteiligungs-GmbH
Neustadt
Bilanz zum 31. Dezember 1984

Aktiva	DM	Passiva	DM	DM
Darlehen an AN GmbH & Co. KG	148.332,96	**Stammkapital**		100.000,00
		Rückstellung für Körperschaftsteuer		7.868,00
		Bilanzgewinn		
		Gewinnvortrag	27.748,76	
		Jahresüberschuß	12.716,20	40.464,96
	148.332,96			148.332,96

Gewinn- und Verlustrechnung für die Zeit vom 1. Januar bis 31. Dezember 1986

Aufwendungen	DM	Erträge	DM
Körperschaftsteuer 1984	15.088,00	Zinsen von der AN KG	13.353,64
Jahresüberschuß	12.716,20	Gewinnanteile von der AN KG	14.450,56
	27.804,20		27.804,20

170

Rechnungslegung D

Jahresabschluß nach BiRiLiG
AN Beteiligungs-GmbH
Neustadt
Bilanz zum 31. Dezember 1987

Aktiva	31.12.1987 DM	31.12.1986[582] DM		Passiva		31.12.1987 DM	31.12.1986[582] DM
Anlagevermögen				A. Eigenkapital			
Finanzanlagen	148.332,96	135.802,76		I.II Gezeichnetes Kapital		100.000,00	100.000,00
				II. Gewinnvortrag	27.748,76	14.265,04	14.265,04
				III. Jahresüberschuß	12.716,20	40.464,96	13.483,72
				B. Rückstellungen		7.868,00	8.054,00
	148.332,96	135.802,76				148.332,96	135.802,76

Gewinn- und Verlustrechnung für die Zeit vom 1. Januar bis zum 31. Dezember 1987

	DM	DM
Erträge aus Beteiligungen	14.450,56	16.516,66
Zinsen und ähnliche Erträge	13.353,64	12.425,06
	27.804,20	28.941,72
Steuern vom Einkommen	12.716,20	15.458,00
Jahresüberschuß	15.088,00	13.483,72

[582] Die Vorjahreszahlen sind gemäß § 265 Abs. 2 HGB mit anzugeben.

D   Laufender Geschäftsbetrieb der GmbH & Co. KG – Handelsrechtl. Teil

Anhang für das Geschäftsjahr 1987

454   Unsere Geschäftstätigkeit im Jahre 1987 erschöpfte sich in der Komplementärstellung für die AN KG in Neustadt, an deren Kapital wir jedoch nicht beteiligt sind. Hierfür erhalten wir eine angemessene Vergütung von der AN KG

Die Finanzlage – Darlehen an die AN KG – hat sich wie folgt entwickelt:

Stand am 01.01.1987	Zugänge	Abgänge	Stand am 31.12.1987
DM	DM	DM	DM
136.254,60	15.990,26	3.911,90	148.332,96

Die Bewertung der Forderung in der Bilanz erfolgte zum Nennwert. Die Bewertung der Rückstellung erfolgte in Höhe des mutmaßlichen Bedarfs.

Neustadt, am 6. Juni 1988

(Gerd Waechtel)
Geschäftsführer

Lagebericht der AN Beteiligungs-GmbH in Neustadt für 1987

455   Da sich unser Geschäftszweck in der Komplementärstellung für die AN KG erschöpft, hängt unser „Geschäftsverlauf" ausschließlich von dem der AN KG ab. Ereignisse, die zu einer Inanspruchnahme durch Gläubiger der KG aus der persönlichen Haftung für die Schulden der KG geführt haben, sind uns bis zum heutigen Tag nicht bekannt geworden. Wir rechnen mit einer kontinuierlichen Entwicklung unserer Gesellschaft.

Neustadt, am 6. Juni 1988

(Gerd Waechtel)
Geschäftsführer

f) Änderungsvorschläge der EG-Kommission

456   Am 14.10.1988 hat die EG-Kommission einen als **„Mittelstandsrichtlinie"** bezeichneten Vorschlag zur Änderung der 4. und 7. EG-Richtlinie vorgelegt[583]. Er bringt beachtliche Erleichterungen für kleinere und mittlere Gesellschaften in Bezug auf die Erstellung und Veröffentlichung des Jahresabschlusses und soll allen Gesellschaften Jahresabschlüsse in ECU erlauben.

---

[583] Siehe „Handelsblatt" vom 14.11.1988 sowie GmbH R 11/1988 S. 446.

Rechnungslegung D

Die Größenmerkmale (Schwellenwerte) für die Einteilung in kleine, mittlere oder große Gesellschaften werden erhöht. Danach sind *kleine Gesellschaften* künftig solche, bei denen die Grenze von zwei der drei folgenden Größenmerkmale nicht überschritten wird:

- Bilanzsumme:
  1,55 Mio. ECU = ca. 5,242 Mio. DM (bisher 1,0 Mio. ECU)

- Netto-Umsatzerlöse:
  3,2 Mio. ECU = ca. 10,824 Mio. DM (bisher 2,0 Mio. ECU)

- Arbeitnehmer: unverändert 50

Für *mittlere Gesellschaften* gilt:

- Bilanzsumme:
  6,2 Mio. ECU = ca. 20,971 Mio. DM (bisher 4,0 Mio. ECU)

- Netto-Umsatzerlöse:
  12,8 Mio. ECU = ca. 43,296 Mio. DM (bisher 8,0 Mio. ECU)

- Arbeitnehmer: unverändert 250

Für kleine Kapitalgesellschaften sind folgende Erleichterungen vorgesehen: 457

Die rechtsformspezifischen Vorschriften des BiRiLiG sind nicht zu beachten, wenn folgende drei Voraussetzungen erfüllt sind: Die Gesellschaft gehört weder zu einem Konzern, noch gibt es ein Beteiligungsverhältnis. Die Gesellschafter sind mit den Mitgliedern des Vorstandes oder der Geschäftsführung identisch und es handelt sich um natürliche Personen. Die Gesellschaftsanteile dürfen nur mit Zustimmung der Gesellschaft übertragen werden.

Für Unternehmen, die zu den kleinen Gesellschaften gehören, aber die vorstehenden Voraussetzungen erfüllen, soll anstelle der nach dem geltenden Recht vorgeschriebenen Registerpublizität die Offenlegung der Jahresabschlüsse in den Geschäftsräumen (Hauspublizität) genügen.

Ferner soll für kleine Gesellschaften nicht mehr die Verpflichtung bestehen, einen Lagebericht zu erstellen, sofern sie im Anhang die sonst im Lagebericht enthaltenen Informationen geben. An weitergehenden Erleichterungen sieht der Kommissions-Vorschlag ferner vor, daß die Mitgliedstaaten nicht mehr verlangen müssen, daß Angaben über die Bezüge der Verwaltungs- und Leitungsorgane, die im Anhang gemacht werden müssen, auch dann erforderlich sind, wenn diese Organe aus einer einzigen Person bestehen.

D   Laufender Geschäftsbetrieb der GmbH & Co. KG – Handelsrechtl. Teil

458   Zusammen mit dieser „Mittelstandsrichtlinie" soll eine GmbH & Co.-Richtlinie verabschiedet werden, d. h. die Einbeziehung der GmbH & Co. zu denselben Bedingungen wie Kapitalgesellschaften in die Bilanzrichtlinie und auch in die Konzernrichtlinie.

Die neuen Richtlinien sollen erstmals auf Abschlüsse des am 1.1.1992 oder im Laufe des Jahres 1992 beginnenden Geschäftsjahres Anwendung finden; Verlautbarungen des Bundesjustizministeriums ist zu entnehmen, daß möglicherweise erst Mitte der 90er Jahre mit einer abschließenden Entscheidung des Ministerrats gerechnet werden kann.

3 Steuerliche Sonderbilanzen, steuerliche Ergänzungsbilanzen

a) Umfang der steuerlichen Vermögensübersicht

459   Handelsrechtlich sind bilanzierungsfähig nur diejenigen Vermögensgegenstände, die bei wirtschaftlicher Betrachtung Gesellschaftsvermögen sind. Vermögensgegenstände, die einzelnen Gesellschaftern gehören, aber nicht Gesellschaftsvermögen sind, können handelsrechtlich auch dann nicht von der Personenhandelsgesellschaft bilanziert werden, wenn sie dem Geschäftsbetrieb der Gesellschaft dienen[585].

Aus der Handelsbilanz ist die sog. „Steuerbilanz" abzuleiten. Es ist die ertragsteuerliche Vermögensübersicht i. S. der § 4 Abs. 1 und § 5 EStG, die sich aufgrund zwingender steuerrechtlicher Vorschriften, wie z. B. Gewinnermittlung und Bewertung, aus der Handelsbilanz ergibt. Zwar ist ein Wirtschaftsgut, das zivilrechtlich Gesamthandsvermögen der Personengesellschaft ist und deshalb gemäß § 38 HGB in ihrer Handelsbilanz aufzunehmen ist, wegen der Maßgeblichkeit der Handelsbilanz für die Steuerbilanz grundsätzlich auch einkommensteuerrechtlich Betriebsvermögen der Personengesellschaft, doch gibt es von diesem Grundsatz Ausnahmen, die ihre Grundlage in dem spezifisch einkommensteuerrechtlichen Begriff des Betriebsvermögens haben[586]. So wird ein Wirtschaftsgut, obwohl es zivilrechtlich Gesamthandsvermögen der KG ist, einkommensteuerrechtlich nicht Betriebsvermögen der KG, wenn ein betrieblicher Anlaß für seinen Erwerb fehlt[587]. Andererseits werden Wirtschaftsgüter, die nicht zum Gesamthandsvermögen sondern einzelnen Gesellschaftern gehören, in den Betriebsvermögensvergleich als Sonderbetriebsvermögen der Gesellschafter ein-

---

584 Zur Diskussion hierüber vgl. u. a. Marx/Delp „Einbeziehung der GmbH & Co. KG in die Publizitäts- und Prüfungspflicht nach neuem Recht?", DB 1986 S. 289.
585 Vgl. Fachgutachten und Stellungnahmen des IdW, Loseblattsammlung IdW Verlag GmbH Düsseldorf, HFA 1/76.
586 Vgl. Begründung zum BFH-Urteil vom 22.5.1975 IV R 193/71, BStBl II. S. 804 (806).
587 Siehe vorgenanntes BFH-Urteil vom 22.5.1975 für den Erwerb einer Darlehensforderung.

bezogen, wenn sie für betriebliche Zwecke genutzt werden. Schließlich finden sind in verschiedenen Vorschriften des Steuerrechts Vorschriften über Ergänzungsbilanzen[588], deren Zweck es ist, Wertabweichungen zwischen Handelsbilanz und Steuerbilanz (Vermögensübersicht) in Übereinstimmung zu bringen. Die steuerliche Vermögensübersicht umfaßt also Gesellschafts-, Sonder- und Ergänzungsbilanzen.

b) Sonderbilanzen

Nach unserer Auffassung ist den Sonderbilanzen die Aufgabe zugedacht, das Sonderbetriebsvermögen der Gesellschafter aufzunehmen. Das sind Wirtschaftsgüter, die einem Mitunternehmer allein gehören, die aber für betriebliche Zwecke der Gesellschaft genutzt werden – z. B. aufgrund eines Miet- oder Überlassungsvertrages[589] – oder die der Beteiligung des Gesellschafters zu dienen bestimmt sind[590]. Richtungsweisend für die Aufnahme in bzw. die Aufstellung von Sonderbilanzen sind Fragen der Bilanzierung und nicht der Bewertung. Sonderbilanzen haben ihre Grundlage in steuerlichen Vorschriften, die die Aktivierung bzw. Passivierung von Wirtschaftsgütern fordern, die handelsrechtlich nicht Gesellschaftsvermögen sind, steuerrechtlich aber in den Betriebsvermögensvergleich mit einbezogen werden müssen. Im Zusammenhang damit stehen – das sei hier schon erwähnt – Sonderbetriebseinnahmen und Sonderbetriebsausgaben der Gesellschafter. 460

c) Ergänzungsbilanzen

Stehen dagegen Fragen der Bewertung im Vordergrund, so ist es Aufgabe von für die Gesellschafter aufgestellten Ergänzungsbilanzen, Unterschiede zwischen Handels- und Steuerrecht in Übereinstimmung zu bringen. 461

Bei den Ergänzungssteuerbilanzen der Personengesellschaften handelt es sich um die Differenzen zwischen den Steuerbilanzen (ertragsteuerliche Vermögensübersichten) der Offenen Handelsgesellschaften bzw. der Kommanditgesellschaften einerseits und den Steuerbilanzen einzelner Gesellschafter andererseits. Diese steuerlichen Ergänzungsbilanzen kommen daher nur bei Personengesellschaften in Betracht, dagegen nicht bei Kapitalgesellschaften.

Wenn ein Gesellschafter z. B. höhere Aufwendungen zur Erlangung der Gesellschafterstellung gemacht hat, als das ihm zuerkannte Kapitalkonto bei der Personengesellschaft ausmacht, so kann er aufgrund einer entsprechenden Ergän-

---

588 z. B. § 24 UmwStG 1977.
589 Sog. Sonderbetriebsvermögen I. vgl. Rdn. 465 z. B. Grundstücksverpachtung.
590 Sog. Sonderbetriebsvermögen II, vgl. Rdn. 489, z. B. Anteile an der Komplementär-GmbH.

D Laufender Geschäftsbetrieb der GmbH & Co. KG – Handelsrechtl. Teil

zungsbilanz, in der er auf der Haben-Seite den Unterschied des steuerlichen Mehrbetrages und auf der Soll-Seite die Aufteilung dieses Mehrbetrages auf die entsprechenden Gruppen der Wirtschaftsgüter ausweist, gegebenenfalls höhere Abschreibungen vornehmen oder im Falle des Verkaufs eines Wirtschaftsgutes seine höheren anteiligen Mehranschaffungskosten (gegenüber dem Buchwert in der Bilanz der Personengesellschaft) als abzugsfähig geltend machen. Dies kann aber nicht etwa bei seiner persönlichen Steuerveranlagung geschehen. Vielmehr sind evtl. Abzüge wie auch Zurechnungen aufgrund einer Ergänzungsbilanz des Gesellschafters einer Personengesellschaft bei der gesonderten Gewinnfeststellung zu berücksichtigen (§ 180 AO); denn es handelt sich ja hier nicht um Einkünfte aus einem besonderen Gewerbebetrieb. Die aufgrund der Ergänzungsbilanz zu berücksichtigenden Beträge bilden vielmehr einen Bestandteil des Gewinns des Gewerbebetriebes der Personengesellschaft[590a].

d) Sonderbetriebsvermögen der Komplementär-GmbH und der Kommanditisten

Grundstücke, die als Eigentum einer GmbH & Co. KG im Grundbuch eingetragen sind, gehören unzweifelhaft zum Betriebsvermögen der KG. Dies gilt u. a. auch dann, wenn das Grundstück einem Gesellschafter zur privaten Nutzung überlassen wird[591].

462 Grundstücke, die nicht der GmbH & Co. KG, sondern nur einem oder einigen Gesellschaftern gehören, aber dem Betrieb der KG ausschließlich und unmittelbar dienen, werden als (notwendiges) Sonderbetriebsvermögen des Gesellschafters/der Gesellschafter dem Betriebsvermögen der KG zugeordnet. Das BVerfG hat durch Beschluß vom 15.7.69[592] die vorgenannte Verwaltungsauffassung bestätigt und dazu u. a. ausgeführt, daß ein Grundstück, das im Eigentum eines Gesellschafters stehe, aber dem Betrieb der Personengesellschaft diene, trotz des zwischen der Gesellschaft und dem Gesellschafter bestehenden Mietvertrages nicht zum Privatvermögen des Gesellschafters gehöre. Dazu gibt es in der Praxis auch kaum noch steuerrechtliche Schwierigkeiten.

463 Verpachtet die Komplementär-GmbH ein ihr gehörendes Grundstück an die GmbH & Co. KG so stellt sich bei wirtschaftlicher Betrachtung die Frage, ob hier der Wechsel eines Einzelwirtschaftsgutes aus der Körperschaftsteuersphäre in die Einkommensteuersphäre vorliegt. Diese Frage ist nunmehr durch das BFH-Urteil vom 17.8.1979[594] höchstrichterlich entschieden. Danach ist ein einer Perso-

---

590a OFD Hamburg, vfg. vom 3.6.1956, 2130 – 18, St. 21/2 1421 – 1, 57 St. 24, DStR 1957, S. 315.
591 Vgl. BFH-Urt. v. 29.11.1960 I 117/60 S., BStBl 1961 III, S. 183.
592 Vgl. HFR 1969, S. 450.
593 *(entfallen)*
594 IR 199/75, BStBl II, S. 750.

nengesellschaft zur Nutzung überlassenes Wirtschaftsgut dort als Sonderbetriebsvermögen der überlassenden GmbH zu bilanzieren. Dies bedeutet jedoch kein sachliches Ausscheiden bestimmter Wirtschaftsgüter aus dem Betriebsvermögen der Kapitalgesellschaft, sondern diese Wirtschaftsgüter werden lediglich für Zwecke der steuerlichen Gewinnermittlung der Mitunternehmerschaft – als Sonderbetriebsvermögen der Kapitalgesellschaft als Mitunternehmerin – zugeordnet. Eine Realisierung etwaiger in dem Wirtschaftsgut ruhender stiller Reserven erfolgt hierdurch jedoch nicht, da das Wirtschaftsgut bei der Mitunternehmerschaft (Personengesellschaft) als Sonderbetriebsvermögen mit dem Wert zu erfassen ist, mit dem es bei der Kapitalgesellschaft zu Buche steht.

Die Rechtsansicht des BFH bedeutet eine Durchbrechung des Grundsatzes der Maßgeblichkeit der Handelsbilanz für die Steuerbilanz und steht im Widerspruch zu der bisherigen Verwaltungsauffassung. Diesen Umständen Rechnung tragend hat der BdF im Schreiben vom 10.12.1979[595] darauf hingewiesen, daß bis zum Ablauf des im Jahr 1984 endenden Wirtschaftsjahres die Finanzverwaltung eine anderweitige bilanzielle Erfassung nicht beanstanden wird.

Entrichtet die Personengesellschaft für die Überlassung des Wirtschaftsguts ein Entgelt, so ist dieses in die Gewinnermittlung der Mitunternehmerschaft einzubeziehen[596]. 464

---

595 IV B 2-S. 2141 – 138/79 GmbHR 1980 S. 71.
596 Siehe hierzu Rd. 569, 570.

E Laufender Geschäftsbetrieb der GmbH & Co. KG – Steuerrechtlicher Teil

I Steuerrechtliche Grundlagen der GmbH & Co. KG

1 Behandlung der Einkünfte aus der GmbH & Co. KG als gewerbliche Einkünfte

a) Grundsätzliches

465 Eine GmbH & Co. KG ist zivilrechtlich keine Kapitalgesellschaft und damit keine juristische Person. Eine GmbH & Co. KG, bei der alleiniger persönlich haftender Gesellschafter eine GmbH ist, wird zivilrechtlich als KG und damit als Personenhandelsgesellschaft angesehen. Diese Grundsätze hat der Große Senat des BFH im Beschluß vom 25.6.1984[597] aufgestellt.

Zivilrechtlich und steuerlich zulässig ist auch eine GmbH & Co. deren einziger Komplementär eine Einmann-GmbH ist und deren einziger Kommanditist der Gesellschafter der Komplementär-GmbH ist, die sogenannte Einmann-GmbH & Co.[598].

Eine GmbH & Co. KG, deren persönlich haftender Gesellschafter eine (andere) GmbH & Co. KG ist, wird doppel- oder mehrstöckige GmbH & Co. KG genannt. Auch eine doppelstöckige GmbH & Co. KG gehört nicht zu den Kapitalgesellschaften i.S. des § 1 Abs. 1 Nr. 1 KStG, weil auch sie zivilrechtlich eine KG und damit eine Personenhandelsgesellschaft ist. Die für die Gesellschaftsteuer bestehende Sonderregelung in § 5 Abs. 2 Nr. 3 KVStG läßt sich auf das von anderen Grundsätzen beherrschte Körperschaftsteuerrecht nicht entsprechend anwenden.

Eine GmbH & Co. KG, die als solche im Handelsregister eingetragen ist, jedoch keine voll kaufmännische Betätigung ausübt (Schein-KG) ist gleichfalls keine Kapitalgesellschaft i.S. des § 1 Abs. 1 Nr. 1 KStG. Zivilrechtlich ist sie eine Gesellschaft des Bürgerlichen Rechts (GbR) und damit eine Personengesellschaft, auf die lediglich im Innenverhältnis und aufgrund der Rechtsscheinhaftung nach außen die für die KG maßgebenden Regeln des Handelsrechts anwendbar sind.

466 Werden zwecks Kapitalsammlung eine unbestimmte Vielzahl rein kapitalistisch beteiligter Kommanditisten als Gesellschafter aufgrund eines fertig vorformu-

---

[597] GrS IV/82 BStBl II S. 751.
[598] Siehe Fn. 597.

Steuerrechtliche Grundlagen der GmbH & Co. KG

lierten Vertrages aufgenommen, so spricht man von einer Publikums-GmbH & Co. KG. Ihre beiden Erscheinungsformen sind die Massengesellschaft, an der die Kapitalanleger unmittelbar beteiligt sind, und bei der meist im Statut eine Beirats-, seltener eine Repräsentativverfassung vorgesehen ist, und die mittelbare Anlagegesellschaft, bei der an die Stelle einer Vielzahl von Kommanditisten ein Treuhänder-Kommanditist tritt, der den Kommanditanteil vermittelt. Nach der Rechtsprechung des BGH hat sich zwar für die Publikums-KG in Anlehnung an bestimmte Grundsätze des Rechts der Kapitalgesellschaften ein insbesondere dem Anlegerschutz der Gesellschafter und der Funktionsfähigkeit der Gesellschaft dienendes Sonderrecht der Gesellschaft herausgebildet; gleichwohl ist dieses Rechtsgebilde eine Personengesellschaft. Da es die verfassungskonforme Auslegung des KStG gebietet, die Ordnungsstruktur des Zivilrechts durchgehend zu wahren, ist eine Publikums-GmbH & Co. KG weder als nichtrechtsfähiger Verein i.S. des § 1 Abs. 1 Nr. 5 KStG noch als nichtrechtsfähige Personenvereinigung nach § 3 Abs. 1 KStG körperschaftsteuerpflichtig, vielmehr gehört steuerrechtlich die Publikums-GmbH & Co. KG als Personenhandelsgesellschaft zu den nichtrechtsfähigen Personenvereinigungen, deren Einkommen unmittelbar bei den Mitgliedern zu versteuern ist. Das gilt für jede Tatbestandsverwirklichung des Erzielens von Einkünften im Rahmen der Einkommensarten des § 2 Abs. 3 EStG. Werden die Tatbestandsmerkmale einer Einkommensart von der Publikums-GmbH & Co. KG oder von ihren Gesellschaftern nicht erfüllt, besteht also keine Einkunftserzielungsabsicht, ist weder das Körperschaft- noch Einkommensteuergesetz anwendbar. Die vorstehenden Gründe einer Verneinung der Körperschaftsteuerpflicht gelten auch für eine Publikums-GmbH & Co. KG mit wenigen Kommanditisten, wenn diese ihrerseits Treuhänder für zahlreiche Treugeber sind.

b) BFH-Rechtsprechung

In dem Grundsatzurteil vom 17.3.1966[599], dem sogenannten „Gepräge"-Urteil, traf der BFH die Feststellung, daß die Tätigkeit einer GmbH & Co. stets sogar bei reiner Vermögensverwaltung einen Gewerbebetrieb darstelle, wenn die geschäftsführende GmbH der alleinige Gesellschafter ist. An dieser Ansicht hat der BFH trotz der Bedenken im Schrifttum[600] festgehalten und sie im Urteil vom 3.8.1972[601] noch einmal bestätigt: „Eine GmbH & Co. KG, an der eine GmbH als einziger Komplementär beteiligt ist, unterhält schon wegen dieser Beteiligung der GmbH einen Gewerbebetrieb." Nach Auffassung der Finanzverwaltung ist das „Gepräge"-Urteil auch dann anzuwenden, wenn die Komplementär-

467

---

599 IV 233, 234/65 BStBl III S. 171.
600 Vgl. Hesselmann a.a.O. Rdn. 325, Böttcher, StbJb 1966/67 S. 136.
601 IV R 235/67 BStBl II S. 799.

E   Laufender Geschäftsbetrieb der GmbH & Co. KG – Steuerrechtl. Teil

GmbH zwar am Gewinn, nicht aber am Verlust und am Vermögen der GmbH & Co. beteiligt ist, denn auch in diesem Fall gebe die GmbH der KG wirtschaftlich das entscheidende „Gepräge"[602].

468   Nach dem Erlaß des Niedersächsischen FinMin vom 14.2.1967[603] gibt die GmbH (= stets Gewerbebetrieb kraft Rechtsform) der GmbH & Co. KG selbst dann noch das „Gepräge", wenn die Geschäftsführung für die KG nicht von der GmbH, sondern von einem Angestellten der KG ausgeübt wird.

Nach diesen Rechtsgrundsätzen erzielen alle Gesellschafter einer GmbH & Co. KG stets Einkünfte aus Gewerbebetrieb (gewerbliche Einkünfte i. S. von § 15 EStG), auch wenn sich die Tätigkeit der Gesellschaft nur auf eine reine Vermögensverwaltung beschränkt.

Diese jahrzehntelange Rechtsauffassung wollte der IV. Senat des BFH 1982 verlassen und die Auffassung vertreten, daß eine GmbH & Co. KG nicht kraft Rechtsform der Komplementär-GmbH ein gewerbliches Unternehmen betreibe. Da der I. Senat des BFH auf eine entsprechende Anfrage des IV. Senats hin erklärte, er beabsichtige dieser Abweichung nicht zuzustimmen, rief der IV. Senat mit Beschluß vom 26.8.1982[604] den **Großen Senat** des BFH an und legte folgende Rechtsfragen **zur Entscheidung** vor:

469   (1) Ist eine GmbH & Co. KG, deren alleinige persönlich haftende Gesellschafterin eine GmbH ist, als Kapitalgesellschaft i. S. von § 1 Abs. 1 Nr. 1 KStG zu beurteilen und als solche körperschaftsteuerpflichtig? Gilt dies bejahendenfalls auch für eine KG, deren Komplementärin eine GmbH & Co. KG ist (doppelstöckige GmbH & Co. KG)?

Gilt dies bejahendenfalls auch für eine Schein-GmbH & Co. KG, d. h. eine im Handelsregister eingetragene Personengesellschaft, die mangels kaufmännischer Betätigung in Wahrheit eine Gesellschaft des Bürgerlichen Rechts (GbR) ist?

(2) Ist eine Publikums-GmbH & Co. KG als nicht rechtsfähiger Verein i. S. von § 1 Abs. 1 Nr. 5 KStG zu beurteilen und als solcher körperschaftsteuerpflichtig?

Gilt dies bejahendenfalls auch für eine KG mit nur wenigen Kommanditisten, sofern diese ihrerseits Treuhänder für zahlreiche Treugeber sind?

---

602 Erlaß der Finanzbehörde Hamburg vom 20.8.1969 und des Hessischen FinMin vom 13.10.1969 DStZ/B 1969 S. 355 und 434.
603 DB S. 318.
604 IV R 207/79 BStBl II S. 771.

Steuerrechtliche Grundlagen der GmbH & Co. KG

(3) Falls die Fragen zu (1) und (2) zu verneinen sein sollten:

Sind sämtliche Einkünfte (i. S. von § 2 Abs. 1 EStG) einer GmbH & Co. KG, deren alleinige persönlich haftende und geschäftsführende Gesellschafterin eine GmbH ist, kraft dieser Rechtsform in gleicher Weise wie bei einer Kapitalgesellschaft (§ 8 Abs. 2 KStG) mit Wirkung für alle Mitunternehmer (i. S. von § 15 Abs. 1 EStG) so zu beurteilen, als ob sie den Rahmen einer bloßen Vermögensverwaltung überschreiten würden und deshalb als Einkünfte aus Gewerbebetrieb zu qualifizieren?

Gilt dies bejahendenfalls auch für eine mehrstöckige GmbH & Co. und für eine Schein-GmbH & Co. KG?

(4) Ist eine Personengesellschaft, insbesondere eine GmbH & Co. KG mit ,,Gewinnabsicht'' (i. S. von § 1 Abs. 1 GewStDV) tätig und betreibt sie demgemäß ein gewerbliches Unternehmen i. S. von § 15 Abs. 1 Nr. 1 EStG, wenn sie keinen Gewinn in der Form einer Mehrung ihres Betriebsvermögens, insbesondere ihres Gesellschaftsvermögens erstrebt, sondern lediglich in der Absicht tätig ist, ihren Gesellschaftern Steuervorteile dergestalt zu vermitteln, daß durch Zuweisung von Verlustanteilen andere an sich tariflich zu versteuernde Einkünfte nicht und die Verlustanteile letztlich nur in Form buchmäßiger Veräußerungsgewinne tarifbegünstigt versteuert werden müssen?

(5) Ist ein Gesellschafter einer Personengesellschaft, insbesondere ein Kommanditist einer KG, die Gewinne in Form einer Mehrung ihres Betriebsvermögens, insbesondere ihres Gesellschaftsvermögens erstrebt, Mitunternehmer i. S. von § 15 Abs. 1 Nr. 2 EStG des von der Gesellschaft betriebenen gewerblichen Unternehmens, wenn seine Beteiligung an der Gesellschaft rechtlich oder tatsächlich nur befristet und durch die befristete Zugehörigkeit zur Gesellschaft keine Teilhabe an einer von der Gesellschaft erstrebten Betriebsvermögensmehrung in der Form eines entnahmefähigen laufenden Gewinns oder eines die Einlage übersteigenden Abfindungsguthabens zu erwarten ist, der Gesellschafter also mit seiner Beteiligung lediglich Steuervorteile dergestalt erstrebt, daß durch Zuweisung von Verlustanteilen andere Einkünfte nicht und die Verlustanteile letztlich nur in Form tarifbegünstigter Veräußerungsgewinne (nach-)versteuert werden müssen?

(6) Ist die durch eine ausländische Reederei veranlaßte Entscheidung einer inländischen Basis-Gesellschaft in der Rechtsform einer GmbH & Co. KG, die laut Gesellschaftsvertrag den Betrieb der Seeschiffahrt mit einem bestimmten Schiff bezweckt, jedenfalls dann rechtsmißbräuchlich i. S. von § 42 AO, wenn

a) für ihre Einschaltung wirtschaftliche oder sonst beachtliche (außersteuerrechtliche) Gründe fehlen, sich insbesondere die Errichtung der Gesell-

E   Laufender Geschäftsbetrieb der GmbH & Co. KG – Steuerrechtl. Teil

schaft mit Sitz im Inland und die Wahl der Rechtsform der GmbH & Co. KG nur mit der Absicht der Steuerersparnis erklären läßt

und

b) die KG keine eigene wirtschaftliche Tätigkeit entfaltet.

470 Auf die Anfrage des IV. Senats des BFH im vorgenannten Vorlagebeschluß vom 26.8.1982 hat der **Große Senat** des BFH mit **Beschluß** vom 25.6.1984[605] folgende Antworten gegeben:

(1) Eine GmbH & Co. KG, deren alleiniger persönlich haftender Gesellschafter eine GmbH ist, ist keine Kapitalgesellschaft i. S. von § 1 Abs. 1 Nr. 1 KStG, und nicht als eine solche körperschaftsteuerpflichtig.

(2) Eine Publikums-GmbH & Co. KG ist weder als nicht rechtsfähiger Verein i. S. von § 1 Abs. 1 Nr. 5 KStG noch als nichtrechtsfähige Personenvereinigung nach § 3 Abs. 1 KStG körperschaftsteuerpflichtig.

(3) Bei einer GmbH & Co. KG, deren alleiniger persönlich haftender und geschäftsführender Gesellschafter eine GmbH ist, sind nicht allein wegen dieser Rechtsform alle Einkünfte i. S. des § 2 Abs. 3 EStG mit Wirkung für alle Gesellschafter (Mitunternehmer) als Einkünfte aus Gewerbebetrieb zu qualifizieren (Aufgabe der Gepräge-Rechtsprechung).

(4) Eine Personengesellschaft, insbesondere eine GmbH & Co. KG ist nicht mit Gewinnabsicht i. S. von § 1 Abs. 1 GewStDV tätig und betreibt demgemäß kein gewerbliches Unternehmen i. S. des § 15 Nr. 1 S. 1 i. V. m. Nr. 2 EStG, wenn sie lediglich in der Absicht tätig ist, ihren Gesellschaftern eine Minderung der Steuer vom Einkommen dergestalt zu vermitteln, daß durch Zuweisung von Verlustanteilen andere an sich tariflich zu versteuernde Einkünfte nicht und die Verlustanteile letztlich nur in Form buchmäßiger Veräußerungsgewinne tarifbegünstigt besteuert werden müssen (Änderung der Rechtsprechung).

(5) Ein Gesellschafter einer Personengesellschaft, insbesondere ein Kommanditist einer KG, die ein gewerbliches Unternehmen i. S. des § 15 Nr. 1 S. 1 EStG betreibt, ist nicht Mitunternehmer i. S. des § 15 Nr. 2 EStG, wenn seine Beteiligung an der Gesellschaft rechtlich oder tatsächlich befristet ist und wenn wegen der befristeten Zugehörigkeit zur Gesellschaft keine Teilhabe an einer von der Gesellschaft erstrebten Betriebsvermögensmehrung in der Form eines entnahmefähigen laufenden Gewinns oder eines die Einlage übersteigenden Abfindungsguthabens oder eines Gewinns aus der Veräußerung eines Gesellschaftsanteils zu erwarten ist.

---

[605] GrS 4/82 BStBl II S. 751.

Zu der vom IV. Senat aufgeworfenen Frage des Mißbrauchs brauchte der Große Senat des BFH keine Stellung zu nehmen. Der IV. Senat des BFH hatte die Frage nur für den Fall gestellt, daß seine Vorlagefragen Nrn. (4) und (5) zu bejahen wären, also bereits das bloße Streben nach Steuervorteilen für eine Gewinnabsicht der KG und für eine Mitunternehmerschaft des Kommanditisten ausreichten. Da der Große Senat diese Rechtsfragen verneint hat, ist die Rechtsfrage betreffend den Rechtsmißbrauch gegenstandslos. Ergänzend hierzu ist anzumerken, daß der IV. Senat des BFH zu dieser Frage folgende Auffassung vertritt (vgl. Sachverhaltsdarstellung im Beschluß des BFH GrS 4/82): „Die Einschaltung einer Verlust-Zuweisungs-KG könne rechtsmißbräuchlich sein. Die nach der Rechtsprechung des BFH maßgeblichen Rechtsgrundsätze zur einkommensteuerrechtlichen Beurteilung von Basisgesellschaften im niedrigbesteuernden Ausland müßten sinngemäß für die Einschaltung von Basis-Verlustzuweisungsgesellschaften im Inland gelten."

c) Gesetzliche Grundlagen

Mit den Auswirkungen des Beschlusses des Großen Senats des BFH vom 25.6.1984 hat sich auch die Bundesregierung befaßt und ist zu folgendem Ergebnis gekommen[606]: „Im Beschluß vom 25.6.1984 (BStBl II S. 751) hat der Große Senat die sog. Gepräge-Rechtsprechung aufgegeben. Gesellschaften die eine ihrer Art nach „nicht gewerbliche, sondern ausschließlich vermögensverwaltende Tätigkeit ausüben, erzielen danach nicht Einkünfte aus Gewerbebetrieb (§ 15 EStG), sondern solche aus Kapitalvermögen (§ 20 EStG) und/oder aus Vermietung und Verpachtung (§ 21 EStG). Veräußerungsgewinne wären danach grundsätzlich nicht mehr steuerpflichtig, sofern sie nicht ausnahmsweise im Rahmen der Spekulationsgewinnbesteuerung (§ 23 EStG) zu erfassen wären. Die steuerlichen Vorteile, die mit der nach der früheren Rechtsprechung anzunehmenden Gewerblichkeit der betreffenden Gesellschaften verbunden waren, können den Gesellschaften bzw. ihren Gesellschaftern nach der Entscheidung des Gerichts jedoch aus Gründen des Vertrauensschutzes nicht mehr rückwirkend entzogen werden, jedenfalls nicht für Veranlagungszeiträume, für die bereits ein Steuerbescheid vorliegt (§ 176 AO). Für die Besteuerung von Veräußerungsgewinnen einschließlich der Nachversteuerung des negativen Kapitalkontos fehlt es an einer gesicherten Rechtsgrundlage. Nach Auffassung der Bundesregierung machte dies eine Gesetzesänderung erforderlich. Die Bundesregierung wollte nicht hinnehmen, daß die mit der Wahl einer bestimmten Rechtsform verbundenen Vorteile in Anspruch genommen werden, die damit verbundene Folge bestimmter Steuerpflichten, die bei der Wahl der Rechtsform bekannt waren und in die Disposition

---

606 Vgl. BT-Dr 10/3663 vom 19.7.1985.

E   Laufender Geschäftsbetrieb der GmbH & Co. KG – Steuerrechtl. Teil

einbezogen wurden, jedoch rückwirkend entfallen. Die Bundesregierung schlug deshalb vor, die Gepräge-Rechtsprechung mit Wirkung auch für die Vergangenheit zu verankern.

Eine verfassungsrechtlich unzulässige Rückwirkung eines belastenden Steuergesetzes ist damit nach Auffassung der Bundesregierung nicht verbunden, da die Gesellschaften und ihre Gesellschafter wie bisher nach Maßgabe der von ihnen gewählten Rechtsform besteuert und somit durch die Gesetzesänderung nicht in ihrem Vertrauen auf die bestehende Rechtslage enttäuscht werden."

472   Durch den durch das **Steuerbereinigungsgesetz 1986** vom 19.12.1985[607] neugefaßten § 15 Abs. 3 Nr. 2 EStG wurde **die vom Großen Senat des BFH aufgegebene BFH-Geprägerechtsprechung wieder gesetzlich verankert** und zwar (rückwirkend) auch für Veranlagungszeiträume vor 1986; die Tätigkeit einer Gesellschaft gilt von dem Zeitpunkt an, in dem erstmals die Voraussetzungen des § 15 Abs. 3 EStG erfüllt waren, als Gewerbebetrieb (§ 52 Abs. 20 b EStG). Zwischenzeitlich hat der BFH die Auffassung der Bundesregierung bestätigt, daß es verfassungsrechtlich nicht zu beanstanden ist, daß § 15 Abs. 3 Nr. 2 EStG (i.d.F. des Steuerbereinigungsgesetzes 1986) die sog. Geprägetheorie rückwirkend wieder eingeführt hat[608].

473   § 15 Abs. 3 EStG i.d.F. des Steuerbereinigungsgesetzes 1986 lautet:

„Als Gewerbebetrieb gilt in vollem Umfang die mit Einkünfteerzielungsabsicht unternommene Tätigkeit

1. einer offenen Handelsgesellschaft, einer Kommanditgesellschaft oder einer anderen Personengesellschaft, wenn die Gesellschaft auch eine Tätigkeit i.S. des Abs. 1 Nr. 1 ausübt,

2. einer Personengesellschaft, die eine Tätigkeit i.S. des Abs. 1 Nr. 1 ausübt und bei der ausschließlich eine oder mehrere Kapitalgesellschaften persönlich haftende Gesellschafter sind und nur diese oder Personen, die nicht Gesellschafter sind, zur Geschäftsführung befugt sind (gewerblich geprägte Personengesellschaft). Ist eine gewerblich geprägte Personengesellschaft als persönlich haftender Gesellschafter an einer anderen Personengesellschaft beteiligt, so steht für die Beurteilung, ob die Tätigkeit dieser Personengesellschaft als Gewerbebetrieb gilt, die gewerblich geprägte Personengesellschaft einer Kapitalgesellschaft gleich."

---

[607] BGBl I S. 2436.
[608] Vgl. BFH-U vom 10.7.1986 IV R 12/81 BStBl II S. 811.

Steuerrechtliche Grundlagen der GmbH & Co. KG

Die „gewerbliche Prägung" ist in § 15 Abs. 3 Nr. 2 EStG verankert. Satz 1 dieser Vorschrift bezieht sich auf den Grundfall der gewerblich geprägten Personengesellschaft; Satz 2 betrifft die doppel- und mehrstöckige GmbH & Co. KG. Zu beachten ist jedoch trotz des „Gepräges" der Eingangssatz in § 15 Abs. 3 EStG und das dort aufgeführte Merkmal der Einkünfteerzielungsabsicht. Nach Schmidt/Glanegger[609] ist die Einkünfteerzielungsabsicht (durch wirtschaftliche Tätigkeit) der Gewinnerzielungsabsicht, Überschußerzielungsabsicht gleichzusetzen und erfordert eine Totalgewinnprognose, d. h. ein Abstellen auf den Totalgewinn bzw. Totalüberschuß. Eine Personengesellschaft, die im übrigen die Tatbestandsmerkmale des § 15 Abs. 3 Nr. 2 EStG erfüllt, ist nur dann eine gewerblich geprägte Personengesellschaft, also ein Gewerbebetrieb, wenn sie in Einkünfteerzielungsabsicht tätig wird. Dadurch soll vermieden werden, daß eine steuerlich irrelevante Liebhaberei mittels der besonderen Gestaltung einer GmbH & Co. KG in den steuerlich relevanten Bereich (steuermindernde Verlustverrechnung) hineingezogen werden kann[610]. Bei der Beurteilung, ob Einkunftserzielungsabsicht vorliegt, ist insbesondere auf die vom Großen Senat im BFH-Beschluß 4/82 (a.a.O.) aufgestellten Abgrenzungs-Kriterien und die darauf aufbauenden weiteren Entscheidungen des BFH zur Liebhaberei abzustellen[611].

474

Die vorstehend angesprochenen Tatbestandsvoraussetzungen des § 15 Abs. 3 Nr. 2 EStG sind[612]:

475

(1) Die Personengesellschaft muß persönlich haftende Gesellschafter haben. Bei einer OHG haften alle Gesellschafter; bei einer KG die Komplementäre persönlich; § 15 Abs. 3 Nr. 2 EStG ist stets anwendbar. Bei einer BGB-Gesellschaft werden nach herrschender Meinung (Theorie der Doppelverpflichtung) durch das rechtsgeschäftliche Handeln der vertretungsberechtigten Gesellschafter sowohl die Gesamthand als auch die handelnden Gesellschafter selbst und ihre Mitgesellschafter persönlich aus vertraglichen Schuldverhältnissen (nicht aus deliktischem Verhalten) verpflichtet; insoweit findet § 15 Abs. 3 Nr. 2 EStG Anwendung. Das gilt auch dann, wenn die BGB-Gesellschaft im Rechtsverkehr als sog. „Schein-KG" auftritt[613]. Die handelnden BGB-Gesellschafter können jedoch dann nicht als persönlich haftende Gesellschafter i.S. des § 15 Abs. 3 Nr. 2 EStG angesehen werden, wenn durch

---

609 Anm. 10 b zu § 2 EStG.
610 Vgl. BMF-Finanznachrichten Nr. 20/85.
611 Vgl. BFH-U vom 15.11.1984 IV R 139/81 BStBl 1985 II S. 205 [Pferdeverleih und Pensionspferdehaltung]; vom 13.12.1984 VIII R 59/82 BStBl 1985 II S. 455 [Betrieb eines Gästehauses]; vom 14.3.1985 IV R 8/84 BStBl II S. 424 [Liebhaberei bei Erfindern]; vom 21.3.1985 IV R 25/82 BStBl II S. 399 [Betrieb eines Gestüts]; vom 23.5.2985 IV R 84/82 BStBl II S. 515 [Liebhaberei bei Schriftstellern].
612 Vgl. Groh, a.a.O., DB 1987 S. 1006 ff.
613 Vgl. hierzu BFH-U vom 11.12.1986 IV R 222/84 DB 1987 S. 1021.

eine Beschränkung der Vertretungsmacht und ein entsprechendes Auftreten des vertretenden Gesellschafters eine beschränkte Haftung für vertragliche Verbindlichkeiten auf das Gesellschaftsvermögen herbeigeführt wurden mit der Folge, daß kein Gesellschafter persönlich haftet.

Stille Gesellschaft und Unterbeteiligung fallen nicht unter § 15 Abs. 3 Nr. 2 EStG, da es an Gesamthandsvermögen mangelt. Ein atypisch Stiller hat gewerbliche Einkünfte, wenn er Geschäftsinhaber einer Kapitalgesellschaft ist oder eine atypisch stille Beteiligung an einer gewerblich geprägten Personengesellschaft vorliegt.

(2) Bei dem persönlich haftenden Gesellschafter muß es sich ausschließlich um eine Kapitalgesellschaft handeln. Kapitalgesellschaft ist eine AG, KGaA oder eine GmbH. Auch eine Vor-GmbH kann persönlich haftender Gesellschafter sein[614].

(3) Die Geschäftsführung muß ausschließlich bei der (diesen) Kapitalgesellschaft(en) oder bei Nichtgesellschaftern liegen. Der Gesetzgeber stellt auf die Geschäftsführung, nicht auf die Vertretung ab. Nach Groh ist dem Gesetzgeber bei dem Tatbestandsmerkmal „Geschäftsführung" ein „böser Schnitzer" unterlaufen, denn: „Durch Übertragung der (Mit)Geschäftsführung auf einen Kommanditisten, auch eine Kommanditgesellschaft, läßt sich die gewerbliche Prägung der GmbH & Co. KG vermeiden. Die Regelung der Geschäftsführung läßt sich nur schwer kontrollieren; selbst vom Gesellschaftsvertrag kann durch konkludentes Handeln abgewichen werden".

476 Die Auffassung von Groh, daß auf die zivilrechtliche Geschäftsführungsbefugnis und nicht auf die gesetzliche Vertretungsmacht abzustellen ist, kann zwar als herrschend bezeichnet werden, ist jedoch nicht unumstritten. Blinzler/Buchbinder[615] lesen „Geschäftsführung" als „Vertretungsbefugnis" und fordern zur Anwendung des § 15 Abs. 3 Ziff. 2 EStG, daß die organschaftliche Vertretungsmacht bei den persönlich haftenden Kapitalgesellschaften bleibt. Hintergrund dieser verschiedenen Auffassungen ist die Diskussion um die Frage, ob § 15 Abs. 3 Nr. 2 EStG dann nicht greift, wenn der Kommanditist zugleich Geschäftsführer der (Komplementär-)Kapitalgesellschaft ist. Brun/Hennerkes/Binz[616] vertreten die Auffassung, daß der Gesetzgeber nicht gewollt habe, daß § 15 Abs. 3 Nr. 2 EStG bereits schon dann nicht anwendbar sei, wenn ein Kommanditist gleichzeitig Geschäftsführer der Komplementär-GmbH ist, da „andernfalls das Gepräge-Gesetz auf eine Vielzahl von Familiengesellschaften von vornherein

---

614 Siehe auch Rn. 56.
615 A.a.O., DB 1967 S. 503 ff.
616 A.a.O., BB 1986 S. 236.

keine Anwendung fände. Man wird daher unter einer „zur Geschäftsführung befugten" Person i. S. von § 15 Abs. 3 Nr. 2 EStG nicht den Geschäftsführer der Komplementär-GmbH zu verstehen haben, zumal dieser formalrechtlich ja nur für die GmbH selbst, nicht jedoch für die GmbH & Co. KG als solche Geschäftsführungsbefugnis besitzt". Im Ergebnis stimmen damit Brun/Hennerkes/Binz der Auffassung von Christoffel/Dankmeyer[617] zu, daß die Geprägegrundsätze dann keine Anwendung mehr finden, wenn neben der Komplementär-GmbH der Kommanditist zur Geschäftsführung berufen ist; überzeugend begründen Christoffel/Dankmeyer ihre Auffassung wie folgt: „Bei der KG obliegt die Geschäftsführung grundsätzlich nur den Komplementären, die Kommanditisten sind von der Geschäftsführung ausgeschlossen. Durch Gesellschaftsvertrag kann eine andere Regelung für die Geschäftsführung getroffen werden; z. B. kann ein Kommanditist Mit-Geschäftsführer oder Allein-Geschäftsführer sein. Die BFH-Entscheidungen zur Anwendung der Geprägegrundsätze bei einer GmbH & Co. KG werden somit durch die Gesetzeslage abgedeckt; alleinige Geschäftsführerin war jeweils die – alleinige – Komplementär-GmbH. Dabei verbleibt es m. E. auch dann, wenn ein Kommanditist Geschäftsführer der alleinigen Komplementär-GmbH wird. Denn beurteilt wird die Geschäftsführung bei der KG als solcher, und diese Geschäftsführung obliegt der GmbH (die durch ihre Organe handelt). Dagegen wird die Gewerblichkeit einer vermögensverwaltenden GmbH & Co. KG beseitigt, wenn ein Kommanditist unmittelbar in die Stellung eines Geschäftsführers der KG als solcher einrückt, sei es als zusätzlicher Geschäftsführer neben der GmbH, sei es als alleiniger Geschäftsführer." Anwendungsfälle der Geprägegrundsätze finden sich in Abschn. 28 Abs. 2 Satz 8 EStR.

2 Abgrenzung zwischen gewerblich geprägter und gewerblich tätiger KG

Die Folgen der Gesetzesänderung sind: 477

(1) Ist die KG, bei der eine GmbH als Komplementärin beteiligt ist, bereits ein gewerbliches Unternehmen kraft gewerblicher Betätigung (§ 15 Abs. 1 Nr. 1 EStG), so bedarf es keiner weiteren gewerblichen Prägung, damit die Gesellschafter – sofern sie die Voraussetzung der Mitunternehmergesellschaft erfüllen – Einkünfte aus Gewerbebetrieb erzielen.

(2) Andere Gesellschaften, die nur zu einem Teil gewerblich und daneben z. B. vermögensverwaltend tätig sind, können nicht unter § 15 Abs. 3 Nr. 2 EStG fallen, da deren Tätigkeit bereits nach § 15 Abs. 3 Nr. 1 EStG im vollen Umfang Gewerbetrieb ist.

---

617 A.a.O., S. 352.

E Laufender Geschäftsbetrieb der GmbH & Co. KG – Steuerrechtl. Teil

(3) Es ist weiterhin unerheblich, welche Tätigkeit die KG ausübt; es braucht lediglich eine GmbH vorhanden sein, die alleinige Komplementärin und zugleich Geschäftsführerin der KG ist, um die steuerliche Behandlung als Gewerbebetrieb sicherzustellen. Eine gewerbliche Tätigkeit liegt demnach auch vor, wenn die KG lediglich eine schlicht vermögensverwaltende Tätigkeit ausübt, wie z. B. Bau und anschließende Vermietung eines Hotels, Wohnhauses oder Schiffes. Somit erzielen die Gesellschafter wegen der von ihnen gewählten Rechtsform im steuerlichen Sinn nicht Einkünfte aus Vermietung und Verpachtung (§ 21 EStG), sondern Einkünfte aus Gewerbebetrieb.

Auch nach der Neufassung des § 15 Abs. 3 EStG gelten weiterhin die Ausführungen des Großen Senats des BFH im Beschluß vom 25.6.1984, nach denen eine Mitunternehmerschaft bei befristeter Gesellschafterstellung nicht möglich ist. Der Gesellschafter einer GmbH & Co. KG ist dann kein Unternehmer, wenn er weder Unternehmensinitiative (Ausübung von Gesellschafterrechten, wie Kontroll- und Widerspruchsrechte) trägt, noch Mitunternehmerrisiko (Beteiligung am Gewinn und Verlust sowie an den stillen Reserven des Anlagevermögens einschl. eines Geschäftswertes) entfalten kann und wegen seiner befristeten Gesellschafterstellung nicht an einer Betriebsvermögensmehrung der Gesellschaft teilnehmen kann.

478 Die gewerblich geprägte GmbH & Co. KG bietet zahlreiche betriebswirtschaftliche und steuerrechtliche Vorteile[618]:

(1) Finanzierungsinstrumente in Form bestimmter Absetzungen, die Betriebsvermögen/Gewerblichkeit voraussetzen, so z.B. Sonderabschreibungen nach § 3 ZRFG oder nach §§ 7 d – f EStG, erhöhte Absetzungen nach dem Berlin FG, degressive Absetzungen (§ 7 Abs. 2, 4, 5 EStG).

(2) Finanzierungsinstrumente in Form von Zulagen, die an betriebliche Investitionen anknüpfen, nämlich Investitionszulagen nach dem InvZulG und dem Berlin FG.

(3) Übergang von der pauschalierten Kürzung bei der Gewerbesteuer zur erweiterten gewerbesteuerlichen Kürzung durch Ausgliederung des Grundbesitzes insbesondere von Kapitalgesellschaften auf eine Tochterfirma in der Rechtsform einer GmbH & Co. KG unter Buchwertverknüpfung.

(4) Vermeidung der Aufdeckung stiller Reserven beim Übergang zur sog. branchenfremden Verpachtung durch vorherige Einbringung des Unternehmens in eine GmbH & Co. KG[619].

---

[618] Vgl. Christoffel/Dankmeyer, a.a.O., S. 348 und Brun/Hennerkes/Binz, a.a.O., S. 236.
[619] Vgl. BFH-U vom 19.1.1983 IR 84/79 BStBl II S. 412.

(5) Vermeidung der Aufdeckung stiller Reserven beim Wegfall der personellen Voraussetzungen einer Betriebsaufspaltung durch rechtzeitige Vorschaltung einer GmbH & Co. KG z.B. bevor die minderjährigen Gesellschafter das 18. Lebensjahr vollenden[620].

(6) Bildung steuerfreier Rücklagen, Berücksichtigung von Veräußerungsverlusten, ermäßigter Steuersatz für Aufgabe- und Veräußerungsgewinne.

(7) Übernahme der Organträger-Funktion i. S. des KStG für eine Holding, auch ohne daß die Voraussetzungen der sog. Mehrmütterorganschaft vorliegen.

Eine nicht gewerblich tätige KG hat den Vorteil, daß es nicht zur Steuerpflicht späterer Veräußerungs- und Aufgabengewinne kommt. Hier ergibt sich jedoch das verfahrensmäßige Problem, daß die Gesellschafter einer vermögensverwaltenden GmbH & Co. KG unterschiedliche Einkunftsarten haben; die KG erzielt Überschußeinkünfte, bei der Komplementär-GmbH fallen Gewinne an. Nach Groh[621] kann bei derartiger Sachverhaltsgestaltung „der Erfolgsanteil des gewerblich beteiligten Gesellschafters nicht dadurch genommen werden, daß der Anteil an den Überschußeinkünften der Personengesellschaft kurzerhand in einen Gewinnanteil umetikettiert wird; vielmehr ist der Erfolg der Personengesellschaft parallel als Gewinn zu errechnen und danach der Gewinnanteil zu ermitteln, wobei noch offen ist, ob dies im Feststellungsverfahren der Gesellschaft oder erst beim Gesellschafter zu erfolgen hat.

3 Doppelstöckige GmbH & Co. KG

§ 15 Abs. 3 Nr. 2 Satz 2 EStG stellt eine gewerblich geprägte Personengesellschaft, die als persönlich haftender Gesellschafter an einer anderen Personengesellschaft beteiligt ist, einer Kapitalgesellschaft gleich. Das bedeutet, daß die Gesellschaft, an der die „Kapitalgesellschaft" beteiligt ist, eine gewerblich geprägte ist; angesprochen ist die sog. doppelstöckige GmbH & Co. KG[622]. Aufgrund dieser Fiktion ist eine vermögensverwaltende OHG, KG oder BGB-Gesellschaft, die ihrerseits eine gewerblich geprägte OHG oder KG als persönlich haftenden und ausschließlich zur Geschäftsführung berufenen Gesellschafter hat, auch ihrerseits gewerblich tätig (gewerblich geprägt). Hierzu ein Beispiel von Christoffel/Dankmeyer[623]:

---

620 Vgl. BFH-U vom 13.12.1983 VIII R 90/87 BStBl 1984 II S. 474.
621 A.a.O., S. 1012.
622 Siehe Rn. 32 ff.
623 A.a.O., S. 348 ff.

E Laufender Geschäftsbetrieb der GmbH & Co. KG – Steuerrechtl. Teil

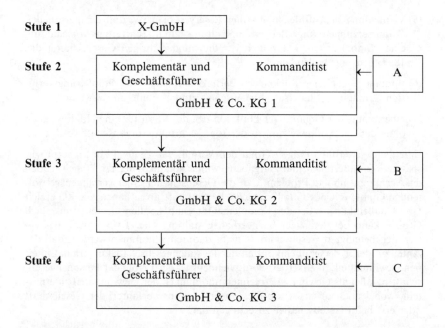

Zu Stufe 1:
Die GmbH ist Gewerbebetrieb kraft Rechtsform.

Zu Stufe 2:
Die GmbH & Co. KG 1 ist gewerblich geprägte Personengesellschaft und damit Gewerbebetrieb.

Zu Stufe 3:
Bei GmbH & Co. KG 2 gilt GmbH & Co. KG 1 für die Frage der Qualifikation der Einkünfte als Kapitalgesellschaft. Damit ist GmbH & Co. KG 2 eine gewerblich geprägte Personengesellschaft und auch Gewerbebetrieb.

Zu Stufe 4:
GmbH & Co. KG 2 ist gewerblich geprägte Personengesellschaft (Stufe 3), so daß an GmbH & Co. KG 3 eine gewerblich geprägte Personengesellschaft beteiligt ist. GmbH & Co. KG 2 gilt für Qualifikationszwecke bei KG 3 als Kapitalgesellschaft. GmbH & Co. KG 3 ist somit selbst gewerblich geprägte Personengesellschaft und damit Gewerbebetrieb.

Steuerrechtliche Grundlagen der GmbH & Co. KG

Die o. a. dargestellte Fiktionskette funktioniert nur, wenn jeweils vermögensverwaltend tätige Gesellschaften übereinandergestockt werden. Sie wird u. E. unterbrochen, wenn eine Gesellschaft zwischengeschaltet wird, die kraft gewerblicher Betätigung Gewerbebetrieb ist.

II Einkommen- und Körperschaftsteuer

1 Ebene der Kommanditgesellschaft bzw. der Kommanditisten

Hinsichtlich der Einkommensbesteuerung ist zu berücksichtigen, daß die GmbH & Co. eine Personengesellschaft ist, deren einer (oder mehrere) Gesellschafter eine natürliche Person, deren anderer aber eine Kapitalgesellschaft ist. Die natürliche Person unterliegt der Einkommensteuer, die Kapitalgesellschaft der Körperschaftsteuer. 480

Hier ist von Bedeutung, daß nicht die Personengesellschaft als solche, sondern die Gesellschafter mit ihren Gewinnanteilen der Einkommensteuer bzw. der Körperschaftsteuer unterliegen. Die Gesellschafter der GmbH & Co. stehen deshalb für ertragsteuerliche Behandlung grundsätzlich nicht den Gesellschaftern einer Kapitalgesellschaft, sondern den Mitunternehmern gleich. Das bedeutet, daß der Gewinn einheitlich festzustellen ist. Bei einer solchen Feststellung der Einkünfte der Gesellschafter aus einer Personengesellschaft müssen auch die betrieblichen Sondereinnahmen und Sonderaufwendungen jedes Gesellschafters, die im Abschluß der Personengesellschaft noch nicht erfaßt sind, im Rahmen der einheitlichen Gewinnfeststellung berücksichtigt werden.

a) Ermittlung der Einkünfte

aa) Behandlung der Geschäftsführergehälter

Die einkommensteuerliche Behandlung der Geschäftsführergehälter richtet sich einmal danach, ob der Geschäftsführer seine Bezüge von der GmbH oder von der GmbH & Co. KG erhält, zum anderen, ob er Gesellschafter der GmbH & Co. KG ist. 481

aaa) Geschäftsführer ist zugleich Kommanditist

Erhält der Geschäftsführer der GmbH, der an der GmbH & Co. KG als Kommanditist beteiligt ist, wiederum seine **Vergütung von der GmbH & Co. KG**, so ist nach Auffassung des RFH und des BFH die Geschäftsführervergütung als ei-

---

624 Hesselmann, Handbuch, a.a.O., S. 167.

E Laufender Geschäftsbetrieb der GmbH & Co. KG – Steuerrechtl. Teil

ne Vorauszahlung auf seinen Gewinnanteil an der GmbH & Co. KG zu behandeln. Es handelt sich demnach bei dem Geschäftsführer um Einkünfte aus Gewerbebetrieb und nicht um solche aus nichtselbständiger Arbeit. Bei der GmbH & Co. KG liegen keine Betriebsausgaben vor.

Auch wenn der Geschäftsführer der GmbH, der an der GmbH & Co. KG als Kommanditist beteiligt ist, sein **Gehalt von der GmbH** bezieht und die GmbH & Co. KG der GmbH für die Geschäftsführung eine Vergütung zahlt, so stellt nach der Rechtsprechung des RFH[625] diese Vergütung steuerlich einen gewerblichen Vorausgewinn dar. Das Gehalt des GmbH-Geschäftsführers ist nach dieser Rechtsprechung nicht unter die Einkunftsart des § 2 Abs. 3 Ziff. 4 EStG (Einkünfte aus nichtselbständiger Arbeit) zu subsumieren, sondern als Vorausgewinn des Geschäftsführers (Kommanditisten) aus der GmbH & Co. KG, also als Einkünfte aus Gewerbebetrieb anzusehen. Dasselbe gilt, wenn der Geschäftsführer sowohl Kommanditist der GmbH & Co. KG als auch Gesellschafter der GmbH ist. Für die GmbH stellt sich die Gehaltszahlung als durchlaufender Posten dar.

Der BFH hat sich dieser Auffassung des RFH in vollem Umfang in seinen Entscheidungen vom 2.8.1960[626] und vom 11.2.1965[627] angeschlossen. Sinn des § 15 Abs. 1 Ziff. 2 EStG sei – so führt der BFH aus –, einen im Unternehmen tätigen Gesellschafter wie einen Einzelunternehmer zu behandeln, was auch dann zuträfe, wenn diese Tätigkeit über eine zwischengeschaltete GmbH, also im formalrechtlichen Sinne nur mittelbar, ausgeübt wird. Die gegen dieses Urteil eingelegte Verfassungsbeschwerde ist am 23.11.1965[628] als offensichtlich unbegründet nicht zur Entscheidung angenommen worden. Somit ist für die Praxis die Rechtslage nunmehr geklärt. Ob und ggf. in welchem Umfang die GmbH an der GmbH & Co. KG beteiligt ist, muß u. E. in diesem Zusammenhang ohne Bedeutung bleiben[630].

Die Rechtssituation, wie sie sich tatsächlich darstellt, hat zum einen Auswirkungen auf die Gewerbesteuer, da die Geschäftsführergehälter nicht als Betriebsausgabe abgezogen werden können[631], zum anderen auch auf die Möglichkeit der Bildung von Pensionsrückstellungen. Die steuerliche Fiktion besagt, daß die Ge-

---

625 RFH-U. v. 7.4.1930 VI A 1685/29; StuW 1930 Nr. 766 und RFH-U. v. 30.8.1932 VI A 501/31; StuW 1932 Nr. 995.
626 I 221/59 S; BStBl 1960 III, S. 408.
627 BFH-U. v. 11.2.1965; HFR 1965, S. 364.
628 BVerfG 1 BvR 271/65 vom 23.11.1965; GmbH-Rdsch. 1966, S. 38.
629 *(entfallen)*
630 So auch Paus, Anwendung des § 15 Abs. 1 Nr. 2 EStG, wenn der Komplementär einer KG die Geschäfte der KG als Angestellter einer GmbH führt, die selbst nicht an der KG beteiligt ist, StBp 1979, S. 208; a. A. Sudhoff, die Komplementär-GmbH als ,,Nicht-Unternehmer", GmbH-Rdsch. 1968, S. 111.
631 Hierin ist nach Ansicht des BFH, Urteil vom 14.12.1978 IV R 98/74, DB 1979, S. 921, kein Verfassungsverstoß zu erkennen. Die hiergegen gerichtete Verfassungsbeschwerde wurde nicht zur Entscheidung angenommen, weil keine hinreichende Aussicht auf Erfolg bestehe (Beschl. d. BVerfG v. 13.6.1979, 1 BvR 411/79, DB 1980, S. 281).

Einkommen- und Körperschaftsteuer E

schäftsführer wie geschäftsführende Gesellschafter der GmbH & Co. KG behandelt werden. Demnach könnten auch Pensionsrückstellungen für die Geschäftsführer bei der GmbH steuerlich nicht anzuerkennen sein, da Rückstellungen für geschäftsführende Gesellschafter einer Personengesellschaft nach dem Urteil des BFH vom 16.2.1967[632] unzulässig sind. Nach Auffassung des BFH stellt diese Zusage vielmehr eine Gewinnverteilungsabrede dar, die den gewerblichen Gewinn in seiner festgestellten Höhe nicht beeinflußt.

Die Zurechnung der Bezüge des Geschäftsführers der GmbH, der zugleich Gesellschafter der GmbH & Co. KG ist, zu den gewerblichen Einkünften ist nur insoweit möglich, als die Tätigkeitsvergütung für die Geschäftsführung bei der GmbH & Co. KG gewährt wird[633]. Denn nur insoweit wird die Tätigkeit im Dienste der KG ausgeübt (§ 15 Abs. 1 Nr. 2 EStG). Unschädlich sind die in gewissem Umfang notwendigen eigenen Geschäfte der GmbH, die sich praktisch nur auf erforderliche Verwaltungsarbeiten beschränken. Der BFH vertritt die Auffassung, daß eine Aufteilung der Geschäftsführerbezüge nur in Betracht komme, wenn die GmbH eigene Geschäfte tätigt, die ins Gewicht fallen und von der Tätigkeit der KG abgrenzbar sind[634]. Eine Aufteilung des Geschäftsführergehalts in gewerbliche Einkünfte aus der GmbH & Co. KG einerseits und die Einkünfte aus nichtselbständiger Arbeit aus der GmbH andererseits kommt nur in den Fällen in Betracht, in denen die GmbH eine eigene deutlich abgrenzbare und nicht unwesentliche gewerbliche Tätigkeit entfaltet, die mit der Tätigkeit der KG in keinem Zusammenhang steht. 482

aab) Geschäftsführer ist nicht Kommanditist

Erhält der Geschäftsführer der GmbH, der an der GmbH & Co. KG nicht als Kommanditist beteiligt ist, von dieser unmittelbar eine Vergütung für die Geschäftsleitung, so bildet die **Vergütung bei der GmbH & Co. KG** eine Betriebsausgabe, bei dem Geschäftsführer Einkünfte aus nichtselbständiger Arbeit (§ 2 Abs. 3 Ziff. 4 EStG i.V.m § 19 EStG). Buchmäßig geschieht bei der GmbH nichts; das gilt auch dann, wenn es sich um einen sog. Gesellschafter-Geschäftsführer handelt, der Geschäftsführer also Gesellschafter der GmbH ist. Erhält der Geschäftsführer die Vergütung von der GmbH & Co. KG jedoch nicht persönlich, sondern in seiner Eigenschaft als Organ der GmbH, so liegt steuerlich ein Vorweggewinn der GmbH vor. Die GmbH & Co. KG zahlt also die Vergütung zu Lasten der GmbH an deren Geschäftsführer, wobei die Zahlung im Verhältnis zwischen der GmbH und dem Geschäftsführer auf dessen Gehaltsanspruch an- 483

---

632 BFH-U. v. 16.2.1967 IV R 62/66 BStBl III, S. 222.
633 BFH-U. v. 2.8.1960 I 221/59 S. BStBl III, S. 408.
634 BFH-U. v. 21.3.1968 IV R 166/67; BStBl II, S. 579.

E Laufender Geschäftsbetrieb der GmbH & Co. KG – Steuerrechtl. Teil

gerechnet wird[635]. Für die GmbH ist die Gehaltszahlung Sonderbetriebsausgabe, die bei der einheitlichen Gewinnfeststellung der GmbH & Co. KG geltend zu machen ist.

Erhält der Geschäftsführer der GmbH, der an der GmbH & Co. KG nicht als Kommanditist beteiligt ist, sein **Gehalt von der GmbH**, gewährt die GmbH & Co. KG dafür der GmbH jedoch eine Vergütung, so stellt die der GmbH für die Geschäftsführung gewährte Vergütung steuerlich für die GmbH Einkünfte aus Gewerbebetrieb dar und ist bei der einheitlichen Gewinnfeststellung der GmbH & Co. KG auszuweisen. Das von der GmbH entrichtete Geschäftsführergehalt bildet bei dieser eine Betriebsausgabe, die bei der einheitlichen Gewinnfeststellung als persönlich zu tragende Betriebsausgabe zu berücksichtigen ist. Der Geschäftsführer bezieht Einkünfte aus nichtselbständiger Arbeit. Ist der Geschäftsführer zugleich Gesellschafter der GmbH, so bestehen keine Besonderheiten. Die Frage der Pensionsrückstellungen ist geklärt durch die neuere BFH-Rechtsprechung, die die Rückstellungsbildung nur dann einschränkt, wenn der Gesellschafter-Geschäftsführer auf die GmbH einen beherrschenden Einfluß hat und sich „aus den Umständen des Einzelfalles gewichtige Bedenken gegen die Ernsthaftigkeit der Bestimmung des Pensionsalters ergeben"[636].

aac) Geschäftsführer ist mittelbar beteiligt

484 Ein Sonderfall liegt dann vor, wenn der Geschäftsführer nur mittelbar über eine OHG oder KG an der GmbH & Co. KG beteiligt ist. Da nach dem BFH-Urteil vom 30.6.1964[637] es für die Hinzurechnung der Vergütung nach § 15 Abs. 1 Ziff. 2 EStG im wesentlichen darauf ankommt, wer das Risiko des Unternehmens mitzutragen hat, handelt es sich hierbei um einen Vorweggewinn. Der Gesellschafter einer OHG, die Kommanditistin einer GmbH & Co. KG ist, ist Mitunternehmer der GmbH & Co. KG. Ein solcher Gesellschafter ist i. S. von § 15 Abs. 1 Ziff. 2 EStG „im Dienste der Gesellschaft" (KG) tätig, wenn er Geschäftsführer der GmbH ist, und diese nur den Zweck hat, die Geschäfte der KG zu führen. Die Vergütung, die der Gesellschafter für die Geschäftsführung von der GmbH erhält, stellt eine Vergütung für eine Tätigkeit im Dienste der KG dar, die bei der Gewinnfeststellung der KG auf die OHG entfällt[638].

---

635 Hesselmann, Handtuch, a.a.O., S. 167.
636 BFH-U. v. 28.4.1982 I R 51/76, BStBl II S. 612; siehe auch Abschn. 36 KStR.
637 VI 309/62 HFR 1965 S. 110.
638 FG Bremen, n. rkr. Urteil vom 24.11.1967 I 19/67; EFG 1968, S. 256 – bestätigt durch BFH-Urteil vom 23.2.1972 I R 159/68; NWB 1972, f. 1, S. 146.
639–640 *(entfallen)*

Einkommen- und Körperschaftsteuer E

aad) Sozialversicherungsbeiträge

Beim Geschäftsführer der Komplementär-GmbH, soweit dieser auch Kommanditist ist, sind die von der GmbH oder der GmbH & Co. gezahlten Sozialversicherungsbeiträge ebenfalls als Vorausgewinn gemäß § 15 Abs. 1 Nr. 2 EStG zu behandeln; die Gesellschaft kann sie nicht als Betriebsausgaben behandeln. 485

aae) Pensionsrückstellungen

In den Fällen, in denen Kommanditisten einer GmbH & Co. KG als Geschäftsführer der Komplementär-GmbH von der KG oder der GmbH eine Pensionszusage erhalten, ist nach einem Urteil des BFH vom 22.1.1970[641] eine Pensionsrückstellung mit gewinnmindernder Auswirkung nicht mehr möglich. Da die GmbH die Geschäfte der KG führt und ihr Geschäftsführer zugleich Gesellschafter der KG ist, beruht die Pensionszusage auf der im Dienste der KG ausgeübten Tätigkeit des Kommanditisten. Die von der GmbH zugesagte Pension ist bei dem Kommanditisten somit eine Vergütung nach § 15 Abs. 1 Nr. 2 EStG. Die Pensionszusage bedeutet eine zwischen den Gesellschaftern der Personengesellschaft getroffene Gewinnverteilungsabrede, für die keine Rückstellung gebildet werden darf. Bei der einheitlichen Gewinnfeststellung der KG kann die von der GmbH erteilte Pensionszusage nicht als Sonderaufwand der GmbH behandelt werden, der den Gewinnanteil der GmbH und deshalb zugleich den Gesamtgewinn der KG mindert. Da die Pensionszusage mit der Tätigkeit der GmbH als Gesellschafterin der KG zusammenhängt, kann auch die GmbH dafür keine Rückstellung bilden. Anders läge es bei der GmbH nur, wenn sich die Pensionszusage auf ihren eigenen von der Tätigkeit der KG deutlich abgrenzbaren gewerblichen Bereich bezöge[642]. Für eine Tätigkeit in eigenen Angelegenheiten der GmbH wird also eine Pensionszusage anerkannt; ansonsten sind nach vorstehenden Grundsätzen zu Unrecht gebildete Pensionsrückstellungen aufzulösen[643]. Eine Auflösung kann nur in dem Sonderfall unterbleiben, daß die GmbH & Co. KG durch Umwandlung einer GmbH entstanden ist und die Pensionsrückstellung auf einer Zusage beruht, die bereits die frühere Kapitalgesellschaft erteilt hatte; Neuzuführungen zur Rückstellung sind auch für diesen Fall nicht erlaubt, die gebildete Pensionsrückstellung muß nur „eingefroren" werden[644]. 486

Mit Urteil vom 21.4.1971[645] hat sich der I. Senat des BFH der Ansicht des IV. Senats im Urteil vom 22.1.1970 angeschlossen und darüber hinaus klargestellt, daß die Frage der Pensionsrückstellung für Gesellschaftergeschäftsführer der

---
641 IV R 47/68 DB 1968 S. 1109.
642 Vgl. BFH-U. v. 21.3.1968, VI R 166/67; BStBl 1968 II S. 579.
643 Nach dem Erl. des FinMin Nds v. 5.7.1967, BStBl II 1967, S. 216 kann die Auflösung auf fünf Jahre verteilt erfolgen.
644 Vgl. BFH-U. v. 8.1.1975 I R 142/72; BStBl II S. 437.
645 I R 76/70; BFH 103, 149.

E Laufender Geschäftsbetrieb der GmbH & Co. KG – Steuerrechtl. Teil

Komplementär-GmbH im Verfahren der einheitlichen Gewinnfeststellung der KG zu entscheiden ist. Dem wird man zustimmen müssen – so führt Hoffmann[646] aus –, wenn man die grundlegende Auffassung beachtet, daß die Geschäftsführerbezüge des Kommanditisten gewerbliche Einkünfte aus der Beteiligung an der KG darstellen.

Die BFH-Urteile vom 22.1.1970 und 21.4.1971 gelten, auch wenn sich die GmbH auf die Führung der Geschäfte der GmbH & Co. KG beschränkt, nur für die Fälle, in denen der Gesellschafter-Geschäftsführer gleichzeitig an der GmbH als Gesellschafter und an der KG als Kommanditist beteiligt ist. Ist er nicht Kommanditist, gelten die für Kapitalgesellschaften maßgebenden Grundsätze zu Pensionsrückstellungen. Ist nicht der Geschäftsführer, sondern dessen Ehegatte an der GmbH & Co. KG beteiligt, dann ist eine Pensionsrückstellung für den Geschäftsführer nach den Grundsätzen des § 6a EStG anzuerkennen. Eine Pensionsrückstellung ist ferner zulässig, wenn der Ehegatte Gesellschafter der Komplementär-GmbH und der Geschäftsführer an der KG nicht beteiligt ist. Gleiches gilt, wenn der Geschäftsführer und sein Ehegatte nur an der Komplementär-GmbH beteiligt sind und der Geschäftsführer nur Gesellschafter der GmbH ist und sein Ehegatte an der KG bzw. an dieser und an der GmbH beteiligt ist.

bb) Anteile der Kommanditisten an der Komplementär-GmbH

bba) Notwendiges Sonderbetriebsvermögen

487   Zu der Frage, ob von den Gesellschaftern der GmbH & Co. KG gehaltene GmbH-Anteile zum Betriebsvermögen der Kommanditgesellschaft gehören, wurde vom älteren Schrifttum die Auffassung vertreten, daß die Anteile zum Privatvermögen der Kommanditisten zu rechnen seien. Diese Auffassung des Schrifttums wurde vom BFH in dem U vom 15.11.1967[647] nicht geteilt. Der BFH vertrat vielmehr die Ansicht, daß die GmbH-Anteile, die Kommanditisten gehören, notwendiges Betriebsvermögen der GmbH & Co. sind.

An dieser Auffassung hat der BFH im Urteil vom 05.07.1972[648] trotz der dagegen im Schrifttum vorgebrachten Bedenken (vgl. Lange, Personengesellschaft im Steuerrecht S. 286 m. w. N.) festgehalten. Allerdings hat der I. Senat seine Ansicht dahin abgewandelt, daß die Anteile der Kommanditisten an der GmbH nicht zum Betriebsvermögen der KG, sondern zum Sonderbetriebsvermögen des betreffenden Kommanditisten gehören. Dieser Auffassung hat sich der IV.

---

646 Die GmbH & Co. KG in der neueren Rechtsprechung des BFH, DStZ A 1973, S. 204.
647 IV R 139/67 BStBl 1968 II S. 152.
648 I R 230/70 BStBl II S. 928.

Senat des BFH inzwischen ausdrücklich angeschlossen und in dem U vom 14.8.1975[649] festgestellt: „Die den Kommanditisten einer KG gehörigen Geschäftsanteile an einer GmbH, die ihr Unternehmen an die KG verpachtet hat und die ebenfalls Kommanditistin der KG ist, sind einkommensteuerrechtlich notwendiges Sonderbetriebsvermögen der Kommanditisten." Aus der Zugehörigkeit der GmbH-Anteile zum Sonderbetriebsvermögen der Kommanditisten folgt, daß die Gewinnausschüttungen der GmbH an die Kommanditisten bei den Empfängern nicht private Einkünfte aus Kapitalvermögen sind, sondern betriebliche Einnahmen, die ebenso wie Sonderbetriebsausgaben bei der Ermittlung der gewerblichen Einkünfte von Mitunternehmern zu erfassen sind. Bei der einheitlichen Gewinnfeststellung erhöhen sie den Gesamtgewinn der GmbH & Co. und sind den Gewinnanteilen der Kommanditisten hinzuzurechnen (BFH-U vom 15.10.1975)[650].

Mit der Frage, wie zu verfahren ist, wenn eine GmbH sich an mehreren Kommanditgesellschaften als Komplementärin beteiligt, hat sich die Rechtsprechung noch nicht befaßt. Nach Auffassung der Finanzverwaltung (Erlaß des FinMin NRW vom 17.9.1970)[651] sind die GmbH-Anteile in der Bilanz der zuerst gegründeten Kommanditgesellschaft zu erfassen. Beteiligt sich die GmbH mit ihrer Errichtung gleichzeitig an mehreren Kommanditgesellschaften, so wollen Lersch/Schaaf (FR 1972 S. 389) dem Steuerpflichtigen die Entscheidung überlassen, bei welcher Gesellschaft er seine Anteile bilanziert.

Da die GmbH-Anteile, die Kommanditisten der GmbH & Co. gehören, nicht zu ihrem Privatvermögen, sondern zu ihrem Betriebsvermögen zu rechnen sind, kann ein etwaiger Veräußerungsgewinn nicht steuerfrei bleiben. Für ihn kann auch nicht der ermäßigte Steuersatz des § 34 EStG beansprucht werden. Nur wenn der Anteil an der Komplementär-GmbH und an der Kommanditgesellschaft gleichzeitig veräußert wird, kommt die Ermäßigung des § 34 EStG in Betracht.

bbb) Privatvermögen

Zweifelhaft war lange Zeit, wie GmbH-Anteile von Kommanditisten zu behandeln sind, wenn die Komplementär-GmbH nicht nur die Geschäfte der GmbH & Co. KG führt, sondern außerdem einen eigenen nennenswerten Geschäftsbetrieb hat. Im Schrifttum wurde hierzu die Auffassung vertreten, daß in solchen Fällen die Hinzurechnung zum Sonderbetriebsvermögen des Kommanditisten nicht erzwungen werden könne (Nissen, DB 1971 S. 2232; Hesselmann, a.a.O.,

---
649 IV R 30/71 BStBl 1976 II S. 88.
650 I R 16/73 BStBl 1976 II S. 188.
651 FR 1970 S. 509.

E Laufender Geschäftsbetrieb der GmbH & Co. KG – Steuerrechtl. Teil

RdNr. 285). Der BFH hatte die Beantwortung dieser Frage im o.g. U vom 15.10.1975 offengelassen. Erst in dem zur Einheitsbewertung ergangenen U vom 7.12.1984[651a] hat der BFH entschieden, daß „Anteile eines Kommanditisten an einer Komplementär-GmbH bei ihm nur dann Betriebsvermögen sind und deshalb in den Einheitswert des gewerblichen Betriebsvermögen einzubeziehen sind, wenn sich die GmbH nur auf die Geschäftsführertätigkeit für die KG beschränkt oder wenn ein daneben bestehender eigener Geschäftsbetrieb nur von untergeordneter Bedeutung ist" (Änderung der Rechtsprechung). Dieses Urteil hat auch für die Ertragsteuern Bedeutung, entsprechend ergibt sich aus den beiden rk. Urteilen des FG Berlin vom 1.4.1987[651b].

Hat die GmbH also einen eigenen Geschäftsbetrieb von nicht ganz untergeordneter Bedeutung, so gehören die dem Kommanditisten gehörenden Anteile an der Komplementär-GmbH zu deren „Privatvermögen" mit der Folge, daß bei Veräußerung wesentlicher Beteiligungen der begünstigte Steuersatz nach § 17, 34 EStG und Gewerbesteuerfreiheit gegeben ist. Die Veräußerung nicht wesentlicher Beteiligungen bleibt einkommensteuerfrei, es sei denn, ein Spekulationsgeschäft liegt vor.

cc) Beirats- und Aufsichtsratsvergütungen

489 Bei GmbH & Co. Kommanditgesellschaften mit einer Vielzahl von Kommanditisten wird häufig ein Beirat oder Aufsichtsrat gebildet[651c]. Die steuerliche Behandlung der Vergütungen, die an die Mitglieder des Beirats (Aufsichtsrats) gezahlt werden, hängt davon ab, ob der Aufsichtsrat oder Beirat bei der GmbH & Co. KG oder bei der GmbH gebildet ist und ob die Aufsichtsrats- oder Beiratsmitglieder Gesellschafter sind oder nicht. Hesselmann gibt hierzu folgende Erläuterungen:

„Die an die Mitglieder eines Beirats (Gesellschafterausschusses) der **GmbH & Co.** gezahlten Vergütungen sind für Gesellschafter der GmbH & Co. Einkünfte aus Gewerbebetrieb (§ 2 Abs. 3 Ziff. 2 EStG i.V.m § 15 Abs. 1 Ziff. 2 EStG), für gesellschaftsfremde Personen, wozu auch Gesellschafter der GmbH rechnen, die an der GmbH & Co. nicht beteiligt sind, Einkünfte aus selbständiger Arbeit (§ 2 Abs. 3 Ziff. 3 EStG i.V.m. § 18 Abs. I Ziff. 3 EStG). Für die GmbH & Co. selbst sind die Vergütungen insoweit Betriebsausgaben, als sie an Beiratsmitglieder gezahlt werden, die nicht Gesellschafter der GmbH & Co. sind. Das für Kapitalgesellschaften bestehende hälftige Abzugsverbot des § 10 Nr. 3 KStG „für Vergütungen jeder Art, die an Mitglieder des Aufsichtsrats, Verwaltungsrats, Gru-

---

651a III R 91/81 BStBl 1985 II S. 241.
651b II 454/83 und II 123/87.
651c Einzelheiten siehe Rn. 312 ff.

Einkommen- und Körperschaftsteuer

benvorstands oder andere mit der Überwachung der Geschäftsführung beauftragte Personen gewährt werden", gilt für die GmbH & Co. nicht; sie ist auch für das Steuerrecht als Personengesellschaft anerkannt.

Ist **bei** der **GmbH** ein Aufsichtsrat oder Beirat gebildet, so ist zu unterscheiden: Wird der Aufsichtsrat oder Beirat nur in eigenen Angelegenheiten der GmbH tätig, so stellen die Vergütungen bei den Mitgliedern Einkünfte aus selbständiger Arbeit dar. Eine Abzugsfähigkeit bei der GmbH ist nach § 10 Nr. 3 KStG zur Hälfte ausgeschlossen. Wird der Aufsichtsrat oder Beirat in Angelegenheiten der GmbH & Co. tätig und erstattet diese der GmbH die Vergütungen, so sind diese für Mitglieder, die Gesellschafter der GmbH & Co. sind, Einkünfte aus Gewerbebetrieb – bei der GmbH handelt es sich insoweit um einen durchlaufenden Posten –, für gesellschaftsfremde Personen Einkünfte aus selbständiger Arbeit – bei der GmbH stellt die Erstattung durch die GmbH & Co. Einkünfte aus Gewerbebetrieb, die Weitergabe an die Mitglieder eine Betriebsausgabe dar" (Hesselmann, Handbuch der GmbH & Co., 16. Aufl. 1980 S. 173, 174).

dd) Auslagenersatz

In der überwiegenden Zahl aller Fälle ist die GmbH & Co. KG so aufgebaut, daß die Komplementär-GmbH keine andere Funktion als die ihr kraft Gesetzes obliegende Geschäftsführung für die GmbH & Co. KG ausübt. Dies geschieht durch die oder den Geschäftsführer der GmbH.

490

In den Fällen, in denen der oder die Geschäftsführer ihr Gehalt von der GmbH beziehen, müssen der GmbH die entsprechenden Mittel zur Verfügung stehen. Weiterhin werden auch Geldmittel für sonstige Aufwendungen wie Bürokosten, eigene Steuern etc. von der GmbH benötigt. Im Regelfall ist die GmbH jedoch aus eigenen Mitteln nicht imstande, diese Kosten zu begleichen, da eigene Geldmittel wegen des fehlenden Geschäftsbetriebs nicht vorhanden sind. Üblicherweise wird daher die GmbH & Co. KG vertraglich verpflichtet, die Kosten der Geschäftsführung zu tragen. Nachstehend wird ein Beispiel für eine derartige Regelung im Gesellschaftsvertrag der GmbH & Co. KG gegeben:

„Der ... GmbH sind die Aufwendungen, die ihr aus der Geschäftsführung der Kommanditgesellschaft erwachsen, am Ende eines jeden Geschäftsjahres zu erstatten".

Auch folgende Formulierung ist gebräuchlich:

„Die Komplementärin erhält, auch im Falle eines Verlustes, vorweg alle ihre Auslagen und Kosten erstattet".

Die Praxis zeigt, daß es streitig ist, ob tatsächlich alle Aufwendungen der GmbH als erstattungsfähig angesehen werden können. So wird die Auffassung vertreten, daß die eigenen Steuern der GmbH nicht erstattungsfähig, sondern aus dem Ge-

E   Laufender Geschäftsbetrieb der GmbH & Co. KG – Steuerrechtl. Teil

winnanteil der GmbH zu decken sind[651d], auch soll der GmbH der Zinsaufwand für ein evtl. Girokonto nicht erstattet werden können.

Die Auffassung, daß der GmbH alle Aufwendungen – also auch eigene Steuern – erstattet werden können, wird in den Fällen vertreten, in denen keine andere Tätigkeit als die Geschäftsführung von der GmbH ausgeübt wird. Die GmbH besteht hier nur für und wegen der GmbH & Co. KG; alle ihre Aufwendungen sind daher ursächlich mit der GmbH & Co. KG in Zusammenhang zu sehen. Zudem wird bei dieser Gestaltung vermieden, daß die GmbH in Verlustjahren der GmbH & Co. KG – in denen sie naturgemäß keinen Gewinnanteil erhält – durch Bestreitung eigener Steuern (Vermögensteuer, Gewerbekapitalsteuer) Verluste erleidet.

491 Handelsrechtlich halten wir beide Möglichkeiten für gangbar; wir empfehlen aber entsprechend klare Formulierungen in den Gesellschaftsverträgen. Steuerrechtlich sehen wir den Ersatz der gesamten Aufwendungen der GmbH durch die GmbH & Co. KG nur dann für vertretbar an, wenn für die Zwecke der Gewinnbesteuerung die Körperschaft- und Vermögensteuer – obwohl diese Steuern nicht bei der GmbH, sondern bei der KG sich gewinnmindernd auswirken – außerhalb der Bilanz dem Gewinn hinzugerechnet werden, da andernfalls gegen das Gebot der Nichtabzugsfähigkeit der Körperschaft- und Vermögensteuer verstoßen wäre. Zu diesem Ergebnis gelangt man auch, wenn man die Erstattung der Körperschaft- und Vermögensteuer – neben dem Auslagenersatz für die Geschäftsführung – durch die KG an die GmbH in den Gewinnanteil der GmbH miteinbezieht, den Abzug der Körperschaft- und Vermögensteuer als Sonderbetriebsausgaben der GmbH aber nicht zuläßt.

ee) Miet- und Pachtverträge zwischen Gesellschafter und GmbH & Co. KG bzw. Komplementär-GmbH

492 Überläßt ein Gesellschafter einer Personengesellschaft dieser aufgrund eines Miet- oder Pachtvertrages Wirtschaftsgüter zur Nutzung, so liegt einkommensteuerrechtlich (§ 15 Abs. 1 Ziff. 2 EStG) und gewerbesteuerrechtlich (§ 7 GewStG) keine Vermietung oder Verpachtung durch den Gesellschafter, sondern eine gesellschaftliche Einbringung (Einlage) zur Nutzung (§§ 706, 732 BGB) in die Personengesellschaft vor. Die Einnahmen, die der Gesellschafter für die Einbringung der Wirtschaftsgüter erhält, sind bei ihm nach Abzug aller Kosten gewerbliche Einkünfte aus einer gesellschaftlichen Beteiligung; sie sind dementsprechend bei der Personengesellschaft als Teil ihres gewerblichen Gesamtgewinnes einheitlich festzustellen und nicht als Miet- und Pachtausgaben abzugsfähig. Die überlassenen Wirtschaftsgüter gehören nicht zum Gesamthandsvermögen

---

651d Andeutungen hierzu finden sich im BFH-U v. 15.11.1967 IV R 139/67.

der Personengesellschaft und damit nicht zum Betriebsvermögen der Personengesellschaft im handelsrechtlichen Sinne, sondern sind steuerrechtliches Sonderbetriebsvermögen der Gesellschafter der Personengesellschaft, das ebenso wie das Gesellschaftsvermögen (Betriebsvermögen im handelsrechtlichen Sinne) in den ertragsteuerrechtlichen Betriebsvermögensvergleich, der der Ermittlung des steuerlichen Gewinns der Personengesellschaft und der Gewinnanteile ihrer Gesellschafter dient, einzubeziehen sind[652].

Es ist fraglich, ob diese Grundsätze auch in den Fällen uneingeschränkt Anwendung finden, in denen an einer Personengesellschaft eine Kapitalgesellschaft als Gesellschafter beteiligt ist und die Kapitalgesellschaft der Personengesellschaft Wirtschaftsgüter aufgrund eines Miet- oder Pachtvertrages zur Nutzung überläßt; gegebenenfalls ergibt sich die weitere Frage, welche bilanzmäßigen und ertragsteuerlichen Folgerungen (z. B. Realisierung der in den überlassenen Wirtschaftsgütern enthaltenen stillen Reserven) für beide Unternehmen zu ziehen sind. Diese Frage ist nunmehr durch das BFH-Urteil vom 17.8.1979[653] höchstrichterlich entschieden. Danach ist ein einer Personengesellschaft zur Nutzung überlassenes Wirtschaftsgut dort als Sonderbetriebsvermögen der überlassenden GmbH zu bilanzieren. Dies bedeutet jedoch kein sachliches Ausscheiden bestimmter Wirtschaftsgüter aus dem Betriebsvermögen der Kapitalgesellschaft, sondern diese Wirtschaftsgüter werden lediglich für Zwecke der steuerlichen Gewinnermittlung der Mitunternehmerschaft – als Sonderbetriebsvermögen der Kapitalgesellschaft als Mitunternehmerin – zugeordnet. Eine Realisierung etwaiger in dem Wirtschaftsgut ruhender stiller Reserven erfolgt hierdurch jedoch nicht, da das Wirtschaftsgut bei der Mitunternehmerschaft (Personengesellschaft) als Sonderbetriebsvermögen mit dem Wert zu erfassen ist, mit dem es bei der Kapitalgesellschaft zu Buche steht. Entrichtet die Personengesellschaft für die Überlassung des Wirtschaftsguts ein Entgelt, so ist dieses in die Gewinnermittlung der Mitunternehmerschaft einzubeziehen. Die Rechtsansicht des BFH bedeutet eine Druchbrechung des Grundsatzes der Maßgeblichkeit der Handelsbilanz für die Steuerbilanz und steht im Widerspruch zu der bisherigen Verwaltungsauffassung. Diesen Umständen Rechnung tragend hat der BdF im Schreiben vom 10.12.1979[654] darauf hingewiesen, daß bis zum Ablauf des im Jahr 1984 endenden Wirtschaftsjahres die Finanzverwaltung eine anderweitige bilanzielle Erfassung nicht beanstanden wird.

---

652 Vgl. Begründung zum BFH-Urt. vom 14.8.1975 IV R 30/71; BStBl 1976 II, S. 88 (90). Für Spezialfragen – z. B. Grundstücksverpachtung durch GmbH-Gesellschafter an GmbH und Weiterverpachtung an KG sowie Grundstücksverpachtung durch KG-Gesellschafter an GmbH und Weiterverpachtung an KG – wird auf die Ausführungen von Richter, Grundstücke bei einer GmbH & Co. KG, GmbH-Rdsch. 1973 S. 118/119, verwiesen.
653 I R 199/75; BStBl II S. 750.
654 IV B 2 – S. 2141 – 138/79; GmbH-Rdsch. 1980 S. 71.

ff) Aktivierung von Dividendenansprüchen aus GmbH-Anteilen

494 In dieser Frage hat das FG Baden-Württemberg mit seinem U vom 2.9.1986[655] wie folgt Stellung genommen:

„Gehören die Anteile an Kapitalgesellschaften zum Betriebsvermögen ihrer bilanzierenden Gesellschafter, so sind die Dividendenansprüche aus den Beteiligungen erst dann in den Bilanzen der Gesellschafter gem. § 5 Abs. 1 EStG anzusetzen, wenn sie bei wirtschaftlicher Betrachtung als entstanden anzusehen sind. Dies ist im allgemeinen erst dann der Fall, wenn bei Aufstellung der Jahresabschlüsse für die Gesellschafter ein förmlicher Gewinnverwendungsbeschluß bei der Kapitalgesellschaft vorliegt und hierdurch ein verfügbarer Rechtsanspruch der Gesellschafter auf einen Gewinnanteil in bestimmter Höhe endgültig begründet worden ist (BFH-U vom 2.4.1980)[656]. Angesichts der BFH-Rechtsprechung zum Bilanzierungszeitpunkt von Dividenden für Konzern- und Holdinggesellschaften (vgl. BFH-U vom 3.11.1975)[657] und der Zustimmung des BFH hierzu (vgl. BFH-U vom 2.4.1980)[658] kann eine Aktivierung vor der förmlichen Entscheidung über die Gewinnausschüttung nur dann erfolgen, wenn bei der Bilanzaufstellung der KG Anhaltspunkte dafür vorliegen, daß die Kommanditisten, die zugleich Gesellschafter der Komplementär-GmbH sind, in der entscheidenden Gesellschafterversammlung der GmbH für eine Dividendenausschüttung stimmen werden; solche Anhaltspunkte können darin gesehen werden, daß die KG die Dividenden in den Sonderbilanzen der Kommanditisten aktiviert hat."

b) Gewinnverteilung

aa) Besondere Gewinnverteilungsgrundsätze

495 Bei der Prüfung der Angemessenheit der Gewinnverteilung einer GmbH & Co. KG sind, wie bereits erwähnt, als wesentliche Faktoren der Arbeitseinsatz, der Kapitaleinsatz und das übernommene Haftungsrisiko zu berücksichtigen. Wie sich die Faktoren im einzelnen auf den Gewinnanteil auswirken, hat der BFH in seinem Grundsatzurteil vom 15.11.1967 dargelegt; die Grundzüge dieser Rechtsprechung werden nachstehend wiedergegeben[659].

---

655 I 453/82 –Nichtzulassungsbeschwerde eingelegt – AZ des BFH VIII B 188/86 BB 1987 S. 584.
656 I R 75/76 BStBl II S. 702.
657 II Z R 67/73 BGHZ 65 S. 230.
658 I R 125/77 BStBl 1981 II S. 184.
659 Die von der Rechtsprechung entwickelten Grundsätze zur Gewinnverteilung bei der GmbH & Co. KG finden auch bei einer atypisch stillen Gesellschaft Anwendung, allerdings nur insoweit, als sich nicht aus dem Wesen der stillen Gesellschaft etwas anderes ergibt; für Einzelheiten siehe FG Münster, rkr. Urt. v. 23.6.1980 VII 108/77 F; EFG 1980, S. 597.

Einkommen- und Körperschaftsteuer E

aaa) Arbeitseinsatz

Geschäftsführung durch die GmbH

Diesem Faktor ist bei der für die GmbH & Co. KG typischen Gestaltung in der Regel kein entscheidendes Gewicht beizumessen. Zwar bedeutet die Übernahme der Geschäftsführung im Normalfall auch die Übernahme der mit einer Geschäftsführung verbundenen Risiken, etwa einer Inanspruchnahme für schuldhaft fehlerhaftes Verhalten, für die im wirtschaftlichen Verkehr eine Vergütung gefordert und gezahlt wird. Bei der Frage, was insofern unter Fremden vereinbart worden wäre, kann aber die für die GmbH & Co. KG typische Fallgestaltung nicht außer acht gelassen werden. Die GmbH ist in der Mehrzahl der Fälle nur für den Zweck geschaffen worden, formal die Geschäfte einer bereits bestehenden KG zu führen. In Wirklichkeit obliegt die tatsächliche Durchführung der Geschäfte den Kommanditisten. Würde man einer neu geschaffenen GmbH, deren Anteile Fremden gehören, diese Stellung auferlegen, ihr aber gleichzeitig das sachliche Substrat der geschäftsführenden Tätigkeit (Büros, Büromaterial, Arbeitskräfte usw.) zur Verfügung stellen, ihr die Kosten angestellter Geschäftsführer erstatten und durch Einräumung ihren Kapitaleinsatz angemessen abgeltenden Gewinnanteils auf Dauer gesehen garantieren, daß sie nicht nur ihre eigenen Kosten, wie etwa die betrieblichen Steuern, abdecken kann, sondern darüber hinaus einen Gewinn erzielt, so würde auch diese fremde GmbH für die Übernahme einer formalen Geschäftsführerposition keine weitere, ins Gewicht fallende Vergütung verlangen und erhalten.

496

Tätigkeit eines Kommanditisten ohne Rechtstellung eines Geschäftsführers

Ein Kommanditist kann auch in der Gesellschaft und für sie tätig sein, ohne daß er die Rechtstellung eines Geschäftsführers hat. Gedacht ist hier z.B. an den Fall eines Kommanditisten-Architekten[660]. Dann verdient dieser Arbeitseinsatz in

497

---

660 Vgl. BFH-Urteile vom 23.5.1979; BStBl II, S. 757–768. Die Vergütungen an den Kommanditisten-Architekten rechnen zu den Einkünften aus Gewerbebetrieb, sie sind Sondervergütungen, die über eine Sonderbilanz in die Gewinnermittlung der Gesellschaft einzubeziehen sind. Zur Technik und Kompliziertheit dieses Verfahrens sowie zu der sich hieraus ergebenden Verschiebung der Gewerbesteuerbelastung vgl. Knobbe-Keuk in DStR 1980, S. 429. Zu beachten ist, daß der *Gesellschafter-Architekt* insoweit eine Eigenleistung erbringt, die den Anschaffungskosten des Gebäudes nicht zuzurechnen ist. Lieferungen eines Gesellschafters sind dagegen wie Lieferungen Dritter zu behandeln; vgl. auch BFH-Urt. v. 18.9.1969 IV 338/64; BStBl 1970 II, S. 43. So hat der BFH im Urteil vom 10.5.1973 (IV R 74/67; BStBl II. S. 630) anerkannt, daß das Entgelt, das eine OHG einem ein eigenes Baugeschäft unterhaltenden Gesellschafter für im Rahmen dieses Baugeschäfts ihr gegenüber erbrachte Bauarbeiten gewährt hat, in vollem Umfang – also einschließlich des Unternehmergewinns des Gesellschafters – zu den Herstellungskosten des Gebäudes der OHG rechnet. Der BFH trägt in diesem Urteil dem Umstand Rechnung, daß hier neben dem gemeinsam betriebenen Unternehmen das Einzelunternehmen besteht und daß der mit den Bauarbeiten verbundene Gewinn allein auf dieses nicht aber jenes entfällt. Es bleibt dabei, daß auch ein Mitunternehmer – ebensowenig wie ein Einzelunternehmer – seinen Gewinn nicht in Miete, Zins usw. aufteilen und damit in andere Einkunftsarten verlagern kann. Anders liegt es aber, wenn wie in dem hier entschiedenen Fall eine solche Verlagerung nicht in Betracht kommt, sondern der Gewinn dort erfaßt werden soll, wo er tatsächlich entstanden ist.

E   Laufender Geschäftsbetrieb der GmbH & Co. KG – Steuerrechtl. Teil

der Regel ein Entgelt bei der Festlegung der Gewinnverteilung. Steuerlich ist dieses Entgelt dem Gesellschafter selbst zuzurechnen. Ein solcher Gesellschafter bezieht keine den Gewinn dieser Gesellschaft als Betriebsausgabe mindernden Einkünfte aus nichtselbständiger Arbeit, auch wenn er formal von der zwischengeschalteten GmbH angestellt ist, sondern Unternehmerlohn in Form eines Anteils am Gewinn[661]. Es ist daher zu prüfen, ob der Gesellschafter einen Anteil am Gewinn erhält, bei dem seine Mitarbeit am Gewinn gebührend berücksichtigt ist.

Das braucht nicht in Form eines Vorabgewinns, sondern kann auch durch Erhöhung der Quote geschehen sein. Bei der steuerlichen Überprüfung, ob die Gewinnverteilung aus betriebsfremden Gründen manipuliert ist, wird in der Regel kein Anlaß bestehen anzunehmen, daß die Arbeitsvergütung der Kommanditistin zu niedrig bemessen wurde, weil dadurch der nach der vertraglichen Gestaltung meist auch an die GmbH zu verteilende Restgewinn höher und die körperschaftsteuerliche Belastung größer würde. Ist die Arbeitsvergütung dagegen zu hoch, so würde der umgekehrte Erfolg eintreten. Wird eine Gewinnverteilung aus steuerlicher Sicht im ganzen als unangemessen angesehen, weil sie der GmbH nicht den ihr betrieblich gerechtfertigten Gewinn zukommen läßt, so ist die Frage der Angemessenheit der Arbeitsvergütung für die Kommanditisten zugunsten und zu Lasten der GmbH in die Neuregelung einzubeziehen.

Erwähnt sei, daß Arbeitslohn bzw. Tätigkeitsvergütungen an **Arbeitnehmer-Kommanditisten** stets Einkünfte i.S. des § 15 Abs. 1 Nr. 2 EStG sind, auch dann wenn der Arbeitnehmer-Kommanditist in untergeordneter Stellung tätig ist und die Kommanditbeteiligung eine wesentliche Einflußnahme auf die Geschäftsführung der KG nicht erlaubt[662].

aab) Haftungsrisiko

– *Risikoprämie ist grundsätzlich erforderlich*

498   Der vom BFH mehrmals[663] für eine haftende natürliche Person ausgesprochene Grundsatz, daß die Übernahme des Haftungsrisikos bei der Feststellung eines angemessenen Gewinnanteils eine gewichtige Rolle spielt, gilt grundsätzlich gleichermaßen für juristische Personen.

Wie hoch die Haftung einzuschätzen ist, ist eine Frage des Einzelfalles. Der BFH stellte hierzu fest, daß bei der Bewertung der unbeschränkten Haftung kein Ver-

---

661 Siehe hierzu BFH-Urt. v. 18.9.1969, a.a.O., S. 43/44.
662 Vgl. FG Baden-Württemberg, Außensenate Stuttgart, Urteil vom 13.3.1979 VI 254/78 – Rev eingelegt –; EFG 1979, S. 388. Das FG Baden-Württemberg lehnt auch Literaturvorschläge (z. B. Knobbe-Keuk, Bilanz- und Unternehmenssteuerrecht, Köln 1977, S. 208 ff.), ganz untergeordnete Tätigkeiten (z. B. Pförtner, Putzfrau, Telefonistin) nicht unter § 15 Abs. 1 Nr. 2 EStG zu erfassen, ab, zum einen, weil sie mit dem Gesetz unvereinbar sind, zum anderen, weil sie kaum lösbare Abgrenzungsschwierigkeiten bringen.
663 Vgl. Urteile vom 22.8.1951 IV 246/50 S; BStBl III, S. 181 und vom 25.7.1963 IV 421/62 U; BStBl 1964 III, S. 3.

gleich mit einer natürlichen Person als Komplementär gezogen werden darf, sondern daß das Vergleichsobjekt eine juristische Person sein muß. Die zu berücksichtigende Belastung der GmbH besteht in der Regel nur darin, daß sie u. U. mit dem über ihre Einlage hinaus etwa vorhandenen Vermögen haftet. Wie hoch dieser abzugeltende Einsatz ist, hängt zunächst von der Höhe des Vermögens ab, dessen Ansammlung durch eine außerhalb der KG ausgeübte Tätigkeit gefördert werden kann. Ist das zusätzliche Vermögen unerheblich, so kann es außer Betracht bleiben. Umgekehrt kann man nicht sagen, daß eine Risikoprämie nur in Frage komme, wenn das Vermögen hoch ist. Auch der wirtschaftlichen Lage der KG ist Rechnung zu tragen. Zwar muß man bei der Bewertung des Haftungsrisikos von einem längeren Zeitraum ausgehen. Für die nicht unabänderliche Vertragsgestaltung kann es aber nicht unerheblich sein, ob die GmbH in ein Unternehmen eintritt, in dem ihre Haftung wahrscheinlich nicht aktuell werden wird.

Im Urteil vom 3.12.1977[664] hielt es der BFH für ausreichend, daß die GmbH neben dem Einsatz ihrer tatsächlichen Auslagen für die Geschäftsleitung aus dem Gewinn der KG vorweg einen Anteil in Höhe von 6 v. H. ihres dem Stammkapital entsprechenden Vermögens als Haftungsvergütung erhielt. Wenn auch in diesem Urteil keine typisierende Aussage des BFH auf 6 v. H. des Stammkapitals zu sehen ist, so kann dennoch folgendes Fazit gezogen werden[665]: „Soll die Haftungsvergütung, wenn keine echte Gewinnbeteiligung der Komplementär-GmbH vorliegt, unbeanstandet einem Fremdvergleich standhalten, so sollte sie nur ausnahmsweise unter 6 v. H. des Stammkapitals angesetzt bzw. vereinbart werden. Das gilt umsomehr, als der BFH in einem weiteren, nicht veröffentlichten Urteil vom 3.2.1977 entschieden hat, daß eine Gewinnverteilungsabrede, die der Komplementär-GmbH nur eine Haftungsvergütung von 2 v. H. ihres Stammkapitals gewährt, nicht ohne weiteres als angemessen angesehen werden könne (vgl. HFR 1977, 276)."

– *Freistellung von der unbeschränkten Haftung im Innenverhältnis*

Eine Prämie für die Übernahme der unbeschränkten Haftung scheidet aus, wenn die GmbH vertraglich im Innenverhältnis durch die Kommanditisten von der Haftung freigestellt ist[666]. Man kann insoweit nicht einwenden, eine solche Haftungsbefreiung wäre einem Dritten nicht gewährt worden. Denn bei der Frage, wie die Gewinnverteilung unter Fremden geregelt worden wäre, muß im übrigen die tatsächliche Gestaltung des Einzelfalles zugrunde gelegt werden. Hier ist also zu fragen, was einer fremden GmbH für die Übernahme des Haftungsrisikos gewährt worden wäre, wenn die Kommanditisten sie vertraglich von dieser Haftung

499

---

664 IV R 122/73, BStBl 1977 II, S. 346.
665 – ri – in StBp 1980, S. 67/68.
666 Vgl. Rn. 389.

freigestellt hätten. Die Antwort kann nur lauten: Nichts. Es kann nicht eingewendet werden, die GmbH werde u. U. die Haftungsbefreiung nicht realisieren können, weil die Kommanditisten nichts hätten. Denn eine Haftungsbefreiung wird nur vereinbart, wenn die Vertragschließenden ihr einen Wert beimessen.

Zweifelhaft ist es, ob der Übernahme der Haftung dann kein Wert beizumessen ist, wenn zwar nicht kraft vertraglicher Vereinbarung, aber im wirtschaftlichen Ergebnis das Haftungsrisiko doch bei dem Kommanditisten liegt. Bei der typischen Fallgestaltung der GmbH & Co. KG ist die GmbH wirtschaftlich identisch mit dem Kommanditisten der KG. Diese Identität ist aber gerade außer Betracht zu lassen bei der Beantwortung der Frage, was hinsichtlich des Gewinns zwischen Fremden vereinbart worden wäre. Wären Anteilseigner der GmbH fremde Personen, so würden sie von der Haftung getroffen; sie würden dafür ein Entgelt verlangen und erhalten, das der Versteuerung bei der GmbH unterläge und nicht auf die Kommanditisten verlagert werden könnte.

aac) Kapitaleinsatz

500 Der Beitrag der Gesellschafter zur Erreichung des Gesellschaftszwecks in der Form der Beisteuerung von Kapital wird in der Regel durch eine Vorwegverzinsung der festen Einlagen und weiterer der KG zur Verfügung gestellten Geldmittel abgegolten. Das ist indessen nicht immer der Fall. Der Kapitaleinsatz kann auch durch eine dem Verhältnis der Einsätze aller Gesellschafter entsprechenden Gewinnquote (allerdings in der Regel einer Quote des nach Abzug von Vorwegvergütungen der KG verbleibenden Restgewinns) abgegolten werden. Es ist auch möglich, daß die Höhe des Kapitaleinsatzes einen weniger sichtbaren Niederschlag in der auch durch andere Faktoren mitbestimmten Quote am Gesamtgewinn gefunden hat.

Wie hoch die Einbringung von Kapital zu bewerten ist, kann nicht allgemeingültig gesagt werden. Ein Betrieb, der dringend Kapital braucht, kann dafür einen höheren Preis zu zahlen bereit sein, als ein Betrieb, der weniger dringend Kapital als vielmehr einen tüchtigen mitarbeitenden Gesellschafter braucht.

aad) Zusammenfassung

501 Zusammenfassend ist zu sagen, daß bei der Prüfung der Angemessenheit der Gewinnverteilung einer GmbH & Co. KG jede Regelung anzuerkennen ist, die einer nur auf die Geschäftsführung der KG beschränkten GmbH auf die Dauer Ersatz ihrer Auslagen und eine den Kapitaleinsatz und das etwa vorhandene Haftungsrisiko gebührend berücksichtigende Beteiligung am Gewinn einräumt. Dabei gilt der vom BFH auch für die Vereinbarungen unter Familienangehörigen aufgestellte Grundsatz, daß der vertraglichen Gestaltung durch die Beteiligten nur dann nicht gefolgt werden kann, wenn sich ernste Bedenken gegen die Angemes-

senheit der Gewinnverteilung ergeben, die zu einer wesentlich anderen Verteilung führen würden.

Aufbauend auf verschiedene BFH-Urteile sind in vorstehender Übersicht einige Ergebnisse hinsichtlich der Gewinnverteilung bei einer GmbH & Co. KG zusammengestellt worden. Die Gegenüberstellung zeigt, daß der BFH alle Gewinnverteilungsabreden gelten läßt, die der GmbH eine Rendite von 20 v. H. und mehr sichern, ohne im einzelnen bestimmte Teilbeträge zu verlangen[667].

Erwähnt sei, daß der BFH ausdrücklich die Fälle außer Betracht läßt, in denen sich die GmbH nicht nur, wie im Regelfalle, an einer Personengesellschaft oder einer Einzelfirma beteiligt, sondern in denen sie ihren gesamten Betrieb in eine KG einbringt. In solchen Fällen gelten für die Gewinnverteilung ggf. andere Grundsätze.

BFH-Urteil, Aktenzeichen, Datum	IV 139/67 15.11.	IV 139/67 15.11.	IV 115/65 15.11.	IV R 244/66 15.11.	IV R 2/67 15.11.	VI R 279/66 25.4.68
I. Kapitalbeteiligung						
GmbH	20.000,–	20.000,–	20.000,–	10.000,–	–	5.000,–
Kommanditisten	60.000,–	90.000,–	–	400.000,–	–	370.000,–
II. Gewinnbeteiligung						
a) *Kommanditisten* Vorab f. Kdt.	–	–	54.000,–	44.000,–	29.000,–	9.600,–
Gewinnant. Kdt.	90%	90%	86%	97%	–	97,8%
b) *GmbH* Vergütung für Haftung	–	–	–	–	–	–
Verzinsung für Festkapital	5%	–	4%	–	2% u. Bua-Disk.	3% = 150,–

---

667 Siehe auch George, Steuerfragen bei der GmbH & Co. KG, DStR 1973, S. 262–264.

E   Laufender Geschäftsbetrieb der GmbH & Co. KG – Steuerrechtl. Teil

BFH-Urteil,	IV	IV	IV	IV R	IV	VI R
Aktenzeichen,	139/67	139/67	115/65	244/66	R 2/67	279/66
Datum	15.11.	15.11.	15.11.	15.11.	15.11.	25.4.68
Verzinsung für Darlehen	–	–	4%	2% ü. BuBa-Disk.	2% ü. BuBa-Disk.	ja = 650,–
Restgewinn-anteil	10%	10%	14%	3%	ja	ja = 220,–
III. Rendite der GmbH für Kapital-einlage u. Darlehens-konten	46%	43%	nicht ange-geben	20%	41%	ca. 20%

502 Mit Verfügung vom 27.5.1969[668] hat die **OFD Hannover** die Finanzämter angewiesen, sich bei den vom BFH aufgezeigten **Kriterien einer angemessenen Gewinnverteilung** von folgenden Überlegungen leiten zu lassen:

(1) Eine Kapitalgesellschaft, deren Zweck wesentlich auf die Übernahme der Komplementärstellung einer mit ihren Gesellschaftern gegründeten Personengesellschaft gerichtet ist, muß mindestens eine Gewinnbeteiligung erhalten, die ihr eine angemessene Verzinsung der Stammeinlagen ihrer Gesellschafter ermöglicht. Hierbei ist zu berücksichtigen, daß Ertrag und Vermögen der Kapitalgesellschaft erheblichen steuerlichen Belastungen (Körperschaftsteuer, Gewerbesteuer, Vermögensteuer) unterliegen, so daß für eine Ausschüttung von Gewinnen an die Gesellschafter der Komplementär-GmbH im Regelfalle der GmbH & Co. KG allenfalls rd. 50 v. H. der Bruttobeträge (= Gewinnanteil an der KG) zur Verfügung stehen. Es wird davon ausgegangen werden müssen, daß sich den Kommanditisten einer KG fremde Gesellschafter der Komplementär-GmbH nicht von vornherein mit einer durchschnittlichen Verzinsung in Höhe von nur 2–3 v. H. des mitunternehmerisch eingesetzten und somit meist langfristig gebundenen Kapitals zufriedenge-

---

668 S. 2241 – 12 – StH 231; GmbH-Rdsch. 1970, S. 23.

Einkommen- und Körperschaftsteuer E

ben würden. Ein solcher von der Komplementär-GmbH abgeschlossener Gesellschaftsvertrag wäre mit den Grundsätzen einer ordnungsmäßigen Wirtschaftsführung nicht vereinbar. Schon bei einer stillen Beteiligung an einem gewerblichen Unternehmen ist eine Kapitalrendite von 12 bis 15 v. H. durchaus zu erreichen. Um so weniger kann es bei einer mitunternehmerischen Gestaltung der gesellschaftsrechtlichen Beziehungen steuerlich allgemein anerkannt werden, daß das eingesetzte Kapital auf die Dauer geringer verzinst wird als bei jeder anderen, risikosicheren Kapitalanlage.

(2) Bei einem Ausgleich sich widerstreitender Interessen wird im Falle der Errichtung einer Personengesellschaft die Beteiligung der einzelnen Gesellschafter am sog. Fest-(Grund-)Kapital und damit die Beteiligung an dem nach dem Kapitalschlüssel zu verteilenden (Rest-)Gewinn in aller Regel dem tatsächlichen Wert der Einlagen angepaßt; es werden also auch stille Reserven – ggf. auch ein etwaiger Geschäftswert – berücksichtigt. Diese Anpassung an den wirklichen Wert der Einlagen unterbleibt fast ausnahmslos bei der Errichtung der GmbH & Co. KG im engeren Sinn, bei der die Kommanditisten zugleich die Gesellschafter der Komplementär-GmbH sind. Geht die Unterlassung der Anpassung zu Lasten der GmbH, so ist die Frage der verdeckten Gewinnausschüttung zu prüfen. Hat z. B. im Falle der Neugründung einer GmbH & Co. KG die Komplementär-GmbH ihren Anteil am (Fest-)Kapital voll eingezahlt, während auf die Einlagen der mit ihrem Gesellschafter identischen Kommanditisten oft Beträge ausstehen, so erhält die Komplementär-GmbH u. U. nicht den Gewinnanteil, der ihr aufgrund ihrer gesellschaftsrechtlichen Leistungen im Verhältnis zu den Leistungen der Kommanditisten zukommen müßte.

(3) Eine Komplementär-GmbH haftet den Gläubigern der Personengesellschaft mit allem, was sie als Einlage oder als Darlehen der Gesellschaft zur Verfügung gestellt hat, sowie mit ihrem außerhalb der Gesellschaft etwa vorhandenen Vermögen in voller Höhe. Hierfür gebührt ihr im allgemeinen nicht nur eine die Überlassung und das allgemeine Risiko einer solchen Überlassung abgeltende Verzinsung ihrer Darlehen, sondern darüber hinaus eine besondere Risikoprämie, und zwar nicht nur für der Gesellschaft zur Verfügung gestellte Darlehen, sondern auch für das übrige Vermögen, für das indessen anders als für Darlehen ein angemessenes Entgelt nicht in der Form der Verzinsung ermittelt werden kann. Ist die Haftung im Innenverhältnis nicht ausgeschlossen, so wird sie grundsätzlich besonders zu berücksichtigen sein, wenn die GmbH neben der gewinnbeteiligten Kapitaleinlage über weiteres, im Verhältnis zur Kapitaleinlage ins Gewicht fallendes Vermögen verfügt. Wie hoch das Haftungsrisiko einzuschätzen ist, ist eine Frage des Einzelfalles. Eine den Kommanditisten fremde GmbH dürfte für die Übernahme der unbeschränkten Haftung für zusätzliches Vermögen im o. b. Sinne zumindest einen Vorweggewinn nach Art einer Avalprovision fordern und auch erhalten. Der im

E   Laufender Geschäftsbetrieb der GmbH & Co. KG – Steuerrechtl. Teil

Wirtschaftsleben übliche Vom-Hundert-Satz für Avalprovisionen schwankt nicht unerheblich. Je nach Art und Umgang des übernommenen Haftungsrisikos werden 0,5 bis 5 v. H. erhoben. Die im allgemeinen Kreditgeschäft der Sparkassen und Banken übliche Avalprovision beträgt ca. 2 v. H., während im sonstigen Geschäftsleben u. U. auch eine höhere Vergütung gefordert wird[669]. Im Urteil vom 3.2.1977[670] hat der BFH dem Ansatz der üblichen Avalprovision zugestimmt.

(4) Der IV. Senat des BFH hat im Grundsatzurteil vom 15.11.1967 ausdrücklich darauf hingewiesen, daß er die Fälle außer acht gelassen hat, in denen sich die GmbH nicht nur, wie im Regelfalle, an einer Personengesellschaft oder einer Einzelfirma beteiligt, sondern in denen sie ihren gesamten Betrieb in eine KG eingebracht hat. In solchen Fällen müßten – so bemerkte der BFH – für die Gewinnverteilung ggf. andere Grundsätze gelten. In Fällen dieser Art sind die Grundsätze des BFH-U vom 28.10.1964[671] entsprechend anzuwenden. Das angemessene Verhältnis zwischen den Entgelten für die Leistungen der Kommanditisten und dem auf die GmbH entfallenden Gewinn richtet sich dabei nicht nach den Nennbeträgen und Buchwerten. Es ist vielmehr der Wert des Betriebsvermögens der GmbH einschl. etwaiger stiller Reserven und der Geschäftswert bei der Beurteilung des auf die GmbH entfallenden Gewinnanteils gebührend zu berücksichtigen.

bb) Zulässigkeit negativer Kapitalkonten

bba) Überblick über die BFH-Rechtsprechung

503 Innerhalb einer KG können sowohl durch Entnahmen der Gesellschafter als auch durch eintretende Verluste negative Kapitalkonten entstehen. In der steuerlichen Fachliteratur gehen die Meinungen über die Zulässigkeit der Bildung negativer Kapitalkonten auseinander. So lehnen Littmann[673] und Thiel[674] ein negatives Kapitalkonto für den Kommanditisten ab.

---

669 Lersch/Schaaf (GmbH-Rdsch. 1973, S. 167) kommen unter gleichen Voraussetzungen zu einem angemessenen Gewinnanteil von 15 – 20 v. H. des Haftungskapitals. Die Differenz zwischen der Risikoprämie (Avalprovision von etwa 5 v. H. und der „angemessenen Verzinsung des Haftungskapitals" von etwa 15 – 20 v. H. würde danach also eine verdeckte Gewinnausschüttung der Komplementär-GmbH an ihre Gesellschafter (Kommanditisten) darstellen, die im Rahmen der einheitlichen Gewinnfeststellung der KG zu erfassen wäre. Nach der Auffassung von Schaaf (FR 1975 S. 85) besteht eine gewisse Parallele auch zur Angemessenheit der Gewinnverteilung bei den Familiengesellschaften. Danach würde in Anlehnung an den Beschluß des Großen Senats des BFH vom 29.5.1972 (4/71; BStBl 1973 II, S. 5) eine Rendite von 15 v. H. des Stammkapitals angemessen sein; die Stellung der GmbH in der KG ist mindestens mit der eines nicht tätigen Kommanditisten vergleichbar.
670 IV R 122/73; BB S. 632.
671 I 198/62 U; BStBl 1965 III, S. 119/121.
672 BFH-Urteil v. 13.10.1972 I R 234/70; BStBl 1973 II, S. 116.
673 Littmann, Das Einkommensteuerrecht, 9. Auflage Stuttgart 1969, Anm. 105 zu § 15 EStG.
674 Das negative Kapitalkonto des Kommanditisten und seine steuerliche Bedeutung, BB 1964, S. 839 ff.

Einkommen- und Körperschaftsteuer

Im Grundsatzurteil vom 13.3.1964[675] hat der BFH das negative Kapitalkonto des Kommanditisten für das Steuerrecht anerkannt. Die BFH-Rechtsprechung läßt sich dahingehend zusammenfassen, daß bei der steuerlichen Beurteilung von negativen Kapitalkonten der Kommanditisten vor allem in Betracht zu ziehen ist, wie die Gesellschafter in der Vergangenheit tatsächlich verfahren sind.

(a) Sie können das negative Kapitalkonto des Kommanditisten als reinen Rechnungsposten behandeln. Verfahren sie so, so ist es steuerrechtlich nicht zu beanstanden, wenn die KG, um der persönlichen Haftung des Komplementärs Rechnung zu tragen, den auf den Kommanditisten rechnerisch entfallenden Verlustanteil sofort endgültig dem Komplementär anlastet, dessen Verlustanteil sich dann aus dem Anteil des Kommanditisten und seinem eigenen Verlustanteil zusammensetzt. Das Finanzamt muß dann auch den Verlustanteil des persönlich haftenden Gesellschafters entsprechend feststellen. Fallen künftig Gewinne an, so sind sie entsprechend zu behandeln. Dem Komplementär ist dann der Gewinnanteil des Kommanditisten in der Höhe zuzurechnen, in der er dessen Verlustanteil übernommen hat. Das negative Kapitalkonto des Kommanditisten hält bei dieser Behandlung fest, in welcher Höhe Gewinne des Kommanditisten zur Deckung früherer Verlustanteile verwendet werden müssen. Scheidet der Kommanditist aus, während noch ein Passivsaldo vorhanden ist, so entsteht das Problem der Übertragung eines negativen Kapitalkontos bei der Auseinandersetzung nicht, weil die Verlustanteile des Kommanditisten schon laufend dem Komplementär zugerechnet wurden.

(b) Die Gesellschafter können aber auch so vorgehen, als ob der Kommanditist während des Bestehens der KG unbegrenzt an Gewinn und Verlust beteiligt ist. In diesen Fällen wird der Kommanditist wie ein persönlich haftender Gesellschafter behandelt. Scheidet er aus der KG aus, und übernehmen die Mitgesellschafter sein negatives Kapitalkonto, ohne daß der Kommanditist einen Ausgleich leistet, dann entsteht für den ausscheidenden Kommanditisten in Höhe des negativen Kapitalkontos ein Gewinn, den er gemäß §§ 16 und 34 EStG zu versteuern hat. Der Kommanditist ist dann in Höhe des negativen Saldos von einem echten Auseinandersetzungsverlust befreit worden. Die verbleibenden Gesellschafter können dann in Höhe des übernommenen negativen Kapitalkontos die Aktiven aufstocken, soweit im Anteil des ausscheidenden Kommanditisten stille Reserven vorhanden sind. Soweit das nicht der Fall ist, entsteht für sie ein gewerblicher Verlust in dem Jahr, in dem der Kommanditist ausscheidet, weil nunmehr endgültig feststeht, daß die früheren Verlustanteile des Kommanditisten, soweit sie nicht durch laufende Gewinnanteile

---

[675] VI 343/615; BStBl III, S. 359.

und durch stille Reserven, die bei der Auseinandersetzung aufgedeckt wurden, ausgeglichen sind, ihnen zur Last fallen.

(c) Haben die Gesellschafter keine ausdrückliche Vereinbarung darüber getroffen, welche Bedeutung dem negativen Kapitalkonto eines Kommanditisten zukommen soll, so hat die Besteuerung an die tatsächliche Gestaltung anzuknüpfen. Hat der Komplementär laufend den negativen Kapitalanteil der Kommanditisten übernommen, so hat es damit – wie unter (a) dargelegt – sein Bewenden; das Problem der Übertragung des negativen Kapitalkontos bei der Auseinandersetzung entsteht dann nicht. Sind dagegen die ausgewiesenen Verlustanteile bei den laufenden Veranlagungen der Kommanditisten als echte Verluste mit positiven Einkünften verrechnet oder vorgetragen worden, so müssen die Beteiligten das auch gegen sich gelten lassen, wenn die Gesellschaft aufgelöst wird. Sie können den Vorgang nicht mit steuerlicher Wirkung für die Vergangenheit ändern. Vereinbaren die Gesellschafter also bei der Auseinandersetzung, daß die bisher dem Kommanditisten zugerechneten Verluste vom Komplementär getragen werden sollen, so kommt dieser Abrede für die abgeschlossenen Veranlagungszeiträume keine Bedeutung zu. Verfahrensrechtlich ist hierbei zu beachten, daß die rechtskräftigen Steuerbescheide insbesondere nicht gemäß § 175 Ziff. 2 AO geändert werden können.

504 Es war zeitweise zweifelhaft, ob vorstehende für den gewerblichen Betrieb maßgebenden Grundsätze in allen noch nicht rechtskräftigen Fällen weiterhin Bedeutung haben (siehe Anfragen des IV. Senats des BFH an den Großen Senat des BFH im Beschluß vom 26.4.1979 IV R 134/78, DB S. 1489). Mit Beschluß vom 10.11.1980[676] hat der Große Senat des BFH diese Zweifel beseitigt und in einer Grundsatzentscheidung zu der Frage, wie das negative Kapitalkonto eines Kommanditisten einkommensteuerrechtlich zu behandeln sei, wie folgt Stellung genommen:

(1) Einem Kommanditisten, dessen gesellschaftliche Stellung sich im Innen- und Außenverhältnis nach den Vorschriften des HGB, insbesondere des § 167 Abs. 3 HGB, bestimmt, ist ein Verlustanteil, der nach dem allgemeinen Gewinn- und Verlustverteilungsschlüssel der KG auf ihn entfällt, einkommensteuerrechtlich auch insoweit zuzurechnen, als er in einer den einkommensteuerrechtlichen Bilanzierungs- und Bewertungsvorschriften entsprechenden Bilanz der KG zu einem negativen Kapitalkonto des Kommanditisten führen würde. Dies gilt nicht, soweit bei Aufstellung der Bilanz nach den Verhältnissen am Bilanzstichtag feststeht, daß ein Ausgleich des negativen Kapitalkontos mit künftigen Gewinnanteilen des Kommanditisten nicht mehr in Betracht kommt.

---

[676] GrS 1/79 DB 1981 S. 557.

(2) Beim Wegfall eines duch einkommensteuerrechtliche Verlustzurechnung entstandenen negativen Kapitalkontos eines Kommanditisten ergibt sich in Höhe dieses negativen Kapitalkontos ein steuerpflichtiger Gewinn des Kommanditisten.

(3) Dieser Gewinn entsteht zu dem Zeitpunkt, in dem der Betrieb der KG veräußert oder aufgegeben wird (§ 16 EStG). Soweit jedoch schon früher feststeht, daß ein Ausgleich des negativen Kapitalkontos des Kommanditisten mit künftigen Gewinnanteilen des Kommanditisten nicht mehr in Betracht kommt (Nr. 1 Satz 2), ist dieser Zeitpunkt maßgebend.

(4) Dieser Gewinn ist in den Fällen der Nr. 3 Satz 1 ein Veräußerungs- oder Aufgabegewinn (§§ 16, 34 EStG), in den Fällen der Nr. 3 Satz 2 ein laufender Gewinn.

bbb) Grenzen der Verlustzuweisungen

Nach der Entscheidung des Großen Senats des BFH vom 10. November 1980[677] ist zwar einem Kommanditisten ein Verlustanteil, der nach dem allgemeinen Gewinn- und Verlustverteilungsschlüssel der KG auf ihn entfällt, einkommensteuerrechtlich auch insoweit zuzurechnen, als er in einer den einkommensteuerrechtlichen Bilanzierungs- und Bewertungsvorschriften entsprechenden Bilanz der KG zu einem negativen Kapitalkonto des Kommanditisten führen würde. Auch einem Kommanditisten, der seinen Kommanditanteil am Ende eines Wirtschaftsjahres entgeltlich veräußert, ist sein vertraglicher Anteil an dem Verlust, den die KG vom Beginn des Wirtschaftsjahres bis zum Zeitpunkt der Veräußerung erlitten hat, grundsätzlich insoweit noch zuzurechnen, als dadurch ein negatives Kapitalkonto entsteht oder sich erhöht, sofern der Erwerber das negative Kapitalkonto übernimmt (BFH-Urteil vom 26. Mai 1981)[678]. Dies gilt jedoch nicht, soweit bei Aufstellung der Bilanz nach den Verhältnissen am Bilanzstichtag feststeht, daß ein Ausgleich des negativen Kapitalkontos mit künftigen Gewinnanteilen nicht mehr in Betracht kommt. Bei dieser Sachlage können dem Kommanditisten Verlustanteile, die zur Entstehung oder Erhöhung eines negativen Kapitalkontos führen, nicht mehr zugerechnet werden (vgl. BFH-Urteil vom 26.2.1987)[679]. Für die Frage, ob und inwieweit bei Aufstellung der Bilanz einer KG nach den Verhältnissen am Bilanzstichtag feststeht, daß Verlustanteile des Kommanditisten nicht mehr mit späteren Gewinnanteilen ausgeglichen werden können, kommt es nicht darauf an, ob die KG zu diesem Zeitpunkt bereits aufgelöst war (BFH-Urteil vom 26. März 1981)[680]. Gerade in Fällen, in denen ein

---

677 GrS 1/79 (BFHE 132, 244, BStBl II 1981, 164).
678 IV R 47/78, BFHE 134, 15 BStBl II 1981, 795.
679 IV R 61/84; BFH/NV 1/88 S. 24.
680 IV R 134/78, BFHE 133, 197, BStBl II 1981, 572.

E   Laufender Geschäftsbetrieb der GmbH & Co. KG – Steuerrechtl. Teil

Konkursantrag mangels Masse abgelehnt wird, erscheint es vielfach bereits geraume Zeit vor dem Konkursantrag als praktisch ausgeschlossen, daß noch nennenswerte künftige Gewinne entstehen.

bbc) Einschränkungen durch § 15a EStG

506   Für Wirtschaftsjahre, die nach dem 31.12.1979 beginnen, bringt der durch das Gesetz zur Änderung des Einkommensteuergesetzes, des Körperschaftsteuergesetzes und anderer Gesetze[681] in das EStG neu aufgenommene § 15a eine gesetzliche Klärung der Frage nach der steuerlichen Zulässigkeit negativer Kapitalkonten: dem Kommanditisten[682] können Verluste nur noch bis zur Höhe seiner Einlage (100%) zugerechnet werden. „Darüber hinausgehende Verluste, die zur Entstehung eines negativen Kapitalkontos führen, dürfen weder mit den übrigen (positiven) Einkünften ausgeglichen noch nach § 10d EStG vorgetragen werden. Es besteht lediglich die Möglichkeit, die nicht berücksichtigten Verluste als Merkposten vorzutragen und mit späteren Gewinnen aus ebendieser Beteiligung steuerlich wirksam zu verrechnen (verrechenbare Verluste)"[683]. Grundsätzlich gilt § 15a EStG erstmals für Verluste, die in dem Wirtschaftsjahr entstehen, das nach dem 31.12.1979 beginnt[684].

507   Von dem vorstehenden Grundsatz des § 15a Abs. 1 Satz 1 EStG gibt es eine Ausnahme, den sog. erweiterten Verlustausgleich bzw. -abzug nach § 15a Abs. 1 Satz 2 und 3 EStG: „Haftet der Kommanditist am Bilanzstichtag den Gläubigern der Gesellschaft aufgrund des § 171 Abs. 1 HGB, so können abweichend von § 15a Abs. 1 EStG Verluste des Kommanditisten bis zur Höhe des Betrages, um

---

681   Vom 20.8.1980; BGBl I. S. 1545.
682   Und ihm haftungsmäßig gleichgestellte Gesellschafter anderer Rechtsformen, wie z. B. dem atypischen stillen Gesellschafter.
683   Gerbig/Rautenberg, Gestaltungsfreiräume des § 15a EStG, DB 1980, S. 1959.
684   Zur Übergangsregelung Söffing in DB 1988 S. 1874: „Vom Grundsatz her ist § 15a EStG auf Verluste anzuwenden, die in den nach dem 31.12.1979 beginnenden Wirtschaftsjahren entstanden sind (§ 52 Abs. 20 a Satz 1 EStG 1981 = § 52 Abs. 21 EStG 1986). Hiervon macht § 52 Abs. 21 Satz 2 EStG eine Ausnahme. Und zwar gilt danach die Grundsatzregelung nicht für Verluste, die in einem vor dem 1.1.1980 eröffneten Betrieb entstanden sind. In diesem Fall findet § 15a EStG erstmals auf Verluste Anwendung, die in nach dem 31.12.1984 beginnenden Wirtschaftsjahren entstanden sind (§ 52 Abs. 21 Satz 3 Nr. 11. Teilsatz EStG). Diese Ausnahmeregelung wiederum wird durch § 52 Abs. 21 Satz 3 Nr. 1 letzter Teilsatz EStG dahingehend eingeschränkt, daß § 15a EStG auch bei Betrieben, die nach dem 10.10.1979 und vor dem 1.1.1980 eröffnet worden sind, erstmals auf Verluste anzuwenden ist, die in nach dem 31.12.1979 beginnenden Wirtschaftsjahren entstanden sind. Kurz: § 15a EStG findet auf Verluste, die in einem vor dem 11.10.1979 eröffneten Betrieb (sog. Altbetrieb) anfallen, erst dann Anwendung, wenn diese Verluste in nach dem 31.12.1984 beginnenden Wirtschaftsjahren entstanden sind. Da § 15a EStG bestimmte Verluste nicht als allgemein ausgleichsfähig ansieht, also einen Ausgleich mit anderen positiven Einkünften untersagt, sondern diese Verluste als sog. verrechenbare Verluste behandelt und damit deren Saldierungsmöglichkeit erheblich einschränkt, besteht für den Stpfl. ein berechtigtes Interesse an der Anerkennung eines sog. Altbetriebs (= Betriebseröffnung vor dem 11.10.1979). Nur so kann bzw. konnte die nachteilige Anwendung des § 15a EStG bis in das Jahr 1985 hinausgeschoben werden." Siehe auch Bordewin, Gesetz zur Änderung des Einkommensteuergesetzes und anderer Gesetze, BB 1980, S. 1033 (1036 – 1050). Zum Begriff der Betriebseröffnung i. S. des § 52 Abs. 21 EStG siehe BFH-Beschluß vom 2.3.1988 IV B 95/87 BStBl II S. 617.
    Zu weiteren Ausnahmeregelungen hinsichtlich der Anwendung des § 15a EStG siehe Rn. 800 dieses Buches.

Einkommen- und Körperschaftsteuer E

den die im Handelsregister eingetragene Einlage des Kommanditisten seine Einlage übersteigt, auch ausgeglichen oder abgezogen werden, soweit durch den Verlust ein negatives Kapitalkonto entsteht oder sich erhöht. § 15a Abs. 1 Satz 2 EStG ist nur anzuwenden, wenn derjenige, dem der Anteil zuzurechnen ist, im Handelsregister eingetragen ist, das Bestehen der Haftung nachgewiesen wird und eine Vermögensminderung aufgrund der Haftung nicht durch Vertrag ausgeschlossen oder nach Art und Weise des Geschäftsbetriebs unwahrscheinlich ist".

Dieser Gesetzestext des § 15a EStG, dessen Verfassungsmäßigkeit nicht ernstlich zweifelhaft ist[685], verdeutlicht, daß es für die Höhe der Ausgleichsfähigkeit der den Kommanditisten zugewiesenen Verluste entscheidend auf den **Begriff des Kapitalkontos** ankommt. Hierzu werden in der Literatur kontroverse Auffassungen vertreten[686]. Ein Ende dieses Meinungsstreits zeichnet sich durch den BFH-Beschluß vom 19.5.1987 ab; hier vertritt der **BFH folgende Auffassung**[687]:

1) § 15a EStG ist auch auf solche Kommanditisten anwendbar, die noch nicht in das Handelsregister eingetragen sind.

508

Maßgeblich für die Anwendung des § 15a EStG ist die handelsrechtliche Qualifikation der Gesellschafterstellung, die sich für den Kommanditisten aus § 161 Abs. 1 HGB i. V. m. § 171 HGB ergibt. Diese Qualifikation wird durch § 176 Abs. 2 HGB nicht geändert; lediglich die Haftung des Kommanditisten wird vor seiner Eintragung im Handelsregister in bezug auf einzelne Gläubiger der Gesellschaft der des persönlich haftenden Gesellschafters gleichgestellt. Wegen dieser Abhängigkeit der Haftung von der Kenntnis einzelner Gesellschaftsgläubiger ist diese Haftung nach § 176 Abs. 2 i. V. m. Abs. 1 HGB zu unbestimmt und kann nicht als Abgrenzungsmerkmal für die Anwendbarkeit des § 15a EStG herangezogen werden[688].

Der erweiterte Verlustausgleich setzt auch nicht die Eintragung des Kommanditisten im Handelsregister bis zum Bilanzstichtag voraus. Nach dem Wortlaut des § 15a Abs. 1 Satz 3 EStG ist die Eintragung des Kommanditisten im Handelsregister Voraussetzung für den erweiterten Verlustausgleich bzw. -abzug. Da § 15a Abs. 1 Satz 2 EStG auf die Haftung des Kommanditisten zum

---

685 Vgl. BFH-Beschluß vom 19.5.1987 VIII B 104/85 BFH/NV 10/87 S. 640ff.
686 Eine Zusammenfassung findet sich bei Tillman, in GmbH-Handbuch III Rz. 989, Verlag Dr. Otto Schmidt KG, Köln.
687 Siehe auch Jakob, § 15a EStG – Zu seiner Verfassungsmäßigkeit, insbesondere zur Anwendbarkeit auf Kommanditisten von „Nicht-Verlustzuweisungsgesellschaften", BB 1988 S. 887ff.
688 Im Urteilsfall war es überdies nicht ernstlich zweifelhaft, daß aufgrund der von der GmbH & Co. KG verwendeten Briefköpfe, bei denen die Namen der persönlich haftenden Gesellschafter eingedruckt gewesen seien, allen Gesellschaftsgläubigern positiv bekannt gewesen ist, daß alle übrigen Gesellschafter nur als Kommanditisten hafteten, somit nur im Rahmen des § 171 HGB nach Maßgabe ihrer vertraglich vereinbarten Einlage.

E   Laufender Geschäftsbetrieb der GmbH & Co. KG – Steuerrechtl. Teil

Bilanzstichtag abstellt und § 15a Abs. 1 Satz 3 EStG zur Frage, wann die Eintragung im Handelsregister erfolgt sein muß, keinen abweichenden Stichtag enthält, muß davon ausgegangen werden, daß der Gesetzgeber nur aus redaktionellen Gründen von der nochmaligen Benennung des Bilanzstichtages abgesehen hat. Wie in § 15a Abs. 1 Satz 2 EStG ausdrücklich festgelegt, ist auch für die Anwendung des § 15a Abs. 1 Satz 3 EStG die Eintragung am Bilanzstichtag der maßgebliche Zeitpunkt für die Zulässigkeit der erweiterten Verlustberücksichtigung.

509   2) In das Kapitalkonto im Sinne des § 15a Abs. 1 S. 1 EStG geht nur der tatsächlich geleistete, dagegen nicht auch der rückständige Teil der Einlage ein.

Dieser Grundsatz ergibt sich aus § 15a Abs. 1 Satz 2 und 3 EStG, wonach nur unter bestimmten Voraussetzungen in Höhe der rückständigen Einlage ein zusätzlicher (erweiterter) Verlustausgleich möglich ist. Dieser Sonderregelung hätte es nach Auffassung des BFH nicht bedurft, wenn der Begriff des Kapitalkontos i.S. von § 15a Abs. 1 Satz 1 EStG die rückständige Einlage mitumfassen würde.

510   3) Es ist ernstlich zweifelhaft, ob bei der Ermittlung der Höhe des Kapitalkontos i.S. § 15a Abs. 1 S. 1 EStG das Sonderbetriebsvermögen einzubeziehen ist und daher das Kapitalkonto durch Verbindlichkeiten gemindert werden kann, die der Kommanditist zur Finanzierung seiner Beteiligung eingegangen ist (Sonderbetriebsvermögen II).

Der Begriff des Kapitalkontos i.S. von § 15a EStG ist strittig. Eine eindeutige Auslegung des Begriffs „Kapitalkonto" läßt sich unmittelbar weder aus dem EStG allgemein noch aus § 15a EStG gewinnen. Gegen die Einbeziehung des Sonderbetriebsvermögens in das Kapitalkonto spricht, daß dann der von der Abzugs- und Ausgleichsbeschränkung betroffene Verlust nach der Steuerbilanz der Gesellschaft (einschließlich etwaiger Ergänzungsbilanzen) bemessen wird, also ohne Einbeziehung von Sonderbetriebsvermögen, die Grenze für die Ausgleichs- und Abzugsfähigkeit aber nach der Gesamtbilanz (bzw. dem sich hieraus anteilig ergebenden Kapitalkonto des Kommanditisten) und somit unter Einbeziehung von Sonderbetriebsvermögen zu bestimmen ist. Ferner ist nicht ersichtlich, weshalb in einer Regelung, die auf die haftungsrechtliche Stellung als Kommanditist abhebt, die Verlustabzugs- bzw. -ausgleichsmöglichkeit von einer Größe abhängen soll, die keinen Bezug zur Haftung hat. Die Auffassung, wonach das Verlustausgleichsvolumen nach § 15a Abs. 1 EStG durch das Sonderbetriebsvermögen II gemindert wird, stößt im übrigen auf verfassungsrechtliche Bedenken, da sie dazu führen könne, daß wirtschaftlich gleichliegende Vorgänge steuerlich unterschiedlich behandelt würden.

cc) Änderung der im Gesellschaftsvertrag festgelegten Gewinnverteilung

Aus den grundlegenden Urteilen des BFH vom 15.11.1967 und vom 25.4.1968 ergeben sich keine unmittelbaren Hinweise für die Beantwortung der Frage, unter welchen Voraussetzungen einer Änderung der im Gesellschaftsvertrag einer GmbH & Co. KG festgelegten Gewinnverteilung auch steuerlich gefolgt werden kann. Derartige Vertragsänderungen werden vor allem dann in Betracht kommen, wenn die bislang festgelegte Gewinnquote der Komplementär-GmbH auf eine Höhe zurückgeführt werden soll, die man nach den neueren Erkenntnissen des BFH noch als angemessen ansehen kann.

511

Die Finanzverwaltung vertritt hierzu folgende Auffassung[689]: Ebenso wie eine Änderung anderer vertraglicher Vereinbarungen zwischen Gesellschaft und Gesellschafter – z.B. Vereinbarungen über Mietzins eines von dem Gesellschafter zur Verfügung gestellten Gegenstandes, Erhöhung der Zinsen eines gewährten Darlehens – wird man auch eine Änderung der Gewinnverteilung für die Zukunft grundsätzlich als zulässig ansehen müssen, ohne daß hierin eine verdeckte Gewinnausschüttung an die Kommanditisten zu erblicken ist. Das kann allerdings uneingeschränkt nur für solche Fälle der Anpassung der Gewinnquoten gelten, in denen der Gesellschaftsvertrag zum Änderungszeitpunkt tatsächlich kündbar ist. Wenn es hingegen an einer Kündigungsmöglichkeit für den Gesellschaftsvertrag fehlt, wird die Minderung der Gewinnquote einer Komplementär-GmbH nur dann nicht als verdeckte Gewinnausschüttung zu beurteilen sein, wenn davon ausgegangen werden kann, daß die Änderung auch unter Fremden vereinbart würde. Würde sich also ein fremder Dritter mit einer Änderung der Gewinnverteilung zu einem Zeitpunkt, zu dem der Gesellschaftsvertrag nicht kündbar ist, einverstanden erklären, so wäre diese Änderung auch steuerlich anzuerkennen. Insoweit sind die Verhältnisse des Einzelfalles ausschlaggebend.

Dem entspricht die BFH-Rechtsprechung. So hat der BFH im Urteil vom 16.5.1974[690] folgende Grundsätze aufgestellt: Wird durch die Gesellschaftervertragsänderung der Gewinnanteil der Komplementär-GmbH gesenkt, während sich die Gewinnanteile der Kommanditisten entsprechend erhöhen, so kommt eine verdeckte Gewinnausschüttung in Betracht, wenn die GmbH fremden Dritten gegenüber – d.h. bei der GmbH & Co. KG Kommanditisten gegenüber, die nicht Gesellschafter der GmbH sind – der Änderung der Gewinnverteilung ihre Zustimmung versagt hätte und hätte versagen können. Dabei macht es keinen Unterschied, ob die Veränderung durch eine unmittelbare Änderung der Gewinnverteilung oder durch eine Kapitalerhöhung unter Ausschluß der GmbH bewirkt wurde.

---

689 FinBeh Hamburg, koord. Erl. v. 13.4. 1970 – 52 – S. 2252 – 23/67; DStZ B 1970, S. 194/195.
690 IV R 90/77 GmbHR 187.

512 Dornfeld[691] kommentiert dieses Urteil wie folgt: „Trotz der zahlreichen Anregungen des Schrifttums, auf die dieses Urteil teilweise eingeht, die Annahme einer verdeckten Gewinnausschüttung in solchen Fällen auszuschließen, hat der BFH eine ganz auf der Linie der bisherigen Rechtsprechung liegende Entscheidung gefällt. Der BFH bestätigt damit abermals die extensive Auslegung des Begriffs der verdeckten Gewinnausschüttung und die Ablehnung einer differenzierten Betrachtungsweise, auch wenn diese von recht erheblichen Erwägungen gestützt werden könnte. Es liegt auf der Linie der Rechtsprechung, eine verdeckte Gewinnausschüttung in Fällen wie dem vorliegenden nur dann anzunehmen, wenn eine Anpassungsmöglichkeit durch Kündigung des Gesellschaftsvertrages nicht möglich ist. Dabei kommt es nicht darauf an, daß diese Kündigung tatsächlich ausgesprochen wird, sondern daß sie rechtlich im Zeitpunkt der Vertragsänderung möglich gewesen wäre. In diesem Falle ist aber das außerordentliche Kündigungsrecht dem ordentlichen Kündigungsrecht gleichzustellen, da beide Möglichkeiten in gleicher Weise eine Vertragsrevision zulassen. Eine außerordentliche Kündigungsmöglichkeit wird sich nach Lage vieler Gesellschaftsverträge daraus ergeben, daß eine steuerlich ungünstige Situation im Interesse der Gesellschafter nicht aufrechterhalten werden sollte. Ein solches außerordentliches Kündigungsrecht steht auch dem Kommanditisten zu, so daß die Fiktion des fremden Dritten, die hier möglicherweise eine Kündigung durch die GmbH wiederum ausschließen würde, nicht herangezogen werden. Die Möglichkeit einer außerordentlichen Kündigung im Zeitpunkt der Vertragsänderung hat der BFH im vorliegenden Fall ebenfalls nicht in Erwägung gezogen. Dem Urteil kann zugestimmt werden, wenn man die dogmatisch verhärtete Definition der verdeckten Gewinnausschüttung akzeptiert"[692].

dd) Verdeckte Gewinnausschüttungen

513 Eine verdeckte Gewinnausschüttung wird immer dann angenommen, wenn den Gesellschaftern einer Kapitalgesellschaft neben oder anstelle einer förmlichen Gewinnausschüttung Vorteile zugewendet werden, die die Gesellschaft Personen, die der Gesellschaft fremd gegenüberstehen, nicht zuwenden würde. Unbedeutend ist es hier, unter welcher Bezeichnung und aufgrund welchen Rechtsanspruchs dies geschieht. Beispiele für verdeckte Gewinnausschüttungen werden – keineswegs erschöpfend – bereits in Abschn. 31 KStR genannt. Zwar ist die GmbH & Co. keine Kapitalgesellschaft, trotzdem kann sich auch bei dieser Gesellschaftsform eine verdecke Gewinnausschüttung ergeben, und zwar auf den Ebenen der[693]

---

691 Urteilsanmerkung in GmbH-Rdsch. 1974 S. 190, 191.
692 Siehe hierzu auch Ganßmüller, Änderung der Gewinnverteilung bei der GmbH & Co. KG, GmbH-Rdsch. 1975, S. 115.
693 In Anlehnung an Schulze zur Wiesche, Die Familien-GmbH & Co. KG, WPg 1987 S. 439/440.

– Gewinnverteilung
– Geschäftsführungsvergütung einschl. Sondervergütungen
– Rechtsgeschäfte zwischen der GmbH & Co. und ihren Gesellschaftern.

dda) Unangemessene Gewinnverteilung

Der klassische Fall verdeckter Gewinnausschüttung bei der GmbH & Co. ist also dann gegeben, wenn die Komplementär-GmbH am Gewinn der Gesellschaft zu niedrig beteiligt ist. Hierin wird ein Verzicht der GmbH zugunsten ihrer Gesellschafter, die gleichzeitig Kommanditisten sind, gesehen, insbesondere dann, wenn ein Fremder auf eine angemessene, übliche) Beteiligung am Gewinn nicht verzichten würde (so schon FG Bremen Urteil vom 4.5.1962)[694]. Hierzu ein Beispiel[695]:

514

Der A-GmbH als Komplementärin der A und B GmbH & Co. KG ist gesellschaftsvertraglich eine Gewinnbeteiligung von 2% eingeräumt; hieraus ergibt sich ein durchschnittlicher jährlicher Gewinnanteil von 4 000,- DM. Notwendig für eine angemessene (unter Freunden übliche Kapitalabgrenzung wäre ein Betrag von 10 000,- DM gewesen, was einer Gewinnbeteiligung von 5% entspricht. Der Unterschied von 3% stellt sich als Gewinnverzicht der Komplementär-GmbH zugunsten ihrer Gesellschafter dar und ist demzufolge bei der GmbH als eine verdeckte Gewinnausschüttung zu behandeln.

Auch wenn die Gewinnverteilung unter den Gesellschaftern später in der Weise geändert wird, daß die GmbH einen geringeren Anteil am Gewinn erhält – dies kann nicht nur durch eine Herabsetzung des Gewinnanteils, sondern auch mittelbar durch Erhöhung der Vergütungen der Kommanditisten für ihre Mitarbeit oder für die Überlassung von Wirtschaftsgütern geschehen –, so muß darauf geachtet werden, daß dies nicht zu einer verdeckten Gewinnausschüttung führt. Auch hier muß die Prüfung unter dem Gesichtspunkt erfolgen, ob ein Dritter, der nicht Gesellschafter ist, mit einer solchen Vereinbarung einverstanden wäre. Hierzu hat der BFH im Urteil vom 25.11.1976[696] entschieden: Wird in einer typischen GmbH & Co. die Gewinnverteilungsabrede in der Weise geändert, daß die Gewinnanteile der Kommanditisten erhöht und der Gewinnanteil der GmbH vermindert wird, so ist die Zustimmung der GmbH zu dieser Vertragsänderung dann keine verdeckte Gewinnausschüttung, wenn ein ordentlicher und gewissenhafter Geschäftsleiter der Änderung zugestimmt hätte, weil sich der der GmbH verbleibende Gewinnanteil immer noch als hochwertig darstellt und weil die GmbH nach den Umständen des Einzelfalles bei einem Ausscheiden der Kommanditisten durch Kündigung außerstande gewesen wäre, das Unternehmen mit ähnlichem Erfolg allein weiterzuführen.

---

694 S. 1188 und 209/60 EFG 1963 S. 55.
695 In Anlehnung an Schulze zur Wiesche, a.a.O., WPg 1987 S. 440/441.
696 IV R 38/73 BStBl 1977 S. 477.

E   Laufender Geschäftsbetrieb der GmbH & Co. KG – Steuerrechtl. Teil

Ebenfalls am 25.11.1976 hat der BFH[697] entschieden: Wird bei einer GmbH & Co. durch eine Kapitalerhöhung eine Veränderung der für die Gewinnverteilung maßgeblichen Beteiligungsverhältnisse dadurch herbeigeführt, daß die GmbH, obwohl sie hierzu berechtigt und in der Lage war, an der Kapitalerhöhung nicht teilnimmt, so kann hierin eine verdeckte Gewinnausschüttung in der Form des Übergangs eines Bruchteils des Gesellschaftsanteils der GmbH auf die Kommanditisten liegen.

ddb) Unangemessenes Geschäftsführergehalt

515 Das Problem der verdeckten Gewinnausschüttung taucht auch dann auf, wenn die dem Gesellschafter-Geschäftsführer der GmbH gewährten Bezüge einschl. evtl. Pensionszusagen[698] im oben bezeichneten Sinne „unangemessen" sind. Zu unterscheiden sind zwei Fälle:

(1) Die GmbH gewährt ihrem Geschäftsführer ein „unangemessenes" Gehalt, erhält aber selbst von der Kommanditgesellschaft nur einen bestimmten Betrag als Kostenerstattung, der niedriger ist als das Geschäftsführergehalt. Hier liegt die verdeckte Gewinnausschüttung darin, daß die GmbH durch überhöhte Betriebsausgaben Gewinnausschüttungen an die Gesellschafter vorwegnimmt.

(2) Die Kommanditgesellschaft erstattet der GmbH das „unangemessene" Gehalt des Gesellschafter-Geschäftsführers, der gleichzeitig Kommanditist ist, in voller Höhe. Der verteilungsfähige Restgewinn der KG wird dadurch gedrückt, also auch der Anteil, der auf die GmbH entfällt. Hier liegt die verdeckte Gewinnausschüttung darin, daß zugunsten des GmbH-Gesellschafters Gewinnanteile der GmbH vorenthalten werden.

Zum Fall (1) hat der BFH im Urteil vom 18.2.1966[699] Stellung genommen. Ohne auf die vorhergehende Rechtsprechung einzugehen, bewertete der VI. Senat überhöhte Gehaltszahlungen als verdeckte Gewinnausschüttungen der GmbH an ihren Gesellschafter. Die Inkonsequenz dieser Rechtsprechung zeige sich darin, so führen Böttcher-Beinert[700] aus, daß der Gehaltsanteil, der als überhöht angesehen wurde, beim Gesellschafter selbst den Einkünften aus Kapitalvermögen zugerechnet wurde. Wenn einerseits die Tätigkeitsvergütung als von der GmbH & Co. KG bezogen gelte, so könne doch auch der überhöhte Teil der Tätigkeitsvergütung nur zu den gewerblichen Einkünften und nicht zu denen aus Kapital-

---

[697] IV R 90/72 BStBl 1977 II S. 467.
[698] Vgl. hierzu auch – el –, Versorgungsbezüge bei Gesellschafter-Gesellschaftsführern und Spannungsklauseln. DB 1980 S. 471 und die dort zitierte Rechtsprechung.
[699] VI 218/64; BStBl 1966 III, S. 250.
[700] A.a.O., S. 78.

vermögen gerechnet werden. Da die Rechtsprechung doch gerade davon ausgehe, daß die Tätigkeitsvergütung von der GmbH & Co. bezogen wird, fehle es an jeder Voraussetzung für die Annahme einer verdeckten Gewinnausschüttung; im Verhältnis zwischen einer Personengesellschaft und ihrem Gesellschafter gäbe es eine solche nicht. Es könne sich die Frage der verdeckten Gewinnausschüttung erst im Zusammenhang mit der Verteilung des nach Abzug der Tätigkeitsvergütung verbleibenden Restgewinns auf die Gesellschafter der GmbH & Co. stellen. Im Rahmen dieser Gewinnverteilung müsse die GmbH einen Gewinnanteil erhalten, der wirtschaftlich angemessen ist[701].

Der Ansicht von Böttcher-Beinert kann nicht zugestimmt werden, da u. E. verkannt wird, daß die Rechtsprechung hinsichtlich des Charakters der Tätigkeitsvergütung immer davon ausgeht, daß der GmbH das volle Geschäftsführergehalt ersetzt wird. In diesen Fällen, die dem oben geschilderten Fall (2) entsprechen, ist die Tätigkeitsvergütung tatsächlich von der KG bezogen und demnach den Einkünften aus Gewerbebetrieb zuzurechnen. Im Fall (1) jedoch mindern die überhöhten Gehälter das *eigene* Einkommen der GmbH und sind somit verdeckte Gewinnausschüttungen im eigentlichen Sinne, also Einkünfte aus Kapitalvermögen beim Gesellschafter.

Eine verdeckte Gewinnausschüttung liegt auch dann vor, wenn die GmbH an ihren Gesellschafter-Geschäftsführer eine Tantieme ohne Erstattung seitens der GmbH & Co. zahlt; das FG Nürnberg[702] hat hierzu folgenden Grundsatz geprägt: ,,Sind an einer GmbH & Co. KG eine GmbH als Komplementär und ihr beherrschender Gesellschafter-Geschäftsführer als einziger Kommanditist beteiligt und gewährt die GmbH ihrem Gesellschafter-Geschäftsführer für die in der Verwaltung der KG bestehende Geschäftsführertätigkeit eine Tantieme, deren Höhe nicht von vornherein klar und eindeutig festgesetzt ist, so liegt eine verdeckte Gewinnausschüttung der GmbH an ihren Gesellschafter-Geschäftsführer vor; auf die Angemessenheit der Gewinnverteilung zwischen den Gesellschaftern der KG kommt es insoweit nicht an''.

ddc) Zu niedriger Veräußerungspreis

Nach dem BFH-Urteil[702a] vom 6.8.1985 ist der Tatbestand der verdeckten Gewinnausschüttung auch dann gegeben, wenn eine GmbH & Co. KG, vertreten durch die geschäftsführende GmbH, Wirtschaftsgüter des Betriebsvermögens der KG unter dem erzielbaren Marktpreis an eine einem Gesellschafter der GmbH und gleichzeitig Kommanditisten nahestehende Person verkauft; der ver-

516

---

701 Vgl. R 566, 579.
702 Urteil vom 8.9.1971 V 88/68 – rechtskräftig – EFG 1972 S. 126.
702a VIII R 280/81, BStBl. 1986 II S. 17.

deckte Wertabfluß in Höhe der Beteiligungsquote der GmbH an der KG stellt eine verdeckte Gewinnausschüttung dar. Der verdeckte Wertabfluß ist als verdeckte Entnahme anzusehen, die mangels abweichender Gesellschaftsabrede den Gewinnanteil des Kommanditisten erhöht.

c) Feststellung der Einkünfte

aa) Einheitliche und gesonderte Gewinnfeststellung

517 Die GmbH & Co. KG wird, obgleich an ihr eine Kapitalgesellschaft beteiligt ist, einkommensteuerlich als Personengesellschaft behandelt[703]. Der Einkommen- und Körperschaftsteuer unterliegen die einzelnen Gesellschafter, und zwar die natürlichen Personen – also in der Regel die Kommanditisten – der Einkommensteuer, die Kapitalgesellschaft – also in der Regel die Komplementärin – der Körperschaftsteuer. Die Personengesellschaft ist insoweit nicht selbständiges Steuersubjekt, vielmehr wird die Teilhaberschaft an ihr als selbständiger Gewerbebetrieb jedes einzelnen Mitunternehmers angesehen. ,,Die einheitliche Bilanz des Unternehmens ist steuerlich nur eine Zusammenfassung der an sich für jeden einzelnen Mitunternehmer besonders aufzustellenden Bilanz''[704]. Es werden jedoch nicht Einzelbilanzen erstellt, sondern für die Gesellschaft insgesamt eine einheitliche Bilanz. Demgemäß wird auch der Gewinn der GmbH & Co. KG einschließlich des auf die GmbH entfallenden Gewinnanteils nach § 180 AO einheitlich (für alle beteiligten Gesellschafter) und gesondert (unabhängig von allen anderen in den Personen der Gesellschafter liegenden steuerlich relevanten Merkmalen) festgestellt. Bei einer solchen Feststellung der Einkünfte der Gesellschafter aus einer Personengesellschaft müssen auch die betrieblichen Sondereinnahmen und Sonderaufwendungen jedes Gesellschafters, die im Abschluß der Personengesellschaft noch nicht erfaßt sind, im Rahmen einer einheitlichen Gewinnfeststellung berücksichtigt werden[705]. Hierzu gehören auch die Gewinnausschüttungen der GmbH an einen Gesellschafter, der gleichzeitig Kommanditist der Personengesellschaft ist[706]. Im Rahmen dieser einheitlichen Erklärung erfolgt sodann die Feststellung der auf den einzelnen Gesellschafter entfallenden Einkünfte aus Gewerbebetrieb. Diese unterliegen gemäß § 2 Abs. 3 Ziff. 2 i. V. mit § 15 Abs. 1 Ziff. 2 EStG bei den natürlichen Personen der Einkommensteuer, während die GmbH ihren Gewinnanteil und etwa außerhalb der GmbH & Co. KG anfallende Einkünfte der Körperschaftsteuer zu unterwerfen hat. Im übrigen richtet sich die Ermittlung und Besteuerung des Gewinns der GmbH & Co. KG nach den allgemeinen, für Personengesellschaften geltenden Regeln.

---

703 Vgl. BFH-Urt. v. 16.9.1958 I 351/56 U; BStBl III, S. 462.
704 RFH-Urt. v. 14.7.1937 VI A 422/37; RStBl. S. 937.
705 OFH-Urt. v. 7.12.1949 I 18/48; StuW 1950 Nr. 41.
706 BFH-Urt. v. 5.12.1979 I R 184/76; GmbH-Rdsch. 1980, S. 92.

bb) Sonderbetriebseinnahmen

Nach der BFH-Rechtsprechung[707] sind Gewinnausschüttungen einer Komplementär-GmbH an an der Gesellschaft beteiligte Kommanditisten als Sonderbetriebseinnahmen bei der Ermittlung der gewerblichen Einkünfte des Kommanditisten zu erfassen und erhöhen den Gewinn der Kommanditgesellschaft. 518

cc) Sonderbetriebsausgaben

Jeder einzelne Mitunternehmer, also auch die Komplementär-GmbH, wird einkommensteuerlich (körperschaftsteuerlich) als selbständiger Gewerbetreibender behandelt. Ausgaben eines Mitunternehmers, die dazu dienen sollen, die Beziehungen des Mitunternehmers zum Gewinn des Gewerbebetriebs in Ordnung zu bringen, die also unmittelbar mit der Erzielung der gewerblichen Einkünfte in Zusammenhang stehen, können somit den Gewinn des Mitunternehmers mindern, auch wenn sie nicht durch die Bücher des Betriebs laufen und andere Unternehmer nicht berühren. Diese Betriebsausgaben sind bei der einheitlichen Gewinnfeststellung zu berücksichtigen. Es ist dabei gleichgültig, ob diese Betriebsausgaben in den Jahresabschluß der GmbH & Co. KG eingearbeitet werden oder ob sie bei der Ermittlung des Einkommens aus dem Betrieb für den einzelnen Mitunternehmer vom Finanzamt außerhalb der Bilanzen und vielleicht auch gegen den Willen der anderen Mitunternehmer bei der Gewinnfeststellung abgerechnet werden[708]. Der Gesellschafter einer Personengesellschaft kann ihm erwachsende Sonderbetriebsausgaben grundsätzlich nur im Verfahren der einheitlichen und gesonderten Gewinnfeststellung, nicht auch im Einkommensteuerveranlagungsverfahren geltend machen. Ist es aber auf das Verhalten des Finanzamtes zurückzuführen, daß der Steuerpflichtige die Sonderbetriebsausgaben erst im Einkommensteuerveranlagungsverfahren geltend macht, so kann der Grundsatz von Treu und Glauben ausnahmsweise die Berücksichtigung im Einkommensteuerveranlagungsverfahren rechtfertigen[709]. 519

Sonderbetriebsausgaben können in vielfältiger Form anfallen. Für die GmbH & Co. KG bedeutsam sind vor allem diejenigen Ausgaben, die bei der Komplementär-GmbH in Zusammenhang mit der Geschäftsführung angefallen sind.

Im Verfahren der einheitlichen Gewinnfeststellung werden zunächst die Gewinnanteile lt. Handelsbilanz auf die einzelnen Gesellschafter verteilt. Für die Komplementär-GmbH erhöht sich dieser Gewinnanteil um den Betrag der Kostenerstattung der GmbH & Co. KG an die GmbH. Andererseits kann die GmbH die im Zusammenhang mit den Einkünften aus der GmbH & Co. KG angefalle-

---

[707] BFH-Urteil vom 15.10.1975 I R 16/73; BFHE 117/164 und vom 5.12.1979 I R 184/76; FR 1980 S. 222.
[708] RFH-Urt. v. 14.7.1937 VI A 422/37; RStBl, S. 937.
[709] BFH-Urt. v. 25.8.1961 VI 202/60 U; BStBl III, S. 491.

nen Ausgaben als Sonderbetriebsausgaben, genau wie eine natürliche Person, bei der einheitlichen Gewinnfeststellung geltend machen.

Nach diesen Ausführungen muß unter der Voraussetzung, daß die GmbH nur Einkünfte aus der GmbH & Co. KG bezieht und andererseits alle Ausgaben der GmbH als Sonderbetriebsausgaben angesehen werden[710], der Gewinnanteil der GmbH lt. einheitlicher Gewinnfeststellung mit dem Gewinn lt. G+V-Rechnung der GmbH übereinstimmen.

Übt die GmbH noch eine andere Tätigkeit neben der Geschäftsführung für die GmbH & Co. KG aus, so wird sie auch daraus Einkünfte beziehen; andererseits sind dann nicht mehr sämtliche Ausgaben der GmbH nur im Zusammenhang mit der Geschäftsführung entstanden, so daß nicht nur Sonderbetriebsausgaben vorliegen.

Wie in den Fällen, in denen die GmbH einen eigenen Geschäftsbetrieb unterhält, die Kosten so aufgeteilt werden können, daß sie teils als Sonderbetriebsausgaben, teils als eigene Betriebsausgaben geltend gemacht werden können, ist nur anhand jeden Einzelfalls zu entscheiden. Es wird Fälle geben, in denen buchhalterisch eine Trennung möglich ist. Jedoch wird beim überwiegenden Teil solcher Gesellschaften eine schätzungsweise Aufteilung vorgenommen werden müssen.

Für die Kommanditisten ist bedeutsam, daß „Aufwendungen, die ihre Ursache in der Beteiligung haben, z. B. für einen Kredit zum Erwerb der Beteiligung, als Sonderbetriebsausgaben abzugsfähig sind"[711].

dd) Verdeckte Gewinnausschüttungen

520 Ist die Gewinnverteilung einer GmbH & Co. KG derart gestaltet, daß die GmbH einen unangemessen niedrigen Gewinnanteil erhält, so liegt nach der Rechtsprechung des BFH in Höhe der Differenz zwischen dem fiktiven angemessenen und dem tatsächlich vereinbarten Gewinnanteil eine verdeckte Gewinnausschüttung an die Gesellschafter der GmbH vor. Denn die GmbH kann dann nur noch aus betrieblich nicht gerechtfertigten, in ihren Beziehungen zu ihren Gesellschaftern liegenden Gründen auf einen Teil des ihr zustehenden Gewinns verzichtet haben. Da die Frage, ob die GmbH zugunsten der Kommanditisten auf einen an sich

---

710 Strittig ist, ob z. B. auch die nur durch die Existenz der GmbH begründeten Ausgaben, wie z. B. die betrieblichen Steuern, Sonderbetriebsausgaben darstellen. In den Fällen, in denen keine andere Tätigkeit als die Geschäftsführung von der GmbH ausgeübt wird, halten wir die Auffassung, daß auch diese Ausgaben Sonderbetriebsausgaben sind, für vertretbar, da die GmbH nur für und wegen der GmbH & Co. KG besteht, alle Aufwendungen also ursächlich mit der GmbH & Co. KG im Zusammenhang zu sehen sind. Genauso verhält es sich mit Zinsaufwendungen (entsprechendes gilt für Erträge = Sonderbetriebseinnahmen), die für ein laufendes Geschäftskonto anfallen. Hat die GmbH jedoch neben der Beteiligung an der GmbH & Co. KG noch andere Vermögenswerte, die Zinserträge bringen bzw. Aufwendungen verursachen, so stehen diese Vorgänge in keinem Zusammenhang mit der GmbH & Co. KG.
711 Hesselmann, Handbuch, a.a.O., S. 158.

ihr zustehenden Gewinnanteil verzichtet, also aus körperschaftsteuerlicher Sicht eine verdeckte Gewinnausschüttung vorgenommen hat, von der im Verfahren der einheitlichen Gewinnfeststellung zu beantwortenden Frage abhängt, ob die vereinbarte Gewinnverteilung steuerlich als angemessen anerkannt werden kann, ist die verdeckte Gewinnausschüttung im Verfahren der einheitlichen Gewinnfeststellung der GmbH & Co. KG zu prüfen und für das Körperschaftsteuerveranlagungsverfahren der GmbH bindend.

Ist ein höherer Gewinnanteil angemessen, so gilt er als von der GmbH bezogen und ist der Körperschaftsteuer zu unterwerfen, weil auch für den Gewinn einer GmbH der Bescheid über die einheitliche Gewinnfeststellung bindender Grundlagenbescheid ist. Da sich aber der Gewinn der GmbH tatsächlich nicht mehr in ihrem Vermögen befindet, muß er ausgeschüttet sein, und zwar nicht offen, sondern im Wege der verdeckten Gewinnausschüttung.

d) Besteuerung der Einkünfte bei den Kommanditisten

aa) Angemessene Gewinnanteile

Die Kommanditisten, soweit es sich um natürliche Personen handelt, unterliegen 521 mit ihren Einkünften aus der Mitunternehmerschaft der Einkommensteuer. Die Höhe der Einkünfte wird wie weiter oben dargestellt durch die einheitliche Gewinnfeststellung der GmbH & Co. KG ermittelt. Diese Einkünfte stellen für den Gesellschafter, unabhängig davon, ob sich die Beteiligung in einem Betriebsvermögen oder einem Privatvermögen befindet, Einkünfte aus Gewerbebetrieb dar, die in seiner persönlichen Einkommensteuererklärung dementsprechend zu deklarieren sind.

In den Fällen, in denen die Kommanditisten gleichzeitig an der Komplementär-GmbH beteiligt sind und die GmbH Ausschüttungen vornimmt, stellen diese Ausschüttungen bei den Gesellschaftern Einkünfte aus Gewerbebetrieb, nicht Einkünfte aus Kapitalvermögen dar. Sie sind als Sonderbetriebseinnahmen bei der Ermittlung der gewerblichen Einkünfte des Kommanditisten im Rahmen der einheitlichen und gesonderten Gewinnfeststellung der Kommanditgesellschaft zu erfassen (und erhöhen den Gesamtgewinn der Kommanditgesellschaft)[712].

bb) Verdeckte Gewinnausschüttungen

Die im Verfahren der einheitlichen Gewinnfeststellung mitzubehandelnde verdeckte Gewinnausschüttung[713] hat aber neben der körperschaftsteuerlichen Sei- 522

---

712 Vgl. BFH-U vom 5.12.1979 I R 184/76 FR 1980 S. 222.
713 Siehe Rn. 565 ff.

te⁷¹⁴ auch eine die Kommanditisten betreffende einkommensteuerliche Seite. Werden ihre Gewinnanteile fiktiv zugunsten der GmbH gemindert, so ist damit entschieden, daß die GmbH fiktiv mehr hätte erhalten müssen, daß sie also zugunsten der Kommanditisten auf einen Teil ihres Gewinns verzichtet und ihn an diese ausgeschüttet hat und daß dieser Gewinn an die Kommanditisten, die ihn auch effektiv erhalten haben, geflossen ist. Die Kommanditisten erhalten insgesamt die vereinbarten Gewinnanteile. „Die Gewinnanteile bestehen nur nicht mehr allein aus dem unmittelbaren Gewinn der KG, sondern sie setzen sich zusammen aus dem angemessenen Anteil am unmittelbaren Gewinn der KG und der Ausschüttung von Gewinnen der GmbH"[715].

Da auch im Bereich der Vornahme verdeckter Gewinnausschüttungen das sogenannte Anrechnungsverfahren Anwendung findet, bedeutet dies für die Kommanditisten, daß die auf die verdeckte Gewinnausschüttung entfallende Körperschaftsteuer auf ihre eigene zu zahlende Einkommensteuer in vollem Umfang angerechnet wird. Insoweit führt also die Annahme einer verdeckten Gewinnausschüttung bei der GmbH zu einer steuerlichen Entlastung seitens der Kommanditisten[716]. „Der durch die verdeckte Gewinnausschüttung begünstigte Gesellschafter erhält zusätzlich eine Steuergutschrift, wodurch er weiter begünstigt wird. Dies geht auf Kosten der Mitgesellschafter, da die Gesellschaft an Eigenkapital verliert. Der Gesellschafter ist neben der verdeckten Gewinnausschüttung um die erhaltene Steuergutschrift bereichert. Für die Komplementär-GmbH besteht wegen des vielfach vorhandenen Mangels an Eigenkapital bei verdeckten Gewinnausschüttungen die Gefahr einer Überschuldung und damit des Zusammenbruchs. Da dieses Ergebnis zu Recht als unbillig empfunden wird, versucht man, Wege zu finden, diesen Vermögensvorteil zivilrechtlich zurückzuverlangen. Einem Bereichungsanspruch nach § 812 BGB dürfte § 814 BGB entgegenstehen. Auch sonst dürfte eine zivilrechtliche Grundlage für einen Rückforderungsanspruch fehlen. Es kann nur empfohlen werden, in den Gesellschaftsvertrag eine Klausel aufzunehmen, wonach der begünstigte Gesellschafter zur Rückgewähr des sich aus der anrechenbaren Körperschaftsteuer ergebenden Steuervorteils verpflichtet wird"[717].

Bei der GmbH & Co. KG liegen also zwei Vorgänge vor, nämlich zunächst die eigentliche, für das Verfahren der einheitlichen Gewinnfeststellung typische Korrektur der Verteilung des Gewinns auf die Gesellschafter, die zu fiktiven Gewinn-

---

714 Siehe Rn. 579.
715 Hesselmann, Handbuch, a.a.O., S. 178.
716 Vgl. Thiel, Die Neutralisierung der dem Empfänger der verdeckten Gewinnausschüttung zu Lasten der Kapitalgesellschaft erwachsenden Bereicherung, FR 1977, S. 267.
717 Hesselmann, Handbuch, a.a.O. S. 178 unter Berufung auf Thiel (DB 1976, S. 1542 ff.) Mannhold (BB 1977, S. 986 ff.) und Tillmann (Körperschaftsteuerrecht, Rz. 92).

anteilen führt, und sodann die wegen des Instituts der verdeckten Gewinnausschüttung notwendige Beurteilung der tatsächlichen Zuflüsse, die von Hause aus in die Veranlagungsverfahren gehört.

Der BFH weist ausdrücklich darauf hin, daß der den korrigierten, niedrigeren Gewinnanteil des Kommanditisten übersteigende Teil seines Gewinns nicht zu den Einkünften aus Kapitalvermögen, sondern zum gewerblichen Gewinn gehört, der schon bei der einheitlichen Gewinnfeststellung der KG mitzuerfassen ist. Denn die verdeckte Gewinnausschüttung fließt dem Kommanditisten aufgrund seines Anteils an der GmbH zu, der zum Sonderbetriebsvermögen des Kommanditisten und damit zum Betriebsvermögen der KG gehört. Das Recht des Kommanditisten, am Anrechnungsverfahren teilzunehmen, wird hierdurch in keiner Weise berührt; dies sieht § 20 Abs. 3 EStG ausdrücklich vor[718].

cc) Verlustabzug, Verlustvortrag

Zu beachten ist § 15a EStG[719]: danach „darf der einem Kommanditisten zuzurechnende Anteil am Verlust der KG weder mit anderen Einkünften aus Gewerbebetrieb noch mit Einkünften aus anderen Einkunftsarten ausgeglichen werden, soweit ein negatives Kapitalkonto des Kommanditisten entsteht oder sich erhöht. Soweit hiernach der Verlustausgleich ausgeschlossen ist, kann der Verlust auch nicht im Wege des Verlustabzugs nach § 10d EStG durch Verlustrücktrag oder Verlustvortrag berücksichtigt werden"[720]. Die auf diese Weise steuerlich nicht wirksamen Verluste werden vorgetragen und sind mit späteren Gewinnen aus eben dieser KG-Beteiligung zu verrechnen (verrechenbare Verluste).

523

dd) Ausländische Kommanditisten

Sind Ausländer als Kommanditisten beteiligt, so sind auch Auswirkungen aus der Anwendung von Doppelbesteuerungsabkommen zu beachten. Bisher unterlagen die Ausschüttungen einer Kapitalertragsteuer von 25 bzw. 15 v. H.; als Einkünfte aus Gewerbebetrieb unterliegen die Ausschüttungen nunmehr jedoch voll der deutschen Besteuerung. Ausländische Kommanditisten, die gleichzeitig Anteile der Komplementär-GmbH halten, nehmen hinsichtlich der von der GmbH ausgeschütteten Gewinn-Anteile am körperschaftsteuerlichen Anrechnungsverfahren teil, da die Einkünfte Betriebseinnahmen eines inländischen Betriebs sind. Sind Ausländer lediglich an der GmbH beteiligt, ohne daß ihnen Kommanditanteile gehören, so findet das Anrechnungsverfahren nicht statt (§ 50 Abs. 5 Satz 2 EStG).

524

---

718 Vgl. auch Scholtz, Anrechnung, Vergütung und Erstattung von Körperschaftsteuer und Kapitalertragsteuer, FR 1977, S. 77.
719 Vgl. Rn. 558 ff.
720 Bordewin, a.a.O., BB 1980, S. 1037.

E   Laufender Geschäftsbetrieb der GmbH & Co. KG – Steuerrechtl. Teil

Sollen Steuervorteile optimiert werden, kann es sich für ausländische Kommanditisten empfehlen, sich an einer mit Sitz und Geschäftsleitung in Berlin befindlichen GmbH & Co. KG – z. B. als Holding ausgestaltet – zu beteiligen, vorausgesetzt die GmbH & Co. KG hat mindestens 25 Arbeitnehmer[721].

2 Ebene der Komplementär-GmbH

a) Aktivierung des Gewinnanteils an der GmbH & Co. KG

525 Nach Hesselmann[722] ist hinsichtlich des Zeitpunkts der Aktivierung des Gewinnanteils der Komplementär-GmbH am Ergebnis der GmbH & Co. KG im Jahresabschluß der GmbH zu unterscheiden, ob sich das Geschäftsjahr der GmbH & Co. KG mit dem Geschäftsjahr der GmbH deckt oder vor bzw. nach dem Geschäftsjahr der GmbH endet.

a) Deckt sich, wie es der Normalfall sein wird, das Geschäftsjahr der GmbH mit dem der GmbH & Co. KG, so dürfte der Anspruch der GmbH auf Ausschüttung des ihr zustehenden Gewinnanteils nur dann in die am Ende des Geschäftsjahres aufzustellende Bilanz der GmbH aufgenommen werden, wenn am Bilanzstichtag das Bestehen eines Gewinns bei der GmbH & Co. KG bereits bilanzmäßig festgestellt ist, was praktisch kaum der Fall sein wird. Diese Auslegung wäre aber zu eng. Es müsse genügen, wenn der Jahresabschluß der GmbH & Co. KG und damit auch die Gewinnfestsetzung vor Beendigung des Abschlusses der GmbH vorgenommen ist. Denn der Abschluß der GmbH & Co. KG, der auch Abschlußstichtag der GmbH ist, erfolgt rückwirkend auf den Abschlußstichtag der GmbH & Co. KG, der Gewinnanteil der GmbH gehöre somit am Abschlußstichtag der GmbH rechtlich bereits zum Vermögen der GmbH.

Ist dagegen das Bestehen eines Gewinns bei der GmbH & Co. vor Beendigung des Abschlusses der GmbH noch nicht bilanzmäßig festgestellt, so dürfe auch nicht der voraussichtliche Gewinnanteil der GmbH in der Bilanz der GmbH ausgewiesen werden. Der Gewinnanteil könne erst in die Bilanz des nächsten Geschäftsjahres aufgenommen werden, falls bis dahin die Ausschüttung noch nicht erfolgt ist.

b) Endet das Geschäftsjahr der GmbH & Co. KG vor dem Geschäftsjahr der GmbH, so gelte das unter a) Gesagte entsprechend. Der Anteil der GmbH

---

721 Für Einzelheiten zum Thema „steuerlich optimale Gestaltungen bei wirtschaftlichen Engagements in Berlin wird auf Kaligin in DB 1983 S. 2168 ff., Jost/Bullinger in DB 1963 S. 2724 ff., Kaligin in BB 1984 S. 2250 ff., Plock in BB 1986 S. 851 ff., Kaligin in BB 1987 S. 454 ff. und Jost/Bullinger in DB 1987 S. 857 ff. verwiesen.
722 Handbuch, a.a.O., S. 113/114.

am Gewinn der GmbH & Co. KG sei also in die Bilanz der GmbH aufzunehmen, wenn am Abschlußstichtag der GmbH die Gewinnfestsetzung bei der GmbH & Co. KG schon erfolgt war oder jedenfalls vor Beendigung des Abschlusses der GmbH noch erfolgt ist.

c) Endet das Geschäftsjahr der GmbH & Co. KG später als das Geschäftsjahr der GmbH, so dürfe die GmbH ihren Gewinnanteil selbst dann nicht in die Bilanz aufnehmen, wenn die Gewinnfestsetzung bei der GmbH & Co. KG noch vor Beendigung des Abschlusses der GmbH erfolgt ist. Denn die Gewinnfestsetzung erfolge auf den Abschlußstichtag der GmbH & Co. KG und nicht auf den früheren Abschlußstichtag der GmbH. Am Abschlußstichtag der GmbH gehöre somit der Anteil der GmbH am Gewinn der GmbH & Co. rechtlich noch nicht zum Vermögen der GmbH. Der Gewinnanteil könne erst in der Bilanz des Geschäftsjahres der GmbH ausgewiesen werden, in dem das Geschäftsjahr der GmbH & Co. endet.

Diese Erwägungen werden jedoch in den seltensten Fällen gemacht werden müssen, da abweichende Wirtschaftsjahre praktisch kaum vorkommen. In der höchstrichterlichen Rechtsprechung ist dieser Problemkreis – soweit erkennbar – noch nicht erörtert worden. Lediglich das Finanzgericht Düsseldorf hat im Urteil vom 22.7.1975[723] dahingehend entschieden, daß der Gewinnanteil der GmbH aus ihrer Beteiligung als Gesellschafterin einer GmbH & Co. KG (Beteiligungsgewinn) auf den gemeinsamen Bilanzstichtag zurückzubeziehen ist, sofern beide Gesellschaften auf den gleichen Stichtag bilanzieren und die KG ihre Bilanz früher als die GmbH erstellt. Werden beide Gesellschaften (GmbH und KG) von einem einheitlichen geschäftlichen Betätigungswillen beherrscht, so ist es möglich und notwendig, den Beteiligungsgewinn in jedem Fall auf den gemeinsamen Bilanzstichtag zurückzubeziehen.

b) Besteuerung des Gewinns der GmbH

Die GmbH unterliegt mit ihrem Gewinnanteil aus der GmbH & Co. KG der Körperschaftsteuer. Die Höhe der Körperschaftsteuer hängt davon ab, ob der Gewinn an die Gesellschafter der GmbH ausgeschüttet wird oder nicht. Bei Ausschüttung des Gewinns beträgt der Steuersatz 36 v. H., bei Nichtausschüttung 56 v. H. (50 v. H. ab 1990). 526

c) Verdeckte Gewinnausschüttungen

Erhält die Komplementär-GmbH einen unangemessen niedrigen Gewinnanteil, so liegt eine verdeckte Gewinnausschüttung vor; für Einzelheiten siehe Rd. 566. 527

---

723 FG Düsseldorf, Urteil vom 22.7.1975, V 302/71 K – rechtskräftig – EFG, S. 594.

E   Laufender Geschäftsbetrieb der GmbH & Co. KG – Steuerrechtl. Teil

Im Bescheid über die einheitliche Gewinnfeststellung der GmbH & Co. KG wird der Komplementär-GmbH die Differenz zwischen dem fiktiven angemessenen und dem tatsächlich vereinbarten Gewinnanteil bindend für das Körperschaftsteuerveranlagungsverfahren zugerechnet, siehe hierzu Rd. 572. Dieser Gewinnanteil ist der Körperschaftsteuer zu unterwerfen. Da sich der tatsächliche Gewinn in dieser Höhe nicht im Vermögen der GmbH befindet, muß er ausgeschüttet sein, und zwar nicht offen, sondern im Wege der verdeckten Gewinnausschüttung, hierbei ergeben sich durch das KStG 1977 einige Besonderheiten: So wird zwar für alle Arten der Ausschüttungen eine einheitliche Steuerbelastung von 36 v. H. hergestellt, für die verdeckte Gewinnausschüttung gilt jedoch das Eigenkapital als verwendet, das zum Schluß des letzten **vor** der Ausschüttung abgelaufenen Wirtschaftsjahres vorhanden war (§ 29 Abs. 2 Satz 3 KStG). „Damit beträgt die Körperschaftsteuer $9/16$ des Wertes der verdeckten Gewinnausschüttung, also beträgt die Ausschüttungsbelastung 56,25 v. H. der verdeckten Gewinnausschüttung, aber nur wenn diese das Einkommen der Gesellschaft nicht gemindert hat; sonst sind der Tarifbelastung von 56 v. H. noch 56,25 v. H. hinzuzufügen, so daß die Gesamtbelastung sogar 112,25 v. H. beträgt. Eine verdeckte Gewinnausschüttung von 100 führt demnach zu negativen EK von ./. 156,25 bzw. von ./. 212,25[724].

d) Organschaftsfragen

528 Zu der Frage, ob die Komplementär-GmbH Organ der GmbH & Co. KG mit der Folge sein kann, daß die Körperschaftsteuer-Belastung des Gewinns der GmbH entfällt, finden sich in der Literatur unterschiedliche Auffassungen:

Da § 17 i. V. m. § 14 KStG einen Ergebnisabführungsvertrag zwischen einer Personengesellschaft als Organträger und einer Kapitalgesellschaft als Organ zuläßt, vertritt Risse[725] die Auffassung, daß eine Ergebnisabführung innerhalb der GmbH & Co. KG möglich ist. Da die Komplementär-GmbH selbst an der KG beteiligt ist, kann gegen die Abführung des gesamten von der GmbH erzielten Gewinnes an die KG[726] eingewandt werden, daß – insoweit die GmbH als Komplementärin einen Anspruch auf einen Gewinnanteil hat – dieser Anspruch durch den Ergebnisausschlußvertrag nicht berührt werde; dasselbe gilt auch für den Fall, daß die Komplementärin einen Verlustanteil zu tragen hat. Risse hält die praktische Auswirkung dieses durchaus berechtigten Einwands für nicht so groß, da die kapitalmäßige Ausstattung der Komplementär-GmbH im allgemeinen niedrig gehalten wird. Geht man – so führt Risse aus – z. B. davon aus, daß

---

724 Hesselmann, Handbuch a.a.O., S. 178.
725 Ergebnisabführung innerhalb der GmbH & Co. KG; BB 1969 S. 1123.
726 Mit der Wirkung, daß der Gesamtgewinn der Kommanditgesellschaft den Kommanditisten allein zufließt.

die Kapitalgesellschaft am Gesamtkapital einer Kommanditgesellschaft von DM 500.000,- mit DM 20.000,- beteiligt ist, so beträgt ihr Gewinnanteil 4 v. H. des von der KG erzielten Reingewinns, der auch die von der Kapitalgesellschaft aufgrund des Ergebnisausschlußvertrages an die Kommanditgesellschaft abgelieferten Erträge enthält.

Demgegenüber vertritt Seithel[727] – u. E. wohl zu Recht – die Auffassung, daß eine Rückverlagerung von Gewinnen der Komplementär-GmbH auf die KG durch eine Organschaft mit Ergebnisabführungsvertrag nicht zulässig ist, da es an einer wesentlichen Voraussetzung für die Annahme einer Organschaft, nämlich der wirtschaftlichen Eingliederung der GmbH in den Betrieb der KG, mangelt. Die Komplementär-GmbH, deren Tätigkeit sich auf das Halten ihrer Beteiligung an der KG und auf die Übernahme der Geschäftsführung beschränkt, kann nicht als nach Art einer Geschäftsabteilung in das Unternehmen der KG eingeordnet angesehen werden.

Besitzt eine GmbH (Obergesellschaft) sämtliche Anteile an einer GmbH (Untergesellschaft), die Komplementärin einer GmbH & Co. KG ist[728], so ist eine steuerlich anzuerkennende Organschaft mit Ergebnisabführungsvertrag zwischen der Obergesellschaft und der Untergesellschaft nicht möglich. Denn die Anerkennung einer Organschaft mit Ergebnisabführungsvertrag setzt u. a. voraus, daß die Untergesellschaft einen Betrieb unterhält, der wirtschaftlich betrachtet nach Art einer Geschäftsabteilung in das Unternehmen der Obergesellschaft eingeordnet ist. Diese Voraussetzung ist bei einer Untergesellschaft, die Komplementärin einer KG ist und deren Tätigkeit sich auf das Halten ihrer Beteiligung an der KG und die Erfüllung ihrer Aufgaben als Komplementär einer KG erstreckt, und die nach § 15 Abs. 1 Ziff. 2 EStG als Unternehmer (Mitunternehmer) anzusehen ist, nicht erfüllt. Ihr Anteil am Unternehmen der KG kann nämlich wirtschaftlich nicht nach Art einer Geschäftsabteilung in ein anderes Unternehmen eingeordnet werden, weil das Unternehmen der KG eine wirtschaftliche Einheit darstellt.

---

[727] A.a.O., S. 215.
[728] Die Obergesellschaft vertreibt bestimmte Erzeugnisse. Die Tätigkeit der Untergesellschaft beschränkt sich auf das Halten ihrer Beteiligung an der KG und die Erfüllung ihrer Aufgaben als Komplementärin.

E   Laufender Geschäftsbetrieb der GmbH & Co. KG – Steuerrechtl. Teil

III Gewerbesteuer

1 Kommanditgesellschaft

a) Geprägegrundsätze

529 Eine Kapitalgesellschaft gilt immer als Gewerbebetrieb kraft Rechtsform. Auf Grund dieser Fiktion kommt der BFH in seinem U vom 17.3.1966[729] zu dem Ergebnis, daß die Tätigkeit einer GmbH & Co. KG selbst bei reiner Vermögensverwaltung einen Gewerbebetrieb darstelle, wenn die geschäftsführende GmbH der alleinige Komplementär ist. Auch nach BFH-U vom 3.8.1972[730] unterhält eine GmbH & Co. KG, an der eine GmbH als einzige Komplementärin beteiligt ist, schon wegen dieser Beteiligung der GmbH einen Gewerbebetrieb. Dies gilt im übrigen sowohl für die GmbH & Co. im engeren Sinne, bei der die Kommanditisten zugleich Gesellschafter der GmbH sind, als auch für die GmbH & Co. im weiteren Sinne, bei der sich die Gesellschafter der KG als Kommanditisten einer GmbH als persönlich haftender Gesellschafterin und Geschäftsführerin bedienen. Der BFH meint, daß in solchen Fällen die GmbH wirtschaftlich dem Gesamtbild das Gepräge gebe. Dabei sei das wirtschaftliche Gewicht einer solchen GmbH in Rechnung zu stellen, die, soweit sie als persönlich haftende Gesellschafterin und Geschäftsführerin des Unternehmens der KG in Erscheinung tritt, die eigentliche Unternehmertätigkeit entfalte.

Die vorstehende Geprägerechtsprechung hatte der BFH (auch für das Gebiet der Gewerbesteuer) mit U vom 30.4.1985[731] unter Bezugnahme auf den BFH-Beschluß GrS 4/82, aufgegeben. Durch das Steuerbereinigungsgesetz 1986 sind jedoch die Geprägegrundsätze auch für das Gebiet der Gewerbesteuer weiter anzuwenden. Zwar bedurfte es diesbezüglich keiner besonderen Regelung, da nach § 2 Abs. 1 Satz 2 GewStG ein Gewerbebetrieb ein gewerbliches Unternehmen i. S. des EStG ist – d. h., die gesetzliche Verankerung der Geprägerechtsprechung im neuen § 15 Abs. 3 EStG schlägt voll auf die Gewerbesteuer durch –, geregelt werden mußte im GewStG allerdings die zeitliche Anwendung. Das GewStG i. d. F. des Steuerbereinigungsgesetzes 1986 gilt erstmals für den Erhebungszeitraum 1986. Aus Vertrauensschutzproblemen – vermögensverwaltende GmbH & Co. KG konnten häufig noch von den besonderen Kürzungsvorschriften des GewStG, z. B. § 9 Ziff. 1 Satz 2 GewStG, Gebrauch machen – bestimmt § 36 Abs. 2 GewStG weitgehender als das EStG, daß Gewerbebetriebe nach § 15

---
729 IV 233, 234/65 BStBl III S. 171.
730 IV R 235/67 BStBl II S. 799.
731 VIII R 255/80 BStBl II S. 434.

Abs. 3 Nr. 2 EStG für Erhebungszeiträume vor 1986 nicht der Gewerbesteuer unterliegen, soweit Bescheide noch nicht bestandskräftig sind oder unter dem Vorbehalt der Nachprüfung stehen. Damit liegen zwar im Hinblick auf die Gewerbesteuer gewerbliche Einkünfte vor, eine Gewerbesteuer wird jedoch nicht erhoben[732].

b) Beginn der Gewerbesteuerpflicht

Die Gepräggrundsätze stellen die GmbH & Co. KG der Kapitalgesellschaft insoweit gleich, als sie gewerbliche Einkünfte bezieht. Im U vom 26.3.1985[733] ließ es der BFH offen, ob sich aus dieser Rechtsprechung die Folgerung ziehen läßt, daß auch in der Frage des Beginns der sachlichen Gewerbesteuerpflicht die GmbH & Co. KG einer Kapitalgesellschaft gleichzustellen ist. Aus der Begründung zum BFH-U vom 17.4.1986[734] ergibt sich jedoch, daß eine GmbH & Co. KG sowohl hinsichtlich des Beginns als auch des Endes der Gewerbesteuerpflicht nicht einer Kapitalgesellschaft gleichgestellt werden kann. Diese Aussage ändert sich auch nicht durch die Neuregelung des § 2 Abs. 2 GewStG durch das Steuerbereinigungsgesetz 1986; diese Bestimmung betrifft – so der BFH – den Umfang der gewerblichen Tätigkeit, sagt jedoch zum Beginn der Gewerbesteuerpflicht nichts. Das bedeutet für die GmbH & Co. KG, daß für den Beginn der gewerblichen Betätigung nicht mehr lediglich die Eintragung im Handelsregister entscheidend sein kann, sondern die allgemeinen, auch für die übrigen Personengesellschaften geltenden Grundsätze anzuwenden sind. Hiernach beginnt die Gewerbesteuerpflicht bei Einzelgewerbetreibenden wie bei Personengesellschaften (z. B. OHG und KG) erst in dem Zeitpunkt, in dem alle Voraussetzungen vorliegen, die die Annahme eines Gewerbebetriebes rechtfertigen, d. h. in dem der Betrieb erstmals in Gang gesetzt, also eröffnet worden ist. Bei einem in der Rechtsform einer GmbH & Co. KG betriebenen Ein-Schiff-Unternehmen beginnt demzufolge die Gewerbesteuerpflicht nicht vor Ablieferung des Schiffs an die KG. Bloße Vorbereitungshandlungen, wie das Anmieten eines Geschäftslokals, die Errichtung eines Fabrikgebäudes oder der Bau eines Hotels, mit dessen Betrieb erst nach Fertigstellung begonnen wird, begründen dagegen die Gewerbesteuerpflicht noch nicht.

530

---

732 Vgl. Christoffel/Dankmeyer, a.a.O., S. 352.
733 VIII R 260/81 BStBl II S. 433.
734 IV R 100/84 BStBl II S. 527.

c) Einheitliche Feststellung des Gewinns

aa) Grundsätzliches

531 Die einheitliche Feststellung des Gewinns der GmbH & Co. ist für die Gewerbeertragsteuer ebenfalls maßgebend. Der Gewinn ist jedoch um die Hinzurechnungen (§ 8 GewStG) zu erhöhen und um die Kürzungen (§ 9 GewStG) zu verringern.

Für die Gewerbekapitalsteuer ist der für die GmbH & Co. KG festgestellte Einheitswert unter Berücksichtigung der Zu- und Abrechnungen nach § 12 BewG maßgebend.

Halten die Kommanditisten gleichzeitig Anteile der persönlich haftenden GmbH, so stellen die daraus fließenden Erträge keine privaten Einkünfte aus Kapitalvermögen, sondern als Sonderbetriebseinnahmen Einkünfte aus Gewerbebetrieb dar[735]. Die Erträge sind also nicht als Erträge aus Kapitalvermögen (mit einer Werbungskosten-Pauschale und des Sparerfreibetrages von zusammen DM 700,– bis DM 1400,–), sondern als Einkünfte aus Gewerbebetrieb steuerlich zu erfassen. Gewerbesteuerlich ergeben sich keine Auswirkungen, wenn die Gewinne nach § 9 Ziff. 2a GewStG gekürzt werden; für die Kürzung des Gewerbekapitals hat § 12 Abs. 3 Ziff. 2a GewStG Bedeutung. Die KG kann jedoch den Rückfluß der Dividende beim Erstellen der Erklärungen kaum erfassen, weil zu diesem Zeitpunkt die für den Ausschüttungsbeschluß erforderliche Gesellschafterversammlung bei der GmbH noch nicht stattgefunden haben kann. Die Bilanzen und Erklärungen sind hier in Raten nacheinander zu erstellen. Erst KG-Bilanzen, GmbH-Bilanz, Gesellschafterbeschluß, dann Anfertigung der Erklärungen.

bb) Geschäftsführergehälter

532 Hinsichtlich der Geschäftsführergehälter und der Vergütungen, die der GmbH von der GmbH & Co. für ihre Geschäftsführung gewährt werden, gelten im wesentlichen die gleichen Grundsätze wie bei der Einkommensteuer. Nach dem BFH-U vom 26.1.1968[736] gilt § 15 (Abs. 1) Nr. 2 EStG auch bei der Ermittlung des Gewerbeertrags. Daher sind die Vergütungen der Geschäftsführer einer GmbH, welche die Geschäfte einer GmbH & Co. führt, deren einziger Komplementär sie ist, auch gewerbesteuerrechtlich dem Gewinn der GmbH & Co. zuzurechnen. Zahlt eine GmbH & Co. „an ihre Gesellschafter Bezüge, so gehören diese zum Gesamtgewinn und sind Vorweggewinnanteile der empfangenden Gesellschafter ... Die formal der GmbH erbrachten Dienstleistungen sind wirtschaft-

---

[735] Vgl. BFH-Urteile vom 15.10.1975 I R 16/73 BStBl. 1976 II S. 188 und vom 05.12.1979 IR 184/76 DB 1980 S. 428.
[736] VI R 129/66 BStBl II S. 369.

Gewerbesteuer

lich der KG geleistet. Sie müssen ebenso behandelt werden wie die Unternehmerleistung des Geschäftsführers (Kommanditisten) bei einer „normalen" KG. Die Bezüge müssen deshalb dem Geschäftsführer in seiner Eigenschaft als Gesellschafter der KG zugerechnet werden" (BFH-U vom 26.1.1968 s. o.). Das BFH-U vom 26.1.1968 ist durch das BFH-U vom 14.12.1978[737] ausdrücklich bestätigt worden. Der BFH stellte fest, es verstoße nicht gegen das Grundgesetz, daß Vergütungen für die geschäftsführende Tätigkeit eines Gesellschafters bei einer Personengesellschaft als Gewerbeertrag behandelt werden. Erhält also bei einer GmbH & Co. ein Kommanditist, der zugleich Geschäftsführer der Komplementär-GmbH ist, für seine Tätigkeit als Geschäftsführer der GmbH eine Vergütung, so unterliegt diese Vergütung der Gewerbeertragsteuer.

Tätigt die GmbH eigene Geschäfte, die ins Gewicht fallen und von der Tätigkeit der KG abgrenzbar sind, so stellt der auf die Tätigkeit des Geschäftsbereich der GmbH entfallende Teil der Geschäftsführer-Bezüge eine Gehaltszahlung der GmbH dar und rechnet zu den Einkünften des Geschäftsführers aus nichtselbständiger Arbeit. Dieser Teil unterliegt nicht der Gewerbesteuer bei der GmbH & Co. KG.

cc) Verdeckte Gewinnausschüttungen

Aus der Annahme einer verdeckten Gewinnausschüttung ergeben sich keine Auswirkungen auf den Gewerbeertrag der GmbH & Co. KG. Denn gewerbesteuerlich muß beachtet werden, daß nach § 9 Nr. 2a GewStG die verdeckten Gewinnausschüttungen von der GmbH an die Kommanditisten wieder zu kürzen sind, so daß per Saldo nur der Handelsbilanzgewinn der GmbH & Co. KG der Gewerbesteuer unterliegt. 533

d) Keine Eignung als Organgesellschaft

Organgesellschaft i. S. des Gewerbesteuerrechts kann eine GmbH & Co. KG nicht sein, auch wenn sie wegen der Beteiligung der GmbH gewerbesteuerpflichtig ist; denn der Gesetzgeber hat die Eignung zur Organgesellschaft an die Rechtsform der Kapitalgesellschaft geknüpft und die GmbH & Co. KG ist, wie in ständiger Rechtsprechung anerkannt wird, eine Personengesellschaft, keine Kapitalgesellschaft. Ebenso wie im Umsatzsteuerrecht kann auch kein „organschaftsähnliches Verhältnis" zwischen einer abhängigen Personengesellschaft und einem herrschenden Unternehmen anerkannt werden. 534

---

[737] IV R 98/74 BStBl 1979 II S. 284.

E Laufender Geschäftsbetrieb der GmbH & Co. KG – Steuerrechtl. Teil

2 Komplementär-GmbH

535 Die Komplementär-GmbH ist kraft ihrer Rechtsform ohne Rücksicht darauf, ob ein Gewerbebetrieb vorliegt, auch wenn sie z. B. nur als Geschäftsführer tätig ist, gewerbesteuerpflichtig. Ihr Gewerbeertrag ist gemäß § 9 Nr. 2 GewStG um den bei der GmbH & Co. KG festgestellten Gewinn und ihr Gewerbekapital gemäß § 12 Abs. 3 Nr. 2 GewStG um ihre Beteiligung an der GmbH & Co. KG zu kürzen. Umgekehrt ist der Anteil der Komplementär-GmbH am Verlust der GmbH & Co. KG dem gewerbesteuerpflichtigen Ertrag der GmbH wieder hinzuzurechnen (§ 8 Nr. 8 GewStG).

Hat die GmbH sonst keine Einkünfte, so ist sie insoweit gewerbeertragsteuerfrei. Für die Gewerbekapitalsteuer ist der für die GmbH & Co. KG festgestellte Einheitswert unter Berücksichtigung der Zu- und Abrechnungen nach § 12 GewStG maßgebend. Die GmbH als solche ist also nur hinsichtlich des Teils des Gewerbekapitals steuerpflichtig, der nicht auf ihre Beteiligung an der GmbH & Co. KG entfällt, bzw. der durch die steuerliche Nichtabzugsfähigkeit bestimmter Ausgaben bei der GmbH (z. B. Körperschaft- und Vermögensteuer) entsteht.

Eine GmbH in einer GmbH & Co. kann Organgesellschaft sein, da es hierfür nur auf die Rechtsform der Kapitalgesellschaft und nicht auf die Art ihrer Tätigkeit ankommt[737a].

IV Vermögensbesteuerung

1 Vermögensaufstellung der Kommanditgesellschaft

a) Umfang des Betriebsvermögens

536 Für die Einheitsbewertung bei einer GmbH & Co. KG gilt grundsätzlich nichts anderes als bei anderen Personengesellschaften. Für Zwecke der Vermögensteuer ist der gemäß § 97 Abs. 1 Nr. 5 BewG einheitlich als Betriebsvermögen festgestellte Einheitswert maßgebend. Gemäß Abschn. 15 Abs. 1 Satz 3 VStR sind „in den gewerblichen Betrieb einer Mitunternehmerschaft außer den im Gesamthandseigentum der Mitunternehmer stehenden Wirtschaftsgüter auch die Wirtschaftsgüter einzubeziehen, die einem, mehreren oder allen beteiligten Gesellschaftern gehören, und die entweder dem Betrieb der Gesellschaft (Sonderbetriebsvermögen I) oder der Mitunternehmerstellung der Gesellschafter in der Gesellschaft (Sonderbetriebsvermögen II) dienen". Zum Sonderbetriebsvermögen

---

[737a] Vgl. BFH-Urteil vom 8.12.1971 I R 3/69; BFHE 104, 174.

II gehören die den Kommanditisten gehörenden Anteile an der Komplementär-GmbH.

Wirtschaftsgüter, die der GmbH als Gesellschafterin gehören und dem Betrieb der Personengesellschaft dienen, sind nach § 97 Abs. 1 Nr. 5 Satz 2 BewG n. F. stets Betriebsvermögen der Körperschaft[738]. Diese Wirtschaftsgüter bleiben also im Einheitswert des Betriebsvermögens der GmbH, die ertragsteuerliche Zurechnung der Wirtschaftsgüter in die Steuerbilanz der GmbH & Co. KG wird bewertungsrechtlich nicht nachvollzogen[739].

Vorstehende Grundsätze gelten nach dem Steuerbereinigungsgesetz 1986 uneingeschränkt auch für die „gewerblich geprägte" GmbH & Co. KG. Durch das Steuerbereinigungsgesetz 1986 wurde durch Änderung des BewG klargestellt, daß eine gewerblich geprägte Personengesellschaft i. S. von § 15 Abs. 3 Nr. 2 EStG uneingeschränkt Betriebsvermögen besitzt (§ 97 Abs. 1 Nr. 5 Buchst. b BewG n. F.) und die Anteile an einer solchen Gesellschaft nicht sonstiges Vermögen, sondern Betriebsvermögen des Gesellschafters sind (§ 110 Abs. 1 Nr. 3 Satz 2 BewG n. F.). Diese Neuregelung ist erstmals zum 1.1.1986 anzuwenden, sie gilt aber auch schon für Veranlagungszeiträume vor diesem Feststellungszeitpunkt, soweit die Feststellungsbescheide noch nicht bestandskräftig sind oder unter dem Vorbehalt der Nachprüfung stehen (§ 124 BewG). „Durch die rückwirkende Anwendung der Gepräegrundsätze soll erreicht werden, daß das Vermögen der vorgenannten Gesellschaften durch die ab dem 1.1.1984 geltenden Vergünstigungen für das Betriebsvermögen (§ 117a i. V. m. § 124 Abs. 2 BewG) teilweise und bei kleineren Unternehmen sogar insgesamt von der VSt freigestellt wird"[740].

Handelt es sich nicht um eine gewerblich geprägte, sondern um eine vermögensverwaltende Kommanditgesellschaft, so sind die „ihr zuzurechnenden Wirtschaftsgüter bzw. Schulden und Lasten den Gesellschaftern nach § 180 Abs. 1 Nr. 3 AO i. V. m. Abschn. 93a VStR in einem Feststellungsverfahren einheitlich und gesondert zuzurechnen. Bei diesen Gesellschaften sind die Buchwerte der zum Gesellschaftsvermögen gehörenden Wirtschaftsgüter im Verhältnis der Kapitalkonten und ein sich auf Grund der Vorschriften des BewG ergebendes Mehr- oder Mindervermögen nach dem Gewinn- und Verlustverteilungsschlüssel aufzuteilen. Gehören die Anteile bei einigen Gesellschaftern zu deren Betriebsvermögen und bei den übrigen Gesellschaftern zum sonstigen Vermögen, so ist in diesem Fall eine doppelte Vermögensermittlung durchzuführen, und zwar für die

---

738 Vgl. auch Abschn. 15 Abs. 1 Satz 10 VStR 1986.
739 Siehe hierzu FinMin NRW, Erl. vom 14.11.1980 FR S. 594.
740 Christoffel/Dankmeyer, a.a.O., S. 354.

betrieblichen Anteile nach den Vorschriften der §§ 95 ff. BewG (grundsätzlich Teilwert) und für die zum sonstigen Vermögen gehörenden Anteile nach den allgemeinen Bewertungsvorschriften im ersten Teil des BewG (i.d.R. Ansatz mit dem gemeinen Wert)"[741].

Streitig war bei der Einheitsbewertung des Betriebsvermögens einer gewerblich tätigen bzw. einer „gewerblich geprägten" GmbH & Co. KG, ob die Anteile des Kommanditisten an der geschäftsführenden Komplementär-GmbH als Sonderbetriebsvermögen II des Kommanditisten dem Betriebsvermögen der KG auch dann hinzuzurechnen sind, wenn sich die GmbH nicht auf die Geschäftsführung der KG beschränkt, sondern daneben noch einen eigenen, nicht unerheblichen Geschäftsbetrieb erhält. Hier hat der BFH mit U vom 7.12.1984[742] in Abänderung seiner bisherigen Rechtsprechung (BFH-U vom 6.2.1976)[743] entschieden, daß „dem Betriebsvermögen einer GmbH & Co. KG der im Alleineigentum des Kommanditisten stehende Anteil der geschäftsführenden Komplementär-GmbH nur hinzuzurechnen ist, wenn sich die GmbH auf die Geschäftsführung für die KG beschränkt oder wenn ein daneben bestehender eigener Geschäftsbetrieb von ganz untergeordneter Bedeutung ist". Gemäß Abschn. 81 Abs. 2 VStR 1986 sind bei der Bewertung solcher Anteile die Ertragsaussichten der Komplementär-GmbH aus ihrer Beteiligung an der KG mit zu berücksichtigen.

b) Gesellschafterdarlehen

537 Bei Personengesellschaften entstehen im Verhältnis zwischen der Gesellschaft und den Mitunternehmern ebenso wie beim Betriebsvermögen und sonstigen Vermögen des Einzelkaufmanns regelmäßig weder Forderungen noch Schulden. Dies gilt insbesondere für Darlehen, die ein Mitunternehmer der Gesellschaft oder umgekehrt die Gesellschaft einem Mitunternehmer gewährt. Sie berühren ebenso wie andere für den Mitunternehmer geführte Sonderkonten (Privatkonten oder ähnliche Verrechnungskonten) das Eigenkapital des Mitunternehmers und sind deshalb lediglich bei der Aufteilung des Einheitswerts des Betriebsvermögens zu berücksichtigen.

So hat der BFH mit Urteil vom 8.3.1974[744] entschieden, daß die Darlehen, die der Unterstützungsverein einer GmbH & Co. KG dieser KG, an der er als Kommanditist beteiligt ist, gewährt, bei der Einheitsbewertung des Betriebsvermögens der KG keine Betriebsschulden sind.

---

741 Christoffel/Dankmeyer, a.a.O., S. 354.
742 III R 91/81 BStBl 1985 II S. 241.
743 III R 93/74 BStBl II S. 412.
744 III R 167/72; DB 1974 S. 1942.

Vermögensbesteuerung E

Eine Forderung und Schuld zwischen der Gesellschaft und einem Mitunternehmer kann ausnahmsweise anzusetzen sein, wenn der Mitunternehmer gleichzeitig Inhaber eines Gewerbebetriebs ist, der mit der Gesellschaft in regelmäßigem Geschäftsverkehr steht, z. B. regelmäßig Waren liefert oder bezieht, ebenso, wenn ein Mitunternehmer kurzfristig Geldbeträge für die Gesellschaft oder umgekehrt ausgelegt hat.

c) Gegenseitige Beteiligung

Das Problem besteht darin, daß bei der Vermögensaufstellung der GmbH & Co. KG die GmbH-Anteile, die Betriebsvermögen der GmbH & Co. KG sind[745], bereits mit ihrem vermögensteuerlichen Wert zu erfassen sind, während sich dieser wiederum erst ermitteln läßt, wenn die bei der GmbH bilanzierte Beteiligung – sofern eine kapitalmäßige Beteiligung vorliegt – an der GmbH & Co. KG vermögensteuerlich bewertet worden ist. 538

Es ist somit zu unterscheiden der Fall

(a) einer nicht kapitalmäßig an der GmbH & Co. KG beteiligten GmbH und der Fall
(b) einer kapitalmäßig an der GmbH & Co. KG beteiligten GmbH.

Zu (a)
Zuerst ist der Einheitswert des Betriebsvermögens der GmbH festzustellen. Dann sind die GmbH-Anteile nach dem Stuttgarter Verfahren zu bewerten. Der Wert der GmbH-Anteile findet dann Eingang in die Vermögensaufstellung zur Ermittlung des Einheitswerts des Betriebsvermögens der GmbH & Co. KG.

Zu (b)
Die Feststellung des Einheitswerts des Betriebsvermögens der KG kann erst durchgeführt werden, wenn zuvor der gemeine Wert der Anteile an der GmbH festgestellt worden ist. Der gemeine Wert der GmbH-Anteile wiederum kann erst festgestellt werden, wenn der Einheitswert des Betriebsvermögens der GmbH vorliegt, indem der Anteil der GmbH als Komplementärin am Einheitswert der KG festgestellt ist. Die verschiedenen Wertfeststellungen sind jeweils voneinander abhängig. Zur Vermeidung von Schwierigkeiten soll nach Auffassung der FinVerw so verfahren werden[746].

---

745 Vgl. hierzu BFH-Urt. vom 6.2.1976 III R 93/74; DB S. 1268: „Betriebsvermögen einer GmbH & Co. KG sind in der Regel auch die im Alleineigentum der Kommanditisten stehenden Anteile an der geschäftsführenden Komplementär-GmbH". Nach dem BFH-Urt. vom 21.3.1978 III R 32/76; BStBl II, S. 518 sind Wirtschaftsgüter, die dem Gewerbebetrieb der Personengesellschaft als Hauptzweck dienen, auch dann dem Betriebsvermögen der Gesellschaft zuzurechnen, wenn sie bürgerlich-rechtlich im Eigentum eines Gesellschafters stehen. Da dies sich eindeutig aus dem Gesetzeswortlaut (§ 97 Abs. 1 Nr. 5, § 95 BewG) ergibt, hat den ertragsteuerliche Diskussion um Gesellschaftsbilanz einschl. Sonder- und Ergänzungsbilanzen für die Einheitsbewertung keine Bedeutung.
746 Vgl. Erl. des Hess. FinMin v. 3.12.1970 – S. 3600 A – 23 – II B 43.

E   Laufender Geschäftsbetrieb der GmbH & Co. KG – Steuerrechtl. Teil

1. Das für die KG zuständige Finanzamt ermittelt zunächst den Wert des Betriebsvermögens der KG ohne Einbeziehung der GmbH-Anteile der Kommanditisten und daraus den Wert des Anteils der GmbH als Komplementärin. Dieser Wert des Anteils der GmbH an der KG, der sich durch die Einbeziehung der GmbH-Anteile in das Betriebsvermögen nicht ändert, und ggf. die Grundlage für die bei der Anteilsbewertung zu berücksichtigenden Zu- und Abschläge (vgl. Abschn. 77 Abs. 1–4 VStR) werden dem für die GmbH zuständigen Finanzamt formlos mitgeteilt.

2. Das für die GmbH zuständige Finanzamt stellt unter Ansatz des formlos mitgeteilten Anteils der GmbH an der KG den Einheitswert des Betriebsvermögens der GmbH förmlich fest und stellt darauf förmlich den gemeinen Wert der GmbH-Anteile fest. Dieser gemeine Wert der GmbH-Anteile wird dem für die KG zuständigen Finanzamt auf dem Mitteilungsvordruck mitgeteilt.

3. Das für die KG zuständige Finanzamt stellt nunmehr unter Einbeziehung der GmbH-Anteile der Kommanditisten den Einheitswert des Betriebsvermögens der KG förmlich fest.

Für den Stpfl. bedeutet dies, daß er zunächst eine „vorläufige" Vermögensaufstellung für die GmbH & Co. KG anzufertigen hat; in dieser Aufstellung bleiben die GmbH-Anteile (= Beteiligung der GmbH & Co. KG an der GmbH) unberücksichtigt.

Die Anwendbarkeit des sog. *Stuttgarter Verfahrens* bei der Bewertung der Anteile an einer GmbH, die Komplementärin einer GmbH & Co. KG ist, hat ihre Grundlage im BFH-U vom 2.11.1968[747].

Der BFH betont zudem ausdrücklich, daß bei der Bewertung der Anteile an einer solchen Komplementär-GmbH die Ertragsaussichten der GmbH und ihrer Beteiligung an der KG nicht außer Betracht bleiben dürfen. Dabei ist es unbeachtlich, ob die GmbH einen eigenen Geschäftsbetrieb hat und sich mit ihm im allgemeinen Wirtschaftsverkehr beteiligt, oder ob sie nur die Funktion einer Komplementärin bei einer KG hat[748].

---

[747] III 115/65; BStBl 1969 II, S. 225 bzw. BFHE 94, 535.
[748] Der BFH versagt also die Anwendbarkeit des Abschn. 81 Abs. 1 VStR, nach dem in bestimmten Fällen bei Ermittlung des gemeinen Werts von nicht notierten Anteilen die Ertragsaussichten außer acht gelassen werden können. Das gilt auch für den Fall einer Familien-GmbH. Soweit hier persönliche Verhältnisse auf die Vertragsgestaltung eingewirkt haben, müssen diese nach § 10 BewG außer Betracht bleiben, denn schon der RFH hat in ständiger Rechtsprechung hervorgehoben, daß namentlich bei Familiengesellschaften die leichtere oder schwerere Verkäuflichkeit oder Abtretbarkeit des Anteils keine entscheidende Bedeutung habe. Der RFH hat dies damit begründet, daß der aus der Eigenart der Familiengesellschaft sich ergebenden schweren Beweglichkeit der Anteile auf der anderen Seite auch gewisse Vorzüge (innere Stärke), Straffung oder Verwaltung, geschäftspolitisch auf lange Sicht gegenüberstehen und weil die Bedingung hinsichtlich der Anteile letzten Endes und regelmäßig persönliche Verhältnisse darstellt, die nach den Bewertungsgrundsätzen des § 10 BewG nicht zu berücksichtigen sind.

Ist die GmbH nicht kapitalmäßig an der GmbH & Co. beteiligt, so ist zuerst der Einheitswert des Betriebsvermögens der GmbH festzustellen. Dann sind die GmbH-Anteile nach dem Stuttgarter Verfahren zu bewerten (Abschnitt 76 ff. VStR). Der Wert der GmbH-Anteile wird in die Vermögensaufstellung eingesetzt, die zur Ermittlung des Einheitswerts des Betriebsvermögens der GmbH & Co. aufgestellt wird.

d) Verpachtete Wirtschaftsgüter der GmbH

Nach Abschn. 15 Abs. 1 VStR sind Wirtschaftsgüter, die einem Mitunternehmer 539 gehören, zum Betriebsvermögen der Personengesellschaft zu rechnen, wenn sie überwiegend dem Betrieb der Personengesellschaft gewidmet sind. Das gilt jedoch dann nicht, wenn der Mitunternehmer eine der in § 97 Abs. 1 Nr. 1 BewG genannten Kapitalgesellschaften ist: für diesen Fall bestimmt sich der Umfang des Betriebsvermögens nach § 97 Abs. 1 Nr. 1 BewG. Das bedeutet, daß Wirtschaftsgüter einer Kapitalgesellschaft, die dem Betrieb einer Personengesellschaft dienen, stets Betriebsvermögen der Kapitalgesellschaft sind (Abschn. 15 Abs. 1 Satz 11 VStR). Die Wirtschaftsgüter bleiben im Einheitswert des Betriebsvermögens der GmbH; die ertragsteuerliche Zurechnung der Wirtschaftsgüter in die Steuerbilanz der GmbH & Co.[749] wird bewertungsrechtlich nicht nachvollzogen[750].

e) Verpachtete Wirtschaftsgüter der Kommanditisten

Nach Abschn. 15 Abs. 1 Satz 1 VStR sind Wirtschaftsgüter, die bürgerlich-recht- 540 lich im Alleineigentum eines Gesellschafters stehen, aber überwiegend dem Betrieb der Personengesellschaft dienen, dem Betriebsvermögen der Personengesellschaft zuzurechnen. Nach dem BFH-Urteil vom 21.12.1978[751] setzt dies aber eindeutige Vereinbarungen voraus, nach denen der Gesellschafter als bürgerlich-rechtlicher Eigentümer in seiner Verfügungsmacht über die Wirtschaftsgüter beschränkt ist.

Durch das BFH-Urteil vom 18.7.1979[751] sind vorstehende Grundsätze, die auch für die Ertragsbesteuerung gelten, überholt. Nach Ansicht des BFH sind die Wirtschaftsgüter des Kommanditisten als sein Sonderbetriebsvermögen bei der GmbH & Co. KG zu bilanzieren. Das BFH-Urteil ist bei der Ertragsbesteuerung in allen offenen Fällen anzuwenden. Entsprechendes gilt für die Einheits-

---

749 Aufgrund des BFH-Urteils vom 18.7.1979 I R 199/75M; BStBl II 1979 S. 750.
750 Siehe hierzu FinMin NRW, Erl. v. 14.11.1980 FR 1980 S. 594.
751 III R 20/77; BFHE 127, 423.

E Laufender Geschäftsbetrieb der GmbH & Co. KG – Steuerrechtl. Teil

bewertung des Betriebsvermögens[752]. Aus dem Erlaß des FinMin NRW vom 14.11.1980[753] ergeben sich hierzu folgende Hinweise:

a) In einer Übergangsregelung ist bis zum Ablauf des im Jahr 1984 endenden Wirtschaftsjahres die Weiteranwendung der überholten Anweisungen bei der Ertragsbesteuerung für die Fälle zugelassen worden, in denen die Gesellschaften ihre vertraglichen Vereinbarungen unter Berücksichtigung der bisherigen Verwaltungsregelung getroffen haben. Bei der Einheitsbewertung des Betriebsvermögens kann die ertragsteuerliche Übergangsregelung bis zum Bewertungsstichtag 1. Januar 1985 übernommen werden. Erst von dem Feststellungszeitpunkt 1. Januar 1986 an ist das BFH-Urteil vom 18.7.1979 sowohl ertragsteuerrechtlich als auch bewertungsrechtlich voll anzuwenden. Auf Antrag kann bei der Einheitsbewertung das BFH-Urteil jedoch bereits auf einen früheren Zeitpunkt – z. B. wegen für den Steuerpflichtigen günstigerer Auswirkungen beim Gewerbekapital – angewandt werden.

b) In den Fällen, in denen der Kommanditist (Mitunternehmer) eine der in § 97 Abs. 1 Nr. 1 BewG genannten Kapitalgesellschaften ist, kann die ertragsteuerliche Zurechnung bei einer Mitunternehmerschaft allerdings bewertungsrechtlich nicht nachvollzogen werden. Der Umfang des Betriebsvermögens bestimmt sich nämlich hier nach der Vorschrift des § 97 Abs. 1 Nr. 1 BewG. Die Anweisungen in Abschnitt 15 Abs. 1 Satz 11 VStR 1980 entsprechen, losgelöst von Satz 10 und infolgedessen ohne das Wort „deshalb", uneingeschränkt dem geltenden Bewertungsrecht. In der Handausgabe der VStR 1980 wird in einer Fußnote bei Abschnitt 15 Abs. 1 Satz 10 auf das BFH-Urteil vom 18.7.1979 hingewiesen werden.

2 Besteuerung der Gesellschafter (Einheitswertaufteilung)

541 Die GmbH & Co. KG ist wie alle Personengesellschaften vermögensteuerlich kein selbständiges Steuersubjekt. Es wird vielmehr der Einheitswert der wirtschaftlichen Einheit nach § 179 AO einheitlich festgestellt. In dem Feststellungsbescheid ist nach § 180 Abs. 1 AO i. V. m. § 3 BewG gleichzeitig die Verteilung des Einheitswerts auf die Mitunternehmer vorzunehmen.

In Abkehr von seiner früheren Rechtsprechung hat der BFH im Urteil vom 24.6.1981[754] entschieden, daß der für das Betriebsvermögen einer Personengesellschaft festgestellte Einheitswert auf die einzelnen Gesellschafter grundsätz-

---

752 I R 199/75; BStBl II 1979 S. 750.
753 Vgl. FinMin NRW, Erl. vom 10.12.1979; FR 1980 S. 18.
754 III R 49/78, BStBl 1982 II S. 2.

lich nach dem Wertverhältnis der Mitgliedschaftsrechte der Beteiligten unter Berücksichtigung von deren Substanz- und Ertragswert aufzuteilen ist.

Bei der Ermittlung des Wertverhältnisses, in dem die Mitgliedschaftsrechte der Beteiligten in allen ihren vermögensmäßigen Beziehungen für die Mitgliedschaften der anderen Gesellschafter stehen, darf die Beteiligung der einzelnen Gesamthänder am Firmenwert nicht außer Ansatz bleiben. Für die Ermittlung des Firmenwerts bieten sich die im Ertragsteuerrecht entwickelten Verfahren als Hilfsmittel an (vgl. BFH-Urteile vom 25. Januar 1979[755] und vom 24. April 1980)[756]. Der BFH hat keine Bedenken, daß die Beteiligung der einzelnen Gesellschafter an Substanz- und Ertragswert bei der Ermittlung des Aufteilungsschlüssels gleichgewichtig berücksichtigt wird. Gemäß Abschn. 19 VStR kann auf die Angaben zum Firmenwert verzichtet und von seiner Einbeziehung in den Aufteilungsmaßstab abgesehen werden, wenn die Berücksichtigung nicht beantragt wird.

Die **Problematik** des **negativen Kapitalkontos** wird sich in aller Regel nicht stellen, wenn nach der Handelsbilanz zwar negative Kapitalkonten bestehen, die Handelsbilanz aber stille Reserven enthält und infolge deren – gedachter – Auflösung und Verteilung auf die einzelnen Gesellschafter entsprechend dem Gewinnverteilungsschlüssel die – berechtigten – Kapitalkonten der Gesellschafter einen positiven Bestand ausweisen. Ein positiver Beteiligungswert regelmäßig sämtlicher Gesellschafter wird sich insbesondere dann ergeben, wenn bei der Ermittlung des Anteilsverhältnisses außer den stillen Reserven auch der Geschäftswert berücksichtigt wird. 542

Sind jedoch die „berichtigten Kapitalkonten" einzelner Gesellschafter gleichwohl negativ, so ist es nach dem BFH-Urteil vom 24.6.1981 nicht zulässig, diesen Gesellschaftern, soweit es sich um Kommanditisten handelt, die ihre vertraglich vereinbarte Einlage geleistet haben, einen Anteil am Einheitswert des Betriebsvermögens zuzurechnen. Der BFH rechtfertigt seine Auffassung wie folgt: nach der BFH-Rechtsprechung „bildet die Verpflichtung des Kommanditisten mit negativem Kapitalkonto, etwaige Gewinne nachfolgender Wirtschaftsjahre zunächst zur Deckung des negativen Kapitalkontos zu verwenden, zum jeweiligen Stichtag kein bewertungsfähiges Wirtschaftsgut. Aus der Erwägung, daß der Vermögensteuer nur das Vermögen unterworfen werden darf, das an dem jeweiligen Stichtag tatsächlich vorhanden ist, hat es der BFH in seiner Entscheidung in BFHE 104, 145, 147 BStBl II 72, 165 abgelehnt, bei einem Komplementär eine Ausgleichsforderung gegen einen Kommanditisten mit negativem Kapitalkonto

---

755 IV R 56/75 BStBl II 79, 302.
756 IV R 61/77 BStBl II 80, 690.

E   Laufender Geschäftsbetrieb der GmbH & Co. KG – Steuerrechtl. Teil

anzusetzen. Diese Erwägung zum Nichtansatz von Ausgleichsforderungen und Ausgleichsschulden bei negativem Kapitalkonto eines Kommanditisten gelten – jedenfalls im Grundsatz – entsprechend für die Aufteilung des Einheitswerts.

543 Auch hier ist zu berücksichtigen, daß der Kommanditist, der seine Einlage geleistet hat, weder von den Gläubigern der Gesellschaft noch von den Mitgesellschaftern in Anspruch genommen werden kann. Der Einheitswert des Betriebsvermögens ist hier regelmäßig nur auf die übrigen Gesellschafter zu verteilen, weil das negative Kapitalkonto des Kommanditisten nur Auswirkungen auf die künftige Gewinnverteilung (§§ 167 ff. HGB), jedoch keine Relevanz für den Vermögenstand am Stichtag hat. Es muß deshalb bei der nach den Verhältnissen am Stichtag orientierten Zurechnung des Betriebsvermögens der Kommanditgesellschaft an die Gesellschafter grundsätzlich außer Ansatz bleiben. Der auf diese Kommanditisten entfallende Unternehmenswertanteil ist, sofern sich nicht aus dem Gesellschaftsvertrag ein bestimmter Aufteilungsmaßstab ergibt, den übrigen Gesellschaftern in einem den Umständen nach angemessenen Verhältnis zuzurechnen (vgl. § 168 HGB); das gilt auch für die Komplementär-GmbH einer GmbH u. Co. KG, die am Vermögen der Kommanditgesellschaft nicht beteiligt ist. Beispiele (vgl. Abschn. 19 VStR):

Kapitalkonten der Handelsbilanz	+ 40 000 DM
Unternehmenswert	+ 120 000 DM
Aufzuteilender Unterschiedsbetrag	+ 80 000 DM
Einheitswert	± 60 000 DM

Gewinn- und Verlustverteilung A = 50 v. H., B = 30 v. H. und C = 20 v. H. C ist Kommanditist

Gesellschafter	Kapitalkonten der Handelsbilanz	Anteile am Unterschiedsbetrag	Unternehmenswertanteil	Zuzurechnender Anteil des Komm. C	Verbleibender Unternehmenswertanteil	Anteile am Einheitswert
Beispiel A:						
A	+ 70	+ 40	+ 110	– 27,5	+ 82,5	$+ 60 \times \dfrac{+\,82,5}{120} = 41,25$
B	+ 30	+ 24	+ 54	– 16,5	+ 37,5	$+ 60 \times \dfrac{+\,37,5}{120} = 18,75$
C	– 60	+ 16	(– 44)	–	0	0
insgesamt	+ 40	+ 80	+ 164	– 44,0	+ 120,0	+ 60,0

Vermögensbesteuerung E

Gesell-schafter	Kapital-konten der Handels-bilanz	Anteile am Unter-schieds-betrag	Unter-nehmens-wert-anteil	Zuzurech-nender An-teil des Komm. C	Verbleiben-der Unter-nehmens-wertanteil	Anteile am Einheitswert
Beispiel B: A	+ 70	+ 40	+ 110	− 27,5	+ 82,5	$-60 \times \dfrac{+82,5}{120} = -41,25$
B	+ 30	+ 24	+ 54	− 16,5	+ 37,5	$-60 \times \dfrac{+37,5}{120} = -18,75$
C	− 60	+ 16	(− 44)	−	0	0
insgesamt	+ 40	+ 80	+ 164	− 44,0	+ 120,0	− 60,0

Da die mit der Aufteilung des Betriebsvermögens von Personengesellschaften berührten Fragen so vielgestaltig sind, daß bisher keine Aufteilungsmethode bekannt geworden ist, die für jeden denkbaren praktischen Fall stets auch zu einem überzeugenden Ergebnis führt, wird in Abschn. 18 VStR zum Ausdruck gebracht, daß seitens der Finanzbehörde auch Aufteilungsmethoden anerkannt werden können, die von der vorstehenden Methode abweichen, sofern ihre Anwendung von sämtlichen Beteiligten beantragt wird und zu einem wirtschaftlich vertretbaren Ergebnis führt.

3 Behandlung der Komplementär-GmbH

Der gemeine Wert der GmbH-Anteile wird in der Regel nach dem Stuttgarter Verfahren (Abschnitt 76 ff. VStR) zu ermitteln sein, und zwar selbst dann, wenn das Vermögen der GmbH hauptsächlich in Anteilen an der GmbH & Co. besteht. Hinsichtlich der vermögensteuerlichen Behandlung der Gehälter hat sich der III. Senat des BFH (Bewertungssenat) der Rechtsprechung der ertragsteuerlichen Behandlung der Geschäftsführergehälter angeschlossen (BFH-U vom 3.2.1967[757]. In dem genannten Urteil wird festgestellt: „Ist eine GmbH Komplementärin und Geschäftsführerin einer GmbH & Co. und läßt die GmbH die Geschäftsführung bei der GmbH & Co. durch ihre Gesellschafter ausüben, die gleichzeitig Kommanditisten der GmbH & Co. sind, so können Rückstellungen der GmbH für Verbindlichkeiten auf das Geschäftsführergehalt insoweit bei der Einheitswertfeststellung ihres gewerblichen Betriebs nicht berücksichtigt werden, als die Verbindlichkeiten sich auf eine Tätigkeit beziehen, die die Gesellschafter als Organ der GmbH für die KG ausüben." Da Forderungen und Verbindlichkeiten zwischen einer Personengesellschaft und ihren Gesellschaftern nicht abgezogen werden dürfen, können solche Verbindlichkeiten auch nicht bei der Feststellung des Einheitswerts der GmbH & Co. berücksichtigt werden.

544

---
[757] III 161/63 BStBl III S. 303.

E Laufender Geschäftsbetrieb der GmbH & Co. KG – Steuerrechtl. Teil

V Umsatzsteuer

1 Kommanditgesellschaft

a) Grundsätzliches

545 Umsatzsteuerlich ist die GmbH & Co. im Verhältnis zu ihren Gesellschaftern ein selbständiges Rechtssubjekt. Nach der Darstellung des BFH im Urteil vom 27.11.1952[758] kann eine OHG (und damit eine KG) sowohl ein Rechtsgeschäft umsatzsteuerlicher Auswirkung mit einem ihrer Gesellschafter abschließen, als auch mit der Gesamtheit ihrer Gesellschafter. Das hat zur Voraussetzung, daß der Gesellschafter oder die Gesamtheit der Gesellschafter außerhalb der Gesellschaft dieser gegenüberstehen. Umsatzsteuerlich sind also die Gesellschaft und die Gesamtheit ihrer Gesellschafter nicht ohne weiteres identisch.

Da es möglich ist, daß die GmbH & Co. KG mit ihren Gesellschaftern umsatzsteuerlich in einen normalen Leistungsaustausch treten kann, finden für solche Fälle die allgemeinen Vorschriften des Umsatzsteuerrechts Anwendung. Umsatzsteuerpflichtig sind somit z.B. die der GmbH zufließenden Entgelte aus der miet- oder pachtweisen Zurverfügungstellung von Vermögenswerten an die GmbH & Co. KG, wobei allerdings die Befreiungsvorschriften des § 4 UStG Anwendung finden können, z.B. wenn es sich um die Vermietung oder Verpachtung von Grundstücken handelt[759].

b) Vergütung für die Geschäftsführung

546 Lange zweifelhaft war die Frage, ob die Vergütung der GmbH & Co. an die Komplementär-GmbH für ihre Geschäftsführertätigkeit umsatzsteuerpflichtig ist. Inzwischen hat der BFH im Urteil vom 17.7.1980[760] in Abänderung seiner Rechtsauffassung entschieden, daß die Führung der Geschäfte einer Personengesellschaft sowie deren Vertretung durch eine GmbH, welche ihre einzige geschäftsführende persönlich haftende Gesellschafterin ist, keine gegenüber einer anderen Person erbrachte Leistung darstelle, unabhängig davon, ob eine gewinnabhängige oder gewinnunabhängige Geschäftsführungsvergütung oder nichts gezahlt wird. Die Führung der Geschäfte einer Personenhandelsgesellschaft sei nämlich eine auf die Verfolgung des Gesellschaftszwecks gerichtete Tägtigkeit für die Gesellschaft (Hueck, „Das Recht der offenen Handelsgesellschaft", 4. Aufl. S. 115). Hieraus folgt, daß die Komplementär-GmbH mit ihrer Ge-

---

[758] V 80/51 S BStBl 1953 III S. 44
[759] Für weitere Einzelheiten vgl. Bichel, Leistungsvergütungen an den Gesellschafts-Geschäftsführer und Kommanditisten einer GmbH & Co. KG, StBp 1973, S. 14-16.
[760] VR 5/72 BStBl II S. 622.

Umsatzsteuer E

schäftsführungstätigkeit kein Unternehmer ist und die dieser Tätigkeit zuzuordnenden Vorsteuern nicht abziehen kann. Das gleiche gilt für den Fall, daß der Gesellschafter-Geschäftsführer eine natürliche Person ist, sofern die Tätigkeit nicht bereits als nichtselbständig zu beurteilen ist.

c) Berechtigung zum Vorsteuerabzug

Zur Frage, in welchem Umfang die GmbH & Co. KG zum Vorsteuerabzug berechtigt ist aufgrund von Lieferungen und sonstigen Leistungen durch andere Unternehmer im Zusammenhang mit der Geschäftsführertätigkeit der Komplementär-GmbH, vertritt die OFD Hamburg folgende Auffassung (Vfg vom 27.11.1980; BB 1981 S. 105): 547

„Berühren solche Leistungen ausschließlich den Bereich der GmbH (z. B. Aufstellen der Bilanz durch einen Steuerberater), kommt eine Rechnungserteilung an die KG nicht in Betracht. Ein Vorsteuerabzug ist weder bei der GmbH noch bei der KG möglich.

Sind die Leistungen wirtschaftlich ausschließlich der KG zuzurechnen (z. B. Beratung des Geschäftsführers durch einen Rechtsanwalt über Ansprüche der KG), kann diese den Vorsteuerabzug geltend machen, wenn die Rechnung auf die KG lautet und die übrigen Voraussetzungen gegeben sind.

Dienen die Leistungen sowohl Zwecken der GmbH als auch solchen der KG (z. B. Renovierung des für beide Zwecke genutzten Büroraums), so kommt es auf den hauptsächlichen Verwendungszweck an. Soweit die Lieferungen und sonstigen Leistungen hiernach der KG zuzurechnen sind, kommt gegebenenfalls § 1 Abs. 1 Nr. 3 UStG zur Anwendung".

Werden von den Gesellschaftern **Sonderbetriebsausgaben** geltend gemacht, so können die in solchen Rechnungen enthaltenen gesondert ausgewiesenen Umsatzsteuerbeträge nicht durch das Unternehmen der Personengesellschaft als Vorsteuer nach § 15 Abs. 1 UStG abgezogen werden. Dies trifft beispielsweise zu auf das Honorar eines Rechtsanwalts für die Ausarbeitung eines neuen Gesellschaftsvertrages. Die Honorarrechnung, die an den Gesellschafter ausgestellt ist, wird steuerlich im Rahmen der einheitlichen Gewinnfeststellung als Betriebsausgabe berücksichtigt. Die Begründung für die Regelung des Vorsteuerabzugs liegt darin, daß die Leistung nicht für das Unternehmen der Personengesellschaft, sondern für einen ihrer Gesellschafter in dessen Auftrag ausgeführt worden ist.[761] 548

---

[761] Vgl. OFD-Frankfurt, Vfg. v. 6.4.1970, S. 7300. In solchen Fällen kann jedoch u. U. der Gesellschafter den Vorsteuerabzug vornehmen. Dies ist dann möglich, wenn er den Auftrag im Rahmen einer eigenen unternehmerischen Betätigung erteilt, beispielsweise bei einem Auftrag durch eine an der Personengesellschaft beteiligte Firma. Außerdem müssen bei dem Gesellschafter die sonstigen Voraussetzungen des § 15 Abs. 1 UStG vorliegen.

d) Aufsichtsrats-, Beiratstätigkeit

549 Die Tätigkeit als Mitglied eines Aufsichtsrats oder Beirats wird – auch von Arbeitnehmervertretern – selbständig ausgeübt. Sie ist, soweit sie für die Erwerbsgesellschaften ausgeübt wird, keine ehrenamtliche Tätigkeit i. S. von § 4 Nr. 26 UStG[762].

e) Organschaftsfragen, Unternehmereinheit

550 Da die GmbH & Co. KG eine Personengesellschaft im Rechtssinne ist, kann sie nicht **Organ**gesellschaft gem § 2 Abs. 2 Ziff. 2 UStG sein, da hierfür nur juristische Personen – ausgenommen die Körperschaft öffentlichen Rechts – in Betracht kommen. Ein Organschaftsverhältnis zwischen GmbH und GmbH & Co. KG ist damit ausgeschlossen.

Auch die Komplementär-GmbH kann nicht Organgesellschaft der GmbH & Co. KG sein, da diese nicht an der GmbH beteiligt ist[763].

Mit Urteil vom 8.2.1979[764] hat der BFH auch die Rechtsprechung zu den sog. „organschaftsähnlichen Verhältnissen" aufgegeben.

Nach der vom Reichsfinanzhof begründeten und vom Bundesfinanzhof fortgesetzten Rechtsprechung wurde auch zwischen der GmbH & Co. KG als Personengesellschaft und der GmbH als Kapitalgesellschaft unter bestimmten Voraussetzungen das Bestehen einer **Unternehmereinheit** mit der steuerlichen Wirkung anerkannt, daß die Umsätze zwischen beiden Gesellschaften als Innenumsätze nicht steuerbar waren. Diese Rechtsauffassung hat der BFH[765] zwischenzeitlich aufgegeben. Dem Umsatzsteuersystem ab 1968 sei diese Rechtsfigur überdies wesensfremd[766].

2 Komplementär-GmbH

551 Wenn die GmbH nach der Gründung der GmbH & Co. KG im Geschäftsverkehr nicht mehr auftritt und sich ausschließlich mit der Wahrnehmung der gesellschaftsrechtlichen Funktionen innerhalb der GmbH & Co. KG begnügt, so stellt die Ausübung dieser Funktionen keine gewerbliche oder berufliche Tätigkeit i. S. des § 2 Abs. 1 UStG dar.

---

762 OFD Düsseldorf, Vfg. v. 17.5.1968 – S. 7185 A – St. 641.
763 Vgl. BFH-Urt. vom 14.12.1978 V R 85/74; BFHE 127, 75 sowie Birkholz in UStR 1979, S. 5.
764 V R 101/78; BFHE 127, 267.
765 BFH-Urteil vom 23.11.1978 V R 36/78, BB 1979, S. 719.
766 BFH-Urteil vom 8.2.1979 V R 114/74, BFHE 127, 254.

Der Auslagenersatz, den die Komplementär-GmbH nach der Satzung für die eigenen Auslagen beanspruchen kann, ist nicht mit Umsatzsteuer zu belasten, da insoweit kein Leistungsaustausch anzunehmen ist.

Ein Leistungsaustausch wird aber dann gegeben sein, wenn die Komplementär-GmbH Leistungen für die KG erbringt, zu denen sie nicht durch den Gesellschaftsvertrag aufgrund ihrer gesellschaftsrechtlichen Stellung verpflichtet ist. Die GmbH ist in derartigen Fällen also wie ein echter Unternehmer zu behandeln, obgleich die eigentliche Stellung der GmbH innerhalb der GmbH & Co. KG gesellschaftsrechtlicher Natur ist und die GmbH unternehmerisch sonst nicht tätig wird. Das bestätigt auch der BFH im Urteil vom 18.7.1968 in dem u. a. ausgeführt wird: Wird einem Gesellschafter (= GmbH) einer KG *neben* seinen dem Gesellschaftsvertrag entsprechenden Gewinnanteilen für bestimmte Leistungen (im Urteilsfall: Verpachtung von Einrichtungen und Anlagen seitens der GmbH an die KG) keine Umsatzbeteiligung, mindestens aber ein bestimmter Barbetrag vorab gewährt, so handelt es sich umsatzsteuerlich *insoweit* um Leistungsentgelte im Rahmen eines Leistungsaustausches.

VI Kapitalverkehrsteuer

1 Privat- und Darlehenskonten sowie sonstige gesellschaftliche Leistungen der Kommanditisten[767]

a) Darlehen der Kommanditisten an die KG

Die Besteuerung der kapitalersetzenden Darlehen[768] (früher § 3 KVStG) ist seit dem 1. Januar 1972 entfallen. Für die GmbH & Co. KG bleibt lediglich zu prüfen, ob der formell als Darlehensgewährung bezeichnete Vorgang wie der Ersterwerb von Gesellschaftsrechten zu behandeln ist (z.B. unverzinsliches und bis zum Untergang des Gesellschaftsrechts unkündbares Darlehen). Dabei kann nach Ansicht des BFH[769] offen bleiben, ob eine solche Leistung „bei Gründung" der GmbH & Co. KG erbracht worden ist und deshalb in vollem Umfang eine Gegenleistung im Sinn des § 2 Abs. 1 Nr. 1 in Verbindung mit § 8 Nr. 1a KVStG vorliegt. Soweit dies nicht der Fall sein sollte, wäre jedenfalls der Tatbestand des § 2 Abs. 1 Nr. 2 in Verbindung mit § 8 Nr. 2 KVStG erfüllt. Steuermaß- 552

---

[767] Zur Rechtslage unter Geltung des KVStG 1959 (bis zum 31.12.1971) vgl. Abschn. C Tz. 167–172d der 2. Auflage dieses Buches.
[768] Für zivilrechtliche Einzelheiten vgl. Rn. 744 ff.
[769] BFH-Urteil vom 21.7.1976 II R 66/74, BStBl 1977 II. S. 6.

E   Laufender Geschäftsbetrieb der GmbH & Co. KG – Steuerrechtl. Teil

stab ist insoweit der als „Darlehen" gezahlte Geldbetrag und nicht der wegen einer Unverzinslichkeit der Darlehen zu errechnende Abzinsungsbetrag[770].

553 Werden von Kommanditisten der Gesellschaft gewährte Darlehen dem Grund nach auch steuerlich anerkannt, so ist zu beachten, daß eine **zinslose Überlassung** der Nutzung des Kapitals eine freiwillige Leistung darstellt, die nach § 2 Abs. 1 Nr. 4c KVStG der Gesellschaftsteuer unterliegt. Die Leistung ist bewirkt, wenn sich im regelmäßigen Abschlußzeitpunkt für das (Verrechnungs-)Konto erweist, daß die gegenseitigen Leistungen zugunsten der Gesellschaft nicht ausgeglichen waren. Im Zweifel ist der Zeitraum von einem Jahr maßgebend. Der Wert der Leistung ist aus der Sicht des Leistenden zu bestimmen. Die Leistung des Gesellschafters kann keinen höheren Wert haben als den Wert der Zinsen, die der Gesellschafter bei anderweitiger Anlage zu sonst gleichen Konditionen hätte erzielen können[771].

Den „Leistungszeitpunkt" präzisiert das FG Bremen mit seinem Urteil vom 19.6.1980[772]. Nach Auffassung des FG kann die Vereinbarung der Unverzinslichkeit erst dann Leistungscharakter erlangen, wenn der entstandene Gewinnanteil für den Gesellschafter in der Weise verfügbar ist, daß er Auszahlung verlangen kann. Das ist der Fall, wenn der Gewinnanteil in der Bilanz festgestellt ist. Das FG Bremen kommt damit zu dem Ergebnis, daß bei zinslosem Stehenlassen des Gewinnanteils eines Kommanditisten bis zur Feststellung des Jahresabschlusses keine Gesellschaftsteuerpflicht gegeben ist.

Eine gesellschaftsteuerpflichtige Leistung ist ein den Wert der Gesellschaftsrechte erhöhender Zuschuß. Er kann dann vorliegen, wenn das Gesellschafterdarlehen als solches der Gegenleistung für das Gesellschaftsrecht zuzurechnen ist. Letzteres ist der Fall, wenn die getroffene Darlehensvereinbarung dahin zu würdigen ist, daß auch die Gesellschafterdarlehen Eigenkapitalcharakter haben. Dafür kann sprechen, daß die „Darlehen" für die Dauer der Kommanditbeteiligung und außerdem in einem festen Verhältnis zu den vereinbarten Kommanditeinlagen gewährt werden. Dafür kann auch sprechen, daß die Kommanditisten auf die Inanspruchnahme der Komplementärin als persönlich haftende Gesellschafterin verzichten oder wenn die Verzinsung der Darlehen von einem positiven Geschäftsergebnis abhängig sein soll[773].

554 Die Gesellschaftsteuerpflicht kann dadurch vermieden werden, daß der Gesellschafter seine schuldrechtlichen Ansprüche (Zinsen) als sog. Vorweggewinn im

---

770 BFH-Urteil vom 21.7.1976 II R 192/72, BStBl 1977 II S. 4.
771 BFH-Urteil vom 31.1.1979 II R 46/77, BB, S. 822.
772 II 120/77; EFG 1980, S. 561.
773 Siehe Begründung zum BFH-Urteil vom 22.7.1987 I R 74/87, DB 1987 S. 2288.

Rahmen der steuerlichen Gewinnverteilung erhält. Zu der Frage, ob derartige Vorabvergütungen eines Gesellschafters einer GmbH & Co. KG als freiwillige Leistungen i.S. des KVStG anzusehen sind, vertritt das FinMin Niedersachsen im Erlaß vom 31.5.1983 BB S. 1083 folgende Auffassung: „Die den Gesellschaftern einer GmbH & Co. KG vertraglich zustehenden Darlehenszinsen, Mieten, Pachten oder Geschäftsführergehälter werden häufig – insbesondere bei Erstellung lediglich einer Steuerbilanz – nicht vor der Gewinnermittlung als Aufwandsposten gebucht, sondern erst im Rahmen der Gewinnverteilung gesondert berechnet und dementsprechend als Vorabvergütung einem Konto des Gesellschafters gutgeschrieben. Hierin ist kein Verzicht auf Forderungen i.S. des § 2 Abs. 1 Nr. 4 Buchst. b KVStG und demgemäß keine gesellschaftsteuerpflichtige freiwillige Leistung zu sehen, sofern nur der um die Vorabvergütung geminderte „Restgewinn" bzw. der um diesen Betrag erhöhte Verlust nach dem vereinbarten allgemeinen Gewinnverteilungsschlüssel verteilt wird. Dagegen liegt ein gesellschaftsteuerbarer Verzicht auf Forderungen i.S. des § 2 Abs. 1 Nr. 4 Buchst. b KVStG vor, wenn die einem Gesellschafter vertraglich zustehenden Vergütungen ganz oder teilweise weder als Aufwand vor der Gewinnermittlung gebucht noch im Rahmen der Gewinnverteilung als Vorabvergütung zugewiesen werden, sondern dem Gesellschafter innerhalb des allgemeinen Gewinnanteils zufließen (vgl. BFH vom 8.8.1979 BStBl 1980 II S. 26).

Für eine Darlehensforderung, die den Kommanditisten gegenüber einer GmbH & Co. KG zusteht, kann sich – auch ohne vertragliche Zinsvereinbarung – eine Zinspflicht nach § 352 HGB ergeben. Wird in diesen Fällen die Verzinsung als Vorabvergütung im Rahmen der steuerlichen Gewinnverteilung berücksichtigt, ist ein gesellschaftsteuerbarer Vorgang ebenfalls nicht anzunehmen. Ist allerdings die Zinslosigkeit der Darlehensforderung ausdrücklich vereinbart worden, so tritt die Steuerpflicht nach § 2 Abs. 1 Nr. 4 Buchst. C KVStG auch dann ein, wenn im Rahmen der steuerlichen Gewinnverteilung eine Zinszuweisung als Vorabvergütung erfolgt."

Nach dem Einführungserlaß vom 16.3.1972 (BStBl I S. 134 Nr. 7) liegt bei der GmbH & Co. eine gesellschaftsteuerpflichtige Leistung i.S. des § 2 Abs. 1 Nr. 4b KVStG vor, wenn die Kommanditisten ganz oder teilweise auf die Verteilung des entstandenen Gewinns verzichten. Nur wenn der Kommanditist den ihm zustehenden Gewinn lediglich stehenläßt (Privatkonto), liegt darin eine nicht mehr steuerpflichtige Darlehensgewährung.

Zum Verzicht auf Forderungen nach § 2 Abs. 1 Nr. 4b KVStG bei Vorabvergütungen eines Gesellschafters einer GmbH & Co. KG hat das FG Düsseldorf mit rechtskräftigem Urteil vom 22.7.1986 (Az III 492/84 KpV) für den Sonderfall der Einmann-GmbH & Co. KG entschieden, daß die alleinige Kommanditistin, die zugleich alleinige Gesellschafterin der Komplementärin ist, nicht auf ihr vertraglich zustehende Zinsen verzichtet, wenn die Zinsen – als Vorabvergütung neben dem Gewinn – auf dem Darlehenskonto des Kommanditisten gutgebracht worden sind. Ein Zinsverzicht i. S. d. § 2 Abs. 1 Nr. 4 b KStG liege in diesem Fall nur insoweit vor, als ein Verlust, der sich bei Berechnung von Zinsen ergeben würde, nicht ausgewiesen worden ist. Dieses Urteil wird gemäß koordiniertem Ländererlaß vom 4.11.1987 (DB 1987 S. 2496) von der Finanzverwaltung allgemein angewendet.

Überläßt ein Kommanditist der Kommanditgesellschaft Gegenstände zur Nutzung, so hat er regelmäßig – auch ohne Vertrag – Anspruch auf angemessenes Entgelt (z. B. aus § 352 HGB, §§ 535, 581, 246 BGB). Diese Ansprüche sind alle schuldrechtlicher Natur. Der Anspruch auf Gewinn stammt aus dem Gesellschaftsrecht, einem besonderen Schuldverhältnis (§§ 705 ff. BGB).

556 Leistung und Gegenleistung sind nur aufrechenbar, wenn sie in demselben Vertrag ihren Ursprung haben. Üblicherweise sind Leistung bzw. Gegenleistung die Überlassung des Gegenstandes einerseits und die Bezahlung oder das Nutzungsentgelt andererseits (z. B. Grundstück – Kaufpreis, Darlehen – Zinsen). Daher wird in den Fällen der Unausgewogenheit von Leistung und Gegenleistung die Wertdifferenz gesellschaftsteuerlich besteuert. In diesen Fällen ist die Leistung eines Gesellschafters an eine Kapitalgesellschaft auch nur insoweit geeignet, den Wert der Gesellschaftsrechte zu erhöhen.

Macht nun der Kommanditist einer GmbH & Co. KG das ihm (kraft Vertrag oder Gesetz) zustehende Entgelt für seine Leistung an die Gesellschaft nicht oder nur zum Teil geltend, so ist diese Leistung geeignet, den Wert der Gesellschaftsrechte zu erhöhen. Macht er sie aber geltend, dann sind diese Ansprüche nicht gesellschaftsrechtlicher Natur, sondern normale Gläubigeransprüche, also Verbindlichkeiten bzw. Kosten der Gesellschaft. Mindern die Ansprüche nicht den Gewinn und erhält der Gesellschafter dafür einen größeren Gewinnanteil (= gesellschaftsrechtlicher Anspruch), so ist dieser erhöhte Anteil nicht Gegenleistung i. S. des KVStG und nicht gegen die Leistung aufrechenbar.

b) Freiwillige Leistungen

557 Freiwillige Leistungen der Kommanditisten an die GmbH & Co. KG der in § 2 Nr. 3 und 4 KVStG bezeichneten Art (z. B. Zuschüsse, Verzicht auf Forderungen, die geeignet sind, den Wert der Gesellschaftsrechte zu erhöhen) unterliegen ab 1. Januar 1972 der Gesellschaftsteuer, da das KVStG n. F. die GmbH & Co. KG kapitalverkehrsteuerlich als Kapitalgesellschaft behandelt.

Für die Steuerpflicht freiwilliger Zuschüsse ist es unerheblich, wenn die Leistung nicht von dem Gesellschafter, sondern von einer Personenvereinigung bewirkt wird, an der der Gesellschafter als Mitglied oder Gesellschafter beteiligt ist[774].

---

774 Siehe BFH-Urteil vom 9.8.1989 I R 147/87, DB 1989 S. 2210.

Unter den Zuschußbegriff fallen nur solche Leistungen, die die Eignung einer einseitigen Zuwendung des Gesellschafters gegenüber der Gesellschaft haben. Erbringt dagegen ein Gesellschafter gegenüber der Gesellschaft Leistungen im Rahmen eines Leistungsaustauschs, so schließt der Leistungsaustausch die Gesellschaftsteuerpflicht aus[775].

Die freiwilligen Leistungen müssen nur objektiv geeignet sein, den Wert der Gesellschaftsrechte zu erhöhen. Es ist nicht erforderlich, daß die freiwillige Leistung den Wert der Gesellschaftsrechte tatsächlich erhöht.

Für die Entstehung der Steuerpflicht dem Grunde nach kommt es allein auf die Eignung der Leistung und nicht auf den Erfolg an. Die Vorschriften begünstigen solche (freiwilligen) Leistungen, die zur Deckung einer Überschuldung erforderlich sind. Damit setzen sie die Steuerbarkeit der freiwilligen Leistung auch dann voraus, wenn der Wert der Gesellschaftsrechte Null ist und bleibt, d. h. wenn der Wert der Gesellschaftsrechte durch die Deckung der Überschuldung nicht erhöht wird. Wertmindernde Umstände können nur dann berücksichtigt werden, wenn sie nach Art eines Leistungsaustauschs mit der werterhöhenden Eigenschaft der Leistung eng verknüpft sind oder wenn die Leistung lediglich dazu dient, die Liquidation der Gesellschaft durchzuführen[776].

Steuermaßstab ist der Wert der Leistung für die Kapitalgesellschaft. Unmaßgeblich ist der Wert des Verzichts für den Gesellschafter.

Nach der BFH-Rechtsprechung[777] setzt ein Forderungsverzicht i.S. des § 2 Abs. 1 Nr. 4 Buchst. b KVStG eine Erklärung voraus, die den auf einen Forderungsverzicht gerichteten Willen des Forderungsinhabers zum Ausdruck bringt. Eine Forderungsverzichtserklärung des Gesellschafters ergibt sich nicht aus der von der Gesellschaft aufzustellenden Bilanz. Ein Forderungsverzicht kann sich aus der Feststellung der Bilanz durch die Gesellschafter ergeben. Dies setzt jedoch eine förmliche Feststellung voraus. Die Vertragsklausel, daß Einwendungen gegen die Bilanzansätze nur innerhalb eines bestimmten Zeitraums geltend gemacht werden können, kann keine Grundlage für einen Verzicht auf außerhalb der Gewinnverteilung entstehende schuldrechtliche Ansprüche sein.

Abweichend von § 167 Abs. 3 HGB wird vielfach vereinbart, daß die Kommanditisten einer GmbH & Co. KG die Verluste der KG auch insoweit zu übernehmen haben, als sie das Kommanditkapital übersteigen. Diese Verpflichtung der Kommanditisten kann bereits im Gesellschaftsvertrag vereinbart sein (sogenannte Verlustfreiheitsklausel), sie kann aber auch jeweils bei Bilanzaufstellung verein-

---

775 Aus der Begründung zu dem BFH-Urteil vom 22.7.1987 I R 74/75, DB 1987 S. 2288.
776 Siehe BFH-Urteil vom 25.11.1987 I R 385/83, DB 1988 S. 894.
777 BFH-Urteil vom 25.1.1989 I R 13/85, DB 1989 S. 1064.

E Laufender Geschäftsbetrieb der GmbH & Co. KG – Steuerrechtl. Teil

bart werden. Die Finanzverwaltung vertritt hierzu folgende Auffassung[778]. Eine derartige Verlustübernahme durch die Kommanditisten, die zugleich Gesellschafter der GmbH sind, stellt zwar einen Wertvorteil für die Komplementär-GmbH dar. Sie kann aber nicht als Leistung an die GmbH angesehen werden, weil sich die Verpflichtung hierzu aus dem Verhältnis der Kommanditisten zur GmbH & Co. KG ergibt, nicht aber aus dem daneben bestehenden Gesellschaftsverhältnis zur GmbH. Außerdem fehlt es an einer tatsächlichen Vermögensverschiebung zwischen den Gesellschaftern und der GmbH. Desgleichen führt die Verlustfreihaltung der Komplementär-GmbH durch die Kommanditisten und der spätere Ausgleich der negativen Kapitalkonten durch Gewinne auch bei der GmbH & Co. KG nicht zu einer Steuerpflicht; diese Vorgänge sind nach den allgemein geltenden Grundsätzen zu beurteilen.

c) Wiederauffüllung der durch Verluste geminderten Kommanditeinlage aus nachfolgenden Gewinnen

558 Ob eine „Gesellschafterleistung" i. S. v. § 2 Abs. 1 Nr. 2 KVStG auch anzunehmen ist, wenn der Gewinn eines Geschäftsjahres entsprechend der Regelung in § 169 Abs. 1 Satz 2 Halbsatz 2 HGB anteilig dazu verwendet wird, die durch Verlust geminderten Kommanditeinlagen wieder auf den Stand der „bedungenen Einlage" aufzufüllen, ist durch das BFH-Urteil vom 29.1.1975[779] im Sinn der in der Literatur vertretenen Ansicht entschieden. Die herrschende Meinung des Schrifttums[780] sieht in der Wiederauffüllung der durch Verluste geminderten Kommanditeinlage aus nachfolgenden Gewinnen keine gesellschaftsteuerpflichtige Leistung. Der BFH führt hierzu ergänzend aus, daß nach der im KVStG zum Ausdruck gebrachten Systematik des GesSt-Rechts nur die Zufuhr von Kapitalien *von außen*, nicht aber die bloße Belassung des von der Gesellschaft erzielten Gewinns im Gesellschaftsvermögen zur GesSt führen soll. Wird eine Kommanditeinlage durch Verluste gemindert, dann hat der Kommanditist keinen Anspruch auf Auszahlung des Gewinns (§ 169 Abs. 1 Satz 2 Halbsatz 2 HGB), folglich auch kein Forderungs- oder Gläubigerrecht hinsichtlich des Gewinns. Unter diesen Umständen kann in der Auffüllung der Verluste durch spätere Gewinne kein durch das Gesetz oder den Gesellschaftsvertrag erzwungener Verzicht auf einen als Individualanspruch entstandenen Gewinnauszahlungsanspruch gesehen werden, der möglicherweise nach § 2 Abs. 1 Nr. 2 KVStG als Leistung anzusehen wäre. Auch über § 2 Abs. 1 Nr. 2 Satz 2 KVStG läßt sich ein anderes Ergebnis nicht erzielen. Diese Vorschrift setzt voraus, daß die Gesellschaft mit eigenen

---

[778] Erlaß des FinMin Nordrhein-Westfalen vom 26.8.1976 – S. 5100 – 13 – VA 2, BB, S. 1164.
[779] BFH-Urteil vom 29.1.1975 II R 90/73, BStBl. II S. 414.
[780] Z. B. Schulze zur Wiesche, Die Behandlung der thesaurierten Gewinne bei der GmbH & Co. KG nach dem KVStG, DStR 1973, S. 265; Schmidt-Troschke, Gesellschaftsteuerpflicht „stehengelassener Gewinne" sowie die Abdeckung von Verlusten bei der GmbH & Co. KG, GmbH-Rdsch. 1974, S. 62 ff.: siehe auch die Zusammenstellung bei Egly, Die Gesellschaftsteuer, NWB Fach 8 a, S. 208, 209.

Mitteln die Verpflichtung des Gesellschafters abdeckt. Diese Vorschrift ist schon deshalb nicht anwendbar, weil ein Kommanditist nicht verpflichtet ist, seine durch Verlust verminderte Kapitaleinlage wieder aufzufüllen. Es kann deshalb auch in der Wiederauffüllung der verminderten Kapitaleinlage mit Hilfe der später entstandenen Gewinne der KG keine Erfüllung einer Verpflichtung des Gesellschafters durch die Gesellschaft gesehen werden. Dem entspricht auch der BFH im Urteil vom 14.7.1976[781]. Da die Kommanditisten gesetzlich nicht zur Rückzahlung bezogener Gewinne verpflichtet sind (vgl. § 169 Abs. 2 HGB), beinhaltet ein (freiwilliger) Verzicht der Kommanditisten auf noch nicht erfüllte Gewinnauszahlungsansprüche aus früheren Jahren keine Leistung gem. § 2 Nr. 2 KVStG.

d) Verbuchung der Gewinne und Verluste der Kommanditisten einer GmbH & Co. KG auf Sonderkonten mit Darlehenscharakter

Die Wiederauffüllung der durch Verluste geminderten bedungenen Einlagen der Kommanditisten einer GmbH & Co. mit Hilfe späterer Gewinne ist auch dann keine Leistung i. S. des § 2 Abs. 1 Nr. 2 KVStG, wenn die Verluste den Kontokorrentkonten der Kommanditisten belastet werden, ohne daß die Kommanditisten zu entsprechenden Nachschüssen verpflichtet sind, und wenn diese Verluste mit späteren Gewinnen ausgeglichen werden (BFH-U vom 23.7.1975[782]).

559

Aufgrund des BFH-Urteils vom 23.7.1975[783] dürfte dagegen Gesellschaftsteuerpflicht gegeben sein, wenn stehengelassene Gewinne mit späteren Verlusten ausgeglichen werden, da hier ein Auszahlungsverzicht mit Gesellschaftsteuerpflicht nach § 2 Abs. 1 Nr. 4 KVStG vorliegt. Eine Bestätigung findet dieser Gedanke in dem BFH-Urteil vom 3.11.1982[784]. Hier hat der BFH die Auffassung vertreten, daß die gesellschaftsvertraglich vereinbarte Zuweisung von Teilen des Gewinns einer GmbH & Co. KG an Gesellschafterkonten, die bewegliche Kapitalanteile ausweisen, nicht der Gesellschaftsteuer gem. § 2 Abs. 1 Nr. 2 S. 1 KVStG unterliegt, es sei denn, daß der Gewinnanteil auf eine ausstehende Hafteinlage angerechnet wird und der Gesellschafter damit seine Einlage erbringt.

Bestimmt ein Gesellschaftsvertrag, daß für die Gesellschafter neben einem festen Kapitalkonto I zwei weitere Konten II und III zu führen sind, und daß die Gesellschafter über die Guthaben auf dem Konto II nicht verfügen dürfen, so spricht nach Auffassung des BFH vom 3.11.1982 diese Regelung, sofern der Gesellschaftsvertrag keine anderen Anhaltspunkte für die rechtliche Einordnung des Kontos II enthält, dafür, das Konto II als Beteiligungskonto anzusehen.

---
781 II R 79/74 BStBl II S. 715.
782 II R 101/73 BStBl 1976 II S. 23.
783 II R 101/73 BStBl 1976 II S. 23.
784 II R 94/80 BStBl 1983 II S. 240.

E Laufender Geschäftsbetrieb der GmbH & Co. KG – Steuerrechtl. Teil

e) Verzicht auf Gewinnverteilung

560 Auch der Verzicht eines Kommanditisten auf Vorabvergütungen kann der Kapitalverkehrsteuer unterliegen, so hat der BFH im Urteil vom 27.1.1988[785] folgendes entschieden: „Werden gegenüber dem Kommanditisten einer GmbH & Co. KG Verlustanteile mit dessen Guthabenzinsen und Tantiemenguthaben saldiert und nur der saldierte Betrag auf dem Gesellschafter-Verlustkonto ausgewiesen, so kann hierin ein gemäß § 2 Abs. 1 Nr. 2 oder Nr. 4 Buchst. b KVStG gesellschaftsteuerpflichtiger Verzicht auf die Vorabvergütungen oder aber die nicht gesellschaftsteuerbare Durchführung einer Gewinn- und Verlustverteilungsabrede liegen. Zur Abgrenzung ist darauf abzustellen, ob die Vereinbarung von Vorabvergütungen sich als Forderung des Gesellschafters unmittelbar gegenüber der Gesellschaft darstellt."

Werden in früheren Jahren eingetretene Verluste, die die Einlagen der Kommanditisten ganz oder zum Teil aufgezehrt haben, durch spätere Gewinne wieder ausgeglichen (entsprechend § 69 Abs. 1 Satz 2 HGB), dann entsteht die Frage, ob insoweit eine Leistung der Kommanditisten i. S. von § 2 Abs. 1 Nr. 2 KVStG angenommen werden muß. Nach dem BFH-U vom 29.1.1975[786] ist bei einer GmbH & Co. die Wiederauffüllung der durch Verluste geminderten bedungenen Einlagen der Kommanditisten mit Hilfe späterer Gewinne keine steuerpflichtige Leistung i. S. des § 2 Abs. 1 Nr. 2 KVStG. Zunächst muß nach § 169 Abs. 1 Satz 2 HGB der Verlust ausgeglichen werden, bevor Gewinne an die Gesellschafter verteilt werden dürfen. Deshalb haben die Kommanditisten keinen individualisierten Anspruch auf Gewinnauszahlung. Die Gewinnanteile der Kommanditisten bleiben vielmehr gesamthänderisch gebunden.

561 Gesellschaftsteuer fällt ferner nicht an, wenn aufgrund einer im Gesellschaftsvertrag enthaltenen Anordnung oder Ermächtigung in der festgestellten Jahresbilanz Beträge aus dem Jahresüberschuß der GmbH & Co. in eine gesamthänderisch gebundene **offene Rücklage** eingestellt sind. Diese Rücklagenbildung bleibt auch dann steuerfrei, wenn sie auf einem Beschluß beruht, der vor oder zugleich mit dem Beschluß über die Feststellung der Bilanz von den Gesellschaftern gefaßt wird (Erlaß FinMin NRW vom 12.7.1977 StEK KVStG § 2 Nr. 36).

Werden die bei der GmbH & Co. KG gesamthänderisch gebundenen offenen Rücklagen aufgelöst und anteilig den Kapitalanteilen der Gesellschafter zugeschrieben, so wird die Steuerbefreiung nach § 7 Abs. 3 Nr. 2a KVStG gewährt, sofern gleichzeitig die Hafteinlage jedes Kommanditisten um den seinem Kapitalanteil zugeschriebenen Betrag erhöht wird. Dagegen kann die Steuerbefreiung nicht eingreifen, wenn den Kapitalanteilen der Gesellschafter unmittelbar aus

---

[785] I R 387/83 BStBl II S. 454.
[786] II R 90/73 BStBl II S. 414.

dem Jahresüberschuß Beträge zugeschrieben werden. Einlagen, die auf dem Kapitalkonto zu buchen sind, können begrifflich nur von einem Gesellschafter geleistet werden. Es ist deshalb davon auszugehen, daß die GmbH & Co. KG durch die Umbuchung von Beträgen aus dem Jahresüberschuß mit eigenen Mitteln eine Verpflichtung des Gesellschafters abdeckt (§ 2 Abs. 1 Nr. 2 Satz 2 KVStG[787]). Betont sei, daß bei Aufstockung des Kommanditkapitals aus offenen Rücklagen die Steuerbefreiung nach § 7 Abs. 3 Nr. 2 KVStG voraussetzt, daß in der letzten, der Erhöhung der Kommanditeinlage vorausgehenden Jahresbilanz der Gesellschaft offen eine gesamthänderisch gebundene Rücklage ausgewiesen ist[788].

2 Deckung einer Überschuldung oder eines Verlustes am Nennkapital

Sofern Rechtsvorgänge i.S. des § 2 Abs. 1 Nr. 1 bis 4 KVStG, also Erwerb von Gesellschaftsrechten sowie Pflicht- und freiwillige Leistungen von Gesellschaftern, zur Deckung einer Überschuldung oder eines Verlustes an dem durch Gesellschaftsvertrag oder Satzung festgesetzten Kapital erforderlich sind, ermäßigte sich bis zum 31.12.1985 der Steuersatz auf 0,5%. Durch das Steuerbereinigungsgesetz sind die bis zum 31.12.1985 gültigen Ermäßigungsvorschriften des § 9 Abs. 2 KVStG n. F. mit Wirkung ab dem 1.1.1986 unter den Befreiungsvorschriften des § 7 Abs. 4 KVStG n. F. aufgenommen worden.

562

Ob eine Überschuldung oder ein Verlust an den Kommanditeinlagen vorliegt, ist nicht anhand der ausgewiesenen Buchwerte, sondern anhand der wahren Vermögenswerte zu ermitteln[789]. Hierbei sind Darlehen der Kommanditisten, die bei der Ermittlung des bewertungsrechtlichen Betriebsvermögens nicht als Betriebsschulden abzugsfähig sind, nach dem Sinn und Zweck der Ermäßigungsvorschrift als echte Schulden der GmbH & Co. KG zu berücksichtigen[790]. Ob dieser Grundsatz auch gilt, wenn die Gesellschafter Darlehen zur Verfügung stellen und dabei auf die Geltendmachung ihrer Darlehensforderungen solange verzichten, als die Gefahr eines Konkursgrundes nicht nachhaltig beseitigt ist, erscheint zumindest zweifelhaft. So hat der BFH[791] – allerdings zur Körperschaftsteuer –

---

787 Vgl. BdF-Schreiben vom 18.4.1974; DStZ B 1974, S. 148, sowie BFH-Urteil vom 16.3.1977 II R 83/71.
788 BFH-Urteil vom 27.2.1980 II R 48/77; DB 1980, S. 1311. Dem folgt der BFH im Urteil vom 12.10.1988 (I R 217/84, DB 1989 S. 909): „Offene Rücklagen sind als Bestandteil des Eigenkapitals in einem eigenständigen Bilanzposten unverteilt auf die Gesellschafter auszuweisen. Steuerfrei ist nicht jede Umwandlung von gesamthänderisch gebundenen Mitteln in gezeichnetes Kapital, sondern nur diejenige, bei der zuvor ‚offen' als Rücklage ausgewiesen wurde. Steuerbefreit ist daher nicht die Umwandlung eines Jahresüberschusses bzw. eines Gewinnvortrages in gezeichnetes Kapital. Auch die gesamthänderisch gebundenen Gesellschaftsmittel, die in der dem Kapitalerhöhungsbeschluß zugrundeliegenden Bilanz auf Gesellschafterdarlehenskonten ausgewiesen werden, schließen die Annahme einer Umwandlung ‚offener' Rücklagen in eine Erhöhung des Nennkapials aus."
789 Vgl. z. B. BFH-Urteil vom 27.8.1968 II R 82/67; BStBl II. S. 781.
790 FM Schleswig-Holstein, Erlaß vom 21.2.1974, S. 5104 – 37 VI 33 a. Fachnachrichten des Instituts der Wirtschaftsprüfer in Deutschland e. V. Nr. 5/1974 vom 16.5.1974.
791 BFH-Urteil vom 10.12.1975 I R 135/74 BStBl 1976 II S. 226.

E Laufender Geschäftsbetrieb der GmbH & Co. KG – Steuerrechtl. Teil

entschieden, daß unter diesen Bedingungen einer GmbH darlehensweise hingegebene Gelder nicht als Passiva sondern wie haftendes Kapital zu behandeln seien. Folgt man dieser Ansicht auch für Zwecke der Kapitalverkehrsteuer, so käme ein Schuldenabzug nicht in Betracht.

Die im Gesetz genannte Verlustdeckung kann nur in einer Verlustbeseitigung erblickt werden[792], denn der Zweck der Regelung ist darin zu sehen, daß Kapitalzuführungen, mit denen nicht der Ersatz verlorengegangenen, sondern die Vermehrung des vorhandenen Kapitals angestrebt wird, nicht begünstigt sein sollen[793]. Daher greift die Steuerbefreiung bei Kapitalerhöhungsvorgängen einer GmbH & Co. KG[794] dann nicht ein, wenn die entsprechenden Leistungen nicht zur Sanierung notleidend gewordener Beteiligungen erbracht wurden, sondern zu deren kapitalmäßiger Aufstockung. Erstere Möglichkeit ist dann gegeben, wenn mit den sich aus dem Kapitalerhöhungsbeschluß ergebenden Einlageverpflichtungen der Kommanditisten die Verluste beseitigt werden unter Beibehaltung der bisherigen Kapitalbeteiligung. Wird dagegen die Kapitalbeteiligung aufgestockt unter Beibehaltung des bisherigen Verlustes, so sind die Gesellschafterleistungen nicht zur Sanierung notleidend gewordener Beteiligungen verwendet worden[795].

3 Börsenumsatzsteuer bei Erwerb von Anteilen an einer GmbH & Co. KG

563   Der Börsenumsatzsteuer unterliegt der Abschluß von Anschaffungsgeschäften über Wertpapiere (§ 7 Abs. 1 KVStG). Anschaffungsgeschäfte sind entgeltliche Verträge, die auf den Erwerb des Eigentums an Wertpapieren gerichtet sind (§ 18 Abs. 1 KVStG). Als Wertpapiere gelten gemäß § 19 Abs. 1 Nr. 2 KVStG auch Dividendenwerte, u. a. Anteile an inländischen Kapitalgesellschaften (§ 19 Abs. 2 KVStG). Nach § 5 Abs. 2 Nr. 3 KVStG gelten GmbH & Co. Kommanditgesellschaften als Kapitalgesellschaften. Infolgedessen sind Anteile an einer GmbH & Co. Anteile an einer Kapitalgesellschaft i. S. des § 19 KVStG. Hieraus hat der BFH den Schluß gezogen, daß der Abschluß von Anschaffungsgeschäften über Kommanditanteile einer GmbH & Co. ebenfalls der Börsenumsatzsteuer unterliegt (BFH-Urteil vom 3.9.1975)[796].

Nach § 23 KVStG wird die Börsenumsatzsteuer a) regelmäßig von dem veränderten Preis oder b) wenn ein Preis nicht vereinbart worden ist, von dem mittleren

---

792 Vgl. Egly-Gesellschaftsteuer, 2. Aufl. Teil II, Anm. 73.
793 Vgl. BFH-Urteil vom 27.8.1968 II R 82/67; BStBl 1968 II, S. 781.
794 Nach dem RFH-Urteil vom 29.12.1926 II A 503, StuW 1927 Nr. 261 und FG Düsseldorf, Urteil vom 13.6.1972 VI 198/71 EFG 1972, S. 511 ist § 9 Abs. 2 Nr. 1 b KVStG 1972 (1959) bei KG-Vorgängen generell abwendbar; nach dem FG München, rkr. U. vom 4.6.1973 IV 186/70, EFG 1973, S. 508 ist die Anwendbarkeit zweifelhaft.
795 FG München, rkr. U. vom 4.6.1973 IV 186/70; EFG 1973, S. 508.
796 II R 88/74 BStBl 1976 II S. 7.

Börsen- oder Marktpreis am Tag des Geschäftsabschlusses oder c) wenn weder a) noch b) vorliegen, nach dem Wert des Wertpapiers bemessen. Die Steuer beträgt für Wertpapiere i. S. des § 19 Abs. 1 Nr. 2 KVStG 2,5 von Tausend.

VII Grunderwerbsteuer

Anders als im Einkommensteuerrecht kann die GmbH & Co. als Personengesellschaft und damit als Gemeinschaft zur gesamten Hand bei der Grunderwerbsteuer selbständiger Rechtsträger sein. Der Erwerb eines Grundstücks durch eine GmbH & Co. ist daher grunderwerbsteuerpflichtig, falls nicht eine Befreiungsvorschrift anzuwenden ist. Dabei ist § 5 Abs. 2 GrEStG zu beachten, wonach die Grunderwerbsteuer dann, wenn ein Grundstück von einem Alleineigentümer auf eine Gesamthand übertragen wird, in Höhe des Anteils nicht erhoben wird, zu dem der Veräußerer am Vermögen der Gesamthand beteiligt ist. Dabei kommt es ausschließlich auf die Beteiligung am Vermögen der GmbH & Co. an, nicht auf die mittelbare Beteiligung an der GmbH, die Komplementärin ist.

564

F Gesellschafterwechsel – Handelsrechtlicher Teil

I Gesellschafterwechsel bei der GmbH

1 Gesetzliche Regelung

565 Bei einer GmbH ist ein Gesellschafterwechsel – vom Tod eines Gesellschafters und der Vererblichkeit seines Gesellschaftsanteils abgesehen – grundsätzlich nur durch Übertragung von Geschäftsanteilen möglich, § 15 GmbHG. Das GmbH-Gesetz kennt im Gegensatz zum Recht der Personengesellschaften nicht das Ausscheiden eines Gesellschafters aufgrund einer ordentlichen Kündigung. Die der Übertragung zugrunde liegenden Rechtsgeschäfte, also sowohl das schuldrechtliche Verpflichtungsgeschäft (z. B. Kauf, Schenkung, Sicherung) als auch die Abtretung als Verfügungsgeschäft, bedürfen der notariellen Beurkundung, § 15 Abs. 3 und 4 S. 1 GmbHG. Eine formgültige und wirksame Abtretung heilt allerdings den Formmangel eines Verpflichtungsgeschäftes, § 15 Abs. 4 S. 2 GmbHG[797]. Im Verhältnis zur Gesellschaft wird der Anteilserwerb des neuen Gesellschafters erst wirksam, wenn der Erwerb der Gesellschaft angemeldet wird, § 16 GmbHG.

2 Vertragliche Regelungen

566 Im Gesellschaftsvertrag kann die freie Übertragbarkeit der Geschäftsanteile beschränkt (§ 15 Abs. 5 GmbHG) und sogar völlig ausgeschlossen werden[798]. Häufig wird in einer GmbH-Satzung eine Anteilsübertragung von der Zustimmung der Gesellschafter abhängig gemacht. Insbesondere in Familiengesellschaften dient eine sogenannte Vinkulierungsklausel als Überfremdungsschutz.

II Gesellschafterwechsel bei der GmbH & Co. KG

1 Allgemeines

567 In einer KG ist ein Gesellschafterwechsel sowohl durch Austritt eines Gesellschafters und Eintritt eines neuen Gesellschafters als auch durch Anteilsübertragung möglich. Vom Gesetzgeber ist bei einer KG wie bei jeder Personengesellschaft ein Gesellschafterwechsel nur durch Eintritt und Austritt eines Gesellschafters vorgesehen (vgl. §§ 736ff. BGB, §§ 107, 138, 143, 173 HGB).

---

[797] Vgl. BGH WM 1979, 1258 (1259); s. auch Rn. 647.
[798] Fischer/Lutter/Hommelhoff, § 15 Rn. 26; Schilling/Zutt/Hachenburg, § 15 Rn. 4.

2 Eintritt in eine KG

Der Eintritt erfolgt durch Aufnahmevertrag mit den schon vorhandenen Gesellschaftern[798a]. Beim Handelsregister sind der Eintritt, Name, Stand (d. h. Beruf) und Wohnort des neuen Gesellschafters anzumelden, §§ 106, 107, 161 Abs. 2 HGB. Bei einem neuen Kommanditisten ist noch der Betrag seiner Haftsumme anzugeben, § 162 Abs. 1 und 3 HGB. Während bei persönlich haftenden Gesellschaftern alle Eintragungen veröffentlicht werden (§§ 106, 107, 10 HGB), wird bei einem Kommanditisten lediglich sein Eintritt bekannt gemacht, § 162 Abs. 2 und 3 HGB. 568

Die Eintragung in das Handelsregister hat grundsätzlich deklaratorische Wirkung[798b]. Wirksam wird der Eintritt eines Neu-Gesellschafters in der Regel mit der Zustimmung des letzten Alt-Gesellschafters. 569

Da für einen Kommanditisten gemäß § 176 Abs. 2 HGB die Gefahr besteht, daß er unbeschränkt haftet, solange er nicht in das Handelsregister eingetragen ist, wird häufig im Aufnahmevertrag bestimmt, daß der Eintritt des Kommanditisten erst mit seiner Eintragung in das Handelsregister wirksam wird[799]. Im Vertrag werden auch die Rechtsfolgen des Eintritts festgelegt. In der Regel wird der neue Gesellschafter am Gesellschaftsvermögen beteiligt und muß dafür eine Einlage in das Gesellschaftsvermögen leisten. 570

3 Austritt aus einer KG

Gründe für den Austritt eines Gesellschafters können sich aus dem Gesetz oder dem Gesellschaftsvertrag ergeben. In der Praxis sind die Kündigung und der Tod eines Gesellschafters und sein Ausschluß durch Mitgesellschafter von besonderer Bedeutung[800]. 571

Rechtsfolge des Ausscheidens eines Gesellschafters ist, daß seine Mitgliedschaft erlischt und sein Anteil am Gesellschaftsvermögen den übrigen Gesellschaftern zuwächst und er einen Zahlungsanspruch gegen die verbleibenden Gesellschafter in Höhe seiner Beteiligung am Gesellschaftsvermögen hat, §§ 738 Abs. 1 BGB, 105 Abs. 2, 161 Abs. 2 HGB[801].

Wie der Eintritt eines neuen Gesellschafters ist auch der Austritt eines Gesellschafters beim Handelsregister anzumelden. Scheidet ein Komplementär aus, wird die Eintragung voll inhaltlich bekannt gemacht, §§ 143 Abs. 2, 10 Abs. 1,

---

798a BGH BB 1976, 154.
798b Schlegelberger/Martens, § 162 Rn 25.
799 S. auch Rn. 635.
800 S. Rn. 648 ff.
801 S. Rn. 691 ff.

161 Abs. 2 HGB. Scheidet dagegen ein Kommanditist aus, wird lediglich bekannt gemacht, daß ein Kommanditist ausgetreten ist, § 162 Abs. 2 und 3 HGB.

4 Abgrenzung des kombinierten Eintritts/Austritts zur Anteilsübertragung

572 Der Eintritt eines Kommanditisten kann auch im Zusammenhang stehen mit dem Austritt eines anderen Kommanditisten. Praktisch mag zwar eine Auswechslung der Gesellschafter vorliegen, rechtlich liegt aber, wie oben dargestellt, keine Nachfolge der Mitgliedschaft vor. Vielmehr ist durch den Eintritt eine neue Mitgliedschaft begründet und die alte durch den Austritt erloschen.

Soll bei einem Gesellschafterwechsel die Mitgliedschaft des alten Gesellschafters auf den neuen Gesellschafter mit allen bestehenden Rechten und Pflichten übergehen, ist dies nur möglich, wenn entweder der Gesellschaftsvertrag der GmbH & Co. KG eine solche Übertragung der Mitgliedschaft erlaubt, oder die Gesellschafter per Beschluß die Übertragung von Gesellschaftsanteilen gestatten.

Die Zulässigkeit einer solchen Übertragung der Mitgliedschaft im Recht der Personengesellschaften ist heute unbestritten, auch wenn sie vom Gesetzgeber nicht vorgesehen ist[802]. Die Anteilsübertragung hat den Gesellschafterwechsel durch Austritt und korrespondierenden Eintritt in der Praxis verdrängt. Die Gründe hierfür liegen in der für die Kommanditisten in der Regel günstigeren haftungsrechtlichen Situation[803].

5 Anteilsübertragung

573 Die Anteilsübertragung ist ein Verfügungsgeschäft gemäß §§ 398, 413 BGB, das formlos wirksam ist, wenn nicht der Gesellschaftsvertrag eine bestimmte Form vorschreibt. Solange keine Mißbrauchsabsicht vorliegt, gilt die Formfreiheit selbst dann, wenn das Gesellschaftsvermögen überwiegend aus Grundeigentum und GmbH-Anteilen besteht[804].

Gegenstand der Übertragung ist die Mitgliedschaft. Rechtsfolge der Anteilsübertragung ist, daß alle Rechte und Pflichten aus der Mitgliedschaft auf den neuen Gesellschafter (Erwerber) übergehen. Auch aus der Vergangenheit herrührende Geldansprüche (und -verpflichtungen) des Alt-Kommanditisten gehen im Zweifel auf den neuen Gesellschafter über, wenn sie im Zeitpunkt des Vertragsab-

---

802 BGHZ 13, 179, (185); 24, 106 (114); 44, 229 (231); Huber, S. 387; Baumbach/Duden/Hopt, § 124 Anm. 2 B; Schlegelberger/Martens, § 162 Rn. 16.
803 S. Rn. 645.
804 Vgl. BGH NJW 1983, 1110; Scholz/Winter, § 15 Rn. 27; K. Schmidt, BB 1983, 1697 (1701).

schlusses bereits im Rechenwerk der Gesellschaft ihren Niederschlag gefunden haben, insbesondere aus dem Privat- oder Darlehenskonto des Alt-Kommanditisten ersichtlich sind[805].

Anders als beim Ausscheiden eines Gesellschafters und Neueintritt eines anderen Gesellschafters aufgrund eines rechtlich selbständigen Beitrittsvertrages[806], bleibt hier die Identität der Mitgliedschaft gewahrt. Es entsteht folglich auch keine zusätzliche Einlageverpflichtung des neuen Gesellschafters. Ihm wird vielmehr die von seinem Rechtsvorgänger geleistete Einlage zugerechnet[807]. Das ist insbesondere bei der Abtretung eines Kommanditanteils von Bedeutung, da die beschränkte Haftung eines Kommanditisten davon abhängt, daß er seine Einlageleistung erbracht hat[808]. 574

Damit es für Dritte ersichtlich ist, daß ein neuer Kommanditist nicht aufgrund eines rechtlich selbständigen Beitrittsvertrages mit den übrigen Gesellschaftern, sondern kraft Anteilsabtretung als Rechtsnachfolger des ausgeschiedenen Kommanditisten der Gesellschaft angehört, ist neben dem Eintritt auch die Rechtsnachfolge des neuen Kommanditisten beim Handelsregister anzumelden, einzutragen und bekanntzumachen („als Rechtsnachfolger", „im Wege der Sonderrechtsnachfolge")[809]. Dieser Nachfolgevermerk verhindert, daß im Rechtsverkehr aufgrund der Registerlage der Eindruck entsteht, zu dem Alt-Kommanditisten sei noch ein weiterer Kommanditist mit einer weiteren Haftsumme hinzugekommen[810]. Fehlt ein solcher Nachfolgevermerk im Handelsregister, kann dies für den Alt-Kommanditisten haftungsrechtlich von Nachteil sein[811]. Zur Anmeldung der Rechtsnachfolge beim Handelsregister ist die Versicherung erforderlich, daß der Alt-Kommanditist keine Abfindung aus dem Gesellschaftsvermögen erhalten habe[812]. 575

---

805 So BGH NJW-RR 1987, 286 (287); BGHZ 45, 221 (223).
806 S. Rn. 620.
807 BGHZ 81, 82 (89), auch in GmbHR 1981, 262 (263); Huber, S. 399.
808 S. Rn. 355 f.
809 RG DNotZ 1944, 195 (199), auch in WM 1964, 1030 (1033); Schilling in Großkomm, § 173 Rn. 7; Schlegelberger/K. Schmidt, § 173 Rn. 26; Huber, S. 401.
810 BGH GmbHR 1981, 262 (263).
811 S. Rn. 642 f.
812 OLG Zweibrücken, Rpfleger 1986, 482 f; RG, a.a.O.; Schlegelberger/K. Schmidt, § 162 Rn. 18; a. A. AG Charlottenburg, DB 1988, 224; Schilling in Großkomm., § 173 Rn. 7.

6 Haftung der Alt- und Neugesellschafter

a) Haftung bei Eintritt/Austritt

aa) Haftung des neuen Komplementärs

576 Der persönlich haftende Gesellschafter einer KG haftet nicht nur für die Verbindlichkeiten, die seit seinem Eintritt in die Gesellschaft entstanden sind (sog. Neuverbindlichkeiten), sondern auch für alle vor seinem Eintritt begründeten Verbindlichkeiten (sog. Altverbindlichkeiten), §§ 128, 130, 161 Abs. 2 HGB.

bb) Haftung des alten Komplementärs

bba) Allgemeines

577 Scheidet ein persönlich haftender Gesellschafter aus oder wird seine gesellschaftsrechtliche Stellung in die eines Kommanditisten umgewandelt, haftet er für alle bis zum Zeitpunkt seines Ausscheidens begründeten Verbindlichkeiten (sog. Altverbindlichkeiten) unbeschränkt weiter[813].

Für die nach seinem Ausscheiden begründeten Verbindlichkeiten (sog. Neuverbindlichkeiten) kommt eine Haftung nach Rechtsscheingrundsätzen (§ 15 Abs. 1 HGB) in Betracht, solange das Ausscheiden des Komplementärs nicht in das Handelsregister eingetragen und bekanntgemacht wird (§§ 143 Abs. 2, 10 HGB) und den Gläubigern sein Ausscheiden nicht bekannt ist[814].

Eine Verbindlichkeit ist schon bei seinem Ausscheiden begründet, wenn die Rechtsgrundlage bereits zu diesem Zeitpunkt gelegt war, auch wenn die Gesellschaftsschuld selbst erst später fällig wird[815]. So haftet beispielsweise ein ausgeschiedener Komplementär für eine Werklohnforderung für Bauleistungen, die nach seinem Ausscheiden erbracht wurden, wenn der Auftrag zu diesen Bauleitungen vor seinem Ausscheiden erteilt wurde[816].

Die Haftung des ausgeschiedenen Komplementärs besteht unabhängig vom Bestehen der Gesellschaft fort. Sie ist aber zeitlich insoweit beschränkt, als ihm grundsätzlich spätestens nach Ablauf von fünf Jahren nach Eintragung seines Ausscheidens ins Handelsregister das Recht zusteht, sich auf die Verjährung der Verbindlichkeit zu berufen, §§ 159, 161 Abs. 2 HGB (zur Ausnahme von diesem Grundsatz s. Rn. 633).

---

813 Vgl. BGHZ 55, 267 (269); 36, 224 (225).
814 BGHZ 17, 13 (17); Baumbach/Duden/Hopt, § 143 Anm. 3.
815 BGHZ 55, 267 (269).
816 BGHZ, a.a.O.
817 *(entfallen)*

bbb) Verbindlichkeiten aus Dauerschuldverhältnissen

578 Ein Sonderproblem bei der Haftung eines ausscheidenden Gesellschafters ist die Haftung für Verbindlichkeiten aus Dauerschuldverhältnissen. Ein Dauerschuldverhältnis ist dadurch gekennzeichnet, daß die geschuldete Leistung in einem dauernden Verhalten oder in wiederkehrenden, sich über einen längeren Zeitraum erstreckenden Einzelleistungen besteht[818]. Typische Dauerschuldverhältnisse sind z. B. Miete, Arbeitsverhältnis, Energieversorgungsvertrag. Wenn ein solcher Vertrag vor dem Ausscheiden des Gesellschafters geschlossen wurde, sind alle Ansprüche aus diesem Vertrag Altverbindlichkeiten, auch dann, wenn die Einzelansprüche erst nach dem Ausscheiden zur Entstehung kommen bzw. fällig werden. So sind z. B. Ansprüche eines Arbeitnehmers auf betriebliche Altersversorgungsleistungen, die erst nach dem Ausscheiden des Gesellschafters aus der Gesellschaft fällig werden, Altverbindlichkeiten, wenn die Zusage für diese Leistungen zur Zeit der Mitgliedschaft des Gesellschafters erteilt wurde[819].

579 Da gemäß § 159 Abs. 3 HGB die Verjährungsfrist von fünf Jahren erst mit dem Zeitpunkt der Fälligkeit zu laufen beginnt, führt die Verjährungseinrede gemäß § 159 HGB gegenüber Altverbindlichkeiten aus Dauerschuldverhältnissen zu keiner Begrenzung der Haftung des Ex-Komplementärs. Dem Gesetzgeber ist diese Problematik offensichtlich nicht bewußt gewesen. Dem § 159 HGB ist zwar die gesetzliche Wertung zu entnehmen, daß der ausgeschiedene Gesellschafter, von Ausnahmen abgesehen, grundsätzlich nach fünf Jahren von dem Risiko einer fortbestehenden Haftung freigestellt werden soll[820]. Eine Enthaftungsregelung für Verbindlichkeiten aus Dauerschuldverhältnissen fehlt jedoch. Die Rechtsprechung hält eine zeitlich unbegrenzte Haftung des ausscheidenden Gesellschafters für unzumutbar[821]. Sie hat daher diese Gesetzeslücke in Anlehnung an die Intentionen des Gesetzgebers in § 159 HGB ausgefüllt und die Haftung des Ex-Komplementärs für Verbindlichkeiten aus Dauerschuldverhältnissen begrenzt. So haftet der ausgeschiedene Gesellschafter nicht mehr für Teilleistungen, die nach dem Zeitpunkt erbracht wurden, zu dem der Vertragspartner (Gläubiger) das Vertragsverhältnis erstmals hätte fristgemäß kündigen können[822]. Hat beispielsweise die Gesellschaft einen Mietvertrag mit A abgeschlossen, der von A zum 31.12.1990 gekündigt werden kann, dann haftet Komplementär B, der am 31.12.1987 aus der Gesellschaft ausgeschieden ist, für die Miete lediglich bis zum 31.12.1990 gemäß §§ 128, 161 Abs. 2 HGB. Hinter dieser Enthaftungsregelung der Rechtsprechung steht die Überlegung, daß bei Verträgen mit Kündigungsfri-

---

[818] Palandt/Heinrichs, Einl. v. § 241 Anm. 5.
[819] Vgl. BGH NJW 1983, 2254.
[820] Schilling in Großkomm. § 159 Rn. 1.
[821] BGH NJW 1978, 636 (637); BGH NJW 1983, 2254 (2255).
[822] BGH NJW 1985, 1899; BGH NJW 1978, 636.

sten unter fünf Jahren dem Gläubiger die Kündigung in der Regel zugemutet werden kann, wenn er an der künftigen Zahlungsfähigkeit der um den ausgeschiedenen Gesellschafter geschmälerten Gesellschaft Zweifel hat[823].

580 Für Ansprüche aus Dauerschuldverhältnissen, bei denen entweder eine mögliche Kündigung aus tatsächlichen Gründen ausgeschlossen, nicht zumutbar oder, weil im Vertrag nicht vorgesehen, ohne wichtigen Grund rechtlich nicht möglich ist, beschränkt sich die Haftung des ausscheidenden Gesellschafters auf die Ansprüche, die binnen fünf Jahren nach seinem Ausscheiden fällig werden[824]. Geht es also z. B. um Lohnansprüche, bei denen die Anknüpfung der Haftung an einen Kündigungstermin für den Arbeitnehmer unzumutbar ist[825], oder um betriebliche Versorgungsansprüche, bei denen eine mögliche Kündigung als Anknüpfungszeitpunkt für eine Enthaftung schon deshalb nicht in Betracht kommt, weil nichts mehr zu kündigen ist[826], haftet der ehemalige Gesellschafter noch fünf Jahre nach seinem Ausscheiden.

Im Ergebnis endet die Haftung des ausgeschiedenen Gesellschafters für Ansprüche aus Dauerschuldverhältnissen spätestens fünf Jahre nach der Eintragung seines Ausscheidens in das Handelsregister.

bbc) Alter Komplementär als Kommanditist und GmbH-Geschäftsführer

581 Die Haftung eines ausgeschiedenen Komplementärs ist im Zusammenhang mit einer GmbH &Co. KG insbesondere dann von Bedeutung, wenn die GmbH & Co. KG dadurch entsteht, daß eine GmbH als Komplementärin in eine KG eintritt, während der bisherige Komplementär aus der Gesellschaft ausscheidet bzw. seine Stellung in die eines Kommanditisten umwandelt. Dann stellt sich die Frage, inwieweit der Ex-Komplementär für die vor der Umwandlung der Gesellschaft in eine GmbH & Co. KG begründeten Geschäftsverbindlichkeiten weiterhaftet.

Grundsätzlich gilt oben Gesagtes zur Weiterhaftung. Praktisch bedeutsame Ausnahmen von diesen Grundsätzen hat der BGH jedoch für den Fall gemacht, daß der Ex-Komplementär in die Stellung eines Kommanditisten überwechselt und gleichzeitig Geschäftsführer der Komplementär-GmbH ist. Dieser Ex-Komplementär könne sich mangels Schutzwürdigkeit weder auf die Verjährung gemäß § 159 HGB berufen[827] noch erlischt seine Haftung für Verbindlichkeiten aus Dauerschuldverhältnissen[828].

---

823 BGH NJW 1983, 2254 (2255); BGH NJW 1985, 1899.
824 BGH NJW 1983, 2254 (2255); BGH NJW 1983, 2943; BGH NJW 1985, 1899 (1900).
825 BAG NJW 1978, 391 f.; BGH NJW 1983, 2255.
826 BGH, a.a.O.
827 BGH NJW 1981, 175 (176).
828 BGH NJW 1983, 2256; a. A. K. Schmidt, S. 966.

cc) Haftung des neuen Kommanditisten

cca) Beschränkte Haftung

Tritt ein neuer Kommanditist in die Gesellschaft ein, bestimmt sich seine Haftung nach den allgemeinen Bestimmungen gemäß §§ 171, 172 HGB[829]. Für Verbindlichkeiten der Gesellschaft, die bereits zum Zeitpunkt seines Eintritts entstanden waren, ergibt sich diese Haftung aus § 173 HGB. 582

Er haftet also für alle Verbindlichkeiten der Gesellschaft persönlich und unmittelbar bis zur Höhe seiner Haftsumme, solange er noch nicht eine Einlage in dieser Höhe in das Gesellschaftsvermögen erbracht hat, § 171 Abs. 1 Halbs. 1 HGB[830]. Hat der neue Kommanditist seine Einlage erbracht, ist seine persönliche unmittelbare Haftung ausgeschlossen, § 171 Abs. 1 Halbs. 2 HGB. Er haftet dann nur noch mittelbar durch seine Leistung in das Gesellschaftsvermögen (zum Wiederaufleben der persönlichen Haftung s. Rn. 360 ff.).

ccb) Unbeschränkte Haftung gemäß § 176 Abs. 2 HGB

Eine darüber hinausgehende unbeschränkte Haftung eines neuen Kommanditisten gemäß § 176 Abs. 2 HGB kommt bei Eintritt in eine GmbH & Co. KG in der Regel nicht in Betracht. 583

Gemäß § 176 Abs. 2 HGB haftet ein in eine bestehende Kommanditgesellschaft eintretender Kommanditist in entsprechender Anwendung des § 176 Abs. 1 HGB unbeschränkt für die zwischen seinem Eintritt und dessen Eintragung in das Handelsregister begründeten Verbindlichkeiten. Im Gegensatz zur Haftung gemäß § 11 Abs. 2 GmbHG[832] erlischt diese Haftung auch nicht rückwirkend mit der Eintragung. Diese unbeschränkte Haftung entfällt jedoch, wenn die Gesellschaftsgläubiger Kenntnis von seiner Kommanditistenstellung haben, § 176 Abs. 2, Abs. 1 S. 1 HGB.

Ein Gläubiger hat Kenntnis von der Kommanditistenstellung, wenn die Gesellschaft die Firma einer GmbH & Co. KG verwendet[833]. Denn im Geschäftsverkehr rechnet niemand mehr damit, daß ein nicht eingetragener Gesellschafter ein persönlich haftender Gesellschafter ist, da in einer GmbH & Co. KG üblicherweise alle Gesellschafter außer der Komplementär-GmbH Kommanditisten sind. 584

---

829 S. Rn. 354 ff.
830 Vgl. Rn. 355.
831 (*entfallen*)
832 S. Rn. 69.
833 Schilling in Großkomm., § 176 Rn. 27; Schlegelberger/K. Schmidt, § 176 Rn. 49; Hachenburg/Ulmer, § 11 Rn. 132; Baumbach/Duden/Hopt, Anh. § 177a Anm. II 2 E; einschränkend BGH NJW 1983, 2258 (2260); s. Rn. 88 ff.

Um eine Haftung gemäß § 176 Abs. 2 HGB von vornherein auszuschließen, empfiehlt es sich, im Aufnahmevertrag zu bestimmen, daß der Beitritt des neuen Kommanditisten erst mit der Eintragung in das Handelsregister wirksam wird.

dd) Haftung des alten Kommanditisten

585 Der ausscheidende Kommanditist haftet für alle bis zu seinem Ausscheiden begründeten Verbindlichkeiten (sog. Altverbindlichkeiten) nach den allgemeinen Bestimmungen zur Kommanditistenhaftung gemäß §§ 171, 172 HGB[834]. Er haftet demnach persönlich und unmittelbar bis zur Höhe seiner im Handelsregister eingetragenen Haftsumme, wenn er eine Einlage in das Gesellschaftsvermögen in dieser Höhe nicht erbracht hat. Wenn er seine Einlage geleistet hat, ist diese Haftung ausgeschlossen. Sie lebt aber gemäß § 172 Abs. 4 S. 1 HGB dann wieder auf, wenn ihm aus dem Gesellschaftsvermögen eine Abfindung gezahlt wird[835]. Eine Abfindung aus dem Gesellschaftsvermögen liegt auch dann vor, wenn der ausscheidende Kommanditist eine Zahlung in entsprechender Höhe von einem neu in die Gesellschaft eintretenden Kommanditisten erlangt und die Gesellschaft diese Zahlung auf die Einlageschuld des neuen Kommanditisten anrechnet[836].

586 Wird das Auseinandersetzungsguthaben des ausscheidenden Kommanditisten in ein Darlehen umgewandelt, kommt es nicht zu einem Wiederaufleben der persönlichen Haftung gemäß § 172 Abs. 4 S. 1 HGB[837]. Die Tilgung dieses Darlehens und die Zahlung von Zinsen, wenn die Gesellschaft keine Gewinne erzielt, ist dagegen wieder eine haftungsbegründende Rückgewähr der Einlage[838].

Haftet ein ausgeschiedener Kommanditist persönlich und unmittelbar für Altverbindlichkeiten, hat er gleich einem ausgeschiedenen Komplementär das Recht, sich fünf Jahre nach Eintragung seines Ausscheidens auf die Verjährung der Verbindlichkeiten zu berufen, §§ 159, 161 Abs. 2 HGB[839]. Auch hier stellen sich dann die schwierigen Fragen zur Haftung für Verbindlichkeiten aus Dauerschuldverhältnissen[840].

---

[834] S. Rn. 354 ff.
[835] BGH NJW 1963, 1873 (1876); Schilling in Großkomm., § 172 Rn. 14; Schlegelberger/K. Schmidt, §§ 171, 172 Rn. 73; s. auch Rn. 360 ff.
[836] Schlegenberger/K. Schmidt, §§ 171, 172 Rn. 71.
[837] BGH NJW 1963, 1873 (1876); Schilling in Großkomm., § 172 Rn. 14).
[838] BGH, a.a.O.
[839] S. Rn. 629.
[840] S. Rn. 630 ff.

b) Haftung bei Anteilsübertragung

aa) Haftung bei Übertragung der Komplementärstellung

Die Haftung eines neuen Komplementärs, der durch Abtretung den Komplementäranteil einer KG erworben hat, unterscheidet sich nicht von der Haftung eines neuen Komplementärs, der aufgrund eines rechtlich selbständigen Beitrittsvertrages mit den übrigen Gesellschaftern die Komplementärstellung erworben hat[841]. Beide haften für Neu- und Altverbindlichkeiten der Gesellschaft gemäß §§ 128, 130, 161 Abs. 2 HGB unbeschränkt. Ebenso haftet der seinen Komplementäranteil veräußernde Gesellschafter unbeschränkt für alle bis zu seinem Ausscheiden begründeten Verbindlichkeiten weiter[842].

587

bb) Haftung bei Übertragung eines Kommanditanteils

bba) Grundsätzliches

Mit der Abtretung eines Kommanditanteils übernimmt der neue Kommanditist hinsichtlich der Haftung gegenüber Gesellschaftsgläubigern diejenige Rechtsposition, die bis zur Abtretung der frühere Kommanditist innegehabt hatte. Hatte der Alt-Kommanditist seine Einlage voll erbracht und damit jede weitere Haftung ausgeschlossen (§ 171 Abs. 1 Halbs. 2 HGB), kommt auch eine unmittelbare persönliche Haftung des Neu-Kommanditisten nicht mehr in Betracht[843]. Weder der Alt-Gesellschafter noch der Neu-Gesellschafter haften in diesem Fall persönlich.

588

Hatte dagegen der Alt-Kommanditist seine Einlage ganz oder teilweise noch nicht erbracht und haftete er den Gläubigern wegen des offenstehenden Betrages bis zur Höhe der eingetragenen Haftsumme, so haftet nun der neue Kommanditist den Gläubigern mit seinem Privatvermögen in gleicher Weise[844]. Daneben bleibt für Altverbindlichkeiten[845] weiterhin die unmittelbare Haftung des Altkommanditisten gemäß §§ 171 Abs. 1 Halbs. 1, 159 HGB bestehen. Alt- und Neu-Kommanditist haften in einem solchen Fall hinsichtlich der Altverbindlichkeiten als Gesamtschuldner in Höhe der einen Haftsumme[846].

Diese Haftungssituation besteht auch dann, wenn dem Alt-Kommanditisten seine Einlage ganz oder zum Teil vor der Anteilsübertragung zurückgewährt wurde[847]. Leistet der Neu-Kommanditist dann die noch ausstehende Einlage,

589

---

841 S. Rn. 628.
842 S. Rn. 629 ff.
843 BGHZ 81, 82 (85), auch in GmbHR 1981, 262 (263); RG DNotZ 1944, 195 (199), auch in WM 1964, 1130 (1133); Schilling in Großkomm., § 173 Rn. 6; Schlegelberger/K. Schmidt, § 173 Rn. 30.
844 BGH, a.a.O.
845 S. Rn. 629.
846 Schilling in Großkomm., § 173 Rn. 8; Schlegelberger/K. Schmidt, § 173 Rn. 31.
847 Schlegelberger/K. Schmidt, a.a.O.

kommt die Einlageleistung nach § 171 Abs. 1 HGB auch dem Alt-Kommanditisten zugute[848]. Sowohl für den Neu- als auch für den Alt-Kommanditisten ist dann jegliche persönliche Haftung ausgeschlossen.

Wird dem Neu-Kommanditisten die Einlage zurückgezahlt, lebt für Altverbindlichkeiten auch die unmittelbare persönliche Haftung des Alt-Kommanditisten wieder auf[849].

bbb) Haftung bei fehlendem Rechtsnachfolgevermerk

590 Fehlt im Handelsregister der Vermerk, daß der Neu-Kommanditist seinen Anteil aufgrund einer Abtretung vom Alt-Kommanditisten erworben hat, hat dies für den Alt-Kommanditisten haftungsrechtliche Konsequenzen. Die Haftung des Neu-Kommanditisten ist trotz Fehlens des Rechtsnachfolgevermerks unverändert. Es bleibt dabei, daß der neue Kommanditist gegenüber Gesellschaftsgläubigern diejenige Rechtsposition einnimmt, die bis zur Abtretung der frühere Kommanditist innegehabt hatte. Der Neu-Kommanditist kann sich also gemäß § 171 Abs. 1 Halbs. 2 HGB auf den Ausschluß seiner persönlichen unmittelbaren Haftung berufen, wenn der Alt-Kommanditist seine Einlageleistung erbracht hat[850].

591 Da mit der Anteilsübertragung das Recht des Alt-Kommanditisten sich auf seine Einlageleistung zu berufen, auf den Neu-Kommanditisten vollständig übergeht, ist die im Handelsregister weiter eingetragene Haftsumme des Alt-Kommanditisten durch seine frühere Einlageleistung fortan nicht mehr gedeckt. Infolgedessen kommt es zu einem Wiederaufleben seiner Haftung entsprechend § 172 Abs. 4 HGB[851]. Diese Haftung besteht gegenüber sämtlichen Gesellschaftsgläubigern, wenn im Handelsregister nicht nur der Rechtsnachfolgevermerk fehlt, sondern auch der Austritt des Alt-Kommanditisten als solcher nicht vermerkt ist. Aufgrund dieser Registerlage gilt der Alt-Kommanditist gegenüber allen Gesellschaftsgläubigern unter den Voraussetzungen des § 15 Abs. 1 HGB als ein der Gesellschaft angehörender Kommanditist[852].

Folglich besteht die Haftung nur gegenüber Alt-Gläubigern, wenn lediglich der Rechtsnachfolgevermerk fehlt, der Austritt des Alt-Kommanditisten aber eingetragen ist. In diesem Fall gilt der Alt-Kommanditist gemäß § 15 Abs. 1 HGB als ein aufgrund eines isolierten Austritts ausgeschiedener Gesellschafter.

---

848 RG DNotZ, a.a.O.; Huber, S. 400; Schlegelberger/K. Schmidt, § 173 Rn. 32.
849 BGH NJW 1976, 751 (752); Schilling in Großkomm., § 173 Rn. 8; a.A. Schlegelberger/K. Schmidt, § 173 Rn. 33; Huber, S. 400.
850 BGH, Urteil v. 29.6.1981, GmbHR 1981, 262 (264).
851 BGH, a.a.O.; im Ergebnis zustimmend Schlegelberger/K. Schmidt, § 173 Rn. 35; Schilling in Großkomm., § 173 Rn. 9.
852 Vgl. BGH, GmbHR 1981, 262 (263).

bbc) Unbeschränkte Haftung analog § 176 Abs. 2 HGB

Die unbeschränkte Haftung eines Kommanditisten für Verbindlichkeiten, die zwischen seinem Eintritt und seiner Eintragung in das Handelsregister entstehen, trifft nicht nur einen Kommanditisten, der der Gesellschaft durch Begründung eines neuen Kommanditanteils beigetreten ist[853], sondern grundsätzlich auch den, der seine Mitgliedschaft durch Abtretung von einem anderen Gesellschafter erworben hat[854]. 592

Da die Haftung gemäß § 176 Abs. 2 HGB aber immer dann entfällt, wenn der Gläubiger Kenntnis von der Kommanditistenstellung des nicht eingetragenen Gesellschafters hat, kommt bei einer GmbH & Co. KG die unbeschränkte Haftung eines Kommanditisten gemäß § 176 HGB generell nicht in Betracht[855]. Denn wenn die GmbH & Co. KG unter ihrer Firma[856] auftritt, rechnet im Rechtsverkehr niemand mehr damit, daß ein nicht eingetragener Gesellschafter kein Kommanditist ist, da in einer GmbH & Co. KG üblicherweise alle Gesellschafter außer der Komplementär-GmbH Kommanditisten sind. Infolgedessen haben die Gläubiger Kenntnis von der Kommanditistenstellung des nicht eingetragenen Gesellschafters, wenn die Gesellschaft die Firma einer GmbH & Co. KG verwendet[857].

c) Vergleich der Haftung bei Eintritt/Austritt und Anteilsübertragung

Hinter beiden Modellen steht wirtschaftlich gesehen die Idee, daß der neue Gesellschafter dem alten Gesellschafter „seine Einlage abkauft"[858]. In der Praxis ist ein Gesellschafterwechsel in der Gestalt der Anteilsübertragung verbreiteter als ein Gesellschafterwechsel durch kombinierten Ein- und Austritt. Der Grund liegt in der bei der Anteilsübertragung günstigeren Kommanditistenhaftung. Während bei einem Ein- und Austritt beide Gesellschafter jeweils eine Einlage erbringen und erhalten müssen[859], genügt bei der Anteilsübertragung für die Haftungsbefreiung beider Kommanditisten die einmalige Aufbringung und Erhaltung einer Einlage[860]. 593

---

853 S. Rn. 620.
854 BGH, Urteil v. 21.3.1983, auch in NJW 1983, 2258 f.; Baumbach/Duden/Hopt, § 176 Anm. 3 B; a.A. Schilling in Großkomm., § 176 Rn. 15; Schlegelberger/K. Schmidt, § 176 Rn. 25.
855 S. Rn. 88 ff.
856 S. Rn. 97 ff.
857 Schilling in Großkomm., § 176 Rn. 27; Schlegelberger/K. Schmidt, § 176 Rn. 49; Hachenburg/Ulmer, § 11 Rn. 132; einschränkend BGH NJW 1983, 2258 (2260); s. Rn. 88.
858 Vgl. Huber, S. 398.
859 S. Rn. 634 ff.
860 S. Rn. 640 ff.

III Koordinierung der Gesellschafterwechsel bei der GmbH und bei der GmbH & Co. KG

594 Sind die Gesellschafter der Komplementär-GmbH gleichzeitig Kommanditisten der GmbH & Co. KG, besteht in der Regel ein Interesse, diese Beteiligungsidentität und damit die einheitliche Willensbildung in beiden Gesellschaften zu erhalten. Bei einem Gesellschafterwechsel ist sie gefährdet, da sich die Abtretung von GmbH- und KG-Anteilen nach unterschiedlichen Regeln vollzieht[861]. Während GmbH-Anteile frei veräußerlich sind, ist die Abtretung von KG-Anteilen an die Zustimmung aller Gesellschafter gebunden oder muß im Gesellschaftsvertrag gestattet sein. Um einen Zerfall der Beteiligungsidentität zu verhindern, wird in der Praxis auch in der GmbH-Satzung die Zustimmung der Mitgesellschafter zur Anteilsübertragung für erforderlich erklärt. Darüber hinaus kann die Zulässigkeit der Übertragung eines Geschäftsanteils an der Komplementär-GmbH von der Bedingung abhängig gemacht werden, daß der betreffende GmbH-Gesellschafter gleichzeitig seinen Kommanditanteil an denselben Rechtsnachfolger abtritt. Auch im KG-Vertrag kann bestimmt werden, daß die Übertragung von Kommanditanteilen nur dann gestattet ist, wenn der betroffene Kommanditist gleichzeitig seinen Geschäftsanteil an der GmbH auf seinen Rechtsnachfolger überträgt[862].

595 Dabei ist zu beachten, daß die Verpflichtung, einen GmbH-Anteil zu übertragen, immer der notariellen Beurkundung gemäß § 15 Abs. 4 S. 1 GmbHG bedarf. Das ist insbesondere dann von Bedeutung, wenn diese Vereinbarung nicht im formbedürftigen GmbH-Vertrag enthalten ist. Die Beurkundungspflicht gemäß § 15 Abs. 4 S. 1 GmbHG bezieht sich auf alle Abreden, die die Parteien im Zusammenhang mit der Übertragungspflicht für wesentlich erachtet haben[863]. Eine Ausnahme gilt dann, wenn die Vertragspartner die nicht formbedürftigen Teile auch ohne die formpflichtigen vereinbart hätten[864]. Durch die Beurkundung der Abtretung eines GmbH-Anteils wird gemäß § 15 Abs. 4 Satz 2 GmbHG eine mangels Form unwirksame Verpflichtung zur Übertragung eines GmbH-Anteils einschließlich aller Nebenabreden geheilt[865].

---

861 S. Rn. 617, 625.
862 S. auch Sudhoff, S. 353 mit weiteren Beispielen.
863 BGH NJW 1983, 1843 (1844).
864 BGH Urteil v. 14.4.1986 in GmbHR 1986, 258 (260).
865 BGH NJW-RR 1987, 807.

IV Einzelheiten zum Ausscheiden von Gesellschaftern

1 Kündigung eines Gesellschafters

a) Kündigung eines Gesellschafters der GmbH & Co. KG

aa) Ordentliche Kündigung

In einer auf unbestimmte Dauer eingegangenen Kommanditgesellschaft kann nach der gesetzlichen Regelung ein Gesellschafter zum Schluß des Geschäftsjahres mit sechsmonatiger Frist kündigen, §§ 132, 161 Abs. 2 HGB. 596

Die Gesellschafter sind an diese gesetzliche Ausgestaltung der Kündigung nicht gebunden. So können längere Kündigungsfristen vereinbart werden. Das Kündigungsrecht kann auch für eine bestimmte Zeit ausgeschlossen werden[866].

Ein völliger Ausschluß des Kündigungsrechts ist unzulässig[866a]. Das gilt ebenso für Regelungen, die eine Kündigung unzumutbar erschweren und damit einem Ausschluß gleichkommen. So können Regelungen über den Ausschluß eines Abfindungsguthabens (s. Rn. 701), übermäßig lange Kündigungsfristen oder Vertragsstrafen für den Fall der Kündigung im Einzelfall nichtig sein[867].

bb) Außerordentliche Kündigung

Nach der gesetzlichen Regelung gibt es für die Gesellschafter einer Kommanditgesellschaft kein Recht zur fristlosen Kündigung aus wichtigem Grund. Anstelle der fristlosen Kündigung gibt es hier die Auflösungsklage gemäß §§ 133, 161 Abs. 2 HGB. Danach hat der Gesellschafter bei Vorliegen eines wichtigen Grundes das Recht, die Auflösung der Gesellschaft durch gerichtliche Entscheidung zu verlangen. Ein wichtiger Grund liegt immer dann vor, wenn dem klagenden Gesellschafter die Fortsetzung des Gesellschaftsverhältnisses nicht mehr zuzumuten ist[868]. Das ist insbesondere dann der Fall, wenn ein anderer Gesellschafter eine ihm nach dem Gesellschaftsvertrag obliegende wesentliche Verpflichtung vorsätzlich oder grob fahrlässig verletzt, § 133 Abs. 2 HGB. 597

Ein Auflösungsgrund im Sinne des § 133 Abs. 2 HGB liegt auch dann vor, wenn der Geschäftsführer der GmbH vorsätzlich oder grob fahrlässig gesellschaftsvertragliche Pflichten verletzt. Auch wenn der GmbH-Geschäftsführer ausschließlich als Organ der GmbH handelt, werden seine Pflichtverletzungen der Komple- 598

---

866 Westermann, Rn. 629.
866a BGH NJW 1968, 2003.
867 Vgl. Schlegelberger/Geßler, § 132 Anm. 16.
868 RG 65, 38; 105, 376.

mentär-GmbH unmittelbar zugerechnet, so daß die Kommanditisten einer GmbH & Co. KG in einem solchen Fall die Auflösung der KG gemäß §§ 133, 161 Abs. 2 HGB oder die Ausschließung der Komplementär-GmbH gemäß §§ 140, 161 Abs. 2 HGB verlangen können[869].

Das Recht, die Auflösungsklage zu erheben, ist unabdingbar. § 133 HGB schließt jedoch nicht aus, daß im Gesellschaftsvertrag der GmbH & Co. KG ein fristloses Kündigungsrecht aus wichtigem Grund vereinbart wird[870].

cc) Rechtsfolgen einer Kündigung

599 Nach der gesetzlichen Regelung löst sich eine Kommanditgesellschaft durch die Kündigung eines Gesellschafters auf, §§ 131 Nr. 6, 161 Abs. 2 HGB.

In der Praxis wird in den Gesellschaftsvertrag einer KG regelmäßig eine sog. Fortsetzungsklausel aufgenommen, wonach die Gesellschaft trotz Kündigung eines Gesellschafters unter den übrigen Gesellschaftern fortbestehen soll, §§ 138, 161 Abs. 2 HGB. Der Gesellschafter, der kündigt, scheidet aus der Gesellschaft aus, seine Mitgliedschaft erlischt. Während sein Anteil am Gesellschaftsvermögen den übrigen Gesellschaftern zuwächst, hat er einen Zahlungsanspruch gegen die verbleibenden Gesellschafter in Höhe seiner Beteiligung am Gesellschaftsvermögen §§ 738 Abs. 1 BGB, 105 Abs. 2, 161 Abs. 2 HGB[871].

b) Kündigung eines GmbH-Gesellschafters

aa) Ordentliche Kündigung

600 GmbH-Gesellschafter können nach der gesetzlichen Regelung ihre Mitgliedschaft nicht im Wege einer ordentlichen Kündigung beenden[872]. Nach dem GmbHG kann sich ein Gesellschafter von der Gesellschaft gegen ihren Willen – abgesehen vom Sonderfall des Preisgaberechts bei unbeschränkter Nachschußpflicht gemäß § 27 Abs. 1 S. 1 GmbHG – nur im Wege der Anteilsübertragung lösen. In der GmbH-Satzung kann den Gesellschaftern jedoch ein ordentliches Kündigungsrecht eingeräumt werden[873].

bb) Außerordentliche Kündigung

601 Unabhängig von vertraglichen Vereinbarungen hat jeder GmbH-Gesellschafter ein Recht zur außerordentlichen Kündigung, wenn ein wichtiger Grund zum Austritt auf Seiten des Gesellschafters gegeben ist und andere zumutbare Mög-

---

869 Schlegelberger/Martens, § 161 Rn. 123; Hesselmann, Rn. 252.
870 BGH NJW 1967, 1961 (1963).
871 S. Rn. 691 ff.
872 Hachenburg/Ulmer, Anh. § 34 Rn. 46 nwN.
873 Meyer-Landrut, S. 431 ff.

Einzelheiten zum Ausscheiden von Gesellschaftern F

lichkeiten, sich von der Gesellschaft zu trennen, nicht bestehen[874]. Ein wichtiger Grund liegt immer dann vor, wenn die Gesellschaft Maßnahmen trifft, durch die sich ihre rechtlichen und wirtschaftlichen Verhältnisse in einer für den Gesellschafter nicht zumutbaren Weise ändern[875].

cc) Rechtsfolgen der Kündigung

Erklärt der austrittsberechtigte Gesellschafter seine Kündigung gegenüber der Gesellschaft, erwirbt er einen Abfindungsanspruch gegenüber der GmbH[876]. Zahlt die GmbH die Abfindungssumme, kann sie nach ihrer Wahl seinen Geschäftsanteil einziehen[877] oder dessen Abtretung an sich oder einen von ihr benannten Mitgesellschafter oder Dritten verlangen[878]. 602

In der Zeit zwischen Kündigungserklärung und Einziehung bzw. Abtretung besteht die Mitgliedschaft des austrittsberechtigten Gesellschafters weiter fort[879]. Er kann also weiterhin sein Stimmrecht ausüben[880]. Er hat aber aufgrund der fortbestehenden gesellschaftlichen Treuepflicht in besonderem Maße Zurückhaltung bei der Ausübung von Verwaltungsrechten zu üben und darf nicht ohne triftigen Grund gegen Maßnahmen stimmen, die seine Vermögensinteressen nicht beeinträchtigen[881].

2 Ausschluß eines Gesellschafters

a) Ausschluß eines Gesellschafters der GmbH & Co. KG

Anstelle der gesetzlich vorgesehenen schwerfälligen und langwierigen Ausschließungsklage gegen einen Gesellschafter (§§ 140, 161 Abs. 2 HGB) wird in der Praxis häufig im Gesellschaftsvertrag der KG eine Klausel aufgenommen, die die Ausschließung eines Gesellschafters gegen seinen Willen per Gesellschafterbeschluß ermöglicht. 603

Eine Klausel, die die Ausschließung eines Gesellschafters in das freie Ermessen der Mehrheitsgesellschafter stellt, ist nach der neueren – gefestigten – Rechtsprechung grundsätzlich nichtig wegen Verstoßes gegen „die allgemeinen Grundsätze der Rechtsordnung (§ 138 BGB) und die Grundprinzipien des Gesellschaftsrechts"[882].

---

874 Hachenburg/Ulmer, Anh. § 34 Rn. 43; Baumbach/Hueck, Anh. § 34 Rn. 1; Scholz/Winter, § 15 Rn. 88.
875 Hachenburg/Ulmer, Anh. § 34 Rn. 49.
876 Scholz/Winter, § 15 Rn. 126; Hachenburg/Ulmer, Anh. § 34 Rn. 52.
877 S. Rn. 658 ff.
878 BGHZ 88, 320 (322); Scholz/Winter, § 15 Rn. 123; Hachenburg/Ulmer, a.a.O.
879 Scholz/Winter, a.a.O.; Fischer/Lutter/Hommelhoff, § 34 Rn. 19.
880 A.A. Hachenburg/Ulmer, a.a.O.
881 BGHZ 88, 320 (328); Scholz/Winter, a.a.O.; Fischer/Lutter/Hommelhoff, a.a.O.
882 BGH, Urteil v. 19.9.1988 BB 1989, 102; BGH, Urteil v. 13.7.1981 NJW 1981, 2565; BGH, Urteil v. 25.3.1985 NJW 1985, 2421 (2422); kritisch: Weber/Hickel, NJW 1986, 2753.

604 Eine derartige Hinauskündigungsklausel begründet die Gefahr, daß Gesellschafter aus sachfremden Gründen ausgeschlossen werden. Außerdem birgt sie das Risiko, daß Minderheitsgesellschafter in eine persönliche und wirtschaftliche Abhängigkeit gebracht werden, die über den Rahmen des rechtlich und sittlich Erlaubten (§ 138 BGB) hinausgeht[883]. Denn gesellschaftsvertragliche Regelungen, die die Beteiligung derart frei entziehbar gestalten, beeinträchtigen erheblich die Entschließungs- und Entscheidungsfreiheit der Minderheitsgesellschafter[884]. Auch wenn der ausgeschlossene Gesellschafter eine Abfindung zu beanspruchen hat, die im wesentlichen dem vollen Wert seiner Beteiligung entspricht, bleibt es bei der Unzulässigkeit derartiger Hinauskündigungsklauseln aus oben genannten Gründen[885].

b) Ausschluß eines GmbH-Gesellschafters

aa) Allgemeines

605 Im GmbH-Gesetz ist der Ausschluß eines Gesellschafters – abgesehen von den Sonderfällen des Ausschlusses säumiger Gesellschafter (§§ 21, 28 Abs. 1) und der fingierten Preisgabe bei Nichterfüllung unbeschränkter Nachschlußpflichten (§ 27 Abs. 1 S. 2) – nicht geregelt.

Die GmbH-Satzung kann aber vorsehen, daß der Geschäftsanteil eines Gesellschafters von der Gesellschaft eingezogen werden kann, § 34 GmbHG[886]. Auch kann die GmbH-Satzung die Gesellschafter ermächtigen, einen Mitgesellschafter dadurch auszuschließen, daß sie seinen Geschäftsanteil an Mitgesellschafter oder Dritte abtreten[887].

Unabhängig von den Regelungen der GmbH-Satzung kann ein Gesellschafter immer per Ausschlußklage aus einer GmbH ausgeschlossen werden, wenn in seiner Person ein wichtiger Grund gegeben ist[888].

bb) Einziehung von Geschäftsanteilen

bba) Voraussetzungen der Einziehung

606 Die Einziehung eines Geschäftsanteils ist nur möglich, wenn sie im Gesellschaftsvertrag zugelassen ist, § 34 Abs. 1 GmbHG. Das Gesetz unterscheidet zwischen Einziehung mit Zustimmung und ohne Zustimmung des Anteilsberechtigten (sog. Zwangseinziehung).

---

883 So BGH NJW 1985, 2421 (2422).
884 BGH, a.a.O.; BGH NJW 1981, 2565 (2566).
885 BGH NJW 1981, 2565 (2566); s. auch Rn. 700.
886 S. Rn. 659.
887 S. Rn. 661.
888 S. Rn. 662.

Einzelheiten zum Ausscheiden von Gesellschaftern F

Ohne Zustimmung des betroffenen Gesellschafters ist die Einziehung nur zulässig, wenn die Voraussetzungen hierfür in der GmbH-Satzung schon vor dem Zeitpunkt festgesetzt waren, zu dem der Gesellschafter seinen Anteil erworben hat, § 34 Abs. 2 GmbHG. Diese Bestimmung soll einen Gesellschafter, der seine Einlagepflicht erfüllt hat, davor schützen, daß er ungewollt seine Beteiligung auf eine Weise einbüßt, mit der er bei seinem Eintritt in die Gesellschaft nicht zu rechnen brauchte. Stimmt ein Gesellschafter später einer Satzungsänderung zu, die die Voraussetzungen einer Zwangseinziehung schafft, gibt er diesen Schutz auf. Er steht dann einem Gesellschafter gleich, der sich bei seinem Eintritt einer bereits festgelegten Einziehungsregelung unterworfen hat[889].

Die Gründe, die eine Einziehung rechtfertigen, müssen so genau formuliert werden, daß sie die mit der Klausel konkret verbundenen Risiken für den einzelnen Gesellschafter deutlich machen[890]. Einziehungsgründe können z.B. der Tod oder Konkurs eines Gesellschafters oder die Pfändung seines Geschäftsanteils sein. Sind in einer GmbH & Co. KG die Gesellschafter der Komplementär-GmbH gleichzeitig Kommanditisten der GmbH & Co. KG, kann der Verlust des Kommanditanteils ein Grund für die Zwangseinziehung des GmbH-Geschäftsanteils sein[891]. 607

Es ist auch zulässig, die Einziehung an einen „wichtigen Grund" in der Person des Gesellschafters zu knüpfen, wenn der Begriff des wichtigen Grundes keinen weitergehenden Inhalt haben soll, als ihm Gesetz und Rechtsprechung allgemein beilegen[892].

Zur Wirksamkeit der Einziehung ist ein Gesellschafterbeschluß (§ 46 Nr. 4 GmbHG) und sein Zugang an den betroffenen Gesellschafter erforderlich[893].

bbb) Rechtsfolgen der Einziehung

Rechtsfolge der Einziehung ist der Wegfall des Geschäftsanteils. Er wird durch die Einziehung vernichtet, gleichzeitig gehen alle Rechte und Pflichten aus der Mitgliedschaft unter. 608

In der Regel erwächst dem ausgeschiedenen Gesellschafter durch die Einziehung seines Geschäftsanteils ein Abfindungsanspruch gegenüber der Gesellschaft[894]. Soweit die GmbH-Satzung keine Regelungen über Art und Höhe dieses Anspruchs enthält, bestimmt sich die Abfindung nach dem Verkehrswert des Ge-

---

889 BGH, Urteil v. 19.9.1977 GmbHR 1978, 131.
890 Fischer/Lutter/Hommelhoff, § 34 Rn. 12.
891 Scholz/H.P. Westermann, § 34 Rn. 12; Rowedder, § 34 Rn. 36.
892 S. dazu Rn. 664; BGH, a.a.O., S. 132; Fischer/Lutter/Hommelhoff, a.a.O.
893 Hachenburg/Hohner, § 34 Rn. 47; Fischer/Lutter/Hommelhoff, § 34 Rn. 8.
894 Fischer/Lutter/Hommelhoff, § 34 Rn. 17; Baumbach/Hueck, Anh. § 34 Rn. 11.

schäftsanteils[895]. Bei der Zahlung eines Einziehungsentgelts ist die Bestimmung des § 30 Abs. 1 GmbHG zu beachten, wonach das zur Erhaltung des Stammkapitals erforderliche Vermögen der Gesellschaft an die Gesellschafter nicht ausgezahlt werden darf, § 34 Abs. 3 GmbHG. Eine Abfindung kann also aus dem Vermögen der Gesellschaft nur gezahlt werden, wenn entsprechende Mittel über den Betrag des Stammkapitals hinaus vorhanden sind.

cc) Ausschlußklausel im Gesellschaftsvertrag

609 Anstelle der Einziehung eines Geschäftsanteils kann die GmbH-Satzung einen Gesellschafter verpflichten, seinen Geschäftsanteil unter bestimmten Voraussetzungen an einen Mitgesellschafter oder Dritten abzutreten. Sie kann auch die Gesellschafter ermächtigen, einen Mitgesellschafter dadurch auszuschließen, daß sie selbst seinen Geschäftsanteil an Mitgesellschafter oder Dritte abtreten[896].

Die Voraussetzungen, die an die Wirksamkeit solcher Ausschlußklauseln gestellt werden, entsprechen denen von Einziehungsklauseln (s. Rn. 659).

dd) Ausschlußklage

dda) Klageverfahren

610 Auch ohne Ausschlußklausel im Gesellschaftsvertrag kann ein GmbH-Gesellschafter aus der Gesellschaft ausgeschlossen werden, wenn in seiner Person ein wichtiger Grund gegeben ist[897].

Allerdings kann ohne Ausschlußklausel im Gesellschaftsvertrag die Ausschließung nur im Wege einer Klage erfolgen[898].

Kläger ist die durch ihre Geschäftsführer vertretene GmbH[899]. Die Entscheidung, ob eine derartige Klage erhoben werden soll, wird durch einen Gesellschafterbeschluß getroffen. Dieser Beschluß bedarf der gleichen Mehrheit, wie sie für einen Auflösungsbeschluß gemäß § 60 Abs. 1 Nr. 2 GmbHG erforderlich ist, d. h. im Regelfall ist die Zustimmung von 3/4 des bei der Beschlußfassung vertretenen Kapitals notwendig[900].

---

895 S. Rn. 705.
896 BGH Urteil vom 20.6.1983 GmbHR 1984, 74; Fischer/Lutter/Hommelhoff, § 34 Rn. 14; Hachenburg/Ulmer, Anh. § 34 Rn. 31.
897 BGHZ 9, 157 (159 f.); 16, 317 (322); Baumbach/Hueck, Anh. § 34 Rn. 2; Hachenburg/Ulmer, Anh. § 34 Rn. 4.
898 BGHZ 9, 157 (166); 16, 317 (322); Hachenburg/Ulmer, Anh. § 34 Rn. 15.
899 Vgl. BGHZ 9, 157 (177).
900 BGHZ, a.a.O.; Hachenburg/Ulmer, Anh. § 34 Rn. 17; a.A. Scholz/Winter, § 15 Rn. 140; Baumbach/Hueck, Anh. § 34 Rn. 9).

Einzelheiten zum Ausscheiden von Gesellschaftern F

Wird der Klage der Gesellschaft stattgegeben, ergeht ein zum Ausschluß führen- 611
des Gestaltungsurteil. Das Urteil macht die Ausschlußwirkung im Interesse der
Sicherung des Abfindungsanspruches des Betroffenen von der aufschiebenden
Bedingung abhängig, daß die Gesellschaft die im Urteil bestimmte Abfindung
zahlt[901]. Mit dem Bedingungseintritt endet die Mitgliedschaft des ausgeschlossenen Gesellschafters und sein Geschäftsanteil fällt der Gesellschaft zum Zwecke
der Verwertung zu. Die Gesellschaft hat dann die Wahl, ob sie den Geschäftsanteil einziehen oder ihn an Gesellschafter oder Dritte abtreten will[902].

Bis zum Bedingungseintritt ist der Auszuschließende noch Gesellschafter. Seine
Mitgliedschaftsrechte ruhen jedoch insoweit, als er Maßnahmen, die der Durchführung seines Ausschlusses dienen, nicht vereiteln kann[903].

ddb) Materiellrechtliche Voraussetzungen

Materiellrechtlich setzt eine der Klage stattgebende Entscheidung voraus, daß in 612
der Person des auszuschließenden Gesellschafters ein derart wichtiger Grund
liegt, der die Erreichung des Gesellschaftszweckes unmöglich macht oder erheblich gefährdet oder sonst sein Verbleiben in der Gesellschaft unmöglich erscheinen läßt[904]. Ob im Einzelfall ein zum Ausschluß berechtigender wichtiger
Grund gegeben ist, richtet sich nach der Gesamtschau aller Umstände[905]. Wichtige Gründe sind z.B. eine schwerwiegende Störung des Vertrauensverhältnisses[906] oder die Gefährdung der Funktionsfähigkeit der Gesellschaft durch Unerreichbarkeit des Gesellschafters[907]. Der Ausschluß eines Gesellschafters im Wege der Klage kann immer nur als letztes Mittel in Betracht kommen. Bestehen
weniger einschneidende Möglichkeiten, den untragbar gewordenen Zustand zu
ändern, ist eine Ausschließung nicht zulässig[908].

3 Koordinierung von Kündigung und Ausschluß in den Gesellschaftsverträgen der GmbH und der GmbH & Co. KG

Sind die Gesellschafter der Komplementär-GmbH gleichzeitig Kommanditisten 613
der GmbH & Co. KG und besteht ein Interesse, diese Beteiligungsidentität und
damit auch die einheitliche Willensbildung in beiden Gesellschaften zu sichern,
ist in den Gesellschaftsverträgen entsprechend Vorsorge zu treffen. In der

---

901 BGHZ 9, 157 (174); 16, 324 ff.
902 BGHZ 9, 157 (168 ff.); Scholz/Winter, § 15 Rn. 149; K. Schmidt, S. 801.
903 BGHZ 9, 157 (176); weitergehend: Scholz/Winter, § 15 Rn. 148; Fischer/Lutter/Hommelhoff, § 34 Rn. 16 unter Bezugnahme auf BGHZ 88, 320 (328); s. Rn. 654.
904 Hachenburg/Ulmer, Anh. § 34 Rn. 6 unter Bezugnahme auf § 207 Regierungsentwurf 1971/73.
905 BGHZ 16, 317 (322 f.).
906 BGHZ 32, 17; BGH GmbHR 1973, 44.
907 Schmitz, GmbHR 1971, 226 (229); Hachenburg/Ulmer, Anh. § 34 Rn. 7 mit weiteren Beispielen.
908 BGHZ 16, 317 (322); 35, 273 (283).

GmbH-Satzung sollte geregelt werden, daß die Kündigung oder der Ausschluß eines Kommanditisten immer auch seinen Ausschluß als GmbH-Gesellschafter, sei es durch Einziehung[909] oder Abtretung seines Geschäftsanteils[910] zur Folge hat. Im KG-Vertrag kann entsprechend bestimmt werden, daß der Kommanditist, der aus der Komplementär-GmbH freiwillig ausscheidet oder ausgeschlossen wird, auch aus der KG ausgeschlossen werden kann.

4 Tod eines Gesellschafters

a) Tod eines Kommanditisten

aa) Gesetzliche Rechtsnachfolge

614 Stirbt ein Kommanditist, wird die GmbH & Co. KG mit seinen Erben fortgesetzt. Die Kommanditbeteiligung ist also vererblich. Das ergibt sich aus § 177 HGB[911]. Der Erbe tritt in die Rechte und Pflichten des verstorbenen Kommanditisten, wenn sie nicht höchstpersönlicher Natur sind oder der Gesellschaftsvertrag etwas anderes bestimmt[912]. Ist der Erbe bereits Kommanditist, vereinigen sich beide Anteile zu einem Kommanditanteil.

Wer Erbe ist, bestimmt sich nach dem Testament des Verstorbenen oder – falls es ein Testament nicht gibt – nach den gesetzlichen Bestimmungen gemäß §§ 1924 ff. BGB.

Hat der verstorbene Kommanditist mehrere Erben, geht seine Mitgliedschaft entgegen erbrechtlichen Grundsätzen (§ 2032 Abs. 1 BGB) nicht auf die Gesamthand der Erbengemeinschaft über, sondern jeder Erbe erwirbt entsprechend seiner Erbquote einen Teil des Gesellschaftsanteiles (sog. Sondererbfolge)[913]. Die Beteiligung eines Kommanditisten kann also durch seinen Tod in viele selbständige Beteiligungen aufgespalten werden. Im Gesellschaftsvertrag kann für diesen Fall bestimmt werden, daß die Kommanditistennachfolger ihre Gesellschafterrechte nur durch einen gemeinsamen Vertreter ausüben dürfen[914].

615 Ob auch ein Testamentsvollstrecker die Rechte eines Kommanditisten ausüben kann, ist in der Literatur und in der Rechtsprechung höchst umstritten[915]. Ein Teil der Meinungen verneint die Zulässigkeit der Testamentsvollstreckung, weil

---

909 S. Rn. 658.
910 S. Rn. 661.
911 BGHZ 68, 225 (230).
912 Schilling in Großkomm. § 177 Rn. 6.
913 Ständige Rechtsprechung z. B. BGH NJW 1986; 2431 (2432); Baumbach/Duden/Hopt, § 177 Anm. 1; Schilling in Großkomm., § 177 Rn. 7.
914 BGHZ 46, 291; Schlegelberger/K. Schmidt, § 177 Rn. 13; Schilling in Großkomm. § 177 Rn. 7.
915 Vgl. Schlegelberger/K. Schmidt, § 177 Rn. 19 ff.; Schilling in Großkomm., § 177 Rn. 10 ff. mwN.

der Gesellschaftsanteil aufgrund der Sondererbfolge[916] nicht zum Nachlaß gehöre[917]. Der BGH hat in einer früheren Entscheidung die Nachlaßzugehörigkeit des Kommanditanteils ebenfalls verneint[918]. In seiner jüngeren Rechtsprechung hat er die Zulässigkeit der Testamentsvollstreckung an einem Gesellschaftsanteil einer Personengesellschaft bejaht, wenn bereits schon der Gesellschaftsvertrag oder später alle Gesellschafter die Bestellung eines Testamentsvollstreckers gestatten[919].

bb) Vertragliche Gestaltungsmöglichkeiten

bba) Allgemeines

Die Rechtsnachfolge im Falle des Todes eines Kommanditisten kann gesellschaftsvertraglich abweichend von den gesetzlichen Bestimmungen geregelt werden. So kann die Vererblichkeit des Kommanditanteils ausgeschlossen werden[920]. Die Gesellschaft wird in diesem Fall von den verbliebenen Gesellschaftern fortgeführt, ihnen wächst der Anteil des verstorbenen Kommanditisten zu und dessen Erben erwerben einen möglichen Abfindungsanspruch gegen die Gesellschaft, § 738 Abs. 1 BGB i.V.m. §§ 161 Abs. 2, 105 Abs. 2 HGB, 1922 Abs. 1 BGB[921]. 616

Die Gesellschafter der GmbH & Co. KG können auch vereinbaren, daß nur bestimmte Erben in die Gesellschafterstellung nachrücken sollen (sog. qualifizierte Nachfolgeklausel, s. Rn. 669), oder daß bestimmten Personen, die nicht Erben sein müssen, ein Eintrittsrecht in die Gesellschaft eingeräumt wird (sog. Eintrittsklausel, s. Rn. 673).

bbb) Qualifizierte Nachfolgeklausel

Hat ein Kommanditist mehrere Erben und läßt der Gesellschaftsvertrag der GmbH & Co. KG die Nachfolge in den Kommanditanteil nur für einen von ihnen zu (qualifizierte Nachfolgeklausel), erwirbt dieser mit dem Tod des Kommanditisten den Anteil unmittelbar und im Ganzen unabhängig von der Höhe seiner Erbquote[922]. 617

Hat z.B. der Kommanditist A in seinem Testament bestimmt, daß seine Tochter B 3/4 und sein Sohn C 1/4 seines Vermögens erben, und ist C im Gesellschafts-

---

916 S. Rn. 666.
917 RGZ 172, 199 (203); OLG Frankfurt NJW 1983, 1806; Ulmer NJW 1984, 1496 ff.
918 BGH Urteil v. 8.10.1953 LM § 105 HGB Nr. 6.
919 BGH, Urteil v. 25.2.1985 NJW 1985, 1953 (1954); BGH NJW 1986, 2431 (2432); ebenso BayObLG WM 1983, 1092; Schilling in Großkomm., § 177 Rn. 13; OLG Hamm Beschluß v. 20.2.1989 in BB 1989, 729; s. auch BGH Beschluß v. 3.7.1989 in BB 1989, 1840 ff.
920 Schilling in Großkomm. § 177 Rn. 24; Schlegelberger/K. Schmidt, § 177 Rn. 10.
921 S. Rn. 691.
922 BGHZ 68, 225, (236 ff.) auch in NJW 1977, 1339 (1342).

vertrag als Nachfolger des A genannt, dann erwirbt C die Kommanditbeteiligung des A unmittelbar und im Ganzen mit dem Todesfall. Liegt die vererbte Beteiligung wertmäßig über dem der Erbquote entsprechenden Anteil am Gesamtnachlaß, ist C erbrechtlichen Ausgleichsansprüchen der B ausgesetzt. Denn bei der Erbauseinandersetzung zählt der Wert der Beteiligung mit[923].

618 Erbrechtliche Ausgleichsansprüche können dadurch ausgeschlossen werden, daß der Nachfolger als Alleinerbe eingesetzt wird oder ihm die Kommanditbeteiligung im Wege eines Vorausvermächtnisses (§ 2150 BGB) zugewandt wird. Letzteres hat zur Folge, daß der Wert der Beteiligung bei der Erbauseinandersetzung nicht zu Lasten des Nachfolgers in Ansatz gebracht wird[924]. Aber auch unter diesen Umständen können noch mögliche erbrechtliche Pflichtteilsansprüche gegenüber dem Nachfolger entstehen[925].

619 Der unmittelbare Erwerb einer Kommanditbeteiligung aufgrund einer Nachfolgeklausel im Gesellschaftsvertrag erfolgt nur dann, wenn der im Gesellschaftsvertrag als Nachfolger Benannte auch gleichzeitig Erbe ist. Denn der Gesellschaftsvertrag begründet nur die Verpflichtung der Gesellschafter, die Nachfolgeregelung eines Mitgesellschafters anzuerkennen. Der Vollzug einer derartigen gesellschaftsvertraglichen Nachfolgeregelung setzt immer voraus, daß der Nachfolger durch Testament oder Erbvertrag als Erbe eingesetzt oder gesetzlicher Erbe (§§ 1924 ff. BGB) des Kommanditisten ist.

620 Daraus folgt, daß der Gesellschaftsvertrag und die letztwillige Verfügung eines Gesellschafters abgestimmt sein müssen, da anderenfalls die im Gesellschaftsvertrag beabsichtigte Nachfolge nicht zu realisieren ist. So darf z. B. nicht im Gesellschaftsvertrag bestimmt sein, daß im Falle des Todes des Kommanditisten A sein Sohn C den Gesellschaftsanteil erwirbt, während im Testament des A seine Tochter B als Alleinerbin eingesetzt ist. Richtigerweise hätte A auch C in seinem Testament bedenken müssen. Scheitert die gesellschaftsvertraglich festgelegte Nachfolgeregelung daran, daß im Gesellschaftsvertrag vorgesehene Personen nicht Erben geworden sind, kann diese Nachfolgeklausel im Wege der ergänzenden Vertragsauslegung in eine Eintrittsklausel umgedeutet werden[926].

bbc) Eintrittsklausel

621 Eine Eintrittsklausel ist eine Vereinbarung im Gesellschaftsvertrag, die einer bestimmten Person das Recht einräumt, in die Gesellschaft einzutreten. Sie ist ein sog. Vertrag zugunsten Dritter im Sinne des § 328 BGB. Sie verschafft dem Nach-

---

923 Ulmer BB 1977, 805 (807); Westermann Rn. 540; wohl auch BGH, a.a.O.
924 Ulmer, a.a.O.; Westermann, a.a.O.; Sudhoff, Handbuch der Unternehmensnachfolge, S. 161; Schlegelberger, § 139 Anm. 25 a f.
925 Siehe Einzelheiten Sudhoff, a.a.O., S. 159 ff.
926 BGH NJW 1978, 264; s. auch Rn. 673.

Einzelheiten zum Ausscheiden von Gesellschaftern F

folger – der nicht gleichzeitig Erbe des Verstorbenen zu sein braucht – einen Anspruch gegen die übrigen Gesellschafter auf Aufnahme in die Gesellschaft. Der Nachfolger-Kommanditist per Eintrittsklausel wird also nicht wie bei der Nachfolgeklausel[927] automatisch mit dem Tod des Kommanditisten Gesellschafter, sondern erst durch Aufnahme in die Gesellschaft durch die übrigen Gesellschafter aufgrund eines Aufnahmevertrages[928].

Der Gesellschaftsvertrag kann den Abschluß des Aufnahmevertrages erleichtern. 622
Haben die übrigen Gesellschafter schon im Gesellschaftsvertrag das Angebot zur Aufnahme an den Eintrittsberechtigten erklärt, braucht dieser das Angebot nur noch anzunehmen, um Gesellschafter zu werden[929]. Die Rechtsstellung des Eintretenden in der Gesellschaft ist grundsätzlich vom Gesellschaftsvertrag abhängig. Enthält dieser hierzu keine Bestimmungen, ist davon auszugehen, daß der neue Kommanditist die Stellung des verstorbenen Kommanditisten innehaben soll[930].

Ohne gesellschaftsvertragliche Regelungen erwirbt der Eintretende aber nicht den Gesellschaftsanteil des verstorbenen Kommanditisten. Dieser wächst den verbliebenen Gesellschaftern mit dem Todesfall zu; gleichzeitig entsteht ein Abfindungsanspruch der Erben des verstorbenen Kommanditisten gegen die Gesellschaft, § 738 Abs. 1 BGB i.V.m. §§ 161 Abs. 2, 105 Abs. 2 HGB, 1922 Abs. 1 BGB[931].

Den neuen Kommanditisten trifft eine eigene Einlageverpflichtung. Im Zweifel führt die Ausübung des Eintrittsrechts nur dann zur Mitgliedschaft in der Gesellschaft, wenn der Eintretende gleichzeitig diese Einlageverpflichtung erfüllt[932].

Praktisch hat eine Eintrittsklausel in der Regel nur einen Sinn, wenn dem Ein- 623
trittsberechtigten der Vermögenswert der Beteiligung des verstorbenen Kommanditisten zur Verfügung steht. Der Wert der Beteiligung kann ihm einmal dadurch übertragen werden, daß ihm der Abfindungsanspruch der Erben durch Vermächtnis oder Erbeinsetzung zugewandt wird, oder dadurch, daß Abfindungsansprüche ausgeschlossen werden[933] und die übrigen Gesellschafter den ihnen zugefallenen Anteil des verstorbenen Kommanditisten treuhänderisch für den Eintrittsberechtigten halten und bei dessen Eintritt auf ihn übertragen[934].

---

927 S. Rn. 669.
928 S. Rn. 620.
929 Westermann, Rn. 553.
930 Westermann, a.a.O.
931 S. Rn. 691.
932 BGH, Urteil vom 29.9.1977 NJW 1978, 264 (266).
933 S. Rn. 703.
934 BGH NJW 1978, 264 (265).

cc) **Haftung bei erbrechtlicher Nachfolge**

cca) **Gesellschaftsrechtliche Haftung**

624 Bei der Haftung des Nachfolgers eines verstorbenen Kommanditisten ist zu differenzieren, auf welche Weise er seinen Kommanditanteil erwirbt. Ist der Kommanditistennachfolger Erbe[935] des verstorbenen Kommanditisten, erwirbt er den Anteil im Wege einer Gesamtrechtsnachfolge. Die Rechtsstellung des verstorbenen Kommanditisten geht als Ganzes auf den Erben über[936]. Der Erbe übernimmt als neuer Kommanditist auch hinsichtlich der Haftung gegenüber Gesellschaftsgläubigern diejenige Rechtsposition, die der verstorbene Kommanditist innegehabt hatte. Er haftet für die Alt- und Neuverbindlichkeiten der Gesellschaft nach Maßgabe der §§ 171, 172, 173 HGB[937]. Einlageleistungen des verstorbenen Kommanditisten wirken für ihn[938]. Hatte also der verstorbene Kommanditist seine Einlage voll erbracht und damit jede weitere Haftung ausgeschlossen (§ 171 Abs. 1 Halbs. 2 HGB), kommt auch eine unmittelbare persönliche Haftung des Kommanditisten-Erben nicht mehr in Betracht[939].

625 Hatte dagegen der verstorbene Kommanditist seine Einlage ganz oder teilweise noch nicht erbracht und haftete er den Gesellschaftsgläubigern wegen des offenstehenden Betrages bis zur Höhe der eingetragenen Haftsumme persönlich, haftet sein Rechtsnachfolger den Gläubigern mit seinem Privatvermögen in gleicher Weise[940].

Hat ein Kommanditist seine Beteiligung mehreren Nachfolgern vererbt[941], haften diese gemäß §§ 171, 172, 173 HGB wie oben beschrieben, aber auf die ihnen jeweils zukommende Haftsumme begrenzt[942].

ccb) **Erbenhaftung**

626 Neben dieser gesellschaftsrechtlichen Kommanditistenhaftung trifft den Nachfolger, der die Beteiligung als Erbe erwirbt, die Erbenhaftung für Altverbindlichkeit gemäß §§ 1967 BGB, 171 f. HGB, wenn der verstorbene Kommanditist die Haftsumme noch nicht in das Gesellschaftsvermögen geleistet hatte und daher noch persönlich haftete[943]. Diese Haftung besteht in Höhe der noch nicht geleisteten Haftsumme und ist auf den Nachlaß beschränkbar, §§ 1975 ff. [944].

---

[935] S. Rn. 666.
[936] Schilling in Großkomm., § 173 Rn. 10.
[937] Schilling, a.a.O.; Schlegelberger/K. Schmidt, § 173 Rn. 43.
[938] Schilling, a.a.O.
[939] Vgl. Rn. 356.
[940] Vgl. Rn. 355.
[941] S. Rn. 666.
[942] Schlegelberger/K. Schmidt, § 173 Rn. 45; Schilling in Großkomm. § 173 Rn. 11; Westermann, Rn. 525.
[943] Schlegelberger/K. Schmidt, § 173 Rn. 43; Lange/Kuchinke, § 49 VI 2 b.
[944] Lange/Kuchinke, a.a.O.

Hat der verstorbene Kommanditist mehrere Erben, haften sie erbrechtlich als Gesamtschuldner, § 2058 BGB[945].

ccc) Haftung bei Nachfolge aufgrund einer qualifizierten Nachfolgeklausel

Hat der verstorbene Kommanditist mehrere Erben und hat aufgrund einer qualifizierten Nachfolgeklausel[946] im Gesellschaftsvertrag nur ein Erbe die Kommanditbeteiligung erworben, haftet nur dieser gesellschaftsrechtlich gemäß §§ 171, 172, 173 HGB[947]. Erbrechtlich haften auch hier alle Erben für Altverbindlichkeiten gemäß §§ 1967, 2058 BGB i.V.m. §§ 171 f HGB als Gesamtschuldner, wenn die Haftsumme noch nicht voll erbracht ist[948].   627

ccd) Haftung bei fehlendem Nachfolgevermerk

Erwirbt ein Kommanditist seine Beteiligung aufgrund einer Erbschaft, ist wie bei der Anteilsübertragung ein entsprechender Vermerk im Handelsregister erforderlich[949]. Gemäß der Rechtsprechung zum Fehlen eines Nachfolgevermerks bei einer Anteilsübertragung[950], bleibt wohl auch hier die Haftung des Kommanditistennachfolgers trotz fehlenden Nachfolgevermerks unberührt. Es bleibt dabei, daß der neue Kommanditist gegenüber Gesellschaftsgläubigern diejenige Rechtsposition einnimmt, die der verstorbene Kommanditist innehatte. Der Nachfolger-Kommanditist kann sich also gemäß § 171 Abs. 1 Halbs. 2 HGB auf den Ausschluß seiner persönlichen Haftung berufen, wenn der verstorbene Kommanditist seine Einlage erbracht hat[951].   628

Die persönliche Haftung des verstorbenen Kommanditisten lebt dagegen entsprechend § 172 Abs. 4 HGB wieder auf, da seine im Handelsregister weiter eingetragene Haftsumme durch seine frühere Einlageleistung nicht mehr gedeckt ist[952]. Da der Nachfolgererbe auch für Nachlaßverbindlichkeiten gemäß § 1967 BGB haftet, trifft ihn diese persönliche Haftung des verstorbenen Kommanditisten gemäß § 1967 BGB i. V. m. § 172 Abs. 4 HGB. Diese Haftung ist erbrechtlich beschränkbar[953] und besteht nur gegenüber solchen Gesellschaftsgläubigern, denen die erbrechtliche Nachfolge nicht bekannt war, § 15 Abs. 1 HGB[954].   629

---

945 Schlegelberger/K. Schmidt, § 173 Rn. 45; Schilling, Großkomm. § 173 Rn. Rn. 11.
946 S. Rn. 669.
947 S. Rn. 676.
948 Schilling in Großkomm., § 173 Rn. 11; Schlegelberger/K. Schmidt, § 173 Rn. 46.
949 Schilling in Großkomm., § 173 Rn. 15; Schlegelberger/K. Schmidt, § 173 Rn. 44.
950 BGH, Urteil vom 29.6.1981, GmbHR 1981, 262 ff.; s. auch Rn. 642 f.
951 Vgl. BGH GmbHR 1981, 262 (264); ebenso Schlegelberger/K. Schmidt, a.a.O.; a.A. Schilling in Großkomm. a.a.O.
952 Vgl. BGH, a.a.O.; s. Rn. 643.
953 S. Rn. 678.
954 S. Rn. 643.

cce) Unbeschränkte Haftung gemäß § 176 Abs. 2 HGB

630 Die unbeschränkte Haftung für Verbindlichkeiten, die zwischen dem Eintritt eines neuen Kommanditisten und seiner Eintragung in das Handelsregister entsteht, trifft auch denjenigen, der eine Kommanditbeteiligung durch Erbfolge erwirbt[955]. Da dieser Erwerb durch den Tod eines Kommanditisten ausgelöst wird, ist es dem Nachfolgererben nie möglich, seine Eintragung in das Handelsregister zum Zeitpunkt der Begründung seiner Mitgliedschaft eintragen zu lassen. Diesem Umstand trägt die Rechtsprechung Rechnung und gewährt ihm eine „Schonfrist", bevor bei ihm die fehlende Eintragung zur unbeschränkten Haftung führt[956]. Der Nachfolgererbe entgeht also einer Haftung gemäß § 176 Abs. 2 HGB, wenn er seine Eintragung in das Handelsregister unverzüglich herbeiführt.

631 Da die Haftung gemäß § 176 Abs. 2 HGB im übrigen entfällt, wenn der Gläubiger Kenntnis von der Kommanditistenstellung des nicht eingetragenen Gesellschafters hat, kommt bei einer GmbH & Co. KG die unbeschränkte Haftung eines Kommanditisten gemäß § 176 HGB generell nicht in Betracht[957]. Denn wenn die GmbH & Co. KG unter ihrer Firma[958] auftritt, rechnet im Rechtsverkehr niemand mehr damit, daß ein nicht eingetragener Gesellschafter kein Kommanditist ist. Infolgedessen fehlt den Gläubigern die Gutgläubigkeit im Sinne des § 176 HGB[959].

dd) Haftung bei Eintritt aufgrund eines Aufnahmevertrages

632 Hat der verstorbene Kommanditist seinem Nachfolger lediglich im Gesellschaftsvertrag das Recht eingeräumt, in die Gesellschaft einzutreten (sog. Eintrittsklausel s. Rn. 673), wächst sein Gesellschaftsanteil mit dem Todesfall den verbliebenen Gesellschaftern zu, § 738 Abs. 1 BGB i. V. m. §§ 161 Abs. 2, 105 Abs. 2 HGB. Sein Nachfolger erwirbt durch den Aufnahmevertrag mit den übrigen Gesellschaftern einen eigenen Kommanditanteil.

Seine Haftung bestimmt sich nach den allgemeinen Bestimmungen gemäß §§ 171, 172 HGB[960]. Für Verbindlichkeiten der Gesellschaft, die bereits zum Zeitpunkt seines Eintritts schon entstanden waren, ergibt sich diese Haftung aus § 173 HGB[961].

---

955 BGHZ 66, 98 (100), auch in NJW 1976, 848; BGH NJW 1983, 2258 (2259); Baumbach/Duden/Hopt, § 17 Anm. 3 B; a. A. Schilling in Großkomm. § 176 Rn. 17; Schlegelberger/K. Schmidt, § 176 Rn. 21; so wohl jetzt auch BGH, Beschluß v. 3.7.1989 in BB 1989, 1840 (1842); zur Haftung gemäß § 176 Abs. 2 HGB s. Rn. 635 f.
956 BGH, a.a.O.
957 S. Rn. 635 f.
958 S. Rn. 97 ff.
959 So jetzt auch BGH NJW 1983, 2258, der die Gutgläubigkeit aber erst für die Zeit nach Inkrafttreten des § 19 Abs. 5 HGB (1.1.1981) in Frage stellt; s. auch Rn. 88.
960 S. Rn. 354 ff.
961 S. Rn. 634.

ee) Haftung des Vermächtnisnehmers

Der Erwerb einer Kommanditbeteiligung aufgrund eines Vermächtnisses vollzieht sich nach den Regeln der Anteilsübertragung[962]. Der Gesellschaftsanteil, der mit dem Todesfall zunächst unmittelbar von den Erben erworben wird (s. Rn. 666), wird von diesen auf den Vermächtnisnehmer gemäß §§ 398 ff. BGB übertragen[963]. Folglich bestimmt sich die Haftung nach den oben unter Rn. 640 ff. dargelegten Grundsätzen zur Haftung bei Übertragung eines Kommanditanteils. 633

b) Tod eines GmbH-Gesellschafters

aa) Gesetzliche Regelung

Ein Geschäftsanteil einer GmbH ist gemäß § 15 Abs. 1 GmbHG vererblich. Stirbt ein GmbH-Gesellschafter, erwirbt sein Erbe unmittelbar seinen Anteil gemäß § 1922 BGB. Die Mitgliedschaft geht mit allen Rechten und Pflichten des Erblassers auf den Erben über. Der Erbe haftet also auch für rückständige Einlagen und Nachschüsse, wobei die Haftung erbrechtlich beschränkbar ist[964]. 634

Der Geschäftsanteil gehört mit dem Todesfall zum Nachlaß des Erblassers. Hat der verstorbene GmbH-Gesellschafter mehrere Erben, fällt der Geschäftsanteil gemäß § 2032 Abs. 1 BGB den Miterben zur gesamten Hand an. Sie verwalten den Anteil gemeinschaftlich, § 2038 BGB. Mitgliedschaftsrechte können sie nur gemeinschaftlich ausüben, § 18 Abs. 1 GmbHG.

Hier liegt ein wesentlicher Unterschied zur Rechtslage bei der Kommanditgesellschaft, wo jeder der Miterben entsprechend seiner Erbquote einen Teil des Gesellschaftsanteils des Erblassers erwirbt (sog. Sondererbfolge, s. Rn. 666) und dadurch die Beteiligung eines Kommanditisten durch seinen Tod in viele selbständige Beteiligungen aufgespalten werden kann. 635

Im Unterschied zur GmbH & Co. KG[965] ist die Testamentsvollstreckung an einem vererbten GmbH-Anteil problemlos zulässig[966].

bb) Vertragliche Gestaltungsmöglichkeiten

Die Vererblichkeit des GmbH-Anteils kann durch den Gesellschaftsvertrag nicht ausgeschlossen werden[967]. Auch kann der Gesellschaftsvertrag einem Gesell- 636

---

962 Schlegelberger/K. Schmidt § 173 Rn. 42.
963 S. Rn. 625.
964 Scholz/Winter, § 18 Rn. 27; Fischer/Lutter/Hommelhoff, § 18 Rn. 4; a.A. Hachenburg/Schilling/Zutt, § 15 Anh. Rn. 103; vgl. auch Rn. 678.
965 S. Rn. 667.
966 BGH NJW 1959, 1820; Brandner Münchkomm. § 2205 Anm. 22; Scholz/Winter, § 15 Rn. 19; Hueck, § 15 Rn. 16.
967 Scholz/Winter, § 15 Rn. 21; Hachenburg/Schilling/Zutt, Anh. § 15 Rn. 104.

schafter nicht vorschreiben, an wen er seinen Geschäftsanteil zu vererben hat. Die GmbH-Satzung kann aber bestimmen, was mit dem Geschäftsanteil nach seinem Anfall bei den Erben geschehen soll[968]. Der Gesellschaftsvertrag kann z. B. vorsehen, daß die Erben den Geschäftsanteil an eine bestimmte, in der Satzung bereits benannte oder von der Gesellschaftsversammlung durch Beschluß zu bestimmende Person abtreten müssen[969].

637 Die GmbH-Satzung kann auch regeln, daß der vererbte Geschäftsanteil von der Gesellschaft generell oder nur unter bestimmten Voraussetzungen eingezogen wird[970].

Die Zwangsabtretung des Geschäftsanteils oder seine Einziehung durch die Gesellschaft erfolgen grundsätzlich gegen Entgelt, das in der Satzung näher bestimmt werden kann[971]. Enthält die Satzung diesbezüglich keine Regelungen, ist der Verkehrswert des Geschäftsanteils als Gegenwert von dem Erwerber oder bei einer Einziehung von der Gesellschaft geschuldet[972].

c) Koordinierung von Nachfolgeregelungen in den Gesellschaftsverträgen der GmbH & Co. KG und GmbH

638 Sind die GmbH-Gesellschafter gleichzeitig Kommanditisten der GmbH & Co. KG und besteht ein Interesse, diese Beteiligungsidentität zu erhalten, sind in den Gesellschaftsverträgen entsprechende Vorkehrungen zu treffen. Im Gesellschaftsvertrag der GmbH & Co. KG kann ein bestimmter Erbe unter Ausschluß der weiteren Erben eines Kommanditisten durch Aufnahme einer qualifizierten Nachfolgeklausel[973] zum Nachfolger bestimmt werden. Eine entsprechende Satzungsbestimmung ist bei der GmbH unwirksam[974]. In der GmbH-Satzung kann aber vereinbart werden, daß die Erben ihren ererbten GmbH-Anteil an denjenigen abzutreten haben, der die Kommanditbeteiligung des verstorbenen Gesellschafters erworben hat. Eine solche Vereinbarung setzt für ihre Wirksamkeit immer notarielle Beurkundung voraus, § 15 Abs. 4 GmbHG[975].

---

968 BGHZ 92, 386; Fischer/Lutter/Hommelhoff, § 15 Rn. 3; Rowedder, § 15 Rn. 63.
969 Fischer/Lutter/Hommelhoff, a.a.O.; Rowedder, a.a.O.
970 Scholz/Winter, § 15 Rn. 24; Fischer/Lutter/Hommelhoff, § 15 Rn. 4; s. Rn. 658 ff.
971 Baumbach/Hueck, § 15 Rn. 13 f.; Scholz/Winter, § 15 Rn. 27; Hachenburg/Schilling/Zutt, Anh. § 15 Rn. 109 f.
972 Scholz/Winter, a.a.O.
973 S. Rn. 669.
974 S. Rn. 688.
975 Vgl. auch Rn. 617.

5 Abfindung

a) Abfindung eines Gesellschafters der GmbH & Co. KG

aa) Gesetzlicher Abfindungsanspruch

Scheidet ein Gesellschafter aus der Gesellschaft aus, wächst sein Anteil am Gesellschaftsvermögen den übrigen Gesellschaftern zu. Diese sind verpflichtet, ihm das zu zahlen, was er bei der Auseinandersetzung erhalten würde, wenn die Gesellschaft zur Zeit seines Ausscheidens aufgelöst worden wäre, §§ 738 Abs. 1 BGB, 105 Abs. 2, 161 Abs. 2 HGB. Der ausscheidende Gesellschafter hat also gegenüber den verbleibenden Gesellschaftern einen Zahlungsanspruch in Höhe seiner Beteiligung am Gesellschaftsvermögen. Der Wortlaut des Gesetzes legt eine Bewertung der Beteiligung unter dem Gesichtspunkt der Liquidation der Gesellschaft nahe (Zerschlagungs-, Versilberungswert). Nach der Rechtsprechung ist aber der „Beteiligungswert auf der Grundlage des wirklichen Wertes des lebenden Unternehmens zu errechnen (einschließlich der stillen Reserven und des good will des Unternehmens). Dieser ergibt sich im allgemeinen aus dem Preis, der bei einem Verkauf des Unternehmens als Einheit erzielt würde. Bei der Wertermittlung ist nach § 738 Abs. 2 BGB eine Schätzung möglich. Diese hat jedoch aufgrund konkreter Unterlagen zu erfolgen, so daß im allgemeinen ein Sachverständigengutachten erforderlich sein wird. Dabei wird regelmäßig mit der heute herrschenden Auffassung von dem Ertragswert auszugehen sein. Dem Substanzwert und damit den in den bilanziellen Buchwerten steckenden stillen Reserven kommt insoweit, sofern kein Ausnahmefall gegeben ist, nur noch mittelbare Bedeutung zu"[976]. Diese BGH-Entscheidung verdient insofern besondere Beachtung, als der BGH in Übereinstimmung mit der modernen Betriebswirtschaftslehre[977] den Ertragswert für die Bewertung eines Unternehmens zum entscheidenden Kriterium erklärt. In früheren Entscheidungen hatte der BGH die Auffassung vertreten, der Wert eines Unternehmens sei in der Regel durch eine Kombination von Substanz- und Ertragswert zu ermitteln, wobei teils der eine, teils der andere Faktor zum Ausgangspunkt zu nehmen und als der gewichtigere zu betrachten sei[978]. Der BGH überließ es dem Tatrichter – sachverständig beraten – darüber zu befinden, welche der in der Betriebswirtschaftslehre vertretenen Bewertungsmethoden im Einzelfall zu einem angemessenen Ergebnis führt[979].

639

---

[976] BGH Urteil vom 24.9.1984 NJW 1985, 192 (193); Baumbach/Duden/Hopt § 138 Anm. 5 A; K. Schmidt S. 1088 ff.; Engel NJW 1986, 345.
[977] Vgl. Moxter, S. 117 ff.
[978] BGH NJW 1982, 2441; BGH NJW 1973, 509; BGH NJW 1978, 1316 (1319).
[979] BGH NJW 1982, 2441.

bb) Schwebende Geschäfte

640 Neben dem Abfindungsanspruch hat der ausscheidende Gesellschafter nach der gesetzlichen Regelung einen Anspruch auf Teilnahme am Gewinn und Verlust, welcher sich aus den zur Zeit seines Ausscheidens schwebenden Geschäften ergibt, § 740 Abs. 1 BGB i. V. m. §§ 105 Abs. 2, 161 Abs. 2 HGB. Schwebende Geschäfte sind unmittelbar auf Erwerb gerichtete Rechtsgeschäfte der Gesellschaft, für die im Zeitpunkt des Ausscheidens des Gesellschafters bereits eine rechtliche Bindung begründet ist, die aber beiderseits noch nicht erfüllt sind[980]. Bei der Berechnung eines Abfindungsguthabens bleiben diese Geschäfte unberücksichtigt. Zur Mitwirkung bei der Abwicklung eines schwebenden Geschäftes ist der ausscheidende Gesellschafter weder berechtigt noch verpflichtet[981]. In § 740 Abs. 2 BGB ist ihm aber ein besonderer gesetzlicher Rechenschafts- und Auskunftsanspruch eingeräumt. Der Ausgeschiedene kann zum Schluß eines jeden Geschäftsjahres Rechenschaft über die inzwischen beendeten Geschäfte, Auszahlung des ihm gebührenden Betrages und Auskunft über den Stand der noch schwebenden Geschäfte verlangen. Auf diese Rechenschaftsverpflichtung findet § 259 BGB Anwendung[982]. Somit hat die Gesellschaft dem ausgeschiedenen Gesellschafter „eine die geordnete Zusammenstellung der Einnahmen und Ausgaben enthaltende Rechnung mitzuteilen" und entsprechende Belege vorzulegen, § 259 Abs. 1 BGB. Die Angaben sind an Eides Statt zu versichern, wenn Grund zur Annahme besteht, daß die in der Rechnung enthaltenen Angaben nicht mit der erforderlichen Sorgfalt gemacht worden sind, § 259 Abs. 2 BGB.

641 Diese Auskunfts- und Rechnungsdarlegungsansprüche, die der ausgeschiedene Gesellschafter gegen die verbleibenden Gesellschafter über den Zeitpunkt seines Ausscheidens hinaus hat, sind in der Regel unerwünscht. Daher wird in der Praxis oft die Beteiligung an schwebenden Geschäften ausgeschlossen.

cc) Abfindungsklauseln

cca) Allgemeines

642 Die Abfindung eines ausscheidenden Gesellschafters birgt eine Vielzahl von Problemen für die Gesellschaft. Die gesetzliche Abfindung zum wahren Wert der Beteiligung[983] kann für ein Unternehmen einen unerwünschten wenn nicht sogar nachteiligen Liquiditätsverlust bedeuten. Unter Umständen wird betriebsnotwendige Substanz des Unternehmens angegriffen, so daß im äußersten Fall der Bestand der Gesellschaft durch das Ausscheiden eines Gesellschafters gefährdet ist.

---

980 Ulmer Münchkomm § 740 Rn. 4; Soergel/Hadding § 740 Rn. 4.
981 Ulmer a.a.O. Rn. 2.
982 BGH NJW 1959, 1963 f.; Soergel/Hadding § 740 Rn. 2.
983 S. Rn. 691.

Einzelheiten zum Ausscheiden von Gesellschaftern F

Die unterschiedlichen Bewertungsmethoden zur Ermittlung des wahren Wertes 643
einer Beteiligung können zu langwierigen und kostenaufwendigen Rechtsstreitigkeiten führen und machen im übrigen die Folgen des Ausscheidens eines Gesellschafters für alle Beteiligten unüberschaubar.

Diesen Gefahren und Nachteilen einer Abfindung nach der gesetzlichen Regelung versucht man in der Praxis dadurch zu begegnen, daß für den Fall des Ausscheidens eines Gesellschafters die Auseinandersetzung im Gesellschaftsvertrag geregelt wird. Durch gesellschaftsvertragliche Abfindungsklauseln wird versucht, den Abfindungsanspruch eines ausscheidenden Gesellschafters wertmäßig zu beschränken.

Dabei ist zum Zeitpunkt des Abschlusses des Gesellschaftsvertrages nicht immer 644
vorhersehbar, welche Methode für die verbleibenden Gesellschafter am günstigsten ist, da dies u. a. auch von der Ertragsfähigkeit des Unternehmens abhängt. So wird z. B. der mit einer Buchwertklausel[984] bezweckte Bestandsschutz nicht immer erreicht. Im Ausnahmefall kann der Buchwert sogar über dem Verkehrswert liegen. Das wird dann der Fall sein, wenn die Ertragsaussicht negativ ist und im Unternehmen sog. „negative stille Reserven" insbesondere aus dem Bereich sozialer Verpflichtungen (Rentenanpassung, latente Sozialplanverpflichtung) vorhanden sind[985].

Neben der wertmäßigen Beschränkung eines Abfindungsanspruches wird auch 645
häufig die Ratenzahlung des Abfindungsguthabens über einen längeren Zeitraum bei angemessener Verzinsung vereinbart, um den Liquiditätsverlust gering zu halten[986]. Eine zehn Jahre übersteigende Abfindungszeit ist in der Regel unzulässig[986a].

ccb) Buchwertklausel

In der Praxis ist die gesellschaftsvertragliche Vereinbarung einer Abfindung zum 646
Buchwert verbreitet. Die Rechtsprechung hält Buchwertklauseln grundsätzlich für zulässig und legt sie dahingehend aus, daß eine Bewertung im Substanzwertverfahren erfolgt und daß die stillen Reserven sowie der Firmenwert unberücksichtigt bleiben. Offene Rücklagen und alle in der Bilanz als Rücklagen ausgewiesenen Posten sind zu berücksichtigen[987].

---

984 S. Rn. 698.
985 Rittstieg DB 1985, 2285 (2286); Hennerkes/Binz DB 1983, 2669 (2670).
986 Vgl. Rasner NJW 1983, 2905 (2906); Ulmer NJW 1979, 81 (85).
986a BGH Urteil v. 9.1.1989 in BB 1989, 1073 (1074).
987 BGH Urteil v. 29.5.1978 NJW 1979, 104, BGH Urteil 24.9.1984 NJW 1985, 192, ebenso Esch NJW 1979, 1390 (1391).

ccc) Grenzen der rechtlichen Zulässigkeit von Abfindungsklauseln

(1) Allgemeines

647 Bei der Beurteilung der rechtlichen Zulässigkeit von Abfindungsvereinbarungen ist zwischen den verschiedenen Fällen des Ausscheidens eines Gesellschafters zu differenzieren[988]. Den vertraglichen Gestaltungsmöglichkeiten sind Grenzen gesetzt, die hier an einigen für die Praxis relevanten Beispielen dargestellt werden.

(2) Ausschluß eines Gesellschafters ohne wichtigen Grund

648 Eine Buchwertklausel ist gemäß § 138 BGB nichtig, wenn sie für den Fall vereinbart ist, daß ein Gesellschafter ohne wichtigen Grund, nach freiem Ermessen der Gesellschaftermehrheit oder eines einzelnen Gesellschafters durch „Kündigung" ausgeschlossen werden kann[989]. In diesen Fällen der sog. „Hinauskündigungsklauseln"[990] stellt die Rechtsprechung strengere Anforderungen an die Zulässigkeit von Abfindungsvereinbarungen. Eine Abfindungsklausel ist unter diesen Umständen nur dann zulässig, wenn sie im Kern der gesetzlichen Regelung entspricht und im wesentlichen zur Abgeltung des vollen Werts des Gesellschaftsanteils führt[991].

Diese Rechtsprechung ist durch spätere Urteile des BGH insoweit noch verschärft worden, als bereits die „Hinauskündigungsklausel" wegen Verstoß gegen § 138 BGB und die Grundprinzipien des Gesellschaftsrechts unzulässig sein kann[992].

(3) Ausschluß eines Gesellschafters aus wichtigem Grund

648a Eine vertraglich vereinbarte Kürzung des Abfindungsanspruchs auf die Hälfte des buchmäßigen Kapitalanteils stellt grundsätzlich eine sittenwidrige Benachteiligung des ausscheidenden Gesellschafters dar[992a]. Eine solche Abfindungsbeschränkung ist auch nicht im Hinblick auf die Ausschließung eines Gesellschafters aus wichtigem Grund zulässig[992b].

(4) Sittenwidrige Kündigungsbeschränkung

649 Eine Buchwertklausel kann auch dann unzulässig sein, wenn sie in ihrer Wirkung einer unzulässigen Kündigungsbeschränkung im Sinne des § 723 Abs. 3 BGB gleichkommt. Gemäß §§ 723 Abs. 3 BGB, 105 Abs. 2, 161 Abs. 2 HGB sind

---

988 BGH NJW 1975, 1835 (1837).
989 BGH Urteil v. 29.5.1978 NJW 1979, 104.
990 S. Rn. 655 f.
991 BGH a.a.O.
992 S. Rn. 655 f.; BGH Urteil v. 25.3.1985 NJW 1985, 2421; BGH NJW 1981, 2565 (2566).
992a BGH Urteil v. 9.1.1989 in BB 1989, 1073.
992b BGH a.a.O.

Einzelheiten zum Ausscheiden von Gesellschaftern F

Vereinbarungen nichtig, die das Kündigungsrecht eines KG-Gesellschafters beschränken. Eine Buchwertklausel entfaltet die Wirkung einer unzulässigen Kündigungsbeschränkung, wenn sie „aufgrund wirtschaftlich nachteiliger Folgen, insbesondere wegen eines erheblichen Mißverhältnisses zwischen Buchwert und wirklichem Wert, die Freiheit eines Gesellschafters, sich zu einer Kündigung zu entschließen, unvertretbar einengt"[993].

(5) Gläubigerbenachteiligung

Ebenfalls unzulässig sind Abfindungsklauseln, wenn sie speziell für den Fall der Kündigung durch einen Pfändungsgläubiger (§ 725 BGB) den Abfindungsanspruch einschränken oder ausschließen und somit eine Gläubigerbenachteiligung bewirken[994]. Dagegen liegt kein Verstoß gegen § 138 BGB vor, wenn der Gesellschaftsvertrag die gleiche geringe Abfindung nicht allein für die Fälle der Zwangsvollstreckung in einen Geschäftsanteil, sondern auch für andere vergleichbare Fälle wie z. B. die Ausschließung eines Gesellschafters aus wichtigem Grund vorsieht[995]. 650

(6) Ausschluß einer Abfindung bei Tod eines Gesellschafters

Nach der Rechtsprechung kann im Gesellschaftsvertrag für den Fall des Todes eines Gesellschafters ein Abfindungsanspruch der Erben des verstorbenen Gesellschafters ausgeschlossen werden[996]. Diese Abfindungsvereinbarung bedarf nicht der Form von Schenkungsversprechen von Todes wegen[997]. Eine solche Abrede kann unter Umständen sittenwidrig sein, wenn sie ausschließlich dem Zweck dient, den Pflichtteilsberechtigten ihren Anspruch zu nehmen[998]. 651

ccd) Rechtsfolgen unzulässiger Abfindungsklauseln

Ist eine Abfindungsklausel unwirksam, stellt sich die Frage, ob an ihre Stelle die gesetzliche Regelung tritt, d. h. Abgeltung des Gesellschaftsanteils zum wahren Wert[999], oder ob im Wege ergänzender Vertragsauslegung eine möglicherweise geringere Abfindung ermittelt wird[1000]. Die Rechtslage ist eindeutig, wenn schon der Gesellschaftsvertrag für den Fall, daß eine Abfindungsregelung wegen 652

---

993 BGH Urteil v. 24.9.1984 NJW 1985, 192 (193); BGH Urteil v. 17.4.1989 BB 1989, 1146 (1147).
994 BGHZ 65, 22, auch in NJW 1975, 1835 (1837); OLG Frankfurt BB 1978, 170; BGH NJW 1960, 1053; kritisch: Engel NJW 1986, 345 (347).
995 BGHZ 65, 22 (28); OLG Frankfurt a.a.O.
996 BGHZ 22, 187 (194).
997 Vgl. § 2301 BGB; BGH WM 1971, 1338 (1339).
998 BGH a.a.O.
999 So BGH Urteil v. 29.5.1978 NJW 1979, 104; Hennerkes/Binz DB 1983, 2669 (2672); vgl. Rn. 691.
1000 So BGH Urteil v. 24.9.1984 NJW 1985, 192 (193); Engel NJW 1986, 345 (349); einschränkend: Ulmer NJW 1979, 81 (85 f.).

F   Gesellschafterwechsel – Handelsrechtlicher Teil

Unwirksamkeit entfällt, anordnet, daß die dadurch entstandene Lücke durch eine der angestrebten Abfindung möglichst nahekommende Regelung ergänzt wird[1001].

b) Abfindung eines GmbH-Gesellschafters

653 Die Abfindung eines GmbH-Gesellschafters ist nicht ausdrücklich im Gesetz geregelt. Es besteht in der Rechtsprechung und im Schrifttum Einigkeit darüber, daß ein GmbH-Gesellschafter einen Anspruch auf Abfindung hat, unabhängig davon, aus welchen Gründen er aus der Gesellschaft ausscheidet[1002]. Wenn gesellschaftsvertragliche Regelungen fehlen, bemißt sich der Anspruch nach dem Verkehrswert des Gesellschaftsanteils[1003]. Bei einer Unternehmensbeteiligung, die keinen Marktpreis hat, bilden im Regelfall der den good will (Geschäftswert) einschließende Verkehrswert des Unternehmens und der Umfang der Beteiligung die wesentlichen Grundlagen zur Bemessung dieses Wertes[1004].

654 In der Praxis enthalten GmbH-Satzungen häufig Abfindungsklauseln, die eine Abfindung wertmäßig beschränken. Im Vordergrund stehen die Abfindung zum Buchwert und steuerlichen Einheitswert[1005].

655 Für eine Komplementär-GmbH stellt sich die Frage einer Abfindungsbeschränkung nur selten. Nimmt sie – wie üblich – ausschließlich Geschäftsführungstätigkeit für die GmbH & Co. KG wahr, verfügt sie in der Regel über kein größeres Gesellschaftsvermögen, so daß der Wert ihrer Geschäftsanteile gering ist. Abfindungsbeschränkungen kommen in diesem Fall keine praktische Bedeutung zu. Im übrigen gelten für die Zulässigkeit von Abfindungsbeschränkungen die gleichen Kriterien wie bei der GmbH & Co. KG[1006].

1001 Vgl. Hennerkes/Binz a.a.O.; Ulmer a.a.O.
1002 BGHZ 9, 157 (168); 16, 317 (322); 32, 17 (23); Scholz/Winter § 15 Rn. 126, 150; Hachenburg/Ulmer Anh. § 34 Rn. 34, 54.
1003 BGH a.a.O; Scholz/Winter a.a.O.; Hachenburg/Ulmer a.a.O.
1004 BGHZ 75, 195; vgl. auch Rn. 691.
1005 Balz GmbHR 1983, 185 (188).
1006 S. Rn. 699 ff.; Rittstieg DB 1985, 2285 ff.

G Gesellschafterwechsel – Steuerrechtlicher Teil

I Ertragsteuern (Einkommen-, Gewerbesteuer)

1 Ergänzungsbilanz bei Gesellschaftereintritt

a) Entstehungsgründe

Allgemein ist festzustellen, daß die Voraussetzungen für die Aufstellung besonderer Ergänzungsbilanzen vor allem dann gegeben sind, wenn ein Gesellschafter in eine Personengesellschaft eintritt und hierbei Aufwendungen hat, die mit seinem nominellen Kapitalkonto nicht übereinstimmen. Den Ausgangspunkt für die steuerliche Gewinnermittlung eines eintretenden Gesellschafters bildet, da die Aufwendungen des Eintretenden für die steuerliche Bewertung und die Abschreibungen maßgebend sind, der Anschaffungswert seiner Beteiligung, nicht dagegen der Betrag, mit dem die Beteiligung zu Buche steht. Diese Abweichung zwischen dem Anschaffungswert und dem Buchwert der Beteiligung ist meist der Entstehungsgrund der steuerlichen Ergänzungsbilanzen. Dabei wird man die beiden Fälle unterscheiden müssen, daß die Anschaffungskosten entweder über dem Buchwert oder unter dem Buchwert liegen. 656

Zunächst sei der Fall erörtert, daß die Anschaffungskosten höher sind als der Buchwert. Aus einer Personengesellschaft möge z. B. ein Gesellschafter A ausscheiden und seinen Kapitalanteil, der mit DM 20.000,– zu Buche steht, mit DM 30.000,– (dieser höhere Betrag ist etwa im Hinblick auf die vorhandenen stillen Reserven gezahlt) an B verkaufen. Der Buchwert des Kapitalanteils beträgt also nach wie vor DM 20.000,–, während der Anschaffungswert bei B DM 30.000,– ausmacht. Es ist nicht angängig, in einer etwaigen einheitlichen Steuerbilanz der Gesellschaft den Kapitalanteil des B mit nur DM 20.000,– anzusetzen, denn dies wäre für B unbillig, da er tatsächlich DM 30.000,– aufgewendet hat und ihm daher zugestanden werden muß, von diesem Betrag für die Gewinnberechnung auszugehen und hiervon gegebenenfalls Abschreibungen vorzunehmen. Es ergibt sich hier der Ausweg, daß handelsrechtlich für die bereits vorhandenen Gesellschafter das Kapitalkonto des eintretenden B wie bisher mit DM 20.000,– und für die Gewinnberechnung des eintretenden B mit DM 30.000,– angenommen wird[1007]. 657

Der umgekehrte Fall, daß nämlich ein eintretender Gesellschafter weniger als den Nominalbetrag des Kapitalkontos aufwendet, wird im allgemeinen praktisch nur

---

[1007] Ein entsprechender Fall ist Gegenstand des grundlegenden Urteils des RFH vom 6.2.1930 A 1506/28 RStBl S. 267.

selten vorkommen. Einen solchen Fall behandelt das Urteil des RFH vom 6.4.1938[1008]. Der Umstand, daß hier das Kapitalkonto zu einem geringeren Betrag als dem Buchwert erworben worden ist, bedeutet – wie das Urteil ausführt – weder für den Erwerber des Anteils noch für die Personengesellschaft Gewinn. Wenn beispielsweise der Kapitalanteil mit DM 20.000,– zu Buche steht, der Erwerber aber nur DM 15.000,– dafür aufwendet, so kann in der Weise verfahren werden, daß der Kapitalanteil für die bereits vorhandenen Gesellschafter mit DM 20.000,– belassen wird, steuerlich für den eintretenden Gesellschafter dagegen nur mit DM 15.000,– angenommen wird. Es sind also auch hier die Voraussetzungen für eine steuerliche Ergänzungsbilanz (negative Ergänzungsbilanz) gegeben, falls nicht etwa im Hinblick auf den unter dem Buchwert des Kapitalkontos liegenden Kaufpreis eine Herabsetzung der Aktivwerte geboten ist.

b) Technik

658 In den vorstehend aufgeführten Fällen ist das Kapitalkonto des eintretenden Gesellschafters verschieden, je nachdem, ob man es handelsrechtlich (vom Standpunkt der bereits vorhandenen Gesellschafter aus) oder steuerrechtlich (vom Standpunkt des eintretenden Gesellschafters aus) betrachtet. Diese Verschiedenheit könnte dazu führen, daß man zwei verschiedene Bilanzen führt, nämlich eine Bilanz für die bisherigen Gesellschafter und eine besondere Bilanz für den eintretenden Gesellschafter.

In der Praxis wird aus Gründen der Einfachheit davon abgesehen, für den eintretenden Gesellschafter eine vollständige Bilanz aufzustellen. Vielmehr werden lediglich die für den eintretenden Gesellschafter sich ergebenden Besonderheiten in der Form einer nur für den Eintretenden vorzunehmenden Ergänzung der für die bisherigen Gesellschafter gültigen Bilanz oder in einer besonderen außerhalb dieser Bilanz vorzunehmenden Ergänzungsbilanz festgehalten.

In dem oben gebrachten Beispiel wurde angenommen, daß ein mit DM 20.000,– zu Buche stehender Anteil an einer Personengesellschaft für DM 30.000,– erworben wird. Da das Kapital in Höhe von DM 20.000,– bereits in der Gesellschaftsbilanz erscheint, ist in der Ergänzungsbilanz auf der Passivseite nur der Mehraufwand in Höhe von DM 10.000,– auszuweisen. Demgegenüber erscheinen in der Ergänzungsbilanz auf der Aktivseite diejenigen Betriebsvermögenswerte (z. B. Grundstücke, Waren, Geschäftswert), derentwegen der Mehrpreis gezahlt worden ist. Die Ergänzungsbilanz für den eingetretenen Gesellschafter sieht also etwa so aus:

1008 RFH-U vom 6.4.1938 VI 210/38 StuW Nr. 234.

Mehrwert der Grundstücke	3.000 DM	Mehrwert des Kapitals	10.000 DM
Mehrwert der Waren	2.000 DM		
Mehrwert des Geschäftswertes	5.000 DM		

Wenn, wie oben bereits beispielhaft angeführt wurde, für den mit DM 20.000,- zu Buche stehenden Anteil an einer Personengesellschaft nur DM 15.000,- aufgewendet werden, so muß in der Ergänzungsbilanz, und zwar in diesem Falle auf der Aktivseite, das Kapital mit DM 5.000,- erscheinen, da der Eintretende DM 5.000,- weniger aufgewendet hat und daher nur von einem um DM 5.000,- geringeren Betrag abschreiben kann. Auf der Passivseite sind dann ebenfalls mit DM 5.000,- diejenigen Betriebsvermögenswerte aufzuführen, die sich aus Überbewertungen ergeben, derentwegen das Kapitalkonto nur mit einem geringeren Betrag als dem Buchwert bezahlt worden ist. Die Ergänzungsbilanz des eingetretenen Gesellschafters zeigt also in diesem Falle etwa folgendes Bild:

Minderwert des Kapitals	5.000 DM	Minderwert der Waren	4.000 DM
		Minderwert der Maschinen	1.000 DM

c) Entwicklung

Die Ergänzungsbilanz ist nicht für den Zeitpunkt des Eintretens eines Gesellschafters, sondern, soweit die Werte noch nicht abgeschrieben sind, auch in den folgenden Jahren zu führen. Dabei ist bei jeder Bilanzaufstellung zu prüfen, inwieweit die in der Ergänzungsbilanz ausgewiesenen Mehrwerte oder Minderwerte noch vorhanden sind. 659

Nimmt man in dem Fall, daß für einen mit DM 20.000,- zu Buche stehenden Kapitalanteil DM 30.000,- gezahlt wurden, an, daß die DM 10.000 ausschließlich für im Warenlager vorhandene stille Reserven gezahlt wurden, so ist bei den Bilanzaufstellungen der folgenden Jahre zu prüfen, ob oder inwieweit die Waren noch vorhanden sind. Gehören die Waren wegen Verkaufs nicht mehr zum Betriebsvermögen, so ist sowohl der Posten Waren als auch der gegenüberstehende Posten Kapital in der Ergänzungsbilanz zu streichen, d. h. in diesem Falle kommt die Ergänzungsbilanz in Fortfall. Dabei ist es gleichgültig, ob bei der Veräußerung der Waren die stillen Reserven, wegen derer ein über den Buchwert des Kapitalkontos hinausgehender Betrag gezahlt worden ist, in voller Höhe, mit einem höheren Betrag oder auch mit einem geringeren Betrag veräußert worden sind; selbst wenn die Waren mit Verlust veräußert wurden, wird bei Veräußerung des ganzen in Betracht kommenden Warenbestandes die Ergänzungsbilanz überflüs-

G   Gesellschafterwechsel – Steuerrechtlicher Teil

sig. Wenn z. B. der Mehrwert der Waren in Höhe von DM 10.000 in einem Jahr in Fortfall kommt, so verringert sich in diesem Jahr der Gewinn des eingetretenen Gesellschafters, für den die Ergänzungsbilanz geführt wird, um DM 10.000,–. Entsprechendes gilt in dem obigen Falle, in dem für das Kapitalkonto von DM 20.000,– nur ein Betrag von DM 15.000,– gezahlt worden ist. Hier sei angenommen, daß der Unterschiedsbetrag von DM 5.000,– lediglich auf eine Überbewertung des Warenlagers zurückzuführen ist. In dem Maße, in dem das Warenlager, um dessen Überbewertung es sich handelt, veräußert wird, ist auch der Posten „Minderwert der Waren" sowie entsprechend der Posten „Kapital" in der Ergänzungsbilanz zu kürzen, und in dem gleichen Umfange ist der Gewinn des Gesellschafters zu vermehren. Bei Veräußerung des gesamten Warenbestandes erübrigt sich eine Weiterführung der Ergänzungsbilanz.

Die vorstehenden Ausführungen über die Berücksichtigung der Veräußerung solcher Werte, für die ein Mehrwert (oder Minderwert) in der Ergänzungsbilanz angesetzt ist, gelten auch für die Abnutzungsabsetzungen. Es sei unterstellt, daß bei Erwerb eines Anteils von DM 20.000,– für DM 30.000,– der Mehrwert von DM 10.000,– wegen stiller Reserven bei den Gebäuden bezahlt worden ist, so daß die Ergänzungsbilanz auf der Aktivseite den Posten „Mehrwert für Gebäude DM 10.000,–" und auf der Passivseite den Posten „Kapital DM 10.000,–" ausweist. Wenn hier auf das Gebäude eine jährliche Abschreibung von 2 v. H. in der Gesellschaftsbilanz stattfindet, so ist auch in der Ergänzungsbilanz eine Abschreibung von 2 v. H. vorzunehmen; es sind also statt DM 10.000,– nur DM 10.000,– minus DM 200,– = DM 9.800,– anzusetzen. Die Berücksichtigung der Abschreibungen in der Ergänzungsbilanz führt zu einer entsprechenden Verringerung des steuerlichen Gewinns des Gesellschafters, für den die Ergänzungsbilanz geführt wird. In vorstehenden Ausführungen wurde der Einfachheit halber angenommen, daß der Mehrwert (oder Minderwert) sich jeweils nur bei einem Bilanzposten ergibt. Selbstverständlich werden sich in der Praxis vielfach bei mehreren Posten Mehr- oder Minderwerte ergeben, so daß insoweit die Entwicklung der Ergänzungsbilanz dann umfangreichere Berechnungen erfordert, als hier der besseren Übersicht wegen angenommen wurde.

2 Veräußerung von Kommandit- und GmbH-Anteilen

660   Wird die **Kommanditbeteiligung veräußert** und ergibt sich dabei ein Veräußerungsgewinn, so ist dieser als Einkünfte aus Gewerbebetrieb zu versteuern, in die einheitliche Gewinnfeststellung der GmbH & Co. KG mit einzubeziehen und unterliegt dem ermäßigten Steuersatz (§§ 16, 34 EStG).

Ertragsteuern (Einkommen-, Gewerbesteuer)   G

Die Tarifbegünstigung des § 34 EStG findet auch Anwendung, wenn nur die KG-Beteiligung ohne die GmbH-Beteiligung veräußert wird[1009]. Ob und in welchem Umfang der Freibetrag von 30.000,- DM (bzw. 60.000,- DM) gewährt werden kann, richtet sich nach dem Verhältnis des bei der Veräußerung des Mitunternehmeranteils tatsächlich entstandenen Gewinns zu dem bei einer Veräußerung des ganzen Gewerbebetriebs bzw. gleichzeitiger Veräußerung aller Mitunternehmeranteile erzielbaren Gewinn[1010].

Zu beachten ist, daß dann, wenn der KG-Anteil ohne den GmbH-Anteil veräußert wird, die betriebliche Bindung des GmbH-Anteils entfällt und – da er zum Sonderbetriebsvermögen des Kommanditisten gehört – unter Auflösung der stillen Reserven zum Teilwert in das Privatvermögen zu übernehmen ist; auf den entstehenden Betriebsaufgabegewinn findet der begünstigte Steuersatz (§§ 16, 34 EStG) Anwendung[1011].

Veräußert ein Kommanditist seine **Anteile an der Komplementär-GmbH**, so ist diese Veräußerung nach § 16 Abs. 1 Nr. 1 in Verbindung mit § 34 EStG steuerbegünstigt, aber nur dann, wenn die Beteiligung das gesamte Nennkapital der GmbH umfaßt[1012] oder mit Veräußerung des GmbH-Anteils auch der KG-Anteil veräußert wird[1013]. Bei letzterem Fall handelt es sich um die Veräußerung einer einheitlichen Beteiligung, die der Veräußerung des Gewerbebetriebes gleichsteht.

Sind **vorstehende (Sonder)Fälle nicht gegeben**, erzielen Kommanditisten, die an der GmbH nicht wesentlich oder wesentlich beteiligt sind, durch Veräußerung ihrer GmbH-Anteile einen laufenden Gewinn aus Gewerbebetrieb, der voll der Einkommensteuer unterliegt.   661

Dieser laufende Gewinn, aber auch steuerbegünstigte Veräußerungsgewinne, unterliegen zudem der Gewerbesteuer. Letztere deshalb, weil die BFH-Rechtsprechung anfallende Veräußerungsgewinne nicht gewerbesteuerfrei läßt. Der Veräußerungsgewinn erhöht also als Teil des laufenden gewerblichen Gewinns den Gewerbeertrag, führt damit zu einer höheren gewerbesteuerlichen Belastung. Diese gewerbesteuerliche Mehrbelastung des Unternehmens ist jedoch nicht – obwohl aufgrund der Veräußerung entstanden – im Rahmen der Ermittlung des Veräußerungsgewinns abzugsfähig[1014].

[1009] Herrmann-Heuer, a.a.O., Anm. 100 zu § 16 EStG.
[1010] Vgl. BFH-Urteile vom 17.4.1980 IV R 174/76, DB. S. 1920 und IV 58/78; DB 1981 S. 141.
[1011] So Hesselmann, Handbuch, a.a.O., S. 184 unter Berufung auf das nicht veröffentlichte BFH-Urteil vom 26.1.1977 I R 102/75.
[1012] Vgl. BFH-U. vom 27.10.1977 IV R 60/74; BFHE 123, 553.
[1013] So Hesselmann, Handbuch, a.a.O., S. 184.
[1014] Vgl. vorgenanntes BFH-Urteil vom 27.10.1977.

Nach dem § 15a EStG dürfen – grundsätzlich ab 1980 – Verluste, die zur Entstehung/Erhöhung eines negativen Kapitalkontos führen, nur mit späteren Gewinnen aus eben dieser Beteiligung steuerlich wirksam verrechnet werden (sog. verrechenbare Verluste). Wird der Kommanditanteil entgeltlich veräußert, so wird der Veräußerungsgewinn zunächst mit dem verrechenbaren Verlust ausgeglichen. Der verbleibende Betrag ist nach den §§ 16, 34 EStG steuerpflichtig[1015].

3 Zurechnung von Verlusten bei Veräußerung von Gesellschaftsanteilen

662 Nach dem Grundsatzurteil des BFH vom 19.11.1964[1016] kann zwar Kommanditisten ein nach dem Gewinnverteilungsschlüssel auf sie entfallender Verlust dann und in dem Umfang nicht mehr steuerlich zugerechnet werden, in dem diese Verlustzurechnung zu einem negativen Kapitalkonto der Kommanditisten führen würde und feststeht, daß diese Verluste nicht mehr durch Gewinne, evtl. auch spätere Veräußerungsgewinne, ausgeglichen werden müssen. Der BFH hat die steuerliche Berücksichtigung von Verlusten, die zu einem negativen Kapitalkonto der Kommanditisten führen oder dieses erhöhen würden, jedoch erst dann verneint, wenn im Zeitpunkt der Bilanzaufstellung das Ausscheiden des Kommanditisten feststeht, so daß ein Ausgleich der Verluste durch spätere Gewinne nicht mehr in Betracht kommt.

4 Ausscheiden des Kommanditisten bei negativem Kapitalkonto

663 Scheidet ein Kommanditist aus der KG aus und übernehmen die Mitgesellschafter sein negatives Kapitalkonto, ohne daß der Kommanditist einen Ausgleich leistet, so entsteht für den ausscheidenden Kommanditisten in Höhe des negativen Kapitalkontos ein Gewinn, den er gemäß §§ 16 und 34 EStG zu versteuern hat. Der Kommanditist ist dann in Höhe des negativen Saldos von einem echten Auseinandersetzungsverlust befreit worden. Die verbleibenden Gesellschafter können dann in Höhe des übernommenen negativen Kapitalkontos die Aktiven aufstocken, soweit im Anteil des ausscheidenden Kommanditisten stille Reserven vorhanden sind. Soweit das nicht der Fall ist, entsteht für sie ein gewerblicher Verlust in dem Jahr, in dem der Kommanditist ausscheidet, weil nunmehr endgültig feststeht, daß die früheren Verlustanteile des Kommanditisten, soweit sie nicht durch laufende Gewinnanteile und durch stille Reserven, die bei der Auseinandersetzung aufgedeckt wurden, ausgeglichen sind, ihnen zur Last fallen. Dem entspricht auch das BFH-Urteil vom 25.8.1966[1017]; der BFH führt hier

---

[1015] Vgl. Bordewin, a.a.O., BB 1980 S. 1040.
[1016] IV 455/61 U; BStBl III 1965 S. 111.
[1017] IV 307/65; BStBl. 1967 III, S. 69.

aus: „Übernimmt der persönlich haftende Gesellschafter das negative Kapitalkonto eines ausscheidenden Kommanditisten ohne Ausgleichszahlung des Kommanditisten, so erzielt der Kommanditist schon deshalb einen steuerpflichtigen Veräußerungsgewinn in Höhe des negativen Kapitalkontos, weil ihm, dem Gesellschaftsvertrag und den Steuererklärungen der KG entsprechend, in den früheren einheitlichen Gewinnfeststellungen die zum negativen Kapitalkonto führenden Verlustanteile zugerechnet wurden". Der BFH bestätigt damit sein Urteil vom 6.12.1962[1018].

In der Rechtsprechung des RFH wurde angenommen, daß ein Veräußerungsgewinn des Ausscheidenden dann nicht entstehe, wenn die gegen diesen Gesellschafter gerichtete Forderung wertlos gewesen sei. Der Erlaß einer wertlosen Forderung könne dem Schuldner nicht als Gewinn angerechnet werden. Danach liege in solchen Fällen ein Vermögenszuwachs vor, der einem Sanierungsgewinn wesensgleich sei. Das rechtfertige es, den durch den Verzicht entstehenden rein formalen Vermögenszuwachs wie einen Sanierungsgewinn zu behandeln und daher steuerfrei zu lassen[1019]. Der BFH folgt dieser Rechtsprechung des RFH nicht. Im Urteil vom 15.12.1966[1020] führt der BFH aus: Der Verzicht auf den Ausgleich eines negativen Kapitalkontos stellt ebenso wie der Gläubigerverzicht im Rahmen einer Sanierung einen betrieblichen Vorgang dar, es sei denn, daß aufgrund besonderer Umstände des Einzelfalles eine Schenkung angenommen werden muß. Der Verzicht führt auch dann zu einem Gewinn des ausgeschiedenen Gesellschafters, wenn der Ausgleichsanspruch des verbleibenden Gesellschafters im Zeitpunkt der Verzichtserklärung wegen Vermögenslosigkeit des ausgeschiedenen Gesellschafters wertlos war. Denn es muß berücksichtigt werden, daß die erlassene Forderung wieder einen Wert hätte erlangen können. Es kann nicht ausgeschlossen werden, daß der Schuldner oder sein Rechtsnachfolger zu einem späteren Zeitpunkt zahlungsfähig sein werden. Nach Auffassung des BFH kommt der unterlassene Ausgleich wirtschaftlich einer aus Anlaß des Ausscheidens vorgenommenen nachträglichen Änderung der Gewinnverteilung gleich, wobei es unerheblich ist, aus welchen Gründen sie vorgenommen wird. Soweit das negative Kapitalkonto auf Verlustzurechnungen in den Vorjahren beruht, besteht keine Veranlassung, die durch die unterlassene Abdeckung des negativen Kapitalkontos eingetretene Vermögensmehrung steuerfrei zu lassen, weil sich diese Verluste früher einkommensmindernd auswirkten oder jedenfalls auswirken konnten. Der Ausscheidende erzielt also in Höhe des Minuskapitals auch dann einen Veräußerungsgewinn, wenn der Ausgleichsanspruch des verbleibenden Gesellschafters wertlos ist.

1018 VI 321/60 U; BStBl 1963, S. 133.
1019 RFH-U. v. 3.7.1935 VI A 652/34, StuW 1935 Nr. 40 und RFH-U. v. 5.2.1936 VI A 690/34; RStBl 1936, S. 555.
1020 IV 232/64 BFHE 88, 122.

5 Unentgeltlicher Übergang des Kommanditanteils

664 Geht der Anteil unentgeltlich, z. B. im Wege der Erbfolge[1021] oder durch Schenkung auf einen anderen über, so tritt der Anteilserwerber gemäß § 7 Abs. 1 Einkommensteuer-Durchführungsverordnung (EStDV) in die Rechtstellung des Veräußerers ein, indem er dessen Buchwerte fortführt. Mit dem Anteil gehen auch die verrechenbaren Verluste auf den Erwerber über[1022].

II Umsatzsteuer

665 Scheidet ein Gesellschafter aus, so fällt keine Umsatzsteuer an, wenn die verbleibenden Gesellschafter dem Ausscheidenden eine Entschädigung nur in Form von Geld zahlen. Den übrigen Gesellschaftern wächst der Anteil des Ausscheidenden an; dieses Anwachsen ist keine Lieferung i. S. von § 1 UStG[1023].

Nach der BFH-Rechtsprechung[1024] ist ein steuerbarer Umsatz nicht gegeben, wenn alle Gesellschafter bis auf einen ausscheiden und in bar abgefunden werden, während der eine Gesellschafter den Betrieb allein fortsetzt und ihm die Anteile der Ausscheidenden anwachsen[1025].

Zu der Frage, wie zu entscheiden ist, wenn alle Kommanditisten einer GmbH & Co. KG, die gleichzeitig Gesellschafter der Komplementär-GmbH sind, ihre Kommanditanteile und die Geschäftsanteile an der GmbH veräußern, hat die Finanzverwaltung im Schreiben vom 8.7.1976[1026] Stellung genommen. Danach berührt der Gesellschafterwechsel in der GmbH den Fortbestand der GmbH als juristische Person nicht. Somit tritt kein Wechsel in der Person des Komplementärs ein. Es ist daher die Auffassung zu vertreten, daß hier nicht der Fall eines gleichzeitigen Wechsels aller Gesellschafter einer Personengesellschaft vorliegt, der Vorgang also nicht als Geschäftsveräußerung im ganzen zu behandeln ist. Vielmehr stellt die Veräußerung des Kommanditanteils und des Geschäftsanteils an der GmbH für den Gesellschafter einen nach § 4 Nr. 8 UStG steuerfreien Umsatz dar, falls nicht die Steuerbarkeit mangels Unternehmereigenschaft des Gesellschafters auszuschließen ist.

1021 Zivilrechtliche Probleme der Erbfolge siehe Rn. 666 ff.
1022 Vergleiche Bordewin, a.a.O., BB 1980 S. 1040.
1023 Hesselmann, Handbuch, a.a.O., S. 220/221.
1024 Vgl. Urteile vom 17.11.1960 V 170/58 U; BStBl III 1961, S. 86 und vom 12.3.1964 V 249/61; BStBl III 1964, S. 290.
1025 Siehe auch Hesselmann, Handbuch, a.a.O., S. 221.
1026 Vgl. Vfg. der OFD Hamburg vom 8.7.1976 S. 7160–8176 – St 341; UStR S. 206.

III Vermögensteuer

Änderungen in der personellen Zusammensetzung der Personengesellschaft, die 666
über den Übergang des Gesellschaftsanteils eines Mitunternehmers auf einen
Nachfolger hinausgehen, verändern den Umfang und Aufbau des Unternehmens
und schaffen eine neue wirtschaftliche Einheit i. S. des § 23 Abs. 1 Nr. 1 BewG.
Sie begründen einen Anspruch auf Nachfeststellung[1027].

IV Kapitalverkehrsteuer

1 Gesellschafterwechsel

a) Wechsel des Komplementärs

Tritt eine GmbH anstelle des bisherigen Komplementärs, der eine natürliche Per- 667
son ist, in eine bereits bestehende Kommanditgesellschaft ein, so begründet dieser Vorgang nach Auffassung des BFH im Urteil vom 11.11.1969[1028] die Gesellschaftsteuerpflicht: ,,Die an einer nur aus natürlichen Personen bestehenden
Kommanditgesellschaft beteiligten Kommanditisten erwerben in dem Zeitpunkt
als Ersterwerber Gesellschaftsrechte an einer Kapitalgesellschaft i. S. der §§ 2 Nr.
1, 6 Abs. 1 Nr. 4 KVStG, in dem eine Kapitalgesellschaft Komplementär der
Kommanditgesellschaft wird''. Der BFH entspricht damit nicht der einheiligen
Auffassung des jüngeren Schrifttums.

Die Gesellschaftsteuerpflicht greift nicht nur dann, wenn die GmbH den Gesellschaftsanteil des persönlich haftenden Gesellschafters übernimmt, also an die
Stelle des ausscheidenden persönlich haftenden Gesellschafters tritt, sondern
auch dann, wenn der persönlich haftende Gesellschafter mit seinem Kapitalanteil
Kommanditist wird und die GmbH einen neuen Gesellschaftsanteil erwirbt.

Eine Änderung in der rechtlichen Beurteilung wird auch dann nicht gegeben
sein, wenn die GmbH nicht in eine KG, sondern in eine bisher als OHG geführte
Personengesellschaft eintritt, die mit Eintreten der GmbH in eine GmbH & Co.
umgewandelt wird.

Die Anteile des persönlich haftenden Gesellschafters an der GmbH & Co. gelten
nicht als Gesellschaftsrechte i. S. des KVStG. Damit wird klargestellt, daß dieses
Kapital nicht nochmals zur Kapitalverkehrsteuer herangezogen werden kann.
Das bedeutet auch, daß der Anteil einer natürlichen Person, die neben der

---

[1027] BFH-Urteil vom 26.4.1968 III 2/65 BStBl II S. 602.
[1028] II 1864/65; MFR 1870 S. 223.

GmbH als phG vorhanden ist, wie bislang nicht der Kapitalverkehrsteuer unterliegt. Wechselt die natürliche Person des phG in die Stelle des Kommanditisten über, so wird die Steuer ausgelöst. Wechselt umgekehrt eine natürliche Person vom Kommanditisten zum phG, so entsteht keine Kapitalverkehrsteuerpflicht.

Die Gesellschaftsteuerpflicht ist jedoch dann nicht gegeben, wenn durch formwechselnde Umwandlung die Komplementär-GmbH in eine AG oder eine sonstige Kapitalgesellschaft umgewandelt wird, da eine derartige Umwandlung die Identität der Kapitalanteile unberührt läßt. Ein gesellschaftsteuerpflichtiger Tatbestand ist auch bei der Auswechslung einer Kapitalgesellschaft als persönlich haftende Gesellschafterin einer KG durch eine andere Kapitalgesellschaft nicht gegeben, weil die Kommanditisten nach wie vor an derselben Kommanditgesellschaft beteiligt sind[1029].

b) Wechsel der Kommanditisten

668 Ein Wechsel der Kommanditisten erfolgt üblicherweise dergestalt, daß der Ausscheidende die Mitgliedschaft auf den eintretenden Gesellschafter im Wege der Sonderrechtsnachfolge überträgt. Es handelt sich hier um einen Austausch von Personen; die übergehenden Berechtigungen und das Vermögen der Gesellschaft bleiben bestandsmäßig unverändert. Zugunsten der Gläubiger wird die Sonderrechtsnachfolge so angesehen, als ob unabhängig voneinander ein Kommanditist mit Auszahlung seiner Einlage ausgeschieden und ein neuer eingetreten sei. Dieser haftungsrechtliche Gesichtspunkt spielt für die Gesellschaftsteuer keine Rolle; hier ist allein entscheidend, daß bei einem Wechsel der Kommanditisten durch Übertragung der Mitgliedschaften weder ein Ersterwerb von Gesellschaftsrechten stattfindet, noch eine irgendwie geartete Leistung (§ 2 Ziff. 2 KVStG) des neuen Gesellschafters an die Kommanditgesellschaft erfolgt[1030].

Entsprechendes gilt, wenn der Kommanditist A von seinem Kommanditanteil einen Teilanteil im Wege der Sonderrechtsnachfolge auf den Kommanditisten B überträgt, also eine Änderung der Kapitalanteile zwischen beteiligten Gesellschaftern eintritt[1031].

Die Übertragung eines Teilanteils unterliegt aber ebenso wie die Übertragung eines vollen Kommanditanteils der Börsenumsatzsteuer, da ein Anschaffungsgeschäft über ein Wertpapier (§ 17 KVStG) gegeben ist. Dies gilt auch dann, wenn im Gesellschaftsvertrag eine Übertragbarkeit der Anteile nicht vorgesehen ist.

1029 FinMin Schleswig-Holstein, Erl. v. 29.8.1960 Nr. S 5100 – 55 II/33;DStZ 1960, S. 406.
1030 Vgl. Fetsch, a.a.O., S. 92 mit Hinweisen auf die einschlägige handelsrechtliche Kommentierung.
1031 Vgl. WPg 1974, S. 326/327.

Kapitalverkehrsteuer G

Die Zustimmung der Übertragung kann in einem solchen Fall als eine auf den Einzelfall bezogene Änderung des Gesellschaftsvertrages angesehen werden[1032].

2 Kapitalverschiebungen zwischen zwei Kommanditgesellschaften

Zu der Frage, ob bei Übertragung von Vermögensteilen einer GmbH (AG) und Co. KG auf eine andere GmbH (AG) & Co. KG mit denselben Gesellschaftern Gesellschaftsteuerpflicht ausgelöst wird, vertritt die Finanzverwaltung[1033] folgende Auffassung: Das KVStG behandelt die Anteile der Kommanditisten an einer GmbH (AG) & Co. KG zwar wie Gesellschaftsrechte an einer Kapitalgesellschaft. Das ändert aber nichts an der Tatsache, daß eine solche KG nach der im Kapitalverkehrsteuerrecht gebotenen formalrechtlichen Betrachtungsweise eine KG bleibt und kapitalverkehrsteuerrechtlich keine Einheit mit der als persönlich haftende Gesellschafterin auftretenden Kapitalgesellschaft bildet. Es ist daher davon auszugehen, daß zwei Kommanditgesellschaften, nämlich die GmbH (AG) & Co. KG A und die GmbH (AG) & Co. KG B bestehen, auch wenn beide dieselben Gesellschafter haben. Die Anteile der Kommanditisten an den beiden Kommanditgesellschaften sind dabei nach § 6 Abs. 1 Nr. 4 KVStG als verschiedene Gesellschaftsrechte an einer Kapitalgesellschaft anzusehen. Werden durch eine Kapitalverschiebung die Kommanditeinlagen bei der einen KG erhöht, so tritt gem. § 2 Nr. 1 i. V. m. § 6 Abs. 1 Nr. 4 und Abs. 2 KVStG Gesellschaftsteuerpflicht ein. Hierauf ist es ohne Einfluß, wenn die Kommanditanteile bei der anderen KG gleichzeitig verringert werden.

669

Wird das gesamte Vermögen, d. h. werden alle Aktiva und Passiva, einer GmbH & Co. KG auf eine andere – bereits bestehende – GmbH & Co. KG übertragen, so wird insoweit, als bei der aufnehmenden Gesellschaft lediglich die Kommanditanteile erhöht werden, die Gesellschaftsteuerpflicht nicht nach § 2 Abs. 1 Nr. KVStG (Ersterwerb von Gesellschaftsrechten), sondern nach § 2 Abs. 1 Nr. 2 KVStG (Leistung des Erhöhungsbetrages als zusätzlicher Beitrag des Gesellschafters) begründet[1034]. In derartigen Fällen ist jedoch sinngemäß die Befreiungsvorschrift des § 7 Abs. 4 KVStG anzuwenden, damit verhindert wird, daß einer Kapitalgesellschaft zugeführtes Kapital, das bereits der Gesellschaftsteuer unterlegen hat, noch einmal in vollem Umfang zur Gesellschaftsteuer herangezogen wird[1035].

1032 Ergebnis einer Verkehrsteuerreferententagung der OFDen Düsseldorf, Köln und Münster, veröffentlicht in WPg 1974, S. 326/327.
1033 FinMin Schleswig-Holstein, Erl. v. 29.8.1960, S. 5100 – 55 II/33; DStZ B, S. 406.
1034 Vgl. BFH-U. vom 21.10.1969 II 141/65; BFHE 97, 320.
1035 Vgl. Nds FinMin, Erl. vom 6.8.1975 – S. 5110 – 50 – 32 2; BB 1975, S. 1052. Der Erlaß läßt die Steuervergünstigung des § 9 Abs. 2 Nr. 3 KVStG a. F. zur Anwendung kommen. Mit Wirkung ab 1.1.1986 ist diese Vorschrift unter die Befreiungsvorschriften des § 7 Abs. 4 KVStG n. F. aufgenommen.

3 Teilweise Umwandlung von GmbH-Anteilen in Kommanditanteile und umgekehrt

670 Hackstein[1036] beschäftigt sich mit den gesellschaftsteuerrechtlichen Fragen bei einer teilweisen Umwandlung von GmbH-Anteilen in Kommanditanteile und umgekehrt. Er kommt zu folgenden Ergebnissen:

Wird das Stammkapital einer GmbH herabgesetzt und gleichzeitig in gleichem Umfang die Kommanditanteile bei der KG, deren persönlich haftende Gesellschafterin die GmbH ist, erhöht, so sind durch diese Kapitalverschiebung zwischen der GmbH und der KG keine neuen Gesellschaftsrechte an der GmbH geschaffen und somit auch nicht erworben worden, da die Anteilseigner der GmbH wie auch die Kommanditisten der GmbH & Co. KG Gesellschaftsrechte an die Komplementär-GmbH besitzen. Die Summe der Gesellschaftsrechte an der GmbH (GmbH-Anteile + Kommanditanteile) ist in dieser Höhe unverändert geblieben; ein Rechtsvorgang i. S. des § 2 Abs. 1 Nr. 1 KVStG liegt insoweit nicht vor[1037].

Hackstein weist ausdrücklich darauf hin, daß die gegenteilige Auffassung der FinVerw im Erlaß des FinMin NRW v. 30.11.1970[1038] nicht durchgreifen kann. Der Erlaß betrifft nämlich die Umwandlung einer A-GmbH, in ihrer Gesamtheit in eine KG, deren Komplementärin eine andere GmbH, die B-GmbH, ist. Dort gehen die Gesellschaftsrechte an der A-GmbH unter, während Gesellschaftsrechte an der B-GmbH neu geschaffen und erst erworben werden. Zu Recht führt Hackstein aus, daß dieser Fall nicht gleichgestellt werden kann mit dem, daß die Gesellschaftsrechte an einer GmbH in unveränderter Höhe (GmbH-Anteile + Kommanditanteile) fortbestehen und – wenn überhaupt – lediglich ein Wechsel in den Personen eintritt, denen die Gesellschaftsrechte zustehen.

Gesellschaftsteuerpflicht kann sich nach § 2 Abs. 1 Nr. 1 KVStG aber dann ergeben, wenn die Herabsetzung des Stammkapitals der GmbH und die Erhöhung der Kommanditanteile bei der KG nicht mehr in einem zeitlichen Zusammenhang stehen oder soweit die Kommanditanteile um einen größeren Betrag erhöht werden als die Herabsetzung des Stammkapitals ausgemacht hat. In solchen Fällen gehen – so Hackstein – alte Gesellschaftsrechte unter und werden neue Gesellschaftsrechte geschaffen bzw. bleiben die alten Gesellschaftsrechte zwar in vollem Umfang erhalten, werden aber zusätzlich neue Gesellschaftsrechte an der GmbH erworben.

1036 Hackstein, Rechtsfragen zu § 6 Abs. 1 Nr. 4 KVStG, DVR 1971, S. 177.
1037 Hackstein beruft sich auf Heinemann, FR 1963, S. 151 und v. Wallis, NWB F. 8 a, S. 76.
1038 S. 5104 – 2 – VC 4 unter Hinweis auf das BFH-U. v. 13.1.1970 II 208/65; BStBl II, S. 463.
1039 *(entfallen)*

Kapitalverkehrsteuer G

Werden die Kommanditanteile an einer GmbH & Co. KG verringert, gleichzeitig aber in gleichem Umfang das Stammkapital an der Komplementär-GmbH erhöht, so sind die Voraussetzungen ebenfalls für eine Besteuerung aus § 1 Abs. 1 Nr. 1 KVStG nicht erfüllt[1040]. Kapitalverkehrsteuerpflicht kann sich nur dann ergeben, wenn die Kapitalverschiebung keinen zeitlich einheitlichen Vorgang darstellt oder soweit die Erhöhung des Stammkapitals bei der GmbH die Minderung der Kommanditanteile bei der KG übersteigt.

V Grunderwerbsteuer

1 Wechsel im Personenstand der Gesellschaft

Der Wechsel im Personenstande einer Personengesellschaft unterliegt grundsätzlich nicht der Grunderwerbsteuer[1042]. 671

Ein steuerfreier Wechsel im Personenstand einer Gesamthand (OHG, KG, GmbH & Co. KG), zu deren Vermögen Grundstücke gehören, liegt auch dann vor, wenn alle Gesellschafter ausscheiden und gleichzeitig andere persönlich oder beschränkt haftende Gesellschafter an ihre Stelle treten, und der Wille der Beteiligten auf die Fortsetzung der Gesellschaft gerichtet ist. Ob Auflösung und Neubildung oder Fortsetzung der alten Gesellschaft gewollt ist, ist durch Vertragsauslegung zu ermitteln. Im Zweifel ist anzunehmen, daß die alte Gesellschaft fortbesteht, da bei einem Gesellschafterwechsel bei bürgerlich-rechtlicher Betrachtung eine Neugründung nur anzunehmen ist, wenn ein dahingehender Wille der Beteiligten deutlich hervortritt. Die Steuerpflicht ist dann aber gegeben, wenn § 5 Abs. 1 StAnpG (Scheingeschäft) oder § 6 Abs. 1 StAnpG (Mißbrauch von Formen und Gestaltungsmöglichkeiten des bürgerlichen Rechts) durchgreifen[1043].

2 Vereinigung sämtlicher Anteile

Die „Vereinigung sämtlicher Anteile" an einer Gesamthandsgemeinschaft, meistens der Erwerb des letzten Anteils an einer Gesamthand, führt zur Grunderwerbsteuerpflicht nach § 1 Abs. 3 GrEStG; mit dieser Bestimmung hat der Gesetzgeber einen Ersatztatbestand formuliert, der den Erwerb der wirtschaftlichen Verwertungsmöglichkeit über Grundstücke der Gesellschaft, die der Erwerb 672

1040 Hackstein bezieht sich auf Niemann, WPg 1962, S. 234 sowie auf Alsen, DVR 1963, S. 17.
1041 (entfallen)
1042 Vgl. RFH-Gutachten v. 9.4.1923 Gr. S. 4/22; RStBl S. 240, 255.
1043 Vgl. FG Düsseldorf, Kammern in Köln, rkr. U. v. 21.12.1965; VI 11/62 GrErw; EFG 1966, S. 283 und BFH-U. v. 27.7.1962 II 77/61 U: BStBl III S. 478.

G   **Gesellschafterwechsel – Steuerrechtlicher Teil**

sämtlicher Anteile an einer Gesellschaft vermittelt, der Grunderwerbsteuer unterwirft. Es fragt sich, ob diese Gesetzesbestimmung auch bei der Anteilsvereinigung bei einer GmbH & Co. KG zur Anwendung kommt; ein Beispiel von Martin[1044] soll diese Fragestellung verdeutlichen: An der AB-GmbH & Co. KG sind neben der Komplementär-GmbH A und B als Kommanditisten beteiligt. Ihnen gehören zum gleichen Anteil auch die Gesellschaftsanteile an der AB-GmbH. Überträgt A, Vater des B, seinen Kommanditanteil sowie seine Gesellschaftsanteile an der AB-GmbH auf seinen Sohn B, stellt sich die Frage nach der Steuerbarkeit der mittelbaren Anteilsvereinigung und nach Anwendbarkeit der Befreiungsvorschriften der §§ 3 Nr. 6 und 5 GrEStG.

Daß auch die mittelbare Anteilsvereinigung grunderwerbsteuerbar und grunderwerbsteuerpflichtig ist, hat der BFH im Urteil vom 11.6.1975[1045] entschieden. Bezüglich der Anwendbarkeit der Befreiungsvorschriften ergibt sich die Schwierigkeit, daß diese nur Grundstückserwerbe und nicht etwa Anteilserwerbe betreffen. Doch ist mit Martin[1046] festzustellen, daß § 1 Abs. 3 GrEStG nur ein Ersatztatbestand ist, d. h. er betrifft Sachverhalte, in denen „zwar kein unmittelbarer Grundstückserwerb stattfindet, in denen jemand jedoch – in bestimmter Weise auch rechtlich verdichtet – wirtschaftlich als Grundstücks-„Eigentümer" angesehen werden kann. § 1 Abs. 3 GrEStG besteuert also den insoweit dem Rechtserwerb gleichgestellten wirtschaftlichen Erwerb des Grundstücks von der Gesellschaft. In beiden möglichen Sachverhaltensvarianten mittelbarer Anteilsvereinigung wird daher ein wirtschaftlicher Erwerb des alleinigen Anteilsinhabers von der Gesamthand versteuert. Daraus erhellt nun die Anwendbarkeit sowohl der Befreiungstatbestände der §§ 5 und 6 GrEStG als auch der persönlichen Befreiungsvorschrift des § 3 Nr. 6 GrEStG, dessen Anwendbarkeit im Bereich der §§ 5 und 6 GrEStG nie bestritten war. Soweit der Erwerber vor dem Erwerb des letzten Anteils an der Gesamthand beteiligt war, kann deshalb die Steuer nach § 6 Abs. 2 GrEStG unerhoben bleiben. Soweit der zuletzt erworbene Anteil von Verwandten in gerader Linie herrührt, ist der Erwerb nach § 3 Nr. 6 GrEStG befreit." Für das obige Beispiel bedeutet dies: die Grunderwerbsteuer bleibt zu dem Anteil, zu dem B bisher unmittelbar an der KG beteiligt waren, unerhoben. In Höhe des vom Vater stammenden Anteils an der KG ist der Erwerb nach § 3 Nr. 6 GrEStG von der Besteuerung ausgenommen. Lediglich in Höhe des auf die GmbH entfallenden Anteils der KG, unterliegt der Erwerb der Besteuerung nach § 1 Abs. 3 GrEStG, denn insoweit sind weder die §§ 5 und 6 GrEStG noch die persönliche Befreiungsvorschrift des § 3 GrEStG anwendbar[1047].

[1044] Suse Martin, Anteilsvereinigung bei der GmbH & Co. KG und Grunderwerbsteuerbefreiung, BB 1980, S. 410.
[1045] II R 5/72; BFHE 116, 408.
[1046] a.a.O., S. 411.
[1047] Vgl. Martin, a.a.O., S. 411.

H Beendigung der GmbH & Co. KG
– Handelsrechtlicher Teil

I Auflösung der GmbH & Co. KG

1 Gesetzliche Regelung

Die Auflösung einer GmbH & Co. KG bestimmt sich grundsätzlich nach den für die Auflösung einer Kommanditgesellschaft geltenden Regeln gemäß §§ 161 Abs. 2, 131 ff. HGB. Eine Kommanditgesellschaft wird nach dem Gesetz aufgelöst: 673

1. durch den Ablauf der Zeit, für welche sie eingegangen ist;
2. durch Beschluß der Gesellschafter;
3. durch Eröffnung des Konkurses über das Vermögen der Gesellschaft;
4. durch den Tod eines persönlich haftenden Gesellschafters. Gemäß § 177 HGB hat der Tod eines Kommanditisten nicht die Auflösung der Gesellschaft zur Folge[1048];
5. durch die Eröffnung des Konkurses über das Vermögen eines Gesellschafters;
6. durch Kündigung und durch gerichtliche Entscheidung.

Durch die Auflösung wird die Gesellschaft zu einer Liquidations- oder Abwicklungsgesellschaft. Die ursprünglichen gesellschaftsrechtlichen Pflichten, die durch die Förderung des Gesellschaftszwecks bestimmt waren, finden mit der Auflösung ihr Ende. Sie gehen über in die Verpflichtung, zur Auseinandersetzung beizutragen. Die Auseinandersetzung erfolgt durch Liquidation[1049], wenn die Gesellschafter nicht eine andere Art der Auseinandersetzung vereinbart haben oder über das Vermögen der Gesellschaft der Konkurs eröffnet ist[1050], §§ 145 Abs. 1, 161 Abs. 2 HGB.

2 Gesellschaftsvertragliche Vereinbarungen

Abweichend von den gesetzlichen Auflösungsgründen kann im Gesellschaftsvertrag einer KG bestimmt werden, daß im Falle des Todes, der Kündigung und des Konkurses eines Gesellschafters, der Betreffende ausscheidet und die Gesellschaft unter den übrigen Gesellschaftern fortbesteht, §§ 138, 161 Abs. 2 HGB. Eine Fortsetzungsklausel für den Fall des Todes eines Gesellschafters ist bei einer GmbH & Co. KG in der Regel entbehrlich, da die Gesellschaft im Falle des Todes 674

1048 Vgl. Rn. 666.
1049 S. Rn. 728 ff.
1050 S. Rn. 732 ff.

H   Beendigung der GmbH & Co. KG – Handelsrechtlicher Teil

eines Kommanditisten schon nach der gesetzlichen Regelung fortgesetzt wird (§ 177 HGB) und der einzige persönlich haftende Gesellschafter eine juristische Person ist. Ansonsten sind Fortsetzungsklauseln in der Praxis sehr gebräuchlich. Sie werden allgemein auch über den Wortlaut des § 138 HGB als zulässig erachtet, wobei der Konkurs der Gesellschaft als Auflösungsgrund nie ausgeschlossen werden kann[1051].

Die Fortsetzung der Gesellschaft setzt allerdings immer voraus, daß mindestens noch zwei Gesellschafter vorhanden sind und daß einer von ihnen persönlich haftet.

3 Besonderheiten der GmbH & Co. KG

675 Die Auflösung der KG hat grundsätzlich keinen Einfluß auf den Fortbestand der GmbH, wenn nicht in der GmbH-Satzung etwas anderes vereinbart wurde[1052]. Nach der Rechtsprechung ist auch die Auflösung der GmbH als einzige Komplementärin kein Auflösungsgrund für die KG[1053].

Die GmbH geht mit ihrer Auflösung nicht unter, sondern besteht mit geändertem Gesellschaftszweck als Liquidationsgesellschaft bis zum Abschluß der Liquidation fort. Als Abwicklungsgesellschaft kann sie auch weiterhin die Geschäfte der KG führen und diese gegenüber Dritten vertreten[1054]. Daher ist nicht schon die Auflösung der Komplementär-GmbH, sondern erst deren Vollbeendigung dem Tod eines Gesellschafters im Sinne des § 131 Nr. 4 HGB gleichzusetzen. Erst die Vollbeendigung der GmbH bewirkt demnach die Auflösung der GmbH & Co. KG. Da die GmbH nicht zur Vollbeendigung kommt, solange sie Geschäftsführungsaufgaben gegenüber der KG zu erfüllen hat, bedeutet das de facto, daß die GmbH & Co. KG einen „unsterblichen" persönlich haftenden Gesellschafter hat[1055]. Den Kommanditisten bleibt in einem solchen Fall nur der Weg, die Auflösung der KG gemäß § 133 HGB oder den Ausschluß der GmbH gemäß § 140 HGB zu betreiben, sofern ein weiterer persönlich haftender Gesellschafter vorhanden ist. Angesichts dieser Rechtslagen sollte daher schon im KG-Vertrag vereinbart werden, daß die Auflösung der Komplementär-GmbH für die KG ein Auflösungsgrund ist.

1051 Schlegelberger/Geßler, § 138 Anm. 2; Baumbach/Duden/Hopt, § 138 Anm. 1 B.
1052 Schlegelberger/Martens, § 161 Rn. 123.
1053 BGHZ 75, 178 (182), auch in BB 1980, 11; OLG Hamburg, DB 1987, 1244; OLG Frankfurt, DNotZ 1976, 619 (620 f.); ebenso Baumbach/Duden/Hopt, Anh. § 177 a, Anm. V 1 A; Ulmer in Großkomm. § 131 Anm. 85, a. A. Schmidt BB 1980, 1497 (1500 f.); Hesselmann S. 143.
1054 BGH, a.a.O.
1055 Klauss/Birle, Rn. 353.

II Liquidation der GmbH & Co. KG

Nach der Auflösung der GmbH & Co. KG wird die Gesellschaft gemäß §§ 145 ff. liquidiert, wenn die Gesellschafter nicht eine andere Art der Auseinandersetzung vereinbart haben oder über das Vermögen der Gesellschaft der Konkurs eröffnet ist. Die Liquidation erfolgt nach der gesetzlichen Regelung durch sämtliche Gesellschafter als Liquidatoren, §§ 146 Abs. 1, 161 Abs. 2 HGB[1056]. Diese Regelung erweist sich bei der GmbH & Co. KG als wenig praktikabel und wird üblicherweise im Gesellschaftsvertrag dahingehend modifiziert, daß die geschäftsführende Komplementär-GmbH die Liquidation durchführen soll. 676

Die Liquidatoren vertreten die Gesellschaft gegenüber Dritten innerhalb ihres Geschäftskreises, § 149 S. 2 HGB. Die Vertretungsmacht der bisherigen geschäftsführenden Gesellschafter und Prokuristen[1056a] ist mit der Auflösung erloschen. 677

Aufgabe der Liquidatoren ist, die laufenden Geschäfte der Gesellschaft zu beendigen, die Forderungen einzuziehen, das übrige Vermögen in Geld umzusetzen und die Gläubiger zu befriedigen, § 149 S. 1 HGB. Zur Beendigung schwebender Geschäfte können sie auch neue Geschäfte eingehen, § 149 S. 1 HGB. Ist die Liquidation beendet, wird ein Liquidationsgewinn oder -verlust gemäß dem vertraglichen oder gesetzlichen Gewinn- bzw. Verlustverteilungsschlüssel auf die Gesellschafter ausgekehrt bzw. umgelegt[1056b]. 678

Kommanditisten nehmen auch hier am Verlust nur bis zum Betrag ihrer rückständigen Einlage teil. Die Einlageverpflichtungen der Kommanditisten bleiben in der Liquidationsphase grundsätzlich so bestehen, wie sie vor der Auflösung der KG bestanden. Allerdings können sie nur insoweit noch eingefordert werden, als sie zur Verwirklichung des Liquidationszwecks erforderlich sind, wobei die betroffenen Gesellschafter die Darlegungs- und Beweislast dafür trifft, daß ihre Einlagen nicht für die Durchführung der Liquidation benötigt werden[1057]. 679

Ist nach der Begleichung aller Schulden der Gesellschaft noch Vermögen vorhanden, wird dies auf die einzelnen Gesellschafter im Verhältnis der Kapitalanteile verteilt, § 155 Abs. 1 HGB.

1056 A. A. bei einer körperschaftlich verfaßten GmbH & Co. KG: Scholz/K. Schmidt, § 66 Rn. 54.
1056a RGZ 72, 119 (123); Baumbach/Duden/Hopt § 52 Anm. 3 B; a. A. K. Schmidt, BB 1989, 229 (235).
1056b BGHZ 19, 42 (48).
1057 BGH GmbHR 1978, 255 (256); BGH NJW 1980, 1522; Schlegelberger/Martens, § 161 Rn. 126.

III Konkurs der GmbH & Co. KG

1 Konkursgründe bei der GmbH & Co. KG

680 Durch die Eröffnung des Konkurses über das Vermögen der Gesellschaft wird die GmbH & Co. KG aufgelöst, §§ 131 Nr. 3, 161 Abs. 2 HGB. Konkursgründe sind, wie bei einer Kapitalgesellschaft, die Zahlungsunfähigkeit und Überschuldung der Gesellschaft, § 209 KO. Während die Zahlungsunfähigkeit, wie bei jeder Personenhandelsgesellschaft, schon immer Konkursgrund war, wurde die Überschuldung für die typische GmbH & Co. KG – bei der keine natürliche Person persönlich haftender Gesellschafter ist – als Konkursgrund erst 1976 durch das Erste Gesetz zur Bekämpfung der Wirtschaftskriminalität (1. WiKG) eingefügt.

Gesellschafterdarlehen können die Zahlungsunfähigkeit der Gesellschaft beseitigen. Die Überschuldung kann durch ein Gesellschafterdarlehen nur dadurch abgewendet werden, wenn dieses Darlehen mit einem Rangrücktritt versehen ist[1058].

2 Pflichten der Geschäftsführer gegenüber der GmbH & Co. KG

a) Allgemeines

681 Die Geschäftsführer der Komplementär-GmbH treffen bei Vorliegen der Konkursgründe Pflichten gegenüber der KG (§§ 130a, 177a HGB), die den Pflichten eines GmbH-Geschäftsführers gegenüber einer GmbH (§ 64 GmbHG) und eines Vorstands gegenüber einer AG (§ 92 AktG) im Konkurs entsprechen.

Anders als bei einer gewöhnlichen Kommanditgesellschaft, bei der die persönlich haftenden Gesellschafter lediglich berechtigt, nicht aber verpflichtet sind, einen Konkursantrag zu stellen (§ 210 Abs. 1 KO), sind bei der typischen GmbH & Co. KG die Geschäftsführer der Komplementär-GmbH verpflichtet, ohne schuldhaftes Zögern, spätestens aber drei Wochen nach Eintritt der Zahlungsunfähigkeit oder der Überschuldung der GmbH & Co. KG einen Antrag auf Konkurseröffnung zu stellen, §§ 130a Abs. 1, 177a HGB. Der Antrag gilt als nicht schuldhaft verzögert, wenn die Antragspflichtigen die Eröffnung des gerichtlichen Vergleichsverfahrens mit der Sorgfalt eines ordentlichen und gewissenhaften Geschäftsleiters betreiben, §§ 130a Abs. 1 S. 4, 177a HGB.

1058 BGH, Urteil v. 9.2.1987 in BB 1987, 728; s. auch Rn. 744 ff. „kapitalersetzende Gesellschafterdarlehen".

Konkurs der GmbH & Co. KG

Außerdem dürfen die Geschäftsführer bei Vorliegen der Konkursgründe keine Zahlungen aus dem Vermögen der KG leisten. Auch hier gibt es wieder die Einschränkung, daß dies nicht für solche Zahlungen gilt, die auch nach diesem Zeitpunkt mit der Sorgfalt eines ordentlichen und gewissenhaften Geschäftsleiters vereinbar sind, §§ 130a Abs. 2, 177a HGB. 682

Verstößt ein Geschäftsführer gegen die ihm in den §§ 130a Abs. 1 und 2, 177a HGB auferlegten Pflichten, ist er der KG zum Schadenersatz verpflichtet, §§ 130a Abs. 3 S. 1, 177a HGB. Ist es streitig, ob ein Geschäftsführer die Sorgfalt eines ordentlichen und gewissenhaften Geschäftsleiters angewandt hat, trifft ihn die Beweislast, §§ 130a Abs. 3 S. 2, 177a HGB. Seine Ersatzpflicht entfällt selbst dann nicht, wenn er auf Beschluß der Gesellschafter gehandelt hat, § 130a S. 4 HGB. Da § 130a HGB als Schutzgesetz im Sinne des § 823 Abs. 2 BGB anzusehen ist[1059], steht den geschädigten Gesellschaftsgläubigern auch ein unmittelbarer Schadenersatzanspruch gegen die Geschäftsführer der Komplementär-GmbH zu[1060]. 683

Außerdem erfüllt ein Geschäftsführer einen Straftatbestand gemäß §§ 130b, 177a HGB, wenn er es entgegen § 130a Abs. 1 HGB unterläßt, die Eröffnung des Konkursverfahrens zu beantragen. Eine schuldhafte Verletzung der Antragspflicht kann mit Freiheitsstrafen bis zu drei Jahren oder Geldstrafe bestraft werden, § 130b Abs. 2 HGB. 684

b) Faktischer Geschäftsführer einer GmbH & Co. KG

Die in §§ 130a, 177a HGB normierten Pflichten treffen auch den sogenannten faktischen Geschäftsführer der GmbH & Co. KG[1061]. Faktischer Geschäftsführer ist, wer in maßgeblichem Umfang Geschäftsführungsmaßnahmen übernommen hat, wie sie nach Gesetz und Gesellschaftsvertrag für den Geschäftsführer kennzeichnend sind, und wer insbesondere die für den wirtschaftlichen Fortbestand des Gesellschaftsunternehmens entscheidenden Maßnahmen trifft[1062]. Anknüpfungspunkt dieser jüngeren Rechtsprechung zur GmbH & Co. KG ist die im GmbH-Recht und Aktienrecht herrschende Meinung, wonach die Verpflichtung zur Stellung des Konkursantrages gemäß §§ 64 GmbHG, 92 AktG und die zivil- und strafrechtliche Verantwortung für dessen Versäumung nicht nur denjenigen treffen, der förmlich zum Geschäftsführer oder Vorstand bestellt ist, son- 685

[1059] Vgl. BGHZ 29, 100 zur entsprechenden Vorschrift § 64 Abs. 1 GmbHG; BGHZ 75, 96 (106) zur entsprechenden Vorschrift § 92 Abs. 2 AktG.
[1060] Baumbach/Duden/Hopt, § 130a Anm. 3 B.
[1061] BGH DB 1988, 1263 ff.
[1062] BGH, Urteil v. 21.3.1988, DB 1988, 1263 (1264).

dern auch denjenigen, der ohne eine solche Organstellung zu bekleiden, tatsächlich wie ein geschäftsführendes Organ tätig wird[1063].

686 Für die GmbH & Co. KG kann im Prinzip nichts anderes gelten, nachdem das Gesetz (§§ 130a, 177a HGB) den Organen dieser Gesellschaft im wesentlichen inhaltsgleiche, nach dem Vorbild der §§ 64 GmbHG, 92 AktG ausgestaltete Verpflichtungen mit entsprechenden Haftungsfolgen im Verletzungsfall auferlegt hat[1064].

3 Wechselwirkungen zwischen dem Konkurs der GmbH & Co. KG und dem Konkurs der Komplementär-GmbH

687 Der Konkurs der GmbH ist zunächst einmal von dem Konkurs der GmbH & Co. KG getrennt zu betrachten. Es gilt auch hier, daß der Geschäftsführer verpflichtet ist, die Eröffnung des Konkurses über das Vermögen der GmbH zu beantragen, wenn diese zahlungsunfähig oder überschuldet ist, § 64 Abs. 1 GmbHG. Inhaltlich entspricht § 64 GmbHG § 130a HGB, so daß wegen weiterer Einzelheiten auf die Anmerkungen zu § 130a HGB verwiesen wird[1065].

688 Zwischen dem Konkurs der GmbH und dem Konkurs der GmbH & Co. KG bestehen Wechselwirkungen. Eine ergibt sich aus der gesetzlichen Regelung in §§ 131 Nr. 5, 161 Abs. 2 HGB, wonach sich eine KG auflöst, wenn über das Vermögen eines Gesellschafters der Konkurs eröffnet wird. Ist im Gesellschaftsvertrag der GmbH & Co. KG also nichts Abweichendes bestimmt (§§ 138, 161 Abs. 2 HGB)[1066], löst sich die GmbH & Co. KG durch den Konkurs der Komplementär-GmbH auf.

689 Die in der Praxis relevante Frage ist, wie sich der Konkurs der GmbH & Co. KG auf die GmbH auswirkt, insbesondere unter welchen Umständen er einen Konkurs der GmbH nach sich zieht.

690 Da die Komplementär-GmbH für die Verbindlichkeiten der KG unmittelbar gemäß §§ 128, 161 Abs. 2 HGB haftet, liegt eine Überschuldung der GmbH vor, wenn ihre eigenen Aktiva und die Aktiva der KG zusammen nicht mehr die Verbindlichkeiten beider Gesellschaften abdecken[1067]. Da die GmbH üblicherweise nur über das gesetzliche Mindeststammkapital und entsprechend geringes Ver-

---

1063 BGH WM 1973, 1354 (1355); BGHSt 31, 118 (121 f); Hachenburg/Ulmer, § 64 Rn. 11, Baumbach/Hueck, GmbHG, § 64 Rn. 6.
1064 BGH DB 1988, 1263 (1264); einschränkend hinsichtlich der strafrechtlichen Verantwortung OLG Düsseldorf, Beschluß vom 16.10.1987 GmbHR 1987, 191.
1065 S. Rn. 733 ff.
1066 S. Rn. 726.
1067 Uhlenbruck, S. 245; Scholz/K. Schmidt, 6. Aufl., § 63 Rn. 62.

mögen verfügt, zieht die Überschuldung der GmbH & Co. KG daher in der Regel die Überschuldung der GmbH nach sich[1068].

Eine Überschuldung kann entfallen, wenn die Komplementär-GmbH im Innenverhältnis einen Freistellungsanspruch gegen die Kommanditisten hat und dieser Anspruch auch realisierbar und damit werthaltig ist[1069]. Außerdem kann im Einzelfall die Pflicht zur Stellung des Konkursantrages wegen Überschuldung der GmbH entfallen, wenn die Geschäftsführer für die GmbH & Co. KG die Eröffnung des gerichtlichen Vergleichsverfahrens beantragt haben und die Aussicht besteht, daß ein derartiger Vergleich zustande kommen wird, so daß die Komplementär-GmbH nicht mit ihrer Inanspruchnahme zu rechnen braucht[1070]. 691

4 Kapitalersetzende Gesellschafterdarlehen

a) Kapitalersetzende Gesellschafterdarlehen gemäß § 172a HGB i.V.m. § 32a Abs. 1 GmbHG

aa) Allgemeines

Ein kapitalersetzendes Gesellschafterdarlehen gemäß § 32a Abs. 1 GmbHG liegt vor, wenn ein Gesellschafter der Gesellschaft in einem Zeitpunkt, in dem ihr die Gesellschafter als ordentliche Kaufleute Eigenkapital zugeführt hätten, statt dessen ein Darlehen gegeben hat. § 32a GmbHG gilt unmittelbar nur für Gesellschafterdarlehen in der GmbH. Kraft Verweisung gemäß § 172a HGB gilt die Vorschrift auch in der GmbH & Co. KG, sofern keine natürliche Person als unbeschränkt haftender Gesellschafter beteiligt ist. Nach dem Gesetzeswortlaut (§ 172a S. 1 HGB) gelten als Gesellschafter der GmbH & Co. KG in Bezug auf kapitalersetzende Darlehen neben den Kommanditisten auch die Gesellschafter der Komplementär-GmbH, nicht aber die Komplementär-GmbH selbst. Kredite der Komplementär-GmbH fallen also nicht unter das Recht der kapitalersetzenden Gesellschafterdarlehen. 692

Durch die Gleichsetzung von kapitalersetzenden Gesellschafterdarlehen mit haftendem Eigenkapital soll verhindert werden, daß Gesellschafter das Risiko, das mit einer an sich erforderlichen Kapitalzuführung verbunden ist, durch die Darlehensgewährung auf die Gesellschaftsgläubiger abwälzen, indem sie im Konkurs der Gesellschaft mit ihren Ansprüchen auf Rückzahlung der Darlehen gleichbe- 693

1068 Vgl. auch Rn. 752.
1069 Hachenburg/Ulmer, § 63 Rn. 121; Uhlenbruck, GmbHR 1971, 70 (73).
1070 Hesselmann, Rn. 256; Sudhoff, NJW 1973, 1829 (1832); Uhlenbruck, GmbHR 1971, 70 (72).

rechtigt neben die Forderungen anderer Gesellschaftsgläubiger treten und deren Konkursquote schmälern[1071].

bb) Eigenkapitalfunktion eines Gesellschafterdarlehens

694 Ein Gesellschafterdarlehen hat Eigenkapitalfunktion, wenn es der Gesellschaft zu einem Zeitpunkt gewährt wird, in dem ihr die Gesellschafter als ordentliche Kaufleute Eigenkapital zugeführt hätten, § 32a Abs. 1 GmbHG. Maßgeblich für die Qualifizierung eines Gesellschafterdarlehens als Eigenkapital ist also die Frage, ob zum Zeitpunkt der Darlehensgewährung eine ordnungsmäßige Unternehmensfinanzierung die Einbringung von weiterem haftenden Eigenkapital geboten hätte[1072]. Das ist immer dann der Fall, wenn die Gesellschaft zum Zeitpunkt der Darlehensgewährung konkursreif ist[1073]. Liegen Konkursvoraussetzungen nicht vor, ist nach der Rechtsprechung Kriterium für die Kapitalersatzfunktion eines Gesellschafterdarlehens die Kreditunfähigkeit (Kreditunwürdigkeit) der Gesellschaft im Zeitpunkt der Darlehensgewährung[1074]. Die Gesellschaft ist kreditunfähig, wenn sie von dritter Seite nicht mehr zu marktüblichen Bedingungen Kredit erhalten könnte und ohne die Zuführung von Eigenkapital oder von Gesellschafterdarlehen liquidiert werden müßte[1075]. Gewährt also ein Kommanditist der GmbH & Co. KG in einer derartigen Situation ein Darlehen, ersetzt dieses Darlehen die notwendige Zuführung von Eigenkapital mit der Folge, daß es im Konkurs wie Eigenkapital behandelt wird[1076].

695 Nach der überwiegenden Meinung im Schrifttum hat das Gesetz mit dem Abstellen auf das Finanzierungsverhalten ordentlicher Kaufleute einen rein objektiven Abgrenzungsmaßstab gewählt, so daß es nicht darauf ankommt, ob der Gesellschafter die Umstände kannte oder hätte kennen müssen, die die Eigenkapitalfunktion des von ihm gewährten Darlehens begründen[1077].

Etwas anderes gilt, wenn ein Gesellschafter ein der Gesellschaft bereits gewährtes Darlehen im Zeitpunkt der Krise stehen läßt[1078].

1071 BGH, Urteil vom 24.3.1980 NJW 1980, 1524; BGH, Urteil vom 26.3.1984 NJW 1984, 1893 (1895); amtliche Begründung zur GmbH-Novelle BT-Dr. 8/1347.
1072 BGHZ 90, 382 (389); Fischer/Lutter/Hommelhoff, §§ 32a/b Rn. 3; Scholz/K. Schmidt, §§ 32a, 32b, Rn. 5.
1073 BGHZ 31, 271 ff.; BGHZ 67, 171 (174 ff.); BGHZ 76, 326 (330), auch in NJW 1980, 1524 (1525).
1074 BGH NJW 1980, 1524 (1525); BGH, NJW 1982, 383 (385); ebenso Hachenburg/Ulmer, §§ 32a, 32b Rn. 45; Scholz/K. Schmidt, §§ 32a, 32b, Rn. 32.
1075 BGH a.a.O.
1076 S. Rn. 749 ff.
1077 Hachenburg/Ulmer, §§ 32a, 32b, Rn. 40, 54; Scholz/K. Schmidt, §§ 32a, 32b, Rn. 37; Schilling in Großkomm. § 172a Rn. 9; a.A. Fischer/Lutter/Hommelhoff, §§ 32a/b Rn. 29; einschränkend: Uhlenbruck S. 693.
1078 S. Rn. 748.

cc) Stehenlassen eines Gesellschafterdarlehens in der Krise

Grundsätzlich kann das bloße Stehenlassen eines bereits vorhandenen Darlehens in einer Krisensituation[1079] wie die Neugewährung eines Darlehens dazu führen, daß das Darlehen im Konkurs wie Eigenkapital behandelt wird. 696

Der BGH nimmt die Eigenkapitalersatzfunktion eines stehengelassenen Darlehens immer dann an, wenn der Darlehensgeber nach Eintritt der Krise rechtlich in der Lage ist, das Darlehen – gegebenenfalls durch Kündigung – zurückzufordern, und er dies unterläßt, obwohl er erkannt hat oder hätte erkennen müssen, daß das Darlehen inzwischen als Kapitalgrundlage für die GmbH unentbehrlich geworden ist[1080]. Der BGH läßt unter diesen Umständen für eine kapitalsetzende Finanzierungsleistung das bloße Unterlassen der Rückforderung des Darlehens ausreichen[1081]. Lediglich für den Fall, daß der Darlehensgeber von der Lage der Gesellschaft nichts wußte und nichts wissen mußte und schon deshalb keinen Anlaß hatte, tätig zu werden, hat der BGH die Frage offengelassen, ob auch hier das bloße Untätigbleiben ausreicht, um ein Darlehen als eigenkapitalersetzend zu qualifizieren[1082].

dd) Rechtsfolgen der Eigenkapitalfunktion von Gesellschafterdarlehen

dda) Ausschluß des Rückzahlungsanspruchs im Konkurs

Ist das Darlehen eines Kommanditisten oder GmbH-Gesellschafters[1083] an die GmbH & Co. KG ein eigenkapitalersetzendes Darlehen im Sinne des § 32a Abs. 1 GmbHG i.V.m. § 172a HGB, kann der Darlehensgeber seinen Anspruch auf Rückzahlung im Konkurs der GmbH & Co. KG nicht geltend machen. Die Forderung geht allerdings nicht unter. Sie kann, wenn nach Abschluß des Konkursverfahrens noch Gesellschaftsvermögen vorhanden ist, von den Gesellschaftern untereinander im Wege der Auseinandersetzung geltend gemacht werden[1084]. 697

ddb) Anfechtbarkeit der Rückzahlung

Wird ein eigenkapitalersetzendes Darlehen an einen Gesellschafter vor Eröffnung des Konkursverfahrens zurückgezahlt, unterliegt die Rückzahlung im Insolvenzfall der Anfechtung durch den Konkursverwalter, §§ 32a, 36 KO. Außerhalb des Konkursverfahrens kann die Rückzahlung vom Gesellschaftsgläubiger 698

1079 S. Rn. 746.
1080 BGH Urteil vom 6.5.1985 NJW 1985, 2719; BGHZ 75, 334 (339) auch in NJW 1980, 592.
1081 BGH NJW 1985, 2719 (2720); zustimmend Fischer/Lutter/Hommelhoff, §§ 32a/b, Rn. 29; a.A. Scholz/K. Schmidt, §§ 32a, 32b Rn. 40f.; Uhlenbruck, S. 692.
1082 BGH, a.a.O.
1083 S. Rn. 744.
1084 Baumbach/Duden/Hopt, § 172a Anm. 2 A.

gemäß §§ 3b, 2 AnfG angefochten werden. § 172a HGB verweist zwar nicht ausdrücklich auf diese Normen. Es besteht jedoch weitgehend Einigkeit darüber, daß die Beschränkung der Verweisung auf die §§ 32a, 32b GmbHG ein Redaktionsversehen ist und die §§ 32a KO, 3b AnfG auch im Bereich der GmbH & Co. KG Anwendung finden[1085].

ddc) Verbot der Rückzahlung

699 Ein Verbot der Rückzahlung eines eigenkapitalersetzenden Darlehens kann sich auch nach den von der Rechtsprechung zu §§ 30, 31 GmbHG entwickelten Grundsätzen ergeben[1086]. Diese Grundsätze über kapitalsetzende Gesellschafterdarlehen sind von der Rechtsprechung schon vor Inkrafttreten der GmbH-Novelle am 4.7.1980 entwickelt worden. Sie gelten auch weiterhin neben den Vorschriften der GmbH-Novelle[1087].

700 Nach diesen Grundsätzen können Darlehen, die ein Gesellschafter der sonst nicht mehr lebensfähigen GmbH anstelle von Eigenkapital zuführt oder beläßt, wie gebundenes Stammkapital nach den Vorschriften der §§ 30, 31 GmbHG zu behandeln sein. Das gilt entsprechend für Darlehen an eine vor dem Zusammenbruch stehende GmbH & Co. KG, soweit die Rückgewähr zu Lasten des Stammkapitals der Komplementär-GmbH geht[1088] oder deren Überschuldung noch verschärft[1089]. Voraussetzung für die Unzulässigkeit der Rückgewähr eines Gesellschafterdarlehens gemäß § 30 GmbHG ist, daß das Darlehen Eigenkapitalcharakter hat[1090] und daß seine Rückgewähr zu Lasten des nach §§ 30, 31 GmbHG geschützten Stammkapitals der GmbH geht[1091]. Letzteres ist dann der Fall, wenn die GmbH & Co. KG überschuldet ist, ein Ausgleich der Überschuldung durch kapitalersetzende Gesellschafterleistungen[1092] infolge ihrer Rückzahlung wegfällt und die GmbH keine über ihr Stammkapital hinausgehenden Vermögenswerte besitzt. Die GmbH muß dann im Hinblick auf ihre volle Haftung gemäß § 128 HGB die ungedeckten Verbindlichkeiten der KG passivieren oder mindestens eine entsprechende Rückstellung bilden[1093], wodurch ihr Stammkapital angegriffen wird. Ferner geht die Rückzahlung eines eigenkapitalersetzenden Gesellschafterdarlehens der GmbH & Co. KG dann zu Lasten des Stammkapitals der Komplementär-GmbH, wenn die GmbH am Vermögen der

---
1085 Schlegelberger/K. Schmidt, § 172a Rn. 1; Weimar/Geitzhaus DB 1987, 2026 (2028).
1086 S. Rn. 378 ff.
1087 BGH, Urteil vom 26.3.1984 NJW 1984, 1891 (1893).
1088 Vgl. Rn. 378.
1089 BGH Urteil vom 24.3.1980 NJW 1980, 1524; vgl. auch Rn. 383.
1090 S. Rn. 746.
1091 BGH a.a.O.
1092 Vgl. Rn. 732.
1093 BGH NJW 1980, 1524 (1526); vgl. Rn. 353.

KG beteiligt ist und sich der Wert dieser Beteiligung durch den Kapitalschwund in der KG auf Kosten des Stammkapitals der GmbH mindert[1094].

Erfolgt dennoch unter solchen Umständen eine Rückzahlung des Darlehens aus dem KG-Vermögen, steht der KG der Erstattungsanspruch gemäß § 31 GmbHG zu[1095]. Bisher ist vom BGH noch nicht die Frage entschieden, ob dieser Erstattungsanspruch auch gegen einen Kommanditisten geltend gemacht werden kann, der nicht zugleich Gesellschafter der GmbH ist[1096]. Das Oberlandesgericht Hamburg hat diese Frage verneint[1097]. Die Anwendung der §§ 30, 31 GmbHG bei kapitalersetzenden Gesellschafterdarlehen an die GmbH & Co. KG erstrecke sich grundsätzlich nicht auf die Darlehen von Kommanditisten, die nicht zugleich Gesellschafter der Komplementär-GmbH sind. 701

b) „Gesplittete" Pflichteinlage

Gesellschafterdarlehen werden über die Regelung des § 172a HGB[1098] hinaus auch dann mit Eigenkapital gleichgesetzt, wenn die Darlehensgewährung eine echte gesellschaftsvertragliche Pflicht der Kommanditisten ist. Das ist dann der Fall, wenn die Finanzplanung der GmbH & Co. KG schon nach dem Gesellschaftsvertrag von Anfang an neben den in der Regel als Kommanditanteile bezeichneten Einlagen auf Gesellschafterdarlehen beruht[1099]. 702

Wichtige Indizien für die Eigenkapitalfunktion von Gesellschafterdarlehen sind neben „besonders günstigen Kreditkonditionen vor allem die Pflicht zur langfristigen Belassung oder das Fehlen einseitiger Kündigungsmöglichkeiten, die eine Rückforderung regelmäßig nur als Abfindungs- oder Liquidationsguthaben ermöglichen, sowie die mindestens nach Einschätzung der Gesellschafter gegebene Unentbehrlichkeit der Gesellschafterdarlehen für die Verwirklichung der gesellschaftsvertraglichen Ziele[1100]". 703

Erfüllt ein Gesellschafterdarlehen oder auch eine stille Beteiligung eines Gesellschafters obengenannte Kriterien, liegt eine sich aus Kommanditanteil und Darlehensbetrag oder stille Beteiligung zusammensetzende „gesplittete" Pflichteinlage vor, die insgesamt den Charakter von Eigenkapital der Gesellschaft hat. Rechtsfolge der Charakterisierung als Eigenkapital ist, daß diese Pflichteinlage insgesamt – auch soweit sie die Haftsumme[1101] übersteigt – im Konkurs oder in der Liquidation den Gesellschaftsgläubigern zur Verfügung stehen muß. 704

1094 BGH a.a.O.
1095 BGH, a.a.O.; BGHZ 60, 324 (328).
1096 S. Rn. 26.
1097 Hanseatisches OLG Urteil vom 16.5.1986 GmbHR 1986, 232.
1098 S. Rn. 744 ff.
1099 BGH, Urteil vom 21.3.1988 DB 1988, 1262.
1100 BGH, a.a.O.
1101 S. Rn. 134.

705 Der Konkursverwalter – wie Liquidator – kann also diese Gesellschafterdarlehen – soweit sie noch nicht geleistet wurden – einfordern, wenn sie zur Befriedigung von Gesellschaftsgläubigern erforderlich sind. Umgekehrt können die Gesellschafter, die solche Darlehen der Gesellschaft gewährt haben, diese im Konkurs nicht zurückfordern[1102].

706 Diese Grundsätze waren von der Rechtsprechung zunächst für Publikums-Kommanditgesellschaften entwickelt worden[1103]. Der BGH hat in seinem Urteil vom 21.3.1988[1104] ausdrücklich festgestellt, daß sie auch auf die „normale" GmbH & Co. KG Anwendung finden.

1102 BGH, a.a.O.; BGH, Urteil vom 9.2.1981 NJW 1981, 2251 (2252).
1103 Vgl. BGH NJW 1981, 2251; BGH NJW 1982, 2253; BGH NJW 1983, 42.
1104 BGH DB 1988, 1262.

I Beendigung der GmbH & Co. KG
– Steuerrechtlicher Teil

I Ertragsteuern (Einkommen-, Gewerbesteuer)

1 Veräußerungs(Aufgabe)gewinn, Veräußerungs(Aufgabe)verlust

Mit dem Auflösungsbeschluß der Gesellschafter beginnt die Beendigung der Gesellschaft. Es folgt die Abwicklungsphase, an deren Ende die Aufgabe der wesentlichen Grundlagen der GmbH & Co. KG steht[1105]. 707

Die Aufgabe der wesentlichen Grundlagen kann entweder durch Veräußerung der Wirtschaftsgüter an Dritte oder durch Übernahme der Wirtschaftsgüter in das Privatvermögen der Gesellschafter erfolgen; in ersterem Fall spricht man von Betriebsveräußerung, im letzteren von Betriebsaufgabe. Denkbar ist auch eine Kombination beider Vorgänge.

Übersteigt die Summe der Veräußerungserlöse (sog. „Versilberung des Betriebsvermögens") und bzw. oder die Summe des gemeinen Werts der ins Privatvermögen übernommenen Wirtschaftsgüter das bzw. die Kapitalkonto(en) der Gesellschafter, so entsteht ein Veräußerungsgewinn bzw. Aufgabegewinn; im anderen Fall ein Veräußerungsverlust bzw. Aufgabeverlust.

Die Vergünstigungen für den Veräußerungs(Aufgabe)gewinn der §§ 16 Abs. 4, 34 EStG – Freibetrag, ermäßigter Steuersatz – werden jedoch nur gewährt, wenn die Veräußerung (Aufgabe) in einem einheitlichen wirtschaftlichen Vorgang und nicht nach und nach erfolgt. Da in der Praxis u. U. die Veräußerung „nicht auf einen Schlag" möglich ist, sondern gegenüber verschiedenen Käufern erfolgt, wird man einen einheitlichen wirtschaftlichen Vorgang noch bejahen können, wenn die aufgrund einer Willensentscheidung getroffenen Veräußerungs- und/oder Aufgabehandlungen innerhalb von 6 Monaten abgeschlossen sind[1106].

Denkbar ist auch die Auflösung im Wege der sog. Realteilung. Hier erhalten die Gesellschafter entsprechend ihren Kapitalanteilen zum Zwecke der Auseinandersetzung (Auflösung) Wirtschaftsgüter zugeordnet, die sie in ein anderes (eigenes) Betriebsvermögen überführen und mit denen sie dort die gewerbliche Tätigkeit weiterführen. Hier brauchen die stillen Reserven nicht aufgelöst zu werden, vielmehr können die bisherigen Buchwerte fortgeführt werden[1107]. 708

1105 Vgl. RFH-Urteil vom 5.8.1936 VI A 559/36, StuW Nr. 419.
1106 Kein steuerlich anzuwendender Grundsatz; die Umstände des Einzelfalles sind zu beachten.
1107 Für Einzelheiten zur Realteilung vgl. Brönner, Besteuerung der Gesellschaften, 16. Aufl. 1988, Kap. VII/206 ff., 638.

2 Zurechnung von Verlusten auf Kommanditisten

709 Die Zurechnung von Verlusten an einen Kommanditisten entfällt, wenn vor oder jedenfalls nicht später als zum Zeitpunkt der Bilanzaufstellung die Auflösung der KG feststeht, so daß ein Ausgleich der Verluste durch spätere Gewinne nicht mehr in Betracht kommen kann.

Für **Konkursfälle** will das FG[1108] in konsequenter Anwendung dieser BFH-Grundsätze Verluste, die zu negativen Kapitalkonten bei den Kommanditisten einer KG führen, den Kommanditisten auch dann noch steuerlich für solche Veranlagungszeiträume zurechnen, für die die Bilanzaufstellung zeitlich erheblich vor der Konkurseröffnung über das Vermögen der KG liegt.

Eine noch weitergehende Auffassung vertritt Telkamp[1109], wenn er auch die Konkursverluste den Kommanditisten voll zurechnen will. Eine Ausnahme gelte lediglich für den Veranlagungszeitraum, in den das Konkursende falle. Denn in diesem Zeitpunkt wird die Haftungsbeschränkung des § 167 Abs. 3 HGB wirksam, und damit tritt Gewißheit darüber ein, welchen Verlust der Kommanditist endgültig nicht tragen wird.

3 Behandlung verrechenbarer Verluste

710 Die einem Kommanditisten zugewiesenen Verluste, die zur Entstehung bzw. Erhöhung seines negativen Kapitalkontos führen, dürfen von dem Kommanditisten nur mit künftigen Gewinnen aus ebendieser Kommanditbeteiligung steuerlich wirksam verrechnet werden (sog. verrechenbare Verluste). Entstehen bei der Liquidation einer GmbH & Co. KG Gewinne, so mindern diese, soweit sie auf den Kommanditisten entfallen, den verrechenbaren Verlust gemäß § 15a Abs. 2 EStG. Wenn ein solcher Ausgleich mangels stiller Reserven nicht möglich ist, ist der Verlust bei demjenigen zu berücksichtigen, der ihn endgültig zu tragen hat, im Zweifel beim Komplementär[1110].

4 Keine Gewerbesteuerpflicht nach Einstellung der werbenden Tätigkeit

711 Aus der sog. Geprägerechtsprechung des BFH und ihrer gesetzlichen Verankerung in § 15 EStG[1111] kann die Auffassung abgeleitet werden, daß die Gewerbesteuerpflicht einer GmbH & Co. KG solange besteht, als sie überhaupt noch tätig

---

1108 Urteil vom 29.10.1979 IX 232/75 – EFG 1980, S. 272, teilweise bestätigt durch das nicht veröffentlichte BFH-Urteil vom 3.12.1981 IV R 10/80.
1109 Die einkommensteuerliche Behandlung negativer Kapitalkonten von Kommanditisten im Konkurs, DB 1977, S. 16.
1110 Vgl. Bordewin, a.a.O. BB 1980 S. 1040.
1111 Vgl. Rd. Nr. 474.

ist; die GmbH & Co. KG wäre damit einer Kapitalgesellschaft gleichgestellt (vgl. Abschn. 22 Abs. 1 Satz 2, Abs. 4 GewStR). Der BFH folgt dieser Auffassung nicht. Im Urteil vom 24.4.1980[1112] hat er entschieden, daß eine GmbH & Co. KG nach Einstellung ihrer werbenden Tätigkeit während der Liquidation nicht gewerbesteuerpflichtig ist. Der BFH begründet seine Auffassung u. a. damit, daß vom Zeitpunkt der Liquidation an keine Besonderheiten mehr bestehen bezüglich der GmbH & Co. KG einerseits und einer Personengesellschaft andererseits, so daß hier nicht mehr davon gesprochen werden kann, daß die GmbH der GmbH & Co. KG das Gepräge gebe. So sind Liquidatoren nach den §§ 161 Abs. 2, 146 HGB grundsätzlich alle Gesellschafter, also auch die Kommanditisten, so daß der GmbH keine Sonderrechte hinsichtlich der Vertretung und der Führung der Geschäfte mehr zustehen. Auch bei der Übertragung der Liquidation auf einen Mitgesellschafter oder einen außenstehenden Dritten hat die GmbH im Rahmen der §§ 146 und 152 HGB hinsichtlich Bestellung und Überwachung der Liquidatoren keine weitergehenden Mitwirkungsrechte als die Kommanditisten. Die GmbH kann auch nicht mehr den ungehinderten Fortbestand der KG sichern, da die Abwicklung mit der Vollbeendigung der KG abgeschlossen werden soll. Schließlich verliert auch die Haftungsbegrenzung während der Abwicklung ihre ursprüngliche Bedeutung, da die Gesellschaft ihre werbende Tätigkeit einstellt. Diese durch die Abwicklung veränderte gesellschaftsrechtliche Struktur rechtfertigt nicht mehr die Auffassung, daß das Unternehmen auf den Betrieb durch die GmbH angelegt sei.

II Umsatzsteuer

Umsatzsteuerlich ergeben sich bei der Auflösung bzw. Aufgabe keine Besonderheiten. Die Veräußerung und die Entnahme („Verteilung an die Gesellschafter") unterliegen der Umsatzsteuer, es sei denn, die Befreiungsvorschriften des § 4 UStG greifen.

Bei einer Geschäftsveräußerung im Ganzen ist § 10 Abs. 3 UStG zu beachten: „Bemessungsgrundlage ist das Entgelt für die auf den Erwerber übertragenen Gegenstände (Besitzposten). Die Befreiungsvorschriften (des § 4 UStG) bleiben unberührt. Die übernommenen Schulden können nicht abgezogen werden."

[1112] IV R 68/77; DB 1981 S. 143.

III Kapitalverkehrsteuer

713 Die Auflösung (Aufgabe) bringt grundsätzlich keine kapitalverkehrsteuerliche Bemessungsgrundlage.

Nur in Sonderfällen werden Kapitalverkehrsteuerprobleme zu beachten sein, z. B. dann – so ein Beispiel von Hesselmann[1113] –, „wenn Vermögensteile seitens einer GmbH & Co. auf eine andere GmbH & Co. mit denselben Gesellschaftern übertragen werden, wobei das Kommanditkapital der einen GmbH & Co. erhöht, gleichzeitig das Kommanditkapital der anderen GmbH & Co. entsprechend herabgesetzt wird."

IV Grunderwerbsteuer

714 Werden im Zuge der Auflösung der GmbH & Co. KG gehörende Grundstücke veräußert oder gehen sie auf Gesellschafter über, so unterliegt dieser Vorgang der Grunderwerbsteuer. Beim Übergang auf einen Gesellschafter ist allerdings § 6 GrEStG zu beachten; die Grunderwerbsteuer bleibt zu dem Teil unerhoben, zu dem der Gesellschafter am Vermögen der GmbH & Co. KG beteiligt war.

1113 A.a.O., S. 205.

J Anhang I: Sonderfragen zur Publikums-KG[1113a]

I Handelsrechtlicher Teil

1 Beitritt zu einer Publikums-KG

Grundsätzlich ist für den Eintritt eines neuen Kommanditisten in eine bestehende Kommanditgesellschaft der Abschluß eines Vertrages mit allen bisherigen Gesellschaftern erforderlich[1114]. Da dies bei einer Publikums-KG wegen der Vielzahl an Kommanditisten nicht praktikabel ist, ist es zulässig, schon im Gründungsvertrag der Publikums-KG die Komplementär-GmbH zu ermächtigen, die Aufnahmeverträge mit neuen Kommanditisten zu schließen[1115]. Die Komplementär-GmbH handelt dann im Namen und mit Wirkung für die bereis vorhandenen Gesellschafter[1116]. Sie kann auch ermächtigt werden, im eigenen Namen und mit Wirkung für alle Gesellschafter zu handeln[1117]. Der Beitrittsvertrag ist grundsätzlich wie bei jeder Kommanditgesellschaft formfrei[1118]. 715

2 Auslegung und Inhaltskontrolle von Gesellschaftsverträgen einer Publikums-KG

a) Auslegung

In der Praxis werden neu eintretenden Kommanditisten von den Gründungsgesellschaftern bereits fertig formulierte Gesellschaftsverträge vorgelegt, auf deren Inhalt die Kommanditisten keinen Einfluß mehr haben. Derartige Gesellschaftsverträge werden von der Rechtsprechung nach rein objektiven Kriterien ausgelegt. Maßgeblich ist allein der schriftliche Inhalt des Vertrages. Vorstellungen der Gründungsgesellschafter, die in dem Vertrag keinen Niederschlag gefunden haben, sind nicht zu berücksichtigen[1119]. Die Pflichten der Kommanditisten müssen im Gesellschaftsvertrag unmißverständlich zum Ausdruck kommen[1120]. Bei fehlender Eindeutigkeit werden Klauseln, die die Kommanditisten ungewöhnlich belasten, restriktiv ausgelegt[1121]. So wurde die Bestimmung in dem Gesell- 716

1113a zur Publikums-KG im allgemeinen s. Rn. 27 ff.
1114 S. Rn. 620.
1115 BGH Urteil vom 17.11.1975 in WM 1976, 15.
1116 BGH, a.a.O.
1117 BGH Urteil vom 14.11.1977 in NJW 1978, 1000.
1118 S. Rn. 620.
1119 BGH Urteil vom 28.9.1978 in NJW 1979, 419 (420); BGH Urteil vom 30.4.1979 in NJW 1979, 2102.
1120 BGH, a.a.O.
1121 BGH NJW 1979, 419 (420).

schaftsvertrag einer Publikums-KG, nach der die Gesellschafter unter bestimmten Voraussetzungen zur Erhöhung ihrer Einlagen verpflichtet sind, einschränkend dahingehend ausgelegt, daß die Erhöhung nur gefordert werden kann, solange das zusätzliche Kapital für den Betrieb des Unternehmens, also zur Erreichung des Gesellschaftszwecks bestimmt ist[1122].

717 Grundsätzlich müssen auch alle gesellschaftsrechtlichen Verpflichtungen, die der Gesellschaft gegenüber Gründungsgesellschaftern auferlegt werden und diesen Vorteile verschaffen sollen – sogenannte Gründervorteile (z. B. Tätigkeitsvergütungen) – in den schriftlich festgelegten Gesellschaftsvertrag oder in einen ordnungsgemäß zustandegekommenen und protokollierten Gesellschafterbeschluß aufgenommen werden[1123]. Die Kapitalanleger sollen darauf vertrauen dürfen, daß Vorteile zugunsten der Gründer, über die diese Urkunden nichts aussagen, auch nicht vereinbart sind. Dieser Grundsatz gilt auch dann, wenn der Kapitalanleger nicht unmittelbar, sondern über einen Treuhänder an der Gesellschaft beteiligt ist[1124].

b) Inhaltskontrolle

718 Die Gesellschaftsverträge der Publikumsgesellschaften unterliegen einer richterlichen Inhaltskontrolle[1125]. Der BGH sieht die Interessenlage ähnlich wie die bei dem Gebrauch von allgemeinen Geschäftsbedingungen und Formularverträgen. Auch hier sei ein Bedürfnis, die mit den fertig formulierten Gesellschaftsverträgen konfrontierten Anlegergesellschafter vor einem unter diesen Umständen leicht möglichen Mißbrauch der Vertragsfreiheit zu schützen.

719 Die Inhaltskontrolle ist an den Maßstäben von Treu und Glauben (§ 242 BGB) ausgerichtet, wobei es im einzelnen fraglich ist, welcher Maßstab anzulegen ist, wenn geprüft wird, ob eine Klausel unangemessen ist. Die bei den Austauschverträgen entwickelten Grundsätze können nur mit Vorsicht übertragen werden, da hier – anders als bei Austauschverträgen – die Rechtsbeziehung zwischen Gesellschaft und einzelnen Gesellschaftern und Gesellschaftergruppen miteinander verflochten sind[1126]. Unter Umständen spielt ein gewisser Vertrauensschutz zugunsten der an der Vertragsformulierung nicht beteiligten Kommanditisten bei der Abwägung nach Treu und Glauben eine Rolle[1127].

720 Vielfach hat die Rechtsprechung die Inhaltskontrolle an das Aktienrecht angelehnt. So sind z. B. an den Aufsichtsrat einer Publikums-KG ähnliche Anforde-

---

[1122] BGH, a.a.O.
[1123] BGH Urteil v. 4.3.1976, Leitsatz in NJW 1976, 1451.
[1124] BGH WM 1978, 87 (88).
[1125] BGH Urteil vom 14.4.1975 in NJW 1975, 1318 (1319).
[1126] BGH, a.a.O.
[1127] BGH, a.a.O.

rungen wie an den Aufsichtsrat einer Aktiengesellschaft zu stellen[1128]. Allerdings komme keine „sklavische Übernahme aktienrechtlicher Vorschriften in Betracht"; der Umstand, daß die Publikums-KG eine Personenhandelsgesellschaft ist, gebiete es, bei der Übernahme aktienrechtlicher Regelungen und Grundsätze Vorsicht obwalten zu lassen und in jedem Einzelfall zu prüfen, ob der Analogie nicht die konkrete Ausgestaltung des zu beurteilenden Gesellschaftsverhältnisses entgegensteht[1129]. Die Anwendbarkeit aktienrechtlicher Normen scheidet auch dann aus, wenn sie Gläubigerschutzvorschriften beeinträchtigt, da dem Gläubigerschutz bei einer Publikumsgesellschaft besondere Bedeutung zukommt[1130].

3 Beschlüsse der Gesellschafter (Bestimmtheitsgrundsatz)

Grundsätzlich können Beschlüsse der Gesellschafter einer Kommanditgesellschaft nach dem Mehrheitsprinzip gefaßt werden, wenn der Gesellschaftsvertrag dies vorsieht, §§ 119 Abs. 2, 161 Abs. 2 HGB. Ist Beschlußgegenstand eine Änderung des Gesellschaftsvertrages, macht die Rechtsprechung die Wirksamkeit eines solchen Beschlusses davon abhängig, daß sich der Beschlußgegenstand unzweideutig – sei es auch nur durch Auslegung – aus dem Gesellschaftsvertrag ergibt[1131]. Die pauschale Vereinbarung, daß Vertragsänderungen mehrheitlich beschlossen werden können, reicht nicht. Dieser sog. Bestimmtheitsgrundsatz dient dem Schutz der Minderheit vor einem Machtmißbrauch der Mehrheit. Dieser Schutz ist in einer personalistisch strukturierten Kommanditgesellschaft von besonderer Bedeutung, da hier mißbräuchliche Eingriffe nicht nur die Vermögensbeteiligung, sondern auch den persönlichen Lebensbereich eines Gesellschafters beeinträchtigen, wenn er mit seiner Beteiligung an der Geschäftsführung seinen Beruf ausübt[1132]. 721

Für Publikumsgesellschaften gilt dagegen dieser Bestimmtheitsgrundsatz weitgehend nicht. Hier sind Mehrheitsentscheidungen über Vertragsänderungen aufgrund einer pauschalen Vereinbarung im Gesellschaftsvertrag grundsätzlich wirksam, da hier die Verhältnisse typischerweise anders liegen[1133]. Der entscheidende Unterschied ist, daß bei Publikumsgesellschaften die Gesellschaftsverträge von den Gründungsgesellschaftern formuliert werden und die Kommanditisten typischerweise keinen Einfluß auf den Inhalt dieser Verträge haben. Derartige Verträge werden daher – sei es aus Werbegründen, sei es aus einseitigen Inter- 722

1128 BGH Urteil vom 4.7.1977 in NJW 1977, 2311 (2313); zur Haftung der Aufsichtsratsmitglieder einer Publikums-KG analog §§ 116, 93 AktG s. Rn. 325.
1129 BGH a.a.O.
1130 BGHZ 84 383 (386) auch in NJW 1982, 2500 zur Frage, ob § 172 Abs. 5 HGB durch entsprechende Anwendung des § 62 Abs. 1, 3 AktG eingeschränkt werden kann; s. auch Rn. 374.
1131 BGHZ 8, 35 (41 ff.); BGHZ 48, 251 (253 ff.).
1132 BGH Urteil v. 13.3.1978 in NJW 1978, 1382.
1133 BGH, a.a.O.; BGH Urteil vom 15.11.1982 in NJW 1983, 1056; BGH Urteil vom 19.11.1984 in BB 1985, 423.

essen der Gründer – in der Regel keinen Katalog für die wichtigsten Vertragsänderungen vorsehen, die bei einem Versagen der Geschäftsführung, bei einem drohenden Scheitern des Gesellschaftszwecks oder in ähnlichen Fällen vernünftigerweise zu beschließen sind[1133a]. Hielte man unter diesen Umständen auch hier am Bestimmtheitsgrundsatz fest, würde dies dazu führen, daß vielfach eine vernünftige Fortentwicklung des Gesellschaftsunternehmens unmöglich sein würde und selbst an krisenhaften Zuständen nichts geändert werden könnte[1134].

4 Das Recht zur außerordentlichen Kündigung

a) Kündigungsgründe

aa) Arglistige Täuschung

723 In der Praxis ist es nicht selten, daß die Anlegerkommanditisten durch falsche Angaben zum Beitritt in eine Publikums-KG bewogen werden[1135]. Die Anfechtung des Beitritts wegen arglistiger Täuschung läßt die Wirksamkeit des Beitritts rückwirkend nicht beseitigen. Denn nach den von der Rechtsprechung entwickelten Grundsätzen zum fehlerhaften Gesellschafterbeitritt ist es dem Getäuschten nicht möglich, seinen Eintritt durch Anfechtung rückwirkend zu beseitigen[1136].

724 Während nach den gesetzlichen Regelungen dem betroffenen Gesellschafter in einem solchen Fall nur die Möglichkeit bleibt, das Gesellschaftsverhältnis durch eine Klage auf Auflösung gemäß §§ 133, 161 Abs. 2 HGB zu beenden[1137], hat der BGH dieses Recht für die Publikumsgesellschaft modifiziert. Hier wird dem arglistig getäuschten Kommanditisten ein außerordentliches Kündigungsrecht auch dann zugestanden, wenn es der Gesellschaftsvertrag nicht vorsieht[1138]. Bei einer Massengesellschaft erscheint es dem BGH als nicht sachgerecht, einen Kommanditisten in einem solchen Fall auf die Auflösungsklage zu verweisen[1139]. Denn wenn der wichtige Grund nicht bei sämtlichen Gesellschaftern gleichermaßen[1140], sondern nur bei einem einzelnen Gesellschafter mit einer verhältnismäßig geringen Kapitalbeteiligung vorliegt, ist die Auflösung der Gesellschaft im Hinblick auf das Interesse der übrigen Gesellschafter am Bestand der Gesellschaft unangemessen[1141]. Der Kommanditist einer Publikums-KG soll in

---

1133a BGH NJW 1978, 1382.
1134 BGH, a.a.O.; BGH NJW 1983, 1056 (1058); BGH BB 1985, 423 (424).
1135 S. auch Rn. 785.
1136 BGHZ 44, 235 (236); BGHZ 55, 5 (8).
1137 BGHZ 3, 285 (287); BGHZ 47, 293 (300).
1138 BGH Urteil v. 12.5.1977 in BGHZ 69, 160 (163); BGH Urteil v. 19.12.1974 in BGHZ 63, 338 (345 f.); BGH Urteil v. 17.11.1980 in WM 1981, 452.
1139 BGH Urteil v. 14.12.1972 in NJW 1973, 1604; BGHZ 63, 338 (345).
1140 Vgl. Rn. 777.
1141 BGH, a.a.O.; ebenso OLG Hamm NJW 1978, 225.

einem solchen Fall auch nur berechtigt sein, seine Beteiligung mit sofortiger Wirkung zu kündigen[1142].

bb) Unerreichbarkeit des Gesellschaftszwecks

Grundsätzlich steht dem Kommanditisten in einer Massengesellschaft auch bei Vorliegen anderer wichtiger Gründe ohne gesellschaftsvertragliche Bestimmung ein außerordentliches Kündigungsrecht zu[1143]. Jedoch gibt nicht jeder wichtige Grund im Sinne des § 133 HGB die Möglichkeit, fristlos zu kündigen[1144]. So hat der BGH entschieden, daß die Unerreichbarkeit des Gesellschaftszwecks wegen eines inzwischen eingetretenen finanziellen Zusammenbruchs der Gesellschaft zwar ein wichtiger Grund im Sinne des § 133 HGB ist und somit einem Kommanditisten die Möglichkeit gibt, die Gesellschaft per Auflösungsklage gemäß §§ 133, 161 Abs. 2 HGB zu beenden. Dieser Grund gibt dem Kommanditisten aber kein außerordentliches Kündigungsrecht, da er alle Gesellschafter gleichermaßen trifft[1145]. Billigte man dem einzelnen Gesellschafter auch hier ein außerordentliches Kündigungsrecht zu, würde dies bedeuten, daß praktisch jeder Kommanditist das Recht und die Möglichkeit hätte, durch einfache Kündigung aus der Gesellschaft auszuscheiden. „Das wiederum würde eine allgemeine Flucht aus der Gesellschaft begünstigen und dazu führen, daß die Last und Verantwortung für die etwa notwendig werdende Liquidation der Gesellschaft und das damit verbundene Risiko den jeweils verbleibenden Gesellschaftern aufgebürdet würde, die nicht weniger als der Kündigende von dem Auflösungsgrund betroffen sind. Das aber wäre unbillig und stünde im Widerspruch dazu, daß der einzelne Gesellschafter mit seinem Beitritt in die Gesellschaft mit den übrigen Gesellschaftern eine Risikogemeinschaft eingegangen ist"[1146].

725

Unter besonderen Umständen hat der BGH einzelnen Kommanditisten auch im Falle der Unerreichbarkeit des Gesellschaftszwecks ein außerordentliches Kündigungsrecht zugestanden: Wenn die Gesellschafter mit einer für die Änderung des Gesellschaftsvertrages erforderlichen Mehrheit beschließen, das Gesellschaftsverhältnis mit neuer Zweckrichtung und neuen Beitragsverpflichtungen fortzusetzen, und sich damit gegen die an sich naheliegende und angebrachte Auflösung der Gesellschaft entscheiden, haben die überstimmten Gesellschafter ein Recht zur fristlosen Kündigung, sofern sie nicht ausnahmsweise verpflichtet sind, einer derartigen Umgestaltung des Gesellschaftsverhältnisses zuzustimmen[1147].

726

1142 BGH a.a.O.
1143 BGHZ 70, 61 (67).
1144 BGHZ 69, 160 (163).
1145 BGH, a.a.O.
1146 BGH, a.a.O.
1147 BGHZ 69, 160 (167).

b) Kündigungserklärung

727 Der Kommanditist scheidet mit Zugang seiner Kündigungserklärung aus der Gesellschaft aus[1148]. Es genügt, daß der Kommanditist seine Kündigung gegenüber der Komplementär-GmbH erklärt, wenn diese ermächtigt ist, mit Wirkung gegenüber allen Gesellschaftern die Beitrittserklärungen neuer Kommanditisten anzunehmen[1149]. Eine Kündigungserklärung liegt bereits vor, wenn sich der Kommanditist auf sein Anfechtungsrecht beruft. Denn in der Anfechtung liegt zugleich die Kündigung der Beteiligung. Die Erklärung, den Beitritt mit rückwirkender Kraft beseitigen zu wollen, bringt auch immer den Willen zum Ausdruck, die Bindung an die Gesellschaft zumindest mit sofortiger Wirkung zu beenden[1150].

c) Rechtsfolge der Kündigung

aa) Anspruch der Gesellschaft bei nicht geleisteter Einlage

728 Durch die Kündigungserklärung wird das Beteiligungsverhältnis in ein Abwicklungsverhältnis umgewandelt. Die Gesellschaft hat eine sogenannte Abschichtungsbilanz aufzustellen. Die einzelnen Forderungen und Verbindlichkeiten, die in die Abschichtungsbilanz aufzunehmen sind, stellen nur noch unselbständige Rechnungsposten dar, die nicht mehr selbständig geltend gemacht werden können. Dies gilt auch für die Verpflichtung des ausgeschiedenen Kommanditisten zur Zahlung seiner Kommanditeinlage.

729 Nur wenn sich in der Abschichtungsbilanz ein negativer Kapitalanteil des ausgeschiedenen Kommanditisten ergibt, hat die Gesellschaft gegenüber dem ausgeschiedenen Kommanditisten einen Ausgleichsanspruch bis zur Höhe seiner nicht geleisteten Einlage[1151]. Ein Zahlungsanspruch der Gesellschaft in Höhe der noch ausstehenden Einlage besteht nach dem Ausscheiden des Kommanditisten also nur, wenn die Einlage, wäre sie eingezahlt worden, in der Zeit zwischen seinem Beitritt und seiner Kündigung durch Verluste aufgezehrt worden wäre.

bb) Einwand der Arglist

730 Gegen diesen Ausgleichsanspruch der Gesellschaft kann der ausgeschiedene Kommanditist auch nicht den Einwand der Arglist erheben, wenn er von der Komplementär-GmbH arglistig getäuscht wurde[1152].

1148 BGH Urteil v. 27.2.1975 in NJW 1975, 1700; BGHZ 63, 338 (344).
1149 BGH, a.a.O.; OLG Hamm NJW 1978, 225; s. auch Rn. 767.
1150 OLG Hamm, a.a.O.; BGH, a.a.O.
1151 BGH NJW 1973, 1604; BGHZ 63, 338 (346); OLG Hamm NJW 1978, 225.
1152 BGH NJW 1973, 1604 (1605); BGHZ 63, 338 (347); OLG Hamm NJW 1978, 225 (226).

Denn den übrigen Gesellschaftern wird die arglistige Täuschung der Komplementär-GmbH selbst dann nicht zugerechnet, wenn die GmbH bei Abschluß der Beitrittsverträge als ihr Vertreter tätig war[1153]. Zwar wird grundsätzlich in entsprechender Anwendung des § 278 BGB demjenigen, der einen anderen zur Führung von Verhandlungen und zum Abschluß eines Vertrages ermächtigt, ein schuldhaftes Verhalten seines Vertreters bei den Vertragsverhandlungen zugerechnet. Im Falle des Beitritts zu einer Publikums-KG können die arglistig Getäuschten jedoch nur die Komplementär-GmbH (und unter Umständen deren Geschäftsführer), nicht aber die Vertretenen – die übrigen Kommanditisten – haftbar machen[1154]. Denn diese sind in einer Massengesellschaft weder tatsächlich noch rechtlich in der Lage, auf die jeweiligen Verhandlungen Einfluß zu nehmen oder Abschlüsse zu verhindern. Sie treten gegenüber einem Beitrittsinteressenten namentlich überhaupt nicht in Erscheinung. Dementsprechend hat auch kein Neu-Kommanditist berechtigten Anlaß, sein Verhandlungsvertrauen neben der persönlich haftenden Gesellschafterin noch einem anderen Mitglied der Gesellschaft entgegenzubringen[1155]. 731

d) Kündigung nach Auflösung der Gesellschaft

Das Recht zur außerordentlichen Kündigung endet mit der Auflösung der Gesellschaft[1156]. Befindet sich die Gesellschaft in Konkurs oder Liquidation, entfällt der Grund, der ein außerordentliches Kündigungsrecht rechtfertigt: Dem einzelnen Gesellschafter wird ein außerordentliches Kündigungsrecht zugebilligt, weil die an sich zu erhebende Auflösungsklage das Interesse der übrigen Gesellschafter am Bestand der Gesellschaft nicht berücksichtigt und die Auflösungsklage daher in einer Massen-KG als nicht sachgerecht erscheint[1157]. Ist die Gesellschaft dagegen bereits aufgelöst, ist für eine Auflösungsklage und ein ersatzweise zugestandenes Kündigungsrecht kein Raum mehr[1158]. „Darüber hinaus verbietet es das Interesse an der reibungslosen und zügigen Liquidation, einem einzelnen Gesellschafter ein gesondertes Ausscheiden noch während des Auseinandersetzungsverfahrens zu gestatten"[1159]. 732

1153 BGH, a.a.O., OLG Hamm, a.a.O.
1154 BGH, a.a.O., OLG Hamm, a.a.O.
1155 BGH NJW 1973, 1604 (1605); OLG Hamm, a.a.O.
1156 BGH Urteil v. 11.12.1978 in NJW 1979, 765; BGHZ 79, 337 (347).
1157 S. Rn. 776.
1158 BGH NJW 1979, 765.
1159 BGH, a.a.O.

5 Prospekthaftung

a) Angaben im Prospekt

733 Nach der Rechtsprechung des BGH begründet die auf dem freien Kapitalmarkt erfolgende Werbung von Kommanditisten durch unrichtige, unvollständige oder irreführende Emissionsprospekte eine Haftung[1160]. Da der Entschluß, einer Publikums-KG beizutreten, für den einzelnen Beitrittswilligen von weitreichender wirtschaftlicher Bedeutung ist und ihm in der Regel außer dem Prospekt keine weiteren Informationsmöglichkeiten zur Verfügung stehen, gebietet der Grundsatz von Treu und Glauben, daß sich der Interessent auf die Richtigkeit und Vollständigkeit der Angaben in einem Prospekt verlassen darf[1161]. Ein Prospekt muß die Beitrittsinteressenten über alle Umstände aufklären, die für den Entschluß, sich als Kommanditist zu beteiligen, von wesentlicher Bedeutung sein können[1162]. Dazu zählen insbesondere Tatsachen, die den Vertragszweck vereiteln können[1163]. Hängt beispielsweise das wirtschaftliche Gedeihen der Gesellschaft von der Übernahme und dem Betrieb eines Handelsgeschäftes ab, ist aber weder vertraglich noch sonstwie sichergestellt, daß die Gesellschaft das Objekt erwerben kann, muß hierauf hingewiesen werden. Das gilt auch dann, wenn sich die im Prospekt enthaltenen Angaben bis zum Abschluß des Beitrittsvertrages ändern[1164]. Zu den nach Treu und Glauben zu offenbarenden Tatsachen gehören auch wesentliche kapitalmäßige und personelle Verflechtungen zwischen der Komplementär-GmbH, ihren Geschäftsführern und beherrschenden Gesellschaftern einerseits und den Unternehmen sowie deren Geschäftsführern und beherrschenden Gesellschaftern andererseits, in deren Hand die nach dem Prospekt durchzuführenden Vorhaben ganz oder im wesentlichen liegen[1165].

b) Rechtliche Grundlage der Haftung

734 Ausgangspunkt der Prospekthaftung ist das von der Rechtsprechung entwickelte Rechtsinstitut der culpa in contrahendo (Verschulden bei Vertragsschluß)[1166]. Danach haftet der Sachwalter einer Vertragspartei unabhängig davon, ob er als Vertreter tätig wird, für Pflichtverletzungen bei Vertragsverhandlungen, wenn er für seine Person besonderes Vertrauen in Anspruch genommen und die Vertragsverhandlungen maßgeblich beeinflußt hat[1167]. Dieser Grundgedanke der Ver-

---

1160 BGH Urteil v. 24.4.1978 in BGHZ 71, 284 (287); BGH Urteil v. 16.11.1978 in BGHZ 72, 382 (384).
1161 BGH Urteil v. 6.10.1980 in BGHZ 79, 337 (344); BGHZ 71, 284 (287 f.).
1162 BGH, a.a.O.
1163 BGHZ 79, 337 (345).
1164 BGHZ 71, 284 (290 f.).
1165 BGHZ 79, 337 (345).
1166 BGHZ 79, 337 (341).
1167 BGHZ 56, 81 (86 f.); 63, 382; 70, 337.

trauenshaftung bei Vertragsschluß ist von der Rechtsprechung im Rahmen der Prospekthaftung insoweit weitergeführt worden, als hier Grundlage der Vertrauenshaftung nicht nur das von einem bestimmten Menschen ausgehende persönliche Vertrauen sein kann, ,,sondern auch ein Vertrauen, das sich aus einer Art Garantenstellung herleitet, die kraft Amtes oder Berufes entsteht oder auf einer besonderen Fachkunde oder einer allgemein anerkannten und hervorgehobenen beruflichen und wirtschaftlichen Stellung beruht''[1168].

c) Verantwortlicher Personenkreis

Für unrichtige oder unvollständige Prospekte einer Publikums-KG haften nicht nur die Geschäftsführer der Komplementär-GmbH, sondern auch die Initiatoren, Gründer und Gestalter der Gesellschaft, soweit sie das Management bilden oder beherrschen[1169]. 735

Darüber hinaus haften auch solche Personen, die hinter der Komplementär-GmbH und der Publikums-KG stehen und neben der Geschäftsleitung besonderen Einfluß in der Gesellschaft ausüben und deshalb Mitverantwortung tragen[1170]. Soweit dieser Personenkreis in Betracht kommt, ist eine Haftung auch dann bejaht worden, wenn die Bedeutung dieser Personen und ihr Einfluß nicht aus dem Prospekt hervorgingen und dem Beitrittsinteressenten vor oder bei den Vertragsverhandlungen auch sonst nicht bekannt waren[1171]. 736

Von der Haftung betroffen sind auch solche Personen und Unternehmen, die aufrund ihrer besonderen beruflichen Stellung oder Qualifikation eine Garantenstellung einnehmen[1172]. In erster Linie kommen hierfür Rechtsanwälte und Wirtschaftsprüfer in Betracht, die mit ihrer Zustimmung im Prospekt als Sachverständige angeführt werden und in dieser Eigenschaft Erklärungen abgeben. Von ihnen wird berufliche Sachkunde und persönliche Zuverlässigkeit erwartet, so daß der Kapitalanleger ihren Aussagen im Prospekt häufig eine maßgebliche und ausschlaggebende Bedeutung beimißt[1173]. Dieser Personenkreis haftet nicht bei jeder Unrichtigkeit oder Unvollständigkeit des Prospektes. Diese Personen haften für die Richtigkeit der Prospektangaben nur insoweit, als diese sich auf sie beziehen und ihnen demgemäß zuzurechnen sind. Wird beispielsweise im Prospekt versichert, daß der dort namentlich aufgeführte Rechtsanwalt die seinem Anderkonto gutzubringenden Einlagen bestimmungsgemäß freigeben wer- 737

1168 BGHZ 79, 337 (341); Einzelheiten s. Rn. 789.
1169 BGHZ 71, 284 (287); BGHZ 79, 337 (340).
1170 BGHZ 72, 382 (386 f.).
1171 BGH, a.a.O.
1172 BGH Urteil v. 22.5.1980 in BGHZ 77, 172 (176 f.); BGHZ 79, 337 (348); BGH Urteil v. 21.11.1983 in NJW 1984, 865 (866).
1173 BGHZ 77, 172 (177).

de, während er in Wahrheit die sofortige Weiterleitung der Gelder vereinbart hat, ist diesem Rechtsanwalt diese falsche Prospektangabe zuzurechnen[1174].

d) Schaden

738 Dem Anleger ist der Schaden zu ersetzen, den er erlitten hat, weil er den Prospektangaben vertraute[1175]. Dieser Vertrauensschaden besteht regelmäßig in dem – vollen oder teilweisen – Verlust des eingezahlten Betrages (der Einlage nebst Agio). Wenn die Beteiligung nicht völlig wertlos geworden ist, kann der Anleger Schadenersatz nur Zug um Zug gegen Abtretung des gegen die Gesellschaft bestehenden Auseinandersetzungsanspruches geltend machen[1176]. Außerdem sind dem Anleger auch die Steuervorteile zu ersetzen, die er erlangt hätte, wenn er sich mit seiner Einlage an einer anderen, erfolgreichen Abschreibungsgesellschaft beteiligt hätte[1177].

739 Die erzielten Steuervorteile braucht sich der Geschädigte in der Regel nicht auf seinen Schadenersatzanspruch anrechnen zu lassen, wenn er die Ersatzleistung wiederum als Einkommen versteuern muß. Eine exakte Berechnung der steuerlichen Vor- und Nachteile erübrigt sich dabei[1178]. Nur ausnahmsweise wird ein Vorteilsausgleich bejaht, wenn der Geschädigte durch die Beteiligung außergewöhnlich hohe Steuervorteile erlangt hat[1179].

e) Verjährung

740 Ansprüche aus der Prospekthaftung verjähren in sechs Monaten seit dem Zeitpunkt, in dem der Gesellschafter von der Unrichtigkeit oder Unvollständigkeit des Prospekts Kenntnis erlangt, spätestens jedoch in drei Jahren seit dem Beitritt zur Gesellschaft[1179a]. Der kurzen Verjährung unterliegen nur Ansprüche, deren Grundlage nicht das persönliche, einem bestimmten Verhandlungspartner entgegengebrachte, sondern das typisierte, aus einer bestimmten Garantenstellung hergeleitete Vertrauen ist[1179b]. Sofern hingegen dem Schadenersatzverpflichteten persönliches Vertrauen entgegengebracht worden ist oder diese Person aus eigenem wirtschaftlichen Interesse mit dem Anleger verhandelt hat, verjähren die auf Verhandlungsverschulden beruhenden Ersatzansprüche in dreißig Jahren[1179c].

1174 BGH NJW 1984, 865 (866).
1175 BGHZ 79, 337 (346).
1176 BGH, a.a.O.
1177 BGH Urteil v. 17.5.1982 in WM 1982, 760; BGH Urteil v. 27.10.1983 in NJW 1984, 863 (864 f.).
1178 BGH Urteil v. 22.3.1979 in BGHZ 74, 103 (116); zweifelnd BGHZ 79, 337 (347).
1179 BGH Urteil v. 27.6.1984 in WM 1984, 1075 (1077 f.); BGH Urteil v. 12.2.1986 in WM 1986, 517 (520).
1179a BGH Urteil v. 22.3.1982 in BGHZ 83, 222; BGH WM 1985, 534 (536).
1179b BGHZ 83, 222 (227).
1179c BGH, a.a.O.; BGH WM 1984, 1075 (1077).

II Steuerrechtlicher Teil

1 Inanspruchnahme erhöhter Absetzungen

Sonderabschreibungen – z. B. nach dem Berlin-Förderungsgesetz oder nach dem Zonenrandförderungsgesetz – können grundsätzlich auch Unternehmen in der Rechtsform einer GmbH & Co. KG gewährt werden. 741

Nach § 14 BerlinFG können bei neuen abnutzbaren Wirtschaftsgütern, die zum Anlagevermögen einer in Berlin (West) belegenen Betriebsstätte gehören, unter bestimmten Voraussetzungen im Wirtschaftsjahr der Anschaffung oder Herstellung und in den folgenden 4 Wirtschaftsjahren erhöhte Abschreibungen bis zur Höhe von insgesamt 75 v. H. der Anschaffungs- oder Herstellungskosten vorgenommen werden. Die erhöhten Absetzungen können bereits für Anzahlungen auf Anschaffungskosten und für Teilherstellungskosten in Anspruch genommen werden.

Voraussetzungen für die Inanspruchnahme der erhöhten Absetzungen ist u. a.

(1) bei beweglichen Wirtschaftsgütern, daß sie mindestens 3 Jahre nach ihrer Anschaffung oder Herstellung in einer in Berlin (West) belegenen Betriebsstätte verbleiben;

(2) für in Berlin (West) belegene unbewegliche Wirtschaftsgüter (z. B. Gebäude), daß sie im eigenen gewerblichen Betrieb mindestens 3 Jahre nach ihrer Anschaffung oder Herstellung zu mehr als 80 v. H. unmittelbar der Fertigung von zum Absatz bestimmten Wirtschaftsgütern dienen[1180].

§ 14 BerlinFG gilt auch für die GmbH & Co. KG. Hierbei ist zu beachten, daß nach § 7a Abs. 7 EStG bei Wirtschaftsgütern, die mehreren Beteiligten zuzurechnen sind, die erhöhten Absetzungen oder Sonderabschreibungen von diesen Beteiligten nur einheitlich, das heißt mit einem einheitlichen Hundertsatz, vorgenommen werden dürfen. Hieraus folgt die Finanzverwaltung[1181], daß auch nach § 14 BerlinFG eine unterschiedliche Inanspruchnahme der erhöhten Absetzungen durch die einzelnen Gesellschafter nicht in Betracht kommt[1182].

Nach § 14a BerlinFG sind private Mehrfamilienhäuser in Berlin begünstigt; dabei sind zwei Varianten zu unterscheiden: 741 a

---

1180 Für Einzelheiten muß auf § 14 BerlinFG sowie die einschlägige Fachliteratur verwiesen werden.
1181 Vgl. BdF-Schreiben vom 29.11.1974 IV B 2 – 2015 – 14/74; BStBl I S. 946 (Tz. 7.7).
1182 Sofern wirtschaftlich vernünftige Gründe vorliegen, dürfte auch die Inanspruchnahme der erhöhten Absetzungen nach dem Anteil an der Baufinanzierung zulässig sein. Siehe hierzu das BFH-Urteil vom 24.6.1966 VI 249/65; BFHE 86, 550.

J Anhang I: Sonderfragen zur Publikums-KG

a) Mehrfamilienhäuser, die zu mehr als 66²/₃% Wohnzwecken dienen und vom Steuerpflichtigen hergestellt oder bis zum Ende des Jahres der Fertigstellung angeschafft worden sind, können gemäß § 14a Abs. 1 BerlinFG im Jahr der Fertigstellung oder Anschaffung und dem darauffolgenden Jahr mit jeweils 14%, ferner in den darauffolgenden 10 Jahren mit jeweils bis zu 4% der Herstellungs- oder Anschaffungskosten abgesetzt werden. Nach Ablauf dieser 12 Jahre sind als Absetzung für Abnutzung bis zur vollen Abnutzung jährlich 3,5% des Restwertes abzuziehen[1182a].

b) Bei Mehrfamilienhäusern, die im steuerbegünstigten oder frei finanzierten Wohnungsbau errichtet werden und mindestens drei Jahre nach ihrer Fertigstellung zu mehr als 80% Wohnzwecken dienen, können gemäß § 14a Abs. 4 BerlinFG im Jahr der Fertigstellung und/oder in den beiden folgenden Jahren abweichend von § 7 Abs. 4 und 5 EStG Absetzungen bis zur Höhe von insgesamt 50% der Herstellungskosten vorgenommen werden. Von dem Jahr, in dem vorstehende erhöhte Absetzungen nicht mehr vorgenommen werden können, sind die Absetzungen für Abnutzung nach dem Restwert mit dem linearen Gebäude-AfA-Satz von regelmäßig 2% unter Berücksichtigung der Restnutzungsdauer vorzunehmen.

Die Bauvorhaben können selbstverständlich auch in der rechtlichen Organisationsform einer Gesellschaft realisiert werden; in der Praxis wird für Vorhaben nach § 14a Abs. 1 BerlinFG (sozialer Wohnungsbau) überwiegend die der GmbH & Co. KG, für Vorhaben nach § 14a Abs. 4 BerlinFG (steuerbegünstigter oder frei finanzierter Wohnungsbau) überwiegend die der Gesellschaft bürgerlichen Rechts verwendet[1182b].

742 Da auch die Anschaffung der in §§ 14, 14a BerlinFG genannten Objekte begünstigt ist, ist in der **Übertragung eines Anteils** an einer Personengesellschaft – z. B. weil während der Bauzeit eines Objekts Gesellschafter austreten oder neue Gesellschafter eintreten – auf einen oder alle der bisherigen Gesellschafter oder auf einen neu eintretenden Gesellschafter gegen Entgelt ist für den ausscheidenden Gesellschafter eine Veräußerung und für den übernehmenden Gesellschafter eine

---

1182a § 14 BerlinFG in der Fassung des Gesetzes zur Änderung des Steuerformgesetzes 1990 sowie zur Förderung des Mietwohnungsbaus und von Arbeitsplätzen in Privathaushalten vom 30.06.1989 BGBl. I S. 1267 (BStBl I S. 251). Voraussetzung ist, daß
   a) der Bauantrag nach dem 28.02.1989 gestellt worden ist und das Gebäude vom Steuerpflichtigen hergestellt wird
   b) das Gebäude vom Steuerpflichtigen nach dem 28.02.1989 aufgrund eines nach diesem Zeitpunkt rechtswirksam abgeschlossenen obligatorischen Vertrags bis zum Ende des Jahres der Fertigstellung angeschafft wird.
Für die nicht unter vorstehende Neuregelung fallenden Bauvorhaben gelten folgende AfA-Sätze:
   in den ersten beiden Jahren jeweils 10% = 20%
   in den darauffolgenden 10 Jahren jeweils 3% = 30%
   in den darauffolgenden 20 Jahren jeweils 2,5% = 50%.
1182b Für Einzelheiten zu diesen Spezialfragen wird auf das „Handbuch der Bauinvestitionen und Immobilienkapitalanleger (HdB)", Verlag C. F. Müller: „Wirtschaft & Steuern (Dr. Peter Deubner)" Heidelberg, verwiesen.

Anschaffung zu sehen[1183]. Dabei ist zivilrechtlich Gegenstand der Übertragung der Gesellschaftsanteil als solcher, das heißt die Mitgliedschaft und der in dieser enthaltene Anteil am gesamten Gesellschaftsvermögen, weil bei Personengesellschaften mit Gesamthandsvermögen die Annahme einer Übertragung eines Anteils an den einzelnen Gegenständen des Gesellschaftsvermögens dem Wesen der Gesamthand widersprechen würde. Einkommensteuerrechtlich ist die Rechtslage jedoch anders. Danach ist Gegenstand der Anschaffung des übernehmenden Gesellschafters nicht etwa ein in der Steuerbilanz grundsätzlich nicht bilanzierungsfähiger Anteil an einer Personengesellschaft; es sind dies vielmehr die Anteile des ausscheidenden Gesellschafters an den einzelnen Wirtschaftsgütern, die zum Gesellschaftsvermögen der Personengesellschaft gehören; demgemäß sind die Aufwendungen des übernehmenden Gesellschafters für den Erwerb des Gesellschaftsanteils, soweit sie die Buchwerte der Anteile des ausscheidenden Gesellschafters an den einzelnen Wirtschaftsgütern übersteigen, in einer Ergänzungsbilanz als Anschaffungskosten für die erworbenen Anteile an den einzelnen Wirtschaftsgütern des Gesellschaftsvermögens zu aktivieren. Sönksen/Söffing[1184] folgern hieraus zu Recht, ,,daß sich durch einen Gesellschafterwechsel bei den auf die verbleibenden Gesellschafter entfallenden anteiligen erhöhten Absetzungen nichts ändert. Für sie tritt weder eine Erhöhung noch eine Verminderung der auf sie entfallenden anteiligen erhöhten Absetzungen ein; denn die auf den ausgeschiedenen Gesellschafter bisher entfallenden anteiligen erhöhten Absetzungen gehen nicht auf die verbleibenden Gesellschafter über. Diese anteiligen erhöhten Absetzungen gehen vielmehr, weil der ausgeschiedene Gesellschafter seine Bruchteile an den einzelnen Wirtschaftsgütern veräußert hat, unter. An ihre Stelle treten die erhöhten Absetzungen, die der eingetretene Gesellschafter hinsichtlich der von ihm erworbenen Bruchteile an den zum Gesellschaftsvermögen gehörenden Wirtschaftsgütern nach § 14 (bzw. § 14a BerlinFG) geltend machen kann. Diese erhöhten Absetzungen sind für jeden einzelnen Bruchteil nach dem Betrag zu bemessen, der bei einer entsprechenden Aufteilung der für den Anteilserwerb aufgewendeten Anschaffungskosten auf jeden einzelnen Bruchteil entfällt''.

Ändern sich die Beteiligungsverhältnisse während der Bauzeit durch Erhöhung des Gesellschaftskapitals, so gelten die vorstehenden Ausführungen sinngemäß. Dies bedeutet, daß für den nunmehr in größerem Umfang Beteiligten hinsichtlich des Mehrbetrags eine Anschaffung vorliegt. Wird zum Ausgleich der dadurch eintretenden Verschiebung der Beteiligungen an den stillen Reserven zusätzlich ein Aufgeld gezahlt, so entsteht für den/die Gesellschafter, dessen/deren

743

1183 Vgl. BFH-Urteil vom 26.1.1978 IV R 97/76 BStBl II S. 368.
1184 Sönksen/Söffing, Kommentar zum Berlinförderungsgesetz, Erich Schmidt Verlag, Berlin, Anm. 127 zu § 14.
1185 In Anlehnung an Herrmann-Heuer, Kommentar zum EStG, a.a.O., Anm. 104 zu § 16 EStG.

J Anhang I: Sonderfragen zur Publikums-KG

Kapitalkonto unverändert bestehen bleibt, regelmäßig ein Veräußerungsgewinn. Dies soll an folgendem Beispiel[1185] verdeutlicht werden:

Einlage des A 600.000 DM, des B 200.000 DM. B erhöht seine Einlage mit Zustimmung des A um 100.000 DM auf 300.000 DM. Zum Ausgleich der dadurch eintretenden Verschiebung der Beteiligungen an den stillen Reserven zahlt B ein Agio von 60.000 DM auf ein Rücklagekonto, welches den Gesellschaftern bei der Auflösung der Gesellschaft im Verhältnis ihrer Kapitalkonten zusteht. Die Beteiligungsquote des A am Gesellschaftsvermögen ist von $6/8$ = 75 v. H. auf $6/9$ = $66^2/3$ v. H. gesunken. Er hat daher $8^1/3$ v. H. seines Anteils an den stillen Reserven an B veräußert. Dafür hat er einen Anteil von $66^2/3$ v. H. an der Rücklage von 60.000 DM = 40.000 DM erhalten. Dieser Betrag bildet einen Veräußerungsgewinn. B hat 100.000 + 60.000 = 160.000 DM eingezahlt, ist aber am Buchvermögen nur mit 100.000 + (60.000 : 3) = 120.000 DM beteiligt. Die 40.000 DM aktiviert er in einer Ergänzungsbilanz.

744 Den beiden vorgenannten Fällen – Gesellschafterwechsel und Änderung der Beteiligungsverhältnisse – gemeinsam ist, daß die Vergünstigungen der §§ 14, 14a BerlinFG in Höhe der **Veräußerungsgewinne** doppelt in Anspruch genommen werden können, nämlich einmal von dem veräußernden Gesellschafter, der die Vergünstigung behält, zum anderen von dem erwerbenden Gesellschafter, der die Vergünstigung (bezogen auf seine anteiligen Anschaffungskosten) neu in Anspruch nimmt. Da für den veräußernden Gesellschafter die Tarifbegünstigung des § 34 EStG Anwendung findet, führt dies sogar zu einer Steuerersparnis.

745 Bei Investitionen im Rahmen des Förderungsprogrammes für das **Zonenrandgebiet**, die von Unternehmen der Rechtsform der GmbH & Co. KG durchgeführt werden, ist folgendes zu beachten[1186]. Zur Einschränkung unangemessener Auswirkungen dürfen die Sonderabschreibungen nicht zur Entstehung oder Erhöhung von Verlusten führen. Dies gilt sinngemäß auch bei Inanspruchnahme steuerfreier Rücklagen[1187]. Sonderabschreibungen kommen in Betracht für neue abnutzbare bewegliche Wirtschaftsgüter des Anlagevermögens und für im Zonenrandgebiet belegene neue abnutzbare unbewegliche Wirtschaftsgüter des Anlagevermögens. Voraussetzung ist in beiden Fällen, daß die Wirtschaftsgüter mindestens 3 Jahre nach ihrer Anschaffung oder Herstellung in einer im Zonenrandgebiet belegenen Betriebsstätten des Steuerpflichtigen verbleiben.

Liegen diese Voraussetzungen vor, und greift auch die Prosperitätsklausel[1188] nicht ein, so kann neben den Absetzungen für Abnutzung nach § 7 Abs. 1 oder

---

1186 BdF-Schreiben vom 24.6.1970 IV B 2 S 1915 – 49, 170; DB 1970 S. 1293.
1187 Vgl. Schreiben des BdF vom 10.11.1978 IV B 2 – S 1990 – 50/78, BStBl I S. 451.
1188 Die sogenannte Prosperitätsklausel besagt, daß von den Sonderabschreibungen solche Steuerpflichtigen auszunehmen sind, die sich in einer ungewöhnlich günstigen wirtschaftlichen Lage befinden. Die Prosperitätsklausel ist bei der GmbH & Co. KG nur auf das Unternehmen selbst anzuwenden.

Abs. 4 EstG eine Sonderabschreibung in Höhe von 50 v. H. für bewegliche und 30 v. H. für unbewegliche Wirtschaftsgüter in Anspruch genommen werden.

Kennzeichen einer **Finanzierungs-GmbH & Co. KG** ist es, daß diese Gesellschafter eigens zur Finanzierung einer Großinvestition (z. B. Anschaffung eines Schiffes oder eines Flugzeuges) gegründet wird. 746

Die Finanzierungsgesellschaft erwirbt das betr. Wirtschaftsgut und vermietet es an ein Unternehmen, das seinerseits das Wirtschaftsgut nutzt. Meist hat der Mieter das Recht, das betreffende Wirtschaftsgut nach Ablauf einer bestimmten Zeit käuflich zu erwerben oder das Mietverhältnis zu verlängern. Sonderabschreibungen können in diesen Fällen der Finanzierungs-GmbH & Co. KG nur dann gewährt werden, wenn sie nicht nur rechtlicher, sondern auch wirtschaftlicher Eigentümer des Wirtschaftsguts ist und die Gesellschafter der Finanzierungsgesellschaft als Unternehmer (Mitunternehmer) anzusehen sind.

Für den Regelfall stehen die Sonderabschreibungen jedoch nicht der Finanzierungsgesellschaft, sondern dem Mieter zu, da die Finanzverwaltung[1189] die Auffassung vertritt, daß trotz des rechtlichen Eigentums der Finanzierungsgesellschaft an dem Wirtschaftsgut bei wirtschaftlicher Betrachtungsweise dem vermietenden Unternehmen als wirtschaftlicher Eigentümer zuzurechnen ist. 747

Bezüglich des § 15a EStG, durch den die Verlustzuweisungen eingeschränkt werden[1190], ist für die „Berlin-Gesellschaften" die Übergangsregelung von besonderer Bedeutung: bei vor dem 10.10.1979 eröffneten „Altbetrieben" ist § 15a EStG grundsätzlich erstmals auf Verluste anzuwenden, die in dem nach dem 31.12.1984 beginnenden Wirtschaftsjahr entstehen. Für Berliner Hotelbauten besteht eine Übergangsregelung bis zum 31.12.1989, für den sozialen Wohnungsbau besteht eine Übergangsregelung bis zum 31.12.1994[1191]. 748

Zu erwähnen ist ferner, daß § 15a BerlinFG eine Ausnahme von der Regelung des § 15a EStG des Inhalts enthält, daß Verluste von beschränkt haftenden Unternehmern, soweit die Verluste auf den erhöhten Absetzungen nach den §§ 14, 14a, 14b und 15 BerlinFG beruhen, mit positiven Einkünften auch ausgeglichen oder nach § 10d EStG abgezogen werden können, soweit durch die erhöhten Absetzungen ein negatives Kapitalkonto entsteht oder sich erhöht.

[1189] Für Einzelheiten vgl. BdF-Schreiben vom 9.10.1970 IV B/2 – S. 2170 – 42/70; BStBl I S. 1003.
[1190] Einzelheiten siehe Rn. 558.
[1191] Für Einzelheiten siehe § 52 Abs. 19 Satz 2 Nr. 2 und 3 i. V. m. Satz 3 Nr. 1 und 2 EStG.

2 Gewinnverteilung in der Investitionsphase

749 Liquiditätsgründe oder wirtschaftliche Gründe können Grundlage dafür sein, daß hinsichtlich der Verteilung des Verlustes und Gewinns einer GmbH & Co. KG folgende Vereinbarungen getroffen werden:

a) Eine KG muß aus Liquiditätsgründen ihr Eigenkapital erhöhen. Die neuen Kommanditisten machen ihre Beteiligung davon abhängig, daß ihnen die Verluste der Folgezeit – z. B. der drei folgenden Wirtschaftsjahre, wenn die Beteiligten davon ausgehen, daß mit großer Wahrscheinlichkeit während dieses Zeitraums Verluste erzielt werden – in vollem Umfang zugerechnet werden, und zwar bis zur Höhe der Verluste, die den Altgesellschaftern in den Vorjahren insbesondere aufgrund der Inanspruchnahme von Sonderabschreibungen, zugerechnet worden sind.

b) Aufgrund wirtschaftlicher (Investitions-)Überlegungen werden Kommanditisten in einer GmbH & Co. KG nur während eines Investitions- (Gründungs-)Zeitraumes von zwei Jahren aufgenommen, und zwar begrenzt auf die Höhe des gesellschaftsvertraglich von vornherein festgelegten Kommanditkapitals. Der Gesellschaftsvertrag sieht vor, daß die Verluste der Investitionsphase auf alle Gesellschafter derart verteilt werden, daß sie am Ende dieser zwei Jahre hinsichtlich ihrer negativen Kapitalkonten prozentual zur Einlage entsprechend gleichgestellt sind, unabhängig davon, wann sie in die GmbH & Co. KG eingetreten sind.

750 Nach dem BFH-U vom 7.7.1983[1192] werden die unter (a) und (b) wiedergegebenen Vereinbarungen auch ertragsteuerlich anerkannt, selbstverständlich vorausgesetzt, die geänderte Gewinnverteilungsabrede bezieht sich auf künftige Verluste der KG und stellt sich nicht als außerbetrieblich veranlaßt oder rechtsmißbräuchlich dar.

Zwar hat der IV. Senat des Bundesfinanzhofes in dem U vom 7.7.1983 lediglich entschieden, daß im allgemeinen auch eine Änderung des Gewinnverteilungsschlüssels steuerrechtlich anzuerkennen sei, die dahin gehe, daß künftige Verluste einer KG für eine begrenzte Zeit nicht auf alle Gesellschafter zu verteilen seien, sondern nur auf bestimmte Gesellschafter, insbesondere auf Kommanditisten, die ihre Kommanditeinlage erhöht hätten. Das gleiche aber muß auch dann gelten, wenn eine Gewinn- und Verlustverteilungsabrede dahin geht, daß künftige Verluste einer KG für eine begrenzte Zeit nicht auf alle Gesellschafter zu verteilen sind, sondern nur auf neueintretende; denn es kann keinen Unterschied machen, ob einer KG zusätzliches Kapital durch Einlageerhöhung bereits vorhandener Kommanditisten oder durch Neuaufnahme von Kommanditisten zuge-

---

[1192] IV R 209/80, BStBl 1984 II S. 53.

führt wird. Daher hat der VIII. Senat des BFH die Gleichstellung neu eintretender Gesellschafter bei der Gewinnbeteiligung mit Urteil vom 17.3.1987[1193] bejaht und folgenden Grundsatz aufgestellt:

„Wird bei der Gründung einer KG vereinbart, daß für die ersten beiden Geschäftsjahre die Gewinn- und Verlustverteilung in der Weise erfolgen soll, daß sämtliche in diesen beiden Geschäftsjahren eintretenden Kommanditisten gleichzustellen sind und erhalten demzufolge die erst im zweiten Geschäftsjahr der KG beigetretenen Kommanditisten einen höheren Anteil am Verlust der KG als die bereits im ersten Geschäftsjahr beigetretenen, so ist dies steuerlich anzuerkennen, wenn eine solche Gewinn- und Verlustverteilungsabrede betrieblich veranlaßt ist und der nach dem Beitritt eines jeden Kommanditisten im Geschäftsjahr erwirtschaftete Verlust hoch genug ist, um die diesen Kommanditisten zugerechneten Verlustanteile abzudecken."

Die vorstehenden Grundsätze gelten nur dann nicht, wenn eine Änderung des Gewinn- und Verlustverteilungsschlüssels bzw. der Gewinn- und Verlustverteilungsabrede außerbetrieblich veranlaßt oder rechtsmißbräuchlich ist.

Wird die Gewinnverteilungsabrede der KG während des Wirtschaftsjahres mit Rückbeziehung auf den Beginn des Wirtschaftsjahres geändert, so ist die Rückbeziehung für die einkommensteuerrechtliche Gewinn- und Verlustzurechnung ohne Bedeutung; der bis zum Zeitpunkt der Änderung entstandene (ggf. im Schätzungswege zu ermittelnde) Gewinn oder Verlust ist den Gesellschaftern der KG nach dem bis dahin gültigen Gewinn- oder Verlustverteilungsschlüssel zuzurechnen (vgl. o. g. BFH-U vom 7.7.1983). Für den Eintritt oder Austritt von Gesellschaftern im Laufe eines Wirtschaftsjahres bedeutet dies, daß sie mit steuerlicher Wirkung an dem Jahresergebnis der Gesellschaft nur für die Dauer ihrer Zugehörigkeit beteiligt werden können. Die Aufteilung des Jahresergebnisses ist in der Feststellungserklärung vorzunehmen. Dabei wird das Jahresergebnis in der Regel zeitanteilig aufgeteilt; Beispiel[1193a]:

An einer Personengesellschaft sind die Gesellschafter A, B, C und D wie folgt beteiligt:

	Einlage	Anteil	Eintrittsdatum
A	10	1/4	01.01.01
B	10	1/4	01.01.01
C	5	1/8	15.02.01
D	15	3/8	01.07.01
insgesamt:	40	1/1	

1193 VIII R 293/82, BB S. 1234.
1193a Siehe ESt. Rdvfg. 28/86 der OFD Düsseldorf vom 29.04.1986.

J   **Anhang I: Sonderfragen zur Publikums-KG**

Im Jahr 01 erleidet die Gesellschaft einen Verlust in Höhe von 400, den sie entsprechend der kapitalmäßigen Beteiligung, jedoch ohne Berücksichtigung der zeitlichen Zugehörigkeit zur Gesellschaft, auf die Gesellschafter verteilt. Für die einzelnen Gesellschafter ergeben sich folgende Verluste:

	lt. Handelsbilanz	lt. zeitanteiliger Verteilung (= Steuerrecht) – aufgerundet –
A	100	140
B	100	140
C	50	45
D	150	75
insgesamt:	400	400

Zu der Frage, ob in einem derartigen Fall lediglich die Verteilung der Verluste zu korrigieren ist, oder ob die Darstellung in der Handelsbilanz dazu zwingt, in der Übernahme der Verluste begünstigte Veräußerungsvorgänge (§§ 16, 34 EStG) mit entsprechenden Darstellungen in Ergänzungsbilanzen zu sehen, vertritt die OFD Düsseldorf folgende Auffassung:

Im Feststellungsverfahren ist lediglich die steuerrechtlich zutreffende Verlustverteilung vorzunehmen: der Ansatz von Veräußerungsgewinnen scheidet deshalb aus. Dabei ist regelmäßig davon auszugehen, daß die Gesellschaft die Handelsbilanz an das Feststellungsergebnis angleicht. Wird im Einzelfall die Handelsbilanz **nicht** entsprechend angeglichen, müssen die Folgerungen über Entnahme- und Einlagebuchungen gezogen werden; ggf. kommt auch eine Gewinnhinzurechnung nach § 15a Abs. 3 EStG unter dem Gesichtspunkt der Einlageminderung in Betracht.

In dem Beispielfall entwickeln sich die Kapitalkonten wie folgt:

Handelsbilanz:

	A	B	C	D
Kapital:	+ 10	+ 10	+ 5	+ 15
Verlust 01:	./. 100	./. 100	./. 50	./. 150
	./. 90	./. 90	./. 45	./. 135

Steuerrechtlicher Teil J

Steuerbilanz:

	A	B	C	D
Kapital:	+ 10.000	+ 10.000	+ 5.000	+ 15.000
Verlust 01:	./. 140.000	./. 140.000	./. 45.000	./. 75.000
	./. 130.000	./. 130.000	./. 40.000	./. 60.000
Entnahme:	–	–	./. 5.000	./. 75.000
Einlage:	+ 40.000	+ 40.000	–	–
	./. 90.000	./. 90.000	./. 45.000	./. 135.000

Der Veräußerungsgewinn ist durch Gegenüberstellung des Entgelts und des Kapitalkontos des Gesellschafters zu ermitteln. Bei der Veräußerung eines Gesellschaftsanteils richtet sich der dabei evtl. zu gewährende Veräußerungsfreibetrag nach dem Verhältnis des erzielten Gewinns zu dem bei der Veräußerung des Gewerbebetriebs insgesamt zu erzielenden Gewinn. Dabei ist der Umfang der Beteiligung des Gesellschafters am Freibetrag im Gewinnfeststellungsverfahren festzustellen, während über die Höhe des Freibetrages nach § 16 Abs. 4 EStG bei der Veranlagung zur Einkommensteuer entschieden wird[1193b].

3 Investitionszulage

Nach § 19 BerlinFG sind zur Inanspruchnahme von Investitionszulagen unbeschränkt und beschränkt Steuerpflichtige im Sinn des Einkommensteuergesetzes und des Körperschaftsteuergesetzes sowie Gesellschaften im Sinn des § 15 Abs. 1 Ziffer 2 EStG berechtigt. Voraussetzung ist allerdings, daß die Tätigkeit dieser Berechtigten über den Rahmen einer Vermögensverwaltung hinausgeht, da ansonsten kein für die Zulagengewährung erforderliches Betriebsvermögen vorhanden wäre. Da die GmbH & Co. KG immer eine gewerbliche Betätigung vornimmt, sind bei ihr diese Voraussetzungen erfüllt, so daß sie selbst investitionszulagenberechtigt ist.

751

Die Frage, wer zulageberechtigt ist, wenn zivilrechtlich das Investitionsobjekt im Alleineigentum eines Gesellschafters verbleibt, muß dahingehend beantwortet werden, daß dies auch die GmbH & Co. KG ist. Diese Schlußfolgerung ergibt sich eindeutig aus dem BFH-Urteil vom 17.8.1979[1194]. In dem diesem Urteil zugrundeliegenden Sachverhalt hatte die Komplementär-GmbH für den Gewerbebetrieb der KG (auf eigene Kosten) Investitionen durchgeführt. Nach Auffassung des BFH sind diese Wirtschaftsgüter als Sonderbetriebsvermögen der überlassenen GmbH zu bilanzieren. Dies bedeutet jedoch kein sachliches Ausscheiden bestimmter Wirtschaftsgüter aus dem Betriebsvermögen der Kapitalgesellschaft,

---

1193b BFH-Urteil vom 10.07.1986 IV R 12/81, BStBl. II S. 811.
1194 I R 199/75 BStBl II S. 750.

sondern diese Wirtschaftsgüter werden lediglich für Zwecke der steuerlichen Gewinnermittlung der Mitunternehmerschaft – als Sonderbetriebsvermögen der Kapitalgesellschaft als Mitunternehmerin – zugeordnet. Anspruchsberechtigt für die Investitionszulage ist in einem so gelagerten Fall ebenfalls die GmbH & Co. KG, da die begünstigungsfähigen Wirtschaftsgüter als Sonderbetriebsvermögen der Personengesellschaft zur Förderung des Gesellschaftszwecks, also für ihren Betrieb, zur Nutzung überlassen worden sind[1195].

4 Anzahlungen durch Hingabe von Wechseln

752 Nach §§ 14 Abs. 5, 19 Abs. 3 BerlinFG sind auch Anzahlungen auf bewegliche Wirtschaftsgüter durch Gewährung von Sonderabschreibungen und die Möglichkeit des Antrages auf Investitionszulage begünstigt. Hierzu bestimmt § 7a Abs. 2 EStG zweifelsfrei, daß Anzahlungen erst in dem Zeitpunkt als aufgewendet gelten, in dem dem Lieferanten durch Diskontierung oder Einlösung des Wechsels das Geld tatsächlich zufließt.

753 Es kann also nicht so verfahren werden – sog. ,,Berliner-Modell" –, daß der Anzahlende im Rahmen einer Bestellung von Wirtschaftsgütern Anzahlungen durch die Hingabe von Wechseln leistet, mit dem Verlangen, der Anzahlungsempfänger möge diese Wechsel diskontieren. Diese Wechsel werden dann bei einer Bank diskontiert. Die Bank verlangt jedoch regelmäßig eine Sicherheit vom Wechselnehmer und Anzahlungsempfänger; daher leistet der Anzahlungsempfänger eine Sicherheit oft dadurch, daß er entweder den Diskontbetrag bei der diskontierenden Bank selbst zur Sicherheit hinterlegt oder mit diesem Diskontbetrag Wertpapiere erwirbt, die in seinem Auftrag von der diskontierenden Bank angeschafft werden und als Sicherheit bei ihr verbleiben. Der Diskontbetrag verbleibt also auf einem Sperrkonto, mit dessen Guthaben direkt oder indirekt die Wechsel plangemäß am Verfalltag wieder eingelöst werden.

Der Diskonterlös gelangt also nicht sofort in die freie Verfügung des Anzahlungsempfängers.

5 Grunderwerbsteuer und Grundstücksgesellschaften

754 Der BFH hat bereits mehrfach entschieden, daß die Einbringung eines Grundstückes in eine Personengesellschaft durch einen Gesellschafter, der gleichzeitig oder nach einem vorgefaßten Plan alsbald aus der Personengesellschaft ausscheidet, nicht nach § 5 Abs. 2 GrEStG begünstigt ist. Nach Auffassung des BFH gilt nichts anderes auch dann, wenn ein vorgefaßter Plan vorliegt, wonach der ein-

---

[1195] So auch der BdF im Schreiben vom 5.5.1977 IV B 2 – S. 1988 – 150/77; BStBl I, S. 246 (Tz. 8).

Steuerrechtlicher Teil J

bringende Gesellschafter zwar nicht aus der Personengesellschaft ausscheiden soll, sein Anteil aber durch den Eintritt eines neuen Gesellschafters in seinem Verhältnis zum Gesamtvermögen der Personengesellschaft erheblich verringert wird[1196].

Unter Berufung auf diese Rechtsprechung vertritt die Berliner Finanzverwaltung 755 die Auffassung, daß bei Grundstücksgesellschaften – in der Rechtsform einer KG oder einer GbR –, die dahingehend konzipiert sind, daß die Gründungsgesellschafter ihre Anteile weitgehend, nicht jedoch vollends[1197] an weitere, neu eintretende Gesellschafter abgeben (wodurch sich ihr Anteil am Grundstück verringert), Bemessungsgrundlage der Grunderwerbsteuer nicht der Grundstückskaufpreis ist, sondern auch alle sonstigen Leistungen, insbesondere die Bauleistungen, mit umfaßt, da bei derartigen Gesellschaften bereits bei Abschluß des notariellen Kaufvertrages ein fester Plan des Grundstückserwerbers (der Gründungsgesellschaft) vorliegt, weitere Gesellschafter in die Gesellschaft aufzunehmen. Der Erwerb des Grundstücks und der Beitritt weiterer Gesellschafter werden also als einheitlicher Vorgang behandelt.

Für die Argumente der Berliner Finanzverwaltung sprechen die Grundsätze des BFH-Beschlusses vom 27.10.1982[1198]. Hier ging der BFH bei Bauherrengesellschaften in seinen Überlegungen davon aus, daß zwischen dem Grundstückserwerb und den sonstigen Leistungen ein notwendiges Vertragsbündel besteht und in Wirklichkeit der Erwerb einer fertig errichteten Immobilie Gegenstand des Kaufinteresses war.

Das Finanzgericht Berlin folgt in mehreren Urteilen (auch in Verfahren über die 756 Aussetzung der Vollziehung) – z. B. im Urteil vom 18.9.1986 I 114/84 und im Urteil vom 6.4.1989 I 238/85 – nicht der Auffassung der Berliner Finanzverwaltung; die Revision des Bundesfinanzhofes steht allerdings noch aus.

Von Bedeutung in diesem Zusammenhang ist auch der BFH-Beschluß vom 18.9.1985[1199]; Diesem BFH-Beschluß ist zu entnehmen, daß nicht alle Dienstleistungen zum Gesamtaufwand gehören, daß vielmehr aus der Bemessungsgrundlage zur Grunderwerbsteuer folgende Leistungen (Aufwendungen) herauszunehmen sind:

Vermittlung Endfinanzierung
Bürgschaft Endfinanzierung
Bearbeitung WBK-Förderung

1196 Siehe BFH-Urteil vom 13.4.1988 II R 134/88 BStBl II S. 736 einschl. Begründung.
1197 Ein völliger Austausch sämtlicher Gesellschafter würde zur Grunderwerbsteuer führen; vgl. BFH-Beschluß vom 29.7.1987 II B 57/87 BStBl II S. 722.
1198 II R 102/81 BStBl 1983 S. 55.
1199 II B 24–29/85 BStBl II S. 627.

J Anhang I: Sonderfragen zur Publikums-KG

Vermittlung Zwischenfinanzierung
Bürgschaft Zwischenfinanzierung
Bankbearbeitungsgebühren
Bauzeitzinsen
Erstvermietung/Mietgarantie
Notar- und Gerichtskosten
Steuerberatung/Buchhaltung
Grunderwerbsteuer
Sonstige Aufwendungen (Liquiditätsreserve)

Die abschließende Entscheidung des BFH zu dieser Problematik bleibt abzuwarten. Zu bemerken ist jedoch, daß der Berliner Senator für Finanzen mit Erlaß vom 14.3.1989 III E 3 – S 4500-1/88 angesichts der finanzgerichtlichen Rechtsprechung für den streitigen Betrag Aussetzung der Vollziehung ohne Sicherheitsleistung gewährt.

K Anhang II: Sonderfragen zur Stiftung & Co. KG

I Struktur der Stiftung & Co. KG

Die Stiftung & Co. KG weist ähnliche Strukturen wie eine GmbH & Co. KG auf. Auch sie ist eine Kommanditgesellschaft. Folglich gelten auch für sie die gesetzlichen Regelungen gemäß §§ 161 ff., 105 ff. HGB; 705 ff. BGB. Der entscheidende Unterschied ist, daß hier der einzige persönlich haftende Gesellschafter keine GmbH sondern eine Stiftung ist. Der Stiftung obliegt – wie der Komplementär-GmbH – die Geschäftsführung und Vertretung der Gesellschaft, §§ 164, 170 HGB[1200]. Sie haftet für Verbindlichkeiten der Stiftung & Co. KG mit ihrem gesamten Vermögen, §§ 128, 161 Abs. 2 HGB. Natürliche Personen sind an der Stiftung & Co. KG wie an der GmbH & Co. KG lediglich als Kommanditisten beteiligt. Folglich haftet auch hier keine natürliche Person unbeschränkt[1201]. 757

Die Unterschiede zwischen der GmbH & Co. KG und der Stiftung & Co. KG ergeben sich aus den grundlegend unterschiedlichen Strukturen einer GmbH und einer Stiftung.

II Struktur der Komplementär-Stiftung

1 Allgemeines

Eine Stiftung ist eine rechtsfähige, mit eigener Organisation ausgestattete Einrichtung, die einen vom Stifter bestimmten Zweck mittels eines dazu gewidmeten Vermögens auf Dauer fördern soll[1202]. Sie ist also ihrem Rechtstyp nach eine Zusammenfassung von Gegenständen, nicht eine Vereinigung von Personen. Sie ist nicht wie eine GmbH mitgliedschaftlich strukturiert. 758

Die Rechtsgrundlagen einer Stiftung finden sich in §§ 80–88 BGB und in den landesrechtlichen Stiftungsgesetzen[1203].

1200 Vgl. Rn. 262, 329.
1201 Vgl. Rn. 3.
1202 Palandt/Heinrichs, Vorbem. v. § 80 Anm. 1.
1203 Die Landesstiftungsgesetze sind auch bei Seifart, S. 624 ff. abgedruckt.

2 Entstehung einer Stiftung

759 Zur Entstehung einer Stiftung sind gemäß § 80 BGB ein Stiftungsgeschäft[1204] und eine staatliche Genehmigung erforderlich. Die Genehmigung steht im pflichtgemäßen Ermessen der zuständigen Genehmigungsbehörde[1205]. Üblicherweise achtet die Genehmigungsbehörde darauf, daß der Stiftungszweck hinreichend präzisiert ist, daß die Satzung Bestimmungen über die Stiftungsorganisation enthält und daß der Stiftung ausreichende Mittel zur Verfügung stehen werden[1206].

3 Kapitalausstattung

760 Während bei einer GmbH gemäß § 5 Abs. 1 GmbHG ein Mindeststammkapital von DM 50.000,– vorgeschrieben ist[1207], gibt es für die Stiftung keine entsprechende Vorschrift. Grundsätzlich muß das Grundstockvermögen einer Stiftung so ausreichend bemessen sein, daß es den Stiftungszweck nachhaltig fördern kann[1208]. Die jeweils erforderliche Höhe des Stiftungsvermögens hängt also von den Verhältnissen des Einzelfalles ab. In der Regel übersteigt eine solide Vermögensausstattung einer Komplementär-Stiftung das Mindeststammkapital einer GmbH[1209].

4 Stiftungsaufsicht

761 Ein wesentliches Charakteristikum der Stiftung ist, daß sie der Aufsicht des Staates untersteht. Diese Staatsaufsicht ist in den landesrechtlichen Stiftungsgesetzen geregelt[1210]. Aufgabe der Stiftungsaufsicht ist es, sicherzustellen, daß die Verwaltung der Stiftung in Übereinstimmung mit Gesetz und Satzung erfolgt. Die Stiftungsaufsicht ist eine Rechtsaufsicht[1211]. Die Aufsichtsbehörde wacht darüber, daß der Stiftung das ihr zustehende Vermögen zufließt und das Stiftungsvermögen und seine Erträge in Übereinstimmung mit dem Willen des Stifters und entsprechend der Stiftungssatzung verwaltet und verwendet werden[1212]. Art und Umfang der Stiftungsaufsicht sind in den einzelnen landesrechtlichen Stiftungsgesetzen unterschiedlich geregelt. Die Stiftungsaufsicht reicht von bloßen Informationsrechten bis zu Genehmigungsvorbehalten bei bestimmten

---

1204 Einzelheiten s. Brandmüller, S. 50 ff.; Seifart, S. 70 ff.
1205 Palandt/Heinrichs, § 80 Anm. 1; Soergel/Neuhoff, § 80 Rn. 15.
1206 Vgl. z. B. § 5 BW-StiftG; Art. 5 Bay-StiftG; § 3 Abs. 2 Hess-StiftG; § 4 Abs. 2 Nd-StiftG; §§ 4, 5 NRW-StiftG; vgl. auch Weimar/Geitzhaus/Delp, a.a.O., S. 2002.
1207 S. Rn. 50.
1208 Seifart, S. 174.
1209 Brandmüller, S. 109; Hennerkes/Binz/Sorg, DB 1986, 2217 (2270).
1210 S. Fn. 1203.
1211 Vgl. z. B. § 8 Abs. 1 BW-StiftG; § 7 Bln-StiftG.
1212 Vgl. z. B. § 19 Abs. 1 NRW-StiftG; § 13 Abs. 1 RPf-StiftG; Art. 23 Abs. 1 Bay-StiftG.

Struktur der Komplementär-Stiftung K

Rechtsgeschäften[1213]. Satzungsänderungen bedürfen stets der Genehmigung der Stiftungsbehörde.

Die Staatsaufsicht ist in der Praxis unbeliebt. Bei der sog. Familienstiftung[1214] kann sie auf ein Minimum reduziert werden. Bei Familienstiftungen existiert ein von der Stiftungssatzung abgegrenzter Kreis von Bezugsberechtigten (Destinatären), der selbst darüber wacht, wie der Stifterwille und die Rechte der Destinatäre erfüllt werden. In den meisten landesrechtlichen Stiftungsgesetzen fehlt es deshalb in diesen Fällen an einer besonderen staatlichen Aufsicht oder ist diese sehr beschränkt[1215]. 762

III Motiv für die Errichtung einer Stiftung & Co. KG

Etwa 100 Unternehmen sind bisher als Stiftung & Co. KG errichtet, darunter so bekannte Unternehmen wie Krups, Adidas, Eckes, Schickedanz[1216]. Hauptmotiv, eine Stiftung zur Komplementärin einer Kommanditgesellschaft zu machen, ist, für die Kontinuität in der Unternehmensführung zu sorgen. Gerade in Familiengesellschaften besteht oft das Bedürfnis, daß die nachfolgenden Generationen das vom Gründer aufgebaute Unternehmen in seinem Geiste weiterführen. Eine Stiftung bietet dem Unternehmer die Möglichkeit, seinen Willen für alle Zeiten in der Stiftungssatzung zu manifestieren, wobei die Sicherung der Unternehmenskontinuität natürlich nur dann funktioniert, wenn der Stiftung im Gesellschaftsvertrag der KG eine beherrschende Stellung eingeräumt wird. 763

Die Stiftungsaufsicht[1217] verhindert die Aushöhlung des Stifterwillens nach seinem Tode. Der Nachteil der Verstetigung des Stifterwillens ist die Gefahr, daß für das Unternehmen notwendige Entscheidungen, insbesondere Anpassungsprozesse an wirtschaftliche Entwicklungen erschwert werden. 764

IV Vorteile der Stiftung & Co. KG gegenüber der GmbH & Co. KG

Gegenüber einer GmbH & Co. KG hat eine Stiftung & Co. KG aus Unternehmersicht den Vorteil, daß sie keinen mitbestimmten Aufsichtsrat zu bilden hat[1218]. Da die Stiftung in § 1 Abs. 1 MitbestG nicht erwähnt ist, bleibt die Stiftung & 765

1213 Einzelheiten s. Brandmüller, S. 95.
1214 Vgl. § 10 Abs. 1 Bln-StiftG; § 19 S-H-StiftG.
1215 Vgl. Art. 34 Bay-StiftG; § 27 RPf-StiftG; § 10 Abs. 1 Bln-StiftG; § 21 Hess-StiftG.
1216 Hennerkes, StbJb 1984/85, S. 107 (109).
1217 S. Rn. 814.
1218 Vgl. Rn. 308.

Co. KG mitbestimmungsfrei, § 4 Abs. 1 S. 1 MitbestG[1219]. Die Kommanditisten einer Stiftung & Co. KG trifft auch keine über § 172 Abs. 4 S. 1 HGB[1220] hinausgehende Haftung, wenn sie durch Entnahmen aus dem Kapital der KG mittelbar das Kapital der Stiftung beeinträchtigen. Ein entsprechendes Handeln eines Kommanditisten einer GmbH & Co. KG, der gleichzeitig GmbH-Gesellschafter ist, zieht dagegen eine Haftung des Kommanditisten gemäß §§ 30, 31 GmbHG nach sich[1221]. Eine entsprechende Anwendung der §§ 30, 31 GmbHG bei der Stiftung & CO. KG kommt nicht in Betracht, da es keine gesetzliche Vorschrift über das Mindestkapital einer Stiftung gibt[1222].

766 Ein weiterer zivilrechtlicher Vorteil der Stiftung & Co. KG ist, daß die für die GmbH & Co. KG typische Verzahnungsproblematik[1223] hier entfällt. Da es an der Stiftung keine Anteile gibt, die von fremden Dritten erworben werden könnten, ist hier ein Auseinanderfallen von Beteiligungen rechtskonstruktiv von vornherein ausgeschlossen.

V Rechtliche Anerkennung der Stiftung & Co. KG

767 An der gesellschaftsrechtlichen Zulässigkeit einer Stiftung & Co. KG bestehen überwiegend keine Bedenken[1224]. Teilweise wird das Modell der Stiftung & Co. KG als Konzept der Zukunft präsentiert, das die Nachteile der GmbH & Co. KG zu kompensieren vermag[1225]. Im Schrifttum werden aber auch Bedenken gegen die Komplementär-Stiftung aus stiftungsrechtlicher Sicht geltend gemacht[1226]. Eine Stiftung, die ausschließlich die Position einer Komplementärin einnimmt, diene damit ausschließlich eigenwirtschaftlichen Interessen eines Unternehmens. Es fehle ihr der stiftungstypische Gemeinwohlbezug. Es wird die Ansicht vertreten, daß eine Stiftung als privilegierte Rechtsform auf stiftungstypische Zwecke beschränkt bleiben soll[1227].

1219 Hanau/Ulmer, § 4 Rn. 7.
1220 S. Rn. 360 ff.
1221 S. Rn. 378 ff.
1222 Hennerkes Steuerberater-Jb. 1984/85 S. 107 (121); Weimar/Geitzhaus/Delp, BB 1986, 1999 (2007); s. auch Rn. 813.
1223 S. z. B. Rn. 646 ff.
1224 Vgl. Hennerkes/Binz/Sorg, a.a.O.; Weimar/Geitzhaus/Delp, a.a.O.; K. Schmidt, Jahrbuch der Fachanwälte für Steuerrecht 1987/1988 S. 163 (165); a.A. Grossfeld, Jahrbuch der Fachanwälte für Steuerrecht 1987/1988 S. 163 (167).
1225 Weimar/Geitzhaus/Delp, BB 1986, 1999 (2010).
1226 K. Schmidt, a.a.O., S. 166 f.
1227 K. Schmidt, a.a.O.

Rechtliche Anerkennung der Stiftung & Co. KG

Auch vor einer Überschätzung der Stiftung & Co. KG wird gewarnt[1228]. Bei allen Vorzügen der Stiftung & Co. KG bleibe diese Rechtsform immer auf Spezialaufgaben beschränkt; keinesfalls könne die Stiftung & Co. KG die GmbH & Co. KG generell ersetzen[1229].

VI Steuerliche Grundsätze zur Stiftung & Co. KG[1230]

Die **Gründung** einer Stiftung bzw. einer Stiftung & Co. KG unterliegt grundsätzlich der Erbschaft- bzw. Schenkungsteuer. Die grundsätzlich zuwendende Steuerklasse IV kann aber durch Wahl der Form einer Familien-Stiftung umgangen werden[1231].

Bei unentgeltlicher Übertragung in die Stiftung bzw. Einbringung in die Stiftung & Co. KG eines Betriebs, Teilbetriebs oder Mitunternehmeranteils, findet bei Buchwertverknüpfung keine ertragsteuerliche Belastung statt.

Bezüglich der laufenden Besteuerung unterliegen die Einkünfte der Stiftung grundsätzlich der Körperschaftsteuer, und zwar dem endgültigen Satz von 56%, (ab 1990: 50%) da Stiftungen nicht in das Anrechnungsverfahren einbezogen sind. Gewerbesteuer kommt nicht zum Tragen, sofern die Stiftung sich nur auf die Komplementärfunktion beschränkt.

Die Stiftung & Co. KG stellt sich als eine Mitunternehmerschaft (Personengesellschaft) i. S. von § 15 Abs. 1 Nr. 2 EStG dar. Zur Gewerbesteuerpflicht der Stiftung & Co. KG. kommt es, wenn die Voraussetzungen eines Gewerbebetriebes vorliegen.

Leistungen an die Destinatäre werden als Einkommensverwendung behandelt und unterliegen damit nicht der Einkommensteuer.

Das Vermögen der Stiftung unterliegt der Vermögensteuer direkt, das Vermögen der Stiftung und Co. KG wird dagegen nicht als solches direkt, sondern über die an der Gesellschaft Beteiligten besteuert.

Bei den Destinatären unterliegen die satzungsmäßigen Bezügen als sonstiges Vermögen der Vermögensteuer.

1228 Binz, Jahrbuch der Fachanwälte für Steuerrecht 1987/1988, S. 163 (169).
1229 Hennerkes/Binz/Sorg, DB 1986, 2217 (2274).
1230 Für Einzelheiten vgl. Weimar/Delp: „Die Stiftung & Co. KG als Rechtsform der Unternehmung" in BB 1986 S. 1999 ff. Siehe auch Hennerkes/Binz/Sorg: „„Die Stiftung als Rechtsform für Familienunternehmen – Die Stiftung & Co. KG im besonderen" – in DB 1986 S. 2269. Hennerkes/Binz/Sorg vertreten wohl zu Recht die Auffassung, daß die Stiftung & Co. KG immer auf Spezialaufgaben beschränkt bleiben sollte.
1231 Siehe hierzu Erlaß des FinMin Baden-Württemberg vom 28.10.1983 DStR 1983 S. 744 sowie Troll: „Besteuerung von Verein, Stiftung und Wissenschaft des öffentlichen Rechts" 3. Aufl. 1983.

Literaturverzeichnis

Balser/Bokelmann/Meyer, OHG, KG, Einzelkaufmann, 5. Aufl. Freiburg 1986
Balser/Meyer/Piorreck, Die GmbH. Ein Handbuch für die wirtschaftliche, notarielle und gerichtliche Praxis. Mit Erläuterungen, Beispielen und Formularen, 8. Aufl. Freiburg 1987
Bälz, Zur Abfindung eines Kommanditisten aus privaten Mitteln eines Mitgesellschafters in BB 1977 S. 1481 ff.
Baltzer, Der Erwerb der Anteile der Komplementär-GmbH durch die GmbH & Co. KG in GmbHR 1974 S. 79 ff., 97 ff.
Balz, Rechtstatsachen zur Ausschließung und zum Austritt von Gesellschaftern der GmbH in GmbHR 1983 S. 185 ff.
Bark, Zur Gesellschaftsteuer der sog. doppelstöckigen GmbH & Co. KG in BB 1969 S. 1169.
Barth, Die Publizitäts- und Prüfungspflicht der GmbH & Co. KG in BB 1986 S. 2235 ff.
Baumbach/Duden/Hopt, Handelsgesetzbuch, 27. Aufl. München 1987.
Baumbach/Hueck, GmbH-Gesetz, 15. Aufl. München 1988.
Bellstedt, Vertragliches Wettbewerbsverbot des GmbH-Geschäftsführers nach seinem Ausscheiden in GmbHR 1976 S. 336 ff.
Betriebsberater, Beilage 21/1984, Zur Ertragbesteuerung der GmbH & Co. KG in Gestalt einer Verlustzuweisungsgesellschaft.
Bichel, Leistungsvergütungen an den Gesellschafter-Geschäftsführern und Kommanditisten einer GmbH & Co. KG in StBp 1973 S. 14 ff.
Zurechnung der den Kommanditisten einer GmbH & Co. gehörenden Anteile an der Komplementär-GmbH, wenn diese Komplementärin mehrerer Kommanditgesellschaften mit gleichen Kommanditisten ist in StBp 1972 S. 65 ff.
Blinzler/Buchbinder, „Geprägegesetz und GmbH & Co. KG – Vermeidung der Geprägegrundsätze durch Übertragung der Geschäftsführungsbefugnisse auf die Kommanditisten-Geschäftsführung?" in DB 1987 S. 503 ff.
Böckmann, Gesellschaftsteuer und weitere Einzahlungen i. s. d. § 2 Nr. 2 KVStG bei der GmbH (AG) & Co. KG in DB 1969 S. 1910.
Böttcher, GmbH & Co., 5. Aufl. Stuttgart 1972, Die Berechnung der Kapitalverkehrsteuer bei Eintritt einer GmbH als persönlich haftender Gesellschafter in eine bestehende Personengesellschaft in RWP-Blattei GmbH & Co. 14 D II 9 Einzelfragen; die GmbH & Co. nach neuem Gesellschaftsteuerrecht und im künftigen Zivilrecht in RWP-Blattei 14 D GmbH & Co. II 11 Einzelfragen; Zur Kapitalverkehrsteuerlichen Anerkennung der „dreistufigen" GmbH & Co. in DB 1972 S. 1033; Neue Spezialfragen zur Kapitalverkehrsteuer der GmbH & Co. aufgrund des BMWF-Erlasses vom 16.03.1972 in RWP-Blattei 14 D Kapitalverkehrsteuer II B 4 Einzelfragen; die Wiederauffüllung einer durch Ver-

luste geminderten Kommanditeinlage einer GmbH & Co. durch künftige Gewinne: eine gesellschaftsteuerpflichtige Leistung i. S. von § 2 Abs. 1 Nr. 4 oder Nr. 2 KVStG? in RWP 14 Steuer D, Stichwort GmbH & Co. II 15 Einzelfragen.

Neues zur GmbH & Co. – handelsrechtlich und steuerlich in StbJb 1968/69 S. 131.

Ausschluß einer Komplementär-GmbH von der Beteiligung am Gewinn und Verlust ihrer GmbH & Co. in: Aktuelle Probleme der GmbH & Co., Köln 1967.

Böttcher/Beinert/Hennerkes, Kapitalverkehrsteuerliche Anerkennung der dreistufigen GmbH & Co. in DB 1971 S. 260ff.

Bokelmann, Die Rechtsprechung zum Firmenrecht der GmbH & Co. KG seit etwa 1980 in GmbHR 1987 S. 177ff.

Das Recht der Firmen und Geschäftsbeziehungen, 3. Aufl. Freiburg 1986.

Bordewin, Gesetz zur Änderung des Einkommensteuergesetzes, des Körperschaftsteuergesetzes und anderer Gesetze, Betriebsberater 1980 S. 1033.

Boruttau-Klein, Grunderwerbsteuergesetz, 9. Aufl. Stuttgart 1970.

Boruttau/Egly/Sigloch, Grunderwerbsteuergesetz, 12. Aufl., München 1986

Brandes, Die Rechtsprechung des BGH zur GmbH & Co. KG und zur Publikumsgesellschaft in WM 1987 Sonderbeilage 1.

Brandmüller, Gewerbliche Stiftungen-Unternehmensstiftung – Stiftung & Co. – Familienstiftung, Bielefeld 1988.

Brendle/Schaaf, Zur steuerbegünstigten Umwandlung einer Kapitalgesellschaft auf eine GmbH & Co. KG in GmbHR 1972 S. 116.

Brönner, Umwandlungsteuergesetz, Stuttgart 1969.

Besteuerung der Gesellschaften, 16. Aufl. Stuttgart 1988.

Brönner/Rux, Steuervorteile durch zweckmäßige Erb- und Unternehmensnachfolge, 5. Aufl., Freiburg i. Br. 1987.

Brox, Zur Gesamtvertretung einer Kommanditgesellschaft durch den Komplementär und den Kommanditisten in Festschrift für H. Westermann 1974 S. 21 ff.

Brun/Hennerkes/Binz, „Das sog. Gepräge-Gesetz" in BB 1986 S. 235 ff.

BT-Dr. 10/3663, vom 19.07.1985.

Bülow, Stimmrechtsausübung bei der Komplementär-GmbH im Alleinbesitz ihrer Kommanditgesellschaft in GmbHR 1982 S. 121.

Bünz/Heinsius, Familiengesellschaften in Recht und Praxis, Loseblattwerk Freiburg 1980ff.

Centrale für GmbH, Dr. Otto Schmidt, Rückschau und Ausblick – Jahresbericht 1986/1987 in GmbHR 1987 S. 1ff.

Christoffel/Dankmeyer, Das Steuerbereinigungsgesetz 1986: die gesetzliche Verankerung der sog. Geprägegrundsätze in DB 1986 S. 347 ff.

Literaturverzeichnis

Crezelius, Die werdende GmbH – Gesellschaftsrechtliche Grundlagen, bilanz- und steuerrechtliche Konsequenzen in DStR 1987 S. 743 ff.
Verkappte Analogien in der Finanzrechtsprechung in StuW 1981 S. 117 ff.

Dietrich, Die Publikums-Kommanditgesellschaft und die gesellschaftsrechtlich geschützten Interessen, Köln 1988.
Dietz/Richardi, Betriebsverfassungsgesetz, Kommentar, Bd. 1: §§ 1–73, 6. Aufl. München 1981.
Dornfeld, Änderung der Beteiligungsverhältnisse und der Gewinnverteilung bei einer GmbH & Co. KG als verdeckte Gewinnausschüttung? in GmbHR 1972 S. 140.

Egly, Die Gesellschaftsteuer in NWB Fach 8a S. 209.
Ehlers/König, „Fallen Schein-Kommanditgesellschaften unter § 15 Abs. 3 EStG n. F.?" in DB 1986 S. 1352 ff.
el, Versorgungsbezüge bei Gesellschafter-Geschäftsführung und Spannungsklauseln in DB 1989, S. 471.
Engel, Abfindungsklauseln – eine systematische Übersicht in NJW 1986 S. 345 ff.
Esch, Gesellschaftsvertragliche Buchwertabfindung im Falle der Ausschließungskündigung in NJW 1979 S. 1390 ff.

Fehl, Unbeschränkte Haftung der Kommanditisten bei der GmbH & Co. KG? in BB 1976 S. 109 ff.
Felix, Haftsumme der Kommanditisten und Sacheinlagen in NJW 1973 S. 491 f.
Felix/Stahl, Steuer- und zivilrechtliche Erwägungen zur Umgründung von Gesellschaften mbH in Personengesellschaften oder Einzelunternehmen in DStR 1986, Beihefter, Heft 3.
Fischer/Lutter/Hommelhoff, Kommentar zum GmbHG, 12. Aufl. Köln 1987.
Fitting/Auffarth/Kaiser/Heither, Betriebsverfassungsgesetz Handkommentar, 15. Aufl. München 1987.
Fleck, Die Drittanstellung des GmbH-Geschäftsführers in ZHR 149 (1985) S. 387 ff.

Ganßmüller, Änderung der Gewinnverteilung bei der GmbH & Co. KG, GmbHR 1975 S. 115.
George, Steuerfragen bei der GmbH & Co. KG in DStR 1973 S. 252–264.
Gerbig/Rautenberg, Gestaltungsfreiräume des § 15a EStG in DB 1970 S. 1959.
Glade, Gesellschaftsteuer bei der Umwandlung einer GmbH & Co. KG in eine GmbH nach dem UmwStG 1977, Der Betrieb 1980 S. 469.
GmbH-Handbuch, Hrsg. Centrale für GmbH Dr. Otto Schmidt, 11. Aufl., Stand April 1989, Köln.

Graf, Gesellschaftsteuer bei der sog. doppelstöckigen GmbH & Co. KG in BB 1970 S. 439 ff.

Groh, „Nach der Wiedereinführung der Geprägetheorie" in DB 1987 S. 1006 ff.

Großkommentar zum HGB, begr. von Staub, Erster Band, §§ 1–104, Berlin 1967; Zweiter Band, 1. Halbband, §§ 105–144, Berlin, New York 1973.
begr. von Staub, Herausgeber Canaris, Schilling, Ulmer, 9. Lieferung, §§ 161–177 a, Bearbeiter: Schilling, Berlin, New York 1987.

Grüter, Die „extreme" GmbH & Co. KG in Wahlordnungen zum Mitbestimmungsgesetz in BB 1978 S. 1145 ff.

Hanau/Ulmer, Mitbestimmungsgesetz, München 1981.

Hachenburg, Gesetz betreffend die Gesellschaften mit beschränkter Haftung (GmbHG) Großkommentar. Ergänzungsband: §§ 1–12, 7. Aufl. Berlin, New York 1985; Zweiter Band: §§ 13–52, 7. Aufl. Berlin, New York 1979; Dritter Band: §§ 53–85, 7. Aufl., Berlin, New York 1984

Hackstein, Rechtsfragen zu § 6 Abs. 1 Nr. 4 KVStG in DVR 1971 S. 177.

Hahn, Einkünfte aus Gewerbebetrieb (Vergütung für freiberufliche Leistungen des Gesellschafters) in FR 1970 S. 496.

Heissmann, Wann unterliegt der Gesellschafter-Geschäftsführer einer GmbH der Angestelltenversicherungspflicht? in GmbHR 1968 S. 45 ff.

Helm/Wagner, Fremdgeschäftsführung und -vertretung bei Personenhandelsgesellschaften in DB 1979 S. 225 ff.

Hennerkes, Die Stiftung & Co. – eine interessante Alternative zur GmbH & Co. – in Steuerberater-Jahrbuch 1984/85 S. 107 ff., Köln 1985.

Hennerkes/Binz, Die GmbH & Co., 7. Aufl., München 1984.
Die Buchwertabfindung ein Fossil unserer Zeit? in DB 1983 S. 2669.

Hennerkes/Binz/Sorg, Die Stiftung als Rechtsform für Familienunternehmen in DB 1986 S. 2217 ff. und 2269 ff.

Herrmann-Heuer, Kommentar zum EStG, Loseblattkommentar, Köln-Marienburg.

Hess, Schlochauer, Glaubitz, Kommentar zum Betriebsverfassungsgesetz, 3. Aufl., Neuwied, Darmstadt 1986.

Hesselmann, Anmerkung zu OLG Hamburg, Beschluß vom 15.12.1960 in GmbHR 1961 S. 129.
Handbuch der GmbH & Co., 16. Aufl., Köln 1980.
Die GmbH & Co. KG – eine immer noch beachtenswerte Gesellschaftsform in BB 1987 S. 346 ff.
Kapitalverkehrsteuerprobleme beim Ersterwerb von Gesellschaftsrechten und bei Abtretung von Anteilen an einer GmbH & Co. nach der Neufassung des KVStG (1972) in GmbHR 1975 S. 185.
Handbuch der GmbH & Co. KG, 16. Aufl., Köln 1980.

Literaturverzeichnis

Die steuerliche Behandlung von Geschäftsanteilen an der Komplementär-GmbH einer GmbH & Co. in GmbHR 1977 S. 109.

Die Komplementär-GmbH einer GmbH & Co. nach dem Bilanzrichtlinien-Gesetz in BB 1987, S. 1770 ff.

Hölters, Sonderprobleme des Beirats der GmbH & Co. KG in DB 1980 S. 2225 ff.

Höppner, Steuerliche Anerkennung eines KG-Vorweg-Verlustanteils der später neu beigetretenen Kommanditisten in DB 1976 S. 887/888.

Hoffmann, Der Jahresabschluß der Komplementär-GmbH nach neuem Recht in BB 1986 S. 288 ff.

Hopt, Zur Abberufung des GmbH-Geschäftsführers bei der GmbH & Co., insbesondere der Publikumskommanditgesellschaft in ZGR 1979 S. 1 ff.

Horn, 2% Gesellschaftsteuer ab 01.01.1972 und die GmbH & Co. KG voll gesellschaftsteuerpflichtig! in GmbHR 1972 S. 12.

Wer trägt die auf die Kommanditeinlagen einer GmbH & Co. entfallenden Gesellschaftsteuern? in GmbHR 1971 S. 265.

Die GmbH & Co. und die Beteiligung der Doppelbesteuerung im Einkommens-/Körperschaftsteuerbereich durch die bevorstehende Steuerreform in GmbHR 1971 S. 97 f.

Hoyer, Das Gesellschafterdarlehen im Kapitalverkehrsteuerrecht in DB 1977 S. 973.

Huber, Vermögensanteil, Kapitalanteil und Gesellschaftsanteil an Personengesellschaften des Handelsrechts, Heidelberg 1970.

Hüffer, Organpflichten in der Publikums-KG in ZRG 1981 S. 354 ff.

Hunscha, Die GmbH & Co. KG als Alleingesellschafterin ihrer Komplementärin, Köln 1974.

Jahrbuch der Fachanwälte für Steuerrecht 1987/88, Stiftung & Co. – Modell der Zukunft? S. 163 ff.

Jakob, § 15 a EStG – Zu seiner Verfassungsmäßigkeit, insbesondere zur Anwendbarkeit auf Kommanditisten von „Nicht-Verlustzuweisungsgesellschaften" in BB 1988 S. 887 ff.

Klauss/Birle, Die GmbH & Co., 7. Aufl., Ludwigshafen (Rhein) 1988.

Knobbe-Keuk, Obligatorische Nutzungsrechte als Sacheinlagen in Kapitalgesellschaften in ZGR 1980 S. 214 ff.

Bilanz- und Unternehmenssteuerrecht, Köln 1977.

König, „Die vermögensverwaltende GmbH & Co. KG nach dem Steuerbereinigungsgesetz 1986" in BB 1986 S. 569.

Korb, Grunderwerbsteuer – Einbringung von Grundstücken in eine GmbH & Co. KG gegen Gewährung von Gesellschaftsrechten in DVStR 1975 S. 148.

Kornblum, Weitere Rechtstatsachen zum Unternehmens- und Gesellschaftsrecht (II) in GmbHR 1983 S. 61 ff.

Kornblum/Kleinle/Baumann/Steffan, Neue Rechtstatsachen zum Unternehmens- und Gesellschaftsrecht (I) in GmbHR 1985 S. 7 ff.

Kroll, Die Besteuerung der GmbH & Co. KG nach dem Kapitalverkehrsteuergesetz.

Krollmann, Folgerungen aus der Rechtsprechung des BFH zur Gewinnverteilung bei der GmbH & Co. in DB 1969 S. 589.

Kühnel, ,,Umsatzsteuerliche Besonderheiten bei der GmbH & Co. KG" in GmbHR 1982 S. 136 ff.

Lange/Kuchinke, Lehrbuch des Erbrechts, 3. Aufl., München 1989.

Link, Die GmbH & Co. KG in NSt, Stichwort GmbH & Co., Darstellung 1, Neues zur GmbH & Co. in NST, Stichwort GmbH & Co., Einzelfragen 1.

Lipps, Zur Strafbarkeit des sog. ,,Berliner-Modells" in Betriebsberater 1979 S. 1235.

Littmann, Das Einkommensteuerrecht, 9. Aufl. Stuttgart 1969.

Löffler, Zur Reichweite des gesetzlichen Wettbewerbsverbots in der Kommanditgesellschaft in NJW 1986 S. 223 ff.

Loos, Umwandlungs-Steuergesetz 1969, Düsseldorf 1969.

Lüdtke-Handjery, Gesellschaftszweck und Unternehmensgegenstand der GmbH & Co. in BB 1973 S. 68 ff.

Martin, Gesellschaftsteuerpflicht bei Umwandlung einer GmbH & Co. auf die Komplementär-GmbH in DVStR 1979 S. 117.

Anteilsvereinigung der GmbH & Co. KG und Grunderwerbsteuerbefreiung in BB 1980 S. 410.

Marx/Delp, Einbeziehung der GmbH & Co. KG in die Publizitäts- und Prüfungspflicht nach dem neuen Recht? in DB 1986 S. 289.

Meyer, Anteile an der Komplementär-GmbH in der Vermögensaufstellung der GmbH & Co. KG in DB 1979 S. 1912.

Meyer-Landrut, Die Auslegung einfacher Kündigungsklauseln in GmbH-Satzungen in Festschrift Stimpel, 1985 S. 431 ff.

Meynert, Die Sozialversicherungspflicht ,,mittlerer Geschäftsführer" in GmbHR 1970 S. 239 ff.

Mienert, Nichtauszahlung der Gesellschafter-Geschäftsführer-Vergütung einer GmbH & Co. KG ist nicht immer ,,Verzicht" im Sinn des Kapitalverkehrsteuergesetzes in DB 1979 S. 568.

Mihatsch, Wahl der Rechtsform nach der Körperschaftsteuerreform: GmbH oder GmbH & Co. KG? in DB-Beilage Nr. 6/79.

Mohr, Spezifische Probleme bei der Vermögensaufstellung einer GmbH & Co. KG in DB 1979 S. 563.

Moxter, Grundsätze ordnungsmäßiger Unternehmensbewertung, 2. Aufl. 1983.

Müller-Welser, Zur Bilanzierung der Verlustbeteiligung einer Komplementär-GmbH in DB 1978 S. 958.

Literaturverzeichnis

Münchener Kommentar zum Bürgerlichen Gesetzbuch, hrsg. von Rebmann, Säcker, Bd. 3: Schuldrecht, Besonderer Teil 2. Halbband, 2. Aufl., München 1986.
Bd. 6: Erbrecht (§§ 1922–2385), München 1982.

Neumann, Änderungen der Bestimmungen über die Ergebnisverteilung bei Kapitalerhöhungen von Abschreibungsgesellschaften in BB 1975 S. 692–694.
Nissen, Die Ertragsteuern bei der GmbH & Co. KG in DB 1971 S. 2226.

Palandt, Kommentar zum Bürgerlichen Gesetzbuch, 48. Aufl., München 1989.
Paus, Anwendung des § 15 Abs. 1 Nr. 2 EStG, wenn der Komplementär einer KG die Geschäfte der KG als Angestellter einer GmbH führt, die selbst nicht an der KG beteiligt ist, in StBp 1979 S. 208.
Peltzer, Rechtsprobleme beim unfreiwilligen Ausscheiden von Vorstandsmitgliedern von Aktiengesellschaften und Geschäftsführern von Gesellschaften mbH in BB 1976 S. 1249 ff.
Petzold, Verminderung der vermögensteuerlichen Doppelbelastung ab 1984 bei der GmbH? in BB 1984 S. 1737 ff.
Pochhammer, Entstehungszeitpunkt der Kapitalverkehrsteuer bei Gründung einer GmbH & Co. KG in DB 1977 S. 559.
Priester, Ausschüttungen bei Abschreibungsgesellschaften und Wiederaufleben der Kommanditistenhaftung in BB 1976 S. 1004 ff.
Puschel, Veränderungen der Unternehmensform im Umsatzsteuerrecht in DStZA 1970 S. 93.

Quast, Steuerbegünstigte Kapitalanlagen im Lichte der neueren BFH-Rechtsprechung in DB 1981 S. 183, 188.

Raiser, Mitbestimmungsgesetz, Kommentar, 2. Aufl. Berlin 1984.
Rasner, Abfindungsklauseln in OHG- und KG-Verträgen in NJW 1983 S. 2905 ff.
Richter, Grundstücke bei einer GmbH & Co. KG im GmbHR 1973 S. 118/119.
Riegger, Unterliegt die Komplementär-GmbH dem gesetzlichen Wettbewerbsverbot? in BB 1983 S. 90 ff.
Rittstieg, Zur Problematik von Abfindungsbeschränkungen im GmbH-Recht in DB 1985 S. 2285 ff.
Romanovzky/Rux, Vorteilhafte Gesellschaftsverträge, 7. Aufl., Freiburg i. Br. 1988.
Rosenau, Die GmbH in rechtlicher und steuerrechtlicher Sicht in DB 1965 Beilage Nr. 18/65.
Die GmbH & Co. KG, ihre rechtliche Gestaltung und die steuerlichen Folgen in Beilage 13/71 zu DB 26/71.
Roth, Gesetz betreffend die Gesellschaften mit beschränkter Haftung mit Erläuterungen, 2. Aufl., München 1987.

Rowedder, Gesetz betreffend die Gesellschaften mit beschränkter Haftung (GmbHG), Kommentar, München 1985.

Rümker/Westermann, Kapitalersetzende Darlehen, Frankfurt am Main 1987.

Runge, Bilanzierung der Anteile an der Komplementär-GmbH bei der GmbH & Co. KG in DB 1970 S. 754.

Seifart, (Hrsg.) Handbuch des Stiftungsrechts, München 1987.

Seithel, Ertragsteuerliche Probleme der GmbH & Co. KG in Steuer-Kongreß-Report 1969 S. 185.

sg, Was bringt das UStG 1980 Neues für die GmbH und GmbH & Co. KG in GmbHR 1980 S. 23.

Soergel, Bürgerliches Gesetzbuch, Bd. 1 Allgemeiner Teil (§§ 1–240), 12. Aufl. Köln, Mainz 1988;
Bd. 4 Schuldrecht III (§§ 705–853), 11. Aufl. Köln, Mainz 1985.

Sönksen/Söffing, Kommentar zum Berlinförderungsgesetz, Erich Schmidt Verlag, Berlin.

Sommer, Zur Ergebnisverteilung in gewerblich tätigen Personengesellschaften nach Aufnahme weiterer Gesellschafter während eines Geschäftsjahres in BB 1987 S. 581.

Sudhoff, Die Komplementär-GmbH als „Nicht-Unternehmer", in GmbHR 1968 S. 111.

Nutzungsweise Einbringung von Grundstücken, Gebäuden und Firmenwerten im Kapitalverkehrsteuerrecht in DB 1976 S. 284.

Der Gesellschaftsvertrag der GmbH & Co., 4. Aufl., München 1979, zitiert: Sudhoff.

Handbuch der Unternehmensnachfolge, 3. Aufl., München 1984.

Verlustausschlußklausel und Kommanditistenhaftung in DB 1973 S. 2175 ff.

Der Antrag auf Eröffnung des Konkurs- oder Vergleichsverfahrens in NJW 1973 S. 1829 ff.

Sudhof/Sudhoff, Sind Verlustverbuchungen über Gesellschafter-Darlehenskonten bei der GmbH & Co. KG gesellschaftsteuerpflichtig? in DB 1982 S. 1238 ff.

Schaaf, Zur Gewinnverteilung beim der GmbH & Co. KG in FR 1975 S. 85, 86.

Schahmann, Zur Gewinnverteilung bei der GmbH & Co. KG in GmbHR 1971 S. 166.

Schlegelberger, Handelsgesetzbuch, Bd. 2, 4. Aufl., Berlin, Frankfurt am Main 1963.

Handelsgesetzbuch, Kommentar von Geßler, Hefermehl, Hildebrandt, Schröder, Martens, K. Schmidt, Bd. III, 2. Halbbd. §§ 161–177a, §§ 335–342 (§§ 230–237 n. F.), 5. Aufl., München 1986.

Schmidt/Karsten, Gesellschaftsrecht, Köln, Berlin, Bonn, München 1986.

Handelsrecht, 3. Aufl., Köln, Berlin, Bonn, München 1987.

Löschungsgesetz und GmbH & Co. in BB 1980 S. 1497 ff.

Literaturverzeichnis

Kommanditistenanteil und Nachfolgevermerk – Bemerkungen zum Urteil des Bundesgerichtshofes vom 29.06.1981 in GmbHR 1981 S. 253 ff.
Die GmbH-Beteiligung von Gesellschaften bürgerlichen Rechts als Publizitätsproblem in BB 1983 S. 1697 ff.
Die GmbH & Co. – eine Zwischenbilanz in GmbHR 1984 S. 272 ff.
Wohin steuert die Stiftungspraxis? in DB 1987 S. 261 ff.
Die fehlerhafte Anteilsübertragung – Eine Untersuchung zum Recht der AG, der GmbH und der Personengesellschaft in BB 1988 S. 1053 ff.
Die Prokura in Liquidation und Konkurs der Handelsgesellschaften in BB 1989 S. 229 ff.
Schmidt, Ludwig, Einkommensteuergesetz, Kommentar, 8. Aufl. München 1989.
Schmidt-Troschke, Gesellschaftsteuerpflicht „stehengelassener" Gewinne sowie die Abdeckung von Verlusten bei der GmbH & Co. KG in GmbHR 1974 S. 6 ff.
Schmitz, Der unerreichbare GmbH-Gesellschafter in GmbHR 1971 S. 226 ff.
Scholtz, Anrechnung, Vergütung und Erstattung von Körperschaftsteuer und Kapitalertragsteuer in FR 1977 S. 77.
Scholz, Kommentar zum GmbH-Gesetz Bd. I, 7. Aufl., Köln 1986; Bd. II, 6. Aufl., Köln 1978/1983; Bd. II, 7. Aufl., Köln 1988.
Schopp, Kapitalkonten und Gesellschaftsdarlehen in den Abschlüssen von Personenhandelsgesellschaften unter Berücksichtigung der GmbH & Co. KG in BB 1987 S. 581 ff.
Schubert, Kapitalverkehrsteuerpflicht bei der Gewinnthesaurierung der GmbH & Co. KG in DB 1974 S. 900.
Schulze zur Wiesche, Die Behandlung der thesaurierten Gewinne bei der GmbH & Co. KG nach dem KVStG in DStR 1973 S. 265.
Die steuerliche Behandlung von Sanierungsgewinnen bei GmbH und GmbH & Co. KG in GmbHR 1980 S. 36 ff.
Die GmbH & Co. KG und Beschränkung des Verlustabzuges in GmbHR 1984 S. 241 ff.
Die Gesellschaftsteuerpflicht der Privat- und Darlehenskonten und sonstiger gesellschaftlicher Leistungen der Kommanditisten bei einer GmbH & Co. KG in DStR 1969 S. 591; Einkommensteuerliche Behandlung der atypischen stillen Beteiligung an einer GmbH in DB 1976 S. 408.
Die Familien-GmbH & Co. KG in WPg 1987 S. 433 ff.
Schwankenberg, Einlage- und Gesellschafter-Darlehenskonten bei der GmbH & Co. KG – Gesellschaftsteuerliche Auswirkungen – in DB 1981 S. 604 ff.

Tänzer, Geschäftsführervergütung in aktueller Sicht in GmbHR 1986 S. 255 ff.
Telkamp, Die einkommensteuerliche Behandlung negativer Kapitalkonten von Kommanditisten im Konkurs in DB 1977 S. 16.
Thiel, Das negative Kapitalkonto des Kommanditisten und seine steuerliche Bedeutung in BB 1964 S. 839.

Die kapitalistisch organisierte GmbH & Co. KG in DB 1968 S. 1870.
Die Neutralisierung der dem Empfänger der verdeckten Gewinnausschüttung zu Lasten der Kapitalgesellschaft erwachsenden Bereicherung in FR 1977 S. 267.
Tillmann, Mindestkapitalerhöhung aufgrund der GmbH-Novelle 1980 in GmbHR 1983 S. 244 ff.
Umwandlung auf doppelstöckige GmbH & Co. KG – Ein Ausweg aus der Publizitätspflicht der GmbH? – in DB 1986 S. 1319 ff.

Uhlenbruck, Die GmbH & Co. KG in Krise, Konkurs und Vergleich, 2. Aufl., Köln 1988.
Insolvenzrechtliche Probleme der GmbH & Co. KG in GmbHR 1971 S. 70 ff.
Ulmer, Die Mitwirkung des Kommanditisten an der Bilanzierung der KG in Festschrift für Hefermehl 1976 S. 207 f.
Zur Gesellschafternachfolge im Todesfall – Bemerkung zum BGH-Urteil vom 10.02.1977 in BB 1977 S. 805 ff.
Wirksamkeitsschranken gesellschaftsrechtlicher Abfindungsklauseln in NJW 1979 S. 81 ff.
Nachlaßzugehörigkeit vererbter Personengesellschaftsbeteiligungen? in ZHR 1984 S. 1496 ff.
Ulmer/Wiesner, Die Haftung ausgeschiedener Gesellschafter aus Dauerschuldverhältnissen in ZHR 1980 S. 393 ff.

Weber/Hickel, Die Wirksamkeit von „Hinauskündigungsklauseln" im Recht der Personenhandelsgesellschaften in NJW 1986 S. 2752 ff.
Weimar/Geitzhaus, Die GmbH & Co. KG vor den Toren des GmbH-Rechts in DB 1987 S. 2026 ff. und 2085 ff.
Weimar/Geitzhaus/Delp, Die Stiftung & Co. KG als Rechtsform der Unternehmung in BB 1986 S. 1999 ff.
Weissenborn, Vergütung des Geschäftsführers einer GmbH & Co. KG nur bei mittelbarer Beteiligung in GmbHR 1968 S. 224.
Wendelstein, Die Unterbeteiligung als zweckmäßige Erbfolgeregelung in BB 1970 S. 735 ff.
Westermann, Handbuch der Personengesellschaften, Bd. I, 3. Aufl., Köln 1967/1989.
Wohl, Ertragsteuerliche Auswirkung der Bilanzierung von GmbH-Geschäftsanteilen bei einer GmbH & Co. KG bei der laufenden Besteuerung in DStR 1969 S. 330.
Wulff, Von der GmbH steuerbegünstigt zur GmbH & Co. KG in StBp 1971 S. 203.
v. Wysocki, „Die GmbH & Co. KG und der Entwurf eines Bilanzrichtlinien-Gesetzes" in GmbHR 1984 S. 284 ff.

Stichwortverzeichnis

Die Ziffern bezeichnen die Randziffern des Werkes

Abberufung des GmbH-
  Geschäftsführers .... 280 ff.
Abfindung
  – bei der GmbH & Co. KG . 639 ff.
  – eines GmbH-Gesellschafters . 653
  – schwebende Geschäfte 640
Abfindungsklauseln 642
  – Buchwertklausel 646
  – Unzulässigkeit 647
Abschichtungsbilanz, Treugeber-
  kommanditist 159
Abschreibungsgesellschaft 29
Abtretung, s. Anteilsübertragung
Abwicklung, s. Liquidation
Anerkennung der GmbH & Co. KG 5
Anhang 449
Anlagegesellschafter 27
Anlagevermögen der Komplemen-
  tär-GmbH, Veräußerung des
  – an die GmbH & Co. KG .. 226
Anstellungsverhältnis des
  Geschäftsführers 269
Anteil der Kommanditisten
  an der Komplementär-GmbH . 17
  – notwendiges Sonderbetriebs-
    vermögen 487
  – Privatvermögen 488
Anteilserwerb an einer GmbH &
  Co. KG, Börsenumsatzsteuer 563
Anteilsübertragung
  – GmbH 565
  – GmbH & Co. KG 573
  – Haftung .... 587 ff.
  – Handelsregister 575
Anteilsvereinigung 195, 672
Aufgabegewinn, Aufgabeverlust 707
Aufgeld/Agio der Kommandi-
  tisten 155

Aufgelöste GmbH 675
Auflösung der
  GmbH & Co. KG .... 673 f.
Auflösungsgründe .... 673 f.
Aufsichtsrat .... 303 f.
Aufsichtsratstätigkeit
  – Einkommensteuer 489
  – Umsatzsteuer 549
Auseinandersetzungsanspruch
  s. Abfindung
Ausgleichsansprüche,
  erbrechtliche 549
Ausländischer Kommanditist ... 524
Auslagenersatz 490, 404
Ausscheiden des Kommanditisten
  bei negativem Kapitalkonto .. 663
Ausschluß
  – Gesellschafter der
    GmbH & Co. KG .... 603 ff.
  – GmbH-Gesellschafter ..... 605 ff.
  – Hinauskündigungsklausel 604
  – Koordninierung 613
Ausschlußklage .... 610 ff.
Austritt aus KG 571
  – Haftung
  – Komplementär .... 577 ff.
  – Kommanditisten .... 585 f.
Beendigung der
  GmbH & Co. KG .... 673 ff.
  – Ertragsteuer 707
  – Grunderwerbsteuer 714
  – Kapitalverkehrsteuer 713
  – Umsatzsteuer 712
Beirat .... 314 ff.
  – der GmbH 314
  – der KG 315
  – Haftung .... 322 ff.

362

Stichwortverzeichnis

Beiratstätigkeit
- Einkommensteuer 489
- Umsatzsteuer 549

Berlin-Gesellschaften .... 741 ff.
Beschränkung von Kommanditistenrechten 267
Beschränkung der Geschäftsführungsbefugnis der Komplementär-GmbH 266
Bestellung des GmbH-Geschäftsführers 268
Beteiligungsgleiche GmbH & Co. KG .... 17 ff.
Betriebsaufspaltung, Rückgängigmachung einer – durch Errichtung einer GmbH & Co. KG   203
Betriebsrat .... 301 f.
Bewertung
- der Einlage .... 128 ff.
- Haftung bei Überbewertung . 356

Bilanzrichtliniengesetz .... 411 ff.
Börsenumsatzsteuer 189
Buchwertklausel 646

Darlehen eines Gesellschafters, s. Gesellschaftsdarlehen
Differenzhaftung 59
Dividendenanspruch, Aktivierung des – aus GmbH-Anteilen ... 494
Doppelstöckige GmbH & Co. KG   32
- Laufende Besteuerung 479

Echte GmbH & Co. KG 1
Eigenkapitalbeschaffung, Vermittlungsprovision für – .. 147
Einbringungsvorgänge
- Einbringung einzelner Vermögensgegenstände 204
- Eintritt einer GmbH in eine GmbH & Co. KG (Sacheinlage der Komplementär-GmbH) 196
- Eintritt des Kommanditisten (Sacheinlage des Kommanditisten) 199
- Rückgängigmachung einer Betriebsaufspaltung 203

Einheits-GmbH & Co. KG 21
Einheitswertaufteilung 541
Einkommensteuer
- Beendigung der GmbH & Co. KG 707
- Gesellschafterwechsel ..... 656 ff.
- Gründung .... 139 ff.
- Laufende Besteuerung .... 465 ff.

Einkünfte
- Einheitliche und gesonderte Feststellung 517
- Sonderbetriebseinnahmen 518
- Sonderbetriebsausgaben 519
- Verdeckte Gewinnausschüttung 520

Einlage .... 122 ff.
- Anteile der Komplementär-GmbH 136, 357
- Aufrechnung 135
- Bewertung 128
- „Gesplittete" Pflichteinlage .... 702 ff.
- Grundstück .... 124 ff.
- Haftsumme 134
- Pflichteinlage 137
- quoad sortem 126
- quoad usum 124
- Rückzahlung .... 358 ff.

Einmann-GmbH & Co. KG 20
Eintragung und Unbedenklichkeitsbescheinigung 188
Eintragung ins Handelsregister
- Anteilsübertragung 575
- Austritt aus KG 571
- Eintritt in KG 569
- Erbfall .... 628 ff.
- Gründung GmbH 53

363

Stichwortverzeichnis

- Gründung KG
  - deklaratorische Wirkung ... 79
  - konstitutive Wirkung 80
- Haftung
  - Anteilsübertragung 592
  - Eintritt 592
  - Erbfall 630
  - Gründung .... 86 ff.
- Nachfolgevermerk 575
  - Haftung bei
    fehlendem 590, 680
EG-Kommission, Änderungs-
  vorschläge 456
Eintritt in KG .... 568 ff.
- Haftung .... 582 ff.
Eintrittsklausel 621
- Haftung 632
Einziehung von Geschäfts-
  anteilen .... 606 ff.
Entstehungsmöglichkeiten
  der GmbH & Co. KG ..... 42 ff.
Entwicklung der GmbH &
  Co. KG .... 5 ff.
Erbenhaftung 625
Erbfall, GmbH & Co. KG in
  Erbfolge .... 614 ff.
- in der GmbH .... 634 ff.
- in der KG .... 614 ff.
Ergänzungsbilanz ...... 461, 656 ff.
Erhöhte Absetzungen,
  Inanspruchnahme von - 741
Errichtung der GmbH &
  Co. KG .... 42 ff., 71 ff.
Erscheinungsformen der
  GmbH & Co. KG .... 17 ff.

Finanzierungs-GmbH &
  Co. KG 737
Firma
- Abgeleitete
  - GmbH 104
  - GmbH & Co. KG 120

  - KG 98
- Firmengrundsätze .... 109 ff.
- Fortführung 98, 104, 120
- GmbH .... 99 ff.
- GmbH & Co. KG .... 107 ff.
- GmbH & Co.-Zusatz ...... 116 ff.
- KG .... 97 ff.
- Personenfirma 101
- Sachfirma 99
Freiwillige Leistungen, Kapital-
  verkehrsteuer 557

Gegenseitige Beteiligung,
  Vermögensaufstellung 538
Gegenstand der Komplementär-
  GmbH 48
Geprägerechtsprechung . 465 ff., 529
Gesamtrechtsnachfolge 623
Gesamtvertretung .... 333 f.
Geschäftsbriefe 121
Geschäftsführer der GmbH .. 268 f.
- Anstellungsvertrag 269
- Abberufung .... 280 ff.
- Bestellung 268
- faktischer 685
- Gehalt 271
- Haftung
  - gegenüber GmbH .... 272 f.
  - gegenüber KG .... 274 f.
  - im Konkurs 683
- Vor-GmbH 69
- Kündigung 283
- Wettbewerbsverbot 287
Geschäftsführung der
  GmbH & Co. KG .... 259 ff.
- Einkommensteuer .... 481 ff.
- Entziehung .... 276 ff.
- Gewerbesteuer 532
- Kommanditisten-
  rechte .... 262, 264 ff.
- Umfang 263
- Umsatzsteuer 537

Stichwortverzeichnis

Gesellschafter der GmbH &
  Co. KG .... 36 ff.
Gesellschafterdarlehen
– Kapitalersetzende .... 692 ff.
– als Pflichteinlage .... 702 ff.
– und Kapitalkonto 399
– Vermögensteuer 537
Gesellschaftereintritt 656
Gesellschafter-Haftung
– GmbH-Gesellschafter
  – Beeinträchtigung des
    Stammkapitals 376
  – Differenzhaftung 66
– Unterbilanzhaftung 66
– der Vor-GmbH 65
– Komplementär-Haftung, ... 351
  s. auch Komplementär-GmbH
  – bei Anteilsübertragung 587
  – bei Austritt aus KG .... 577 ff.
  – bei Eintritt in KG 576
  – Freistellungsklausel 351
– im Gründungsstadium 84
– Kommanditisten-Haftung
  – bei Anteilsübertragung . 588 ff.
  – bei Austritt .... 585 ff.
– bei Auszahlung von
  Scheingewinnen .... 369 ff.
– bei Einbringung von
  Anteilen der Komple-
  mentär-GmbH 357
– bei Eintritt .... 582 ff.
– vor Eintragung ins Han-
  delsregister .. 86 ff., 592, 630 ff.
– bei erbrechtlicher Nach-
  folge .... 624 ff.
– Gewinnentnahme bei
  negativem Kapitalkonto ... 367
– im Gründungsstadium ... 63 ff.
– bei fehlendem Nach-
  folgevermerk 590, 627
– bei Rückzahlung der
  Einlage .... 358 ff.

– bei Beeinträchtigung des
  Stammkapitals der
  GmbH .... 377 ff.
– Tätigkeitsvergütung 364
– bei Überbewertung der
  Einlage 356
– bei Unterkapitalisie-
  rung .... 382 ff.
– Vereinbarungen .... 387 ff.
– Verlustausschlußklauseln .. 388
Gesellschafterkonten, Kapital-
  verkehrsteuer 552
Gesellschafterwechsel .... 565 ff.
– Ausschluß .... 603 ff.
– bei der GmbH .... 565 ff.
– bei der GmbH & Co. KG . 567 ff.
– Ertragsteuer 656
– Grunderwerbsteuer 671
– Haftung bei der GmbH &
  Co. KG .... 576 ff.
– Anteilsübertragung ..... 587 ff.
– Austritt .... 577 ff., 585 f.
– Eintritt .... 576, 582 ff.
– im Erbfall .... 624 ff.
– bei fehlendem Nach-
  folgevermerk 590, 628
– Kapitalverkehrsteuer 667
– Kündigung .... 596 ff.
– Koordinierung .... 594 ff., 613
– Sondererbfolge 614
– durch Tod eines Gesell-
  schafters .... 614 ff.
– Umsatzsteuer 667
– Vermögensteuer 666
Gesellschaftsanteile, Veräuße-
  rung von – .... 660 ff.
Gesellschaftsteuer als Betriebs-
  ausgabe 146
Gesellschaftsvertrag
– der GmbH .... 47 ff.
– der GmbH & Co. KG ..... 71 ff.
„Gesplittete" Pflichteinlage .. 702 ff.

365

Stichwortverzeichnis

Gewerbesteuer
- Beendigung der GmbH & Co. KG 711
- Beginn der Gewerbesteuerpflicht 530
- GmbH & Co. KG .... 529 ff.
- Komplementär-GmbH 535

Gewerblich geprägte und gewerblich tätige KG ... 465, 477

Gewinnfeststellung
- Gewerbesteuerfragen ...... 531 ff.

Gewinnverteilung
- Änderung der im Gesellschaftsvertrag festgelegten 511
- Besondere Gewinnverteilungsgrundsätze .... 495 ff.
- In der Investitionsphase 749
- Grundsätzliches .... 227 ff.
- Rückwirkende Neuverteilung .... 243 ff.
- Unangemessene Gewinnverteilung 514
- Unangemessenes Geschäftsführergehalt 515
- Verdeckte Gewinnausschüttung 513

Gewinnverteilungsgrundsätze, besondere
- Arbeitseinsatz 496
- Haftungsrisiko 498
- Kapitaleinsatz 500

GmbH
- Entstehungszeitpunkt 53
- Beirat 314
- Firma .... 99 ff.
- Gründung .... 47 ff.
- Gesellschafterwechsel ..... 565 ff.
- Geschäftsführung .... 268 ff.
- Kapitalersetzendes Gesellschafterdarlehen 692
- Konkurs 687
- Sacheinlagen 51

- Stammkapital 50
- Vertretung .... 328 ff.

GmbH-Anteile
- Übertragung 565
- Vererblichkeit .... 634 ff.

Gründer der GmbH
- Haftung .... 65 ff.

Gründung
- Einkommensteuer 139
- GmbH .... 47 ff.
- GmbH & Co. KG ... 42 ff., 71 ff.
- Grunderwerbsteuer 191
- Kapitalverkehrsteuer 166
- Körperschaftsteuer 139
- Umsatzsteuer 162

Gründungsbesteuerung, Sonderfragen
- Darlehensgewährung bei Gesellschaftsgründung 179
- Doppelstöckige GmbH & Co. KG 175
- Einlage „Quoad sortem" 184
- Sacheinlagen 180
- Stille Beteiligung der GmbH & Co. KG 178
- Unbedenklichkeitsbescheinigung 188
- Veräußerung des Anlagevermögens der Komplementär-GmbH an die KG bei Gründung der GmbH & Co. KG .. 139

Grunderwerbsteuer
- Beendigung der GmbH & Co. KG 714
- Grundstücksgesellschaften ... 754
- Gründung .... 191 ff.
- Laufender Geschäftsbetrieb .. 564
- Vereinigung sämtlicher Anteile 672
- Wechsel im Personenstand der Gesellschaft 671

Grundhandelsgewerbe 77

Stichwortverzeichnis

Grundstücksgesellschaften,
Grunderwerbsteuer 754

Haftung
- des Geschäftsführers,
  s. Geschäftsführer der GmbH
- der GmbH-Gesellschafter,
  s. Gesellschafter-Haftung
- des Kommanditisten,
  s. Gesellschafter-Haftung
- des Komplementärs,
  s. Gesellschafter-Haftung
- der Komplementär-GmbH ... 351
  - bei Anteilsübertragung 587
  - bei Austritt aus KG .... 577 ff.
  - bei Eintritt in KG 576
  - Freistellungsklausel 351
  - im Gründungsstadium 84
- Prospekthaftung .... 743 f.
- der Vor-GmbH 64
Handelsregister, s. Eintragung
  ins Handelsregister

Insichgeschäft 344
Investitionsphase, Gewinn-
  verteilung in der – 749
Investitionszulage 751

Kapitalbeteiligung, keine –
  der Komplementär-GmbH ... 238
Kapitalerhöhung
- Kommanditeinlage 251
- Komplementär-GmbH 247
Kapitalherabsetzung
- Kommanditeinlage 254
- Komplementär-GmbH 249
Kapitalkonto .... 399 ff.
Kapitalverkehrsteuer
- Beendigung der GmbH &
  Co. KG 734

- Deckung einer Überschuldung
  oder eines Verlustes am Nenn-
  kapital 562
- Freiwillige Leistungen 557
- Gesellschafterwechsel 667
- Gründung .... 166 ff.
- Privat- und Darlehenskonten . 552
- Verbuchung der Gewinne und
  Verluste auf Sonderkonten ... 559
- Verzicht auf Gewinn-
  verteilung 560
- Wiederauffüllung der durch
  Verluste geminderten Komman-
  diteinlage aus nachfolgenden
  Gewinnen 558
Kapitalverschiebungen für zwei
  Kommanditgesellschaften 669
Körperschaftsteuer
- Gründung .... 139 ff.
- Laufender Geschäfts-
  betrieb .... 526 ff.
Kommanditanteile
- Abtretung .... 572 ff.
- Testamentsvollstreckung 615
- Übertragung .... 572 ff.
- Vererblichkeit 614
Kommanditeinlagen
- Bewertung .... 128 ff.
Kommanditist
- Abfindung 639
- Angemessener Gewinnanteil . 521
- Anteilsübertragung .... 573 ff.
- Ausländischer Kommanditist . 524
- Ausschluß .... 603 f.
- Austritt 571
- Besteuerung des .... 521 ff.
- Eintritt .... 568 ff.
- Geschäftsführungs-
  befugnis 262, 266
- Haftung, s. Gesellschafter-
  Haftung
- Kontrollrechte .... 291 ff.

367

Stichwortverzeichnis

- Kündigung .... 596 ff.
- Prokura 348
- Tod .... 614 ff.
- Verdeckte Gewinn-
  ausschüttung 522
- Verlustabzug, Verlustvortrag . 523
- Vertretungsbefugnis 327, 332
- Widerspruchsrecht 265
- Wettbewerbsrecht 289

Kommanditistenausschluß ... 311 ff.

Kommanditgesellschaft
- Anteilsübertragung .... 573 ff.
- Aufnahmevertrag 570
- Austritt aus einer 571
- Eintritt in eine .... 568 ff.
- Eintragung ins Handels-
  register 79, 80
- Firma .... 97 f.
- Gründung .... 71 ff.
- Haftung s. Haftung

Kommanditistenrechte
- Beschränkung 267
- Erweiterung .... 264 ff.
- Geschäftsführung 262

Komplementär
- Austritt 571
- Eintritt .... 568 ff.
- GmbH als .... 5 f.
- Haftung, s. Gesellschafter-
  Haftung
- Stiftung als 767

Komplementärfähigkeit
- der GmbH 5
- der Stiftung 767

Komplementär-GmbH
- Aktivierung des Gewinnanteils
  an der GmbH & Co. KG 525
- Besteuerung des Gewinns 526
- Einlageverpflichtung .... 4 f.
- Haftung, s. Gesellschafter-
  Haftung
- Organschaftsfragen 528

- Unternehmensgegenstand 48
- Verdeckte Gewinn-
  ausschüttung 527
- siehe auch GmbH

Konkurs der GmbH 687
Konkurs der GmbH & Co. KG
- Kapitalersetzende Gesell-
  schafterdarlehen 692
- Konkursgründe 680
- Pflichten der Geschäfts-
  führer .... 681 ff.
- faktischer Geschäftsführer . 685

Kontrollorgane .... 301 ff.
- Aufsichtsrat .... 303 f.
- Beirat .... 314 ff.
- Betriebsrat .... 301 f.
- Kommanditistenausschuß 311, 313

Kontrollrechte
- der GmbH-Gesellschafter 294
- der Kommanditisten ...... 291 ff.

Kündigung
- des Geschäftsführers 283
- der Gesellschafter der
  GmbH & Co. KG .... 596 ff.
- der GmbH-Gesellschafter . 600 ff.
- Hinauskündigungsklausel 604

Lagebericht 451
Liquidation der GmbH &
  Co. KG .... 676 ff.

Miet- und Pachtverträge
  zwischen Gesellschafter und
  GmbH & Co. KG bzw.
  Komplementär-GmbH 492
Mitbestimmung bei der
  GmbH & Co. KG .... 306 ff.
Mittelstandsrichtlinie 456
Mitunternehmergemeinschaft einer
  Komplementär-GmbH ohne
  Kapitalbeteiligung 238

Stichwortverzeichnis

Motive für die Gründung einer
GmbH & Co. KG .... 9 ff.

Nachfolgeregelungen .... 616 ff.
– Nachfolgeklausel .... 617 ff.
– Eintrittsklausel .... 621 ff.
Nachfolgeklausel .... 617 ff.
– Haftung 627
Nachfolgevermerk 575
– Haftung bei fehlendem . 590, 628
– im Erbfall 628
Negatives Kapitalkonto
– BFH-Rechtsprechung 503
– Einschränkungen durch
  § 15 a EStG 506
– Grenzen der Verlust-
  zuweisung 505
Nennkapital, Herabsetzung des –
  bei Umwandlung einer GmbH
  in eine GmbH & Co. KG 214
Nichtbeteiligungsgleiche
  GmbH & Co. KG 26
Nichtpersonengleiche GmbH &
  Co. KG 26

Organschaft
– Gewerbesteuer 534
– Körperschaftsteuer 528
– Umsatzsteuer 550

Pensionsrückstellungen 486
Personengleiche GmbH &
  Co. KG .... 17 ff.
Pflichtverletzung des Geschäfts-
  führers .... 272 ff.
Publikumsgesell-
  schaften .... 27 ff., 715 ff.
– Anzahlungen durch Hingabe
  von Wechseln 752
– Beitritt 715
– Definition 27

– Gewinnverteilung in der
  Investitionsphase 749
– Gründer 717
– Grunderwerbsteuer 754
– Haftung
  – Prospekthaftung 733
  – verantwortlicher Personen-
    kreis .... 735 ff.
  – Verjährung 740
  – Schaden .... 738 ff.
– Inanspruchnahme erhöhter
  Absetzungen 741
– Investitionszulage 751
– Kündigung .... 723 ff.
– Mehrheitsbeschlüsse .... 721 f.
Publizitätspflicht 16
Prospekthaftung .... 733 f.
Rechnungslegung
– Bilanzrichtliniengesetz 389
– Buchführungsvorschriften ... 389
– Gesellschafterdarlehens-
  konten 399
– Gesellschafterverrechnungs-
  konten 399
– Jahresabschluß und
  Publizität .... 411 ff.
– Kapitalkonto I, II, III
  und IV 204
– Steuerliche Ergänzungs-
  bilanzen 461
– Steuerliche Sonderbilanzen .. 459
– Steuerliches Sonderbetriebs-
  vermögen 462
– Steuerrecht 393
– Verrechnungskonten bei
  Auslagenersatz 404

Sacheinlagen 123
– bei der GmbH 51
– des Kommanditisten 199
– der Komplementär-GmbH ... 196
Sachgründung, GmbH 51

Stichwortverzeichnis

Schadensersatzansprüche wegen unerlaubter Handlung des Geschäftsführers 275
Scheingewinne
– Haftung des Kommanditisten .... 369 ff.
Selbstkontrahierungsverbot .. 338 ff.
Selbstorganschaft .... 12, 335 ff.
Soll-GmbH & Co. KG 82
Sonderbetriebsausgaben 519
Sonderbetriebseinnahmen 518
Sonderbetriebsvermögen der Komplementär-GmbH und der Kommanditisten 462
Sonderbilanzen 460
Sondererbfolge 614
Sozialversicherungsbeiträge des Geschäftsführers 485
Stammkapital 50
– Erhaltung des .... 376 ff.
Stiftung .... 757 ff.
– Definition 758
– Entstehung 759
– Kapitalausstattung 760
– Stiftungsaufsicht 761

Testamentsvollstreckung
– GmbH-Anteil 635
– Kommanditanteil 615
Tod eines
– Kommanditisten .... 614 ff.
– GmbH-Gesellschafters .... 634 ff.
Treugeberkommanditist
– Abschichtungsbilanz 159
Treuhänder 27, 40
– GmbH als Treuhänder atypischer stiller Gesellschafter 209
Typische GmbH & Co. KG 1

Übertragung von
– GmbH-Anteilen 565
– Kommanditanteilen ...... 573 ff.
Überschuldung, Kapitalverkehrsteuer 562
Umsatzsteuer
– Beendigung der GmbH & Co. KG 712
– Erwerb von Anteilen an einer GmbH & Co. KG 563
– Gesellschafterwechsel 665
– GmbH & Co. KG 545
– Gründung .... 162 ff.
– Komplementär-GmbH 551
Umwandlung
– auf eine doppelstöckige GmbH & Co. KG 35, 212
– auf eine GmbH & Co. KG ... 35
– eines Einzelunternehmens in eine GmbH & Co. KG 223
– einer GmbH & Co. KG auf die Komplementär-GmbH ... 218
– einer GmbH in eine GmbH & Co. KG 205
– einer Personengesellschaft in eine GmbH & Co. KG 223
– von GmbH-Anteilen in Kommanditanteile und umgekehrt, Kapitalverkehrsteuer 670
– von Komplementärstellung in Kommanditbeteiligung .... 581 f.
Unbedenklichkeitsbescheinigung, Gründung 188
Unentgeltlicher Übergang des Kommanditanteils 665
Unterbilanzhaftung 59
Unterkapitalisierung .... 382 ff.
Unternehmereinheit 550
Unternehmensgegenstand der Komplementär-GmbH 48

Stichwortverzeichnis

Veräußerung von GmbH-
　Anteilen 660
Veräußerungsgewinn,
　Veräußerungsverlust 707
Veräußerung von Kommandit-
　anteilen
　– Negatives Kapitalkonto 663
　– Tarifbegünstigung 660
　– Zurechnung von Verlusten ... 662
Veräußerung von Wirtschafts-
　gütern an einen Gesellschafter,
　verdeckte Gewinnaus-
　schüttung 516
Vereinigung sämtlicher Anteile,
　Grunderwerbsteuer 672
Vererblichkeit der
　– GmbH-Anteile 634
　– Kommanditanteile .... 614 ff.
Verjährung 740
Verlustausschluß der
　Komplementär-GmbH .. 236, 388
Verlust
　– am Nennkapital, Kapital-
　　verkehrsteuer 562
　– Behandlung verrechenbarer
　　Verluste 710
　– Einstellung der werbenden
　　Tätigkeit 711
　– Zurechnung auf Komman-
　　ditisten 709
Vermittlungsprovision für die
　Eigenkapitalbeschaffung 147
Vermögensteuer
　– Einheitswertaufteilung 541
　– Gesellschafterwechsel 666
　– Komplementär-GmbH 544
　– Vermögensaufstellung
　　der KG 536
Vermögensaufstellung der
　GmbH & Co. KG
　– Gegenseitige Beteiligung 538
　– Gesellschafterdarlehen 537

– Umfang des Betriebs-
　vermögens 536
– Verpachtete Wirtschaftsgüter
　der GmbH 539
– Verpachtete Wirtschaftsgüter
　der Kommanditisten 540
Verrechnungskonto bei Auslagen-
　ersatz 404
Vertretung .... 326 ff.
– Entziehung .... 346 ff.
– der GmbH 328
– der GmbH & Co. KG 326
– Gesamtvertretung .... 333 f.
– durch Kommandi-
　tisten 327, 332, 349
– Selbstkontrahierungs-
　verbot .... 338 ff.
– Selbstorganschaft .... 335 ff.
Verzicht auf Gewinnverteilung,
　Kapitalverkehrsteuer 560
Vorbelastungsverbot .... 58 f.
Vorgesellschaft 139
Vor-GmbH .... 54 ff.
– Entstehungszeitpunkt 54
– Haftung 64
– Komplementärfähigkeit 56
– Rechtsnatur 54
– Vertretung .... 61 ff.
Vorsteuerabzug der
　Komplementär-GmbH 547
Vorteile der GmbH &
　Co. KG .... 9 ff.

Wechsel, Anzahlungen durch
　Hingabe von – 752
Wechsel des Kommanditisten,
　Kapitalverkehrsteuer 668
Wechsel des Komplementärs,
　Kapitalverkehrsteuer 667
Wechsel im Personenstand der
　Gesellschaft, Grunderwerb-
　steuer 671

Stichwortverzeichnis

Wesensmerkmale der GmbH &
  Co. KG .... 1ff.
Wettbewerbsverbot .... 284ff.
– GmbH-Geschäftsführer 287
– Kommanditisten 289
– Komplementär-GmbH 285
Wiederauffüllung der durch
  Verluste geminderten Kom-
  manditeinlage aus nach-
  folgenden Gewinnen 558

Zeichnung der GmbH &
  Co. KG 328
Zonenrandgebiet 745
Zwangseinziehung 606